Prof. Arthur David Horn

Götter gaben uns die Gene

Mit einem Vorwort von Johannes von Buttlar

Prof. Arthur David Horn

Götter gaben uns die Gene

Die außerirdischen Ursprünge der Menschheit

in Zusammenarbeit mit
Lynette Mallory Horn

Illustrationen von Jack Hoffman

SILBERSCHNUR

ISBN 3-931 652-25-4

Aus dem Amerikanischen übersetzt von Ulla Schmied, Berlin

1 Auflage 1997

Covergestaltung: dtp XPresentation, Boppard
Druck: Kossuth Druckerei AG, Ungarn

Verlag „Die Silberschur“ · Steinstraße 1 · D-56593 Güllesheim

Widmung

Dieses Buch widme ich meiner Frau Lynette,
ohne deren Engagement und Hingabe dieses
Werk nicht entstanden wäre.
Sie unterstützte mich während seiner Vorbereitung und
Abfassung nicht nur in materieller Hinsicht,
sondern stand mir auch inspirierend, beratend
und anderweitig helfend zur Seite.

Danksagung

Vielleicht einmal im Leben verbinden sich Menschen ohne Zögern mit uns, um eine tiefere Ebene der Wahrheit zu erreichen - in vollem Bewußtsein, daß sie als Gegenleistung weder Glanz noch Glorie zu erwarten haben. Diese Art von unglaublicher Unterstützung durften wir im Laufe der Forschungsarbeiten zu diesem Werk und des Prozesses seiner Veröffentlichung von mehreren Seiten erfahren.

Vor allem einer hat diesem Werk buchstäblich Leben eingehaucht - J. Leonard Nitsch, der sich mit uns auf einer sakralen Ebene verband, um zu jener tieferen Wahrheitsebene vorzustoßen. Freundlich, bescheiden und großherzig, setzte er sich in gemeinsamer Anstrengung mit uns für ein höheres Ziel ein. Der Unterschied zwischen ihm und dem Rest der Menschheit besteht einfach darin - er hat sich entschieden. Aus ganzem Herzen möchten wir ihm hierfür unseren tiefempfundenen Dank aussprechen.

Auch unseren Eltern sind wir für all die Unterstützung, die sie uns im Laufe unseres Lebens zuteil werden ließen, besonders dankbar.

All die anderen, die dazu beigetragen haben, uns während der kritischen Jahre 1993 - 1995 „über Wasser zu halten", dürfen ebenfalls nicht unerwähnt bleiben. Die tiefste und liebevollste Unterstützung kam dabei seit jeher von unserer Tochter Michele und von Linda und Tom Medvitz, wie auch von Norman Cohan, Janet Barrows Connaughton und Zenon Michalak. Sie alle haben sich während unserer schwierigsten Jahre vorbehaltlos für uns eingesetzt. Was wäre ohne sie aus uns geworden... Der Große Geist segne ihre wunderbaren Seelen! Von Herzen und in Dankbarkeit erkennen wir die Größe und Erhabenheit eines jeden einzelnen von ihnen an.

Wir möchten uns auch bei den Tausenden bedanken, die ihr Leben der Wahrheitsfindung über die menschliche Existenz widmen und auf deren Werke wir hier teilweise zurückgegriffen haben, sowie bei den vielen, die uns in den letzten Jahren Veröffentlichungen dieser Art empfohlen bzw. geliehen haben.

Fehler und Unzulänglichkeiten in unseren Bemühungen um die Ergründung der Wahrheit über die menschliche Existenz, die in diesem Buch zu finden sein sollten, sind natürlich nur uns selbst zuzuschreiben.

Wir verneigen uns in Demut und in Dankbarkeit, um unsere geistige Verbundenheit mit all den hochsinnigen Menschen auszudrücken, die sich mit ganzer Seele der Ergründung der Wahrheit verpflichtet haben.

Inhaltsverzeichnis

Über die Autoren

Dr. Arthur D. Horn verlebte seine Kindheit und Jugend in einer Kleinstadt in Ostkansas. Im christlichen Glauben erzogen, kehrte er sich als junger Mann ernüchtert von jeglichen religiösen Dogmen ab und wurde zum Darwinisten. Nach dem Erwerb des Bachelor of Arts an der University of Colorado promovierte er 1976 im Fach physische Anthropologie an der renommierten amerikanischen Yale-Universität in Connecticut. Die nächsten vierzehn Jahre verbrachte er vorwiegend an der Colorado State University als Professor für physische Anthropologie mit den Spezialgebieten Ökologie der Tierprimaten und menschliche Evolution.

Nachdem ihm zu Bewußtsein gekommen war, daß es jenseits des dreidimensionalen, "materialistischen" Lebens der heutigen Wissenschaft noch ein anderes Leben gibt, gab er seine Professur und die klassische Wissenschaft auf und zog mit seiner Frau Lynette nach Mount Shasta in Nordkalifornien. Seinen Angehörigen, die sich freundlich danach erkundigten, was er nach Verlassen der Universität zu tun gedenke, antwortete er: „Ich möchte ein Buch über den Ursprung des Menschen schreiben und einen Garten anlegen!" Er war sich mit seiner Frau darin einig, daß es kein schöneres Leben geben könne, als Bücher zu sakralen und wissenschaftlichen Themen zu verfassen und zu verlegen und gleichzeitig einen biologischen Gemüsegarten zu betreiben - das ganze inmitten der herrlichen kalifornischen Mount-Shasta-Region. Und dank seiner unermüdlichen Bemühungen um Vertiefung seines Wissens auf der inneren und der äußeren Ebene sowie Lynettes liebevoller emotionaler und praktischer Unterstützung bauten sie in sich den Glauben auf, der Berge versetzt, um auch einen einfachen Lebensstil mit Genuß leben zu können...

Dr. Horn hatte schon bald nach seinem Umzug seine Forschungsarbeiten auf dem Gebiet der menschlichen Ursprünge wiederaufgenommen - das Thema, das ihn seit jeher gefesselt hatte. Nicht lange, und er stieß auf das Phänomen der Außerirdischen, die, wie er erkennen konnte, untrennbar mit der menschlichen Entwicklungsgeschichte verbunden sind.

Die Gesamtheit seiner umfassenden Recherchen zu den Ursprüngen der Menschheit floß schließlich in ein inhaltsschweres Buch, Humanity's Extraterrestrial Origins, ET Influences on Biological and Cultural Evolution, welches im Frühsommer 1994 als englischsprachige Vorausgabe veröffentlicht wurde, die für namhafte Forscher, Entführte, Buchläden und all jene, die sich ernsthaft mit der Entstehungsgeschichte des Menschen beschäftigen, gedacht war. Die offizielle amerikanische Erstausgabe wurde im Februar 1996 publiziert.

Lynette Mallory Horn wurde in Los Angeles geboren. Von großer Willenskraft, zog sie in das Gebiet des San Francisco-Marin County, um sich für die Bereitstellung privater und öffentlicher alternativer Gesundheitsfürsorge für Kinder und all jene, die sie „Alterslose" nennt, einzusetzen. Sie hat fast ihr Leben lang alternative Ansätze zur geistigen und körperlichen Gesundheitspflege entwickelt und erforscht und gleichzeitig eine umfangreiche publizistische Tätigkeit entfaltet, die das Ziel verfolgt, der Öffentlichkeit umfassende und vielfach kontroverse Publikationen nahezubringen. Diese verschiedenen Aktivitäten sind für ihre Sendung und den höheren Zweck ihres Lebens von großer Bedeutung.

Lynette erhielt eine christliche Erziehung, und ihr Vater lehrte sie von klein auf, daß spirituelle Wahrheiten unterschiedslos in allen Glaubenslehren zu finden sind. Seinem Einfluß ist zu verdanken, daß sie schon früh auf ihr Herz und ihre innere Stimme zu hören lernte und so die Weisheit in sich selbst zu entdecken vermochte. In späteren Jahren machte Lynette eine Ausbildung als Gesundheitsarbeiter im spirituellen Bereich, die sie durch fortlaufende autodidaktische Weiterbildung ergänzte. In ihrem Bestreben, ihr Wissen mit anderen zu teilen, setzte sie hauptsächlich natürliche Heilmethoden ein wie Kräuterzusammensetzungen, Körpertherapien sowie verschiedene Techniken der Geistheilung. Dabei konnte sie beobachten, daß sich ihre publizistische und heilerische Tätigkeit so weit ausdehnte, daß sie zu einer Erhöhung des öffentlichen Bewußtseins für natürliche Heilweisen und vorbeugende alternative Gesundheitspflege beitrug.

Lynettes ausgedehnte Studienjahre gaben ihr eine umfassende und liberale Erziehung, welche u.a. den Abschluß eines Studiums der Humanistischen Psychologie an der University of California in Santa Cruz einschloß. Während ihrer Studienzeit in den siebziger Jahren wurde im studentischen Bereich eine Fülle von alternativen Experimenten durchgeführt, die völlig neue Wege eröffneten. Santa Cruz war für Lynette auf diese Weise eine Stätte der Neugeburt, und die Freunde, beruflichen Mitarbeiter und all jene, die für sie wie Familienmitglieder wurden, waren dabei meisterhafte Geburtshelfer. Eine wunderbare Zeit!

Als Lynette 1988 nach der Rückkehr von einer Rundreise durch Europa, die sie mit einem ihrer geistigen Lehrer unternommen hatte, Arthur Horn kennenlernte, erkannte sie sofort, daß diese Partnerschaft/Verbindung nicht leicht werden würde - vor allem deshalb, weil sich fast alle physischen Anthropologen in erster Linie als Wissenschaftler sehen und ihnen jegliches Verständnis für einen Geist oder eine Seele abgeht. Auf einer anthropologischen Expedition wanderten Lynette und Arthur gemeinsam durch die kalifornischen Trinity Alps... und fanden sich schon bald verheiratet wieder - nach einer stürmischen Sommerromanze, in der sie pausenlos zwischen Colorado und Kalifornien hin und her pendelten. Sie sind seither ihrer Liebe im tiefsten Sinne des Wortes verpflichtet geblieben (... doch einfach war es nicht, liebe Mutter!). Arthur und Lynette leben heute, wo immer sie der Geist hinführen mag - im Vertrauen darauf, daß sich mit jeder Umdrehung der Erde sämtliche Frequenzen stärker auf die Wahrheit ausrichten...

VORWORT

von
Johannes von Buttlar

Immer mehr Wissenschaftler von Rang scheren aus dem oft schon bedrückend eng gewordenen wissenschaftlich-darwinistischen Weltbild aus und haben den Mut, dieses bisherige Paradigma in Frage zu stellen, es mit neuen Gedanken zu erweitern oder gar zu durchbrechen. Diesen Prozeß erleben wir in der Physik, Astronomie, Chemie, Biologie, Medizin und in anderen wissenschaftlichen Diziplinen.

Neu bisher ist, daß sich in die Reihe dieser ausscherenden Wissenschaftler jetzt ein bedeutender Antropologe stellt, der nun ausgerechnet den Darwinismus - jenen einen Grundpfeiler dieses wissenschaftlichen und ins Wanken geratenen Weltbildes - jahrelang an der Universität von Colorado gelehrt hatte.

Ihm waren die Lücken innerhalb des Darwinismus immer klarer geworden, bis er deutlich erkannte, woran das alte System krankte. Professor Horn behauptet, daß der Mensch nur bedingt vom Affen abstamme, wenn überhaupt. Doch die eigentlichen Erzeuger des Kulturmenschen seien, so meint Horn, Außerirdische, die eventuelll auch die übrigen Tiere auf Erden in vorausgegangenen Zeiten erschaffen bzw. mutiert oder aber auf die Erde transportiert hätten. Professor Horn weist - auf die Funde von Professor Sitschin zurückgreifend - nach, daß die Sumerer schon genau beschrieben, wie Außerirdische auf die Erde gekommen waren und die Menschen genmutatorisch geschaffen hatten. So nahm den sumerischen Quellen zufolge der Außerirdische Enki - später als Gott in die Mythologie eingegangen - von einem weiblichen Homo erectus (dem primitiven Menschen) ein Ei und ließ es sich mit dem Spermium eines Außerirdischen in vitrio vereinigen. Das so befruchtete Ei wurde in den Uterus seiner Halbschwester Ninti eingelegt, die es austrug. Auf diese Weise sei der Kulturmensch entstanden.

Professor Horn untersucht in diesem für ein neues Denken über unsere Menschheitsevolution provozierenden Buch ebenfalls die anderen Hochkulturen der

Frühzeit und entdeckt Parallelen, die darauf schließen lassen, daß der Mensch, wenn nicht gar von Außerirdischen auf die Erde gebracht, so doch von ihnen »gezüchtet« oder »veredelt« worden seien. Außerdem geht der mutige Antropologe den übrigen außerirdischen Einflüssen nach, die nachhaltig auf die Menschheit eingewirkt haben sollen.
Dieses Buch fordert die Wissenschaft auf, ihr bisheriges Evolutionskonzept zu überdenken bzw. es für ein neues Denken aufzugeben, denn die alten Denkmuster sind brüchig geworden, wenn nicht bereits überholt.
Dieses auch für jeden Laien verständlich geschriebene Buch öffnet neue Türen für ein neues Bewußtsein über die Entstehung des Menschen und seiner Geschichte.

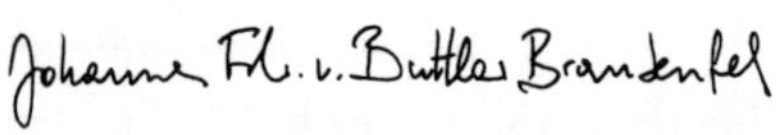

Johannes Frhr. von Buttlar-Brandenfels

„Leben, das nicht untersucht wird, ist nicht lebenswert."
Sokrates

EINFÜHRUNG

Die Suche nach der Wahrheit

Dieses Buch handelt von der Wahrheit, wie ich sie verstehe. Präziser gesagt, von der Wahrheit über unseren Ursprung und den Sinn unseres Lebens auf diesem Planeten, den wir Erde nennen. Während es die Geschichte meiner persönlichen Suche nach der Wahrheit nacherzählt, konzentriert es sich darauf, jene Mythen zu enthüllen, die gegenwärtig in jedem weltlichen wie religiösen Glaubenssystem der Menschheit weitergetragen und verewigt werden. Dabei werde ich den Beweis antreten, daß so gut wie alle gängigen Weltanschauungen, die sich mit der Entstehungsgeschichte der Menschheit befassen, voller Entstellungen und Unwahrheiten sind und darauf abzielen, die Wahrheit über die Entstehung des Menschen zu unterdrücken.

Ich konnte Belege für eine ungeheure, seit langer Zeit bestehende Intrige entdecken, deren Absicht es ist, der Menschheit die wahre Geschichte ihrer Abstammung vorzuenthalten, um sie auf diese Weise kontrollier- und „benutzbar" zu machen. Wer trägt die Verantwortung für diese Verschwörung? Als ich vor einigen Jahren ernsthaft mit der Erforschung der wahren Abstammung des Menschen begann, stieß ich immer wieder auf das Phänomen der „Außerirdischen". Nicht, daß ich das erwartet hätte - ich bin nicht einmal sicher, ob ich vor fünf Jahren auch nur an Außerirdische geglaubt habe! Mir wurde jedoch sehr schnell klar, daß diese Wesen viel, wenn nicht sogar alles mit der Entstehungsgeschichte des Menschen zu tun haben. Ich stieß auf schlagende Beweise für eine Verschwörung verschiedener Gruppen „regressiver" Außerirdischer, die unterstützt von bestimmten Menschen, das Ziel verfolgen, der Menschheit das Wissen um die Einflußnahme Außerirdischer auf ihre Entwicklung zu verheimlichen. Ich entdeckte, daß unter all den Informationen, die von regressiven

Außerirdischen entstellt und totgeschwiegen werden, die wichtigste jene der geistigen Natur des Menschen ist. Dieses Wissen wird verheimlicht, damit sich die Menschheit nicht durch spirituelle Höherentwicklung den dunklen Prägungen und Einflüssen der Fremden entziehen kann.

Ich werde den Beweis führen, daß die geistigen Wahrheiten in sämtlichen Weltreligionen entstellt worden sind - manchmal bis zur Unkenntlichkeit. Mein Hauptaugenmerk werde ich allerdings darauf richten, die gewaltigen Lücken in der Weltsicht der Wissenschaft aufzudecken (der auch ich während des größten Teils meines Lebens „aus sachlichen Gründen" anhing), die jegliche geistige Existenz des Menschen verneint. Während ich so das Trügerische der aktuellen religiösen und säkularen Weltanschauungen enthülle, setze ich - zumindest ansatzweise - ein Bild der wirklichen Geschichte des Ursprungs und der Existenz der Menschheit zusammen und gebe einen gedrängten Überblick über die spirituellen Wahrheiten dieser Welt.

Bis zum Jahr 1990 war ich ein Verfechter der wissenschaftlichen Sichtweise der menschlichen Existenz, die ich als darwinistisch-anthropologisch bezeichnen möchte. Ich hatte vierzehn Jahre lang einen Lehrstuhl für physische Anthropologie[A1] inne - die meiste Zeit davon an der Colorado State University in Fort Collins. Dabei lehrte ich meine Spezialgebiete „Verhalten der Tierprimaten" und „Ökologie und Evolution des Menschen" in nahezu jedem Semester meiner Laufbahn in Einführungs- und/oder Fortgeschrittenenveranstaltungen.

Die wissenschaftliche Sicht der Welt ist Teil eines materialistischen Weltbildes, das ich einfach als die Überzeugung definieren würde, daß alles Leben aus Materie besteht. D.h., die Welt, das Leben, die Menschen und alles Dasein entwickelten sich diesem Standpunkt zufolge aufgrund von zufälligen Ereignissen gemäß natürlichen „Gesetzen" aus Materie, und alle Lebenserscheinungen bis hin zu unseren Gottes- und Geistesbegriffen u.ä. entspringen ausschließlich physikalisch-materiellen Vorgängen. Die materialistisch-humanistische Bewegung - die im heutigen Westen durch Universitäten, Medien und andere Machtträger vertreten wird -, nahm vom Europa des Mittelalters ihren Ausgang, das die Darstellung der Genesis über den Beginn der Welt und den Ursprung der Menschheit in Frage zu stellen begann.

1988, im Alter von 46 Jahren, heiratete ich Lynette, die fast ihr ganzes Leben der Entwicklung einer integrierten spirituellen Praxis gewidmet hat. Ein Jahr darauf hatte ich mit ihr und einer gemeinsamen Freundin ein inhaltsschweres Erlebnis, das mich jenseits aller Zweifel von der Realität eines geistigen Lebens außerhalb der Materie überzeugte. Dies setzte in mir einen langdauernden und sehr gründlichen Reflexionsprozeß über das Wesen und den Ursprung des Menschen in Gang. Wenn es, wie Lynette und sämtliche Religionen der Welt behaupteten, eine geistige Existenz außerhalb der Materie gibt, in welchem Zusammenhang steht diese dann mit unserer biologischen Entwicklungsgeschichte? Gibt es ein höchstes göttliches Wesen oder Gott, und, falls ja, wie ist Es beschaffen? Und was ist - im Lichte einer geistigen Existenz betrachtet - der Sinn des Lebens? Sollte unsere Auffassung von unseren Ursprüngen und unserem Leben - oder zumindest die meine - zum Teil oder sogar völlig verkehrt sein? In den Wochen, die dieser „spirituellen Erfahrung" folgten, wirbelten diese und viele weitere Fragen in meinem Kopf herum. Eines stand für mich jedoch trotz dieser zahlreichen Fragezeichen fest: Ich glaubte nicht mehr an das, was ich lehrte. Um meine innere Integrität nicht gänzlich zu verlieren, gab ich im Frühjahr 1990 meine Stellung an der Colorado State University auf.

Seitdem erforsche ich den Ursprung und das Wesen des Menschen und entdeckte dabei eine außergewöhnliche, phantastische Wirklichkeit. Zur Geschichte unserer Existenz gehören Dimensions- und Zeitreisen, reptilienartige Humanoiden, die zu unserer „Erschaffung" beitrugen, nur um uns dann zu ihren Sklaven zu machen und jahrtausendelang zu beherrschen, Verschwörungen von Geheimbünden, Komplotte unlauterer Regierungen, aber auch die Verheißung eines ewigen Lebens der Entfaltung zur Gottseligkeit. Während ich diese Zeilen niederschreibe, ist mir natürlich bewußt, daß so mancher Leser diese Aussagen für absolut unglaubhaft halten wird. Trotzdem bitte ich Sie weiterzulesen und sich Ihr Urteil erst später zu bilden. Im Vergleich zu der materialistischen Realitätsversion unserer Gesellschaft werde ich tatsächlich eine solch atemberaubende und erstaunliche Wirklichkeit präsentieren, daß viele meiner Leser die Wahrheit vermutlich zunächst nicht werden glauben können - wie es auch bei mir der Fall war. Dennoch bleibt es eine unumstößliche Tatsache, daß es

Belege dafür gibt, daß wir Menschen von Rassen anderer Lebensformen, die ursprünglich nicht von dieser Erde stammen, mittels gentechnischer Methoden „erschaffen“ und dann irregeführt und kontrolliert wurden. Die hierbei hauptsächlich verwendete Methode war das Verleugnen und Entstellen der Realität unserer Geistigkeit. Auf diese Weise gelang es den beteiligten Außerirdischen, unsere spirituelle Entwicklung auf kollektiver wie auf individueller Ebene zu behindern und im wesentlichen auf untere, weltliche Ebenen umzuleiten. Dessen ungeachtet und trotz anderweitiger Anstrengungen unserer Schöpfer„-Götter“, uns uneins, unwissend und unter Kontrolle zu halten, haben wir primitiven Menschen uns allmählich geistig und spirituell weiterentwickelt. Wir vermochten unser Bewußtsein sogar so weit anzuheben, daß wir nun die Wahrheit über unseren Ursprung und unseren Wesenskern erfassen können und in die Lage versetzt wurden, uns in kurzer Zeit auf höhere Seinsebenen hinaufzuschwingen. Zu unserer geistigen und seelischen Evolution aus eigener Kraft kam seit unseren Anfängen noch die Hilfe weiterentwickelter, positiver und uns wohlgesonnener Außerirdischer. All diese Elemente zusammengenommen haben uns auf einen riesigen Entwicklungssprung vorbereitet, der wohl in den nächsten zehn bis zwanzig Jahren stattfinden wird.

Da ich glaube, daß meine Forschungsarbeit über das heikle Thema unserer biologischen und geistigen Ursprünge sich der (erstaunlichen) Wahrheit nähert, würde ich Sie gerne daran teilhaben lassen. Erste, rasche Veränderungen sind bereits im Gange. Uns bleibt nur wenig Zeit. Die kommenden Jahre begünstigen und fördern eine rasche Entwicklung des Bewußtseins. Nehmen Sie daher die radikale Theorie über unseren Ursprung und unsere wahre Natur, die ich und viele andere aufstellen bzw. aufstellen werden, bewußt zur Kenntnis. Achten Sie auf das, was vor sich geht. Die meisten und vielleicht sogar alle unter uns haben inzwischen die nötigen geistigen Fähigkeiten entwickelt, um die Fakten zu unseren Wurzeln bzw. unserem Wesen aufnehmen und beurteilen zu können. Doch wie auch immer - ich glaube, daß es für alle von uns in jedem Fall an der Zeit ist, mehr über das Göttliche zu erfahren und darüber, wie wir uns Ihm nähern und gleichzeitig die Herrscher-Opfer-Intrigen, die momentan auf der Erde zu Ende gespielt werden, hinter uns lassen können.

Die Botschaft dieses Buches ist letzten Endes überaus erfreulich, da ich glaube, daß die nächsten zehn bis zwanzig Jahre eine Zeit rapiden und umfassenden Wandels sein werden, in der die Menschheit eine großartige Gelegenheit erhalten wird, sich in raschem Tempo auf das Licht hinzuentwickeln. Gleichzeitig könnte jedoch auch ein größerer Teil der Menschheit - jener, der für den großen spirituellen Sprung noch nicht ganz bereit ist - durch viel Leid gehen. Mir scheint, daß uns in dieser Situation als einzelnen wie als Gemeinschaft nur eine rasche kollektive Hinwendung zum Licht als Zuflucht verbleibt. Doch wie erkennt man das Licht? Wie unterscheidet man zwischen den Mächten des Lichts und der Wahrheit einerseits und jenen der Dunkelheit, der Täuschung und Entstellung andererseits? Ich hoffe, daß meine Rückschau auf unsere Wurzeln, die unsere unklaren irdischen Ursprünge durchleuchtet, Menschen in aller Welt bei der Entwicklung einer entsprechenden Urteilskraft unterstützen wird.

Eine Schilderung meiner eigenen Bewußtseinsentwicklung ist wahrscheinlich die beste Einführung in diesen Gegenstand. Daher möchte ich Ihnen einige der gewundenen Pfade vor Augen führen, die ich selbst hinsichtlich meiner Überzeugungen betreffs des Ursprungs der Menschheit und des Sinns des Lebens durchschritten habe. Dabei bespreche ich mehrere Standpunkte, die ich auf meinem persönlichen und beruflichen Weg eingenommen habe, und hoffe, daß der Leser manch eigene Erfahrung und Überzeugung bezüglich unserer Wurzeln und unseres Wesens mit den meinen in Beziehung bringen kann.

Der Rechtgläubige

Meine Kindheit und Jugend verbrachte ich in einer Kleinstadt im Osten von Kansas. Meine Eltern waren sehr gläubig, und jeden Sonntag ging unsere Familie einschließlich meiner drei Schwestern mindestens einmal in unsere kleine Episkopalkirche. Meinen Eltern bedeutete die Kirche sehr viel - sie wirkten dort als Sonntagsschullehrer und Chormitglieder und beteiligten sich auch an anderen Erwachsenenveranstaltungen und -aktivitäten. Ich war Altardiener und half dem Priester beim sonntäglichen Gottesdienst, dessen Riten mir, je länger ich mit ihrer Ausführung betraut war, immer besser gefielen. Ich war von der Überlegenheit unserer Kirche gegenüber der lutherischen, katholischen, methodistischen und Baptisten-Kirche überzeugt, und mir war nur sehr undeutlich bewußt, daß es Menschen in der Welt gab, die keine Christen waren. Ich war eben der typische, durch und durch amerikanische Durchschnittsjunge aus Kansas.

Ich glaubte natürlich an die Schöpfungsgeschichte der alttestamentarischen Genesis. Gott hatte, so erfuhr ich, den Himmel und die Erde und alles Leben einschließlich der Menschen in sechs Tagen erschaffen. Das genügte mir damals, und zugegebenermaßen verspürte ich als Teenager auch kein glühendes Interesse, mehr über unsere Ursprünge zu erfahren. Statt dessen interessierte ich mich für die Durchschnittsleistung von Stan Musial und den Erfolg seines Baseballteams, der St. Louis Cardinals. Allmählich wurde ich von Baseball, Basketball und Fußball - den amerikanischen Standardsportarten - richtig besessen. Mir fiel auf, daß mein Interesse an unserer Kirche und religiösen Dingen allgemein nachließ, je mehr ich High-School-bedingt an sportlichen Aktivitäten teilnahm.

Religiöse Krise

Nach bestandener Abschlußprüfung der High-School schrieb ich mich an der *Kansas State University* im Fach Bauingenieurwesen ein. Das Studium machte mir im allgemeinen Spaß, und meine Noten waren gut; allmählich fand ich den Lehrplan jedoch recht einengend und beschränkt. Wenn ich mich recht erinnere, standen von den 144 für die Graduierung vorgeschriebenen Stunden nur zwölf für Wahlfächer zur Verfügung, die außerhalb der Pflichtfächer zu nehmen waren. Zum Erwerb einer etwas breiter gefächerten Bildung hatte ich also in vier oder fünf Jahren ganze zwölf Stunden - das entspricht nur drei oder vier Kursen! Im vorletzten Jahr vor meiner Graduierung belegte ich mein erstes Wahlfach, einen Kurs zum Literaturverständnis, in dem wir Klassiker wie Plato, Dostojewskij und Hemingway durchnahmen. Ich war begeistert davon, und die Bücher, die wir lasen, fesselten mich. Ich hatte auch vorher schon recht gerne gelesen, aber nach diesem Kurs wurde das Lesen fast zur Sucht. Ohne Frage begann sich mein kleinstädtisches Kansas-Weltbild durch diese Freude an der Lektüre drastisch zu erweitern.

Im darauffolgenden Sommer arbeitete ich mit sechs anderen jungen Männern an einem Vermessungsauftrag des U.S. Forest Service in Alaska. Die meiste Zeit davon lebten wir in einem Wohnwagen inmitten einer wunderschönen, abgelegenen Gebirgsgegend. Nach der Arbeit versenkten wir uns mit Vorliebe in unsere Bücher - und so lasen wir, bis unser tragbarer Generator kein Benzin mehr hatte, und unterhielten uns dann in der aufkommenden Dunkelheit über unseren Lesestoff und andere Themen, die uns beschäftigen. Während dieser Gespräche kam meine religiöse Krise, die schon einige Jahre vor sich hin gegärt hatte, zum ersten Male zum Ausbruch.

Schon seit mehreren Jahren hatte ich mich an den mannigfaltigen Sekten und Kirchen des Christentums gestört - jede einzelne unter ihnen behauptete, den besten, wenn nicht gar einzigen Weg zur Führung eines guten christlichen Lebens darzustellen. Als Kind hatte ich damit keine Probleme gehabt, da ich ja „wußte", daß die Episkopalkirche die überlegene Kirche war. Aber als ich mit Freunden anderer Glaubensrichtung über Religion zu diskutieren begann, kamen mir die ersten Zweifel. Auch wurde mir langsam bewußt, daß es tatsächlich Millionen Menschen in der Welt gibt, die noch nicht einmal daran glauben, daß Jesus Christus der Herr ist. Wie konnte Gott der Vater so etwas zulassen, wenn Jesus tatsächlich der Herr war? Und, was in meinen Augen noch schlimmer war, wie konnte ein allmächtiger, liebender Gott, als der er im Neuen Testament ja dargestellt wird, so viel Elend in der Welt zulassen? Ich hatte genug über unsere Geschichte gelesen, um zu wissen, daß Kriege, Krankheit, Armut, Rassenhaß und zahlreiche weitere dümmliche und grausame Verhaltensweisen überall und zu allen Zeiten im Übermaß existierten. Angesichts des Zustands der Welt begann verzweifelte Empörung in mir aufzusteigen. Während meiner ersten zwei College-Jahre hatte ich meinen Glauben noch bewahrt und war auch ziemlich regelmäßig in die Kirche gegangen. Aber nach meinem Sommer in Alaska erklärte ich mich zum Atheisten und stellte meine Kirchenbesuche ein. Mir fehlten der Trost und der Rückhalt meines früheren Glaubens, aber ich sah einfach nicht ein, wie ein denkender Mensch den allmächtigen, liebenden Gott des Neuen Testaments für bare Münze nehmen konnte. Überdies fühlte ich mich ein bißchen betrogen, mit einem derartig engen Standpunkt erzogen worden zu sein.

Die Entstehung eines Darwinisten

Im folgenden Herbst beschloß ich, mein Ingenieurstudium abzubrechen. Da ich nicht wußte, was ich sonst tun wollte, plante ich, erst einmal etwas Geld zusammenzusparen und in Europa herumzureisen. Diese Zukunftspläne wurden jedoch jäh unterbunden, als ich im Dezember 1963 eingezogen wurde.

Die Armee war mir recht gleichgültig, aber ich war während der McCarthy-Ära aufgewachsen, und der kalte Krieg wütete. So war ich also durchaus bereit, Amerika gegen „diese gemeinen Kommunisten" zu verteidigen. Meine schönste Erfahrung in der Armee war eine einjährige Stationierung in Thailand, wo ich als Geometer in einer Straßenbaufirma arbeitete. Trotz vieler Arbeit fand ich hin und wieder Zeit, mich in Thailand umzusehen und es näher kennenzulernen. Thailand ist buddhistisch, und Mönche in wallenden orangenen Gewändern sind ein alltäglicher Anblick. Neugierig geworden, machte ich mich ein bißchen mit dem Buddhismus und der Geschichte des Landes und jenes Teils der Welt vertraut.

Während ich so in Thailand meine Dienstzeit absolvierte, sandte mir meine Freundin aus Colorado ein zu jener Zeit vielgelesenes Buch, African Genesis, das aus der Feder des inzwischen verstorbenen Robert Audry stammt. Darin geht es um die Entwicklung des Menschen und speziell um die Australopithecinen, zweifüßige Primaten mit kleinem Gehirn, die vor vier bis zwei Millionen Jahren lebten und sehr frühe Mitglieder der menschlichen Familie darstellen. Dies war mein erster Kontakt irgendwelcher Art mit der Evolutionstheorie und dem Darwinismus, da diese in meiner High-School nicht unterrichtet worden waren. Der einzige Tag, an dem mein damaliger Biologielehrer die Evolutionstheorie tatsächlich einmal erwähnte, ist mir gut in Erinnerung. In jenen Tagen war mir die Existenz einer solchen Theorie nur undeutlich bewußt, und was unser Lehrer darüber fünf oder zehn Minuten lang erzählte, klang interessant. Leider wurde das Thema jedoch nie wieder aufgegriffen.

Der Versuch, die Existenz, das Wesen und das Verhalten des Menschen der Neuzeit von seiner biologischen Entwicklungsgeschichte her zu erklären, fesselte mich. Ich las weitere Werke zu diesem Thema und war bald davon überzeugt, daß sich die beste Erklärung für Ursprung und Wesen des Menschen in der Theorie der biologischen Evolution finden ließ, die von Darwin und seinen Nachfolgern formuliert wurde. Die fossilen (versteinert erhaltenen) Belege für die Evolution schienen einfach überwältigend.

Nachdem ich so mehrere Wochen lang Bücher über biologische Evolution gelesen hatte, konnte ich kaum fassen, daß im zwanzigsten Jahrhundert Millionen von Menschen immer noch an den Schöpfungsmythos der Genesis glaubten. Ich selbst begann darauf herabzusehen. Wie konnte angesichts der überwältigenden Beweise, daß die Erde Milliarden von Jahren zählte, auch nur ein Mensch glauben, daß die Erde und alles Leben in ihr einschließlich des Menschen in sechs Tagen erschaffen worden waren? Allmählich erschienen mir alle religiösen Lehren absurd - die Vorstellung einer dem Menschen innewohnenden, unsterblichen Seele inbegriffen.

Nach meiner ehrenhaften Entlassung aus der Armee arbeitete ich ein Jahr lang in Colorado, um Geld zu sparen und mich für den Besuch der dortigen Universität zu qualifizieren. 1967 schrieb ich mich in Boulder an der University of Colorado im Hauptfach Anthropologie mit geplanter Spezialisation auf die biologische Evolution des Menschen ein.

Ich genoß meine gut zwei Jahre in Boulder - vor allem die anthropologischen Lehrveranstaltungen hatten es mir angetan. Da ich in ein gutes graduate school (höhere Fachsemester)-Studienprogramm aufsteigen wollte, arbeitete ich täglich - einschließlich zahlreicher Wochenenden - sehr intensiv, um gute Noten zu erzielen.

Nach meiner Graduierung von der University of Colorado im Jahre 1969 begann ich meine höheren Fachsemester noch im gleichen Jahr an der Yale University in New Haven, Connecticut, wo ich mich in das Programm "Physische Anthropologie" einschrieb.

Yale - seine Traditionen, seine Gelehrsamkeit und seine kulturellen Veranstaltungen - schlug mich ganz in seinen Bann. Ich genoß den Umgang mit Kommilitonen und Professoren und freundete mich mit ihnen an. Ich liebte meine Kurse und Seminare und je mehr ich über Entwicklungsgeschichte, vor allem die der Primaten, lernte, um so mehr war ich von dem Thema gefesselt. Auf das Risiko hin, einige alte Yalies zu kränken, muß ich jedoch gestehen, daß das Schönste an Yale für mich die im gotischen Stil erbaute Sporthalle und das allgegenwärtige improvisierte Basketballspiel war.

Der Höhepunkt meines Studiums an der Yale University fand nicht in New Haven, sondern im zentralafrikanischen Zaire statt, wo ich im Rahmen meiner Promotion mehr als zwei Jahre lang Forschung an wilden Schimpansen und Affen betrieb. Diejenigen unter uns, die sich für die Evolution der Primaten interessierten, wollten soviel wie irgend möglich über lebende Affen und Menschenaffen herausfinden, um unsere Interpretation der fossilen Ahnenreihe der Primaten zu erleichtern. Mein Aufenthalt in Zaire war allerdings nicht einfach. Ich war auf mich allein gestellt, und mein Forschungsobjekt, der Bonobo oder Zwergschimpanse, war nicht nur selten, sondern in dem Regenwaldhabitat, wo ich ihn beobachten wollte, auch schwer auszumachen. Nach zwei Jahren kehrte ich nach New Haven zurück und verfaßte meine Dissertation, womit ich die Anforderungen zur Erlangung des Doktorgrades erfüllt hatte.

Den überwiegenden Teil der nächsten vierzehn Jahre verbrachte ich als Professor für physische Anthropologie an der Colorado State University (CSU) in Fort Collins. Ich genoß Colorado, den Staat, der mir mehr als jeder andere ans Herz gewachsen war. Und ganz oben auf meiner persönlichen Prioritätenliste stand das mittägliche Basketballprogramm der Universität für Fakultätsmitglieder und höhere Semester.

Obwohl ich neben Evolution und Wissenschaft zahlreichen weiteren Interessen nachging und mich gelegentlich sogar für Metaphysik interessierte, bildete sich in mir die Überzeugung, daß wir Menschen rein biologische Wesen - besondere Tiere mit Sprachfähigkeit und komplexer Kultur - sind. Wie die meisten Naturwissenschaftler störte und frustrierte es mich etwas, daß nicht größere Teile der Studentenschaft und der Allgemeinheit unser tierisches Erbe uneingeschränkt akzeptierten und mehr darüber zu erfahren wünschten. Ich war nämlich überzeugt davon, daß wir, je umfassender wir unsere biologischen Wurzeln verstehen lernten, unsere Gesellschaft um so effektiver dahingehend gestalten könnten, daß Kriege, Rassenvorurteile, Gewaltherrschaft und eine Unzahl anderer Probleme, die menschliche Zivilisationen seit Urzeiten heimsuchen, ausgemerzt würden.

Dennoch hegte ich an den wissenschaftlichen Erklärungsansätzen zur menschlichen Existenz durchaus auch einige Zweifel, die sich hauptsächlich aus der äußerst raschen evolutionären Entwicklung der Menschheit in den letzten Jahrtausenden herleiteten. Aus fossilen und kulturellen Funden wissen wir, daß die menschliche Evolution jahrhunderttausendelang nur sehr gemächliche Fortschritte machte, sich vor ca. 35000 Jahren jedoch zu beschleunigen begann. Gegen 10000 v.Chr. kam es in der von der Anthropologie als das Ende des Paläolithikums (späte Altsteinzeit) bezeichneten Periode zu einem Riesensprung vorwärts (in die Jungsteinzeit oder das Neolithikum), während dem die Menschheit einen völlig neuen Lebensstil zu entwickeln begann. Während primitive Menschenarten (wie homo erectus und dergleichen) vorher jahrhunderte- und jahrtausendelang in Höhlen oder einfachen Unterkünften gehaust und sich von Wildpflanzen und solchen Tieren ernährt hatten, die sie mit einfachen Stein- und Holzwerkzeugen erlegen konnten, entwickelten sich jetzt im Nahen Osten erste Menschen zu Bauern und Hirten (samt domestizierten Tieren). Und nur einige Jahrtausende später entstanden (um das Jahr 4000 v. Chr.) in Sumer (im heutigen Südirak und Kuwait) und in Ägypten die ersten Kulturen, die zudem von außergewöhnlichem Zuschnitt waren - sie umfaßten Errungenschaften wie das erste Schriftsystem, ausgedehntes wissenschaftliches Wissen über den „Himmel", Metallurgie, Städte von imposanter Architektur, einen regen Außenhandel und eine Unmenge weiterer Merkmale einer hochentwickelten Kultur. Meinen Studenten erklärte ich, daß mit dem Auftauchen des Jetztmenschen - samt Sprachvermögen, größerem und besserem Gedächtnis und der Fähigkeit zur Zukunftsplanung - die menschlichen Möglichkeiten eine drastische Erweiterung erfahren hätten. Im Anschluß daran habe sich, wie die Archäologie nachweisen könne, die Menschheit vermöge dieser erweiterten Fähigkeiten über Domestizierung und Kultivierung von Tieren und Pflanzen sowie eine generelle Zivilisierung aus eigener Kraft hochgearbeitet. Ich akzeptierte diese Darstellung der Dinge und lehrte sie, da es keine andere gültige Erklärung zu geben schien. Trotzdem machte mir das ganze Kopfzerbrechen und ich stellte mir zahlreiche Fragen, z.B. die, wieso die alten Ägypter und Sumerer in vieler Hinsicht um so vieles fortgeschrittener schienen als die viel späteren Bewohner des Römischen Reiches (200 v.Chr. - 500 n.Chr.), die Europäer des Frühmittelalters (500 - 1000 n.Chr.) und des Hoch- und Spätmittelalters (1000 - 1500 n.Chr.).

In den frühen achtziger Jahren las ich *Chariots of the Gods* von Erich von Däniken. Wie die meisten meiner Leser wissen, schrieb von Däniken in den sechziger und siebziger Jahren eine Reihe von Bestsellern, in denen er die Behauptung aufstellte, daß die treibende Kraft bei der Bildung der ersten menschlichen Hochkulturen Astronauten der Antike bzw. Außerirdische waren, die von älteren Zivilisationen bzw. Planeten kamen. Von Däniken behauptete, daß diese Astronauten der Urzeit nicht nur die ersten menschlichen Kulturen in Gang gesetzt, sondern auch irgendwie der biologischen Evolution des Menschen Auftrieb gegeben hätten. Durch letzteres seien die Menschen in die Lage versetzt worden, eine Kultur auch weiterzuführen. Vom wissenschaftlichen Standpunkt aus waren Dänikens Angaben (oder Beobachtungen) zur Begründung seiner Thesen nicht so hieb- und stichfest bzw. belegt, wie dies wünschenswert gewesen wäre. Obwohl meine Kollegen aus der Archäologie seine Ideen mit Verachtung von sich wiesen, übten sie auf mich eine gewisse Faszination aus. Aber da es damals in meinem Beruf nicht Mode war, Däniken zu lesen, legte ich sein bahnbrechendes Werk zur Seite. Ich versprach mir jedoch, die Frage der Einwirkung Außerirdischer auf die Entwicklung der Menschheit - falls mehr Beweismaterial verfügbar werden sollte - zu einem späteren Zeitpunkt zu untersuchen. So ließ ich also Däniken und seine Anhänger hinter mir und konzentrierte mich auf die physische Anthropologie.

1988 lernte ich während meines Sommerurlaub meine heutige Frau Lynette kennen und lieben. Ohne daß mir dies damals bewußt war, war ich im Begriff, mein Weltbild von Grund auf zu ändern. Wie schon erwähnt, glaubt Lynette unverrückbar an Gott und die geistige Natur eines jeden Menschen. Als Anthropologe darwinistischer Prägung und Atheist hielt ich ihre Ansichten, gelinde gesagt, für fehlgeleitet und etwas eigenartig. Wie die meisten Wissenschaftler betrachtete ich jedweden Glauben an eine geistige Existenz als eine antiquierte Zeitverschwendung. Irgendwie war ich jedoch von Lynettes Ideen auch beeindruckt, da sie völlig überkonfessionell dachte und sich von vielen großen Meister-„Lehrern“, wie sie sie nannte, inspirieren ließ - von Jesus über Buddha bis zu vielen anderen, von denen ich nie gehört hatte. Sie behauptete, daß die spirituellen Lehren aller großen Meister viele göttliche Wahrheiten enthielten, die jedoch von den Menschen völlig entstellt und mißverstanden wurden. Sie glaubte daran, daß wir - einzeln und als Gesamtheit - dabei sind, uns spirituell weiterzuentwickeln, und daß wir alle eines Tages zu einem tieferen Verständnis unserer geistigen Natur gelangen würden. Ich respektierte Lynettes Überzeugungen, in erster Linie, weil sie weder andere verurteilte noch Scheidewände errichtete - in ihren Augen waren alle Menschen göttlicher Natur, egal, welcher Religion oder Kultur sie angehörten. Wie schon erwähnt, ist einer meiner stärksten Einwände gegen formale Religionen bzw. Sekten, daß sie dazu neigen, die Menschen in ihrem Namen zu entzweien und einander zu entfremden, und daß jede von ihnen beansprucht, den besten oder einzigen Weg zum Göttlichen, zu Gott, darzustellen.

Im Sommer 1989 erlebte ich während eines Besuches bei einer Freundin meiner Frau in Kalifornien meine erste spirituelle Channeling-Sitzung, auf die ich schon weiter oben angespielt habe. Die meisten Wissenschaftler halten, wie auch ich zu jenem Zeitpunkt, die „separaten Wesen“, die durch Channels sprechen, für einen Teil des Geistes bzw. der Seele des Mediums und behaupten, daß das Phänomen des Channeling letztlich auf die Aktivierung unterbewußter Persönlichkeiten des Mediums zurückzuführen sei. Aber hier begegnete ich dieser angeblich unterbewußten Persönlichkeit, die absolut alles über mich zu wissen schien. „Es“ wußte Dinge über mich, die sonst niemand auf der Welt bekannt waren, auch Lynette nicht. „Es“ erzählte von Erlebnissen, die ich als junger Mann gehabt hatte, und zeigte auf, wie bestimmte Ereignisse und Persönlichkeitszüge mir gestattet hatten, eine positive Lebenseinstellung zu wahren, obwohl ich nicht an Gott glaubte. Ich war verblüfft, überrascht, überwältigt - und auch leicht verlegen, daß ein Wesen - körperlich oder unkörperlich - so viel über mich wußte. Über einige der Geschehnisse, die Es erwähnte, hatte ich mit keiner Menschenseele geredet. Da ich meiner eigenen Erfahrung vertrauen mußte, dämmerte mir schließlich, daß hier tatsächlich ein separates, unkörperliches Wesen zu mir gesprochen hatte.

Dieses Erlebnis hatte auf mein Leben einen umwälzenden Einfluß. Das bloße Vorhandensein eines Wesens jenseits unserer drei Dimensionen, so überlegte ich, würde das darwinistisch-anthropologische Weltbild, auf das ich mein Leben gegründet hatte, als Erklärung der menschlichen Existenz hoffnungslos unzulänglich machen. Ich fing an, Lynettes Ideen ernst zu nehmen und wie ein Besessener alle möglichen Bücher aus dem metaphysischen Bereich zu lesen und zu durchdenken. Lynette und ich führten zahlreiche Gespräche über die geistige Natur des Lebens und fingen an, gemeinsam zu meditieren. Nach und nach begann ich selbst den „Geist, der in uns wohnt" zu spüren.

Im darauffolgenden Jahr hatte ich in meinem Lehramt große Schwierigkeiten. Wie konnte ich gescheiten jungen Collegestudenten die darwinistisch-anthropologische Sicht des Ursprungs und der Evolution des Menschen lehren, wenn ich selbst nicht daran glaubte? Allmählich ging mir auf, daß ich die Tätigkeit, die ich vormals für meine Berufung gehalten hatte, würde aufgeben müssen, wenn ich meine Integrität wahren wollte. Ich war gerne Professor und liebte mein Spezialgebiet, aber mir war klargeworden, daß der Ansatz und die Sichtweise von Biologie und Anthropologie nicht nur beschränkt, sondern auch irrig sind.

Zu Ende des Sommersemesters 1990 gab ich meine feste Stellung an der *Colorado State University* auf. Die Überraschung meiner Verwandten, Freunde und Kollegen war immens, und sie stellten sich besorgt die Frage, aus welchem Grund ich wohl - nur sieben Jahre vor einer möglichen Pensionierung - meine Stellung verließ. Sicherlich fragten sich viele, ob ich noch ganz richtig im Kopfe sei. Ich nannte unseren Freunden zahlreiche Gründe, warum ich von der universitären Welt genug hatte, außer dem hauptsächlichen, nämlich daß es dort gegenwärtig nahezu unmöglich ist, sogenannte radikale Auffassungen zu vertreten, die den Glauben an eine geistige Existenz der Menschheit einschließen.

Bald nach meinem Rücktritt zogen meine Frau und ich in die kleine Stadt Mount Shasta in Kalifornien. Mount Shasta ist ein schöner, untätiger Vulkan in Nordkalifornien, der nur etwa 60 Kilometer von der Staatsgrenze zu Oregon entfernt liegt. Das Gebiet um den Mount Shasta ist für kalifornische Verhältnisse recht dünn besiedelt und ein schöner, ruhiger Platz zum Leben.

Bald nach unserem Umzug entdeckte ich Prof. Zecharia Sitchins *Genesis Revisited*, in dem er behauptet, daß Außerirdische die Menschenrasse durch Kombinierung der Gene eines archaischen Menschentyps mit denen von Außerirdischen gentechnisch herangezogen hätten. Weiterhin hätten diese Wesen auch die Anfänge der menschlichen Kultur gelegt. Sitchin stützt sich dabei in erster Linie auf das alte Schrifttum Mesopotamiens, dem Land zwischen Euphrat und Tigris, in dem die erste Schrift und die erste menschliche Kultur aufkamen. Die mesopotamischen Epen berichten von „Göttern", die Tausende von Jahren leben, herumfliegen und sich ganz allgemein in einer Weise aufführen, die sich zumindest nach modernen Maßstäben für Götter nicht schickt. Archäologen und andere Wissenschaftler halten diese historischen Schriften der Sumerer und der späteren mesopotamischen Kulturen für Phantasien und Mythen, auf keinen Fall jedoch für glaubwürdige Geschichte. Mir indes erschienen sie - oder vielmehr Sitchins darauf aufbauende Hypothesen - in Anbetracht der äußerst schnellen Fortschritte der Menschheit in den letzten Jahrtausenden auf den ersten Blick recht einleuchtend. Sitchin schien sich auch historisch auf erheblich soliderem Grund zu befinden als andere, die schon vor ihm eine ähnliche These befürwortet hatten.

Nach beendeter Lektüre von *Genesis Revisited* beschloß ich, dieses Thema ein wenig weiter zu erforschen, da mich der Ursprung des Menschen die meiste Zeit meines (erwachsenen) Lebens zutiefst interessiert hatte. Nicht lange, und ich steckte bis über beide Ohren in dem Gegenstand und faßte den Entschluß, ein Buch darüber zu schreiben. Je tiefer ich dabei in die Materie eindrang, um so unglaublicher und atemberaubender gestaltete sich die Geschichte der Wurzeln der Menschheit - schon bald war ich von dem Projekt besessen. In der Zwischenzeit durchlief ich meine eigene Bewußtseinsevolution. Der größte Teil davon fand zwar zunächst auf geistiger Ebene statt, aber je mehr ich dazulernte, desto mehr änderte sich in meinen Augen auch die Welt. So erzählt dieses Buch im Grunde die Geschichte der spirituellen Evolution, die ich in den letzten Jahren durchlaufen habe.

Ein neues Paradigma

Mit diesem Werk wird ein neues, intelligenteres Paradigma[A2] vorgelegt, eines, das, wie ich hoffe, für alle Menschen verständlich ist. Das Buch konzentriert sich in erster Linie auf das, was ich über extraterrestrische

Einflüsse auf den Ursprung und die Existenz der Menschheit herausgefunden habe. Darüber hinaus beschreibt es eine heimliche Verschwörung mit dem Ziel, die Menschheit über ihren Ursprung und ihr Wesen - vor allem ihr geistiges Wesen - in Unwissenheit zu halten. Und letzten Endes handelt es von der menschlichen Spiritualität, weil sich die Verschwörung und die Wahrheit über unser Wesen nur verstehen läßt, wenn man zumindest ein wenig mit dem Ursprung und Wesen der Menschheit in spiritueller und physischer Hinsicht vertraut ist.

Dieses Buch ist also im wesentlichen eine Einführung in die Geschichte der menschlichen Ursprünge, in den Sinn des Lebens und in eine jahrhundertealte Verschwörung, die Menschheit in Unwissenheit zu halten. Man wird mir sicher zustimmen, daß ich mir damit ein ehrgeiziges Projekt vorgenommen habe. Dennoch möchte ich genau dies - wenigstens im Rahmen einer Einführung - realisieren. Meine Schrift soll den Leser also in die umfangreiche, komplexe Thematik der menschlichen Existenz einweihen. Wenn es tatsächlich ein auf die Verschleierung der Wahrheit über Wurzeln und Natur des Menschen zielendes Komplott gibt, steht natürlich zu erwarten, daß schriftliche Quellen, die Teilaspekte der Wahrheit enthüllen, extrem selten und schwer zu finden sind. Und genau dies entspricht meiner Erfahrung. So sind viele der hier verwandten schriftlichen Quellen weitgehend unbekannt und in den Führungsriegen Amerikas und der übrigen Welt, die die eine oder andere säkulare oder religiöse Weltanschauung vertreten, ohne den geringsten Einfluß.

Nichtsdestoweniger sind alle in diesem Werk aufgestellten Behauptungen in höchstmöglichem Maße mit genauen Beleghinweisen und Verweisen versehen. Veröffentlichungen, die eines der hier präsentierten Themen behandeln, enthalten oft nur ungenügende Quellenangaben, so daß sie von Skeptikern einfach abgetan werden können. In Anbetracht der hier gelieferten Quellenangaben können Skeptiker jedoch zumindest zu „echten“ Skeptikern werden, indem sie sich mit einigen der als Grundlage dieses Buches dienenden Materialien vertraut machen.

Den meisten Lesern dürften die angeführten historischen und wissenschaftlichen Quellen keine Probleme bereiten. Auch die weniger bekannten und unterdrückten historischen Quellen aus Menschenhand sollten - ob man ihnen nun Glauben schenkt oder nicht - nicht allzuviel Bestürzung auslösen. Einige „esoterische“ Quellen könnten jedoch hie und da Unbehagen hervorrufen. Dabei handelt es sich meist um Durchgaben nichtirdischer Wesen, die mittels eines Prozesses, den wir als geistige Telepathie bezeichnen würden, „gechannelt“ wurden. Wie schon erwähnt, wird das Phänomen des Channeling von der Wissenschaft fast ausnahmslos als Äußerung des Unbewußten des Mediums betrachtet. Aus einer eingehenden Untersuchung durch Dr. Arthur Hastings geht jedoch schlüssig hervor, daß es sich bei dieser Erscheinung fast nie um das Ergebnis eines überaktiven Unbewußten handelt. Hastings zufolge sind zwar einige gechannelte Botschaften buchstäblich Unsinn, doch ein Gutteil der Mitteilungen sind therapeutische Ratschläge, die sich für kranke Menschen als äußerst hilfreich herausstellen, sowie hochrangige spirituelle Lehren. (1) Hastings weist auch darauf hin, daß das Phänomen des Channeling den Menschen begleitet, seit es schriftliche Überlieferungen gibt. Ich werde in diesem Zusammenhang Beweise dafür anführen, daß viele gechannelte Mitteilungen von Wesen stammen, die Menschen nicht helfen, sondern sie nur verwirren und kontrollieren möchten, daß aber auch zahlreiche Mitteilungen von Wesen kommen, die wirklich unser Bestes im Auge haben.

Dies fordert natürlich die Frage heraus, wie ich selbst gechannelte Quellen zu beurteilen vermag: woher weiß ich, daß meinen Quellen tatsächlich die Interessen der Menschheit am Herzen liegen und sie wirklich die Wahrheit übermitteln? Dazu ist zunächst zu sagen, daß ich keine der hier benutzten Quellen, sei sie nun gechannelt oder nicht, für Repräsentanten absoluter Wahrheit halte - und dies gilt auch für dieses Buch. Die hier besprochene Materie, die von der Urgeschichte über die Reinkarnation bis hin zu multidimensionalen Existenzen und noch erstaunlicheren Phänomenen reicht, ist für den primitiven menschlichen Geist so schwer zu erfassen, daß es zum gegenwärtigen Zeitpunkt äußerst schwierig wäre, eine detaillierte Darstellung unserer wahren Natur zu verfassen oder zu verstehen - auch wenn es kein Komplott zur Aufrechterhaltung unserer diesbezüglichen Unwissenheit gäbe. Höhere Wesen, die die Wahrheit zu übermitteln wünschen, müssen über einen menschlichen Channeler oder Dolmetscher kommunizieren, was automatisch zu Entstellung und Fehldeutung führt, da dessen Erfahrungen, Prägungen, Programmierungen und Ängste solche Verfälschungen begünstigen. Es ist ebenfalls möglich, daß das durch ein Medium kommunizierende höhere Wesen nicht jede Einzelheit zu einem bestimmten Thema enthüllen möchte. So bemerkte z.B. eines der Wesen, deren ich mich bediene, namens The Awareness (siehe Kapitel 10), daß es vorsätzlich solche Informationen zurückhalte, die seine Schüler in Schwierigkeiten bringen könnten oder die sie nicht verstehen würden. Es hat auch verschiedentlich erklärt, daß die durchgegebene Information zuweilen einfach deswegen entstellt werde, weil sie über einen Channel laufen müssen. The Awareness ermutigt daher seine Leser immer wieder, nicht nach dem Schein zu gehen und Ihm einfach zu glauben, sondern nachzuforschen, die Dinge in Frage zu stellen und die Wahrheit mittels eigener Ermittlungen zu entdecken.

Beim Abfassen dieses Buches habe ich nur auf vier esoterische Quellen zurückgegriffen (von denen eine nicht auf Channeling beruht) - und ich verwende diese in erster Linie, um Informationen über die menschliche Frühgeschichte zu gewinnen; des weiteren stehen sie im allgemeinen auch mit den wenigen verfügbaren Quellen aus alter Zeit im Einklang, die sich mit Wurzeln und Wesen des Menschen befassen. Wir werden auf den folgenden Seiten noch im einzelnen sehen, daß jede dieser esoterischen Quellen die historischen in hohem Umfang bestätigt.

Der erste Teil dieses Buches ist dem darwinistisch-anthropologischen Mythos des Ursprungs der Menschheit gewidmet. Die lauteste und unverblümteste Kritik an Thesen über einen außerirdischen Einfluß auf den Ursprung und die Entwicklung der Menschheit kommt ja gewöhnlich aus Kreisen der materialistischen Wissenschaft. Bei näherer Untersuchung der darwinistisch-wissenschaftlichen Auffassung, daß alles Leben auf der Erde einschließlich des Menschen durch zufällige, ziellose Umstände entstand, entdeckt man jedoch die riesigen Lücken, die in diesem Szenario klaffen. Angesichts der verfügbaren historischen Belege über eine beträchtliche Verwicklung Außerirdischer in die Menschheitsgeschichte wird die wissenschaftliche Sichtweise meiner Ansicht nach sogar zur unglaublichsten, unwahrscheinlichsten und am weitesten hergeholten Theorie des Ursprungs und der Entwicklung der Menschheit, die jemals aufgestellt wurde. Und ich möchte sogar behaupten, daß aufgrund der fehlerhaften Grundannahmen und massiven Verleugnung von Fakten wissenschaftliche Quellen die unergiebigsten und schlechtesten sind, die man heranziehen könnte, um etwas über Herkunft und Aufstieg des Menschen zu erfahren.

Mit meinem Überblick über die darwinistisch-anthropologische Auffassung von der menschlichen Existenz verfolge ich freilich nicht nur die Absicht, der Wissenschaft Tribut zu zollen. Meinungsumfragen zur „Messung" der Glaubenssysteme der Amerikaner zeigen durchgehend, daß nur etwa elf Prozent „reine darwinistische Evolution" für das auslösende Moment unserer Entstehung halten. Ein Drittel billigt eine Art Darwinismus, glaubt aber auch, daß Gott den Evolutionsprozeß steuerte. Und fast jeder zweite Amerikaner ist Anhänger des Kreationismus, glaubt also daran, daß der Mensch in den letzten 10000 Jahren von Gott erschaffen wurde und keinerlei Beziehung zu niedrigeren Lebensformen aufweist. (2) Wenn der Darwinismus also von den Bürgern meines Landes ein solch schwaches Vertrauensvotum erhält, weshalb verwende ich dann überhaupt Zeit auf seine Darstellung? Die Antwort ist, daß der Darwinismus trotz seines schlechten Ansehens unter den Amerikanern die offizielle Doktrin der Regierung der Vereinigten Staaten darstellt, selbst wenn dies nicht gesetzlich festgeschrieben ist. Er erfreut sich in amerikanischen Colleges und Universitäten sowie in fast allen bedeutenden Universitäten des Westens eines so hohen Status wie nie zuvor. Er bildet das Herzstück sämtlicher Wissenschaften, die sich mit dem Menschen und anderen Lebensformen befassen. Jeder amerikanische Wissenschaftler und Forscher im Gesundheitsbereich muß sich an einen darwinistischen Standpunkt halten, um von Forschungsbehörden der Regierung wie der National Science Foundation oder dem National Institute of Health (die selbst mit Hunderten von Milliarden Dollar bezuschußt werden), für seine Forschungsvorhaben - meist spärliche - Unterstützung zu erhalten. Könnte es sein, daß der Darwinismus Teil eines massiven „Vertuschungsmanövers" zur Verheimlichung der extraterrestrischen Einflußnahme auf die Menschheit darstellt? Die Antwort lautet ja, dies könnte tatsächlich so sein, und dies ist auch der wichtigste Grund, warum ich die massiven Mängel einer darwinistisch-anthropologischen Sicht der Menschheit aufzeigen möchte.

Nach der Darstellung der extremen Schwächen der darwinistisch-anthropologischen Erklärung der Menschheitswurzeln werde ich mich den wenigen erhaltenen Aufzeichnungen aus alter Zeit zuwenden, die die außerirdische Einflußnahme auf Ursprung und Entwicklung des Menschen deutlich machen. Das beste historische Material zu diesem Thema stammt aus der ersten nachsintflutlichen Kultur - den Dynastien des alten Sumer und späterer mesopotamischer Reiche. Zecharia Sitchin und anderen verdanken wir den Nachweis, daß sich diese Geschichtsberichte der alten Mesopotamier, die von noch primitiveren und naiveren Menschen als uns selbst verfaßt wurden, im zwanzigsten Jahrhundert endlich entschlüsseln lassen, weil wir eine primitive Raumfahrt, primitive Atomwaffen und eine primitive Gentechnik entwickelt haben. Diese historischen Aufzeichnungen aus Mesopotamien und andere Quellen, darunter auch esoterische, deuten darauf hin, daß Außerirdische den heutigen Menschen gentechnisch herangezogen und den entscheidenden Anstoß zu den ersten Kulturen gegeben haben. Wir werden sehen, daß seit Beginn dieser Erde positiv und negativ ausgerichtete Fremde an der Entwicklung der Menschheit beteiligt waren, aber daß seit mehreren Jahrtausenden die negativ Ausgerichteten unter ihnen die Erde weitgehend unter ihrer Kontrolle haben.

Das recht plötzliche Aufkommen von Nahrungsmittelproduktion, Ackerbau und Haustierzucht sowie die Anfänge der ersten Hochkulturen werden in Kapitel 7 und 8 behandelt. Auch für diese Bereiche gilt, daß Werke, die schon früher eine extraterrestrische Einflußnahme in diesen entscheidenden Phasen der Menschheitsentwicklung behauptet haben, sehr wenig Informationen über den materialistisch-wissenschaftlichen Standpunkt zu diesen Fortschritten der Menschheit präsentierten. Ein genauer Blick auf das, was Archäologie und materialistische Geschichtsforschung zu dieser Thematik zu sagen haben, soll im Vergleich zu den Informationen, die das mesopotamische Schrifttum darüber vermittelt, die ausgesprochene Absurdität des materialistischen Erklärungsansatzes zur Entstehung menschlicher Hochkulturen aufzeigen.

Ein näherer Blick auf die menschliche Früh- und Vorgeschichte macht deutlich, daß die negativen Außerirdischen, die damals direkt in die Geschicke der Menschen eingriffen, wenig oder kein Mitleid mit ihren Schöpfungen empfanden. Viele negative Außerirdische scheinen sich jedoch zu einer positiveren Ausrichtung weiterentwickelt und die Erde und die

Menschheit um das Jahr 1000 v. Chr. verlassen zu haben, um ihre Zukunft alleine zu gestalten. Andere negative Fremde, die ihre regressive Orientierung beibehielten, gingen jedoch etwa zur gleichen Zeit buchstäblich in den Untergrund, von wo aus sie die Menschheit bis zum heutigen Tage unerkannt manipulieren und kontrollieren. Wir werden Indizien dafür sehen, daß Außerirdische negativer Ausrichtung von diesen unterirdischen Bollwerken aus seit jeher daran gearbeitet haben, die Menschheit politisch, rassisch, religiös und monetär gespalten zu halten, um sie damit verletzlicher, gefügiger und leichter kontrollierbar zu machen. Diese Kontrolle wurde dabei stets mit Hilfe einer kleinen Menschengruppe - gewöhnlich Geheimbünden oder Geheimregierungen - aufrechterhalten. Wir werden auch noch andere Techniken sehen, deren sich die regressiven Außerirdischen zur Kontrolle der Menschheit bedienen, u.a. die negative Beeinflussung der frühen menschlichen Entwicklung (Prägung) und folgende Konditionierung auf individueller und kollektiver Ebene.

Die hauptsächliche Methode, deren sich die negativ orientierten Außerirdischen zu unserer Spaltung und Kontrolle bedienen, ist jedoch das Entstellen bzw. Verschleiern geistiger Wahrheiten. Die regressiven Fremden haben mit anderen Worten erkannt, daß wir ihren Manipulationen entkommen können, wenn wir uns zu höheren spirituellen Ebenen entwickeln, als sie selbst sie erreicht haben. In diesem Zusammenhang soll eine kurze Besprechung der Weltreligionen aufzeigen, daß alle unter ihnen Entstellungen und Irrlehren enthalten.

Schließlich lasse ich die guten Nachrichten Revue passieren - daß positiv ausgerichtete Außerirdische und andere positive Wesen versuchen, uns bei der Erweiterung unseres Bewußtseins und geistigen Verständnisses zu helfen, so daß wir dem jahrtausendealten Herrscher-Opfer-Spiel dieser Erde nicht länger die Opferrolle übernehmen müssen. Wir werden Belege dafür durchgehen, daß die Menschheit durch urteilsfreie Liebe und Mitgefühl jetzt in eine Phase ihrer Entwicklung eintritt, in der sehr rasche spirituelle Entwicklung möglich ist.

Einige Begriffe bedürfen der Erklärung. Die meisten englischsprachigen Veröffentlichungen zum Thema Außerirdische benutzen den Ausdruck Außerirdischer zur Bezeichnung eines Besuchers aus dem Weltraum. Der Ausdruck alien (Fremder) wird dabei auf Wesen angewandt, die schon einen erheblichen Zeitraum auf der Erde gelebt haben (gewöhnlich in unterirdischen Behausungen), die jedoch von Außerirdischen abstammen. In Kalifornien und andernorts bezeichnen die Medien andererseits oft auch arbeitssuchende Ausländer, die illegal in die USA einreisen, als Fremde. Ich habe mich deshalb zur Kennzeichnung von Spezies, deren Ursprungs- und hauptsächlicher Entwicklungsort nicht auf dieser Erde liegt - egal ob sie sich hier schon lange aufgehalten haben oder nicht - vorwiegend für den Ausdruck Außerirdische entschieden.

Auch die polaren Ausdrücke positiv und negativ würde ich gerne kommentieren bzw. meinen Gebrauch dieser Begriffe modifizieren. Mir ist völlig klar, daß keine Organisation, kein Wesen und keine Gruppe völlig positiv oder völlig negativ ist. Zum Beispiel werde ich die Behauptung aufstellen, daß sämtliche Weltreligionen zahlreiche Entstellungen und Irrlehren enthalten - obwohl ich mir durchaus bewußt bin, daß sie vielen Menschen im Laufe der Geschichte Trost gespendet und die Befolgung ihrer Riten dem einen oder anderen sogar einen hohen Grad spiritueller Erleuchtung ermöglicht haben. Entsprechend mögen sich die nichtirdischen „Götter" der alten Sumerer (die Anunnaki) tatsächlich den meisten ihrer Untertanen überwiegend negativ, mitleids- und lieblos gezeigt haben - dessen ungeachtet trugen sie zur Begründung der menschlichen Kultur bei, wodurch wir in den Stand gesetzt wurden, langsam bis zu einem Punkt fortzuschreiten, an dem rasche spirituelle Evolution möglich ist. Es gibt viele verschiedene Stufen oder Ebenen des Verständnisses, und einige davon liegen zur Zeit außerhalb der Reichweite der meisten von uns. Deshalb denken Sie bitte daran, wenn ich über Ihre bevorzugte Religion oder Ihr favorisiertes weltliches Glaubenssystem in einer negativen und womöglich kränkenden Weise schreibe, daß mir bewußt ist, daß auf einer gewissen Ebene der Einsicht keine Weltanschauung völlig negativ oder völlig positiv ist. Entsprechend benutze ich die Ausdrücke „negative" oder „positive" Außerirdische nur, um die Leserlichkeit im Vergleich zu „weniger-als-positive Außerirdische" oder „größtenteils gutartige Außerirdische" u.ä. zu verbessern. Meist werde ich die Ausdrücke „progressive" und „regressive" Außerirdische statt „positive" und „negative" Außerirdische gebrauchen. Progressive Außerirdische sind solche, die sich dem Göttlichen Schöpfer durch Liebe und Mitgefühl nähern, während regressive Außerirdische dies nicht tun. Überdies muß, wie ich im letzten Kapitel darlegen werde, jeder von uns sein Bewußtsein intensivieren, bis er/sie in der Lage ist, alle negativen wie auch positiven Aspekte des Universums urteilsfrei zu akzeptieren. Solange wir jedoch in gewissem Grade durch unsere Sprache in unserer Kommunikation begrenzt sind, sollen die Ausdrücke „progressiv" und „regressiv" eine weniger urteilende Haltung fördern, als die, die die Adjektive „positiv" und „negativ" zwangsläufig mit sich bringen.

Beginnen wir unsere Reise zur Wahrheit über die Anfänge des Menschen mit einem Überblick über den darwinistisch-anthropologischen Mythos des Ursprungs der Menschheit. Viele von Ihnen wissen schon, daß die darwinistisch-anthropologische Sicht der Entstehungsgeschichte des Lebens und der Menschen nicht fehlerfrei ist. Dieser Überblick soll jedoch nicht nur deren zahllose Mängel aufdecken, sondern auch als Einführung in die wahren Menschheitswurzeln dienen.

(A1): Anthropologie, im deutschen Sprachgebrauch entweder ein Teilgebiet der Biologie, das sich speziell mit dem Menschen beschäftigt, oder eine Richtung der Philosophie. Im anglo-amerikanischen Sprachraum bezeichnet Anthropologie die Wissenschaft vom Menschen aus biologischer, sozialer und humanistischer Perspektive. Das Fach teilt sich hier in zwei Hauptdisziplinen: die physische Anthropologie, die sich mit der biologischen und physiologischen Anpassung des Menschen an seine jeweilige Lebensumwelt beschäftigt, sowie die Sozial- oder Kulturanthropologie, die sich mit dem Leben des Menschen in der Gesellschaft beschäftigt. (Aus: Encarta)

(A2): Pradigma = allgemein anerkanntes Modell der Wirklichkeit

1. Hastings, A. 1991. With the Tongues of Men and Angels: A Study of Channeling. Holt, Rinehart and Winston, Inc., Fort Worth, Texas.
2. Gallup Organization. 1993. „Half of U. S. believe creationism.„ San Francisco Chronicle, 13. September, S. A5.

„Von der Schöpfung zum Schöpfer bewegen und bewegten wir uns und werden uns immer bewegen - wir kehren zurück und wachsen an Liebe in Ewigkeit.“

Ray Pitsker, Love is Forever

Kapitel 1

Der darwinistische Mythos von Ursprung und Evolution des Lebens

Die Theorie der Evolution[A1]

Die Evolutionstheorie (Abstammungs- oder Entwicklungslehre) wurde zum ersten Mal im Jahre 1858 öffentlich vorgestellt. Leicht verändert und um die letzten biologischen Erkenntnisse bereichert stellt diese Theorie zu Ende des zwanzigsten Jahrhunderts den herrschenden Ursprungs-„Mythos“ des westlichen Kulturkreises, wenn nicht sogar der ganzen Welt, dar, und der heutige „Neodarwinismus“ erfreut sich in Wissenschaft und Intelligenz eines beispiellosen Status. Seine Prämisse wird unter Biologen heute kaum diskutiert. Es gibt zwar Naturwissenschaftler, die einige biologische Eigentümlichkeiten beobachten, die im Rahmen der Theorie gewisse Erklärungsschwierigkeiten bereiten, die überragende Mehrheit betrachtet diese jedoch als triviale Anomalien, die schließlich irgendwann im Rahmen des Neodarwinismus ihre Erklärung finden werden. Der Neodarwinismus stellt auch das offizielle Glaubenssystem der US-Regierung dar: ein amerikanischer Wissenschaftler, der sich um einen staatlichen Zuschuß für Forschungsvorhaben, egal bei welcher Stelle, bewirbt, darf von dem darwinistischen Dogma nicht sehr weit abweichen. Dank seines nahezu unbestrittenen Status beeinflußt das neodarwinistische Dogma auch die politische Entscheidungsfindung, wie in der modernen Medizin und der Multimilliarden-Dollar-Industrie der amerikanischen Medizin- und naturwissenschaftlichen Forschung, sowie zahllose weitere Aspekte des heutigen Lebens.

Aber verdient die Theorie des Neodarwinismus, die den Ursprung und das Ziel (oder die Ziellosigkeit) des Lebens auf der Erde zu erklären vorgibt, wirklich einen solch hohen und unbestrittenen Status? In diesem Kapitel geben wir nach einem kurzen Rückblick auf die Grundlagen der Evolutionstheorie einen Überblick über einige ihrer Mängel. Zum Verständnis ihres Einflusses auf das menschliche Bewußtsein müssen wir dabei zunächst jenen Ursprungsmythos verstehen, der ihr vorausging. Vor dem Aufkommen der Evolutionstheorie wurden die biologischen Aspekte des Menschen in den Ursprungsmythen nicht einmal in Betracht gezogen - die Menschen wußten von ihrer Beziehung zu anderen Lebensformen nichts. Trotz ihrer Unzulänglichkeiten hat es die darwinistische Bewegung somit verstanden, die Bedeutung unseres biologischen Wesens aufzuzeigen, und in der neodarwinistischen Theorie einige Aspekte der biologischen Evolution recht gut erklärt. Möglicherweise genießt der Darwinismus heute deshalb ein solch hohes Ansehen, weil wir dabei sind, uns unserer biologischen Ursprünge bewußt zu werden. Trotz der Überzeugtheit der Kreationisten sind ja die Beweise für irgendeine Form biologischer Abstammung des Menschen mit nichterblichen Abänderungen (biologische Evolution) überwältigend.

In der darwinistischen Bewegung der letzten 135 Jahre kommt die Bemühung einer noch primitiven Spezies um Verständnis und Definition der biologischen Evolution zum Ausdruck. Da es sich um die erste umfassende Entwicklungslehre der Menschheit handelt, wäre es höchst überraschend, wenn schon der erste Versuch eine korrekte Theorie ergeben hätte. Noch mehr erstaunt jedoch, daß die Evolutionstheorie trotz der schon von Darwin und Wallace erkannten Schwächen seit ihrer ursprünglichen Formulierung nur geringfügig weiterentwickelt wurde. Auch heute existiert im Westen noch keine Alternative zum Neodarwinismus - von der kreationistischen Darstellung der Genesis abgesehen. Deren Geschichte der Erschaffung der Welt und allen Lebens einschließlich des Menschen in sechs Tagen durch einen allmächtigen Gott ist angesichts der Belege, daß die Welt und das Leben Millionen und Milliarden von Jahren zählen, natürlich absurd.

Heute reagieren die meisten Neodarwinisten auf einen Angriff auf die aktuelle Theorie, als ob damit die Evolution selbst in Zweifel gezogen würde. In einigen Jahren wird es jedoch hoffentlich eine lebensfähige Alternative zum Neodarwinismus geben, die unsere biologische Entwicklungsgeschichte erklärt und zugleich unserer spirituellen Existenz Rechnung trägt. Erste Grundsteine für eine neue Evolutionstheorie werden sogar schon gelegt.

Die Abstammungslehre läßt sich am besten mittels eines kurzen geschichtlichen Rückblicks verstehen. Vor ihrem Aufkommen glaubte die Mehrheit der Menschen des westlichen Kulturkreises nicht nur an die Erschaffung der Welt in sechs Tagen, sondern auch an die unveränderbare Festlegung sämtlicher Pflanzen- und Tierarten. Diese tief verwurzelte Vorstellung von der Unveränderlichkeit der Arten, die auf die alten griechischen Philosophen der letzten vorchristlichen Jahrhunderte zurückgeht, war im frühen achtzehnten Jahrhundert weit verbreitet.

Zu Beginn des siebzehnten Jahrhunderts berechnete der irische Prälat und Gelehrte Erzbischof Ussher aus der Genesis, daß die Welt im Jahre 4004 v.Chr. geschaffen wurde. Selbst heute noch heben viele Bibeln dieses Datum in der Genesis hervor.

Die Welt des jungen Charles Darwin (1809-1882), Sohn eines wohlhabenden englischen Arztes, war durch den Glauben an die Weltschöpfung in sechs Tagen, an die Unveränderlichkeit der Arten und an ein Alter der Welt unter 6000 Jahren geprägt. Manche hatten schon vor Darwin die Evolutionstheorie vorausgeahnt oder sogar an die Evolution geglaubt - zu ihnen zählte auch sein eigener Großvater, Erasmus Darwin - aber niemand vor ihm hatte eine glaubwürdige, umfassende Entwicklungslehre entwickelt.

Dem Wunsch seines Vaters zufolge sollte Darwin Arzt werden. Nach zwei Jahren Medizinstudium in Edinburgh brach er das Studium jedoch ab. Charles war alles andere als ein hervorragender Student, da er sich im allgemeinen mehr für Jagen und Fischen als für akademische Leistungen interessierte. Er ging schließlich nach Cambridge, um dort Theologie zu studieren. Nach dem Abschluß seines Studiums (1831) hätte er den Rest seines Lebens wahrscheinlich als unbekannter Landpfarrer verbracht, wäre ihm nicht angeboten worden, als Naturwissenschaftler und Begleiter des Kapitäns an einer Expedition des königlichen Forschungs- und Vermessungsschiffs Beagle teilzunehmen.

Ziel des Unternehmens war die kartographische Erfassung der Südküsten Südamerikas. Darwin durfte sich während der Expedition häufig an Land begeben, wo er begann, Sammlungen von Flora und Fauna anzulegen und ausführliche Notizen über seine Beobachtungen zu machen. Was als Steckenpferd begonnen hatte - Naturbeobachtung und naturgeschichtliches Interesse - wurde im Laufe der fünfjährigen Fahrt (1831 - 1836) zu einer ernsthaften Unternehmung. Der junge Darwin beobachtete zahlreiche Naturerscheinungen, die in ihm die Überzeugung reifen ließen, daß der Kreationismus und die Unveränderlichkeit der Arten nicht zutreffen konnten. So beobachtete er auf den etwa 900 km vor der Westküste Südamerikas liegenden Galápagosinseln dreizehn ähnliche Finkenarten (die heute Darwinfinken heißen) und schlußfolgerte, daß diese Finkenarten aus einer gemeinsamen Stammform hervorgegangen sein könnten, anstatt einzeln von Gott erschaffen worden zu sein.

Im Jahre 1844 hatte Darwin in Umrissen ein erstes Manuskript zur Evolutionstheorie und natürlichen Auslese (Selektion) ausgearbeitet. Die darin geäußerten Gedanken sind jenen, die er fünfzehn Jahre später der Öffentlichkeit vorstellen sollte, sehr ähnlich. Zu jenem Zeitpunkt glaubte er jedoch, nicht über genügend Daten zur Untermauerung seiner Theorie zu verfügen. So las er weiter und sammelte zusätzliche Daten, bis er in der Person von Alfred Russel Wallace (1823-1913) einen Ansporn erhielt. Wallace war wie Darwin Engländer und ein scharfer Naturbeobachter. Er war ein sehr belesener Mann, hatte jedoch im Gegensatz zu Darwin nie eine formale höhere Bildung genossen und schon mit vierzehn Jahren zu arbeiten begonnen. Als junger Mensch begann er, Tierexemplare in exotischen und weitgehend unbekannten Orten zu sammeln. Er verdiente mit dem Verkauf seiner exotischen Tiere - vor allem Vögel und Insekten - sogar seinen Lebensunterhalt. Wie Darwin fragte Wallace sich, warum Tierarten einander oftmals so ähnlich sind.

Im Jahre 1858 bekam Wallace während eines Aufenthalts auf einer Insel in Niederländisch-Ostindien einen seiner regelmäßig wiederkehrenden Fieberanfälle. Plötzlich „sah“ er eine Lösung zu der Frage, warum es ähnliche Abarten des „Originaltyps“ einer Pflanze oder eines Tieres gibt, und seine Ideen waren der von Darwin Jahre zuvor formulierten Evolutionstheorie erstaunlich ähnlich.

Darwin und Wallace unterhielten wegen ihres beiderseitigen Interesses an Naturgeschichte schon eine regelmäßige Korrespondenz. Deshalb sandte Wallace den Aufsatz, den er über seine Einsichten verfaßt hatte, an Darwin, also an genau denjenigen, der eine ähnliche Theorie entwickelt hatte. Nach Einsichtnahme in Wallaces Arbeit erwog Darwin eine Zeitlang, seine eigenen Unterlagen zu diesem Thema zu vernichten, um nicht ehrlosen Verhaltens bezichtigt zu werden. Freunde, denen seine Ideen und seine Arbeit zu diesem Thema bekannt waren, brachten ihn indes dazu, selbst eine Abhandlung zu schreiben und diese zusammen mit Wallaces Arbeit einem Kreis von Naturforschern vorzustellen.

So wurde 1858 die Evolutionstheorie einer Versammlung der Linnean Society in London vorgetragen. Diese erste öffentliche Vorstellung der Entwicklungslehre erregte jedoch nur wenig Aufsehen, da die Mitglieder der Gesellschaft Darwins und Wallaces Auffassung der Evolution nicht zu teilen vermochten.

Dieses Ereignis veranlaßte Darwin jedoch, sich aus seinem Gelehrtenstübchen zu wagen und, obgleich ihm schien, daß er noch nicht über alle zur Untermauerung seiner Gedankengänge nötigen Informationen verfügte, seine Ideen, die er mehr als zwanzig Jahre zuvor zu formulieren begonnen hatte, zu veröffentlichen. So kam ein Jahr später (1859) sein berühmtes On the Origin of Species by Means of Natural Selection, or the Preservation of Favoured Races in the Struggle for Life, (Über die Entstehung der Arten im Thier- und Pflanzenreich durch natürliche Züchtung) heraus, was gewöhnlich zu The Origin of Species (Die Entstehung der Arten) verkürzt wird.

Die darin vorgestellte Evolutionstheorie ist prinzipiell recht einfach. Die zentrale These Darwins in Die Entstehung der Arten besagt, daß Arten veränderlich sind und sich tatsächlich im Laufe der Zeit verwandeln. Alle lebenden Organismen einschließlich des Menschen würden sich durch einen allmählich fortschreitenden Prozeß aus anderen Organismen entwickeln; der wichtigste Prozeß dabei sei jener der natürlichen Auslese oder Selektion. Darwin gründete seine Theorie der natürlichen Selektion (Auslese) auf gewisse Beobachtungen in der Natur und seine daraus gezogenen Schlußfolgerungen.

Darwin beobachtete, daß Lebewesen fähig sind, viel mehr Nachkommen zu erzeugen, als überleben können. So produzieren z.B. Bäume zahlreiche Sämlinge, Fische und Amphibien legen oft Hunderte oder Tausende von Eiern und kleine Säugetiere haben gewöhnlich viele Junge pro Wurf. Darwin beobachtete weiter, daß trotz dieser Vermehrungstendenz die Individuenzahl einer Spezies mehr oder weniger konstant bleibt, da die zur Verfügung stehende Nahrung nicht in gleicher Weise zunimmt. Darwin folgerte daher, daß unter den Nachkommen ein Kampf ums Überleben stattfinden müsse. Er stellte weiter fest, daß Individuen einer Art in ihren körperlichen (morphologischen) Zügen beträchtlich voneinander abweichen. Er schloß daraus, daß jene Individuen, die die günstigsten Abweichungen oder Variationen (hinsichtlich Größe, Schnelligkeit etc.) aufweisen, die größeren Überlebenschancen hätten. Obwohl die Gesetzmäßigkeiten der Vererbung (Vererbungslehre) zu jener Zeit völlig unbekannt waren, wußten Darwin und nahezu jeder seiner Zeitgenossen, daß bestimmte Veränderungen auf irgendeine Weise an spätere Generationen weitergegeben werden. Darwin folgerte daher, daß erfolgreiche morphologische Abweichungen über längere Zeiträume hinweg große Unterschiede in Lebewesen hervorbringen, die allmählich zu neuen Typen - neuen Arten - führen.

Der Aufruhr, die Seelenqualen und die Diskussionen, die durch die miteinander unvereinbaren Sichtweisen der darwinschen Evolutionstheorie auf der einen und der anerkannten religiösen Dogmen auf der anderen Seite ausgelöst wurden und die vom späten neunzehnten Jahrhundert bis heute reichen, lassen sich in zahlreichen Büchern und Abhandlungen verfolgen. Darwin und seine Anhänger argumentierten nicht nur, daß Arten veränderlich seien und sich entwickelt hätten, sondern sie eliminierten auch - oder versuchten es zumindest - Gott, die menschliche Seele und eine geistige Existenz der Menschheit. Die Evolution sei ein langsamer, zufälliger Prozeß, so behaupteten die Darwinisten, und kenne weder Zweck noch Richtung. Die Theorie unterstützt eine grundsätzlich weltliche, materialistische Sicht des Menschen und des Universums. Natürlich erhoben Menschen mit religiös-spirituellen Neigungen energisch Einspruch.

Doch auch viele Naturwissenschaftler und Biologen des späten neunzehnten Jahrhunderts wollten sich nur sehr langsam mit dem Darwinismus anfreunden. Viele unter ihnen stieß die Zufälligkeit, die Ziellosigkeit und das angebliche Fehlen jeglicher Richtung in der Darwinschen Theorie ab. In weiten Kreisen wurde immer noch irgendeine Art Lamarckismus für eine der wichtigsten selektiven Kräfte der Evolution gehalten. Dieser Theorie zufolge, die nach Jean-Baptiste Lamarck (1744 - 1829), einem französischen Anhänger der Entwicklungslehre vor Darwin, benannt ist, sollen Eigenschaften, die ein Organismus im Laufe seines Lebens erwirbt, an die Nachkommen weitervererbt werden. Der Lamarckismus würde z.B. behaupten, daß ein Mann, der durch ständiges Training im Lauf seines Lebens kräftige Muskeln entwickelt hat, diese Eigenschaft seinen Nachkommen überträgt. Darwin glaubte selbst an eine Art Lamarckismus, da er diesen in den ersten sechs Ausgaben von Die Entstehung der Arten mit einschloß.

Was wir heute unter Biologie verstehen, nahm seinen wirklichen Anfang erst gegen Ende des vorigen Jahrhunderts. Damals begannen die frühen Biologen, die die Naturwissenschaft um ihre Erfolge bei der Erklärung des physikalisch-materiellen Aufbaus des Universums beneideten, ihre eigene Disziplin nach den Grundsätzen der Physiko-Chemie zu organisieren. Bis zum Ende des neunzehnten Jahrhunderts hatten so viele renommierte amerikanische und europäische Universitäten für ihre frischgebackenen Biologiewissenschaftler Laboratorien eingerichtet, die sich für die Durchführung wissenschaftlicher Experimente eigneten. Dem Beispiel der Naturwissenschaft folgend, glaubten die neuen Biologen nur das, was sich im Labor nachweisen ließ.(1) In diesen Laboratorien wurden viele Experimente zur Überprüfung der Lehrsätze des Lamarckismus durchgeführt. Oft zitiert wird das Experiment eines deutschen Biologen des späten neunzehnten Jahrhunderts, August Weismann, das den Lamarckismus widerlegen sollte. Weismann amputierte fünf Generationen lang die Schwänze Hunderter von Mäusen und stellte fest, daß alle Nachkommen völlig normale und noch nicht einmal leicht verkürzte Schwänze entwickelten. Da sich in den Laboratorien der neuen Biologen keinerlei Indizien dafür finden ließen, daß im Laufe eines Lebens erworbene Eigenschaften an zukünftige Generationen weitervererbt werden, verlor der Lamarckismus jeglichen Boden.

Synthetische Theorie

Zu Beginn des zwanzigsten Jahrhunderts wurde die junge Disziplin der Genetik in zahlreichen Laboren der neuen Biologen erforscht. Die Gesetzmäßigkeiten der Vererbung über das Erbgut waren Darwin und Wallace völlig unbekannt, obwohl der ursprüngliche Entdecker der Vererbungsprinzipien, Gregor Mendel (1822 - 1884), seine Experimente zur gleichen Zeit durchführte, in der Darwin und Wallace ihre Gedanken zur biologischen Evolution aufstellten und verteidigten. Mendel war Mönch und Schullehrer im österreichisch-ungarischen (später tschechoslowakischen) Brünn, wo er aufgrund seiner Beobachtungen an Gartenerbsen, seinem Hauptforschungsobjekt, die Grundprinzipien der Vererbung formulierte. Seine Arbeit geriet in Vergessenheit, bis sie im Jahre 1900 von drei europäischen Naturwissenschaftlern wiederentdeckt wurde. In Europa und Amerika erlebte die Genetik dann in den ersten Jahrzehnten des zwanzigsten Jahrhunderts einen stürmischen Aufschwung. Die Experimente der frühen amerikanischen Genetiker wurden hauptsächlich an der gemeinen Fruchtfliege durchgeführt, deren Generationenfolge sehr rasch abläuft und mit der sich im Labor gut arbeiten läßt. Im Verlaufe dieser Arbeiten wurden unsere Kenntnisse über Gesetzmäßigkeiten und Grundregeln der Vererbung weiter entwickelt und vertieft.

Noch immer besaß der Darwinismus keine Monopolstellung in der Biologie, da als treibende Kraft der Evolution weiterhin andere Kräfte als die natürliche Selektion angeführt wurden. In den zwanziger und dreißiger Jahren gelang es schließlich Biologen in mehreren Ländern, die wissenschaftliche Genetik mit dem Darwinismus zu fusionieren. Sie hatten an der Aufstellung mathematischer Modelle gearbeitet, die erklären sollten, wie evolutionäre Veränderung in Populationen[A2] von Lebewesen vor sich gehen könnte.

Diese Fusion, die häufig als synthetische Theorie oder Neodarwinismus bezeichnet wird, verlieh dem Darwinismus schließlich seinen heutigen Status. Die Populationsgenetiker stellten die Theorie auf, daß Mutationen, die kleine genetische Veränderungen in einer Population bewirken, jene Variation liefern, aus der die natürliche Selektion die Lebewesen mit der größten Überlebenseignung auswählt. Diese kleinen genetischen Veränderungen in Individuen werden, wenn sie günstiger Natur sind, an die gesamte Population durch sexuelle Reproduktion weitergegeben. Die von mir in Zaire erforschte Waldaffenart, die Schopfmangabe (Cercocebus aterrimus), lebt in Gruppen (Populationen) von fünfzehn bis zwanzig Individuen beiderlei Geschlechts und jeglichen Alters (Erwachsene, Jugendliche, Kinder) (2). Wenn Männchen die Geschlechtsreife erreichen, migrieren sie oftmals zu anderen Gruppen. Ein solches Abwandern junger Männchen aus ihren ursprünglichen Populationen wurde in vielen Primatenarten beobachtet. In einigen (z.B. Gorillas) sind es jedoch die Weibchen, die oftmals aus ihrer ursprünglichen Population abwandern. Die Migration ist ganz allgemein im Tierreich weit verbreitet und ermöglicht über sexuelle Reproduktion die Ausbreitung einer kleinen, günstigen genetischen Veränderung über sämtliche Populationen einer Spezies. Auf diese Weise sieht der Neodarwinismus die allmähliche Veränderung und Entwicklung von Arten vonstatten gehen.

Im Jahre 1953 entdeckten ein amerikanischer und ein britischer Wissenschaftler, Francis Crick und James Watson, gemeinsam die Molekularstruktur des genetischen Materials, der Desoxyribonucleinsäure oder DNA. Im gleichen Jahr veröffentlichten sie eine Abhandlung, in der die Doppelhelix-Struktur der DNA erläutert wird, und halfen damit, das jahrhundertealte Rätsel der Vererbung zu lösen.

In den Jahren seit der Offenlegung der chemischen Basis der Vererbung durch Watson und Crick haben sich unsere Kenntnisse der biochemischen Grundlagen des Lebens rapide vermehrt. Wir wissen jetzt, daß sich sämtliche lebenden Organismen - von der mikroskopisch kleinen einzelligen Bakterie bis zu erheblich komplexeren Organismen wie uns selbst - biochemisch sehr ähneln. Diese biochemische Ähnlichkeit, so der Neodarwinismus, untermauert seine These, daß sämtliche Lebensformen der gleichen Quelle entspringen und miteinander verwandt sind.

Molekularbiologie

Im folgenden möchte ich kurz einige Grundsätze der Molekularbiologie beschreiben, um die wunderbare und außerordentliche Vielschichtigkeit der biochemischen Basis des Lebendigen zu veranschaulichen. Später betrachten wir in diesem Kapitel die Argumente des Neodarwinismus für den zufälligen Ursprung des Lebens auf diesem Planeten, und zum Verständnis dieses strittigen Themas ist eine gewisse Kenntnis der biochemischen Grundlagen des Lebens erforderlich. Es muß indes gesagt werden, daß das Verständnis der Molekularbiologie jenen Lesern, die nur eine unklare Vorstellung von deren Grundsätzen und Terminologie haben, Schwierigkeiten bereiten könnte, und daß es keine Voraussetzung dafür darstellt, die Grundprinzipien des Neodarwinismus zu verstehen. Andererseits sind sicher viele meiner Leser schon zumindest mit den Grundgedanken der Molekularbiologie vertraut. Wer mehr über die Molekularbiologie lernen möchte, findet eine ausführlichere Darstellung des unten Gesagten in nahezu allen wissenschaftlichen Texten zur Einführung in die Biologie.

Das Erbmaterial aller Lebewesen, die DNA, kann als Blaupause des Organismus betrachtet werden. Die DNA befindet sich mit wenigen Ausnahmen im Zellkern (Nukleus) jeder einzelnen der Billionen von Zellen, die unseren Körper ausmachen. Die DNA ist eine Nukleinsäure, die aus Millionen von Nukleotiden zusammengesetzt ist. Ein Nukleotid besteht aus jeweils einem Zucker- und einem Phosphatmolekül sowie einer stickstoffhaltigen Base. Während die Zucker- und Phosphatmoleküle in jedem Nukleotid gleich sind, liegen die Basen in vier verschiedenen Formen vor, nämlich als Adenin (A), Thymin (T) Guanin (G) und Cytosin (C). Die DNA besteht aus zwei Strängen, die jeweils aus Millionen miteinander verketteter Nukleotiden gebildet sind. Diese beiden Stränge werden durch Wasserstoffbrücken zwischen den Basen zusammengehalten und sind in Form der sogenannten Doppelhelix spiralförmig umeinander gewunden.

Die DNA enthält den genetischen "Code" (die Information) für die Herstellung zahlreicher Eiweiße - die sogenannte Proteinsynthese -, welche im Zytoplasma der Zelle stattfindet. Der Code für die Herstellung der Proteine wird von einem einzelnen DNA-Strang (der sich "entwunden" hat), auf die sogenannte RNA übertragen. Ein DNA-Abschnitt, der den Code für ein bestimmtes Protein enthält, wird als Gen bezeichnet.

Die eben erwähnte RNA, die ebenfalls für die Proteinsynthese benötigt wird, ist eine einzelsträngige Nukleinsäure, aber der DNA ansonsten sehr ähnlich. Es gibt verschiedene Arten von RNA; diejenige, die den Code für die Herstellung eines Proteins im Zellkern von der DNA übernimmt, heißt Boten- oder Messenger-RNA ([m]RNA). Wenn der Code für die Synthese eines Proteins in einem Vorgang namens Transkription in eine solche Messenger-RNA "umgeschrieben" wurde, wandert die (m)RNA anschließend vom Zellkern in das Zytoplasma. Die tatsächliche Proteinsynthese findet dann in den sogenannten Ribosomen statt - komplexe Organellen, die aus etwa 50 Proteinen und drei RNA-Ketten bestehen und als "Dekodierer" wirken.

Proteine sind jeweils aus langen Aminosäureketten aufgebaut. Aminosäuren sind kleine, ungefähr zehn bis zwanzig Atome enthaltende Eiweißbausteine. Sämtliche Lebewesen verwenden zur Synthese ihrer körpereigenen Proteine nicht mehr als zwanzig Aminosäuren.

Jeweils drei Nukleotide der DNA (die sogenannten Tripletts oder Codons) enthalten den Code zur Herstellung einer Aminosäure. Dieser Code ist jedoch "redundant", d.h. AGA z.B. gibt die Anweisung, die Aminosäure Serin zu bilden, das gleiche wird jedoch auch von AGG, AGT, AGC, TCA und TCG bewirkt. Die Tripletts (Codons) werden an einem Ribosom mit Hilfe einer weiteren RNA, der sogenannten transfer(t) RNA, dekodiert. Jedes tRNA-Molekül besteht aus einem kurzen RNA-Strang, der etwa 100 Nukleotide enthält und in eine kompakte, haarnadelartige Struktur gefaltet ist. Jedes tRNA-Molekül "erkennt" ein bestimmtes Triplett (Codon) der mRNA und die durch dieses spezifizierte Aminosäure. Das tRNA-Molekül heftet sich an die entsprechende Aminosäure und transportiert diese zu der Stelle am Ribosom, an der das Proteinmolekül zusammengesetzt wird. Wenn alle Aminosäuren eines Proteins in der richtigen Reihenfolge verknüpft wurden, wird es vom tRNA abgelöst und faltet sich unter dem Einfluß elektrochemischer Kräfte in eine komplexe dreidimensionale Form. Jede Aminosäure eines Proteins ist dabei mit den benachbarten Aminosäuren in identischer Weise verbunden, weist aber eine einzigartige Seitenkette auf. An diesen Seitenketten findet die Arbeit bzw. die atomaren Interaktionen des Proteins statt. Die Anordnung im Raum (Faltung) des Proteins erfolgt dergestalt, daß eine Höchstmenge an atomaren Wechselwirkungen zwischen den verschiedenen Aminosäuren ermöglicht wird.

Proteinmoleküle stellen die eigentliche Basis des Lebens dar. Wir bestehen zum größten Teil aus Protein, von unseren Nägeln, unserer Haut, unseren Haaren bis hin zu unseren Muskeln, inneren Organen usw. Diese "Basis"-Proteine sind als Strukturproteine bekannt. Andere Proteine - die sogenannten Enzyme - beschleunigen bzw. katalysieren verschiedene chemische Reaktionen. Proteine erfüllen auch logistische und Transportfunktionen, wie z.B. das Hämoglobin, das für den Sauerstofftransport von den Lungen zu den anderen Körperteilen zuständig ist.

Proteine sind so winzig, daß sie nur nach millionenfacher Vergrößerung sichtbar werden. Es gibt eine ungeheure Anzahl unterschiedlicher Proteinfunktionen und eine entsprechend große Zahl von Anordnungen im Raum (Faltungen), welche unmittelbar durch die Aminosäurenfolge bzw. -sequenz des Proteins bestimmt werden. Ein Protein besteht gewöhnlich aus 100 bis 500 Aminosäuren. Wenn eine davon ausgetauscht wird, kann dies wenig oder gar keine Wirkung auf das Protein zeigen, aber seine Funktion auch erheblich beeinflussen. Wenn z.B. in der beta-Kette eines normalen Hämoglobinmoleküls (es gibt alpha- und beta-Ketten) in der sechsten Aminosäure (von insgesamt 146) eine Mutation eintritt, weisen die roten Blutkörperchen eine Tendenz zur Verformung auf. Solche mißgestalteten Blutkörperchen transportieren den Sauerstoff nicht wie normale Blutkörperchen, und ein Mensch, der diese Mutation an einem Gen (heterozygot) am *Locus* des Gens der beta-Kette des Hämoglobins auf der DNA trägt, leidet an einer milden Form der Anämie, besitzt aber gleichzeitig größere Resistenz gegen eine bestimmte Art Malaria (die sogenannte *Malaria tropica*, auch Tropenfieber genannt). Ein Mensch, der diese Mutation in zwei Genen (homozygot) am selben Ort aufweist, stirbt gewöhnlich vor Eintritt des Erwachsenenalters. Diese Krankheit, die als Sichelzellenanämie bekannt ist, verleiht also einem Menschen, der nur e i n solches Gen trägt (einem Heterozygoten), eine erhöhte Resistenz gegen Tropenfieber. Es überrascht daher nicht, daß diese Mutation vorwiegend unter afrikanischen Negern angetroffen wird, bei denen sich diese (durch *P. falciparum* verursachte) Form der Malaria am häufigsten findet (diese Krankheit tritt jedoch - wenn auch in geringer Häufigkeit - auch bei Südeuropäern und Südasiaten auf, wo diese Art Malaria ebenfalls vorkommt). Normales Beta-Hämoglobin weist am sechsten Triplett (Codon) die Kombination CTC auf, die die Aminosäure Glutaminsäure codiert. Im

Falle der Sichelzellenanämie bewirkt jedoch eine kleine sogenannte Punktmutation im Laufe der Zeit die Veränderung der Base T in A (und CAC spezifiziert die Aminosäure Valin). Hier beeinflußt also eine kleine Veränderung einer Base des DNA-Moleküls die Gesamtstruktur des Proteins bzw. der roten Blutkörperchen, wodurch deren Effizienz beeinträchtigt wird, was sich wiederum auf das Wohlbefinden des betroffenen Menschen auswirkt.

Heutzutage ist die Molekularbiologie völlig in die neodarwinistische Evolutionstheorie eingebunden. Diese nimmt an, daß sich kleine Mutationen wie der oben beschriebene sogenannte Sichelzellenfaktor allmählich summieren und schließlich in neuen Arten, neuen Ordnungen und neuen Klassen von Lebewesen resultieren.

Reduktionismus und Neodarwinismus

Der Neodarwinismus und die Biologiewissenschaft sehen das Leben durch eine reduktionistische, deterministische und mechanistische Brille. Dies ist zum großen Teil den frühen Biologen zuzuschreiben, die es um die Jahrhundertwende den Physikern des neunzehnten Jahrhunderts gleichtun wollten, die eine äußerst reduktionistische, deterministische und mechanistische Sicht der Materie hatten, der zufolge alles, einschließlich des Lebendigen, aus der Evolution von Materie resultiert - angefangen vom Urknall, dem der Ursprung des Universums vor etwa acht bis zwanzig Milliarden Jahren zugeschrieben wird, bis hin zum zufälligen Beginn des irdischen Lebens vor ungefähr 3,5 Milliarden Jahren. So geriet die neodarwinistische Evolutionstheorie zu einem Teil des wissenschaftlichen Materialismus, der durch die frühen Erfolge der „exakten Wissenschaften" Physik und Chemie eingeläutet wurde.

In der Biologie bedeutet Reduktionismus schlichtweg, daß zur Erklärung eines Lebewesens das Verständnis seiner Teile nötig ist. Darum müssen in Amerika viele Biologieschüler in der High-School Würmer, Frösche und andere Kleintiere sezieren. Wir mußten die Anordnung von Venen, Arterien, Organen und anderen kleinen Innenteilen des Körpers begreifen, bevor wir ergründen konnten, wie ein lebendiges Tier lebt. Wenig oder nichts wurde darüber gelehrt, wenigstens in meiner High-School, wie das Tier tatsächlich in der Natur lebte.

Um den biologischen Reduktionismus über die High-School-Ebene hinauszutragen, wie es Molekularbiologen seit den fünfziger Jahren so erfolgreich verstanden haben, muß auch noch die molekulare Ebene von Aufbau und Funktion eines Organismus nachvollzogen werden. Auf der Grundlage dieses Wissens lassen sich biologische Lebewesen dann noch weiter reduzieren. So behauptete z.B. Richard Dawkins, ein führender Völkerkundler und Neodarwinist, daß es letztlich das genetische Material sei, das sich weiterentwickele. Dawkins betrachtet den Körper als reine „Überlebensmaschinerie" für die Gene. (3) Und der zufälligen Entwicklung des genetischen Materials schreibt der Neodarwinismus zahllose menschliche Errungenschaften zu - von herrlichen Symphonien bis zu wunderbaren wissenschaftlichen Theorien (wie der hier besprochenen). So schreibt zum Beispiel der Zoologe Edward Wilson, eine berühmte Figur der Evolutionsbiologie, daß er glaube, daß nach weiterer zukünftiger Forschung „der Geist als ein Epiphänomen der neuronalen Mechanismen des Gehirns erklärt werden wird." (4)

Unzählige weitere Beispiele ließen sich nennen, in denen Biologen umfangreiche, komplexe Phänomene - wie z.B. den menschlichen Geist - auf Materie reduzieren. Schon untersuchte molekulare und biochemische Ebenen lassen sich dann weiter auf die atomare und subatomare Ebene reduzieren. Viele Wissenschaftler glauben heute, daß mit dem wissenschaftlichen Fortschritt schließlich alle Arten von Verhalten, einschließlich des menschlichen, der sozialen Bewegungen und selbst der Geschichte auf subatomare Ereignisse reduziert werden können.

Der Mechanismus der modernen Biologie inklusive des Neodarwinismus wird gewöhnlich auf den berühmten französischen Philosophen und Wissenschaftler des 17. Jahrhunderts, René Descartes, zurückgeführt. Von Descartes stammt der bekannte Ausspruch „cogito, ergo sum", „Ich denke (zweifle), also bin ich". Descartes teilte demgemäß die Welt in zwei Kategorien ein, Geist und Materie. Er nahm an, daß nur Menschen denken können, da er nur sie mit einem Geist versehen glaubte. Alles andere einschließlich der Tiere fiel unter die Kategorie der Materie und verhielt sich deshalb maschinenhaft. Das Maschinenmodell von Tieren (und Pflanzen) dauert seit den Tagen von Descartes fort, und heutige Biologen verschiedener Couleur glauben vielfach, daß sich Tiere wie mechanische Maschinen verhalten. In diesem und in späteren Kapiteln werden wir einige Beispiele für tierisches Verhalten sehen, und der Leser kann dann selbst entscheiden, inwieweit sich Tiere maschinenhaft verhalten. Betrachten wir nun einige Aspekte der neodarwinistischen Theorie etwas näher.

Die Mängel der neodarwinistischen Evolutionstheorie

Der Ursprung des Lebens

Charles Darwin selbst behauptete niemals, daß seine Theorie die Entstehung des Lebens erklären könne - aber er setzte es indirekt voraus. Gelegentlich spekulierte er in privater Korrespondenz, daß sich vielleicht in „irgendeinem warmen kleinen Teich", der eine gewisse chemische Verbindung enthält, in Kombination mit Wärme und Strom lebende Wesen bilden könnten.(5) In jedem Fall verbannten die ziellosen und zufälligen Umstände seiner Lehre jegliches übernatürliche Wesen aus der Biologie und legten daher offenkundig einen zufälligen Beginn des Lebens auf der Erde nahe.

Der Neodarwinismus hat die Idee eines zufälligen Beginns des Lebens aus anorganischer (unbelebter) Materie völlig akzeptiert. So schreibt z.B. der wohlbekannte Paläontologe(A3) G.G. Simpson, dem in hohem Maße die Eingliederung seiner Wissenschaft in die neodarwinistische Theorie zu verdanken ist, zum Ursprung des Lebens:

> „Es gibt ...keinen Grund, ein Wunder zu postulieren, noch ist die Annahme vonnöten, daß der Ursprung des neuen Prozesses der Reproduktion und Mutation anderer als materieller Natur war."(6)

Die ältesten bekannten Gesteinsschichten der Welt werden auf ca. 3,8 Milliarden Jahre datiert; das Alter unserer Erde wird auf Grundlage dieses Datums auf ca. 4,5 Milliarden Jahre geschätzt. Die Wissenschaft nimmt an, daß die Erde und der Rest unseres Sonnensystems vor ca. 4,5 Milliarden Jahren durch Kollabieren einer Riesenwolke interstellaren Gases und Staubs entstanden. Unbekannt ist, woraus die Atmosphäre der Urerde bestand - Sauerstoff kann sie jedoch nicht enthalten haben, da dieser aus der Photosynthese von Organismen herrührt, die zu dieser Zeit nicht existierten.

Unabhängig voneinander stellten in den zwanziger Jahren dieses Jahrhunderts zwei Wissenschaftler, der Russe Alexander Oparin und der Engländer J.B.S.Haldane, eine Hypothese auf, der zufolge Lebendiges aus anorganischem Material durch Zufall entstanden ist. Kurz gesagt spekulierten Oparin und Haldane, daß die Atmosphäre der frühen Erde aus Wasserstoff, Wasser, Methan und Ammoniak bestand. Diese Atmosphäre sei der Energie von Sonnenstrahlen und Blitzen ausgesetzt gewesen, was zur Bildung organischer Verbindungen führte, die in den Meeren die sogenannte Ursuppe formten. Nach einer gewissen Entwicklungszeit bildete sich aus diesen organischen Verbindungen ein primitives, fortpflanzungsfähiges Lebewesen, und das Leben konnte beginnen.

1953 entwarfen die Biochemiker Stanley Miller und Harold Urey ein Experiment, das die Bedingungen auf der Erde zur Zeit der Entstehung des Lebens simulieren sollte. Sie führten einem Gemisch der Gase, die man in der sogenannten Uratmosphäre vermutete, Energie in Form elektrischer Entladungen zu. Dabei entstanden einige Aminosäuren; zwei davon zählen zu den zwanzig Aminosäuren, die Organismen zur Synthese der eigenen, lebenswichtigen Proteine benötigen. Das ist alles. Das Miller-Urey-Experiment produzierte nichts, das auch nur annähernd so komplex wie ein lebender Organismus gewesen wäre, und nur zwei der zwanzig Aminosäuren, die zur „Konstruktion“ eines Proteins eines lebenden Organismus benutzt werden.

Dieses Experiment erregte jedoch in Wissenschaft und Presse großes Aufsehen. Damals dachten die meisten Wissenschaftler und ein Gutteil der Öffentlichkeit, daß die Bildung lebender Organismen aus nichtlebender Materie sicherlich bald in einem Labor stattfinden würde. Zahlreiche Wissenschaftler und Laien waren der Annahme, daß das Miller-Urey-Experiment quasi bewiesen hätte, daß sich Lebewesen vor Milliarden von Jahren zufällig aus anorganischer Materie entwickelt hatten.

Doch dieser Enthusiasmus nahm im Laufe der Jahre erheblich ab. Hunderte ähnlicher Experimente wurden seit Miller und Urey durchgeführt, und nicht eines ergab organische Verbindungen, die den in Lebewesen zu findenden, äußerst komplexen Verbindungen viel - wenn überhaupt - näherkommen als das ursprüngliche Experiment.

Die ersten Anzeichen für irdisches Leben besitzen wir in den versteinerten Resten mikroskopisch kleiner Organismen, die in ca. 3,5 Milliarden Jahre alten Felsformationen Australiens und Südafrikas gefunden wurden. Dies sind bakterienähnliche Fossilien - mikroskopisch kleine, einzellige Organismen, die offenbar unserer heutigen einzelligen Bakterie ähneln.

Eine rezente (heutige) einzellige Bakterie hat ihre eigene DNA und RNA und kann etwa 100 Proteine produzieren. In unserem gedrängten Überblick über die Molekularbiologie erkannten wir, wie komplex schon eine einzige lebende Zelle und die Proteinsynthese sind. Wir sahen, daß ein Protein in der Regel aus mindestens 200 Aminosäuren besteht, die in einer exakten räumlichen Anordnung miteinander molekular verkettet werden müssen, um dem Protein die richtige Ausübung seiner Funktion zu gestatten. Eine Bakterie, die fähig ist, 100 Proteine herzustellen, also genug, um sich selbst zu erhalten und zu vervielfältigen, ist ganz offensichtlich kein einfacher Organismus mehr. Nucleinsäuren wie DNA und RNA und Proteinmoleküle enthalten Hunderte von Milliarden von Atomen und weisen sehr komplexe, dreidimensionale Strukturen auf. Und andere komplexe Moleküle, die sich in Lebewesen finden, haben wir noch nicht einmal erwähnt. Der Biochemiker Robert Shapiro schreibt:

> Die wesentlichen Konstruktionsmaterialien einer Bakterie (oder unseres Körpers, wenn wir spezielle Ausrüstung wie Knochen und Zähne außer acht lassen) sind Proteine, Nucleinsäuren, Polysaccharide (Mehrfachzucker) und Lipide (Fette). Nicht eines davon ließ sich - in welcher Menge auch immer - im Miller-Urey-Experiment nachweisen. (7)

Einige Seiten weiter stellt er fest, daß auch die beste Miller-Urey-Mischung „...uns auf dem Weg zu einem lebenden Organismus nicht sehr weit bringt." (8)

Unsere Versteinerungsfunde liefern keine Zeugnisse einer allmählichen Entwicklung von einem Lebewesen, das einfacher als ein Einzeller aufgebaut ist, zu einem Einzellerorganismus. Dort findet sich auch kein

Beweis für die Existenz eine Ursuppe. Wahrlich ein schwindelerregender Gedanke, daß ein funktionierender einzelliger Organismus mit proteincodierender DNA und/oder RNA, die Überleben und Fortpflanzung ermöglichten, durch Zufall entstanden sein soll. Um noch einmal Dr. Shapiro zu zitieren: „... heute ist quasi die gesamte Naturwissenschaft der Überzeugung, daß lebende Zellen im allgemeinen nicht durch zufällige Prozesse aus ihren chemischen Bestandteilen erzeugt werden können.“(9)

Das Schlüsselwort im oben angeführten Zitat ist „im allgemeinen“. Trotz der immensen Unwahrscheinlichkeit und der Beweise für das Gegenteil glauben viele Wissenschaftler immer noch, daß irgendeine Art Leben aus seinen chemischen Bestandteilen über Zufallsprozesse erzeugt wurde. Laut Shapiro ist die trotz gegenteiliger Belege allgemeine Akzeptanz dieser Hypothese in wissenschaftlichen wie außerwissenschaftlichen Kreisen ein Zeichen dafür, daß sie zu einem Mythos geworden ist.(10) Manche Wissenschaftler formulierten alternative Hypothesen zu der der Ursuppe, die jedoch leider auf mathematischen Modellen und Vermutungen statt auf wissenschaftlichen Experimenten beruhen. Andere (einschließlich des oben zitierten Dr. Shapiro) meinen, daß irgendwann schließlich eine wissenschaftlich-materialistische Erklärung gefunden worden würde, oder argumentieren, daß „... es trotz der Unwahrscheinlichkeit geschah, denn wir sind ja schließlich hier.“

Angesichts dieser Problematik des Ursprungs des Lebendigen wandten sich einige Wissenschaftler dem Weltraum zu. Vorstellungen vom Leben, das aus dem All stammt, die sogenannte Panspermie, gibt es seit den ersten Jahren dieses Jahrhunderts. Eine kürzliche Version verdanken wir dem wohlbekannten britischen Astronomen F. Hoyle und dem Mathematiker N.C. Wickramasinghe.(11) In ihrem Buch Life Cloud, das ihre frühe Version der Panspermie enthält, nehmen Hoyle und Wickramasinghe die Bildung organischer Moleküle in interstellaren Wolken an. Diese biochemischen Materialien hätten sich an vorüberziehende Kometen geheftet, von denen einige mit der frühen Erde kollidierten. Auf diese Weise wurden die für eine Ursuppe benötigten Bestandteile zu den Gewässern der Erde gebracht, aus denen schließlich eine Lebensform hervorging.

Eine andere Version der Panspermie stammt von Francis Crick, der, wie schon erwähnt, gemeinsam mit James Watson den Nobelpreis für die

Aufklärung der DNA-Struktur erhielt. Crick stellt in seinem Buch Life Itself (12) die Hypothese der sogenannten gezielten Panspermie auf. Danach könnte das Leben auf einem viel älteren Planeten als der Erde entstanden sein, auf dem die Bedingungen dafür günstiger waren, und sich dort weiterentwickelt haben, bis uns stark ähnelnde Humanoide eine hochtechnisierte Zivilisation hervorbrachten. In deren Folge wurde der Planet jedoch immer unbewohnbarer, und die Zivilisation ging ihrem Untergang entgegen. Nach erfolglosen Versuchen zur Rettung ihres sterbenden Gestirns schickten diese Humanoiden schließlich Raumschiffe mit verschiedenen Spezies tiefgefrorener Bakterien in den Weltraum. Eines davon fand unsere Erde und verteilte die Bakterien über ihre Oberfläche. Einige darunter überlebten, und das Leben nahm seinen Anfang.

Später stellten auch Hoyle und Wickramasinghe eine Hypothese der gezielten Panspermie auf. In ihrem Buch Evolution from Space (1981) postulieren sie, daß sich irgendwo vor langer Zeit eine frühe, (wie Computerchips) auf Silizium basierende intelligente Lebensform herausgebildet hätte. Diese entwickelte dann eine auf Kohlenstoff beruhende Lebensform und besäte damit die Erde. (13)

Naturwissenschaftler glauben zwar vielfach an irgendeine Form der Panspermie, doch finden Urheber gezielter-Panspermie-Hypothesen in ihren Kreisen kaum (wenn überhaupt) Unterstützung. Laut Shapiro und anderen fällt eine Aussaat des Lebens durch eine externe Lebensform (selbst wenn es sich dabei nicht um ein allmächtiges Höchstes Wesen handelt) in den Bereich der Religion und hat mit Wissenschaft nichts zu tun. Überdies schließt die moderne, materialistische Naturwissenschaft die Möglichkeit einer nichtphysischen Existenz ohnehin grundsätzlich aus und ist der Ansicht, daß Leben nur auf der Erde entstanden ist und wir, falls es wirklich noch andernorts Leben geben sollte, mit diesem noch keinen Kontakt aufgenommen haben. Im Gegensatz zur überwiegenden Mehrheit der Wissenschaftler glauben Hoyle und Wickramasinghe, die ihre Hypothese über gezielte Panspermie sehr ernst meinen, an eine spirituelle Hierarchie. Crick hingegen scheint an seiner Hypothese schwerwiegende Zweifel zu hegen. Shapiro schreibt, daß er ihm gegenüber geäußert habe, daß er diese für verfrüht hielte und nur als Vorschlag in den Raum gestellt habe, um das Bewußtsein der Öffentlichkeit für die Problematik der Entstehung des Lebens zu erhöhen. (14)

Diese Problematik wird zwar von Wissenschaftlern, die sich ernsthaft mit dem Ursprung des Lebens beschäftigen, anerkannt; dennoch sind sie mit wenigen Ausnahmen der Ansicht, daß die materialistische Wissenschaft diese Angelegenheit einer Lösung zuführen wird. Vielleicht haben sie ja recht, aber sicherlich verdienen auch Zweifler unsere Nachsicht.

Zu Beginn meiner Vorlesungen zur menschlichen Entwicklungsgeschichte sprach ich jeweils nur in ein, zwei Sätzen über die Entstehung des Lebens. Ich wies auf die Ergebnisse des Miller-Urey-Experiments hin und gab mich hinsichtlich einer wissenschaftlichen Lösung dieses Problems zuversichtlich. Rückblickend meine ich allerdings, ich hätte wenigstens ehrlich zugeben sollen, daß die Wissenschaft zum gegenwärtigen Zeitpunkt keine befriedigende Antwort auf die Frage nach dem Ursprung des Lebens bereithält. Ich stand jedoch so im Bann der neodarwinistischen Evolutionstheorie, daß ich auch nicht einen Augenblick an dem Entdecken einer wissenschaftlichen Lösung zweifelte. Heute vertrete ich jedoch die Ansicht, daß jeder denkende Mensch ernsthafte Zweifel an der diesbezüglichen Kompetenz der neodarwinistischen Entwicklungslehre oder des wissenschaftlichen Materialismus im allgemeinen hegen sollte. Denn ich halte für äußerst fraglich, daß sie den Ursprung des Lebens auf der Erde jemals werden erklären können.

Verlangsamung des Evolutionsprozesses

Laut dem prominenten Paläontologen und Neodarwinisten Stephen J. Gould ist die Evolution ein sich verlangsamender Prozeß (21). Hier stoßen wir auf ein weiteres Problem des Neodarwinismus. In den letzten Jahrmillionen haben sich zwar mehrere neue Arten herausgebildet, aber seit Millionen von Jahren sind keine neuen systematischen Kategorien höherer Lebewesen mehr erschienen.

Während der ersten knapp zwei Milliarden Jahre des Lebens waren die einzigen Lebensformen einfache einzellige Organismen wie Bakterien und Algen. Dann, vor ungefähr 670 Millionen Jahren, tauchten in den Meeren ganz plötzlich weiche, mehrzellige Tiere wie Würmer und Quallen auf. 100 Millionen Jahre später und noch plötzlicher und dramatischer kamen zu Beginn des sogenannten Kambriums Meerestiere mit harten Körpern auf, d.h. Tiere mit Schalen, Schuppen, Wirbelsäulen und anderen Skeletteilen.

Doch nicht nur sie erschienen vor 570 Millionen Jahren „aus heiterem Himmel", sondern auch sämtliche Grundbaupläne der verschiedenen Tiergruppen oder Stämme. Ein Stamm ist eine der höchsten Klassifizierungskategorien der Biologie (siehe Tabelle 1), dessen Mitglieder sich durch einen charakteristischen Körperbauplan definieren. Wir Menschen zum Beispiel werden gemeinsam mit allen Wirbeltieren, also solchen, die eine Wirbelsäule oder ein Rückgrat aufweisen (von Fischen bis Katzen), sowie den sogenannten wirbellosen Chordatieren in den Stamm Chordata (Chordatiere) eingeordnet. Hummer gehören in einen anderen Stamm, Austern in einen weiteren, Schwämme wiederum in einen anderen usw. Die Vermutung, daß die meisten Stämme oder Großgruppen gleichzeitig erschienen, fußt nicht nur auf den Fossilfunden, sondern auch auf Vergleichen der ribosomalen RNA von mehreren Arten verschiedener Stämme.(16) In der Paläontologie wird dieses Ereignis vielfach als die „kambrische Explosion" bezeichnet. Diese bemerkenswerte „Explosion" wird durch die Tatsache, daß seither keinerlei neue Stämme oder Grundbaupläne aufgetaucht sind, noch bemerkenswerter. Sämtliche 26 Großgruppen, die wir kennen, entstanden zu Beginn des Kambriums.

J.S. Levinton vom Department of Ecology and Evolution der State University of New York in Stony Brook bemerkt in einem kürzlich im Scientific American veröffentlichten Artikel, daß „... die Evolutionsbiologie immer noch herauszufinden versucht, warum in den letzten 500 Millionen Jahren keine neuen Körperbaupläne entstanden sind."(17) Levinton spekuliert:

> Die Idee erscheint nachdenkenswert, daß die Evolution heute langsamer ablaufen könnte als in der Frühzeit der Erde. Wenn sich die Evolution aus besonderen, unbekannten Gründen verlangsamt hat, dann ist vielleicht für die Entwicklung neuer Grundbaupläne noch zu wenig Zeit verstrichen.(18)

Der Neodarwinismus muß in dieser Form spekulieren, wenn er sich mit der kambrischen Explosion beschäftigt.

In ihrem Buch The New Biology: Discovering Wisdom in Nature folgern Robert Augros und George Stanciu, daß die Tatsache, daß seit dem Kambrium keine neuen Stämme aufgetaucht sind, stark gegen den

Neodarwinismus spreche.(19) Wenn Veränderungen in Lebewesen dem Neodarwinismus zufolge aus kleinen, zufälligen, über die natürliche Selektion ausgesiebten Veränderungen resultieren, warum haben sich dann, so die Frage der Autoren, in nahezu 600 Millionen Jahren keine neuen Grundbaupläne oder Großgruppen entwickelt?

Tabelle 1

Die biologische Klassifizierung des Menschen

Reich	Tiere
Stamm	Chordata (Chordatiere)
Klasse	Mammalia (Säuger)
Ordnung	Primaten
Oberfamilie	Hominoidea
Familie	Hominidae (Hominiden)
Gattung	Homo
Art	Sapiens

Wir werden der Klasse der Mammalia (Säuger) zugerechnet, während andere Wirbeltiere in andere Klassen wie z.B. Pisces (Fische), Amphibia (Amphibien oder Lurche), Reptilien (Kriechtiere) und Aves (Vögel) eingeordnet werden. Die letzte Wirbeltierklasse, Aves, kam vor etwa 170 Millionen Jahren auf, aber ansonsten erschienen die letzten neuen Tierklassen fast alle vor rund 300 bis 400 Millionen Jahren. Wir gehören weiterhin zur Ordnung der Primaten, und es gibt noch weitere Ordnungen von Plazentatieren (höheren Säugetieren - siehe Kap. 2). Die meisten, wenn nicht sogar alle plazentalen Säugetier-Ordnungen erschienen vor etwa 65 Millionen Jahren. Wie Großgruppen (Stämme) und viele Klassen sind auch einige Ordnungen im Laufe der Zeit ausgestorben; es erschienen jedoch keine neuen in jüngerer Zeit. Daher gibt es heute mehr Arten in den überlebenden Gruppen, während früher weniger Arten in mehr Gruppen existierten. Augros und Stanciu stellen dazu fest:

> Dieses Verlagerungsmuster von wenigen Arten in vielen Gruppen zu vielen Arten in weniger Gruppen widerspricht rundweg der Darwinschen Vorstellung einer kontinuierlichen Abwandlung über lange Zeiträume (Gradualismus), denn wenn Evolution durch die Anhäufung kleiner Variationen in den verschiedenen Arten geschähe, müßten über einen langen Zeitraum neue Ordnungen, Klassen und Stämme mit zunehmender Häufigkeit auftauchen. Fossilfunde zeigen das genaue Gegenteil. Darwins Modell ist verkehrt herum (20).

Bedeutende Übergänge von Lebewesen

Abgesehen davon, daß die neodarwinistische Evolutionstheorie keine befriedigende Hypothese für den Beginn des Lebens auf diesem Planeten aufzustellen vermag, liegt ihre eklatanteste Unzulänglichkeit in dem Fehlen versteinerter Übergangsformen und einer logischen Erklärung der größeren Übergänge von Lebewesen, wie sie aus den Fossilfunden ersichtlich sind. Wie wir schon sahen, behaupten Darwin und der Neodarwinismus, daß die Evolution allmählich in kleinen Schritten vonstatten gehe. Unsere Fossildokumente geben jedoch kein eindeutiges Beispiel für einen graduellen entwicklungsmäßigen Übergang eines Lebewesens in ein anderes, weder auf der untersten Ebene der biologischen Systematik noch in den höheren Ebenen, wie z.B. von Klasse zu Klasse (z.B. von Reptilien zu Säugern). Steven Stanley, ein führender Paläontologe, stellt dazu fest:

> „Die dokumentierten Fossilfunde zeigen kein einziges Beispiel für eine phyletische (graduelle) Evolution, die in einem größeren morphologischen Übergang resultiert, und bieten daher keinen Beleg für die Richtigkeit des gradualistischen Modells.“(21)

Die harte Wahrheit ist, daß der Kern des Neodarwinismus, die Vorstellung, daß evolutionäre Änderungen durch kleine Veränderungen eintreten, durch die Versteinerungsfunde nicht gestützt wird. Wenn ein Fossil einer neuen Art, Klasse, Ordnung oder Gattung von Lebewesen gefunden wird, erscheint es immer voll ausgebildet.

Wir Menschen werden in den Stamm Chordata (Chordatiere) eingeordnet. Kambrische Chordatiere besaßen keine knöchernen Teile, dafür aber an der Stelle, an der heutige Wirbeltiere Wirbel aufweisen, eine eher weiche, doch starre gallertartige Rückensaite oder Chorda (über dem Darm liegender Stab). Die frühen Chordaten waren beidseitig symmetrisch und hatten ihre Sinnesorgane (Augen, Ohren etc.) an einem Ende des Körpers. Erst vor ca. 500 Millionen Jahren (im Ordovizium oder Untersilur) wurden Spuren von Knorpel in primitiven, kieferlosen und gepanzerten Fischen gefunden. Der erste Fisch mit Kiefern, paarigen Flossen und einer knöchernen Wirbelsäule kam vor etwa 400 Millionen Jahren auf.

Die ersten Landtiere mit vier Gliedmaßen, die Amphibien, erschienen vor annähernd 370 Millionen Jahren. Amphibien sind unter den vierfüßigen, auf dem Land lebenden Tieren (Tetrapoden) die primitivsten, da die meisten rezenten (gegenwärtig lebenden) Vertreter dieser Art in ihren Lebenszyklen weitgehend vom Wasser abhängen. So legen sie ihre kleinen Eier wie ihre Vorfahren, die Fische, normalerweise ins Wasser. Ihr Ei weist wenig Eigelb und keine Schutzmembranen oder -schale auf, wie sie die späteren, weiter fortgeschrittenen Reptilien und Vögel ausbilden. Amphibien verbringen auch ihre ersten Lebenstage oder -wochen als unreife Wassertiere. Viele meiner Leser haben sicher schon Kaulquappen beobachtet, wie sie sich in Frösche verwandeln.

Den Fossilfunden zufolge tauchten die ersten Landwirbeltiere, die Kriechtiere oder Reptilien, vor schätzungsweise 330 Millionen Jahren auf. Viele heutige Reptilien wie Krokodile und einige Schlangenarten hängen recht erheblich von aquatischen (nassen) Lebensräumen ab, zahlreiche unter ihnen können jedoch auch weitgehend darauf verzichten. Alle legen ihre Eier auf dem Trockenen. Damit Kriechtiere dort überleben konnten, mußte sich der Aufbau ihrer Eier gegenüber dem des Amphibieneis jedoch erheblich verändern. Das Amphibienei erhält in den frühen Entwicklungsstadien Sauerstoff und Nahrung aus dem Wasser, in dem es gelegt wurde. Die Ernährung des Reptilienembryos erfolgt dagegen über eine große Menge nahrhaften Eigelbs (siehe Fig. 1-1). Als Ersatz für den Amphibienteich dient dem Reptil eine flüssigkeitsgefüllte Embryonalhaut (Amnion oder Schafhaut), die es vor Austrocknung schützt. Weiterhin wird das Reptilienei außen durch eine feste, poröse Schale verstärkt und geschützt, die einem Amphibienei vollständig fehlt. Darunter befindet sich eine Schicht, in der eine blutgefäßreiche Membran, das Chorion (Zottenhaut) liegt, das als Lunge wirkt, d.h. Sauerstoff aufnimmt und Kohlendioxid abgibt. Diese Schicht ist mit der Allantois verbunden, einer Ausstülpung des embryonalen Darms, die die Ausscheidungen des Embryos aufnimmt. Das Reptilienei stellt einen Vorläufer des Fortpflanzungssystems der Säugetiere dar. Schon aus dieser kurzen Beschreibung wird ersichtlich, daß zwischen Amphibien und Reptilien bezüglich des Aufbaus ihrer Eier und des Ablaufs ihrer frühen Entwicklungsstadien ein außerordentlicher Unterschied besteht. Der Neodarwinismus behauptet nichtsdestoweniger, daß sich Reptilien durch allmähliche, zufällige Veränderungen, die über die natürliche Selektion ausgesiebt wurden, aus den Amphibien entwickelten.

Das Embryonalstadium der Reptilien bildet (wie bei Vögeln und Säugern) durch das Vorhandensein von schützenden Embryonalhäuten gekennzeichnet: das Amnion (Schafhaut) bildet die innerste Embryonalhülle und enthält den Embryo und das Fruchtwasser. Das Amnion, das für alle Reptilien, Vögel und Säugetiere kennzeichnend ist, schützt das Ei vor dem Austrocknen und bewirkt, daß die frühen Entwicklungsstadien wasserunabhängig erfolgen können.

Ein weiteres Beispiel für einen bedeutenden Übergang, der die Glaubwürdigkeit der neodarwinistischen Evolutionstheorie auf eine harte Probe stellt, bieten die Vögel, die sich vor 170 Millionen Jahren aus Reptilien - oder Dinosauriern - entwickelt haben sollen. Vogelskelette ähneln jenen der Reptilien und vieler fossiler Dinosaurier, so daß manche Paläontologen Vögel sogar „besonders wohlgelungene Reptilien bzw. Dinosaurier“ nannten. Wie wir durch den wohlbekannten Paläontologieprofessor im Ruhestand Alfred Romer von der Chicagoer Universität erfahren, liegt der Hauptunterschied zwischen Reptilien und Vögeln in den Federn und darin, daß letztere fliegen können.(22). Aber welch ein Unterschied!

Der älteste bekannte versteinerte Vogel, der berühmte und als mögliches Beispiel eines Übergangsfossils meistzitierte Urvogel Archaeopteryx, ist etwa 150 Millionen Jahre alt. Archaeopteryx weist tatsächlich einige anatomische Merkmale auf - vor allem im Bau des Beckens -, die denen von Reptilien und Dinosauriern ähneln. Aber Archaeopteryx ist ein Vogel und besitzt alle Merkmale eines solchen einschließlich des Federkleids. Federn weisen schöne, einzigartige und erstaunlich komplizierte Strukturen auf, die eigens für das Fliegen entwickelt wurden, und sind äußerlich von Reptilienschuppen völlig verschieden - wie jeder bestätigen kann, dem je ein Reptil unter die Augen gekommen ist. Der neodarwinistischen Theorie zufolge entwickelte sich das Federkleid durch viele kleine, zufällige Mutationen in einem allmählichen Prozeß aus den Schuppen. In ihrem Buch Vertebrate History: Problems in Evolution bemerkt Barbara Stahl zu den Federn:

> „... wie sie ursprünglich entstanden, mutmaßlich aus Reptilienschuppen, ist ein Rätsel."(23)

Zwischen Vögeln und Reptilien bestehen weitere bedeutsame Unterschiede. So unterscheidet sich die Lunge des Vogels signifikant von der des Reptils (24). Darüber hinaus können Vögel eine konstante Körpertemperatur halten (gleichwarm oder Warmblüter), während Reptilien Kaltblüter sind.

Es gibt noch viele weitere subtile evolutionäre Veränderungen, die sich kaum mittels der aktuellen neodarwinistischen Theorie verstehen lassen. Ein Beispiel findet sich in der Entwicklungsgeschichte der Säugetiere. Die ältesten fossilen Säugetierfunde sind etwa 200 Millionen Jahre alt. Wie ihr Name schon erkennen läßt, füttern Säuger ihre Jungen aus Milchdrüsen, die Reptilien nicht entwickelt haben. Darin drückt sich ein größerer Verhaltensunterschied zwischen Reptilien und Säugern aus. Säuger betreuen ihre Jungen von der Geburt bis zur Geschlechtsreife, während Reptilien ihrer Nachkommenschaft bei deren „Kampf ums Überleben" im allgemeinen keinerlei Hilfestellung geben. Bis heute konnte unter den Reptilien nur bei Krokodilen, Kobras und Pythonschlangen eine Betreuung der Nachkommen beobachtet werden.

Abb. 1-1 Reptilienei mit Amnion. Dieses Ei stellt in der Entwicklungsgeschichte der landlebenden Wirbeltiere einen signifikanten Fortschritt dar. Ungleich den einfachen Eiern, die Amphibien ins Wasser legen, ermöglicht das Amniotenei, das immer auf dem Trockenen gelegt wird, den Wirbeltieren Unabhängigkeit vom Wasser. Der neodarwinistischen Theorie zufolge stellt die Evolution des Amnioteneies aus dem viel einfacheren Amphibienei das Ergebnis vieler kleiner, zufälliger Mutationen des genetischen Codes dar, die durch den Prozeß der natürlichen Selektion weitergetragen wurden. Zeichnung nach Nelson und Jurmain, 1988.

Säuger zeichnen sich durch andere Zähne, eine aufrechtere Haltung, aufrechteren Gang und eine andere Fortpflanzungsweise als Reptilien aus. Wie schon erwähnt, legen Reptilien Eier, wohingegen Säuger lebende Junge gebären. Die meisten Säuger weisen ein Haarkleid auf, während Reptilien Schuppen tragen. Wir finden uns hier also vor einem ähnlichen Problem wie bei dem der Schuppen-zu-Federn: Wie entwickelten sich die Haare aus den Schuppen eines Reptils?

Im Verhältnis zur Körpergröße haben Säuger ein viel mächtigeres Gehirn als Reptilien. Dieses verleiht ihnen in Verbindung mit den längeren Entwicklungszeiten ihrer Jungen und der Tatsache, daß diese gewöhnlich von mindestens einem Elternteil betreut werden, die Fähigkeit, erheblich mehr über ihre Umwelt zu lernen und sich in viel komplexeren Verhaltensmustern zu üben als Reptilien.

Heute haben selbst primitive Säugetiere wie die Opossums im Vergleich zur Körpergröße weitaus größere Gehirne als Reptilien. Eine Gruppe ausgestorbener Reptilien, die sogenannten säugerähnlichen Reptilien (Theriodontier), welche vor 330 bis 200 Millionen Jahren lebten, gelten als die Vorfahren der Säugetiere. Dr. T.S. Kemp, ein Paläontologe mit dem Fachgebiet säugerähnliche Reptilien, schreibt:

> Die Entwicklungsgeschichte der säugerähnlichen Reptilien von den frühesten Fossildokumenten bis zur Zeit der ersten Säuger nahm 130 Millionen Jahre in Anspruch ... Diese Abfolge demonstriert Merkmale des evolutionären Übergangs von einer Wirbeltierklasse, den Reptilien, zu einer anderen, den Säugern - im Tierreich der einzige größere Übergang dieser Art, der fossil annähernd gut dokumentiert ist. (25)

Doch der Schädel des ersten versteinerten Säugers, des ungefähr 200 Millionen Jahre alten Triconodon, deutet darauf hin, daß das Gehirnvolumen der ersten Säuger mit dem heutiger primitiver Säugetiere vergleichbar ist und das jeder heutigen oder fossilen Reptilienspezies übertraf. (26)

Die frühen Säuger waren kleine, rattengroße Tiere und blieben es über 130 Millionen Jahre lang, während große und kleine Dinosaurier im sogenannten Reptilien- (oder Saurier-) Zeitalter die Landmassen beherrschten. Wie wir schon sahen, erschienen nach dem Aussterben der Dinosaurier ganz plötzlich - vor ungefähr 65 Millionen Jahren - sämtliche heutigen Plazentatierordnungen.

Ein weiteres Beispiel für das unvermittelte Auftreten einer neuen Lebensform haben wir in den Bedecktsamern (Angiospermen). Diese tauchten vor ca. hundert Millionen Jahren auf und verbreiteten sich rasch über die ganze Welt, ohne daß es irgendeine allmähliche Entwicklung aus den zuvor existenten Pflanzenformen gegeben hätte. Darwin selbst nannte dieses plötzliche Erscheinen und die schnelle Verbreitung der bedecktsamigen Pflanzen „... ein höchst vertracktes Mysterium.“(27)

Diese fehlenden Zwischenformen und damit gravierende Gefährdung seiner Theorie war Darwin ein Dorn im Auge; in seinen verschiedenen Ausgaben von Die Entstehung der Arten schrieb er sie jedoch der Unvollständigkeit der Fossildokumente zu, also der Tatsache, daß zur Zeit der Abfassung seiner Schriften nur ein kleiner Teil der Welt geologisch erforscht war und die Versteinerungsfunde bezüglich ihrer Vollständigkeit noch alles zu wünschen übrig ließen. Damit hoffte er, die kritischen Stimmen bezüglich der fehlenden fossilen Zwischenformen zu entkräften. Wie Michacl Denton in seinem Buch Evolution: A Theory in Crisis erklärt, war das Vorschützen ungenügender Versteinerungsfunde zum Abblocken von Kritik selbst zu Darwins Zeiten eher schwach. Laut Denton wurden zwar 99,9 Prozent aller heute bekannten fossilen Tiere erst nach der Veröffentlichung von Die Entstehung der Arten im Jahre 1859 gefunden und untersucht, doch sind fast alle gefundenen Arten mit schon Darwin geläufigen Formen eng verwandt. (28) In über 130 Jahren seit Formulierung der Darwinschen Theorie wurde nicht ein Überrest gefunden, der unzweifelhaft ein Übergangsfossil darstellt.

Einige wenige lebende Formen sind dem Neodarwinismus zufolge selbst Beispiele für Übergangsformen. So hat der Lungenfisch die Eingeweide, Finnen und Kiemen eines Fisches, aber sein Fortpflanzungszyklus (Larvenstadium), seine Lungen und sein Herz gleichen jenen der Amphibien. Daher stelle der Lungenfisch eine Übergangsform zwischen Fischen und Amphibien dar. Doch die eigentlichen Merkmale des Lungenfisches, wie z.B. das Herz, sind keine Übergangsformen zwischen zwei Typen. Die Kloakentiere (Monotremata) Australiens - Säugetiere, von denen es nur zwei lebende Arten gibt - sind ein weiteres Exempel „lebender Übergangsformen". In ihrer Fortpflanzung scheinen Monotremata fast völlig reptilienartig (eierlegend etc.), aber die Morphologie ihres Innenohrs, ihr Haarkleid und ihre Brustdrüsen machen sie zu Säugetieren. Auch für sie gilt, daß keines dieser Merkmale in sich selbst eine Übergangsform zwischen Reptilien und Säugern darstellt. Denton bemerkt dazu:

> Typologisch betrachtet sind diese Formen fraglos insofern etwas ungewöhnlich, als sie eine merkwürdige Kombination der Kennzeichen zweier ansonsten völlig selbständiger Typen aufweisen. Trotzdem liefern sie nur wenig Anhaltspunkte für die Annahme, daß sich je eine Art von Lebewesen schrittweise in eine andere verwandelt hätte.(29)

Zumindest einmal wurde Neodarwinisten die Gelegenheit geboten, die Weichteile eines lebenden Fossils zu untersuchen, und zwar, als vor nicht allzu langem ein uralter Fisch, der sogenannte Quastenflosser (Crossopterygier), aus den Tiefen des Ozeans geborgen wurde. Man nimmt an, daß Quastenflosser mit Formen verwandt sind (den Rhipidistiern), die für Vorfahren von Amphibien gehalten werden. Amphibien, wir erinnern uns, waren die ersten Tiere, die vier Beine benutzten (Tetrapoden) und sich auf dem Trockenen in Wassernähe aufhielten. Die inneren Organe, der Verdauungstrakt sowie das Fortpflanzungssystem einer Amphibie unterscheiden sich erheblich von denen eines Fisches. Aufgrund bestimmter Merkmale wurden Rhipidistier nun jahrzehntelang als ausgezeichnete Vorfahrenskandidaten für Amphibien betrachtet und biologisch als Zwischenglied zwischen den Fischen und den ersten Amphibien eingestuft. Quastenflosser besitzen z.B. knöcherne Finnen, die, so wird vermutet, die Grundlage für die ersten Beine der Landtiere bildeten. Weiterhin lassen auch das Schädelknochenmuster und andere Skelettmerkmale den Rhipidistier als Zwischenform zwischen Fisch und Amphibie erscheinen.

Im Jahre 1938 also zogen Grundnetzfischer vor der Küste Südafrikas einen lebenden, engen Verwandten des Quastenflossers, den sogenannten Latimeria chalumnae, an die Oberfläche. Dies löste große Überraschung aus, da zuvor angenommen worden war, daß Quastenflosser vor 100 Millionen Jahren ausgestorben waren. Damit bekamen Biologen endlich einmal die Gelegenheit, ein lebendes Tier zu untersuchen, das einige Übergangsmerkmale hätte aufweisen sollen. Doch die Untersuchung der Weichteilanatomie des Latimeria ergab, daß er physiologisch und anatomisch ein Fisch ist und keinerlei Merkmale besitzt, die als Zwischenform zwischen Fisch und Amphibie gelten könnten. Sein Ohr, sein Verdauungssystem und sämtliche anderen Weichteile sind typisch fischartig. (30)

In den siebziger Jahren beschäftigten sich zwei Paläontologen, Niles Eldridge vom Smithsonian Institute und S.J.Gould von der Harvard University, mit diesem Problem der mangelnden Daten zur Untermauerung der neodarwinistischen Theorie einer schrittweisen Evolution der Arten.(31) Sie stellten eine Theorie auf, wie die im Fossilmaterial dokumentierten plötzlichen evolutionären Veränderungen zustande gekommen sein könnten, das sogenannte punctuated equilibrium (unterbrochenes Gleichgewicht). Darin spielt der Begriff der Stagnation eine zentrale Rolle, welcher das Beibehalten eines mehr oder minder gleichbleibenden Erscheinungsbildes über lange Zeiträume (manchmal Jahrmillionen) bezeichnet (in der eine Lebensform also keine Weiterentwicklung aufweist). So ähneln z.B. heutige Haie denen, die bereits vor 100 Millionen Jahren existierten, und auch der oben erwähnte Quastenflosser wäre ein Beispiel für ein Tier, das Millionen von Jahren in einem Zustand der Stagnation verharrte. Laut Eldridge und Gould entwickelt sich nach langen Perioden des Stillstands in einem kleinen Randgebiet des geographischen Verbreitungsgebiets einer Spezies eine neue Art, und zwar - geologisch gesprochen - innerhalb eines kurzen Zeitraums, z.B. 50000 Jahren. Diese neue Art, die sich als Randpopulation in der Peripherie des Gesamtverbreitungsgebiets der Art herausbildet, kann nun der ursprünglichen oder Urpopulation gegenüber einen Wettbewerbsvorteil aufweisen (z.B. die Fähigkeit besitzen, eine nahrhafte Nahrungsquelle zu verdauen, die die ursprüngliche nicht verwerten kann). In diesem Fall wäre sie imstande, jene durch ökologischen Wettbewerb zu verdrängen. Nach Eldridge und Gould erklärt die Tatsache, daß sich die neue Art in solch kurzer Zeit in einem kleinen Gebiet entwickelt, den Mangel an fossilen Übergangsformen. Hierzu muß vermerkt werden, daß Eldridge und Goulds Theorie, wie periphere Populationen sich in eine andere Art entwickeln könnten und warum es keine Übergangsfossilien gibt, auf Spekulation der Autoren beruht. Es handelt sich zweifellos um hochgebildete und angesehene Wissenschaftler, man könnte es also als gebildete Spekulation bezeichnen, aber es bleibt nichtsdestoweniger Spekulation.

Die Theorie des punctuated equilibrium wird seit ihrer Einführung hitzig debattiert. Einige akzeptieren sie als revolutionär, andere wiederum sprechen sich gegen ihre Einbindung als primären oder selbst sekundären Evolutionsmodus in den Neodarwinismus aus. Noch andere machen geltend, daß sich die Theorie der unterbrochenen Gleichgewichte ohne Schwierigkeiten in den traditionellen Neodarwinismus eingliedern ließe. So erklärt z.B. der führende Neodarwinist Richard Dawkins: „Die Debatte um diese interessante Theorie ist eine formal-theoretische, engstirnige Angelegenheit, wie sie im Buche steht. Diese Theorie ruht problemlos innerhalb des neodarwinistischen Systems und ist nicht revolutionärer als jedes andere Argument, das die synthetische Theorie bereichert hat.“(32)

Nichtsdestoweniger bildete das im Fossilmaterial zu beobachtende Vorherrschen der Stagnation und der plötzlichen Übergänge keinen Teil der neodarwinistischen Theorie. Nach Darwin und den frühen Neodarwinisten selektierte die natürliche Auslese fortlaufend unter den individuellen Variationen innerhalb einer Art, so daß der laufende Wandel schließlich zur Bildung neuer Arten, neuer Gattungen, neuer Klassen und so weiter führte. Dies ist offensichtlich nicht der Fall. Wenn auch die meisten Neodarwinisten wie Dawkins die Debatte über die Theorie des punctuated equilibrium als „engstirnige Angelegenheit" ansehen und die Theorie als problemlos in den Neodarwinismus eingliedbar betrachten, denken viele Nicht-Neodarwinisten, daß sie bestimmte Schwächen der neodarwinistischen Theorie unterstreicht. Denton schreibt: „Unverhülltes Postulieren 'plötzlicher Übergänge', d.h. der plötzlichen Entstehung neuer Typen oder Lebewesen, ist eine offensichtliche Methode, dem Problem aus dem Weg zu gehen."(33)

Evolution durch Massenaussterben

In den letzten Jahren erfuhren Dinosaurier eine Aufwertung, da Paläontologen Interessantes über sie herausfanden. Sie scheinen nämlich nicht die riesenhaften, langsamen, hirnlosen Tiere gewesen zu sein, als welche man sie im 19. und zu Beginn des 20. Jahrhunderts hinstellte. Dinosaurier waren möglicherweise Warmblüter, betreuten ihre Jungen und waren auch sonst völlig anders als Reptilien. Einige unter ihnen scheinen recht intelligent gewesen zu sein. Sie lebten und gediehen Millionen von Jahre lang.(34)

Vor rund 65 Millionen Jahren starben die Dinosaurier jedoch aus. Zu jener Zeit muß es zu einer Art weltweiter Katastrophe gekommen sein, denn zu diesem Zeitpunkt starben nicht nur die Saurier, sondern an die 85 Prozent aller damals existenten Arten bzw. Lebensformen.

Viele Naturwissenschaftler nehmen heute an, daß die Erde vor 65 Millionen Jahren von einem großen außerirdischen Körper - einem Kometen oder Meteoriten - getroffen wurde, der diese weltweite Katastrophe auslöste. Durch den Zusammenstoß wurden Millionen Tonnen Staub in die Atmosphäre geschleudert, so daß nur wenig oder kein Sonnenlicht auf die Erdoberfläche gelangen konnte, was wiederum das Aussterben der meisten damaligen Arten nach sich zog. Diese Theorie findet nicht die einhellige Zustimmung der Wissenschaft, aber die Daten, die eine außerirdische Verursachung dieses Massensterbens erhärten, mehren sich. Kürzlich wurde auf der Yucatan-Halbinsel Mexikos ein etwa 65 Millionen Jahre altes, riesiges kraterartiges Gebilde von 180 km Durchmesser entdeckt. Dabei könnte es sich um den Krater handeln, den der außerirdische Körper nach seiner Kollision mit der Erde vor etwa 65 Millionen Jahren hinterließ.(35) Jedenfalls starben damals die Dinosaurier, die bis dahin erfolgreich überlebt hatten, zusammen mit ungefähr 85 Prozent aller Tierarten aus; kleine Säugetiere jedoch überlebten und fingen bald an, sich zu verbreiten und in ihre vielen heutigen Formen fortzubilden.

Paläontologen und Geologen kennen mindestens sechs Zeiträume massiven Artensterbens, während denen Hunderttausende von Arten oder 60 bis 85 Prozent der in jenen Tagen existierenden ausstarben. Der kürzlichste ist der von uns betrachtete; der am weitesten zurückliegende scheint sich vor rund 500 Millionen Jahren im Kambrium ereignet zu haben - Prof. Philip Singer von der University of California in Davis fand unlängst während einer Prüfung der im Kambrium existierenden Arten Belege für ein Massensterben, das mehr als 80 Prozent der damals lebenden Arten auslöschte. (36)

Diese Perioden massenhaften Artensterbens in der geologischen Erdvergangenheit bilden ein weiteres Problem der neodarwinistischen Evolutionstheorie. Anstatt - wie Darwin theoretisierte - durch Formen, die „günstigere Variationen“ besaßen, verdrängt zu werden, verschwanden viele, wenn nicht sogar die meisten ausgestorbenen Arten und höheren systematischen Kategorien durch irgendeine Form des Massensterbens aus der Erdgeschichte.

Der „Kampf“ ums Überleben

Manche Grundannahme, auf die sich Darwin bei der Formulierung seiner Theorie der natürlichen Selektion stützte, findet sich im Lichte neuerer Forschungsergebnisse in Frage gestellt. Wie schon erwähnt, argumentiert Darwin in Die Entstehung der Arten, daß Lebewesen sich in so hohen Zahlen fortpflanzen, daß zwischen der Nachkommenschaft ein tödlicher Kampf ums Überleben ausbricht. Er erklärt, daß „jedes einzelne biologische Wesen wohl aufs äußerste bestrebt ist, seine Zahl zu erhöhen.“(37) Und anderswo „... die Geschwindigkeit, mit der sich alle biologischen Lebewesen zu vermehren tendieren, führt unvermeidlich zum Kampf ums Überleben."(38) Ohne diesen Kampf, der den Tod vieler Nachkommen nach sich zieht, würde die Erde unter wahren Massen von Tieren begraben werden.

Beobachtungen an Tierpopulationen in ihrem natürlichen Habitat können Darwins Annahme indes nicht bestätigen, daß Lebewesen sich in so hohen Zahlen als möglich fortzupflanzen trachten. Feldstudien konnten zeigen, daß natürliche Populationen über interne Mechanismen zur Wachstumsregulierung verfügen. So schwankt bei einigen Säugetierarten das Alter, in dem ein Individuum sich zum ersten Mal fortpflanzt, je nach Populationsdichte. Wenn diese z.B. bei Weißwedel- (bzw. Virginia-)hirschen oder Dickhornschafen hoch ist, reproduzieren sich diese Tiere gewöhnlich erst in einem viel höheren Alter als bei geringer Populationsdichte.(39)

In den meisten Vögel- und Säugerpopulationen, zu denen Untersuchungen vorliegen, gibt es zahlreiche erwachsene Tiere - vor allem Männchen -, die sich nicht paaren. In Affen- und Menschenaffen-Populationen begründen die Männchen meist eine Dominanzhierarchie. Dabei begattet bzw. begatten ein oder mehrere Männchen die Weibchen vorwiegend, und die untergeordneten, oft jüngeren Männchen paaren sich entweder gar nicht oder erheblich seltener als die dominanten Männchen.

Viele Tierpopulationen regulieren die Zahl ihrer Nachkommen pro Saison in Abhängigkeit von den Umweltbedingungen. In Jahren reichlichen Nahrungsangebots werden mehr Nachkommen gezeugt und in knappen Jahren weniger. Vögel und Säuger passen die Größe ihrer Gelege bzw. Würfe dem Vorhandensein von Nahrung an.(40)

Wie Darwin bemerkte, legen manche Fische und Amphibien Tausende und vielfach sogar Millionen Eier. Doch wie alle Tiere, die zahlreiche Eier legen, schützen sie diese weder noch kümmern sie sich um ihre Nachkommenschaft. Der größte Teil davon dient einfach natürlichen Feinden als Nahrung und nur ein kleiner Rest schlüpft tatsächlich aus.

Seit Darwin wird jedoch von Biologen und Neodarwinisten behauptet, daß die Beziehungen zwischen den Arten von Wettbewerb und Kampf ums Überleben beherrscht würden. Zwischen wilden Tieren verschiedener Spezies läßt sich indes ein Konkurrenzverhalten nur selten beobachten. So vermeiden ähnliche Arten den Wettbewerb, indem sie ein gemeinsam bewohntes Habitat in ökologische Nischen unterteilen. Die Huftiere der afrikanischen Savanne wie Gazellen, Weißschwanzgnus und Zebras fressen z.B. jeweils verschiedene Teile der vorhandenen Gräser und konkurrieren auch sonst nicht miteinander. Während meiner Untersuchung an zairischen Regenwaldaffen konnte ich häufig beobachten, wie zwei oder drei Affenarten in der gleichen Baumkrone im Abstand von einem Meter voneinander von den gleichen Früchten fraßen. Individuen verschiedener Arten konkurrierten nicht nur nicht miteinander, sondern schenkten einander sogar nicht die geringste Beachtung - Jungtiere ausgenommen, die manchmal miteinander spielten. Dies wurde auch von anderen Forschern an afrikanischen Waldaffen beobachtet.

Außerdem verbringen Tiere in der Wildbahn vielfach einen Großteil ihrer Zeit mit Schlafen. Die von mir untersuchten Affen schliefen die ganze Nacht und manchmal auch tagsüber mehr als zwölf Stunden.(41) Gewöhnlich nahm ich mir für die Zeit, in der die Affen ruhten, etwas zu lesen mit. Diese langen Ruhe- und Schlafperioden wilder Tiere wurden von allen Forschern festgestellt, die Tiere in ihrem natürlichen Lebensraum studierten. Für Darwins postulierten „Kampf ums Überleben" existieren wohl nur wenig Belege. Der Ökologe Paul Colinvaux stellt nach einer Zusammenschau des Themas „Kampf in der Natur" fest, daß „... friedliche Koexistenz, nicht Kampf, die Regel ist."(42)

Eine Theorie ohne Fakten oder Des Kaisers neue Kleider

Die Hauptmängel der hier untersuchten neodarwinistischen Theorie sind folgende:

1. Sie liefert keine befriedigende Erklärung für die Entstehung des Lebens.

2. Die Tatsache, daß sich die Evolution höherer Kategorien (Stämme, Klassen etc.) von Tieren verlangsamt, wenn nicht sogar gänzlich aufgehört hat, widerspricht einer der grundlegenden Prämissen der Theorie, der zufolge kleine Veränderungen in Lebewesen kontinuierlich zur Bildung höherer Kategorien führen.

3. Es gibt keine Beweise für den postulierten graduellen Evolutionsmodus bzw. keine befriedigende Erklärung für die Stagnation und die evolutionären „Sprünge", die sich im Fossilmaterial beobachten lassen.

4. Viele, wenn nicht sogar alle Arten starben nicht deshalb aus, weil sie durch eine andere Spezies, die günstigere Eigenschaften entwickelt hatte, verdrängt wurden (wie die neodarwinistischen Theorie behauptet), sondern im Zuge eines Massensterbens, das vermutlich durch die Kollision der Erde mit einem außerirdischen Objekt ausgelöst wurde.

5. Eine der grundlegenden Annahmen Darwins und des Neodarwinismus, der „Kampf ums Überleben", kann durch Beobachtungen an wildlebenden Tieren nicht bestätigt werden.

6. Die Theorie kann die aus den Fossildokumenten ablesbaren Sprünge zwischen den Wirbeltierklassen nicht befriedigend erklären, in denen nicht nur völlig neue und einzigartige morphologische (körperliche) Kennzeichen auftreten, sondern auch völlig neuartige Fortpflanzungsweisen und Daseinsformen.

Es könnten noch weitere innere Widersprüche des gegenwärtigen neodarwinistischen Ansatzes der Biologie angeführt werden. Ich möchte den an einer ausführlicheren Darstellung interessierten Leser jedoch hierzu auf die Schriften Dentons, Augros und Stancius verweisen.

Dieser kurze Überblick sollte genügen, um die zahlreichen Mängel der neodarwinistischen Evolutionstheorie, dem Herzstück und Fundament der heutigen Biologie, aufzuzeigen. Dennoch herrscht unter ihren Anhängern - von ein paar Rufern in der Wüste abgesehen - kein Zweifel an ihrer essentiellen Richtigkeit, und zumindest zur Befriedigung der breiten Mehrheit unter ihnen werden sogar abweichende Tatsachen und Theorien, wie die des *punctuated equilibrium*, in die Evolutionstheorie integriert. Auch jede der zahlreichen wissenschaftlichen Biologiezeitschriften geht von der Richtigkeit der neodarwinistischen Abstammungslehre aus und trägt damit zur weiteren Erhöhung ihrer Glaubwürdigkeit bei. Biologie- und andere einschlägige Zeitschriften strömen über vor Zuversicht. So erklärt Dawkins:

> Charles Darwin konnte zeigen, wie blinde physikalische Kräfte die Wirkung bewußter Planung simulieren und schließlich durch ihre Wirkung als kumulativer Filter zufälliger Variationen zu organisierter und anpassungsfähiger Vielschichtigkeit, d.h. zu Moskitos, Mammuts und Menschen und damit indirekt zu Büchern und Computern führen können.(30)

Eine solche arrogante Überzeugung wird durch die Fakten einfach nicht gerechtfertigt. Insbesondere untermauern die fossilen Funde nicht einen Beginn und eine Entwicklung des Lebens über langsam fortschreitende, zufällige Prozesse bzw. über natürliche Selektion. Demon bemerkt:

> Letzten Endes ist die darwinsche Abstammungslehre nicht mehr und nicht weniger als der große kosmogonische (Weltentstehungs-)Mythos des zwanzigsten Jahrhunderts. Ganz wie die auf der Genesis beruhende Kosmologie, die sie ablöste, und die Schöpfungsmythen der Alten befriedigt sie dasselbe tiefsitzende Bedürfnis nach einer allumfassenden Erklärung des Weltenursprungs, das auch die kosmogonischen Mythenmacher der Vergangenheit - von den Schamamen primitiver Völker bis zu den Ideologen der Kirche des Mittelalters - beseelte.(31)

Der Neodarwinismus ist wie der Kaiser, der nichts anhatte – ihm fehlen Daten zu seiner Untermauerung. Meine Leser mögen sich fragen, warum er in akademischen Kreisen dennoch auf derart breite Anerkennung stößt. Einer der Gründe dafür erhellt aus der Art und Weise, in der die überwältigende Mehrheit der Wissenschaftler das in ihrem Gebiet gängige Paradigma befürwortet und rechtfertigt.

Wie alle Menschen lassen sich auch Wissenschaftler von den in ihren Kreisen mehrheitlich vertretenen Anschauungen mitreißen. 1962 konnte Thomas Kuhn nachweisen, daß Wissenschaftler häufig eine Theorie darüber hinaus befürworten, was sie per se rechtfertigen mag, einzig, weil sie Teil des dominanten Paradigmas bildet. (32) Direkte und indirekte

Zwänge führen dazu, daß „Mitglieder" - in unserem Fall Evolutionsbiologen - sich „der Herde anschließen" und trotz divergierender Daten dem dominanten Paradigma folgen. Es ist momentan professioneller Selbstmord, die Grundannahmen der neodarwinistischen Theorie in Frage zu stellen. Dessen ungeachtet mehren sich die regelwidrigen Fakten - Bruchstücke, die nicht zu dem aktuellen Paradigma passen. Die Anhäufung dieser Daten, so Kuhn, beschwört schließlich eine Krise herauf, die das Aufkommen eines völlig neuen Paradigmas beschleunigen hilft. Die Krisenzeit der neodarwinistischen Theorie - des alten Paradigmas - ist jetzt, ob dies Neodarwinisten zur Zeit erkennen mögen oder nicht.

Prof. Phillip Johnson von der *University of California* schreibt in seinem Buch *Darwin on Trial*, daß der aktuelle Neodarwinismus statt auf wissenschaftlichen Tatsachen auf einer philosophischen Doktrin namens Naturalismus basiere.(33) Denton konstatiert auf dem Höhepunkt seiner vernichtenden Enthüllung der Mängel des Neodarwinismus:

> Die Evolutionstheorie ist von unermeßlichem .... kulturellen Einfluß, da sie das Herzstück und die Glanzleistung der naturgeschichtlichen Auffassung der Welt darstellt, den endgültigen Triumph der säkularen These, die seit dem Ende des Mittelalters die naive Kosmologie der alten Schöpfungsgeschichte aus dem westlichen Geist verdrängte.(34)

Neodarwinismus und Mikroevolution

Zu Ende des Kapitels möchte ich den Leser nicht mit dem Eindruck belassen, daß der Neodarwinismus ohne jeglichen Wert sei, denn die Theorie erklärt einige Aspekte der sogenannten Mikroevolution recht gut.

In kleinem Umfang läßt sich die natürliche Selektion tatsächlich beobachten. Das beste Beispiel hierfür bietet der englische Birkenspanner, der heute in nahezu jedem Lehrbuch zur Evolution behandelt wird. Den britischen Birkenspanner gibt es in zwei Farben, hellgrau-gesprenkelt und schwarz. Daß Arten verschiedene Formen, z.B. unterschiedliche Farben, aufweisen, ist häufig und wird als Polymorphismus bezeichnet. Die gesprenkelte Motte ist auf vielen flechtenbedeckten Baumstämmen Englands für ihre natürlichen Feinde quasi unsichtbar. Mit Fortschreiten der industriellen Revolution starben die Flechten jedoch vielerorts ab, so daß die unbedeckte, dunkle und zusätzlich durch die von den Fabriken ausgestoßenen Schadstoffe geschwärzte Rinde zum Vorschein kam. Der darauf auffallende gesprenkelte Birkenspanner wurde so für Vögel und andere Räuber zu einer viel leichteren Beute als sein schwarzfarbiger Artgenosse. Auf diese Weise vermehrte sich in Industriegebieten die vorher seltene schwarze Varietät des Birkenspanners, während die gesprenkelte zurückging.

Dieser klare Fall von tatsächlich stattfindender natürlicher Selektion stellt keinen größeren Wandel des Organismus dar, denn der Birkenspanner wurde ja nicht zu einer anderen Art. Vielmehr trat mit einer Veränderung der Umgebung eine Veränderung in der Häufigkeit der zwei hauptsächlichen Varietäten des Insekts auf. Fälle wie diese werden als Mikroevolution bezeichnet. Umfangreiche Veränderungen wie die Fortentwicklung einer Klasse in eine andere (z.B. Reptilien -> Säuger) heißen Makroevolution, die, wie wir sahen, durch die neodarwinistische Theorie kaum erklärt wird.

Viele der von Darwin in *Die Entstehung der Arten* zur Beweisführung verwandten Beispiele veranschaulichen die Prinzipien der Mikroevolution. So führte er zahlreiche Fälle aus der Haustierzüchtung an, um die Funktionsweise der Evolution zu verdeutlichen. Hunde z.B. werden seit Jahrtausenden mittels verschiedener Selektionsmethoden gezüchtet. Dennoch bleibt ein Hund trotz der zahlreichen Farben und Größen weiterhin ein Hund. In ähnlicher Weise werden Fruchtfliegen in genetischen Experimenten seit den ersten Jahren dieses Jahrhunderts eingesetzt. Es wurden Fruchtfliegen ohne Flügel, verschiedener Augenfarbe usw. gezüchtet. Aber selbst nach selektiver Züchtung von Tausenden von Generationen sind Fruchtfliegen immer noch Fruchtfliegen. Tatsächlich hat kein züchterisches Experiment je eine neue Tierart hervorgebracht. Pflanzen als einfachere Lebewesen sind etwas anderes, und neue Pflanzenarten werden durch Verdopplung der Chromosomenzahl gezüchtet. Dies erörtern wir zusammen mit der „Domestizierung" von Pflanzen.

Nach Ansicht des deutschen Zoologen Bernhard Rensch läßt sich die Makroevolution nicht durch den gleichen neodarwinistischen Prozeß erklären, der bei der Mikroevolution zu funktionieren scheint.(37) Zur Unterstützung seiner These zählt er eine ganze Reihe führender Biologen auf, die ähnliche Zweifel hegen. Diese Menschen sind keine Wirrköpfe, sondern in ihren jeweiligen Untergebieten der Biologie hochgeachtete Persönlichkeiten.

Bestrebungen in Richtung einer neuen Entwicklungslehre

Das jetzige Lehrgebäude scheint im besten Fall modifiziert, wenn nicht sogar von Grund auf revidiert werden zu müssen. Dennoch gibt es zum Neodarwinismus gegenwärtig keine Alternative. So mancher, der sich mit diesem Problem beschäftigt (einschließlich meiner selbst), fragt sich, ob Lamarck nicht teilweise recht hatte. Wir sagten schon, daß der Lamarckismus d.h. die Vorstellung, daß im Laufe eines Lebens erworbene Eigenschaften an die Nachkommen weitervererbt werden, um die Jahrhundertwende fallengelassen wurde, da er sich experimentell nicht erhärten ließ. Das oben erwähnte Experiment August Weismanns, der Hunderten von Mäusen fünf Generationen lang die Schwänze abschnitt, ohne daß deren Nachkommen auch nur kürzere Schwänze als normale Mäuse entwickelten, scheint schlüssig und endgültig. Dieses und weitere Experimente ähnlicher Art wiesen jedoch einen bedeutenden Haken auf: die Mäuse selbst beteiligten sich nicht daran. Sie hegten keinen bewußten oder unbewußten Wunsch, ihre Schwänze zu kürzen oder zu verlieren. Der aktuellen neodarwinistischen Theorie zufolge kommuniziert die DNA nur in eine Richtung - von den Genen zum Körper. Weiter oben sahen wir, daß vom Zeitpunkt der Befruchtung an die Gene als Blaupause für die Entwicklung des Lebewesens fungieren. Möglicherweise gibt es jedoch einen unbekannten Mechanismus, über den lebende Organismen durch Kommunikation mit den Genen an ihrer eigenen Evolution teilhaben können.

Von verschiedenen Neodarwinisten kam die Anregung, daß der Schlüssel zu größeren Veränderungen in den Regulatorgenen liegen könnte.(38) Nur ein kleiner Prozentsatz des Genoms, also des Erbmaterials, besteht aus Regulatorgenen, Wie wir sahen, machen den größten Teil des Genoms die Strukturgene aus, also jene Gene, die die grundlegenden Strukturen eines Lebewesens, wie Haut, innere Organe, Haare etc., codieren. Regulatorgene kontrollieren dagegen die Gesamtentwicklung eines Organismus. So wird z.B. angenommen, daß während des Embryonalwachstums

Regulatorgene darüber bestimmen, ob neue Zellen zu Knochen-, Leber-, Bindegewebs- oder anderen Zellen werden. Vielleicht könnten geringfügige Anpassungen an einem kleinen Teil des Genoms, den Regulatorgenen, so tiefgreifende Veränderungen in Lebewesen auslösen, wie wir sie in den fossilen Funden beobachten.

Wie schon erwähnt, glauben Augros und Stanciu, daß der neodarwinistische Ansatz auf dem Kopf steht. Während der Darwinismus Konkurrenz, Ineffizienz und kontinuierliche Abwandlung über lange Zeiträume (Gradualismus) betont, erklären sie, daß sich die Natur durch Nichtkonkurrenz, Effizienz und plötzliche Übergänge auszeichne.(39) Nach ihren Spekulationen sind die in der Evolution beobachteten Sprünge darauf zurückzuführen, daß ein Organismus seine überschüssige DNA auf irgendeine Weise neuordnet. Jedes komplexere Lebewesen verfügt über diese „überschüssige" DNA, die deshalb so bezeichnet wird, weil uns der Grund ihrer Existenz unbekannt ist. Neodarwinisten meinen, daß es sich dabei um DNA handele, die aus früheren evolutionären Stadien übriggeblieben ist und die der Körper nicht länger benötigt. Augros und Stanciu vermuten hingegen, daß die „überschüssige" DNA von den Regulatorgenen neu angeordnet wird und dies den Schlüssel zur Makroevolution bzw. den in den Versteinerungsfunden beobachteten Evolutionssprüngen darstellt.(40) Später werden wir noch sehen, daß die Neuanordnung unserer „überschüssigen DNA" möglicherweise den Schlüssel zu unserer spirituellen Entwicklung bietet.

Es muß betont werden, daß Wissenschaftler wie Augros und Stanciu, die Spekulationen über andere Evolutionsmechanismen als jene der neodarwinistischen Theorie anstellen, quasi alleine dastehen. Die überwältigende Mehrheit der Neodarwinisten hat an der gegenwärtigen Theorie nichts auszusetzen und schiebt gegenteilige Behauptungen als „Nonsens" zur Seite.

Ich bin entschieden gegenteiliger Ansicht. Der Neodarwinismus kann keine befriedigende und glaubhafte Theorie der Entstehungsgeschichte des Lebens auf der Erde bieten. Schauen wir uns in diesem Zusammenhang insbesondere die darwinistisch-anthropologische Version der Evolution des Menschen näher an. Dort werden wir auf weitere Unzulänglichkeiten stoßen.

(A1): Evolution = die stammesgeschichtliche Entwicklung der Lebewesen von niederen zu höheren Formen; Artenumwandlung

(A2): Population = Summe der artgleichen Individuen eines Lebensraum

(A3): Anmerkung 3: Paläontologie = Wissenschaft von Tieren und Pflanzen aus früheren Erdzeiten

1. Cravens, H. 1978. The Triumph of Evolution. University of Pennsylvania Press, Philadelphia.
2. Horn, A. D. 1987. The socioecology of the black mangabey, Cercocebus aterrimus, near Lake Tumba, Zaire. American Journal of Primatology, 12: 165-180.
3. Dawkins, R. 1976. The Selfish Gene. Oxford University Press, New York.
4. Wilson, E. O. 1978. On Human Nature. Harvard University Press, Cambridge, S. 195.
5. Darwin, F. (Hrsg.), 1888. The Life and Letters of Charles Darwin, 3 Volumes. John Murray, London, Bd. 3, S. 18.
6. Simpson, G. G. 1949. The Meaning of Evolution. Yale University Press, New Haven, S. 15.
7. Shapiro,R.1986. Origins: A Skeptic's Guide to the Creation of Life.Summit Books, NY, S. 104.
8. Ibid., S. 116.
9. Ibid., S. 118.
10. Ibid., S. 112.
11. Hoyle, F., und C. Wickramasinghe 1978. Life Cloud. J. M. Dent and Sons, London.
12. Crick, F. Life Itself. Simon and Schuster, New York.
13. Hoyle, F., und C. Wickramasinghe 1981. Evolution from Space. J. M. Dent and Sons, London.
14. Shapiro, R., op. cit., S. 227.
15. Gould, S. J. 1983. „Nature's great era of experiments". Natural History 92: S. 12-21.
16. Levinton, J. S. 1992. „The big bang of animal evolution." Scientific American 267, S. 84-91.
17. Ibid., S. 87.
18. Ibid.
19. Augros, R. und G. Stanciu, 1988. The New Biology: Discovering the Wisdom in Nature. Shambhala, Boston. S. 167-169.
20. Ibid., S.169.
21. Stanley, S. 1979. Macroevolution. W. H. Freeman and Co., San Francisco, S. 39.
22. Romer, A. S. 1933. Man and the Vertebrates. University of Chicago Press, Chicago, S. 90.
23. Stahl, B. J. 1974. Vertebrate History: Problems in Evolution. McGraw-Hill Book Co., NY, S.349.
24. Denton, M. 1986. Evolution: A Theory in Crisis. Adler and Adler, Bethesda, Maryland, S. 160-161. Denton behandelt auch in großer Ausführlichkeit den Aufbau der Vogelfeder.

25. Kemp, T. S. 1982. Mammal-like Reptiles and the Origin of Mammals. Academic Press, London, S. 296.
26. Jerison, J. H. 1973. Evolution of the Brain and Intelligence. Academic Press, New York, S. 213.
27. Darwin, F. und A. C. Seward (Hrsg.) 1903. More Letters of Charles Darwin, Bd. II. Murray, London, S. 20-21.
28. Denton, M. 1986. op. cit., S. 160-161.
29. Ibid., S. 110.
30. Ibid., S. 178-180.
31. Eldridge, N., und S. J. Gould 1972. „Punctuated equilibria: an alternative to phyletic gradualism." In: Models in Paleobiology, T. J. M. Schopf (Hrsg.), Freeman, Cooper and Co., San Francisco, S. 82-115. Und, Gould, S. J., und N. Eldridge 1977. „Punctuated equilibria: the tempo and mode of evolution reconsidered." Paleobiology 3: S. 115-151.
32. Dawkins, R. 1985. „What's all the fuss about?" Nature 316, S. 683.
33. Denton, M. 1986. op. cit., S. 192.
34. Bakker, R. T. 1986. The Dinosaur Heresies. William Morrow and Co. Inc., New York.
35. Monastersky, R. 1992. „Giant Crater linked to mass extinction.„ Science News 142, S. 100.
36. Anonym, 1992. „Tragedy found in Cambrian carnival." Science News 142, S. 109.
37. Darwin, C. 1872. The Origin of Species, 6th ed. Reprinted, (1958) Mentor, New York, S. 77.
38. Ibid., S. 75.
39. Fowler, C. 1981. „Comparative population dynamics in large animals„. In: Dy namics of Large Mammal Populations. C. Fowler und T. Smith (Hrsg.). Wiley, New York, S. 444-445.
40. Lack, D. 1954. The Natural Regulation of Animal Numbers. Oxford University Press, Oxford.
41. Horn, A. D. 1987. op. cit.
42. Colinvaux, P. 1978. Why Big Fierce Animals are Rare: An Ecologists Perspective. Princeton University Press, Princeton, S. 149.
43. Dawkins, R. 1985. „What's all the fuss about?" Nature 316, S. 683.
44. Denton, M. 1986. op. cit., S. 358.
45. Kuhn, T. S. 1970. The Structure of Scientific Revolutions, 2nd ed. University of Chicago Press, Chicago.
46. Johnson, P. E. 1991. Darwin on Trial. Regnery Gateway, Washington D. C.
47. Denton, M. 1986. op. cit., S. 357-358.
48. Kettlewell, H. B. D. 1959. „Darwin's missing evidence." Scientific American 200, S. 48-53.
49. Rensch, B.1959. Evolution Above the Species Level. Columbia University Press, New York, S. 57.
50. Wilson, A. C., L. R. Maxon, und V. M. Sarich 1974. „Two types of molecular evolution: evidence from studies of interspecific hybridization." Proceedings of the National Academy of Sciences 71, S. 2843-2847.
51. Augros, R., und G. Stanciu 1988. op. cit., S. 17

„Seele! Siehst du nicht Gottes Ziel von Anbeginn?
Daß die Erde überbrückt und durch Netz verbunden werde,
Daß die Menschen Brüder und Schwestern werden,
Daß die Rassen und Nächsten sich vermählen und vermählt werden,
Daß die Meere überquert und das Ferne nahe gebracht werde,
Daß die Lande zusammengeschmiedet werden."

Walt Whitman, Passage to India

Kapitel 2

Der darwinistisch-anthropologische Mythos der Entwicklung des Menschen

Die frühe Evolution der Primaten

Primaten gehören zu den Plazentatieren und damit zu den höchstentwickelten Säugern der Erde. Ihr Ursprung ist in Dunkel gehüllt - die ersten fossilen Exemplare ihrer Art datieren jedoch aus etwa dem gleichen Zeitraum, in dem auch fast alle anderen Plazentatierordnungen aufkamen, also aus der Zeit kurz nach der Katastrophe, in der die Saurier und die meisten anderen Lebensformen des Mesozoikums ausstarben. Die ersten Primaten erschienen somit vor etwa 60 Millionen Jahren im Paläozän (65 53,5 Millionen Jahre), der ersten Epoche des Säugetierzeitalters (Känozoikum oder Tertiär, 65 Millionen - 10000 v.Chr.), zusammen mit den meisten der rund zwölf Plazentatierordnungen. Alle neuzeitlichen Pferde, Elefanten, Hirsche, Kaninchen, Bären, Kamele und Katzen sind mit einem der fossil erhaltenen Säuger verwandt, die in jener Periode ganz unvermittelt auftauchten.

Französische Paläontologen fanden kürzlich Hinterlassenschaften der ältesten fossilen Primaten, die wir kennen, - einige einzelne Zähne - in marokkanischen Lagerstätten.(1) Diese ersten Primaten waren winzige Halbaffen (Prosimier) von Mausgröße und wogen zwischen fünfzig und hundert Gramm.(2) Heutige Halbaffen sind kleine, primitive Primaten, die in den Wäldern Südasiens und Afrika beheimatet sind, und Vertreter ihrer Art, die größenmäßig den ersten Halbaffen gleichen, ernähren sich vorwiegend von Insekten. Aus diesem Grund wird auch angenommen, daß die ersten Erdprimaten Insektenfresser waren. Auch heute noch stellen Insekten einen erheblichen Anteil der Nahrung der meisten Nicht-Menschenaffen.

In der nächsten geologischen Epoche des Säugetierzeitalters, dem Eozän (53 - 37 Millionen Jahre), waren die Halbaffen vorwiegend in Nordamerika und Europa und in geringerem Maße auch in Asien verbreitet. Mit großer Wahrscheinlichkeit waren sie damals auch in Afrika heimisch, doch läßt sich dies fossil kaum belegen. Die Halbaffen jener Tage erreichten zwischen Maus- und Katzengröße, waren an das Leben in den Bäumen angepaßt und ernährten sich - ihren versteinerten Zähnen nach zu urteilen - von Insekten, Blumen, Früchten und wahrscheinlich kleineren Reptilien, wie dies auch heutige Mitglieder ihrer Spezies tun.

Während der ersten zwanzig Millionen Jahre ihrer Existenz waren die Primaten der Erde kleine Halbaffen. Vor ungefähr vierzig Millionen Jahren erschienen dann die ersten sogenannten höheren Primaten, zu denen sämtliche heutigen Affen und Menschenaffen wie auch wir selber gezählt werden. Höhere Primaten unterscheiden sich von Halbaffen durch einige Skelettmerkmale und ein größeres und komplexeres Gehirn, dem erheblich vielschichtigere soziale Verhaltensmuster entsprechen. Die ersten höheren Primaten, die einige weiterentwickelte Skelettmerkmale, wie z.B. völlig von Knochen umschlossene Augenhöhlen, aufwiesen, ähnelten immer noch ihren Vorfahren, den Halbaffen, entwickelten sich jedoch bald zu einer eigenständigen Gruppe weiter.

Die ersten höheren Primaten bildeten sich in Afrika heraus. Der einzige Beleg, den wir über die ersten fünfzehn bis zwanzig Millionen Jahre ihrer Entwicklungsgeschichte besitzen, stammt aus einer Fossillagerstätte in Ägypten (El Fayum). Die frühesten höheren Primaten waren übrigens Menschenaffen und nicht Affen - obwohl wir sie kaum als solche erkennen würden. Zunächst einmal sind Menschenaffen keine Affen, da die beiden Gruppen zahlreiche Merkmalsunterschiede sowie separate Evolutionslinien aufweisen. Heutige Menschenaffen lassen sich von Affen leicht daran unterscheiden, daß letztere Schwänze besitzen und erstere nicht. Diese fünfunddreißig Millionen Jahre alten Menschenaffen hatten jedoch Schwänze und ähnelten auch sonst (außer in dem morphologischen Muster ihrer Backenzähne) nicht den heutigen Menschenaffen. Paläoprimatologen stellten bei der Untersuchung dieser primitiven fossilen Menschenaffen jedoch fest, daß sie mit ihren heutigen kleinwüchsigen Artgenossen doch Gemeinsamkeiten aufweisen - auch sie waren Baumbewohner, verzehrten Nüsse, Früchte (und vermutlich Insekten) und lebten in sozialen Gruppen.

In der Zwischenzeit verschwanden die Halbaffengruppen, die sich während der Epochen des Paläozän und des Eozän jahrmillionenlang auf dem nordamerikanischen und europäischen Kontinent vermehrt und entwickelt hatten. Eine der im Eozän entstandenen Halbaffengruppen (die Adapiden) ist Stammvater der meisten neuzeitlichen Halbaffen (der Pottos, Lemuren und Loris Afrikas und Südasiens). Die vierzig bis fünfzig Millionen Jahre alten Halbaffen müssen wir uns jedoch viel primitiver als die heutigen denken. Die zwischen ihnen liegenden Schritte sind unbekannt und größtenteils fossil nicht dokumentiert.

Die andere große Gruppe der im Eozän entstandenen Halbaffen (die Omomyiden) ist, so vermuten die meisten Paläoprimatologen, der Ahne des Tarsius (Koboldmaki) - des Halbaffentypus, der die Stammform der höheren Primaten darstellt. Aber auch diese Verwandtschaft ist nur dürftig belegt. In Wirklichkeit scheinen die beiden Hauptgruppen von Eozän-Halbaffen keine Nachfahren hinterlassen zu haben. Prof. John Fleagle von der *State University of New York* in Stony Brook und führender Experte auf diesem Gebiet stellt fest, daß „keiner der nordamerikanischen oder europäischen Halbaffen des Eozäns sehr eng mit heutigen Strepsirhinen, Tarsius oder Anthropoiden (Menschenaffen) verwandt zu sein scheint.“(3) Für jene unter Ihnen, denen die wissenschaftliche Fachsprache nicht geläufig ist: Prof. Fleagle stellt fest, daß die Primaten des Eozäns anscheinend mit keiner lebenden Primatengruppe eng verwandt sind!

In den gleichen afrikanischen Fossillagerstätten (Fayum), in denen die ersten primitiven Menschenaffen entdeckt wurden, fand man auch Tarsius-Halbaffen. Heute leben noch vier Tarsius-Arten auf Inseln vor der südostasiatischen Küste. Tarsius sind sehr klein (~120 Gramm) und weisen eine Anzahl primitiver und weiter entwickelter Merkmale auf - Merkmale, die Halbaffen mit echten Affen (Simiern) oder höheren Primaten gemein haben. Man nimmt an, daß Tarsius die Ahnen der höheren Primaten sind, und die meisten Autoritäten klassifizieren die beiden in der gleichen Unterordnung (Haplorhini). Zum Beispiel sind die Augen des Tarsius fast vollständig von Knochen umschlossen, was nur ein Merkmal höherer Primaten und keiner anderen fossilen oder lebenden Halbaffen ist. Seine Plazenta ist ebenfalls wie die der höheren Primaten geformt und nicht wie die anderer Halbaffen. (4) Überdies zeigen auch biomolekulare Vergleiche lebender Primaten, daß der Tarsius enger mit den höheren Primaten als mit den Halbaffen verwandt ist.(5)

Mittlerweile verschwanden die Halbaffen, die sich auf den nördlichen Kontinenten vermehrt und entwickelt hatten, völlig. Die nördlichen Kontinente hatten vor vierzig bis sechzig Millionen Jahren, als dort zahlreiche Halbaffenarten beheimatet waren, ein subtropisches Klima. Das Klima der Erde kühlte sich jedoch ab und nahm nach und nach ein unserem heutigen ähnelndes Muster an, unter dem Tierprimaten mit seltenen Ausnahmen auf die tropischen und subtropischen Klimate Afrikas, Südasiens und der Neuen Welt beschränkt sind.

Die ersten fossilen Primaten der Neuen Welt datieren einige Millionen Jahre nach Auftreten der ersten höheren Primaten in Afrika und stammen aus Lagerstätten in Südamerika. Diese ältesten Überreste von Neuwelt-Primaten haben große Ähnlichkeit mit einer Gruppe der ersten bekannten höheren Altwelt-Primaten (den Parapitheciden) aus den El-Fayum-Funden in Ägypten. Die meisten heutigen Paläoprimatologen halten letztere daher für die Ahnen der Neuwelt-Primaten und nehmen an, daß Angehörige dieser Gruppe vor ungefähr dreißig Millionen Jahren von Insel zu Insel über den Atlantik hüpften und sich in Südamerika niederließen.

Die Neuwelt-Primaten entwickelten sich in verschiedene schöne, baumbewohnende Tiere fort, deren heutige Größe von der einer Maus bis zu der eines mittelgroßen Hundes reicht. Diese Spezies tauchen zwar nicht in der menschlichen Ahnenreihe auf, doch Studien zu Ökologie und Verhalten dieser Arten trugen erheblich zu unserem Verständnis von Primaten und Säugern bei.

Abb. 2-1: Proconsul africanus. Eine von mehreren Arten primitiver Menschenaffen, die während des frühen Miozäns (vor ungefähr 20 Millionen Jahren) in Afrika lebten. Zeichnung nach France und Horn, 1992.

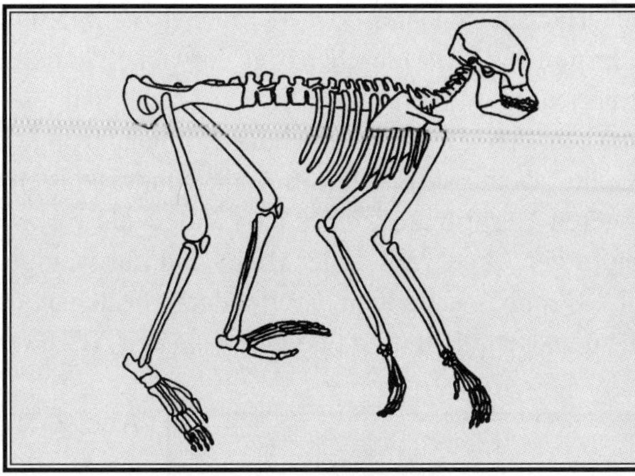

In Afrika blühten und vermehrten sich indes die primitiven Menschenaffen. Vor rund zwanzig Millionen Jahren, also zu Beginn des Miozäns, waren dort zahlreiche (15 bis 20) Menschenaffenarten in den Urwäldern beheimatet. Doch auch diese zeigten nicht die gleichen Merkmale wie ihre neuzeitlichen Namensvettern. Ihre Zähne lassen jedoch keinen Zweifel daran, daß es sich tatsächlich um Menschenaffen handelte. Abb. 2-1 zeigt einen der am besten erhaltenen primitiven Menschenaffen dieser Epoche. Er weist zwar einige Menschenaffenzüge wie Fehlen des Schwanzes und eine charakteristische Gebißstruktur auf, besitzt jedoch insgesamt nur wenige Eigentümlichkeiten heutiger Menschenaffen wie lange Vorder- und kurze Hintergliedmaßen. Diese Primaten führten ihr Leben jedoch in ähnlicher Weise wie Menschenaffen der Neuzeit. Sie lebten in Bäumen, und die größeren unter ihnen (~90 kg) verbrachten möglicherweise wie heutige Schimpansen und Gorillas viel Zeit auf dem Erdboden. Sie aßen Früchte, Insekten, Blätter und Blumen und wahrscheinlich auch kleine Echsen und andere Kleinwirbeltiere.

Aus etwa der gleichen Zeit (vor zwanzig Millionen Jahren) stammen die ersten fossilen Altwelt-Affen, die sich durch einen Schwanz und sehr charakteristische Backenzähne mit zwei Kronen auszeichnen. Diese versteinerten Exemplare von Altwelt-Affen tauchen ohne jeden offensichtlichen fossilen Vorgänger auf. Obwohl sie zweifellos von primitiven Menschenaffen abstammen, gibt es zur Zeit keinen Anhaltspunkt dafür, daß sich Backenzähne mit zwei Kronen bzw. Affen allmählich in kleinen Schritten aus den Menschenaffen entwickelt hätten. Dies stellt einen weiteren jener berühmten „Sprünge“ in der Fossilgeschichte dar, wo erneut eine sehr erfolgreiche und schöne Primatengruppe recht unvermutet auftauchte. Heute sind Affen in Afrika und Südasien die vorherrschenden höheren Tierprimaten, da es jetzt anders als vor zwanzig Millionen Jahren in der Alten Welt viele Affen- und nur wenige Menschenaffenarten gibt. Dennoch kann kein Zweifel daran bestehen, daß wir Menschen uns aus den Menschenaffen und nicht aus den Affen herleiten.

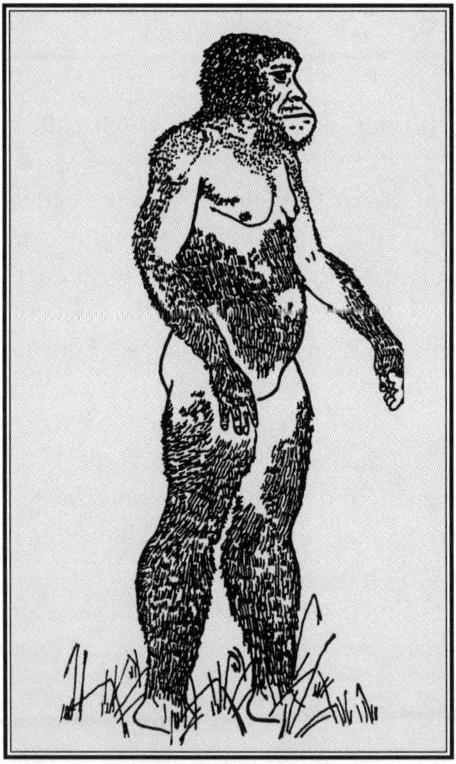

Abb. 2-2: Eine der grobknochigeren Arten unter mehreren Spezies Australopithecus africanus

Vor etwa fünfzehn Millionen Jahren begannen Menschenaffen sich von Afrika über Europa und Südasien zu verbreiten. Vor kurzem wurde in Pakistan ein partieller Menschenaffenschädel ausgegraben, der gegen dreizehn Millionen Jahre zählt und dem heutigen großen asiatischen Menschenaffen, dem Orang-Utan, ähnelt. Dieser fossile Menschenaffe, der in die Gattung Sivapithecus (so genannt nach dem großen Hindugott Shiva) eingeordnet wird, weist Gesichts- und Gaumenmerkmale auf, die stark denen des Orang-Utan ähneln, weswegen ihn die meisten Autoritäten für dessen Vorfahren halten. Falls sich die Auslegung dieses versteinerten Gesichts als in der Hauptsache korrekt herausstellen sollte, würde Sivapithecus damit den einzigen fossilen Menschenaffen bilden, für den sich eine direkte Beziehung zu einem lebenden Menschenaffen nachweisen läßt. Hierbei gibt es jedoch einige Probleme. Keiner der wenigen bisher gefundenen Sivapithecus-Überreste (meist Zahn- und Kieferfragmente) legt nämlich eine so enge Beziehung des Sivapithecus zum Orang-Utan nahe wie der erwähnte Schädel aus Pakistan. Überdies lassen auch drei kürzlich entdeckte Oberarmfragmente, die dem Sivapithecus zugeschrieben werden, Zweifel an der vorgeschlagenen nahen Verwandtschaft der beiden Gruppen aufkommen, denn die Fragmente passen nicht in das Muster, das Paläoprimatologen bei einem potentiellen dreizehn Millionen Jahre alten Ahnen des Orang-Utan vorzufinden erwarten. (6)

Die Australopithecinen

Je näher wir der Jetztzeit kommen, desto rarer werden versteinerte Menschenaffen. In der fossilen Erforschung der menschlichen Ursprünge war die größte Enttäuschung, daß sich für die ersten Mitglieder der menschlichen Fossilfamilie, die Hominiden, keine afrikanischen Menschenaffen-Vorfahren finden ließen. Die Hominiden (Vormenschen), die sich schon zweifüßig fortbewegten, erschienen vor drei bis vier Millionen Jahren in Ostafrika. Die früheste Hominidenart, der sogenannte Australopithecus afarensis, weist noch viele menschenaffen-, aber auch schon menschenartige Züge auf. A. afarensis hatte eine Größe von 1 - 1,50 m, ging auf zwei Füßen ähnlich wie du und ich und sein Gehirnvolumen erreichte etwa ein Drittel des Schädelinhalts heutiger Menschen. Es ist wissenschaftlich gesichert, daß die insgesamt vier bis sechs Australopithecus-Arten vor ungefähr zwei Millionen Jahren zu den ersten fossilen Hominiden führten, die in unsere biologische Gattung (Homo) eingeordnet werden. In anderen Worten besteht heute kein Zweifel daran, daß die Australopithecinen unsere entfernten Vorfahren darstellen (siehe Abb. 2-2).

Die Paläoanthropologie würde naturgemäß gerne soviel wie irgend möglich über die Menschenaffen-Vorfahren des Australopithecus herausfinden. Solche Ahnen ließen sich jedoch nicht ermitteln. Es liegen nur wenige fossile afrikanische Menschenaffen des richtigen Alters vor - fünf bis zehn Millionen Jahre -, und bei dem wenigen, was entdeckt werden konnte, handelt es sich meist um isolierte Zähne und Kieferfragmente.

Über die Evolutions- und Entwicklungsstadien der Australopithecinen verraten uns diese nichts.

Da die ersten Australopithecinen, die entfernten Ahnen der Menschheit, aus Ostafrika kamen, müssen sie selbst von afrikanischen Menschenaffen abstammen. Tatsächlich beweisen auch biochemische Vergleiche zwischen Mensch und Menschenaffen, daß ersterer enger mit den heutigen afrikanischen (Schimpansen und Gorilla) als mit den asiatischen Menschenaffen (Gibbons und Orang-Utan) verwandt ist. Es muß also, so vermutet die Paläoanthropologie, vor fünf bis zehn Millionen Jahren in Afrika ein Menschenaffe gelebt haben, der sowohl der Stammvater der ersten Australopithecinen als auch der afrikanischen Menschenaffen war. Nun wüßten die Paläoanthropologen liebend gerne, wie dieser gemeinsame Vorfahr von Menschenaffe und Mensch ausgesehen hat und wie er lebte. War er in Wäldern oder mehr im freien Gelände beheimatet? Ging er teilweise oder sogar meist auf zwei Füßen? Ähnelte er eher einem heutigen Schimpansen oder den ersten Australopithecinen?

In jedem Fall lebten die kleinhirnigen, bipedischen (Bipedie=zweifüßiger Gang) Australopithecinen etwa zwei Millionen Jahre lang in ost- und südafrikanischen Savannenhabitaten. Aus ihren Überresten können wir schließen, daß sie wie fast alle höheren rezenten Primaten in Kleingruppen lebten. Sie hatten große Zähne und massige Kiefer und nahmen vermutlich viel harte Nahrung wie Nüsse und Samen zu sich. Wie die heute die gleichen Räume besiedelnden Paviane aßen sie wahrscheinlich vornehmlich Pflanzenprodukte wie Früchte, Blumen und Gräser sowie Insekten und gelegentlich (wenn ihnen das Jagdglück lachte) kleine Wirbeltiere. Es gibt keinen Beleg dafür, daß sie Feuer oder Werkzeuge verwendeten. In Feldstudien ließ sich demonstrieren, daß Schimpansen mitunter Stöcke und unbehauene Steine als Werkzeuge einsetzen, und das gleiche trifft wohl auch auf die Australopithecinen zu.

Homo habilis

Vor annähernd 2 bis 2 1/2 Millionen Jahren erfolgte in Afrika der nächste bedeutende Schritt in der menschlichen Stammesgeschichte. Nach fast zwei Millionen Jahren Evolution der (in unseren Augen) kleinhirnigen Australopithecinen tauchten - wiederum recht plötzlich - die ersten Hominiden mit größerem Gehirnvolumen auf, die paläoanthropologisch als früher Homo oder Homo habilis bezeichnet werden. Während der Schädelinhalt der Australopithecinen noch bei 400 bis 500 Kubikzentimetern lag, weisen Exemplare des frühen Homo solche von etwa 600 bis 800 Kubikzentimetern auf. Dies ist im Vergleich zu den durchschnittlich 1300 - 1400 Kubikzentimetern des neuzeitlichen Homo sapiens immer noch wenig. Aber der Sprung in der Hirnkapazität des frühen Homo gegenüber seinen australopithecinen Ahnen ist recht bedeutsam. Auch das Dentalmuster des frühen Homo ähnelte viel stärker dem unseren als dem des Australopithecus. Aus der Zeit des Auftretens des frühen Homo stammen auch die ersten primitiven ost- und südafrikanischen Steinwerkzeuge. Diese sogenannten Olduvaiwerkzeuge wurden hergestellt, indem von dem Kern eines etwa handgroßen Steins ein paar Abschläge abgehauen wurden, die eine scharfe Kante zurückließen. Dies bezeichnet den Beginn der Werkstoffkultur, die für den Menschen und seine Vorfahren so bezeichnend ist.

Zu diesem Zeitpunkt - vor ungefähr zwei Millionen Jahren - belief sich das Hirnvolumen des frühen Homo, unseres Vorfahren, also auf etwa die Hälfte des Schädelinhalts heutiger Menschen. In den folgenden zwei Millionen Jahren nahm dann die Gehirngröße unserer Ahnen von durchschnittlich 700 Kubikzentimetern auf das Durchschnittsvolumen des modernen Menschen von 1400 Kubikzentimetern zu. Eine ähnlich schnelle Vergrößerung läßt sich fossil bei keinem anderen Tier belegen. Diese rasche Zunahme der hominiden Schädelkapazität wurde im Laufe der Jahre von zahlreichen Wissenschaftlern kommentiert.

Homo erectus („aufrecht gehender Mensch“)

Dem frühen Homo oder Homo habilis folgt als nächste Spezies unserer menschlichen Entwicklungslinie der Homo erectus. Sein Gehirnvolumen betrug etwa zwei Drittel desjenigen des Jetztmenschen. Sein Schädel hatte eine charakteristische Form, die an fossilen Hominidenexemplaren fast zwei Millionen Jahre lang - von vor 1,8 Millionen bis vor 12 000 Jahren - zu verfolgen ist (siehe Abb. 2-3). Kürzlich wurde in Kenia ein nahezu vollständig erhaltenes Skelett eines H. erectus entdeckt, das abgesehen von seiner Grobknochigkeit nur geringe Unterschiede zu dem des heutigen Menschen erkennen läßt.

Jahrelang galt es mehr oder weniger als gesichert, daß sich Homo erectus zunächst in Afrika entwickelte und dann vor knapp einer Million Jahren populationsweise nach Europa und Asien abwanderte. Unlängst entdeckte Fossilien und neue Daten aus Java, Indonesien und der Republik Georgien bezeugen jedoch, daß H.-erectus-Populationen in Europa und Asien ungefähr zur gleichen Zeit existierten, in der der älteste bekannte H. erectus in Afrika lebte. Diese kürzlichen Entdeckungen haben das paläoanthropologische Bild von der Evolution des Menschen arg erschüttert(7,8,9). Man ist sich jetzt nicht länger im klaren, ob sich H. erectus zuerst in Afrika oder zuerst in Asien entwickelte, ob die afrikanischen, europäischen und asiatischen H.-erectus-Populationen eine oder mehrere Arten darstellen, welche dieser Gruppen (oder alle) den Stammvater des Homo sapiens bildet oder was in diesem Stadium der menschlichen Stammesgeschichte überhaupt vor sich ging. Der Paläoanthropologe Philip Rightmire von der State University of New York in Binghamton stellt fest, daß die „Paläoanthropologie immer interessant und voll unvermeidlicher Überraschungen ist. Just, wenn sich jedermann mit einem Sachverhalt wohlfühlt, kommt es zur Entdeckung eines neuen Fossils oder eines neuen Datums."(10) Seine Kollege Bernard Wood von der Universität Liverpool erklärt, daß die jüngsten javanischen Daten bedeuten, daß „sich das gesamte Modell der menschlichen Entstehungsgeschichte viel komplizierter gestaltet als ein stark vereinfachender, geradliniger Verlauf."(11) Auf jeden Fall war vor knapp zwei Millionen Jahren die gesamte Alte Welt von einer primitiven Hominidenspezies besiedelt.

Der afrikanische und europäische H. erectus zeigen bereits größeres Geschick bei der Anfertigung von Steinwerkzeugen, und ganz allgemein ist die Werkstoffkultur des Homo erectus weiter fortgeschritten als die des frühen Homo. Dennoch blieben H.-erectus- Kulturen selbst im Vergleich zu Nomadenpopulationen der Neuzeit, die von der Jagd wilder Tiere und der Sammlung von Wildpflanzen leben (Jäger und Sammler), äußerst primitiv.

Nichtsdestoweniger zeigen Fundstellen in Frankreich und China, daß jüngere H.-erectus-Populationen (~500 000 Jahre vor der Gegenwart) in kleinen nomadisierenden Trupps lebten, Feuer verwendeten, Höhlenbewohner waren, manchmal provisorische Unterkünfte aus Zweigen, Blättern und

Abb. 2-3: Schädel des Homo erectus aus der Chou-Ku-Tien-Höhle (Nähe von Peking), China. Zeichnung nach Montagu, 1962.

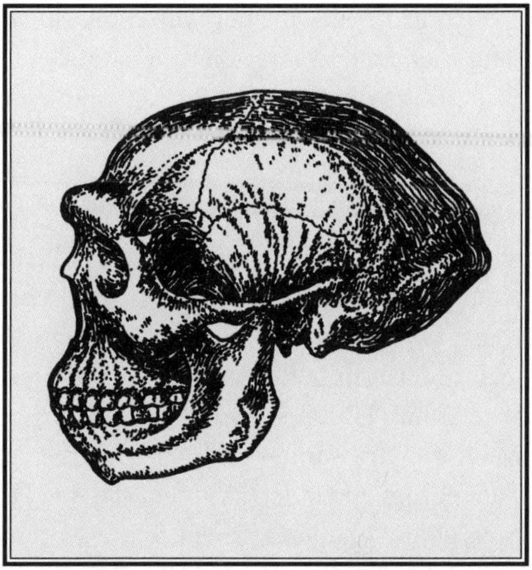

Steinen fabrizierten und sich von Jagd, Sammeln und Kadavern ernährten. Werfen wir einen näheren Blick auf Chou-Ku-Tien in der Nähe von Beijing in China, die unter allen H.-erectus-Ausgrabungsstätten die berühmteste ist. Chou-Ku-Tien wurde unlängst von einem über hundertköpfigen Team chinesischer Wissenschaftler erforscht, wodurch wir einen vollständigeren Einblick in diese alten H.-erectus-Populationen gewannen.(12)

Die Chou-Ku-Tien-Höhlen, in denen man Überreste von über vierzig Individuen freilegte, wurden mit Unterbrechungen über 200 000 Jahre lang (vor 460 000 - 240 000 Jahren) von H.-erectus-Populationen (dem sogenannten Pekingmenschen) bewohnt. Zeugnisse für eine Bestattung der Toten liegen dort nicht vor, dagegen - strittige - Belege dafür, daß es sich bei den Bewohnern dieser Höhlen um Kannibalen gehandelt haben könnte, die ihre Toten gegessen haben. Je näher wir der Gegenwart kommen, desto kleiner und anspruchsvoller gestalten sich die dort gefundenen Steinwerkzeuge. Die ältesten darunter sind noch groß und aus weichem Stein hergestellt, dessen Schneide sich leicht abstumpft. Jüngere Steinwerkzeuge dieser Fundstelle sind dagegen erheblich kleiner und von exakterer Ausführung, und das hierfür verwendete Material wie z.B. Feuerstein von größerer Härte. Chou-Ku-Tien-Populationen kannten das Feuer und haben, da einige der gefundenen Hirschknochen mit Feuer in Berührung gekommen zu sein scheinen, einen Teil ihres Fleisches wohl erhitzt.

Die zwei in Chou-Ku-Tien entdeckten Hirscharten zählen im übrigen zu den ersten Beweisen, daß Hominiden auf Tiere Jagd machten, die ebenso groß oder größer waren als sie selbst. Ob sie die ihnen als Nahrung dienenden Tiere allerdings tatsächlich erlegten, ist umstritten. Mit Sicherheit konnten keine Lanzenspitzen oder andere Jagdspitzen gefunden werden - es ist also denkbar, daß die Tiere nur als Aas verzehrt wurden.

In jedem Fall ernährten sich diese H.-erectus-Populationen wahrscheinlich wie moderne Jäger- und Sammlervölker auch überwiegend von vegetabilen Stoffen.(13) Reste einer pflanzlichen Ernährung würden normalerweise in wenigen Jahren (ganz zu schweigen von über 200 000 Jahren) mehr oder weniger spurlos verschwinden. Dennoch wurden in der Höhle reichlich Überreste von Zürgelbaumsamen, Wildfrüchten, Knollengewächsen, Grassamen und Nüssen ausgegraben, die heute um Chou-Ku-Tien herum zu finden sind und die den H.-erectus-Populationen als Nahrung gedient haben müssen.

Wir besitzen also ein Bild des Homo erectus, wie er vor ungefähr 300 000 Jahren zumindest einen Teil des Jahres in Höhlen lebte, sich von allem ernährte, was er an Wildpflanzen sammeln konnte, Jagdtiere oder Aasfleisch verzehrte und eventuell Kannibale war. Es steht auch nicht fest, ob er das von ihm benutzte Feuer wirklich gezähmt hatte. Dies ist kein sehr schmeichelhaftes Bild einer Spezies, aus der in nur wenigen Jahrhunderttausenden eine Art hervorgehen sollte, die den Grundstein zu den ersten durchaus hochentwickelten Kulturen legen würde.

Der Aufstieg des modernen Homo sapiens

Der letzte und wichtigste Schritt in der biologischen Evolution des Menschen, der Übergang vom Homo erectus zum modernen Homo sapiens, ist in der Paläoanthropologie Gegenstand zahlreicher konfuser Debatten. Zur Erklärung dieses Übergangs existieren momentan zwei sich gegenseitig ausschließende Hypothesen. Nach der einen, die gemeinhin als gradualistische Hypothese bezeichnet wird, entwickelte sich Homo sapiens in einigen Verbreitungsorten allmählich aus lokalen Homo-erectus-Populationen. Dieser Hypothese zufolge bildete sich der Jetztmensch demnach in Afrika, Europa und Ostasien schrittweise aus Homo erectus und anderen archaischen Populationen(14). Nach der anderen, gelegentlich als Migrationshypothese bezeichneten Schule entwickelte sich der moderne Homo sapiens aus einer afrikanischen Homo-erectus-Population. Anschließend wanderten die „Modernen" in andere Gebiete der Alten Welt ein, wo sie lokale, primitivere Populationen gegebenenfalls verdrängten.(15)

Keine dieser Hypothesen läßt sich durch das Fossilmaterial bestätigen oder verwerfen. Zunächst einmal gibt es Schädelfragmente, die auf 300 000 bis 200 000 Jahre vor der Gegenwart datiert werden, die einige Züge des Homo erectus und einige modernere Merkmale aufweisen. So hat z.B. ein in der Nähe von Steinheim (Deutschland) gefundener fossiler Schädel, der auf ungefähr 250 000 Jahre datiert wird, einen ähnlich geringen Schädelinhalt wie Homo erectus, aber sein Kopf ist im Unterschied zu seinem älteren Verwandten hinten abgerundet (siehe Abb. 2-4). Teilschädel aus Fundstellen bei Swanscombe, England, Fontéchevade, Frankreich, und der chinesischen Provinz Shaanxi (Dali) zeigen ebenfalls ein Mosaik aus erectus- und moderneren Zügen.

Dann liegen uns Hominidenfossilien aus Afrika, Europa und dem Mittleren Osten vor, die auf 300 000 bis 35 000 Jahre vor der Gegenwart datiert werden und deren Gehirn fast ebenso groß oder sogar größer als das des heutigen Menschen ist, die aber ansonsten zahlreiche primitive Merkmale zeigen. In der Paläoanthropologie werden Exemplare dieser Art gewöhnlich als archaische Homo sapiens bezeichnet, obwohl Fachleute diese Fossilien in vielen Fällen lieber in mehrere Arten unterteilen würden.

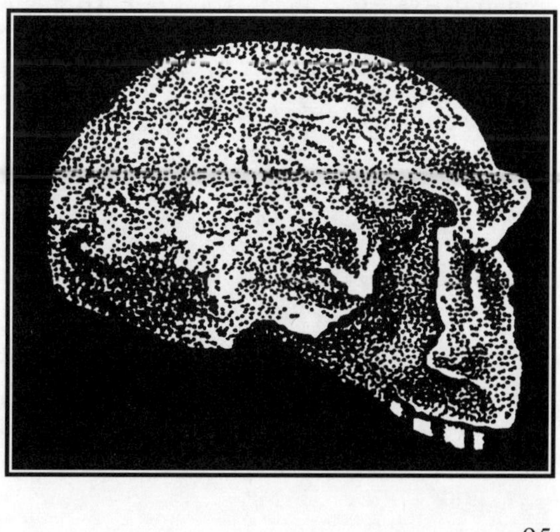

Abb. 2-4: Der Steinheim-Schädel

Die berühmteste und bekannteste Population archaischer Homo sapiens ist die der Neandertaler, die vor etwa 120 000 bis 35 000 Jahren Teile Europas und des Mittleren Ostens bevölkerten (siehe Abb. 2-5). Das Gehirn des Neandertalers war bisweilen größer als das des Jetztmenschen, wies jedoch eine andere - langgestreckte und niedrige - Form auf. Daneben zeigt sein Schädel viele primitive Attribute wie Überaugenwülste, große Zähne und fliehendes Kinn. Der Neandertaler war zudem grobknochig und ca. 1,50 - 1,65 m groß. Die Untersuchung seiner flachen Schädelbasis erbrachte, daß sein Vokaltrakt viel kürzer als der moderner Menschen war, so daß er mit hoher Wahrscheinlichkeit Vokale nicht wie wir aussprechen konnte. (16) Diese - kontroverse - Schlußfolgerung deutet darauf hin, daß der Neandertaler wie auch ältere Urmenschen entweder nicht oder nur sehr langsam zu sprechen vermochten.

Die Kultur der Neandertaler war ein wenig komplexer als die des Homo erectus von Chou-Ku-Tien. So wurde z.B. ein gutes Dutzend Grabstätten freigelegt (über den Grund, warum sie als erste Menschen der Geschichte ihre Toten bestatteten, bleiben wir allerdings auf Vermutungen angewiesen). Die Steinwerkzeuge der Neandertaler sind etwas anspruchsvoller und vielfältiger als die von Homo erectus bekannten, doch ihre kulturellen Fortschritte insgesamt sind im Vergleich zu den Leistungen des späteren modernen Menschen äußerst geringfügig. Einem führenden Neandertal-Experten, Professor Erick Trinkhaus von der Universität New

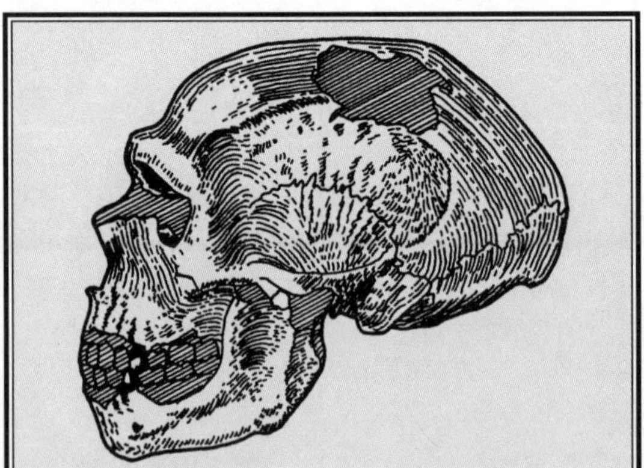

Abb. 2-5: Schädel eines Neandertalers, La Chapelle-aux-Saints, Frankreich

Mexiko, zufolge weisen Neandertal-Fundstätten einen monotonen Charakter auf und ihre Gruppen umfaßten nur etwa zwölf Mitglieder, die ein schweres Leben zu bestreiten hatten.(17) Vor ungefähr 35 000 Jahren wurde der Neandertaler dann entweder verdrängt oder entwickelte sich in Europa zum Jetztmenschen - je nachdem, welcher Theorie ein Paläoanthropologe anhängt. In den in Europa hinterlassenen Fossilien und kulturellen Überresten erkennt jedoch zum gegenwärtigen Zeitpunkt kaum ein Paläoanthropologe einen Beleg dafür, daß vom Neandertaler zum modernen Menschen ein allmählicher evolutionärer Übergang stattfand. Befürworter eines solchen besitzen dennoch genügend Argumente für das Gegenteil, da das verfügbare Datenmaterial oft von zweifelhaftem systematischen Charakter ist.

Wie schon beim Homo-erectus-Stadium der menschlichen Stammesgeschichte galt es jahrelang als gesichert, daß die frühesten fossilen Hominiden, die dem Jetztmenschen recht nahe zu stehen scheinen (sie werden auf gut 100 000 Jahre vor der Gegenwart datiert) aus Afrika kommen. Eine kürzlich bekanntgewordene Datierung aus China verlegt dort jedoch nahezu modern anmutende Menschen auf mindestens 200 000 Jahre vor der Gegenwart.(18) Sollte sich dieses neue Datum als korrekt herausstellen, wird das die Ratlosigkeit und Auseinandersetzungen der Paläoanthropologie über den Ablauf der menschlichen Stammesgeschichte noch vertiefen. Die in Afrika entdeckten Fossilien, deren Alter auf ca. 100 000 Jahre bestimmt wurde, weisen in vielem Züge des Jetztmenschen auf, wie hohe Stirn und ausgeprägtes Kinn, behalten aber auch primitivere Merkmale bei wie z.B. ausgeprägte Überaugenwülste.

Seit kurzem setzen nun Molekularwissenschaftler in ihren Untersuchungen zur Enträtselung der Ursprünge des modernen Menschen mitochondriale DNA (mtDNA) ein. Mitochondrien sind winzige, meist wurstförmige Gebilde, die in allen Körperzellen zu finden sind und die der Energieerzeugung aus der Nahrung dienen. Sie besitzen ihre eigene DNA (Erbmaterial) unabhängig von der des Zellnukleus. mtDNA wird nur über die Mutter vererbt, da der männliche Same keine Mitochondrien enthält. Molekularwissenschaftler der University of California in Berkeley verglichen nun die mtDNA der meisten menschlichen Rassen und schlossen, daß Schwarzafrikaner das älteste mtDNA-Muster des Menschen der

Neuzeit aufweisen. Sie folgerten unter Zuhilfenahme der molekularen „genetischen Uhr", daß der Jetztmensch zuerst in Afrika vor circa 200 000 bis 400 000 Jahren aufkam. (19)(20)(21). Die Forschung neigt zu ersterer Datierung, da sie besser mit dem Fossilmaterial zu harmonieren scheint.

Diese mtDNA-Untersuchung fand ein breites Echo in der Presse und überzeugte zahlreiche Paläoanthropologen davon, daß die Entwicklung des modernen Menschen in Afrika ihren Ausgang nahm. Sie untermauerte auch die Migrationshypothese des Ursprungs des modernen *H.sapiens*. Es gibt jedoch neuere Untersuchungen an mitochondrialer DNA, die diese „afrikanische Eva-Hypothese" nicht erhärten. Der Molekularbiologe A.R. Templeton von der *Washington University* in St. Louis und andere berichten, daß die derzeitigen Daten zur mitochondrialen DNA nahelegten, daß der Jetztmensch sowohl afrikanische als auch nichtafrikanische Wurzeln hat.(22) Damit gewinnen wir auch von seiten der Molekularbiologie kein klares, unzweideutiges Bild vom Entstehen des modernen Menschen, das bei der Klärung der verwirrenden fossilen Belege zur menschlichen Evolution helfen könnte.

Um das Durcheinander noch zu erhöhen, gibt es Belege dafür, daß vor ca. 90 000 Jahren im Gebiet des heutigen Israel lange Zeit Populationen aus modernen Menschen Seite an Seite mit Neandertalerpopulationen lebten. Da sich der Jetztmensch schon mindestens 200 000 Jahre vor der Gegenwart aus einer dem Neandertaler ähnlichen archaischen Population entwickelt haben soll, schafft dies einige Auslegungsprobleme.(23)

Verlassen wir diesen Wirrwarr und begeben uns direkt zu dem bestbelegten Material, das wir über die biologische Erschaffung des sogenannten modernen Menschen besitzen - den ersten Schriften der Menschheit aus den frühen mesopotamischen Hochkulturen.

1. Eine Zusammenfassung kürzlich entdeckter Primatenfossilien aus dem Paläozän findet sich in: Gingerich, P. D. 1990. „African dawn for primates." Nature 346: S. 411.
2. Ibid.
3. Fleagle, J. G. 1988. Primate Adaptation and Evolution. Academic Press, San Diego, S. 319
4. Ibid.,S. 102.
5. Dene, H. T., M. Goodman und W. Prychodko 1976. „Immunodiffusion evidence

on the phylogeny of the primates.“ In: Molecular Anthropology, M. Goodman, R. E. Tashian und J. H. Tashian (Hrsg.), Plenum Press, New York.

6. Pilbeam, D., M. D. Rose, J. C. Barry und S. M. Ibrahim Shah 1990. „New Sivapithecus humeri from Pakistan and the relationship of Sivapithecus and Pongo.“ Nature, 348: S. 237-239.
7. Petit, C. 1994. „New fossil date shakes up ideas on evolution.„ San Francisco Chronicle, 24. Februar, S. A1 und A11.
8. Swisher III, C. C., G. H. Curtis, T. Jacob, A. G. Getty, A. Suprijo, Widiasmoro 1994. „Age of the earliest known hominids in Java, Indonesia.“ Science 263: S. 1118-1121.
9. Gibbons, A. 1994. „Rewriting - and redating - prehistory.“ Science 263: S. 1087-1088.
10. P. Rightmire zitiert in Gibbons, 1994, S. 1088.
11. B. Wood zitiert in Gibbons, 1994, 1087.
12. Eine kurze Zusammenfassung kürzlicher Arbeiten in Chou-Ku-Tien findet sich in: Nelson, H. und R. Jurmain 1988. Introduction to Physical Anthropology, 4th ed. West Publishing Co., St Paul, S. 491-499.
13. Ibid., S. 340-349.
14. Wolpoff, M. H. 1989. „Multiregional evolution: the fossil alternative to Eden.“ In: The Human Revolution: Behavioral and Biological Perspectives on the Origins of Modern Humans, vol. 1. P. Mellers und C. B. Stringer (Hrsg.). Edinburgh University Press, Edinburgh.
15. Stringer, C. und P. Andrews 1988. „Genetics and fossil evidence for the origin of modern humans.„ Science 239: S. 1263-1268.
16. Lieberman, P. & E. S. Crelin 1971. „On the speech of Neanderthals.“ Linguistic Inquiry 2: S. 203-222.
17. Trinkaus, E. 1984. „Western Asia.“ In: The Origins of Modern Humans: A World Survey of the Fossil Evidence, F. H. Smith und F. Spencer (Hrsg.). Alan R. Liss, New York, S. 251-291, und persönliche Mitteilung.
18. Bower, B. 1994. „Asian hominids make a much earlier entrance.“ Science News 145: S. 150.
19. Cann, R. L., M. Stoneking und A. C. Wilson 1987. „Mitochondrial DNA and Human Evolution.“ Nature 325: S. 31-36
20. Cann, R. L. 1988. „DNA and human origins.“ Annual Review of Anthropology 17: S. 127-141.
21. Stoneking, M. und R. L. Cann 1989. „African origin of human mitochondrial DNA.“ In: The Human Revolution: Behavioural and Biological Perspectives on the Origins of Modern Humans, Bd. 1. P. Mellers und C. B. Stringer (Hrsg.). Edinburgh University Press, Edinburgh.
22. Templeton, A. R., S. B. Hedges, S. Kumar, K. Tamura, und M. Stoneking 1992. „Human origins and analysis of mitochondrial DNA sequences.“ Technical comment. Science 255: S. 737-739.
23. Wolpoff, M. H. 1989. op. cit.

„Schließlich deutete Uuta auf mich, wandte sich zu jedem einzelnen und sprach wiederholt das gleiche Wort.. Ich dachte zunächst, daß sie meinen Vornamen zu sagen versuchten, kam jedoch dann zu dem Schluß, daß sie mich statt dessen bei meinem Nachnamen rufen wollten. Keines von beiden stimmte. Das Wort, das sie an jenem Abend benutzten, und der Name, den ich die ganze Reise hindurch trug, war MUTANT.“

Marlo Morgan, Mutant Message Downunder

Kapitel 3

Die altmesopotamische Darstellung der Schöpfung des Menschen und die historischen Belege für einen Besuch sirianischer Außerirdischer auf der Erde

Für Europäer der Renaissance und der Nachrenaissance begann die Kultur noch in Griechenland und Rom. Später wurden die Grandiosität und das hohe Alter des Alten Ägyptens bekannt. Und schließlich, zu Beginn des zwanzigsten Jahrhunderts, entdeckte man im Gebiet des heutigen Südirak die Überreste einer noch älteren Zivilisation.

Schon früher hatten Reisende und Forscher von riesigen Hügeln - „Tells“ im Hebräischen und Arabischen - im Land zwischen Euphrat und Tigris berichtet, die als die Überreste alter Städte angesehen wurden. In den vierziger Jahren des neunzehnten Jahrhunderts begannen dann die ersten Ausgrabungen an diesen Ruinenstätten. Einer der damaligen Pioniere, der britische Archäologe Sir Austen Henry Layard, entdeckte dabei nördlich des heutigen Bagdad ein assyrisches Militärzentrum namens Kalach. Dort wurde ein von dem assyrischen König Salmanassar II. errichteter Obelisk freigelegt, auf dem dieser all jene aufführte, die ihm Tribut bezahlten, darunter auch den König von Israel. Dieser Fund bestätigte die historische Richtigkeit zumindest eines Teils des Alten Testaments.

In der zweiten Hälfte des neunzehnten Jahrhunderts wurden dann, hauptsächlich von europäischen Archäologenteams, zahlreiche weitere Städte des assyrischen und babylonischen Reiches ausgegraben. Bald waren fast alle assyrischen und babylonischen Städte gefunden, die im Alten Testament Erwähnung finden. Schließlich wurde südlich von Babylon auch noch die königliche Stadt Akkad zusammen mit weiteren Überresten des akkadischen Reiches freigelegt.

Das babylonische Reich durchlief seine wechselvolle Geschichte von etwa 2000 v.Chr. bis 500 v.Chr. Das assyrische Reich erstreckte sich über annähernd die gleiche Zeitspanne, seine Macht befand sich jedoch erst etwa ab 900 v.Chr. auf dem Höhepunkt. Das akkadische Reich wiederum überspannte den Zeitraum von 2350 bis 2200 v. Chr. Das in diesen alten Kulturen gefundene Schrifttum enthielt jedoch sämtlich Wörter einer noch älteren Sprache. Die Akkadier bezeichneten ihre Vorgänger als Schumerum, und die Bibel, die mehr als 1000 Jahre nach dem Ende des akkadischen Reiches geschrieben wurde, erwähnt häufig das Land Sinear oder Schinar. Was heute als sumerische Kultur bezeichnet wird, wurde schließlich im letzten Jahrzehnt des neunzehnten Jahrhunderts entdeckt.(1) Die sumerische Kultur ist die älteste menschliche Zivilisation, von der wir archäologische Überreste besitzen (siehe Abb. 3-1). Der genaue Zeitpunkt ihrer Anfänge ist unklar, da wir nur über wenige Kohlenstoff-14-Datierungen aus den sumerischen Grabungsstätten verfügen. Die ursprünglichen Städte und die ursprüngliche Kultur Sumers wurden jedoch irgendwann im vierten vorchristlichen Jahrtausend kurz vor der Ägyptischen Kultur begründet. Die Sumerer verfügten über eine sehr reiche Kultur, die ausgedehnte Bewässerungskanäle, Monumentalarchitektur in den Städten, Außenhandel und vieles mehr einschloß, das wir noch im einzelnen sehen werden. Sie erschien sehr plötzlich, als wäre sie von einer anderen Zivilisation ins Leben gerufen worden. Diesen Aufstieg der sumerischen und anderer Frühkulturen werden wir in späteren Kapiteln recht ausführlich besprechen. Doch wollen wir uns hier zunächst der sumerischen Beschreibung der Erschaffung des Menschen zuwenden.

Zwei der wichtigsten Erfindungen der alten Sumerer waren die Roll- oder Zylindersiegel und die Schrift. Die Rollsiegel waren kleine Zylinder aus gewöhnlichen oder Halbedelsteinen wie z.B. Lapislazuli, die 2,5 bis 7,5 Zentimeter lang und daumendick oder schmaler waren. In ihre Oberfläche wurden Motive eingraviert, die ein fortlaufendes Muster ergaben, wenn man das Siegel in weichem, feuchten Ton rollte.

Abb. 3-1: Karte des alten Sumer mit einigen der größeren Städte sowie zwei Hauptstädten späterer mesopotamischer Reiche, Babylon und Akkad

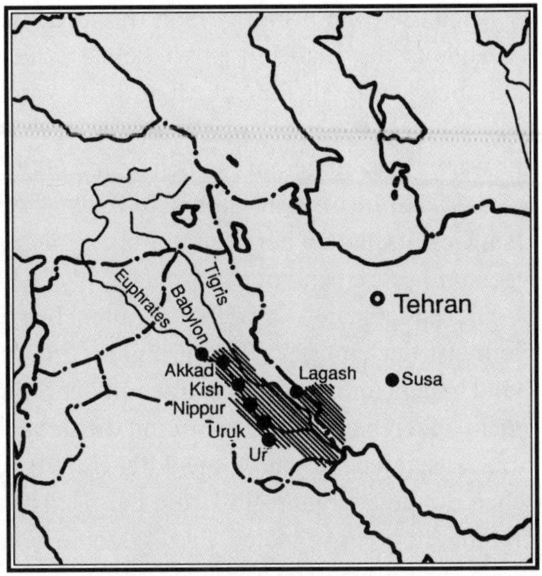

Zylindersiegel kamen zuerst zu Beginn des in der Archäologie als Urukzeit (ca. 3500 v. Chr.) bezeichneten Zeitraums auf (Uruk war eine der fünf großen Städte der sumerischen Zivilisation). Die frühen Rollsiegel waren kunstvoll geschnitzt und gelten als Meisterwerke in Miniatur. Sie wurden in sämtlichen alten Kulturen dieser Region - der sumerischen, akkadischen, babylonischen und assyrischen Kultur, die sich zusammen über etwa 4000 Jahre erstreckten und als mesopotamische Kultur bezeichnet werden - zur Tradition.(2) Die Siegel zeigen häufig Szenen des täglichen Lebens oder Szenen mit Figuren, die Archäologen für Gestalten aus der Mythologie halten, die uns unbekannte oder unverständliche Zeremonien vollziehen.(3) Wie wir sehen werden, stellen Zylindersiegel jedoch fast zweifelsfrei nicht mythologische Szenen dar, sondern tatsächliche geschichtliche Ereignisse, die sich Jahrhunderte und Jahrtausende vor der Herstellung der Zylindersiegel abspielten. Vermutlich repräsentieren diese Siegel den ersten Versuch der primitiven Primatenmenschen (die wir ja noch sind), ihre eigene, mündlich überlieferte Frühgeschichte so gut wie möglich bildlich wiederzugeben und ihr damit eine dauerhaftere Form zu verleihen. Schriftlosen Gesellschaften, sogar denen der Neuzeit, steht ja ansonsten zur Bewahrung ihrer Stammesgeschichte und ihrer Epen nur die mündliche Überlieferung zur Verfügung, die von Erzählern, die die jeweiligen Geschichten auswendig lernen, aufrechterhalten wird.

Auch die erste primitive Schrift wurde gegen Ende des vierten Jahrtausends in der Urukzeit entwickelt. Da nicht jeder Sumerer lesen und schreiben lernte, als die Schrift aufkam, wurden die sumerischen Schriften von einer kleinen Gruppe berufsmäßiger Schreiber angefertigt. Schreiber waren ganz allgemein in den ersten 6000 Jahren der Kulturgeschichte eine feste Institution, da bis zum zwanzigsten Jahrhundert in sämtlichen Gesellschaften der Welt nur ein geringer Prozentsatz der Menschen lesen und schreiben konnte.

Die sumerischen Schreiber formten Ton zu quadratischen Täfelchen, die meist nur einige Zoll breit und so groß waren, daß man sie in einer Hand halten konnte. Dann wurde mit der Spitze eines Schilfstengels oder einem anderen spitzen Gegenstand die Schrift in die feuchte Tontafel geritzt. Anschließend wurde die Tafel im Ofen oder in der heißen sumerischen Sonne gebrannt. Im Laufe der nächsten Jahrhunderte machten die ursprünglich verwendeten Piktogramme noch eine starke Entwicklung durch, die im zweiten Drittel des dritten Jahrtausends schließlich zum Abschluß gekommen war. Die sumerische Schrift und jene der folgenden mesopotamischen Kulturen wird nach den keilförmigen Eindrücken in Ton und anderen Materialien Keilschrift genannt.

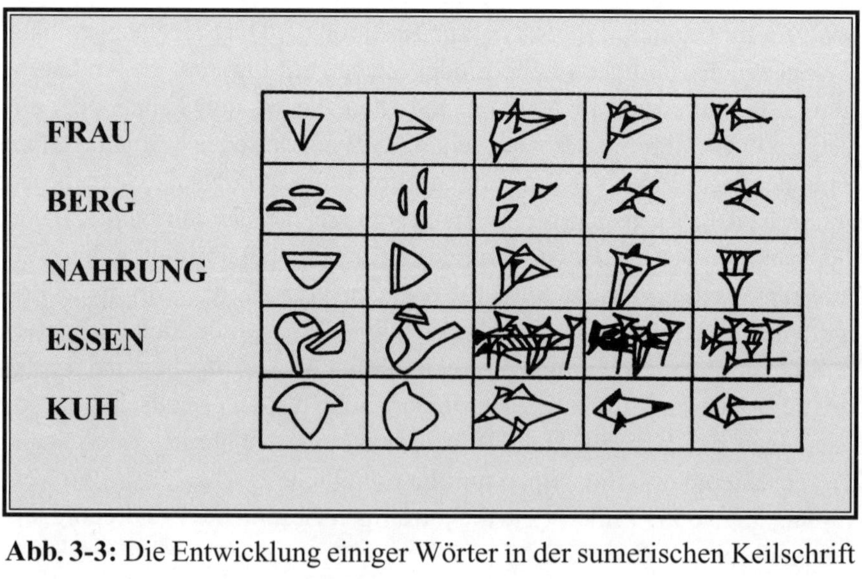

Abb. 3-3: Die Entwicklung einiger Wörter in der sumerischen Keilschrift

Die frühe sumerische Schrift wurde ausschließlich für Verwaltungszwecke verwendet. So gibt es Listen von Besitzurkunden, Aufstellungen von Transaktionen, Waren- und Arbeiterlisten u.a.m. Diese Buchführungslisten wurden mit Sicherheit nicht entwickelt, um Mythen zu schaffen. Erst mehrere Jahrhunderte nach Aufkommen der Schrift erschienen um das Jahr 2600 v. Chr. die ersten Texte, die einem historischen Dokument, wie wir es verstehen, ähneln.(5) Wie schon gesagt, scheinen diese historischen Erzählungen aus Sumer und den folgenden mesopotamischen Kulturen Niederschriften mündlicher Überlieferungen zu sein, die von einer Generation zur nächsten weitergereicht wurden. Das Gros der modernen Historiker und Archäologen betrachtet jedoch kaum eines dieser historischen Dokumente als geschichtliches Zeugnis. Die Archäologen Lamberg-Karlovsky und Sabloff z.B. sehen diese Erzählungen größtenteils als „reine Legende“ an, da sie viele phantastische Elemente enthalten, wie Götter, „die herumfliegen“, und einzelne Könige, die jahrhunderte- und jahrtausendelang regierten.(6)

Inzwischen, gut einhundert Jahre nach der wissenschaftlichen Feststellung, daß Sumer existierte und daß es die erste menschliche Kultur darstellte, besitzen wir Hunderte von sumerischen Tontäfelchen mit epischen Erzählungen aus der Frühgeschichte des Menschen, die Jahrhunderte und Jahrtausende vor Sumers Gründung zurückreichen. Viele ursprünglich sumerische Erzählungen wurden dabei nicht in den Ruinenstätten von Sumer, sondern in denen der folgenden mesopotamischen Kulturen entdeckt - der der Akkadier, der Babylonier und der Assyrer. Einer der reichsten Funde solcher Tafeln verdient Erwähnung: die Ausgrabung der Bücherei Assurbanipals in den Überresten Ninives nördlich von Bagdad. Assurbanipal (668-626 v. Chr.) scheint ein Assyrerkönig von hoher Bildung gewesen zu sein. Außer seiner Bücherei entdeckte man in den Überresten seines Palastes auch mehrere Kunstwerke. Assurbanipals Bücherei enthielt mehr als 25000 nach Themen geordnete Tafeln. Er sammelte anscheinend alle Texte, deren er habhaft werden konnte, und ließ von solchen, die schon zu seiner Zeit antik waren, Kopien und Übersetzungen anfertigen. Seine Schreiber wiesen viele Tafeln als „Kopien älterer Texte“ sumerischer und anderer vorausgegangener mesopotamischer Kulturen aus.

Viele dieser mesopotamischen Epen wurden von Geschichtswissenschaftlern und Archäologen übersetzt und untersucht und in den Bereich der Mythologie und „puren Legende" verwiesen. Glücklicherweise besitzen wir heute mehr als die Übersetzungen dieser Akademiker, um die immense Bedeutung dieser Erzählungen erfassen zu können. Prof. Zecharia Sitchin hat sieben Bücher verfaßt, die die ersten Kulturen der Erde behandeln, und hat dazu nicht nur die mesopotamischen Tafeln, sondern auch ägyptische, althebräische und andere alte Quellen übersetzt.(7,8,9,10,11,12) Sitchin behauptet, daß viele sumerische, althebräische und andere Texte der Frühzeit falsch übertragen worden seien. Er erzählt, daß er als junger Mann in Tel-Aviv eine Lehrveranstaltung besuchte, in der das Alte Testament in seiner ursprünglichen hebräischen Fassung durchgenommen wurde, und er den Dozenten einmal fragte, warum das althebräische Wort Nefilim gewöhnlich mit „Riesen" übersetzt würde (wie in mancher jetzigen Bibelübersetzung), obwohl Nefilim doch in Wirklichkeit „Jene, die heruntergekommen waren" bedeute. Der Lehrer wies ihn zurecht, er solle die Bibel nicht in Zweifel ziehen. Er hatte natürlich nicht die Bibel in Zweifel gezogen, sondern ihre Übersetzung. Dieser Vorfall gab Sitchin den Anstoß zu einem lebenslangen Studium der Bibel und anderer alter Texte sowie deren Übersetzung. Er lernte Sumerisch und viele weitere alte und moderne Sprachen.(13) Sitchin stellte fest, daß das, was die meisten Gelehrten als Mythologie (oder „pure Legende") betrachten, in Wirklichkeit eine Fundgrube uralter Erinnerungen darstellt, und daß die mesopotamischen Texte genau wie die Bibel von geschichtlichen Ereignissen handeln und als historisch-wissenschaftliche Dokumente gelesen werden sollten. Sitchin veröffentlichte die mesopotamische Geschichte der Erschaffung des Menschen zum ersten Mal in *The Twelfth Planet* im Jahre 1976.(7) In späteren Büchern, vor allem in *Genesis Revisited*, führt er diese Erzählung erneut an.(11) Die Geschichte der Erschaffung des Menschen findet sich größtenteils in einem Epos, das die Mesopotamienwissenschaft als *Das Atra-hasis-Epos* betitelt, sowie in mehreren anderen Texten, die in verschieden gutem Erhaltungszustand entdeckt wurden. Der Atra-hasis-Text erzählt, wie eine Gruppe Außerirdischer, die die Sumerer Anunnaki (Jene, die vom Himmel zur Erde kamen) nannten, vor ungefähr 450000 Jahren zur Erde kam, um nach Gold zu schürfen. Die Anunnaki kamen von dem „12. Planeten“ Nibiru. Die Sumerer wußten von den uns bekannten neun Planeten und zählten außerdem die Sonne und den Mond sowie diesen der heutigen Astronomie unbekannten Nibiru hinzu (kannten also insgesamt zwölf Himmelskörper in unserem Sonnensystem). Nibirus Bahn näherte sich der Erde alle 3600 Jahre; Sitchin zeigt, daß seine Kreisbahn der eines Kometen ähnelt.(14) Später werden wir über Nibiru noch mehr zu sagen haben, da es Belege dafür gibt, daß das Vorbeiziehen Nibirus in Erdnähe in der Vergangenheit zahlreiche Katastrophen ausgelöst hat.

Hier ist ein Hinweis angebracht, daß es kaum verwundern kann, wenn dieser „12. Planet“ (falls es ihn gibt) unseren heutigen Astronomen noch unbekannt ist. Die drei in unserem Sonnensystem am weitesten von der Sonne entfernten Planeten, die wir kennen - Uranus, Neptun und Pluto -, sind dem bloßem Auge unsichtbar und wurden jeweils erst in den vergangenen 200 Jahren - 1782, 1846 bzw. 1930 - mit Hilfe von Teleskopen „entdeckt“. Überraschend und sogar sensationell ist die Tatsache, daß die alten Sumerer über die Existenz dieser Planeten Bescheid wußten. Universitäre Akademiker (Historiker, Archäologen, Linguisten) haben sich dennoch meines Wissens nie mit der Frage beschäftigt, warum die Sumerer, die gerade das Schreiben zu erlernen begannen, von diesen fernen Planeten unseres Sonnensystems wußten. Sitchin führt den Nachweis, daß die Sumerer sogar Einzelheiten über sie kannten, die Wissenschaftler des zwanzigsten Jahrhunderts erst mittels unbemannter Satelliten herausfanden.(15) Als die Raumsonde Voyager 2 im August 1989 an Neptun vorbeizog und Bilder davon zur Erde funkte, konnten Wissenschaft und Öffentlichkeit entdecken, daß dieser ferne Planet viel Wasserstoff enthielt und nicht, wie angenommen worden war, ausschließlich gasförmig war. Auf der Grundlage sumerischer Texte hatte Sitchin jedoch schon im Jahre 1977 - lange vor dem Start von Voyager 2 - über die Wasser des Neptun geschrieben.(16) Natürlich erfuhren die Sumerer solche Einzelheiten über den Himmel von „Jenen, die vom Himmel zur Erde kamen“, ihren Anunnaki-Göttern.

Die Anunnaki operierten innerhalb einer strikten Hierarchie, in welcher Anu der Herrscher Nibirus war und zum „Gott“ Nr. 1 des sumerischen „Götter“-Pantheons wurde. Sitchin macht klar, daß weder die

Sumerer noch die späteren Akkadier diese Besucher der Erde als „Götter" bezeichneten. Die Vorstellung, daß es sich bei den Anunnaki um göttliche Wesen oder Götter handelte, drang erst durch das spätere griechisch-römische Heidentum in unsere Sprache und Denkweise ein. Die Sumerer nannten sie DIN.GIR oder „die Gerechten von den Raketenschiffen". Die Akkadier nannten sie die Ilu oder „die Erhabenen" (worauf das biblische El zurückgeht).(17)

Anu, der oberste Anunnaki des „12. Planeten" Nibiru, vertraute seinem Sohn Enlil die Aufsicht über die Erde an. Enlil war der Sohn von Anu und Anus Halbschwester und damit Anus Erbe und Nachfolger, da die Erbfolge der Anunnaki anscheinend über den Sohn einer Halbschwester ablief. Anus Erstgeborenem, Enki, einem führenden Ingenieurwissenschaftler, wurden ebenfalls umfangreiche Machtbefugnisse auf der Erde übertragen. Enki und Enlil hatten häufig Konflikte miteinander. Diese Rivalität schloß schließlich auch ihre Nachkommen ein und zog sich über Jahrtausende hin. Im allgemeinen ergriff Enki in seinen Differenzen mit Enlil und anderen Anunnaki fast immer für die Menschen Partei. Enlil, so scheint es, waren die Menschen recht egal.

Die Anunnaki hatten mehr als 100 000 Jahre auf der Erde Gold abgebaut, als das Heer der Anunnaki, das die erschöpfende Arbeit in den Minen tat, vor rund 300000 Jahren meuterte. Enlil, ihr Oberbefehlshaber, wollte sie streng bestrafen und berief eine Versammlung der Großen Anunnaki ein, zu denen auch sein Vater Anu zählte. Anu empfand mehr Verständnis für die mißliche Lage der Anunnaki-Grubenarbeiter. In dieser Versammlung fragte er laut, ob es nicht einen anderen Weg zur Goldgewinnung gebe. An dieser Stelle schlug Enki vor, daß ein Primitiver Arbeiter, ein Adamu, erschaffen werden solle, der die schwierige Arbeit übernehmen könnte. Enki führte weiter aus, daß ein primitiver Humanoide (den wir Homo erectus nennen, oder ein eng verwandter Hominide) in Abzu (Afrika), wo er arbeitete, recht häufig war. Warum „binden wir ihm nicht das Bildnis der Götter auf"(19), um ihm die zur Ausführung der Grubenarbeit nötige Intelligenz zu verleihen? Der Versammlung der Großen Anunnaki gefiel diese Idee und sie nahm sie an. So wurde die Entscheidung zur Entwicklung von Menschen als Sklavenarbeiter gefällt.

Die Aufsicht über die Schaffung eines Adamu, eines primitiven Arbeiters, der die schwierige Grubenarbeit für die Anunnaki übernehmen sollte, wurde Enki übertragen. Enki befand sich schon in AB.ZU, dem Land der Zechen, welches, wie Sitchin annimmt, in Südafrika lag, wo auch in der Neuzeit viel Gold geschürft wird. Sitchin zitiert die Zeitschrift der Anglo-American Corporation, der führenden Bergbaugesellschaft Südafrikas, der zufolge zahlreiche antike Grubenschächte mit Tiefen von bis zu 17 Metern gefunden wurden. Drei dieser alten Schächte wurden mit Hilfe der Kohlenstoff-14-Methode auf die Jahre 35000, 46000 bzw. 60000 v.Chr. datiert. Den Archäologen zufolge, die man zur Ausgrabung dieser alten Schächte angeheuert hatte, wurde in Südafrika schon vor 100000 v.Chr. Erz abgebaut.(20) Es gibt natürlich keinerlei Belege dafür, daß Steinzeitmenschen einen Schacht abzuteufen verstanden. Aus welchem Grund sollten sie auch nach Gold suchen wollen bzw. müssen?

Enki bat um Hilfe in Form von Ninti, die die oberste Medizinerin und eine Tochter Anus war und die in der Anunnaki-Hierarchie sehr hoch stand. Ninti war sowohl Enkis als auch Enlils Halbschwester und Enki suchte wahrscheinlich sowohl einen Erben wie auch eine Assistentin bei seinen Versuchen zur Schaffung eines Adamu.(21)

Das Binden des Bildnisses der Götter auf das primitive Wesen - das vermutlich dem sogenannten homo erectus ähnelte - wurde natürlich durch eine Art von Genmanipulation erreicht. Sitchin stückelt diese Schöpfungsgeschichte aus mehreren mesopotamischen Tafeln unterschiedlich guten Erhaltungszustands zusammen und folgert, daß der Adamu sozusagen das erste Retortenbaby war.(22) Auf einer von Sitchin zitierten Tafel weist Enki Ninti an, Ton vom Kern (oder Keller) der Erde mit dem eines jungen Anunnaki zu vermischen. In The 12th Planet und noch einmal in Genesis Revisited führt Sitchin aus, daß die sumerischen und akkadischen Begriffe, die gewöhnlich als „Ton“ oder „vermischt“ übersetzt werden, aus dem sumerischen TI.IT stammen, das „das, was mit Leben ist“ bedeutete und Sekundärbedeutungen von „Schlamm“, „Ton“ und „Ei“ besaß.(23) Also nahm Enki offensichtlich ein „Ei“ oder Ovum von einem H.erectus-Weibchen und befruchtete es mit dem Samen eines jungen Anunnaki in vitro. Das befruchtete Ei wurde dann in Nintis Gebärmutter eingepflanzt. Nintis Name bedeutete „Frau Leben“, und sie bekam später den Spitznamen Mammi, die Quelle des universalen Mama/Mutter. (24) Zehn Monate nach Verpflanzung des Eis brachte Ninti den ersten Adamu in einer anscheinend sehr schwierigen Geburt zur Welt. Eine Tontafel, die in recht beschädigtem Zustand aufgefunden wurde, deutet darauf hin, daß während der Geburt viel geschnitten wurde - vermutlich wie bei einem Kaiserschnitt. Aber schließlich kam das Kind und Ninti wurde sehr erregt. Sie hielt das Neugeborene hoch, damit es alle sehen konnten, und rief: „Ich habe erschaffen! Meine Hände haben es gemacht!"(25)

Dieses dramatische Geschehen ist in Abb. 3-2 abgebildet. Das Bild stammt von einem assyrischen Zylindersiegel, das wahrscheinlich eine Kopie eines älteren sumerischen Zylindersiegelbildes ist. Da sumerische Illustrationen etwa eintausend Jahre vor der schriftlichen Fixierung der historischen Epen erschienen, ist nicht genau bekannt, wie diese Bilder in der sumerischen Gesellschaft verwendet wurden. Vielleicht begleiteten Abbildungen dieser Art das mündliche Erzählen der Epen.

Auf jeden Fall sehen wir Ninti in der Nähe des Baumes des Lebens sitzen, wie sie das recht große Neugeborene hält, das schon einen Pferdeschwanz hat - den ersten Adamu. Sie sitzt Enki gegenüber, der eine Art Gefäß hält. Hinter Enki stehen ein Arbeiter und weitere Gefäße oder Kolben. Es scheint sich dabei um ein Laboratorium zu handeln. Der Ort, wo der erste Adamu geschaffen wurde, war ein besonderer Bau, dessen akkadischer Name Bit Schimti lautete. Dies kommt von dem sumerischen Wort SCHI.IM.TI, das wörtlich „Haus, in das der Wind des Lebens geblasen wird" bedeutet.(26) Die Texte sprechen von der Notwendigkeit bestimmter Reinigungen bzw. der Sauberkeit aller Teilnehmer, bevor dieses Schöpfungsverfahren in Angriff genommen werden konnte.

Nach der Geburt des ersten Adamu und der Feststellung, daß das Verfahren funktionierte, fand man weitere „Göttinnen" und wiederholte es. Wir lesen auf einer Tafel, daß Enki und Ninti vierzehn Geburten-Göttinnen benutzten, um sieben Männchen und sieben Weibchen zu erschaffen. Das Verfahren muß viele Male wiederholt worden sein - da es eine komplizierte Prozedur war, machte es viele „Geburten-Göttinnen" erforderlich. Die „primitiven Arbeiter" waren Mischlinge zwischen den Anunnaki und einem Wesen, das dem homo erectus nahestand. An keiner Stelle von Sitchins Werken findet sich eine auch nur annähernde biologische

Beschreibung der Anunnaki. Sie müssen jedoch den primitiven Hominiden nahe genug gestanden und/oder einige besondere gentechnische Tricks gekannt haben, um überhaupt einen Mischling hervorbringen zu können. Die primitiven Arbeiter selbst waren jedoch zur Fortpflanzung unfähig.

Bedauerlicherweise sind die mesopotamischen Tafeln, die davon erzählen, wie die „primitiven Arbeiter“ fruchtbar gemacht wurden, verloren. Es gibt zwar frühassyrische Tafeln (~850 v.Chr.), die sich auf das Fruchtbarwerden der „primitiven Arbeiter“ beziehen, doch jene, die den größten Teil der Geschichte enthält, ist zu beschädigt, um den ursprünglichen sumerischen Text erkennen zu lassen. (27) Daher wendet sich Sitchin der Schöpfungsgeschichte der biblischen Genesis zu. Zahlreiche Wissenschaftler haben darauf verwiesen, daß ein Gutteil der Genesis eine stark zurechtgestutzte bzw. bearbeitete Version mesopotamischer Texte ist. Die Genesis wurde zwar - jedenfalls zum größten Teil - monotheisiert und hebräisiert, aber ansonsten ist Mesopotamiengelehrten seit Ende des neunzehnten Jahrhunderts klar, daß sie zum großen Teil auf mesopotamischen Texten fußt, die bis zu 2000 Jahre älter sind als das Alte Testament.

In jedem Fall lesen wir in der Bibel folgendes:

> Da ließ Gott der HERR einen tiefen Schlaf fallen auf den Menschen, und er schlief ein. Und er nahm eine seiner Rippen und schloß die Stelle mit Fleisch. Und Gott der HERR baute ein Weib aus der Rippe, die er von dem Menschen nahm, und brachte sie zu ihm. Da sprach der Mensch: Das ist doch Bein von meinem Bein und Fleisch von meinem Fleisch; man wird sie Männin nennen, weil sie vom Manne genommen ist. Darum wird ein Mann seinen Vater und seine Mutter verlassen und seinem Weibe anhangen, und sie werden sein ein Fleisch.(28)

Der große Sumerologe Samuel N. Kramer wies gegen Mitte dieses Jahrhunderts darauf hin, daß die Geschichte von Evas Entstehung aus Adams Rippe wahrscheinlich aus der Doppelbedeutung des sumerischen

Wortes TI herrührt, das sowohl Rippe als auch Leben bedeutet.(29) Sitchin macht darauf aufmerksam, daß viele sumerische Worte Mehrfachbedeutungen aufwiesen und die sumerischen Schreiber offenbar mit Vorliebe mit diesen vielfachen Bedeutungen spielten. Sitchin glaubt, daß die biblische Geschichte von Evas Erschaffung eine zweite genetische Manipulation zur Fruchtbarmachung des Adamu darstellt. Einem männlichen Adamu wurde (vermutlich aus einer Rippe) Knochenmark entnommen und einem weiblichen mittels einer heutigen Gentechnikern unbekannten Technik eingepflanzt, um den Adamu zeugungsfähig zu machen. (30) Je mehr Fortpflanzung, desto mehr Sklaven.

Und die neuen Sklaven, die „Primitiven Arbeiter", waren bei den Anunnaki sehr begehrt. Schon früh wurden die neuen „primitiven Arbeiter" auf die Bergbaugebiete des Abzu, Enkis südafrikanischer Hochburg, beschränkt. Aber auch die Anunnaki von E.DIN („dem Wohnsitz der Gerechten"), das im Gebiet des späteren Sumer lag, wollten „Primitive Arbeiter", die ihre manuelle Arbeit für sie erledigen sollten. E.DIN war Enlils Reich und enthielt einen Weltraumflughafen, von wo aus das Gold zu einem Raumfahrzeug in Erdumlaufbahn gesandt wurde, von dem aus der endgültige Transfer zum Heimatplaneten der Anunnaki stattfand. Die Spannung zwischen den beiden Halbbrüdern Enlil und Enki erhöhte sich, bis unter Enlils Leitung ein Überfall auf Abzu inszeniert und eine große Zahl Primitiver Arbeiter gewaltsam nach E.DIN entführte wurde.(31)

Es kann wenig Zweifel geben, daß das sumerische E.DIN die Basis für das biblische Eden lieferte:

> Und Gott der HERR pflanzte einen Garten in Eden gegen Osten hin und setzte den Menschen hinein, den er gemacht hatte.(32)

So besitzen wir, trotz der lückenhaften Tontafelfunde, bemerkenswerte dokumentarische Belege über unsere eigene „Erschaffung". Sitchin stellt fest:

> Wenn man bedenkt, daß uns diese alten Texte über eine Zeitbrücke erreichen, die sich Jahrtausende zurückwölbt, muß

> man die alten Schreiber bewundern, die diese ersten Texte aufzeichneten, kopierten und übersetzten - vermutlich sehr oft, ohne wirklich zu wissen, was diese oder jene Redensart oder dieser oder jener Fachausdruck ursprünglich bedeutete - die sich aber immer beharrlich an die Tradition hielten, die ihnen eine akribische und präzise Wiedergabe der kopierten Texte abforderte.(33)

Tatsächlich liefern uns die sumerischen und späteren mesopotamischen Schreiber einen Bericht über unsere Erschaffung, die vor Hunderttausenden vor Jahren stattgefunden hat. Die frühen sumerischen Schreiber konnten unmöglich die technischen Einzelheiten des Prozesses der „Erschaffung eines Menschen“ kennen - aber sie beschrieben ihn, so gut sie es vermochten. Wie konnten sie z.B. wissen, was ein Gen ist, oder wie ein solches manipuliert und rekombiniert werden kann, um ein neues Lebewesen zu erschaffen? Und doch beschrieben sie das Mischen von Ton unter Benutzung eines Wortes, das auch Ei bedeutet. Wie wir sahen, schufen Wissenschaftler der modernen Ära den Begriff Gen erst zu Beginn dieses Jahrhunderts. Die DNA, die Substanz des Erbmaterials, wurde erst 1946 entdeckt und die DNA-Struktur im Jahre 1953. Unser Verständnis der Genetik weitete sich seitdem rapide, und das erste Retortenbaby kam 1978 zur Welt. Seit 1978 behauptet Sitchin, daß in Wirklichkeit Adam das erste Retortenbaby war.(34) Der Prozeß der Schaffung von Menschen aus primitiven Hominiden und Anunnaki scheint tatsächlich einem Verfahren gefolgt zu sein, das den modernen Verfahren zur „Schaffung“ eines Retortenbabys sehr ähnlich ist.

In all seinen Werken macht Sitchin klar, daß die Anunnaki ihre neugeschaffenen Sklaven schlecht behandelten - ganz wie wir mit Haustieren umgehen, die wir nur ausbeuten, wie z.B. Mastvieh. Die Sklaverei war in menschlichen Gesellschaften von den ersten bekannten Kulturen bis noch vor recht kurzem weitverbreitet. Vielleicht sollte es uns nicht überraschen zu erfahren, daß die Anunnaki eitel, kleinlich, grausam, inzestuös und boshaft waren - also nahezu jedes negative Attribut besaßen, das einem einfällt. Es scheint, daß sie ihre Sklaven hart arbeiten ließen und deren mißliche Lage sie recht kalt ließ. Aber letzten Endes beschlossen sie, der Menschheit ihre erste Kultur, die sumerische, zu gewähren, die um das Jahr 4000 v.Chr. ihren Anfang nahm. Die faszinierenden historischen Aufzeichnungen der Mesopotamier über die Interaktionen ihrer "Götter", der Anunnaki, mit ihren menschlichen Schöpfungen werden wir im übrigen in späteren Kapiteln erneut aufnehmen.

In Genesis Revisited legt Sitchin dar, wie die Daten, die wir aus der Untersuchung mitochondrialer DNA besitzen, sowie die „afrikanische Eva-Hypothese“ der Paläoanthropologie die Anunnaki-Version unserer „Schöpfung“ untermauern.(35) Wir erinnern uns aus dem letzten Kapitel, daß viele Paläoanthropologen der Theorie anhängen, daß der Jetztmensch seinen Ursprung vor 200 000 bis 400 000 Jahren in Afrika nahm und sich seither allmählich über den Rest der Welt ausbreitete. Zweifellos würde diese Theorie sehr gut zu Sitchins Auslegung der mesopotamischen Tafeln passen. Wir sahen jedoch, daß die früheren Interpretationen der Daten zur menschlichen mitochondrialen DNA jetzt in Zweifel gezogen werden, und daß unlängst weitere Fossilien entdeckt wurden, so daß die „multi-regionale“ Hypothese des Ursprungs des modernen Menschen unter Paläoanthropologen wieder an Boden gewinnt.

Sitchin ist der Ansicht, daß die altmesopotamische mythisch-historische Darstellung der Schaffung des „Primitiven Arbeiters“ durch die Anunnaki das Erscheinen des sogenannten modernen Homo sapiens vollständig erklärt. Es gibt jedoch Indizien dafür, daß noch andere außerirdische Gruppen als die Anunnaki des „12. Planeten“ in die menschliche Historie verwickelt waren, wie der folgende überlieferte Bericht beweist.

Ein geschichtlich überlieferter Bericht über eine „sirianische Verbindung“

Von den mesopotamischen Überlieferungen abgesehen, besitzen wir eines der eindrucksvollsten exoterischen (nicht esoterischen) Zeugnisse für einen eventuellen Besuch und Kontakt von Außerirdischen mit den Menschen in den historischen Erzählungen des westafrikanischen Volkes Dogon. Hierbei handelt es sich um mündliche Geschichtsberichte, da die Dogon des Lesens und Schreibens unkundig sind. Wie schon erwähnt, war mündliche Überlieferung vor Erfindung der Schrift die einzige Möglichkeit der Menschen (die alten Sumerer inbegriffen), die Erinnerung an ihre Vergangenheit zu bewahren. Die Glaubwürdigkeit der überkommenen Geschichten der Dogon wird dadurch erheblich gesteigert, daß dieses Volk Kenntnisse über den Himmel besitzt, die unsere Wissenschaft erst vor kurzem erwarb (wie wir es auch schon bei den alten Mesopotamiern gesehen haben).

Seit Hunderten und Tausenden von Jahren überliefern die Dogon eine Erzählung über den Besuch von Wesen aus der Nähe des Sirius bei ihren Urahnen. Diese Besucher waren offenbar teilweise aquatisch (wasserlebend) und zogen das Planschen im Wasser der Bewegung auf dem Trockenen vor, taten jedoch beides. Wie es scheint, landete ein sirianisches Luftschiff in einer leichten Vertiefung der Erdoberfläche, bohrte ein Loch bis zum Grundwasserspiegel und füllte die Senke mit Wasser. Die Sirianer versuchten offensichtlich, die Dogon u.a. zu lehren, wie sie in Übereinstimmung mit ihrer göttlichen Natur leben konnten. Die Dogon beten die Sirianer seit Jahrhunderten an.(36)

R.K.G. Temple schreibt in seinem Buch The Sirius Mystery (Erstveröffentlichung im Jahre 1976) über dic Verbindung des Sirius mit den Dogon und anderen alten Kulturen, vor allem der des alten Ägyptens. Beeindruckend am Dogonmaterial ist nicht nur, daß dieses Volk über eine mündliche Überlieferung - eine Religion, wenn Sie so wollen - einer Sirius-Verbindung verfügt, sondern daß es schon Jahrhunderte vor den Astronomen der Neuzeit wußte, daß Sirius ein Doppelstern ist, also einen Begleitstern aufweist.

Sirius, der sogenannte Hundsstern, ist der hellste Stern am Firmament und 8,7 Lichtjahre von der Erde entfernt. Leichte Unregelmäßigkeiten in seiner Bewegung ließen den Astronomen Friedrich Bessel im Jahre 1844 vermuten, daß Sirius einen noch nicht entdeckten Begleitstern besitzt. Dieser Begleitstern wird heute als Weißer Zwerg der 10. Größenklasse (d.h. recht dunkel) eingestuft. Temple argumentiert, daß die Legende der Dogon über einen Kontakt mit Außerirdischen aus der Nähe des Sirius der Wahrheit entsprechen muß, da sie schon seit Jahrhunderten Einzelheiten über diesen Stern kannten, die unsere Astronomen erst vor kurzem entdeckten oder vielmehr wiederentdeckten. Wie wir schon bei den

Sumerern mit ihrem Wissen über die Wasser des Neptuns sahen, wußten alte Hochkulturen über den Himmel oft mehr, als der modernen Astronomie noch bis vor kurzem bekannt war - bevor sie auf erheblich stärkere Teleskope und unbemannte Raumsonden zurückgreifen konnte.

In mehreren alten Kulturen spielte Sirius eine führende Rolle. Die alten Griechen und Römer sahen im Aufgehen des Sirius im August ein Zeichen für einen heißen Sommer. Die alten Ägypter waren von Sirius besessen, was auf eine Verbindung ihrer Kultur zum Sirius hindeutet. Für sie war das Aufgehen des Sirius ein Zeichen für den Beginn des alljährlichen Ansteigens des Nils. Temple weist darauf hin, daß Isis, die oberste weibliche Gottheit des Pantheons der alten Ägypter, mit Sirius gleichgesetzt wurde. (37) Laut Temple hatten die alten Ägypter eine genauso klare Vorstellung von Sirius wie das westafrikanische Dogon-Volk.(38)

In seinem sehr gelehrten Werk versucht Temple seine „Mitgelehrten" dahingehend zu beruhigen, daß er trotz seiner radikalen Hypothese nicht „übergeschnappt" sei. Er belegt all seine Thesen mit großer Sorgfalt und greift jene an, die über Außerirdische und alte Kulturen sprechen und dabei nicht überprüfbare Behauptungen aufstellen. Temple versichert seine Leser, daß er nicht an UFOs glaube und bezeichnet diejenigen unter uns, die über UFOs und die Anwesenheit Fremder auf der Erde Bescheid wissen, als „extremistische Randgruppe".(39) Während Temple seine Leser in dieser Weise beruhigt, erklärt er

> ...(b)ei der Betrachtung der wahren Ursprünge der Elemente sogenannter menschlicher Kultur auf diesem Planeten sollten wir heute die Möglichkeit, daß außerirdische Besucher den primitiven Steinzeitmenschen die Kultur quasi auf einem Tablett servierten, in keiner Weise ausschließen...(40)

Nach Darlegung von Ähnlichkeiten der ägyptischen und mesopotamischen Kultur wie der Tatsache, daß sie die gleiche Astronomie besaßen, folgert Temple, daß Ägypten und Sumer in den Sirianern ihren gemeinsamen Ursprung hatten. Sitchin andererseits glaubt auf Basis historischer mesopotamischer Überlieferungen, daß die Anunnaki, die die Sumerer biologisch erschufen und deren Kultur begründeten, auch die Urheber der ägyptischen Zivilisation sowie weiterer früher Hochkulturen waren. Temple nimmt an, daß die Sirianer zur Erde kamen, die Zivilisation in die Wege leiteten und dann fortgingen und Überwacher zur Beobachtung unseres Fortschritts zurückließen. Er glaubt auch, daß sie irgendwann einmal zurückkehren werden. Es gibt weder von den Dogon noch von den Ägyptern Unterlagen über eine sirianische Genmanipulation von Menschen.

Abb. 3-2: Eine assyrische Zylindersiegeldarstellung der Geburt des ersten Menschen. Aus The 12th Planet von Zecharia Sitchin, Avon Press***.

1. Lamberg-Karlovsky, C. C. und J. A. Sabloff 1979. Ancient Civilizations: The Near East, and Mesoamerica. The Benjamin/Cummings Publishing Co., Inc., Menlo Park, S. 28-29.
2. Ibid., S. 147-148.
3. Ibid., S. 147.
4. Ibid., S. 150.
5. Ibid., S. 160.
6. Ibid.
7. Sitchin, Z. 1976. The 12th Planet. Avon Books, New York.
8. _____ 1980. The Stairway to Heaven. Avon Books, New York.
9. _____ 1985. The Wars of Gods and Men. Avon Books, New York.
10. _____ 1990. The Lost Realms. Avon Books, New York.
11. _____ 1991. Genesis Revisited: Is Modern Science Catching Up with Ancient Knowledge? Bear and Company Publishing, Santa Fe, New Mexico.
12. _____ 1992. When Time Began. Avon Books, New York.

13. Sitchin, Z. 1987. Introduction. In Breaking the Godspell, by N. Freer, Falcon Press, Phoenix.
14. Sitchin, Z. 1980. op. cit., S. 89.
15. Sitchin, Z. 1991. op. cit., S. 3-22.
16. Ibid., S. 5-9.
17. Sitchin, Z. 1980. op. cit., S. 86.
18. Sitchin, Z. 1991. op. cit., S. 158.
19. Ibid., S. 160.
20. Ibid., S. 22.
21. Ibid., S. 163-164.
22. Ibid., S. 162.
23. Ibid., S. 166
24. Ibid., S. 163.
25. Ibid., S. 170.
26. Ibid., S. 185.
27. Ibid., S. 187.
28. DIE BIBEL nach der Übersetzung Martin Luthers, Deutsche Bibelgesellschaft Stuttgart,1985, Genesis 2: 21-24.
29. S. N. Kramer zitiert in Sitchin, Z. 1991. op. cit., S. 184.
30. Ibid., S. 187.
31. Ibid., S. 170-171.
32. DIE BIBEL nach der Übersetzung Martin Luthers, op. cit., Genesis 2: 8.
33. Sitchin, Z. 1991. op. cit., S. 171.
34. Ibid., S. 162.
35. Ibid., S. 192-202.
36. Temple, R. K. G. 1987. The Sirius Mystery. Destiny Books, Rochester, Vermont.
37. Ibid., S. 179.
38. Ibid., S. 182.
39. Ibid., S. 213-214.
40. Ibid., S. 199.

„Von diesem Kreis, in dem wir hier uns drehen
kann ich nicht Anfangspunkt, nicht Endpunkt sehen,
Noch keiner sagt mir, wo wir kamen her,
Und keiner weiß, wohin von hier wir gehen."

Rubaijat des Omar Khajjam

Kapitel 4

Die Erschaffung von Himmel, Erde und allen Lebensformen

Eine Übung in Logik

Ich möchte hier nicht allzuviel Zeit auf den Versuch verwenden, die Existenz von Leben außerhalb der Erde zu beweisen. Wir sahen ja schon gewichtige Indizien dafür, daß die Grundlage des Jetztmenschen von einer Spezies Außerirdischer gelegt wurde, und werden auf den Seiten dieses Buches noch zahlreiche weitere Beweise für extraterrestrische Eingriffe in die Geschicke des Menschen vorlegen. Hier jedoch möchte ich Sie zu einem kleinen Exkurs in die Logik einladen. Betrachten wir fürs erste einmal die Zeit. Wir wir sahen, wird die Erde heute auf ungefähr 4,5 Milliarden Jahre und das Universum auf acht bis zwanzig Milliarden Jahre geschätzt. Unseres Wissens ist die Erde also ein halb bis ein viertel so alt wie das Universum, von dem sie einen Teil bildet.

Wenden wir uns nun dem Raum unseres Weltalls zu. Bekanntermaßen ist unsere Sonne nur e i n mittelgroßer Stern unter den ungefähr 100 000 000 000 (100 Milliarden) Sternen unserer Galaxis, der „Milchstraße" (an deren Rand sie sich befindet). Und es gibt Hunderte und Tausende von Galaxien, die uns mittels ständig verbesserter Instrumente sichtbar werden.

Und nun überlegen Sie bitte einmal, wie viele bewohnbare Planeten es wohl im Universum geben könnte. Wir wissen, daß unser eigenes Sonnensystem mindestens neun Planeten umfaßt. Zum gegenwärtigen Zeitpunkt scheint darin nur ein Planet - die Erde - Lebensformen wie die unsere unterstützen zu können. Es gibt zwar Spekulationen dahingehend, daß Mars einstmals Lebenssysteme getragen haben könnte, aber zum jetzigen Zeitpunkt geht die Wissenschaft davon aus, daß weder Mars noch die übrigen Planeten unseres Sonnensystems die Entwicklung und den Fortbestand von Leben ermöglichen. Diese Schlußfolgerung wurde gezogen, obwohl die Planeten unseres Sonnensystems bisher kaum erforscht wurden. Nichtsdestoweniger gibt es in unserem Sonnensystem zumindest einen bewohnbaren Planeten.

Die Astronomie stellt sich nun die Frage, ob im Weltall noch andere Sterne von Planeten umkreist werden. Bisher konnten solche Planetensysteme noch nicht eindeutig identifiziert werden. Da die Möglichkeit ihrer Existenz jedoch nicht ausgeschlossen wird, arbeitet man an neuen und verbesserten Techniken zu ihrer Entdeckung.(1)

Für mich illustriert dies eine der großen Schwächen des gegenwärtigen Ansatzes zur Erforschung des Universums. Für jemanden, der wie wir die Fähigkeit zu logischem Denken entwickelt hat, ist die Annahme absolut folgerichtig, daß im Universum aller Voraussicht nach zahlreiche Planeten und Sonnensysteme wie die unseren existieren. Mit Hilfe unserer primitiven astronomischen Instrumente bestätigen zu wollen, daß es außerhalb unseres Sonnensystems noch andere Planeten gibt, scheint mir absurd. Wenn wir uns auf diesem Gebiet ausschließlich auf unsere primitive Wissenschaft des physikalischen Weltalls stützen wollten, würde dies logischerweise unsere Reflexion über unsere Ursprünge, unsere Geschichte und unsere Existenz derartig hemmen, daß wir über solche Themen nur wenig verläßliche Aussagen machen könnten.

Allein aus der Tatsache, daß der Stern Sonne einen bewohnbaren Planeten unterstützt, ergibt sich die logische Folgerung, daß das Weltall Hunderte und Tausende bewohnbarer Planeten umfassen muß. Der Nobelpreisträger Sir Francis Crick schätzt allein die Zahl der Planeten unserer eigenen Galaxis, auf denen Leben hätte entstehen können, auf vorsichtige hundert Millionen. Er schreibt weiter, daß die Gesamtzahl der

Galaxien verschiedener Größe im Universum auf hundert Milliarden geschätzt wird.(2) Im All könnten demnach Milliarden von Planeten existieren, auf denen die Bedingungen für Entwicklung und Fortbestand von Leben günstig waren und sind.

Wenden wir uns angesichts so vieler wahrscheinlicher Planeten erneut dem Thema des Ursprungs des Lebens zu. Wenn der Neodarwinismus des späten zwanzigsten Jahrhunderts die Theorie aufstellen kann, daß das Leben auf der Erde in all seiner außergewöhnlichen Vielschichtigkeit aus einer Ursuppe infolge zufälliger Umstände hervorging, warum sollte dies dann nicht auch auf einem anderen der Milliarden Planeten des Alls geschehen sein - Jahrmilliarden, bevor unser Planet, der ja nur ein viertel bis ein halb so alt wie das Universum ist, auch nur existierte? Wie wir in Kapitel 1 sahen, spielen Crick und ein paar andere Wissenschaftler angesichts der Problematik der Erklärung der Lebensursprünge mit eben solchen Hypothesen.

Sehen wir uns nun die ungeheuren Entfernungen im Weltall und in unserer Galaxis an. Ihretwegen ersannen Astronomen eine Längeneinheit namens Lichtjahr, das der Strecke entspricht, die ein sich in Lichtgeschwindigkeit (~300 000 Kilometer pro Sekunde) vorwärts bewegendes Objekt in einem durchschnittlichen Sonnen- oder astronomischen Jahr zurücklegt. Der der Sonne nächstgelegene Stern befindet sich in 4,3 Lichtjahren Entfernung, und ein Objekt, das von der Erde dorthin reisen möchte, ist über diese riesige Distanz sehr lange unterwegs. Reisen zu weiter entfernten Sternen unserer Milchstraße oder zu einer anderen Galaxie würden sogar - je nach Entfernung des anvisierten Sterns - den größten Teil eines Menschenlebens oder gar mehrere Menschenleben in Anspruch nehmen. Sie mögen sich nun fragen, wie sich bei solch riesigen Entfernungen Weltraumreisen in die Praxis umsetzen lassen.

Zunächst einmal waren und sind Außerirdische möglicherweise nicht durch unsere achtzigjährige Lebensdauer begrenzt. Indizien deuten darauf hin, daß Außerirdische Hunderte, wenn nicht sogar Tausende von Jahre alt werden können. Wenn man über viel Zeit verfügt, verlieren Entfernungen ihre Bedeutung. Manche von ihnen scheinen auch Methoden der Raumzeitkrümmung oder -verwerfung zu beherrschen. Dabei werden Raum und Zeit so gekrümmt, daß sich Lichtjahre in wenigen Stunden überwinden lassen. Der Nachwuchsphysiker Robert Lazar, der behauptet, an einem geheimen Raumantriebsprojekt der US-Regierung in Nevada mitgearbeitet zu haben, stellt in Videokassetten und Druckschriften eben diese Behauptung auf.(3) Es gibt keinen logischen Grund zu der Annahme, daß eine nichtirdische jahrmillionenalte Kultur sich noch wie wir, die wir uns auf einem primitiven Wissensstand befinden, von Zeit und Entfernung behindert fühlt. Erheblich logischer ist die Vermutung, daß weder Zeit noch Entfernung für die zahlreichen Außerirdischen dieses Universums ein Problem darstellen.

Ich behaupte nicht, daß es logisch zwingend sei, daß es „da draußen" bewohnbare Planeten mit viel älteren und technisch höherentwickelten Kulturen als der unseren gibt. Ich behaupte dagegen, daß wir aufgrund der oben angeführten Tatsachen eine solche Wahrscheinlichkeit folgerichtigerweise in Erwägung ziehen könnten. Angesichts unserer technischen Fortschritte der letzten paar Jahrzehnte drängt sich die Frage schließlich auf, bis zu welchem Entwicklungsstand andere Kulturen hätten fortschreiten können, denen nur ein paar hundert oder tausend oder Millionen Jahre mehr als uns zur Verfügung standen. Wissenschaftliche Aussagen, denen zufolge wir Menschen die einzige intelligente Lebensform des Alls darstellen (und daß, falls intelligentes Leben sich tatsächlich woanders im All entwickelt haben sollte, uns Zeit- und Entfernungsgrenzen davon isoliert gehalten hätten), können im Lichte der oben angeführten Daten über unseren Platz und Zeitpunkt im Universum nur „lokalpatriotisch" und (mehr als leicht) absurd erscheinen.

Wie wir gesehen haben, besitzen wir tatsächlich einen guten historischen Bericht über unsere gentechnische Schaffung durch Außerirdische. Wir verfügen auch über das Zeugnis des afrikanischen Volkes Dogon, daß ihre Vorfahren in Urzeiten von Außerirdischen besucht wurden, die von einem Planeten aus der Nähe des Doppelsterns Sirius stammten. Logischerweise könnte man nun fragen, wieso es, wenn die Erde während der Urzeit der Menschheit tatsächlich von Außerirdischen besucht und ausgebeutet wurde, dann nicht viel mehr Zeugnisse für eine solche außerirdische Präsenz und Einflußnahme gibt? Nun, es existieren noch erheblich mehr Beweise dafür, und viele davon werden später zur Sprache kommen. So werden wir Belege Revue passieren lassen, daß vor Tausenden von Jahren regressive Fremde Kontrolle über die Erde gewannen und seither danach trachteten, unser spirituelles Potential durch Verschleierung der Wahrheit über die extraterrestrische Beeinflussung der biologischen und kulturellen Entwicklung der Menschen zu kanalisieren und zu beschneiden. In anderen Worten, in diesem Universum, vor allem in unserer „Milchstraßen"-Galaxie, liegt eine massive Vertuschung der bloßen Existenz intelligenten, technisch weitentwickelten extraterrestrischen Lebens vor. Das Wissen um die Präsenz solcher Kulturen in dieser Galaxis und die Einflußnahme Außerirdischer auf diesem Planeten kann dazu beitragen, die logischen Widersprüche und Rätsel der menschlichen Entwicklungsgeschichte zu erhellen. Aufgrund der historischen Verschwörung mit dem Ziel, uns diese Informationen vorzuenthalten, müssen wir uns jedoch esoterischen Quellen zuwenden, um die Lücken zu füllen.

Die Ausbreitung von Leben und Kultur von Planeten des Ringnebels im Sternbild Leier (Lyra) aus

Gehen wir noch einmal das bisher zu den menschlichen Ursprüngen Gesagte durch. Zunächst sahen wir uns kurz die Geschichte des Lebens auf der Erde an und fanden dabei in den wissenschaftlichen wie religiösen Erklärungsmodellen eklatante Schwächen. In dem darwinistisch-anthropologischen Mythos des Ursprungs des Menschen entdeckten wir Schwachstellen u.a. bezüglich (1) der Entstehung des Lebens auf unserem Planeten, (2) der Erklärung der Übergänge zu neuen Lebewesen, wie sie im Fossilmaterial beobachtet werden, vor allem der hauptsächlichen Übergänge wie z.B. von Reptilien zu Vögeln oder Säugern, und (3) der raschen Entwicklung der Menschheit in den letzten Jahrtausenden. Der Neodarwinismus stellt jedoch unsere einzige Theorie der biologischen Evolution dar, da der Sechs-Tage-Schöpfungsmythos der Genesis, der keinerlei Beziehung des Menschen zu tiefer stehenden Tierformen berücksichtigt, im wörtlichen Sinne für denkende Menschen absurd ist. Wir betrachteten dann die altmesopotamischen Aufzeichnungen über die Entstehung des Menschen mittels Genmanipulation durch Außerirdische, den Anunnaki („Jene, die vom Himmel zur Erde kamen"), sowie eindrucksvolle Zeugnisse eines schriftlosen afrikanischen Stamms für den Besuch von Fremden, die keine Anunnaki waren.

Schon in der Einführung wurde erwähnt, daß hier esoterische Unterlagen nur insoweit verwendet werden, als sie mit den uns verfügbaren historischen Daten übereinzustimmen scheinen. Eine solche esoterische Quelle liegt uns in The Prism of Lyra: An Exploration of Human Galactic Heritage von Lyssa Royal und Keith Priest vor,(4) das auf Gedankengängen, Schlußfolgerungen sowie auf von Lyssa Royal gechanneltem Material beruht. In seinem Vorwort wird angemerkt, daß Lyssa Royal mehrere Wesen channelt, deren Durchgaben mit denen anderer Channels über Querverweise verbunden wurden; gleichzeitig wird betont, daß bei der Abfassung des Werkes eine Reihe hochkarätiger anthropologischer und metaphysischer Schriften zu Rate gezogen wurde.

Ich verwende diese esoterische Quelle hier, um uns weitere Einblicke in die menschlichen Ursprünge zu ermöglichen. Damit spreche ich ihr jedoch nicht meine generelle Billigung aus. Zum einen erscheinen mir sämtliche Versionen eines „letzten Ursprungs“ einschließlich der in The Prism of Lyra gebotenen recht verschwommen und nicht ganz befriedigend. Zum anderen fassen Royal und Priest die grauen Außerirdischen, die Millionen Entführungen und Viehverstümmelungen im späten 20. Jahrhundert sowie zahlreiche weitere Greueltaten zu verantworten haben (siehe Kapitel 12), mit Glacéhandschuhen an. Dieser Vorbehalte ungeachtet erhärtet The Prism of Lyra die schon erörterten historischen Informationen über den Ursprung und die Entwicklung des irdischen Lebens einschließlich des Menschen.

Royal und Priest selbst behaupten nicht, daß The Prism of Lyra die letzte Wahrheit über unseren galaktischen Ursprung repräsentiere. Sie nennen ihr Werk eine Einführungsschrift - und unter eben diesem Blickwinkel sollten wir diese und alle anderen Veröffentlichungen betrachten, die gegenwärtig zum Thema des menschlichen Ursprungs erscheinen - das Ihnen vorliegende eingeschlossen. Wir werden im übrigen noch sehen, daß im weiteren Verlauf meiner Ausführungen diese entscheidende Quelle ergänzt und erhärtet werden wird.

Laut The Prism of Lyra waren einst sämtliches Bewußtsein und sämtliche Energie in einem zusammenhängenden Ganzen verschmolzen, dem

Ganzen von Alles-das-was-ist oder der Göttlichen Schöpferischen Existenz. Dieses Göttliche Ganze teilte sich in Segmente und verursachte damit die Erschaffung und kontinuierliche Evolution dieses Universums.(5)

Die ursprüngliche Schöpfung fand in der Nähe der Leier statt, die heute als Sternbild des nördlichen Himmels zu sehen ist. In dem „Zeit-Raum-Gefüge" dieses Sternbildes befand sich ein „Weißes Loch", welches Royal und Priest mit einem Prisma vergleichen. Als sich ein Teil des Ganzen durch dieses „Prisma" hindurchbewegte, wurden mehrere „Frequenzen" geschaffen. Bewußtsein brach in Bruchstücken von anderen segmentierten Bewußtseinseinheiten weg. Der Zweck dieser Erfahrung scheint darin zu liegen, zunächst Aspekte der Getrenntheit zu erfahren, um dann das Gelernte und Erfahrene zurückzubringen und sich wieder in das Ganze einzugliedern.(6)

Außer dem Bewußtsein wurde auch das dreidimensionale Universum (Universum dritter Dichte) geschaffen - also die Planeten, Sterne, Gase und Atome, aus denen das physikalische Weltall besteht. Diese Wirklichkeit dritter Dichte repräsentiert jedoch nur einen kleinen Teil der Energiefrequenzen, die aus der Segmentierung des Ganzen hervorgingen.

Während der ersten Teilung am „Prisma der Leier" wurde eine Gruppe größtenteils nicht-physischer Wesen, die sogenannten Gründer, erschaffen, die man als die Aufseher der Schöpfung dieser Galaxie bezeichnen könnte. Sie erinnerten sich an die „Blaupausen" der Schöpfung aus dem Ganzen und fingen an, sich selbst zu segmentieren, bis sie individualisierte Bewußtseinseinheiten zu schaffen begannen. Die ersten Wesen, die wir als Humanoide bezeichnen könnten, lebten auf Planeten im Sternbild der Leier und entwickelten dort ihre Zivilisationen, Jahrmilliarden, bevor unsere Erde aus Gasen und anderen Materialien des Universums geschmiedet-geformt-geschaffen wurde.

Kurzum, diese lyranische Theorie wird als eine endgültige Schöpfungsgeschichte unseres Universums präsentiert. Diese „endgültige Schöpfungsgeschichte" läßt mich wie alle anderen Geschichten dieser Art unbefriedigt, da sie mir recht verschwommen scheint. Wo kam das „Ganze" her? Wer oder was erschuf es, bevor es in Teile zerbrach, um unser Universum hervorzubringen? Hier geht es mir jedoch nicht darum, das frustrierende Thema der endgültigen Schöpfung auszuloten. Statt dessen werden wir die

Entwicklung und das evolutionäre Leben dieser Galaxis mit besonderem Schwerpunkt auf dieser Welt untersuchen, da wir schon allein in bezug auf diese sehr, sehr viel zu lernen haben. Und vielleicht werden wir, wenn wir einen Großteil der Wahrheit über unsere irdischen Ursprünge verinnerlicht und uns unserer galaktischen Familie angeschlossen haben, auch unsere ursprüngliche Schöpfung besser begreifen können.

The Prism of Lyra zufolge wurde das erste Leben in diesem Universum und die ersten Humanoiden (Wesen mit zwei Armen, zwei Beinen, einem Torso und einem Kopf) im System der Leier geschaffen und entwickelten sich dort. Die meisten, wenn nicht sogar alle ursprünglichen Humanoiden des lyranischen Systems waren Primaten oder stammten von Primaten ab, und auch heute noch sind viele Außerirdische Primaten oder Träger von Primatengenen. Im Laufe der langen Schöpfung/Evolution des Lebens wurden auch viele Nicht-Primaten-Humanoide entwickelt. Als sich auf den Planeten des Ringnebels im Sternbild Leier (wie er von irdischen Astronomen bezeichnet wird) humanoide Zivilisationen ausbildeten und technisch höherentwickelten, wurde u.a. die Raumfahrt geboren. Es kam zu zahlreichen Kriegen, die mit Atomwaffen und anderer hochentwickelter Technik geführt wurden, die an Tödlichkeit die uns Erdenmenschen derzeit zur Verfügung stehenden noch übertrafen. Die verschiedenen Kulturen entwickelten auch Philosophien, die die polaren Gegensätze der Schöpfung widerspiegelten, welche wir negativ und positiv nennen. Zivilisationen stiegen auf und gingen unter; und während diese Humanoiden die verschiedenen Polaritäten ihrer Existenz erforschten, wurde so manche Zivilisation anscheinend in einer tristen Aufeinanderfolge von Kriegen zerstört.(7)

Einige wollten den Konflikten der lyranischen Kulturen entkommen oder vielleicht einfach ihre eigene in relativer Abgeschiedenheit begründen, und wanderten aus dem lyranischen System aus. Auf der Suche nach geeigneten Planeten in anderen Sternensystemen wurde dabei zuerst der uns als Sirius bekannte Planet im Sternensystem Großer Hund, der 8,7 Lichtjahre von der Sonne entfernt liegt, besiedelt. Zwischen Sirianern positiver wie negativer Ausrichtung und den primitiven Primatenarten, die sich auf der Erde entwickelten, kam es zu zahlreichen wichtigen Kontakten.(8)

Als nächstes wurden Planeten im Sternbild des Orion besiedelt. Wie bei anderen Zivilisationsgruppen entwickelten sich auch im Orion positiv und negativ ausgerichtete Kulturen. Orion-Zivilisationen stehen jedoch im Universum in einem äußerst schlechten Ruf. Unter negativer Ausrichtung verstehe ich, daß die meisten Individuen und Kulturen auf Orion dem eigenen Ich zu dienen suchten - in erster Linie durch Eroberung, Beherrschung und Kontrolle anderer -, anstatt nach Liebesdienst am Nächsten und der Erkenntnis der All-Einheit zu streben.

Laut *The Prism of Lyra* ist dem Streben der Orioner nach Eroberung und Herrschaft die Verbreitung von Krieg und Leid durch das gesamte Universum zuzuschreiben.(9) Die nächste extraterrestrische Gruppe, die in unserem Drama eine Rolle spielt, kommt von Planeten der Plejaden (Siebengestirn), einem Sternhaufen aus sieben blauen Sternen (den sogenannten „Sieben Töchtern" des Titanen Atlas). Innerhalb der letzten sechzig Millionen Jahre, also in nicht allzu ferner Vergangenheit, beschlossen einige Lyraner, in Abgeschiedenheit eine eigene Kultur zu entwickeln, und ließen sich dazu auf der Erde nieder. Um sich den irdischen Umweltbedingungen besser anzupassen, mischten sie unter ihr eigenes Erbgut einige Erdprimatengene. Bald schon stießen jedoch andere Lyraner zu ihnen, so daß manche der Konflikte, um derentwillen die „Erd-Lyraner" ursprünglich das lyranische System verlassen hatten, erneut ausbrachen. So kehrten sie der Erde wieder den Rücken und beschlossen, sich auf den Plejaden niederzulassen.

Auf der Erde selbst hatten die „Gründer" die Aufsicht über das „Erdanfangsprojekt", für dessen nichtphysische Aspekte sie verantwortlich waren. Die physischen Aspekte des Erdanfangsprojekts unterstanden verschiedenen lyranischen Rassen. Diese Lyranergruppe, die eine sirianische Gruppe als Helfer beschäftigte, besaß einen angeborenen Trieb zur Schöpfung und genetischen Manipulation, der wiederum auf ihre Schöpfer, die Gründer, zurückging. Royal und Priest meinen, daß der bewußte und unbewußte Beweggrund der lyranischen Anfangsgruppe - neben der reinen Freude an der Kreativität - möglicherweise der gewesen sei, die eigene Bewußtseinsentwicklung zu beschleunigen.(13)

Royal und Priest zufolge benötigten die lyranischen Leiter des Anfangsprojekts in den späteren Stadien der Schöpfung/Evolution des Lebens auf der Erde einige außerirdische Gene bzw. gewisse Aspekte davon, die sich mit den Genen der am weitesten entwickelten Erdprimaten harmonisch verbinden würden. Dafür boten sich vor allem die Plejadier an, deren Stammväter ja „Erdlyraner" gewesen waren, da ihr Erbmaterial bereits einige Erdprimatengene enthielt. Die lyranischen Leiter konnten die Plejadier in der Folge sogar dazu bewegen, sich an der Entwicklung der Erdenspezies direkt zu beteiligen, um ihrer in den Plejaden generationenlang verdrängten Negativität ins Auge sehen und sie aufarbeiten zu können. Die Plejadier erklärten sich also - zunächst etwas zögernd - bereit, mit der in Entwicklung befindlichen Primatenspezies der Erde in Wechselbeziehung zu treten. Sie hatten daraufhin nach Royal und Priest mit nahezu allen primitiven Erdkulturen Kontakt und lieferten durch Kombination plejadischer Gene mit solchen primitiver Primaten-Humanoiden, die sich auf der Erde entwickelt hatten, den größten Teil der außerirdischen Gene, denen der moderne Mensch sein Dasein verdankt.(10)

Als die Plejadier mit der Besiedlung der Erde begannen und das erste Mal mit primitiven Primaten in Beziehung traten, hielten sie sich ebensowenig für Götter wie wir selbst. Doch die primitiven Erdprimaten, geblendet von ihrer hochentwickelten Technik und der Tatsache, daß „sie von oben kamen", behandelten sie wie Götter. Tatsächlich scheint jede Humanoidenart im Universum in den Frühstadien ihrer Entwicklung dazu zu neigen, die eigene Macht an gottähnliche Gestalten abzugeben(11), als welche die Plejadier den ersten Erdenmenschen ja auch erschienen sein müssen. Diese begannen schon bald an der ihnen verliehenen gottähnlichen Macht Gefallen zu finden und Angst als Mittel zur Manipulation einzusetzen. Die alten Mythen von kriegerischen, sinnlichen, eifersüchtigen Göttern hängen direkt mit Außerirdischen anderer Systeme zusammen, die an den frühen Erdkulturen beteiligt waren.

The Prism of Lyra zeichnet ein Bild unserer Milchstraßengalaxis, die von Milliarden dreidimensionaler Humanoide bewohnt wird, die technisch häufig zu einem Grad fortgeschritten sind, den wir Erdenmenschen uns höchstens vorstellen können. Und wir können ihn uns nur deshalb vorstellen, weil unsere eigene Technik in diesem unserem zwanzigsten Jahrhundert so atemberaubende Fortschritte gemacht hat.

Eine erneute Durchsicht der Geschichte des Lebens auf der Erde

Der Leser wird auf Kapitel 1 verwiesen, das einige der hauptsächlichen Schwächen der neodarwinistischen Entwicklungslehre herausarbeitet. Wie wir dort sahen, stellt gerade der Ursprung des irdischen Lebens die vielleicht schwerwiegendste Unzulänglichkeit dieser materialistisch-wissenschaftlichen Theorie dar. Wenn wir nun die bisher präsentierten Informationen zusammennehmen, einschließlich denen, die wir in *The Prism of Lyra* fanden, muß es eine Gruppe Lyraner gewesen sein, die unseren Planeten vor ungefähr 3,5 Millionen Jahren (falls unsere Altersbestimmungsmethoden korrekt sind) mit Leben in Form einzelliger Organismen mit eigener DNA und Fortpflanzungsfähigkeit besät hat. Die Erde mußte zunächst für höhere physische Lebensformen durch Schaffung einer entsprechenden Umwelt vorbereitet werden. Im Meer und in der Lufthülle wurde z.B. Sauerstoff benötigt, damit aerobe Organismen überleben konnten. Dies wurde in Millionen von Jahren von einzelligen, blaugrünen Algen bewerkstelligt, die über Photosynthese aus anorganischen Materialien organische aufbauen und gleichzeitig Sauerstoff an die Umwelt abgeben.

Millionen Jahre später, als sich der Planet so weit entwickelt hatte, daß er die Entwicklung und den Fortbestand höherer Lebensformen gestattete, muß die lyranische Anfangsgruppe in regelmäßigen Abständen zur Erde gekommen sein, um per Genmanipulation viele der größeren Evolutionssprünge, die in den versteinerten Überresten beobachtet werden, hervorzurufen, worin ihnen möglicherweise sirianische und andere außerirdische Gruppen assistierten. (Zum besseren Verständnis sei daran erinnert, daß Millionen Jahre für Wesen dieser Art einen „unbedeutenden" Zeitraum darstellen.) Wie schon die lyranischen Humanoiden des *Prism of Lyra*, die erst zur Erde und dann zu den Plejaden wanderten, vermischte sie wahrscheinlich Gene irdischer Lebensformen, die sich über Mikroevolution an die Umweltbedingungen der Erde angepaßt hatten, mit solchen außerirdischer Herkunft. Die Erdgene waren dabei für das Überleben des Organismus nötig, der für ein Leben auf der Erde konstruiert wurde. Bezüglich der evolutionären bzw. Schöpfungsgeschichte der Gene der außerirdischen Lebensformen, die die Schöpfer zu unserem Planeten brachten, können wir natürlich nur Vermutungen anstellen.

Daß unter den rund 670 Millionen Jahre alten Fossilien nach fast zwei Milliarden Jahren Existenz ausschließlich einzelliger Lebewesen plötzlich einfache, mehrzellige Meerestiere erschienen und während der „kambrischen Explosion“ vor 570 Millionen Jahren unvermittelt Meerestiere mit harten Skeletteilen auftraten, scheint jeweils für eine Genmanipulation durch eine außerirdische Anfangsgruppe zu sprechen. Der Leser erinnert sich sicher, daß zu Beginn des Kambriums nicht nur plötzlich Tiere mit harten Körperteilen aufkamen, sondern auch die Grundbaupläne oder Stämme sämtlicher Tierformen, die jemals auf der Erde existiert haben. Wenn man die fossilen Belege, die mesopotamischen Aufzeichnungen über eine außerirdische Genmanipulation einer irdischen Lebensform (Mensch), die mündliche Überlieferung der Dogon bezüglich des Besuchs Außerirdischer sowie die Angaben des Prism of Lyra zusammennimmt, muß es die nichtirdische (lyranische) Anfangsgruppe gewesen sein, die während der „kambrischen Explosion“ und Hundert Millionen Jahre zuvor den Grundstein zur Entwicklung sämtlicher tierischer Lebensformen der Erde gelegt hat. Dieses Szenario würde auch eine Erklärung dafür liefern, warum seit dem Kambrium keinerlei neue Stämme - oder grundlegenden Körperbaupläne - mehr entstanden sind.

Das Eingreifen außerirdischer Anfangsgruppen würde auch die riesigen Sprünge in den Fossilfunden erklären (wie der von einer Tierklasse zu einer anderen). Der Leser wird sich aus dem ersten Kapitel erinnern, daß die aus unseren Fossildokumenten ablesbaren Übergänge von einer Tierklasse zu einer anderen die neodarwinistische Evolutionstheorie bzw. ihre Glaubwürdigkeit über den Zerreißpunkt hinaus belasten. Der Übergang vom Fisch zur Amphibie (vor ungefähr 370 Millionen Jahren), von der Amphibie zum Reptil (vor ungefähr 340 Millionen Jahren), vom Reptil zum Säuger (vor ungefähr 200 Millionen Jahren) und vom Reptil zum Vogel (vor ungefähr 170 Millionen Jahren) bedingte ja jeweils die Herausbildung fundamental verschiedener Fortpflanzungsmethoden und absolut neuer morphologischer (körperlicher) Kennzeichen. Die völlig neuartige Fortpflanzungsweise der Reptilien (Amniotenei) und der Säuger (lebendgebärend), die Reptilienschuppen, die Vogelfedern und die Säugerhaare sowie die weiteren absolut neuen Merkmale lassen sich einleuchtender mit dem Eingreifen meisterhafter außerirdischer Gentechniker als mit der „kontinuierlichen Abwandlung über lange Zeiträume" der neodarwinistischen Theorie erklären. Das unvermittelte Auftreten bedecktsamiger Pflanzen (Angiospermen) vor ca. 100 Millionen Jahren sowie das gleichzeitige oder nahezu gleichzeitige Auftauchen aller bekannter Ordnungen der Plazentatiere vor knapp 65 Millionen Jahren wären zwei weitere mögliche, wenn nicht sogar wahrscheinliche Beispiele meisterlicher Arbeit außerirdischer Genmanipulatoren.

Auch das wiederholte massenhafte Artensterben könnte extraterrestrische Eingriffe signalisieren. Wir erinnern uns, daß Paläoanthropologie und Geologie Indizien dafür fanden, daß es in der Frühgeschichte des irdischen Lebens mindestens sechsmal zu einem massiven Artensterben kam, in dessen Verlauf jeweils 60 - 85 Prozent aller existierenden Arten schlagartig verschwanden, wobei das erste Ereignis dieser Art vor rund 500 und das letzte vor ungefähr 65 Millionen Jahren stattfand. Auf Grund bestimmter geologischer Indizien wird dabei angenommen, daß das letzte große Artensterben durch den Zusammenstoß der Erde mit einem gewaltigen außerirdischen Körper ausgelöst wurde. Vielleicht handelte es sich dabei um eine Methode, mit der extraterrestrische Anfangsgruppen die Evolution auf der Erde steuerten. Vielleicht waren vor dem letzten Massenaussterben vor 65 Millionen Jahren (am Ende des Zeitalters der Saurier) die außerirdischen Schöpfer der Arbeit an den Sauriern überdrüssig und wollten sich der Entwicklung der Säugetiere, vor allem jener der Primatenordnung, zuwenden. Da sie zu diesem Zeitpunkt schon seit Jahrmillionen die Raumfahrt beherrschten, wußten sie eventuell auch die Bahn von Kometen und Asteroiden zu beeinflussen. So lenkten sie, nachdem sie sichergestellt hatten, daß Säuger und andere Organismen, die sie bewahren wollten, eine globale Katastrophe überleben würden, gezielt einen außerirdischen Körper in die Erde.

Es ließen sich noch zahllose weitere Beispiele für ein mögliches oder wahrscheinliches extraterrestrisches Eingreifen in die frühe Entwicklung des Lebens auf diesem Planeten nennen - aber sehen wir uns konkret denkbare außerirdische Interventionen in die Primatenordnung an, aus der der Mensch hervorging.

Mögliche außerirdische Eingriffe in die Evolution von Primaten und Menschen

In *The Prism of Lyra* lesen wir:

> Während der Frühphasen des Erdanfangsprojekts verfolgten die Lyraner viele Jahrtausende lang wachsam die junge terrestrische Primatenrasse. Gelegentlich entnahmen sie Proben und führten leichte Veränderungen an der DNA-Struktur durch. In entscheidenden Entwicklungsstadien begannen sie, den Primaten Erbmaterial der Plejadier (und anderer Gruppen) einzupflanzen...(22)

Werfen wir hier einen kurzen Blick auf die Evolutions- und Entwicklungsstadien von Primaten und Menschen, während denen ein Eingriff einer außerirdischen Anfangsgruppe im Bereich des Möglichen liegt. Der Leser wird auf Kapitel 2 verwiesen, in dem die offensichtlichen Lücken in der darwinistisch-anthropologischen Version der Evolution von Primaten und Menschen aufgezeigt werden.

Das Entstehen der Plazentatierordnungen einschließlich der Primaten zu Beginn des Säugetierzeitalters vor knapp 65 Millionen Jahren wurde schon erörtert. Über zwanzig Millionen Jahre lang blieben Primaten auf der Stufe von Halbaffen, bis dann vor knapp 40 Millionen Jahren die ersten primitiven Menschenaffen erschienen, deren Überreste in den Fossillagerstätten von El Fayum in Ägypten gefunden wurden. Wie gesagt, scheinen frühe Tarsius-(Koboldmaki)-Halbaffen die Vorläufer dieser ersten Menschenaffen darzustellen. Der Ursprung der Tarsius-Halbaffen und die Beziehungen der gewaltigen Mehrheit der Halbaffen (Omomyiden und Adapiden), die Millionen von Jahren gediehen, sind nicht gesichert und in der Paläoprimatologie Objekt zahlreicher Debatten. Hier hat vielleicht eine außerirdische (lyranische) Anfangsgruppe eingegriffen, um die Evolution fortgeschrittener Primaten anzutreiben.

In jedem Fall entwickelten sich in Afrika primitive Menschenaffen jahrmillionenlang weiter, was vor ungefähr 18 Millionen Jahren zur Entstehung der sogenannten Altwelt-Affen führte. Vor ca. 15 Millionen Jahren migrierten Menschenaffen schließlich in das südliche Eurasien. Die ersten Angehörigen der biologischen Familie des Menschen (Hominidae) - die Australopithecinen getauft wurden - erschienen dann unvermittelt vor knapp vier Millionen Jahren in Ostafrika. Die Australopithecinen sind zweifellos enger mit den Menschenaffen als mit den Affen verwandt. Kenner der Primaten- und Menschenentwicklung beklagten wiederholt, daß sich trotz jahrelanger emsiger Suche kein guter fossiler Menschenaffen-Ahnenkandidat für den Australopithecus finden ließ. Auch unter den heutigen Menschenaffen - den kleinen Gibbons und den großen Orang-Utans Südostasiens sowie den afrikanischen Gorillas und Schimpansen - hat nur der Orang-Utan einen guten fossilen Menschenaffen-Vorfahren. Wir erwähnten schon, daß ein ungefähr dreizehn Millionen Jahre alter fossiler Menschenaffe aus Pakistan, der sogenannte Sivapithecus, Gesichtsmerkmale (aber wenig sonst!) aufweist, die dem heutigen Orang-Utan ähneln. In Afrika sind jedoch keine fossilen Menschenaffen im Alter von fünf bis zehn Millionen Jahren bekannt, die gute Ahnenkandidaten der rezenten afrikanischen Menschenaffen oder der Australopithecinen bzw. der Menschen abgeben würden.

Das Aufkommen der Australopithecinen könnte sehr wohl einen Punkt der menschlichen Entstehungsgeschichte darstellen, an dem eine Intervention einer außerirdischen Anfangsgruppe stattfand. Diese entnahm vielleicht Gene eines Verwandten des Sivapithecus, kombinierte diese mit solchen Außerirdischer und schuf damit die ersten Angehörigen der irdischen Menschenfamilie.

Dieses denkbare Szenario macht eine Erklärung erforderlich, warum biochemischen Untersuchungen zufolge afrikanische Menschenaffen den Menschen der Jetztzeit genetisch näher stehen als die asiatischen. Die verschiedenen molekularbiologischen Techniken der letzten Jahre ergaben allesamt, daß sich die Zellkern-DNA des Schimpansen lediglich zu einem bis zwei Prozent und die des Gorilla nur wenig mehr von der des Menschen unterscheidet. Die Zellkern-DNA des Orang-Utan weist dagegen im allgemeinen ungefähr doppelt so viele Unterschiede zur menschlichen wie die afrikanischer Menschenaffen auf, und die DNA des Gibbon ist noch weiter von ihr entfernt. Gewöhnlich werden diese Daten so interpretiert, daß die Stammväter der afrikanischen Menschenaffen auch die des Australopithecus und des Menschen waren (Abb. 4-1). Wenn jedoch außerirdische Gentechniker intervenierten und die Australopithecinen schufen, ist denkbar, daß die afrikanischen Menschenaffen sich aus den Australopithecinen entwickelten (Abb. 4-2). In anderen Worten hätten diesem Szenario zufolge einige der allerersten Australopithecinenpopulationen nach der Besiedlung von Waldhabitaten begonnen, sich an das Waldleben anzupassen, also z.B. längere Arme zum Klettern in den Bäumen und schließlich auch vierfüßiges Laufen auf den Fingerknöcheln entwickelt. Das ist natürlich reine Spekulation, aber es liegen keinerlei fossile Belege oder Befunde aus der Molekularbiologie oder dem Verhalten und der Ökologie lebender Menschenaffen vor, die diese Art Szenario ausschließen würden. Außerdem ist in Anbetracht der hier geschilderten Belege für einen außerirdischen Eingriff in die menschliche Evolution sowie der uns gegenwärtig verfügbaren Daten das Szenario der Entwicklung der afrikanischen Menschenaffen aus den ersten Angehörigen der biologischen Familie des Menschen, den Australopithecinen, viel plausibler als das umgekehrte Szenario.

In gewisser Weise überrascht diese recht enge genetische Verwandtschaft zwischen Menschen und Menschenaffen, da die Verschiedenartigkeit des Menschen und seines „stummen" vierbeinigen Vetters hinsichtlich Verhalten, Ökologie und Körperbau einen größeren genetischen Unterschied vermuten ließe. Dies zeigt, wie schon erwähnt, daß möglicherweise nur ein kleiner Prozentsatz unseres Erbmaterials (die Regulatorgene?) für die Entwicklung unseres physischen Körpers verantwortlich ist, wie auch von zahlreichen Genetikern behauptet wird.

Die kleinen (105 - 150 cm), bipedischen Australopithecinen, von denen die heutige Paläoanthropologie mehrere Arten unterscheidet, entwickelten sich von rund 4 Mio. bis 1 Mio. Jahren vor der Gegenwart, d.h. über drei Millionen Jahre lang. Sie hatten sehr große Zähne und ein Drittel des Gehirnvolumens heutiger Menschen.

Vor zweieinhalb bis zwei Millionen Jahren erschien dann der erste Angehörige der Gattung Homo, der sogenannte homo habilis. Sein Gehirn war etwa 1 1/2mal so groß wie das des Australopithecus und seine Zähne erheblich kleiner und menschenähnlicher. Auch hier läßt sich sehr gut ein Eingriff einer außerirdischen Anfangsgruppe denken.

Das Aufkommen der nächsten Spezies in unserer menschlichen Stammesgeschichte, des Homo erectus, in Afrika, Südasien und vermutlich Europa vor 1,8 Millionen Jahren stellt einen weiteren Zeitpunkt dar, zu dem eine außerirdische Anfangsgruppe ihr genetisches Können zur Entwicklung von Menschen eingesetzt und die neue Art über die gesamte Alte Welt verbreitet haben könnte. Die in Kapitel 2 behandelten unterschiedlichen Lehrmeinungen der Paläoanthropologie bezüglich des Ursprungs, der biologischen Einordnung und der Verteilung von H.erectus-Populationen über die Alte Welt könnten mit der Annahme der Anwesenheit einer oder mehrerer außerirdischer Anfangsgruppen auf der damaligen Erde einer Lösung zugeführt werden. H. erectus veränderte sich von 1,8 Mio. bis 300000 v.Chr. körperlich recht wenig und überlebte in vereinzelten Gebieten bis 12000 v.Chr. Um 300000 v.Chr. erscheinen dann erste menschliche Fossilien, die dem Jetztmenschen stärker ähneln - z.B. in der Gehirngröße - und die in der Paläoanthropologie als archaische Homo sapiens bezeichnet werden. Wir erinnern uns an die mesopotamischen Aufzeichnungen, denen zufolge wohl mindestens eine extraterrestrische Gruppe (die Anunnaki) zu jener Zeit eine höherentwickelte menschliche Spezies mittels Genmanipulation erschuf; laut esoterischen Quellen waren mehrere außerirdische Gruppen an genetischen Manipulationen an der primitiven Hominiden-Entwicklungslinie beteiligt. Auch hier ließe sich die in Kapitel 2 erwähnte Debatte und Ratlosigkeit der Paläoanthropologie hinsichtlich der biologischen Systematisierung der verschiedenen archaischen Homo-sapiens-Fossilien der Alten Welt sowie des Auftretens des - anatomisch gesehen - modernen Homo sapiens durch die Anwesenheit Außerirdischer auf der damaligen Erde klären. Die allermeisten, wenn nicht sogar alle der zahlreichen afrikanischen, europäischen und asiatischen Fossilfunde archaischer Homo sapiens, die zwischen 300000 und 35000 Jahre zählen, würden danach Genmanipulationen extraterrestrischer Gruppen an der Entwicklungslinie der Hominiden darstellen. Die Ankunft der Spezies des modernen Menschen hatte begonnen.

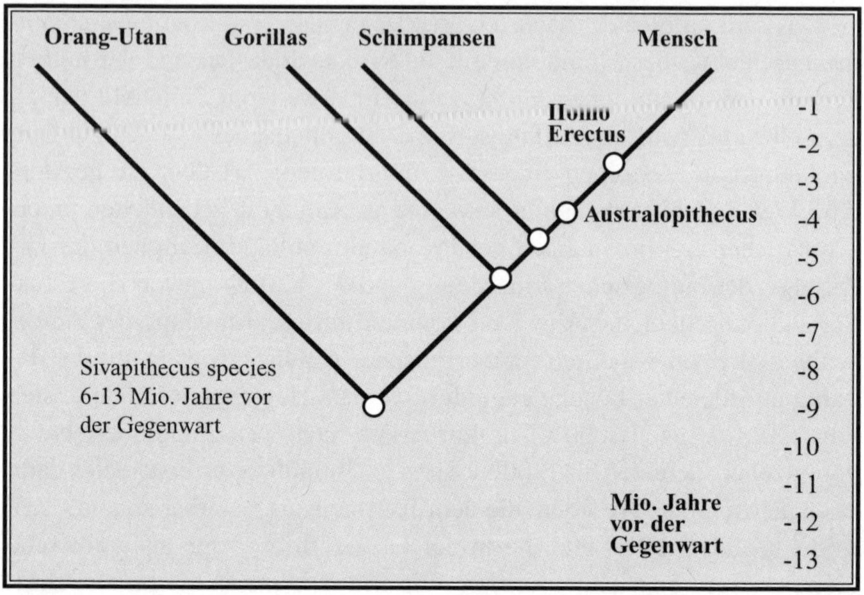

Abb. 4-1: Evolution von Orang-Utan, Gorilla, Schimpanse und Mensch in der Sicht des heutigen Neodarwinismus

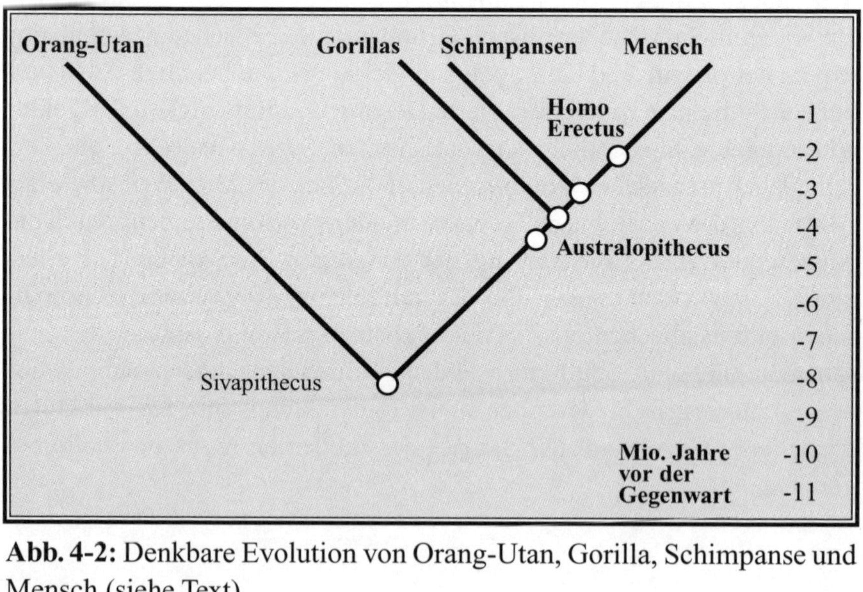

Abb. 4-2: Denkbare Evolution von Orang-Utan, Gorilla, Schimpanse und Mensch (siehe Text)

1. Coven, R. 1992. „Hunting planets with a gravitational lens.“ Science News 141: S. 327
2. Crick, F. 1981. op. cit., S. 105.
3. Lindemann, M. 1991. UFOs and the Alien Presence: Six Viewpoints. The 2020 Group Visitors Investigation Project, Santa Barbara, California, S. 102. Bestelladresse für das Lazar-Video: 1324 S. Eastern, Las Vegas, Nevada.
4. Royal, L. und K. Priest 1991. The Prism of Lyra: An Exploration of Human Galactic Heritage. Royal Priest Research, Sedona, Arizona,Vorwort.
5. Ibid., S. 2
6. Ibid., S. 4
7. Ibid., S. 21-27
8. Ibid., S. 27-36
9. Ibid., S. 40
10. Ibid., S. 70
11. Ibid., S. 49-53
12. Ibid., S. 54
13. Ibid.
14. Ibid., S. 71-72.
15. Romer, A. S. 1933. Man and the Vertebrates. University of Chicago Press, Chicago, S. 201-205.
16. Levinton, J. S. 1992. „The big bang of animal evolution.“ Scientific American 267: S. 84.
17. Siehe Verweisnummer 39, Kapitel 3.
18. Levinton, J. S. 1992. op. cit., S. 87.
19. Gould, S. J. 1989. Wonderful Life: The Burges Shale and the Nature of History. Norton Press, New York.
20. Levinton, J. S. 1992. op. cit., S. 87.
21. Romer, A. S. 1933. op. cit., S. 90.
22. Denton, M. 1986. op. cit., S. 210-213.

„Ich sagte ihm:
Die Menschheit arbeitet Hand in Hand,
Ob sie gemeinsame Wege geht
oder getrennte.“

Robert Frost, The Tuft of Flowers

Kapitel 5

Die frühe Menschheit, regressive und progressive Außerirdische

In diesem Kapitel wollen wir uns weitere historische Berichte über die Entwicklung der frühen Menschheit ansehen. Auch für diese gilt, daß einige darunter schriftlich vorlagen, während andere mündlich überliefert und erst vor kurzem schriftlich festgehalten wurden. Alle deuten auf eine umfangreiche außerirdische Verwicklung in die Geschicke der frühen Menschheit. Um das so gewonnene Bild noch klarer herauszuarbeiten, werden wir diese historischen Geschichtsberichte dann mit esoterischen Darstellungen der menschlichen Frühgeschichte ergänzen, durch welche erstere erhärtet werden. Dies ist unumgänglich, da, wie wir noch sehen werden, die Außerirdischen der menschlichen Vorgeschichte oft regressiver Natur waren und einzig danach strebten, die junge, naive Humanoidenspezies der Erde zu beherrschen und zu kontrollieren, und daher die Wahrheit über die menschlichen Ursprünge vertuschten und entstellten.

Die Erschaffung des Menschen in der Genesis

Wiederholt war hier schon von der Schöpfungsgeschichte der Genesis die Rede, jenes Generationen von Juden und Christen gleichermaßen vertraute erste Buch des Alten Testaments. Wie schon erwähnt, ist unter Bibelgelehrten seit über hundert Jahren bekannt, daß ein Gutteil der Genesis auf sumerischen Texten beruht, die hebräisiert, monotheisiert, gekürzt und anderweitig bearbeitet wurden. Das Alte Testament besteht aus einer Anzahl von Büchern, die zwischen dem zwölften und zweiten Jahrhundert vor Christus niedergeschrieben wurden. Zum Zeitpunkt der Abfassung der ersten biblischen Schriften waren also die sumerischen Tontafel-Texte (~2500 v.Chr.) schon mindestens 1300 Jahre alt (und die darin erzählten Geschichten scheinen Hunderte und Tausende von Jahren zuvor mündlich überliefert worden zu sein). Damit will ich nicht sagen, daß die Genesis nichts als eine zurechtgestutzte, monotheisierte Version eines alten sumerischen Textes ist. Ganz und gar nicht! Die Genesis-Darstellung unserer Schöpfung könnte eine Verschmelzung der sumerischen Schöpfungsgeschichte und mindestens einer weiteren Schöpfungsgeschichte sein. Verschiedenes deutet nämlich darauf hin, daß die im allgemeinen als Jehova oder Jahwe bekannte Wesenheit, die von Generationen von Juden und Christen als der einzige allmächtige Gott angebetet wurde, ihre eigene Schöpfungs- und spätere Geschichte hatte, die sich mit der sumerischen Schöpfungsgeschichte verflocht.(1)

Bei einem näheren Blick auf die Genesis findet man nicht eine, sondern tatsächlich drei unterschiedliche Darstellungen der biologischen Erschaffung des Menschen. Zunächst lesen wir in Kapitel 1, Vers 26 „...Nun sprach Gott: 'Laßt uns den Menschen machen, nach unserem Bilde, uns ähnlich'."(2) Sitchin weist darauf hin, daß dies eines der Beispiele ist, wo den althebräischen Herausgebern der Genesis ein Fehler unterlaufen sein muß. „Unserem Bilde" bezieht sich zweifellos auf mehr als einen „Gott". Wenn die hebräischen Herausgeber hier und an einigen anderen Stellen vielfache Götter nennen, dann liegt dies laut Sitchin daran, daß sie vermutlich von einem sumerischen/mesopotamischen Text über die Versammlung der Großen Anunnaki abschrieben, auf der jene beschlossen, einen „primitiven Arbeiter" als Ersatz für die Anunnaki-Bergleute der Goldminen zu schaffen. (3) Im folgenden Vers lesen wir: „und Gott schuf den Menschen nach seinem Bilde, nach dem Bilde Gottes schuf er ihn, als Mann und Frau schuf er sie.(Genesis 1:27) Jetzt ist „Gott" der eine, männliche Gott, als der er fast im gesamten Alten Testament dargestellt wird.

Eine andere Version unserer Erschaffung findet sich im zweiten Kapitel der Genesis:

> Dann bildete Jahwe Gott den Menschen aus Staub von dem Erdboden und blies in seine Nase einen Lebenshauch. So wurde der Mensch ein lebendes Wesen.(4)

Wie schon erwähnt, weist Sitchin darauf hin, daß das Wort „Ton“ oder „Staub“ aus dem sumerischen TI.IT herrührt, was wörtlich bedeutet „das, was mit Leben ist“. Später nahm das Wort Sekundärbedeutungen von „Ton“, „Schlamm“ und „Ei“ an.(5)

Später in der Genesis wendet Gott seine Aufmerksamkeit der Schaffung einer Frau zu:

> Da ließ Gott der HERR einen tiefen Schlaf fallen auf den Menschen, und er schlief ein. Und er nahm eine seiner Rippen und schloß die Stelle mit Fleisch. Und Gott der HERR baute ein Weib aus der Rippe, die er von dem Menschen nahm, und brachte sie zu ihm.(6)

Wie schon in Kapitel 3 erörtert, nimmt Sitchin an, daß obige Textstelle eine unbekannte Genmanipulation zur Fruchtbarmachung der ersten Menschen darstellt, die als Mischling zwischen zwei Arten - den Anunnaki und dem homo erectus - unfruchtbar waren. Auf Grundlage der Bibel läßt sich jedoch nur feststellen, daß Gott in der ersten Version der Schaffung des Menschen den Mann u n d die Frau und in der zweiten Version einen Mann und dann aus dessen Rippe eine Frau erschuf.

In Genesis 6 erfahren wir von dem dritten starken genetischen Einfluß auf die Menschheit:

> Als nun die Menschen sich auf der Oberfläche des Erdbodens zu vermehren begannen und ihnen auch Töchter geboren wurden und die Gottessöhne die Schönheit der Menschentöchter sahen, nahmen sie sich von ihnen diejenigen zu Frauen, die ihnen besonders gefielen... Zu jener Zeit waren die Riesen auf der Erde und auch später noch, solange die Gottessöhne mit den Menschentöchtern verkehrten und diese ihnen Kinder gebaren. Das [wurden] die Recken, die in der Urzeit lebten, die hochberühmten Männer.(7)

Plejadische Aussagen über die Ursprünge des Menschen

Wie wir von Sitchin erfuhren, bedeutet das hebräische Wort Nefilim, das im oben angeführten Passus als „Riesen“ übersetzt wird, in Wirklichkeit „Jene, die heruntergekommen waren“. Zweifellos meint Nefilim wie auch der Ausdruck „Gottessöhne“ Außerirdische, die zur Erde herunterkamen. Wir besitzen keine Einzelheiten über diese extraterrestrischen Besucher, z.B. wie lange sie hierblieben und mit wie vielen der Menschentöchter sie verkehrten, aber wenn eine Reihe Außerirdischer zu irgendeinem Zeitpunkt in der fernen Vergangenheit bei den Menschentöchtern zahlreiche Kinder hinterlassen hat, muß dies einen signifikanten genetischen Einfluß im menschlichen Erbgut zurückgelassen haben. Möglicherweise tragen wir alle als Ergebnis des Geschlechtsverkehrs der „Gottessöhne“ mit den Menschentöchtern mehrere DNA-Abschnitte, die sich auf einem oder mehreren außerirdischen Planeten gebildet haben.

Sitchin setzt die biblischen Nefilim mit den Anunnaki der alten Sumerer gleich. Wir sahen jedoch schon Belege dafür, daß in der Vergangenheit mehrere extraterrestrische Gruppen die Erde besucht haben. Es ist also gut vorstellbar, daß der Ausdruck Nefilim einen Sammelbegriff für alle Außerirdischen darstellte, die vom Himmel herunterkamen. Betrachten wir in diesem Zusammenhang die Informationen zu unserer Erschaffung, die uns von den Plejadiern übermittelt wurden. Wenn Sie sich aus The Prism of Lyra erinnern, sollen die Plejadier in dieser Galaxis unsere genetischen Vettern sein. Es gibt Belege dafür, daß sich die Plejadier seit einer Reihe von Jahren um Kontakt zu uns bemühen und uns zahlreiche Informationen über die Frühgeschichte der Menschheit und dieser Galaxie zukommen ließen.

Die Plejaden (Siebengestirn) sind ein offener Sternhaufen in der Nähe des Sternbilds Stier, der aus mehreren Hundert Sternen besteht, die etwa 325 - 410 Lichtjahre von der Erde entfernt sind. Sechs von ihnen sind ohne Schwierigkeiten mit bloßem Auge zu erkennen. Diese „sechs“ Sterne sind seit Urzeiten als die Sieben Töchter bekannt. Die alten Griechen benannten sie nach den sieben Töchtern des Titanen Atlas und der Nymphe Pleione. Mit einem Teleskop ist ein schwacher siebter Stern erkennbar, der historisch mit den sechs sichtbaren Sternen verknüpft ist. Es gibt Vermutungen, daß dieser sehr schwache Stern in vergangener Zeit erheblich heller und damit sichtbar war, woraus sich die vielen Verweise auf die sieben Sterne erklären würden. Es ließe sich auch spekulieren, daß die plejadischen „Götter“ den frühen Menschen vielleicht einfach von dem siebten Stern erzählten, der eng mit den sechs sichtbaren Sternen des plejadischen Sternhaufens verknüpft ist.

Die Zahl der bewohnbaren Planeten der Plejaden ist unbekannt, es könnte sich jedoch um mehrere handeln. Viele, die sich selbst als Plejadier bezeichnen, haben entweder direkt oder indirekt (über einen Channel) mit Menschen Kontakt aufgenommen. Im folgenden werden wir zwei esoterische Quellen dieser Herkunft besprechen, die tendenziell die uns verfügbaren frühen historischen Daten bestätigen.

Seit Beginn des neuzeitlichen UFO-Phänomens gegen Ende der vierziger Jahre sind zahlreiche UFO-Kontaktler auf den Plan getreten, die uns „Botschaften“ von unseren mutmaßlichen oder angeblichen „Brüdern im All“ übermitteln. Obwohl diese Botschaften oftmals wirr oder widersprüchlich sind, scheint sich darunter auch eine Fülle von wertvollem Material zu befinden, welches von außerirdischen Zivilisationen stammt, die uns bei unserer bewußtseinsmäßigen und spirituellen Entwicklung zu helfen versuchen.

Zum Besten, was wir in dieser Hinsicht besitzen, zählt wahrscheinlich das Material, das Eduard „Billy“ Meier, einem Schweizer Bauern von geringer formaler Bildung, übermittelt wurde. Es stammt von Wesen, die sich als Plejadier und Freunde bezeichnen, und deckt sich mit anderen verfügbaren Informationen über die Anfänge des Menschen exoterischer wie esoterischer Herkunft. Auch die spirituellen Wahrheiten, die diese Plejadier in ihr Material zu unserer Geschichte und Gegenwart einbetten, passen gut zu unseren anderen Informationen. Kurz gesagt wird unsere Arbeit durch das ganze, erstaunliche „Billy-Meier-Phänomen“ samt seiner bruchstückhaften Daten zu unserer Frühgeschichte in beachtlicher Weise ergänzt und untermauert.

Um Billy Meier angemessen und erschöpfend zu behandeln, ist ein eigenes Buch vonnöten, das der englischsprachigen Welt dank dem Reporter/Schriftsteller Gary Kinder auch zur Verfügung steht.(8) Kinder berichtet, daß die Plejadier mit Billy Meier über hundert Male direkten physischen Kontakt aufnahmen. Dabei betrat Meier gewöhnlich ein plejadisches Schiff (wir nennen es ein UFO), wo zwischen ihm und einem Plejadier oder einem ihrer Verbündeten Unterhaltungen stattfanden. Die Außerirdischen kommunizierten mit Billy Meier auch in einer Manier, die wir als geistige Telepathie bezeichnen würden - eine in dieser Galaxis anscheinend weit verbreitete Kommunikationsform. Die über Meier vermittelten plejadischen Botschaften sind (wie auch dieses Buch) im Vergleich zu den gängigen Weltanschauungen radikaler Natur, und so war den Plejadiern bewußt, daß die meisten Erdenmenschen einen „Beweis" für die Echtheit der Kontakte benötigen würden. Um Meier größere Glaubwürdigkeit zu verleihen, wurde ihm somit mehrfach gestattet, die plejadischen „fliegenden Untertassen" zu photographieren. So besitzen wir über fünfhundert ausgezeichnete Farbfotos solcher „Strahlschiffe", die wohl zu dem besten einschlägigen Bildmaterial zählen, das jemals aufgenommen wurde.

Bei der Erstveröffentlichung dieser Botschaften und Bilder in den späten siebziger und frühen achtziger Jahren erklärten die meisten UFO-Organisationen Meier zum Schwindler. Dabei scheint ihre Logik etwa die folgende gewesen zu sein: Da kommt so ein Schweizer Bauer daher mit atemberaubenden, klaren Farbphotos von UFOs und Botschaften, die selbst für die UFO-Gemeinschaft weithergeholt scheinen - da muß ja was nicht stimmen! Inzwischen wurden Billy Meier und sein Bildmaterial mehrfach Untersuchungen unterzogen, die keinerlei Anzeichen für Betrug erkennen ließen. Die Bilder scheinen echte Photos meist schwebender Raumschiffe zu sein, die vor dem Hintergrund der ländlichen Schweiz geschossen wurden.

In einer langjährigen Untersuchung Billy Meiers gelangte der UFO-Forscher und frühere US-Air-Force-Offizier Wendelle Stevens zu der Überzeugung, daß dessen Kontakte mit den Plejadiern authentisch und von Wert seien. Stevens verdanken wir die bis heute beste (in vier Bänden veröffentlichte) englischsprachige Dokumentation des Billy-Meier-Phänomens und der Botschaften, die die Plejadier und ihre Verbündeten der Menschheit durch Meier zukommen ließen.(9,10,11,12)

Die Plejadier sprechen (über Meier bzw. Stevens) davon, daß die ersten Planeten unserer Milchstraßengalaxie, die intelligente Lebensformen dritter Dichte (d.h. dreidimensionale) trugen, im Sternensystem der Leier lagen, wie wir schon von The Prism of Lyra gehört haben. Laut den „Schweizer Plejadiern" waren ihre Vorfahren Lyraner, die vor den Kriegen der frühen Leier flohen. Lyraner, die solchermaßen der Zerstörung und dem Untergang der lyranischen Zivilisation zu entfliehen suchten, brachten sich jeweils auf anderen Planeten in Sicherheit - nahegelegenen wie der Wega oder solchen in anderen Sternensystemen wie den Plejaden und Hyaden.(13) Letztere sind wie die Plejaden ein Sternhaufen im Sternbild des Stiers und liegen etwa 30 Lichtjahre von der Erde entfernt.

Den „Schweizer Plejadiern" zufolge erlebte die Erde Millionen Jahre lang den Auf- und Niedergang zahlreicher Zivilisationen, deren Untergang gewöhnlich in Atomkriegen besiegelt wurde. Bei den legendären Mu und Atlantis handele es sich lediglich um die jüngsten dieser erloschenen Kulturen. Neben Außerirdischen plejadischer Abstammung seien zahlreiche weitere Außerirdische zur Erde gekommen, hätten sich an einer irdischen Frühkultur beteiligt und seien geflohen, als Kampf und Zerstörung ausbrachen. Die Erde wurde zuerst von Lyranern und dann von deren Abkömmlingen - wie jenen von der Wega und den Plejaden - besiedelt, die bei ihrer Ankunft allesamt kriegerische Völker waren. Ihre Nachfahren hätten jedoch vielfach eine höhere Ebene geistiger Entwicklung erreicht und führten heute keine Kriege mehr.(14) Mit ihrer Kontaktaufnahme zu uns versuchen die Plejadier und andere, einen Teil ihres Karmas (man erntet, was man sät) und die negativen Effekte, die von ihren geistig weniger entwickelten Vorfahren hinterlassen wurden, abzuarbeiten.(15) Die „Schweizer Plejadier" erwähnen auch den erheblichen Vorsprung, den viele ihrer genetischen Vorfahren im Hinblick auf technische und teilweise auch spirituelle Kenntnisse vor den Menschen hatten, denen zufolge sie wie „Götter" behandelt und als JHWHs bezeichnet wurden. Häufig mißbrauchten die JHWHs ihre Machtposition und führten sich in einer sehr wenig göttlichen, barbarischen Weise auf.(16)

Die „Schweizer Plejadier" unterstützen tendenziell die Behauptungen des Prism of Lyra, daß sie unsere genetischen Vorfahren seien. Ihren Worten nach haben sich ihre Ahnen mitunter mit Erdgeschöpfen gepaart, darunter Australopithecus, Homo erectus und Neandertaler. (17). In jedem dieser Fälle sowie anderen ähnlicher Art trugen die damit in die Erbmasse menschenartiger (hominider) Wesen eingebrachten Gene zu der raschen biologischen Entwicklung der Hominiden bis zum Jetztmenschen im Verlaufe der letzten Jahrmillionen bei. Die „Schweizer Plejadier" berichten auch von kürzlicheren Begegnungen von Plejadiern und „Menschentöchtern" vor ungefähr 11000 bis 13000 Jahren.(18) Dabei wurden wilde Erdgeschöpfe „...

Abkömmlinge früherer Menschen aus dem Kosmos"(19) und Nachkommen von Überlebenden vergangener Katastrophen eingefangen:

> Wilde und schöne weibliche Wesen wurden gezähmt und mit den Unterführern der plejadischen JHWH, „ARUS", die sich selbst als „Söhne des Himmels" bezeichneten, gepaart. ... Semjase, der höchste Führer unter den Unterführern, paarte sich mit einer EVA, einem weiblichen Wesen, das immer noch größtenteils menschenartig war und ebenfalls recht schön... Das aus diesem Akt entstehende Wesen war männlichen Geschlechts und ein wohlgeformter Mensch. Semjase nannte ihn „A-DAM," was „Erdenmensch" bedeutet. Eine ähnliche Verbindung erbrachte ein weibliches Wesen, und in späteren Jahren wurden die beiden miteinander gepaart.(20)

Dies ist eine sehr interessante Version der Geschichte von Adam und Eva. In jedem Fall scheinen die plejadischen Kontakte Billy Meiers jedoch die Grundinformation zu erhärten, die wir durch alte Schriften wie die Bibel besitzen:

> ... die Gottessöhne [sahen] die Schönheit der Menschentöchter, [und nahmen] sich von ihnen diejenigen zu Frauen, die ihnen besonders gefielen. (Genesis 6:2)

Überhaupt sollen die Plejadier wie Nordeuropäer bzw. deren über die Erde verstreute Abkömmlinge aussehen.(21) Meier und anderen zufolge würden sie auf der Straße - außer durch ihr besonders gesundes Aussehen - nicht auffallen. Unter den zahllosen extraterrestrischen Gruppen, die die Erde besuchten, scheint unser genetisches Erbe demnach am engsten mit den Plejadiern verbunden zu sein. Aber wie steht es mit der von den Sumerern behaupteten Genmanipulation der Anunnaki an primitiven Hominiden, Homo erectus und dergleichen? Um eine erste Antwort darauf zu finden, müssen wir uns anderen interdimensionalen Übermittlungen plejadischer Herkunft zuwenden.

Es gibt nämlich anscheinend mehrere Plejadiergruppen, die mit Menschen in Kontakt stehen. Wendelle Stevens, dem wir die Herausgabe zahlreicher Meier-Botschaften in englischer Sprache verdanken, kennt zur Zeit mindestens fünf weitere (hauptsächlich südamerikanische) Gruppen, welche nach eigenen Angaben Umgang mit Außerirdischen haben, die wie Menschen aussehen und behaupten, von einem der zivilisierten Planeten in den Plejaden zu stammen. Die „Schweizer Plejadier" erzählten Meier, daß sie mit mindestens zwei weiteren Gruppen in Verbindung stünden und vor ihrer Fühlungnahme mit Billy mindestens eine weitere Kontaktperson eingesetzt hätten.(22) Von Stevens stammt eine interessante, detaillierte Merkmalliste der sechs menschlichen Kontaktgruppen der Plejadier,(23) die u.a. folgende Gemeinsamkeiten aufweisen:

1. Alle Plejadier informierten ihre Kontaktler, daß ihre Vorfahren die Ahnen der Menschheit seien, „... von denen wir unsere ungewöhnliche Aggressivität geerbt hätten".
2. Alle Plejadier äußerten, daß sie „... an einigen der großen Ereignisse in unseren religiösen Werken, Götter- und Heldensagen mitgewirkt hätten und manchmal als Götter verehrt und angebetet wurden, die sie jedoch nicht seien.
3. Alle Plejadier wiesen eine mindestens zehnmal so lange Lebensdauer auf wie die unsere.
4. Alle besaßen partiell organische Computer, eine hochkomplizierte Raumfahrttechnik und beherrschten u.a. Reisen in Überlichtgeschwindigkeit.(24)

Stevens führt mehrere andere erstaunliche Merkmale der Plejadier und ihrer Kontaktler auf, inklusive der Tatsache, daß keine der Gruppen vor 1979 je voneinander gehört hatte.

Wesen, die sich als Plejadier bezeichnen, nehmen auch über Channels Kontakt auf, die manchmal vor recht großem Publikum übermitteln. Ein solches Ereignis fand am Abend des 15. und 16. November 1990 in der Terman-Festhalle der Stanford University in Palo Alto, Kalifornien, statt, wo Barbara Marciniak, die seit 1988 Plejadier channelt, Botschaften einer Gruppe aus ungefähr hundert plejadischen Wesen übermittelte. Diese nennen sich Pleiadian Plus, da sie sich mit anderen Außerirdischen zusammengetan haben.(25) Eigener Aussage zufolge planen diese Plejadier nicht, in ihren gewaltigen Schiffen herabzusteigen, um uns zu retten, sondern möchten uns Inhalte vermitteln, die uns befähigen könnten, uns physisch wie seelisch-spirituell selbst zu retten. Die Botschaften der Pleiadian-Plus-Gruppe wie auch die der „Schweizer Plejadier“ gelten generell als spirituell. Die Autoren dieses Buches schätzen das durch Barbara Marciniak übermittelte Material, da es sich weitgehend mit den hier schon behandelten oder noch zu behandelnden exoterischen Informationen deckt. Nach eigenen Angaben ist Pleiadian Plus eine wohlwollende extraterrestrische Gruppe, die uns zu Bewußtsein bringen möchte, daß wir von nicht so positiv ausgerichteten Außerirdischen manipuliert und kontrolliert werden. Sie hätten uns seit unseren Anfängen und durch die Jahrtausende unserer brutalen Geschichte hindurch Hilfestellung dabei gegeben, aus unserer „Opferstellung“ durch Entwicklung unserer Spiritualität auszubrechen und uns durch Verständnis des sogenannten Urschöpfers der „Lichtfamilie“ anzuschließen.

Pleiadian Plus spricht u.a. von weit zurückliegenden, hochentwickelten Kulturen, die über 500 000 Jahre lang auf der Erde existierten.(26) Zwischen hier niedergelassenen Außerirdischen sei es zu zahlreichen Konflikten und Kriegen gekommen, in denen es größtenteils um das Besitzrecht an diesem schönen Stück Eigentum namens Erde ging, „... wahrlich eine erstklassige Liegenschaft“. Mitglieder der sogenannten Lichtfamilie seien die ursprünglichen Besitzer und Erschließer des Planeten Erde gewesen. Aber vor ungefähr 300 000 Jahren wurde die Erde von Kräften überfallen, die nicht aus dem Licht stammten. Diese besiegten die ursprünglichen Besitzer, Mitglieder der „Lichtfamilie“, und nahmen ihnen die Erde weg. Ein Großteil des Planeten sei durch Atomkriege in Stücke gerissen worden. Was sagt dies über den Begriff des „Lichtes“ aus, so fragt Pleiadian Plus, ohne eine Antwort zu erwarten, wenn dieses von Mächten, die nicht aus dem Licht sind, verdrängt und besiegt werden könne? Wir werden versuchen, bis zum Ende dieses Buches eine befriedigende Antwort auf diese entscheidende, schmerzliche Frage zu geben.

Der reptilische Charakter der Anunnaki

Laut Pleiadian Plus verfolgten die neuen Eigentümer, die sie als Schöpfergötter bezeichnen, völlig andere Pläne als ihre Vorgänger. Diese unsere Schöpfergötter, auf die sich die sumerischen Tafeln, die Bibel und andere

Schriften der Frühzeit beziehen, leben von Furcht und Chaos. Pleiadian Plus informiert uns, daß die elektromagnetischen Energien des menschlichen Bewußtseins als Nahrung wirken können; es ist daher durchaus möglich, daß Furcht bestimmten Wesen als Lebensgrundlage dient.(27) Weiterhin seien Leben und Funktionsweise unserer Schöpfergötter nicht den gleichen Gesetzen unterworfen wie die unseren; so würden zumindest einige unter ihnen Hunderttausende von Jahren alt werden. Die „Schweizer Plejadier" hatten Billy Meier ebenfalls von Außerirdischen erzählt, die Jahrtausende alt werden.(28) Pleiadian Plus erklärt ferner, daß unsere Schöpfergötter reptilischen Charakters seien. Sie geben ihnen den Spitznamen „Echsen", um diesem für manche vielleicht furchterregenden Umstand - der wahren Natur unser „Schöpfergötter" - einen Anstrich von Humor zu verleihen.

Diese reptilische Natur der Anunnaki, der sumerischen Schöpfergötter, findet in einigen weitgehend unbekannten geschichtlichen Quellen Bestätigung. Diese finden sich in einem Werk von R.A. Boulay, Flying Serpents and Dragons: The Story of Mankind's Reptilian Past, zusammengefaßt, das von Pleiadian Plus empfohlen wird. (29) Boulay benutzt darin hauptsächlich alte hebräische Schriften, die die frühen Hebräer, so glaubt er, wegen der in ihnen enthaltenen Peinlichkeiten vorsätzlich aus der Bibel ließen. Dazu gehören u.a. das Buch der Jubiläen, drei Henochsbücher, die kürzlich entdeckten Qumran-Rollen, die Lehren gnostischer jüdischer Sekten, die um Jesu Zeit existierten, sowie die Haggada (Sammlung mündlicher rabbinischer Überlieferungen).(30)

Aus der Haggada, „... der Quelle jüdischer Legende und mündlicher Überlieferung", zitiert Boulay eine Geschichte von Adam und Eva:

> Das erste Ergebnis war, daß Adam und Eva nackt wurden. Zuvor war ihr Körper mit einer hornigen Haut überzogen und in die Wolke der Herrlichkeit gehüllt gewesen. Kaum hatten sie das ihnen auferlegte Gebot übertreten, als die Wolke der Herrlichkeit und die hornige Haut von ihnen abfielen und sie dastanden, in Nacktheit und Scham. (Hervorhebung durch ihn)(31)

Boulay zitiert auch eine gnostische Version von Adam und Eva:

> Nun glaubte Eva den Worten der Schlange. Sie betrachtete den Baum. Sie nahm etwas von seinen Früchten und aß und sie gab auch ihrem Manne davon, und auch er aß. Dann öffnete sich ihr Geist. Denn als sie aßen, schien ihnen das Licht der Erkenntnis: sie wußten, daß sie betreffs des Wissens nackt waren. Als sie ihre Schöpfer sahen, verabscheuten sie sie, denn sie waren tierischer Gestalt. Sie verstanden sehr viel. (Hervorhebung durch ihn)(32)

Die frühen Christen hatten die Gnostiker und ihre Schriften aus der Kirche ausgemerzt, und allmählich wird uns auch klar, warum: die Gnostiker besaßen vermutlich ein zu großes Stück der Wahrheit. Daher mußte zwecks besserer Kontrolle der größte Teil ihrer Werke entfernt werden. Aus dieser Geschichte von Adam und Eva scheint hervorzugehen, daß Licht und Erkenntnis im Menschen zu dämmern begannen, als Eva auf die Schlange hörte und vom Baum der Erkenntnis aß. Und sie scheint auch unsere Informationen zu bestätigen, daß wir Menschen durch „tierische Gestalten" genetisch manipuliert und „erschaffen" wurden.

Verständlich wird auch, warum die Adam-und-Eva-Geschichte der Haggada nicht in das Alte Testament aufgenommen wurde. Die Tatsache der hornigen Haut unserer Vorfahren mußte uns verheimlicht werden, damit unsere wahren Ursprünge in Dunkel gehüllt blieben. Aber heute, im späten 20. Jahrhundert, werden uns diese endlich zu Bewußtsein gebracht. Unsere Ahnen, unsere Schöpfergötter, könnten durchaus Echsen gewesen sein! Auf diese alten Legenden, das mesopotamische Schrifttum und vieles andere mehr stützt Boulay seine Behauptung, daß die „Schöpfer" der Menschen in der Tat Echsen waren, die vor Jahrhunderten und Jahrtausenden auf die Erde kamen, um hier zu leben und die irdischen Reichtümer auszubeuten. Boulay betont die häufige Brutalität dieser Echsen und ihre Ausbeutung und Kontrolle der Menschen, die, wie wir schon sahen, auch bei Sitchin zur Sprache kommen.

Auch heutzutage werden Echsen vereinzelt gesichtet, hauptsächlich von Entführten, die an Bord eines UFOs oder in eine unterirdische Anlage verschleppt werden. Die reale Existenz dieser Wesen wird im einzelnen in späteren Kapiteln dokumentiert. Die schwindelerregende Langlebigkeit der

Echsen findet sich auch in der „sumerischen Königsliste" belegt.(33) Die dort aufgeführten Könige, deren Regierungszeit vor die Sintflut fällt, waren Anunnaki, die über das Gebiet herrschten, das nach der Flut Sumer wurde. Insgesamt regierten in diesem alten Königreich, welches Sitchin als E.DIN identifiziert, acht Könige zweihundertvierzigtausend Jahre lang. Wie den meisten im Westen bekannt ist, schreibt auch die Bibel, daß die Menschen der Frühzeit jahrhundertelang lebten. So wurde Noah, der die Sintflut überlebte, z.B. 950 Jahre alt (Genesis 9:29). Boulay zitiert Belege dafür, daß sich die Lebenszeit der Menschen verkürzte, als sie allmählich weniger reptilartig und ihren Schöpfern immer unähnlicher wurden.(34) Entsprechend wird die menschliche Lebensdauer immer kürzer, je näher wir der geschichtlich belegten Periode, den Anfängen des historischen Sumer, kommen.

Die sumerische Königsliste fand bei Gelehrten gemischte Aufnahme. Von vielen wird sie verständlicherweise zurückgewiesen, da ihr zufolge bestimmte Könige jahrtausendelang regiert haben sollen. Archäologische Belege bestätigen jedoch die Regierungszeiten der Herrscher sumerischer Stadtstaaten des vierten und dritten vorchristlichen Jahrtausends. Zu jener Zeit (4000 - 2000 v.Chr.) waren die Regierungszeiten der Könige schon auf das uns geläufige Maß zusammengeschrumpft. Die alten Sumerer hatten der Nachwelt überliefert, daß ihre Götter unsterblich waren.

Was die Vorstellung betrifft, daß Furcht und Chaos eine Art Nahrung darstellen, so kann ich diese weder verstehen noch belegen. Aber wir wissen alle, daß die Welt, in der wir leben, voller Furcht und Chaos ist und seit Beginn der uns bekannten Zivilisation auch immer war.

Menschen unter Kontrolle

Durch Pleiadian Plus bzw. Marciniak erfahren wir, daß unsere Welt und wir selbst seit 300 000 Jahren beeinflußt und kontrolliert werden - seitdem unsere Schöpfergötter die Herrschaft über die Erde auf eine Art gewannen, die sich unserem Verständnis entziehe. Unsere Schöpfergötter - Experten für Genmanipulation - hätten in ihren Laboren Varianten von Menschen mit verschiedener DNA geschaffen. Sie zerlegten die ursprüngliche DNA der damaligen Erdenmenschen und entfernten aus ihr jene Teile, die uns dabei helfen könnten, erleuchtetere Wesen zu werden. Laut Pleiadian-Plus funktionieren sämtliche Wesen des Universums auf bestimmten Frequenzen. Unsere Schöpfergötter erschufen uns nun auf solchen Frequenzen, die uns kontrollierbar machten, jedoch gleichzeitig betriebsfähig genug beließen, um Gold zu schürfen, Gräben auszuheben, Tempel zu bauen oder jede andere ihrer Schmutzarbeiten zu verrichten. Sie machten es den Frequenzen des Lichtes - der Wahrheitserkenntnis - sehr schwer, unser Wesen zu durchdringen.(35) Dies sei der Grund, warum wir in spirituellen Dingen immer noch so unwissend sind, obwohl wir schon seit Jahrtausenden die Fähigkeit zur Erlangung eines höheren Bewußtseins besäßen. Die Schöpfergötter wollten keine Sklaven, die seelisch entwicklungsfähig waren und damit ihrer Kontrolle entkommen konnten. Aber sie konnten keinen „primitiven Arbeiter" konzipieren, der nicht ein höheres Bewußtsein, eine Seele und ein wie gering auch immer geartetes Maß an geistigem Bewußtsein in sich trug.

Um einen tieferen Einblick in unsere Schöpfung als kontrollierbare, spirituell unwissende Wesen zu gewinnen und eine weitere irdische, exoterische Quelle heranzuziehen, wenden wir uns nun auszugsweise dem Wissen zu, das von der alten Maya-Zivilisation auf uns überkommen ist. Diese blühte einige Jahrhunderte v. Chr. bis 950 n. Chr. im Gebiet des heutigen Zentralamerikas und südlichen Mexikos, bis sie recht unvermittelt aus unbekannter Ursache erlosch (es gibt jedoch Indizien dafür, daß die Maya wie auch andere Hochkulturen der Neuen Welt schon Jahrtausende vor der geschichtlich belegten Zeit existierten).(36) Bekanntermaßen zerstörten im 16. Jahrhundert die Spanier bei ihrer Invasion Amerikas vorsätzlich fast alle Zeugnisse der alten Kulturen, deren sie habhaft werden konnten - Gold- und Silbergegenstände ausgenommen -, da sie die amerikanischen Ureinwohner als Heiden betrachteten. Trotz des daraus resultierenden generellen Mangels an schriftlichen Aufzeichnungen spricht - wie wir noch sehen werden - vieles dafür, daß die Völker der alten amerikanischen Kulturen einschließlich der Maya von ähnlichen (wenn nicht gar identischen) Schöpfergöttern wie denen der Sumerer beherrscht wurden. Heute besitzen wir nur ein Buch, das als Überlieferung des Glaubens und der Legenden der alten Maya gilt - das Popol Vuh. Doch auch dieses wurde nicht in der Blütezeit der historischen Maya-Kultur verfaßt, sondern stammt aus der Feder eines unbekannten Maya des sechzehnten Jahrhunderts. Das Popol Vuh wurde von einem spanischen Priester, Peter Ximenez, aus dem Maya ins

Spanische übersetzt und das erste Mal in Wien im Jahre 1857 veröffentlicht.(37) In dieses alte Geschichtsbuch fanden, entweder über den ursprünglichen Maya-Autor oder Peter Ximenez oder über beide, zahlreiche christliche Ideen Eingang. Trotz dieser offensichtlichen Entstellung ist das Popol Vuh neben den archäologischen Ausgrabungsstätten an den religiösen Zeremonialzentren der alten Maya alles, was wir von diesem Volk besitzen, und es überliefert eine Schöpfungsgeschichte des Menschen, die der ursprünglichen Maya-Version der menschlichen Erschaffung wahrscheinlich recht nahekommt, weil sie der sumerischen sowie den Schöpfungsgeschichten anderer Kulturen so ähnlich ist.

Laut dem Popol Vuh erschufen die Maya-Götter - wie in den sumerischen Schöpfungs-epen - die Menschheit als Diener und Sklaven. Zu diesem Zweck wurden zunächst „Holzfiguren" geschaffen, die wie Menschen laufen und sprechen und sich sogar fortpflanzen konnten, aber keine guten Diener waren. Der Grund dafür, daß diese „Holzfiguren" schlechte Sklaven waren, lag darin, daß ihnen eine Seele fehlte.(38)

Das Popol Vuh erzählt dann weiter, wie die „Götter" der Maya ihre „Holzfiguren" zerstörten und sodann Menschen erschufen, die intelligenter ausfielen, als sie es wünschten:

> Sie (die ersten Menschen) besaßen Intelligenz; sie erkannten augenblicklich, daß sie weit sehen konnten; es gelang ihnen, alles, was es in der Welt gibt, zu sehen und zu wissen. Wenn sie aufschauten, sahen sie augenblicklich alles um sich herum, und sie betrachteten der Reihe nach die Wölbung des Himmels und das runde Antlitz der Erde... Groß war ihre Weisheit: ihre Sicht reichte bis zu den Wäldern, den Felsen, den Seen, den Meeren, den Bergen und den Tälern. Wahrhaftig, es waren bewundernswerte Menschen...(39)

Dies deutet darauf hin, daß die Maya-„Götter" in ihrer Genmanipulation zur Schaffung eines „betriebsfähigen" menschlichen Wesens zu weit gegangen waren und daß die geistigen Wesen, die die „erschaffenen" Menschenkörper beseelten, für die Maya-Götter zu hoch entwickelt waren. Die Götter fragten sich:

> Was sollen wir nun mit ihnen tun? Laßt ihre Sicht nur bis dahin reichen, was nahe ist; laßt sie nur ein wenig vom Antlitz der Erde sehen! Es ist nicht gut, was sie sagen. Sind sie denn nicht von Natur aus einfache Geschöpfe, die wir erschufen? Müssen sie denn auch Götter sein?...(40)

Das sind recht schockierende Worte! Wie die Bibel und die sumerischen „Mythen" ist zweifellos auch das Popol Vuh mit zahlreichen Mängeln behaftet; aber wie diese enthält es höchstwahrscheinlich eine Fülle historischer und sogar spiritueller Wahrheiten. Und auch hier - wie wir es in den sumerischen Tontafeln sogar noch klarer ausgedrückt sehen - erschufen „Götter" Menschen als dumme „Arbeitstiere", die sie kontrollieren und als Sklaven halten konnten.

Wir werden uns erinnern, daß uns in der allegorischen Adam-und-Eva-Geschichte der Genesis etwas ähnliches überliefert ist. Von der Schlange ermuntert, aßen Adam und Eva Früchte vom Baum der Erkenntnis. Der „Herr" entbrannte darüber in Zorn, warf sie aus Eden hinaus und verurteilte sie und die gesamte Menschheit zu einem Leben in Mühsal und Beschwernis. Adam und Eva aßen vom Baum der Erkenntnis und lernten dadurch den Unterschied zwischen Gut und Böse - ein grundlegendes Element der Urteilskraft, die die Voraussetzung für Erkenntnis und spirituelle Entwicklung bildet. Dies erboste den „Herrn" - sehr wahrscheinlich deshalb, weil er wußte, daß die Menschheit, wenn sie sich tatsächlich seelisch-geistig weiterentwickelte, der Versklavung durch die „Götter" entkommen würde.

Bei den meisten Botschaften der Gruppe, die sich als Pleiadian Plus bezeichnet, geht es um geistige Erkenntnis und Entwicklung, wie wir es nennen würden. Wie die „Schweizer Plejadier" sprechen auch sie von tiefgreifenden Veränderungen, die sich in den kommenden Jahren auf der Erde abspielen werden. Sie erwähnen einen großartigen Plan, in dem es zum Teil darum gehe, unseren Planeten wieder in die Hände der „Lichtfamilie" zu legen, der er vor rund 300 000 Jahren von der „Familie der Dunkelheit" grob entrissen wurde („... Dachtet ihr, sie würden so leicht aufgeben?..."). Die Ursprünglichen Planer dieser Erde, die hier offenbar bis zu ihrer Vertreibung vor 300 000 Jahren zugegen waren, haben anscheinend viele Mitglieder der „Lichtfamilie" zur Inkarnation aufgerufen, um mitzuhelfen, Lichtinformationen zur Erde zu bringen. Pleiadian Plus spricht auch von zahlreichen schon inkarnierten Angehörigen der „Lichtfamilie", die ebenfalls dazu beizutragen versuchen, diese Welt erneut zu einer Heimstatt der „Lichtfamilie" zu machen. Es sei indes noch einmal daran erinnert, daß es sich bei all dem um Desinformation handeln könnte, die von den dunklen Mächten, die diesen Planeten unter ihrer Kontrolle haben, verbreitet wird, um uns weiter zu verwirren und zu täuschen.

Hier wird unser Bewußtsein also tief in spirituelle Welten getaucht. Dies ist kein Zufall. Wie wir sahen, deuten viele exoterische und esoterische Informationen darauf hin, daß sich unsere biologischen Ursprünge, unsere Geschichte, das Phänomen der Außerirdischen oder alles, was mit unserer eigentlichen Natur zusammenhängt, ohne ein gewisses Verständnis spiritueller Fakten nicht in intelligenter Weise erörtern lassen. Und die geistigen und biologischen Fakten sind die, daß wir Menschen von Wesen geschaffen und genetisch manipuliert wurden, die uns nicht wohlgesinnt waren. Unsere „Schöpfergötter" wollten uns lediglich zu Sklaven machen und beherrschen und im Unwissen über unsere wahre geistige Natur und unser wahres Potential belassen. Doch halten sich Geister der „Lichtfamilie" bereit, um uns im wirklichen Sinne zu helfen.

Kehren wir zur Frühgeschichte zurück und beobachten wir, wie die regressiven Außerirdischen der alten Sumerer, ihre Schöpfergötter, es in einem der katastrophalsten Geschehnisse der Erdgeschichte unterließen, ihren Schöpfungen, den Menschen, zu helfen.

1. Mehr Informationen zur „Jehova-Wesenheit" finden sich in Kapitel 16.
2. Die Bibel Herder-Bücherei 1965, Genesis 1: 26.
3. Sitchin, Z. 1976. op. cit., S. 338.
4. Die Bibel 1965. op. cit., Genesis 2: 7.
5. Sitchin, Z. 1991. op. cit., S. 166.
6. DIE BIBEL nach der Übersetzung Martin Luthers, Deutsche Bibelgesellschaft Stuttgart, 1985, Genesis 2: 21-22.
7. Die Heilige Schrift, Deutsche Bibelgesellschaft Stuttgart, 1949/84, Genesis 6: 1,2,4.
8. Kinder, G. 1987. Light Years: An Investigation into the Extraterrestrial Experi ences of Eduard Meier. Atlantic Monthly Press, New York.

9. Stevens, W. C. 1982. UFO Contact from the Pleiades: A Preliminary Investiga tion Report. UFO Photo Archives, Tucson, Arizona.
10. _____ 1988. Message from the Pleiades: The Contact Notes of Eduard Billy Meier. UFO Photo Archives, Tucson, Arizona
11. _____ 1989. UFO Contact from the Pleiades: A Supplementary Investigation Report. UFO Photo Archives, Tucson, Arizona
12. _____ 1990. Message from the Pleiades: The Contact Notes of Eduard Billy Meier 2. UFO Photo Archives, Tucson.
13. Stevens, W. C. 1982. op. cit., S. 226.
14. Ibid., S. 235.
15. Ibid.
16. Stevens, W. C. 1988. op. cit., S. 129.
17. Ibid., S. 84.
18. Ibid., S. 128-129.
19. Ibid., S. 129.
20. Ibid.
21. Stevens, W. C. 1989. op. cit., S. 60.
22. Ibid., S. 162-163.
23. Ibid., S. 164-165.
24. Ibid., S. 164.
25. Marciniak, B. 1992a. „The Harmonics of Frequency Modulation and the Human DNA,„Part I: The Pleiadians.“ Barbara J. Marciniak in der Stanford University, Palo Alto, Kalifornien, 15. November 1990. Sedona 2, No. 2, S. 17-33.
26. Ibid., S. 18.
27. Ibid.
28. Stevens, W. C. 1988. op. cit., S. 128.
29. Boulay, R. A. 1990. Flying Serpents and Dragons: The Story of Mankind's Reptilian Past.Galaxy Books, P.O. Box 8542, Clearwater, Florida 34618.
30. Ibid., S. 61.
31. Ibid., S. 1.
32. Ibid.
33. Woolley, C. L. 1965. The Sumerians. W. W. Norton & Company, Inc., New York, S. 21-26.
34. Boulay, R. A. 1990. op. cit.
35. Marciniak, B. 1992a. op. cit., S. 19.
36. Sitchin, Z. 1990. op. cit.
37. Goetz, D. und S. G. Morley 1950. Popul Vuh, The Sacred Book of the Ancient Quiche Maya. University of Oklahoma Press, Norman.
38. Ibid., S. 89.
39. Ibid., S. 168.
40. Ibid., S. 169.

„Große Geister stoßen bei mittelmäßigen Geistern immer auf heftigen Widerstand.
Albert Einstein

Kapitel 6

Die Anunnaki, die Menschheit und die Sintflut

Lesern aus dem Westen ist die biblische Geschichte der Sintflut, die in der Genesis geschildert wird, meist bekannt. Wie wir sahen, handelt es sich dabei jedoch vermutlich - wie generell bei den Anfangskapiteln der Genesis - um stark bearbeitete, monotheisierte und hebräisierte Varianten viel älterer mesopotamischer Epen. Die erste derartige Fassung der Sintflut - die der Sumerer - wurde um das Jahr 2500 v.Chr. auf Tontafeln graviert. Sie wiederum erzählt eine Begebenheit, die sich Jahrhunderte und Jahrtausende zuvor abspielte und über mündliche Überlieferung weitergegeben wurde.

Wissenschaftler halten die Geschichte einer weltweiten Überschwemmung gemeinhin schlicht für eine Fabel. An den archäologischen Ausgrabungsstätten der sumerischen Städte wurden zwar bis zu 3,35m dicke Schlammschichten freigelegt, die aus einer Überschwemmung stammen; da im Stromgebiet des Tigris und Euphrat alljährliche Hochwasser jedoch üblich sind bzw. waren, werden diese Schlammablagerungen lokal begrenzten Überflutungen zugeschrieben. Auf keinen Fall glaubt die Wissenschaft, daß die Schlammschichten unter den Ruinen sumerischer Städte aus einem Hochwasser stammen, das den größten Teil der Welt überschwemmte und fast die gesamte Menschheit und zahlreiche irdische Lebensformen auslöschte.

Hier folgen wir allerdings Sitchin und anderen, denen zufolge die altmesopotamischen Heldengeschichten auf Ereignissen basieren, die sich in der Urvergangenheit der Menschheit tatsächlich abgespielt haben. Und eine „Sintflut“ ist eine hervorstechende Episode in der Geschichtsschreibung der alten Mesopotamier und anderer Frühkulturen der ganzen Welt.

Die vorerwähnte Sumerische Königsliste führt in chronologischer Folge sämtliche Herrscher, Städte und Ereignisse der „sumerischen" Geschichte auf, die sie in zwei Abschnitte unterteilt, einen sehr langdauernden vorsintflutlichen und einen nachsintflutlichen.(1) Der Zeitraum vor der Sintflut erstreckt sich über Hunderttausende von Jahren. Das „Königtum" senkte sich der Königsliste zufolge zunächst vom Himmel auf die vorsintflutliche Stadt Eridu. Die Liste zitiert im weiteren noch andere vorsintflutliche Städte und Herrscher und stellt schließlich fest, daß „dann die Sintflut über die Erde hinwegging."(2) Nach dieser Überschwemmung setzt sich die Aufzählung der Könige fort. Abermals senkte sich das Königtum vom Himmel, dieses Mal auf die historische Stadt Kisch - und von hier ab läßt sich die Richtigkeit der Namen der Könige der sumerischen Städte und ihrer Regierungszeiten mittels anderer historischer Daten nachweisen. Sumerische Herrscher und Städte, die vor der Flut existiert haben sollen, können natürlich gegenwärtig nicht verifiziert werden.

Ein Gutteil der sumerischen Version der Sintflut wurde auf zerbrochenen Tontäfelchen gefunden, an denen zahlreiche Stücke fehlten. Nicht gefundene Teile der Geschichte konnten jedoch oftmals zerbrochenen Tontafeln späterer mesopotamischer Kulturen entnommen werden, die ja letztlich mit einigen Ausschmückungen versehene Kopien sumerischer Erzählungen sein müssen. Während die sumerische Fassung um das Jahr 2500 v.Chr. niedergeschrieben wurde, muß die akkadische etwa zwischen 2300 und 2200 v.Chr., die babylonische wiederum zwischen 1900 und 1500 v.Chr. und die assyrische nach diesem Zeitraum aufgezeichnet worden sein. Die Genesis-Version der Sintflut entstand wohl um das Jahr 1000 v.Chr..

Unter all diesen und weiteren Darstellungen ist die babylonische Fassung der Sintflut die vollständigste. Sitchin bezieht sich häufig auf das Werk der Gelehrten W.G. Lambert und A.R. Millard, Atra-Hasis: The Babylonian Story of the Flood, eine im Jahr 1970 herausgegebene Zusammenstellung mesopotamischer Sintflutbeschreibungen mit Schwerpunkt auf der babylonischen. (3) Der Held dieser Version nennt sich Atra-hasis. In der früheren, akkadischen Version heißt „Noah" Utnapischtim. In einer akkadischen Fassung der Sintflut (dem Gilgamesch-Epos) nennt Enki Utnapischtim „den überaus Weisen". In der akkadischen Sprache bedeutet Atra-hasis „der überaus Weise". So erscheint die Verbindung der akkadischen Version der Sintflut zu der babylonischen gut fundiert, und es steht außer Zweifel, daß die babylonische Version der Sintflut von älteren mesopotamischen Versionen übernommen wurde.(4)

Das Atra-hasis-Epos erzählt von der Erschaffung der Menschen als „primitive Arbeiter" durch die Anunnaki (einschließlich Enki) und davon, wie sich die Menschen fortzupflanzen und zu mehren begannen. Nicht lange jedoch, und Enlil, der verantwortliche Leiter der Anunnaki auf der Erde und - neben seinem Vater Anu - die führende Gottheit des sumerischen Pantheon, fühlte sich von der Menschheit in seiner Ruhe gestört:

> Das Land dehnte sich aus, die Menschen vermehrten sich
> Wie wilde Bullen lagen sie im Land.
> Ihre Verbindungen (Paarungen?) störten den Gott.
> Ihre Äußerungen hörte Gott Enlil
> und sagte zu den großen Göttern:
> „Tyrannisch wurden die Äußerungen der Menschheit:
> Ihre Verbindungen rauben mir den Schlaf."(5)

Enlil war durch die ungezügelten Menschen, die seinen Schlaf störten, so aufgebracht, daß er sie mittels Seuche und Krankheit zu dezimieren versuchte. Im Anschluß daran litten Mensch und Vieh unter Übelkeit, Krankheit und Pest. Atra-hasis, der babylonische Noah, wandte sich an Enki (der in diesem Passus Ea genannt wird) um Hilfe:

> Ea, O Herr, die Menschheit stöhnt;
> der Zorn der Götter zerstört das Land.
> Doch bist es du, der uns erschuf!
> Laß enden die Schmerzen, den Schwindel,
> das Frösteln, das Fieber!"(6)

Welch ergreifende Bitte! Atra-hasis scheint zu sagen, daß es schließlich „...du bist, der uns erschuf!" - warum all der Schmerz und das Leid für die Menschheit? Es ist nicht klar, was Enki hier tat, weil die entsprechenden Tafeln zerbrochen bzw. verloren sind.

Aber anscheinend tat Enki etwas, um dem Frösteln und dem Fieber der Menschen abzuhelfen, denn wenig später im gleichen Epos beklagt sich Enlil, daß die Menschen sogar noch zahlreicher geworden seien als früher. Enlil entwirft dann den Plan, die Menschheit durch eine Hungersnot zu dezimieren:

> Von oben soll der Regen des Regengottes zurückgehalten werden
> Von unten sollen die Wässer nicht aus ihren Quellen steigen
> Der Wind soll wehen und den Boden ausdörren
> Die Wolken sollen sich trüben, doch den Guß zurückhalten.(7)

Enlil stellte zahlreiche Anunnaki ein, die sicherzustellen hatten, daß die Menschen keinerlei Nahrung bekamen und so „dezimiert" werden konnten. Dies schloß den Wassergott Enki ein, der dafür sorgen sollte, daß die Menschen keinerlei Nahrung aus dem Meer erhielten.

Sechs Scha-at-tam lang erlitten die Menschen so eine furchtbare Hungersnot. Gewöhnlich wird Scha-at-tam als ein Jahr übersetzt, aber Sitchin glaubt, daß dies ein viel längerer Zeitraum gewesen sein könnte. (7) Jedenfalls verschlimmerten sich die Lebensbedingungen während der Hungersnot fortlaufend:

> Als der sechste Scha-at-tam kam,
> Bereiteten sie die Tochter zur Mahlzeit,
> Das Kind bereiteten sie als Nahrung...
> Eine Familie verschlang die andere.(9)

Der von Enlil und dem Rest der Großen Anunnaki erfundene „Menschen-Eingrenzungsplan" hatte die Menschheit in den Kannibalismus gestürzt. Im vorigen Kapitel besprachen wir kurz historische Daten aus Menschenhand(10) und eine esoterische Quelle(11), denen zufolge die Anunnaki der alten Sumerer Humanoide reptilischer Natur waren (Echsen oder Reptoide) und für ihre menschlichen Schöpfungen wenig Mitgefühl aufbrachten. Die „Menschen-Eingrenzungspläne" der Anunnaki in den mythisch-historischen Aufzeichnungen des vorsintflutlichen Sumer stellen in der Tat einen schockierenden Mangel an Mitleid der „Götter" für die

Menschen unter Beweis. Besondere Erwähnung verdient, daß Sitchins Übersetzung der mesopotamischen Texte zwar deutlich das fehlende Mitgefühl der Anunnaki für ihre menschlichen Untertanen zutage treten läßt, Sitchin jedoch nirgendwo anklingen läßt, daß die Anunnaki „Echsen" gewesen sein könnten. Vielmehr gibt er der Überzeugung Ausdruck, daß sie in vielem wie Menschen aussahen. In sämtlichen mesopotamischen Texten beweist von allen Anunnaki-„Göttern" allein Enki Mitgefühl für die Menschen. Wie wir gesehen haben, wird dort auch festgestellt, daß Enki Anunnaki und Enlils Halbbruder war. Später jedoch werden wir Zeugnisse dafür sehen, daß es sich bei ihm um einen sirianischen Außerirdischen handelte, der in den „Diensten" der Anunnaki stand.

In jedem Fall erklärt Enki in dem hier betrachteten „Menschen-Eingrenzungsplan", daß er gegen die Maßnahmen der anderen Götter Einspruch erhoben habe. Und er unternahm anscheinend tatsächlich etwas, um den Menschen ein wenig Nahrung zukommen zu lassen, doch sind viele Texte hierzu verloren. Ein bißchen später finden wir jedoch, daß Enlil schäumt. Er ruft eine Versammlung der Götter ein und entsendet seinen Ordnungsbeamten, um Enki vorzuführen. Enlil wirft Enki vor, den Pakt gebrochen zu haben, den „Alle von uns, die Großen Anunnaki ...." geschlossen haben, die Menschen auszuhungern. Es folgen mehrere hitzige Schlagabtäusche zwischen Enlil und Enki. Einer der Gründe für die Vermutung, daß Enki kein „Großer Anunnaki" war, liegt übrigens in dieser Gehorsamsverweigerung gegenüber den Anunnaki-Göttern, die sich in sämtlichen mesopotamischen Epen wiederfindet. Enlil sagt vor der Versammlung der Götter, daß Enki viele Male „die Vorschriften brach."(12)

Enlil präsentiert dann die „Endlösung" zum Menschenproblem. Er kündigt an, daß bald eine „mörderische Flutwelle" die gesamte Menschheit ausrotten werde. Die mesopotamischen Texte machen deutlich, daß die Anunnaki um das Kommen einer katastrophalen Überschwemmung wußten. Es ist auch nur logisch, daß eine solch intelligente, raumfahrende Rasse die Umweltvariablen der Erde und dieses Sonnensystems überwachte und als langlebiges Geschlecht auch über kosmische Zyklen wie die Bewegung von Kometen und anderen außerirdischen Körpern Bescheid wußte. Es ist also leicht nachvollziehbar, daß die Anunnaki tatsächlich eine Naturkatastrophe, die verheerende Wirkungen auf alle Lebewesen der Erdoberfläche haben würde, vorherzusehen vermochten. Enlil kündigte also der Versammlung der Götter an, daß sich ein mörderisches Hochwasser abzeichnete. Er bestand darauf, die Nachricht von dieser herannahenden Katastrophe den Menschen vorzuenthalten, und forderte alle Mitglieder der Versammlung auf, sich eidlich zur Verschwiegenheit zu verpflichten:

> Enlil öffnete seinen Mund und wandte sich an die Versammlung aller Götter: „Kommt, ihr alle, und schwört betreffs der „tödlichen Überschwemmung!“ Anu schwor als erster. Enlil schwor; seine Söhne schworen mit ihm.(13)

Enki hingegen sträubte sich zunächst gegen die Eidesleistung und fragte: „Warum wollt ihr mich mit einem Schwur binden? Soll ich meine Hand gegen meine eigenen Menschen erheben?“(14)

Enki ersann jedoch eine List, den Eid zu umgehen: er redete zu einer Mauer oder einer Schilfwand, hinter der sich sein menschlicher Diener verbarg. So sprach er durch eine Schilfwand zu dem sumerischen „Noah“, Ziusudra, oder zu dem akkadischen „Noah“, Utnapischtim, oder zu dem babylonischen „Noah“, Atra-hasis. In einer akkadischen Version der Sintflut, die im „Gilgamesch-Epos“ enthalten ist, fordert Enki Utnapischtim, den Herrscher der vorsintflutlichen Stadt Schuruppak, auf:

> Mann von Schuruppak, Sohn des Ubar-Tutu
> Reiße das Haus nieder, ein Schiff!
> Gib Habe auf, suche du das Leben!
> Entsage Besitz, halte Seele am Leben!
> An Bord eines Schiffes nimm du den Samen aller lebenden Dinge;
> Dieses Schiff sollst du bauen -
> Groß genug sei's bemessen.(15)

Anders als beim biblischen Noah machten sich die Leute über Utnapischtim nicht lustig, als er das Schiff baute. Auf Enkis Rat hin erzählte Utnapischtim den Neugierigen, daß er nicht länger im Land Enlils leben durfte und ein Schiff baute, um zur Unteren Welt zu segeln und mit seinem Herrn Enki zu leben. (Sitchin glaubt, daß Enkis Untere Welt in Südafrika lag). Die Menschen machten sich nicht nur nicht über ihn lustig, sondern halfen ihm sogar vielfach, da er sie mit Fleisch und Wein bewirtete.

Am siebten Tag war das Schiff fertig, und Utnapischtim setzte es unter großer Mühe auf den Euphrat. Seine Familie und Sippe sowie „was immer ich von allen lebenden Geschöpfen hatte", nahm Utnapischtim mit auf das Schiff. Außerdem nahm er die Handwerker, die ihm beim Bau geholfen hatten, und einen Bootsführer an Bord.

Dem akkadischen Text zufolge hatte Enki Utnapischtim angewiesen, ein oben und unten überdachtes und mit Pech versiegeltes Schiff ohne jegliche Decks oder Öffnungen zu bauen. Sitchin glaubt, daß es sich dabei um ein Unterseeboot handelte.(16) Boulay folgert nach der Überprüfung sumerischer und akkadischer Texte, daß das Boot untertassenförmig war.(17) Jedenfalls können wir sicher sein, daß es nicht das riesige Holzschiff war, das sich europäische Anhänger der Genesis-Darstellung der Sintflut im Mittelalter vorstellten.

Utnapischtim selbst wartete außerhalb des Bootes und hielt nach einem Signal Ausschau, das Enki ihm beschrieben hatte:

> Wenn Schamasch
> der bei Einbruch der Dunkelheit ein Zittern befiehlt
> einen Regen von Ausbrüchen niederprasseln läßt
> gehe du an Bord deines Schiffes
> und mache den Eingang dicht!(18)

Laut Sitchin war Schamasch, der zu den Göttern zählte, Leiter der vorsintflutlichen Anunnaki-Raumfahrtanlagen in der Stadt Sippur, die gut 150 Kilometer nördlich von Schuruppak lag, wo Utnapischtim lebte. Für Sitchin besteht kein Zweifel, daß Enki Utnapischtim sagte, er solle nach dem Starten von Raumschiffen bei Sippur Ausschau halten. Da der Abflug für den Einbruch der Dunkelheit geplant war, ist Sitchin sicher, daß diese Starts mit ihrem „niederprasselnden Regen von Ausbrüchen" in Schuruppak zu sehen waren.(19)

Warum wurden Raketenschiffe gestartet? Damit die „Großen" Anunnaki der katastrophalen Sintflut entgehen konnten. Sie umkreisten die Erde in Raumfähren, während die Menschheit ausradiert wurde - oder beinahe.

Als Utnapischtim das Licht der Raumschiffe wahrnahm und das Beben fühlte, ging er an Bord seines Schiffes, machte alles „dicht" und übergab dem Bootsführer, den er umsichtigerweise an Bord genommen hatte, die Leitung. Sitchin zitiert Indizien dafür, daß Enki von Anfang an geplant hatte, Ziusudra/Utnapischtim/Atra-hasis das Boot nach Armenien steuern zu lassen - zum Ararat hin, den die Mesopotamier Berg der Rettung nannten.(20) Warum hätte Utnapischtim sonst einen Bootsführer mitnehmen sollen?

Das Unwetter kam bei Tagesanbruch auf und muß grauenvoll gewesen sein. Donner, riesenhafte schwarze Wolken, Dunkelheit, und „das weite Land wurde wie ein Topf zerschmettert." Nach den akkadischen Aufzeichnungen hielt der Sturm sechs Tage und Nächte an:

> Er wurde schneller, während er blies,
> setzte die Berge unter Wasser,
> überfiel das Volk wie eine Schlacht...
> Als der siebte Tag kam,
> legte sich
> der flutbringende Südsturm
> in der Schlacht,
> die er wie ein Heer geschlagen hatte.
> Das Meer wurde ruhig,
> der Sturm gestillt,
> die Sintflut endete.
> Ich betrachtete das Wetter.
> Stille war gekommen.
> Und die Menschheit wieder zu Staub geworden.(21)

Bald nach Ende des Sturms öffnete Utnapischtim die Luke seines Bootes:

> Da zeigte sich eine Berggegend;
> auf dem Berg der Rettung kam das Schiff zum Stillstand;
> der Berg Nisir („Rettung") hielt das Schiff fest,
> so daß es sich nicht bewegen konnte.(22)

Sechs Tage lang wachte Utnapischtim auf dem Berg der Rettung (Ararat). Schließlich, nachdem er einen Raben fliegen gelassen hatte, der nicht zurückkehrte (er hatte einen Ruheplatz gefunden), ließ er auch all die anderen mitgeführten Tiere frei.

In der Zwischenzeit sahen die Anunnaki von ihren Raumschiffen in Erdumlaufbahn aus die Zerstörung der Menschheit mit an. Sie waren anscheinend für die Dauer des Hochwassers sämtlich in ein paar Raumschiffen zusammengepfercht, wo die Unterbringung nicht die beste war. Die mesopotamischen Texte berichten, daß sie doch ein wenig Trauer und Mitleid für die Menschheit empfanden. Ninharsag z.B., die die Mesopotamier als Muttergottheit bezeichneten, da sie den ersten Adamu, den ersten „primitiven Arbeiter", geboren hatte,

> ... sah und weinte...
> ihre Lippen bebten...
> „Meine Geschöpfe sind wie Fliegen geworden -
> sie füllten die Flüsse wie Libellen,
> meine Schöpfung wurde ein Raub der wogenden See."(23)

Woanders:

> Die Anunnaki, große Götter,
> saßen in Durst und in Hunger...
> Ninti weinte und erschöpfte ihre Gefühle;
> sie weinte und erleichterte ihre Gefühle.
> Die Götter weinten mit ihr um das Land.
> Sie war vor Kummer überwältigt,
> sie dürstete nach Bier.
> Wo sie saß, saßen die Götter und weinten;
> wie Schafe kauerten sie an einem Trog.
> Ihre Lippen waren fiebrig vor Durst,
> sie litten an Hungerkrämpfen.(24)

Wenn die Anunnaki „Echsen" waren, also Humanoide mit vielen reptilischen Genen, könnte dies einen Fall darstellen, wo sie tatsächlich Mitleid mit der Menschheit fühlten - während deren Vernichtung. Es gibt keine Aufzeichnungen darüber, daß ein Mensch die Götter während ihres Aufenthalts in Erdumlaufbahn begleitete. Was sich in den Raumschiffen abspielte, muß also den menschlichen Überlebenden und den Nachkommen Atra-hasis'/Utnapischtims und seiner auf dem Schiff mitgereisten Begleiter erzählt worden sein. Daher wurde die Trauer der Anunnaki in den mesopotamischen Texten möglicherweise übertrieben. Schließlich hatten alle, Enlil folgend, einen Schwur geleistet, der Menschheit nichts von dem bevorstehenden Unheil zu erzählen, damit diese „eliminiert" würde. Vielleicht sollte daher diesem scheinbar-anscheinenden Mitgefühl der Anunnaki für die leidende Menschheit nicht allzuviel Bedeutung beigemessen werden.

Klar scheint jedenfalls, daß sie durstig (nach Bier?) und hungrig waren. Offenbar hatte die Tatsache, daß sie sämtlich in Raumschiffe gestopft waren, um der Flutwelle zu entgehen, ihre unmittelbaren Mittel stark strapaziert.

Nach sechs Tagen auf dem Berg der Rettung entstieg Utnapischtim seinem Schiff, errichtete einen Altar und brachte ein Opfer dar. Nicht lange, und die hungrigen Anunnaki gesellten sich zu ihm:

> Die Götter rochen den Wohlgeruch,
> Die Götter rochen den lieblichen Duft,
> Wie Fliegen drängten sie sich um den Opfernden.(25)

Schließlich stieß Enlil zu ihnen, und als er sah, daß einige Menschen die Sintflut überlebt hatten, erfaßte ihn Zorn und er verlangte zu wissen, wie dies möglich gewesen sei. Enlils Sohn Ninurta wies mit dem Finger auf Enki. „Wer sonst außer Ea kann Pläne ersinnen? Es ist einzig Ea, der jede Sache kennt."(26) Enki (Ea) leugnete ab, den Schwur gebrochen zu haben; er habe lediglich einem „überaus weisen" Menschen erlaubt, selbst herauszufinden, um was es sich bei dem Geheimnis der Götter handelte. Gleichzeitig machte er Enlil darauf aufmerksam, daß das Leben der Götter auf der Erde ohne Menschen schwieriger werden würde: hatte Utnapischtim ihnen nicht zu essen gegeben, als sie hungerten? Enki sprach sich dafür aus, daß ein so „überaus weiser" Mensch wie Utnapischtim die Freundlichkeit und Rücksichtnahme der Götter verdiene. Enlils Zorn legte sich schließlich unter dem Einfluß von Enkis Beweisführung. Das „Gilgamesch-Epos“ erzählt uns weiter, daß Enlil zu guter letzt Utnapischtim und sein Weib segnete, und sie in den Himmel erhoben wurden und ewiges Leben wie die Götter verliehen bekamen.(27)

Sitchins Ansicht nach waren die entscheidenden Faktoren bei der Auslösung der globalen Überschwemmung das Schmelzen der antarktischen Polgletscher, das Ende der letzten Eiszeit und das Vorbeiziehen des 12. Planeten in unmittelbarer Erdnähe. Sitchin zitiert Dr. John T. Hollin von der University of Maine, dem zufolge sich die Eisschicht der Antarktis in regelmäßigen Abständen loslöst und ins Meer gleitet, wodurch eine riesige Flutwelle entsteht.(28) Laut Hollin führt während der Dickenzunahme der antarktischen Eisschicht der Druck und die Reibung an ihrer Basis zur Entwicklung einer schlüpfrigen, matschigen Schicht, die als Gleitmittel wirke, wodurch ein riesiger Teil der Eisdecke ins Meer gleiten könne. Nach Hollins Berechnungen würde die Flutwelle, die entstünde, wenn nur die Hälfte der gegenwärtigen Eisschicht in den Ozean gleitet, den globalen Meeresspiegel um rund 60 Meter ansteigen lassen, also übergenug, um sämtliche Küstenstädte und Tieflandgegenden der Welt unter Wasser zu setzen.

In dieser Hinsicht ist von Interesse, was in den letzten Jahren über die Eisdecke der Antarktis herausgefunden wurde. Traditionell wurde sie als ein geologisch stabiles Merkmal betrachtet, das bis zu vierzehn Millionen Jahre lang unverändert geblieben ist. Neuere Forschungsarbeiten legen jedoch nahe, daß die Eisdecke durch Perioden der Instabilität ging, in deren Verlauf große Teile von ihr ins Meer glitten und sich anschließend neu bildeten. So wurden z.B. während eines Bohrprojekts Fossilien einer winzigen, einzelligen, meerlebenden Alge gefunden, die sich vor zwei Millionen Jahren entwickelte. Die Anwesenheit dieses Fossils unter dem Eis, das im allgemeinen 1500 Meter dick ist, zeigt an, daß in der Westantarktis zu der Zeit, als die Alge lebte, ein offenes Meer existierte. Reed Scherer von der Ohio State University zufolge bildete sich und kollabierte die Eisschicht der Westantarktis mehrere Male.(29)

Die Eisschicht der östlichen Antarktis ist viel dicker und offenbar stabiler als jene der Westantarktis. In den achtziger Jahren gefundene Fossilien beweisen jedoch, daß noch vor drei Millionen Jahren in der Ostantarktis Bäume und Seen existierten.

Vor kurzem entdeckten Wissenschaftler unter den Gletschern der Westantarktis einen Vulkan, der bei einem Ausbruch einen Teil der Eisdecke zum Schmelzen bringen könnte.(30) Es scheint denkbar, daß die ehedem für sehr stabil gehaltene Eisschicht der Antarktis, deren Instabilität jedoch unlängst nachgewiesen wurde, sehr viel mit den katastrophalen Überschwemmungen der Erdvergangenheit zu tun hat. Nach geologischen Berechnungen würde sich bei Schmelzen der antarktischen Polgletscher der Anstieg des Meeresspiegels auf katastrophale sechzig Meter belaufen.(31)

Sitchins Behauptung, daß die Zerstörung der antarktischen Eisdecke mit dem Ende der letzten Eiszeit zusammenfällt, scheint durchaus plausibel. Die Geologie hat eine Fülle von paläoklimatologischen Daten wie die oben erwähnten antarktischen Fossilien gesammelt, aus denen sich schließen läßt, daß es in den letzten Jahrmillionen zu mehreren Eiszeiten gekommen ist, während denen die nördlichen Teile Nordamerikas und Europa von riesigen, über 1500 Meter dicken kontinentalen Eismassen oder Gletschern bedeckt waren. Der Meeresspiegel war während dieser Eiszeiten niedriger als heute, da in den Kontinentalgletschern viel Wasser „eingeschlossen" war. Auch das globale Klima war nicht nur kühler, sondern wegen dieser Bindung eines Großteils des Wassers auch trockener. Die letzte - auch als Würm bezeichnete - Eiszeit begann vor rund 75000 Jahren und endete vor etwa 10000 Jahren. Sie war jedoch, wie Sitchin impliziert, nicht einfach eine lange Kälteperiode mit einem Anfang und einem Ende, sondern wies mehrere Klimaschwankungen auf. Nach einem glazialen Maximum vor etwa 20000 Jahren war das Erdklima bis vor ca. 13000 Jahren besonders instabil, kehrte jedoch schließlich einige Jahrtausende lang erneut zu einer sehr ausgeprägten Kaltzeit zurück. Vor rund 10000 Jahren trat die Welt dann in eine Zwischeneiszeit (Interglazial) ein, in der wir heute noch leben.(32)

Die letzte klimatische Variable mit Schlüsselfunktion bei der Entstehung der Flut ist laut Sitchin das Vorbeiziehen des von den Sumerern als Nibiru bezeichneten „12. Planeten" in unmittelbarer Erdnähe. Nach den sumerischen Texten ist Nibiru der Heimatplanet der Anunnaki. Um das von Sitchin vorgeschlagene Szenario kurz zusammenzufassen, ließ Nibirus Schwerkraft bei seinem nahen Vorbeiziehen an der Erde einen großen Teil der Eisdecke, die durch den Temperaturanstieg gegen Ende der letzten Eiszeit instabil geworden war, ins Meer gleiten. Dies war nach Sitchins Überzeugung der Hauptfaktor bei der Auslösung einer weltweiten Überschwemmung.

Wie schon erwähnt, neigt Sitchin bezüglich der Datierung der Sintflut zu etwa 11000 v.Chr. (also vor 13000 Jahren). Boulay, den ein eventueller Zusammenhang zwischen der Sintflut und dem „12. Planeten" wenig kümmert, tritt für ein Datum von rund 4000 v.Chr. ein, also nur wenige Jahrhunderte vor Beginn der sumerischen Zivilisation.(33) Wahrscheinlich gibt es jedoch so viele Schätzungen dieses Datums wie Personen, die es zu schätzen versuchen.

Einiges Licht auf die Sintflut kann auch eine von uns schon zitierte esoterische Quelle werfen. Die „Schweizer Plejadier" (unsere mutmaßlichen galaktischen Vettern) erzählten Billy Meier im Jahre 1975, daß die Sintflut vor 10079 Jahren stattgefunden habe, also 8104 v.Chr.(34) Dies verlegt wie bei Sitchin den Eintritt der Sintflut ganz ans Ende der Würm-Eiszeit, wie es unlängst durch Geologen festgesetzt wurde. Den „Schweizer Plejadiern" zufolge wurde die Sintflut von einem Kometen, dem sogenannten „Zerstörer", ausgelöst, dessen Umlaufzeit in diesem Sonnensystem 575,5 Jahre beträgt. Dieser Komet habe die Umlaufbahn der Erde verändert und ihre Umlaufzeit um die Sonne auf mehr als vierzig Stunden erhöht. Eine Zeitlang sei die Sonne nicht im Osten aufgegangen, wie wir das heute kennen. Das Vorbeiziehen dieses Kometen in Erdnähe habe zum damaligen Zeitpunkt - 8104 v. Chr. - den Planeten fast zerstört.

Die Schweizer Plejadier erklären weiterhin, daß der Komet „Zerstörer" seither zweimal in der Nähe der Erde vorbeigezogen sei, und zwar 3453 Jahre vor 1975, oder 1478 v.Chr., sowie im Jahre 1680 - aber nicht so nahe wie 8104 v.Chr. Entsprechend wurde dadurch auch nicht annähernd so viel Schaden angerichtet, vor allem nicht im Jahre 1680. Das Datum 1478 v.Chr. liegt nahe an dem geschätzten Ende des ägyptischen Mittleren Reiches, für das uns einige geologische und archäologische Zeugnisse für katastrophale Geschehnisse wie Erdbeben, Vulkane und Überflutung von Küstenstädten sowie bizarres „Verhalten" der Sonne vorliegen. (35) [Dazu ist allerdings anzumerken, daß die exakten Daten der altägyptischen Geschichte ungeklärt sind und es beinahe so viele Chronologien des Alten Ägyptens gibt wie Ägyptologen(36)...] In jedem Fall korrelieren jedoch die Informationen der "Schweizer Plejadier" mit dem von Sitchin postulierten Szenario, außer, daß letzterer den falschen „Himmelskörper“ nennt und seine Schätzung etwa 3000 Jahre zu früh liegt.

Der Tod und die Zerstörung, die eine solch weltweite Überschwemmung in Küsten- und Flachlandgebieten hervorgerufen haben muß, übersteigen natürlich die menschliche Vorstellungskraft. Unseren paläontologischen, anthropologischen und geologischen Daten zufolge können die Fluten jedoch nicht hoch genug gereicht haben, um sämtliche Berggipfel zu bedecken, da um das Jahr 8000 v. Chr. nicht plötzlich fast alle Tier- und Pflanzenarten sowie menschliche Populationen ausstarben. In hochgelegenen Gegenden konnten Menschen, Tiere und Pflanzen die Sintflut überleben, und natürlich auch Menschen wie Ziusudra/Utnapischtim/Atrahasis/Noah und andere, die vielleicht eine Warnung erhalten hatten und ein Schiff bauen und/oder sich auf hochgelegene Gebiete retten konnten.

Im nächsten Kapitel, das die „Domestizierung“ von Pflanzen und Tieren und die Anfänge der menschlichen Nahrungsmittelproduktion behandelt, werden wir uns weiter mit den Nachwirkungen der Sintflut beschäftigen.

1. Woolley, C. L. 1929. op. cit.
2. Sitchin, Z. 1990. op. cit., S. 204.
3. Lambert, W. G. und A. R. Millard 1969. Atra-Hasis, the Babylonian Story of the Flood with the Sumerian Flood Story by M. Civil. Claredon Press, Oxford.
4. Sitchin, Z. 1976. op. cit., S. 390.
5. Atra-Hasis, op. cit., zitiert durch Sitchin, 1976, S. 390.
6. Atra-Hasis, op. cit., zitiert durch Sitchin, 1976, S. 391.
7. Ibid.
8. Sitchin, Z. 1976. op. cit., S. 392.
9. Ibid., S. 394.
10. Boulay, R. A. 1990. op. cit.
11. Marciniak, B. 1992a. op. cit
12. Sitchin, Z. 1976. op. cit., S. 394.
13. Atra-Hasis, op. cit., zitiert durch Sitchin 1976, S. 394.
14. Ibid., S. 395.
15. Das akkadische „Gilgamesch-Epos“, zitiert durch Sitchin 1976, S. 381.
16. Ibid., S. 396.
17. Boulay, R. A. 1990. op. cit., S. 195-201.

18. Das akkadische „Gilgamesch-Epos“, zitiert durch Sitchin, 1976, S. 397.
19. Ibid.
20. Sitchin, Z. 1976. op. cit., S. 399-400.
21. Das akkadische „Gilgamesch-Epos“, zitiert durch Sitchin, 1976, S. 383.
22. Ibid., S. 384.
23. Atra-Hasis, op. cit., zitiert durch Sitchin 1976, S. 398.
24. Ibid.
25. Das akkadische „Gilgamesch-Epos„, zitiert durch Sitchin, 1976, S. 384.
26. Ibid.
27. Ibid., S. 384-385.
28. Sitchin, Z. 1976. op. cit., S. 402.
29. Monastersky, R. 1993. „Fire beneath the ice„, Science News, 143, S. 107.
30. Ibid., S. 104-107.
31. Ibid., S. 107.
32. Nelson, H. und R. Jurmain 1988. Introduction to Physical Anthropology. West Publishing Co., St. Paul, Minnesota, S. 477-479.
33. Boulay, R. A. 1990. op. cit., S. 167-168.
34. Stevens, W., 1988. op. cit., S. 61.
35. Schellhorn, C. C. 1990. Extraterrestrials in Biblical Prophecy. Horus House Press, Inc., Madison, Wisconsin. S. 294-296.
36. The Columbia Encyclopedia 1950. Columbia University Press, Morningside Heights, New York. S. 596.

„Des Bauern Ruhm ist es, daß ihm in der Arbeitsteilung die Schöpfung zufällt.
Auf seiner ursprünglichen Tätigkeit ruht letztlich alles Handwerk."
Emerson, Society and Solitude

Kapitel 7

Das Aufkommen der Nahrungsmittelproduktion durch den Menschen

Wir nähern uns jetzt den Anfängen der geschichtlich belegten (historischen) Zivilisation. Wie wir sahen, verdankt der moderne Mensch dem Darwinismus zufolge seine Entstehung den gleichen zufälligen Umständen, die auch den Ursprung des Lebens und die darauffolgenden evolutionären Prozesse kennzeichnen. Weiter behauptet der Darwinismus (jedenfalls im allgemeinen), daß wir die einzige intelligente Lebensform des Alls seien, oder daß andere intelligente Lebensformen so weit von uns entfernt lebten, daß wir bis jetzt keinen Kontakt zu ihnen herstellen konnten. Daß es außer dem dreidimensionalen, physischen, den fünf Sinnen zugänglichen Leben noch ein anderes Leben geben könnte, wird abgestritten. Und so äußert auch die Archäologie konsequenterweise, daß Menschen nach Jahrtausenden nomadischen Lebens aus heiterem Himmel und ohne jede äußere Hilfe zu Bauern und Hirten wurden, wilde Pflanzen und Tiere, die zuvor nur gesammelt bzw. gejagt wurden, zu domestizieren sowie komplizierte, hochentwickelte Kulturen zu entwickeln begannen. Dies soll die Menschheit in den vergangenen 10000 bis 12000 Jahren außerdem mindestens zwei-, wenn nicht sogar dreimal geschafft haben.

Unseren archäologischen Daten zufolge existierten drei „Domestizierungs"zentren: zwei in der Alten Welt - den Mittleren und Fernen Osten - und mindestens ein weiteres in der Neuen Welt. Im Mittleren Osten wurden Schafe, Ziegen, Rinder, Schweine, Weizen, Gerste sowie verschiedene Gemüse „domestiziert" und im fernen Osten Weizen, Hirse, Reis, Yams, Hühner, Schweine und Wasserbüffel. In der Neuen Welt spielten „domestizierte" Tiere keine Rolle, statt dessen wurden dort Mais,

Bohnen, Kürbis, Paprika, Pfeffer, Tomaten und Kartoffeln „domestiziert“. Mit den An- und Abführungszeichen um „domestiziert“ möchte ich andeuten, daß ich den archäologischen Mythos, dem zufolge der Mensch zahlreiche wilde Tiere und Pflanzen domestizierte, für irrig halte. Möglicherweise domestizierte der Mensch tatsächlich einige Pflanzen bzw. Tiere, aber laut sumerischen und anderen Überlieferungen wurden diese ursprünglich durch Außerirdische genetisch manipuliert und dann erst den Menschen zur Verfügung gestellt.

Eine Erklärung dafür zu liefern, warum Menschen recht plötzlich ihr nomadisches Jäger- und Sammlerleben zugunsten eines agrarischen Lebens aufgaben, ist ein schwieriges Unterfangen, und die Archäologie ist sich dessen bewußt. Zunächst einmal mußte ein effizientes System der Nahrungsmittelproduktion existieren, um die Tausenden zu ernähren, die die Städte einer zukünftigen Zivilisation bewohnen würden. Sumerische und andere Texte alter Hochkulturen erzählen uns, daß die Menschen das Wissen um Ackerbau und Viehzucht und damit die Grundlagen einer Kultur von den „Göttern“ verliehen bekamen. Darauf werden wir im zweiten Teil dieses Kapitels eingehen; zunächst würde ich jedoch gerne die aktuelle Sicht der Wissenschaft (der Archäologie) zum Aufkommen der Nahrungsmittelproduktion besprechen. Weder Däniken, Sitchin noch andere, die die menschliche Kulturentwicklung außerirdischen Einflüssen zuschreiben, bringen Einzelheiten zur archäologischen Sichtweise dieses bemerkenswerten Ereignisses. Als ehemaliger physischer Anthropologe habe ich schon die Auffassung meiner früheren Kollegen über das biologische Auftreten des Jetztmenschen umrissen. Das gleiche möchte ich nun auch für die Archäologie tun, da sie eine wichtige Unterdisziplin der modernen Anthropologie darstellt. Ich habe im Laufe meines beruflichen Lebens mehrere Altertumsforscher kennengelernt, von denen einige zu Freunden wurden. Alle unter ihnen sind fleißige, angenehme und im allgemeinen überaus integre Menschen. Dennoch halte ich ihre Ansichten über das Aufkommen menschlicher Kultur für unzutreffend. Dessen ungeachtet verdienen ihre Sichtweise und Daten unseren Respekt sowie eine kurze Darstellung.

Nach Untersuchungen an Volksgruppen, die als Jäger und Sammler leben oder bis vor kurzem gelebt haben, scheint das Wildbeuterleben im allgemeinen angenehmer Natur zu sein. Jäger und Sammler verfügen gemeinhin über reichlich Nahrung, für die sie relativ wenig arbeiten müssen, und verwenden erheblich weniger Zeit auf die Beschaffung des Lebensnotwendigen als agrarisch lebende Völker. Ihre Nahrung zeichnet sich überdies oft durch größeren Nährwert aus. Bei einer generalisierten Wildbeuterlebensweise stünden natürlich weltweit erheblich weniger Nahrungsgüter zur Verfügung, als dies dank der Existenz von Bauern und Hirten der Fall ist, und statt der heutigen Milliardenbevölkerung gäbe es dann nur etliche Millionen Menschen auf der Welt. Mit der Umstellung von einer Ernährung auf der Basis zahlreicher Wildpflanzen auf eine solche, die sich nur aus einer oder mehreren Feldfrüchten zusammensetzt, machte sich der Mensch jedoch für Mißernten und Hungersnöte anfällig. Wenn ein Wildbeutergebiet von einer Dürre oder einer anderen ökologischen Katastrophe heimgesucht wird, können seine Bewohner im allgemeinen auf vielerlei Nahrungsmittel „zweiter" oder „dritter Wahl" zurückgreifen und so einer Hungersnot entgehen.

In dieser Beziehung glaubt Dr. Kent Flannery, daß Mais aus dem in vielen Teilen des mexikanischen Hochlands beheimateten Süßgras Teosinte „domestiziert" wurde. Nicht alle Archäologen sind sich dessen jedoch sicher und ordnen Teosinte als ein Nahrungsmittel „dritter Wahl" ein. Flannery schreibt zu den Nachteilen des Ackerbaus:

> ...(a) Nach den uns vorliegenden ethnographischen Daten könnte Ackerbau arbeitsintensiver sein als Jagd und (b) zu einem instabilen, durch menschliche Einwirkung modifizierten Ökosystem mit niedrigem Diversitätsindex führen. Als sich der Mensch ursprünglich dem Ackerbau zuwandte, hatte er sich damit für mehr Arbeit und einen erhöhten Verzehr von Nahrungsmitteln „dritter Wahl" entschieden. Ich halte es daher für möglich, daß diese Wahl nicht aus freien Stücken, sondern aus einem Gefühl der Notwendigkeit heraus erfolgte. Den kausalen Zusammenhang werden wir vielleicht niemals ergründen - obwohl diese Entscheidung den Rest der menschlichen Geschichte umgestalten sollte.(1)

In der einschlägigen Literatur wimmelt es von solchen Erklärungen der Ratlosigkeit. Die Archäologen Dexter Perkins und Patricia Daly stellen fest, daß der Wechsel von einem Dasein als Wildbeuter zu einem agrarischen Leben

> .... in solch relativ kurzer Zeit stattfand und von solch fundamentaler Bedeutung war, daß sich unverzüglich die Frage des „Wieso“ aufdrängt: Warum wurde ein Lebensstil, der so viele Tausende von Jahren erfolgreich praktiziert worden war, von einem so völlig anderen verdrängt? Obwohl heutige Jägervölker überwiegend Randgebiete bewohnen, ist ihr Ernährungszustand in vielen Fällen besser als der ihrer agrarischen Nachbarn; außerdem steht ihnen ausnahmslos mehr Freizeit zur Verfügung... Agrarische Völker müssen für ihren Lebensunterhalt nicht nur ein Gutteil härter arbeiten, sondern sind auch bezüglich ihrer Umwelt erheblich prekärer positioniert, da sie in hohem Maße in deren Ökologie eingegriffen haben...(2)

Perkins und Daly zufolge sollte die Archäologie, selbst wenn die Umstellung des Menschen auf eine agrarische Lebensweise ursächlich nicht abgeklärt ist, „...zumindest über potentielle Triebfedern dieses in vieler Hinsicht so außerordentlichen Wandels Spekulationen anstellen.“(3) Von den Archäologen C. Lamberg-Karlovsky und Jeremy Sabloff erfahren wir, daß wir im Nahen Osten

> ... klare Belege besitzen, daß nach 8000 v.Chr. in mehreren Dörfern einfache, aber effektive Methoden der Nahrungsproduktion bekannt waren. Welche Anpassungsmechanismen im einzelnen bei dieser Hinwendung immer größerer Bevölkerungsgruppen zu einer agrarischen Lebensweise wirksam waren, bleibt eine der faszinierendsten Fragestellungen der Archäologie...(4)

Lamberg-Karlovsky und Sabloff weisen darauf hin, daß die Archäologie als Wissenschaft noch keine zweihundert Jahre zähle und der Ursprung des Ackerbaus erst seit dem zweiten Weltkrieg Gegenstand ernsthafter Forschung sei. Bezüglich des Entstehens der Landwirtschaft in Mesoamerika (Mexiko und nördliches Mittelamerika) stellen sie fest, daß

> (l)eider den ins Auge springenden Überresten der großen Hochkulturen des vorkolumbischen Mesoamerikas die größte Aufmerksamkeit gewidmet wurde. Kaum Beachtung dagegen fanden die weniger spektakulären Überreste früher Jäger und Sammler oder niedergelassener Dorfbewohner, die vor 1200 v.Chr. im gleichen Gebiet lebten und die die kulturellen Grundlagen für die spätere Entwicklung schufen. So bleibt unsere Kenntnis der Ursprünge des Ackerbaus und der dauerhaften Siedlungen - im Gegensatz zu den reich dokumentierten Hochkulturen der Maya oder der Azteken - relativ dürftig...(5)

1200 v. Chr. bezeichnet den Entstehungszeitpunkt der ersten bekannten Hochkultur der Neuen Welt, der der Olmeken. Für die Gebiete der Neuen Welt, die eine Hochkultur hervorbrachten, liegen uns jeweils nur relativ wenige wissenschaftliche Daten über den Ursprung des dortigen Ackerbaus vor. Dennoch besitzt die Archäologie zu diesem Thema zumindest einige Fakten und hat Theorien aufgestellt, wie es zu dieser revolutionären Veränderung im menschlichen Lebensstil gekommen sein könnte.

Bis in die spaten vierziger Jahre wurde angenommen, daß sich der Ackerbau ursprünglich in den Tieflandgegenden des „fruchtbaren Halbmonds“ entwickelte - dem halbmondförmigen Gebiet, das sich von Israel bis zum südlichen Irak und Iran erstreckt und in dem die ersten bekannten Hochkulturen aufkamen. Ab Ende der vierziger Jahre wurde jedoch festgestellt, daß die frühesten Belege für den Ackerbau aus den Hochländern des fruchtbaren Halbmonds stammen - obwohl sich der Ackerbau in einer Hochlandgegend bekannterweise schwieriger gestaltet als im fruchtbareren und wärmeren Tiefland. Wir besitzen also für etwa 10000 v.Chr. erste (vereinzelte) Ansätze einer Landwirtschaft in den Hochlandgegenden in und um den Mittleren Osten, d.h. in Israel, Libanon, Irak, Iran und der Türkei. Um 8000 v.Chr. lassen sich dann für mehrere

Dörfer dieses Gebiets einfache, aber effektive Methoden der Nahrungsproduktion nachweisen.

Ein ähnliches Phänomen läßt sich in Mesoamerika beobachten, wo die einzigen Zeugnisse agrarischer Aktivitäten - oder menschlicher Aktivitäten allgemein - für die Jahre 8000 bis 7000 v. Chr. sowie mehrere Jahrtausende danach in den Hochlandgebieten Mexikos und Guatemalas zu finden sind.(6) Viel später erst begannen Agrarvölker im Nahen Osten und in Mesoamerika in die Tieflandgebiete zu ziehen.

Interessanterweise liegen im Nahen Osten für diesen Zeitraum wenig Indizien für menschliche Aktivitäten vor. Perkins und Daly erwähnen in einer Erörterung der Domestizierung von Tieren, daß „...es aus diesem annähernd 2000 Jahre umfassenden Zeitraum (9000 bis 7000 v.Chr.) nur wenige Daten gibt.“(7)

Die „Domestizierung“ oder „Kultivierung“ von Körnerfrüchten beruhte auf der Verdoppelung der Chromosomenzahl, wodurch sich Eßbarkeit und Nutzwert der Pflanze stark erhöhten.(8) Sämtliche wilden Körnerfrüchte wie Einkorn, Emmer und Gerste - die Ahnen der „domestizierten“ Getreide - sind im Nahen Osten noch recht verbreitet, können jedoch außerhalb ihres natürlichen Habitats selbst mit menschlicher Pflege kaum überleben.(9) Die domestizierten Varietäten hingegen können bei intensiver menschlicher Pflege in mehreren Habitaten gedeihen. Die Wildformen weisen einen wichtigen Unterschied zu ihren „domestizierten“ Nachkommen auf: Der samentragende Teil der Pflanze - die sog. Ährenachse - zerfällt leicht, während er bei „domestizierten“ Formen von robuster Konsistenz ist. Solche leicht zerfallenden Ährenachsen ermöglichen eine natürliche Verteilung der Samen, während das festere „domestizierte“ Getreide das Korn während der Ernte an der Pflanze haften läßt. Die Vorteile sind augenfällig. Ebenso augenfällig ist, daß „domestizierte“ Körnerfrüchte für ihr Überleben völlig auf den Menschen angewiesen sind.(10) Einige weitere „domestizierte“ Pflanzen, u.a. Mais, Bananen und Datteln, sind in ähnlicher Weise auf ewig an den Menschen gekettet, da sie die Fähigkeit zur Samenverteilung und Keimung verloren haben.(11)

Im Laufe der Jahre wurden in der Archäologie mehrere Theorien entwickelt, wie es in den letzten 10000 bis 12000 Jahren an drei verschiedenen Standorten zur „Domestizierung“ von Pflanzen und Tieren kam.

Diese beinhalten entweder die bewußte Manipulation von Tieren und Pflanzen und/oder Umweltzwänge wie klimatische Austrockung und/oder Bevölkerungszwänge. Da eine stärkere klimatische Austrocknung während dieses Zeitraums jedoch nicht nachzuweisen ist, wurden auf diesem Faktor aufbauende Hypothesen im allgemeinen fallengelassen. Die Theorie, die heute wohl die breiteste Zustimmung findet, verdanken wir dem oben zitierten Kent Flannery. Sie fußt auf der entscheidenden Annahme, daß vor Einsetzen der Nahrungsproduktion die Jäger- und Sammlerpopulationen anwuchsen. Der wachsende Bevölkerungsdruck ließ bestimmten Wildbeutergruppen keine andere Wahl, als in die Hochlandgegenden zu ziehen und dort ihr Auskommen zu finden. Um in diesen Randgebieten „über die Runden zu kommen", seien sie gezwungen gewesen, die Häufigkeit oder Dichte bestimmter Pflanzen auf züchterischem Wege zu erhöhen.(12) Wie wir schon sahen, gab es den archäologischen Daten zufolge in den Tieflandgebieten des Nahen Ostens unmittelbar vor den ersten Zeugnissen für Ackerbau und Viehzucht kaum menschliche Aktivitäten.

Der Archäologe Dr. Robert Braidwood vertritt die Ansicht, daß die Produktion von Nahrungsmitteln einsetzte, als Jäger und Sammler zum ersten Mal Pflanzen und Tiere bewußt zu manipulieren begannen. So spekulieren Braidwood und andere, daß manche Menschengruppen zu einem bestimmten Zeitpunkt damit anfingen, gewisse Pflanzenarten auszuziehen und sie zwecks leichterer Zugänglichkeit in die Nähe ihrer Niederlassungen umzupflanzen. Andere Gruppen wiederum machten sich daran, bestimmte Tierarten nach Bedarf in Gehegen zu halten und zu jagen, also z.B. Tiere einer bestimmten Art zu töten und Tiere eines bestimmten Alters und/oder Geschlechts zu schlachten. Dies hätte nach und nach eine Brücke zur „Domestizierung" geschlagen.(13)

Zu den Anfängen der Nahrungsmittelproduktion äußerte sich auch Richard MacNeish, dem wir ausgedehnte archäologische Forschungsarbeiten in der Neuen Welt verdanken. Im hochgelegenen südmexikanischen Tehuacán-Tal unterscheidet er, beginnend mit dem Jahr 10000 v.Chr., mehrere Kulturstufen, die seines Erachtens demonstrieren, wie Menschen schrittweise Pflanzen zu „domestizieren" und seßhaft zu werden begannen. MacNeish zufolge lernten die Jäger und Sammler des Tehuacán-Tals allmählich die von ihnen verzehrten Wildpflanzen und Beutetiere sehr gut kennen und paßten ihre nomadische Lebensweise so an, daß sie aus ihnen maximalen Nutzen ziehen konnten. Jahr für Jahr kehrten sie etwa zur gleichen Zeit in dieselben Gebiete zurück und pflückten die Pflanzen, die um ihr Lager herum wuchsen. Dies rief in einigen davon genetische Mutationen hervor, die sie leichter kultivier- und handhabbar machten. Infolge dieser zufälligen und „natürlichen" Mutationen entwickelte sich dann nach und nach die Landwirtschaft, und alle allmählichen Veränderungen zusammengenommen führten schließlich zur Errichtung dauerhafter, ganzjährig bewohnter Siedlungen.

Interessanterweise existierte zu dem Zeitpunkt, zu dem die Menschen des Tehuacán-Tals angeblich genügend Pflanzen „domestiziert" hatten, um etwa 40 Prozent ihres Ernährungsbedarfs abzudecken und das Leben in permanenten Dörfern zu ermöglichen (in dem von MacNeish als Achalpan-Phase [1500 - 850 v.Chr.] bezeichneten Zeitraum), die Hochkultur der Olmeken in den Tiefländern der Südküste des Golfs von Mexiko schon in voll entwickelter Form.(14)

Die Idee zufälliger Mutationen taucht auch in Flannerys Theorie der „Domestizierung" von Pflanzen auf. Er nimmt an, daß die zufälligen genetischen Mutationen einiger Pflanzen dem Menschen den Anstoß zur „Domestizierung" gaben.(15)

Der Archäologe David Rindos vertritt die Anschauung, daß „Domestizierung" aus einem langsamen, natürlichen Evolutionsprozeß über längere Zeiträume resultierte. Wie wir von ihm erfahren, wurden weltweit Hunderte von Pflanzenarten „domestiziert", heute stellen jedoch lediglich zwanzig von ihnen den größten Teil der Pflanzennahrung, die für menschlichen Konsum bestimmt ist. Bemerkenswerterweise sei „seit den frühen Tagen der Landwirtschaft keine bedeutende Feldfrucht mehr aus einer Wildform domestiziert worden."(16) Laut Rindos gestaltet sich überdies die Verbesserung schon existierender Feldfrüchte schwierig, da Züchtungsmaßnahmen oftmals die Anfälligkeit für vorher unbekannte oder als unwichtig eingestufte Krankheiten und Schädlinge erhöhten.

Die sumerische Darstellung der Ursprünge der Landwirtschaft

Hier soll noch einmal einleitend vorausgeschickt werden, daß wir die frühen sumerischen bzw. mesopotamischen Aufzeichnungen nicht für

„absolut wahre“ Geschichte halten. Diese Erzählungen, die uns über Jahrtausende mündlicher Überlieferung und schriftlicher Fixierung erreichen, müssen einfach Entstellungen enthalten - in einigen Fällen vermutlich bewußte Verfälschungen durch die Anunnaki. Trotzdem bieten sie meiner Ansicht nach die vermutlich größte Wahrheitsnähe, die uns heute erreichbar ist, und ich halte Zecharia Sitchins Übersetzung und Auslegung dieser bruchstückhaften Texte aus alter Zeit für das beste, was wir in dieser Hinsicht besitzen.

Sitchin präsentiert die sumerische Darstellung der Anfänge der menschlichen Landwirtschaft in seinem Buch *The Wars of God and Men.* (17) Diese Geschichte beginnt vor über 400000 Jahren, als die Anunnaki das erste Mal zur Erde kamen. Sitchin zitiert den sumerischen Text, der Sumerologen als der „Mythos von Rind und Getreide“ geläufig ist:

> Als Anu aus dem hohen Himmel
> die Anunnaki zur Erde kommen ließ,
> war noch kein Getreide hervorgebracht,
> war es noch nicht gewachsen...
> Kein Mutterschaf gab es,
> kein Lamm war je geworfen worden;
> keine Ziege gab es,
> kein Zicklein war je geworfen worden...(18)

Zu jener Zeit gab es also weder „domestizierte“ Getreide noch Schafe oder Ziegen - aber es dauerte nicht lange, bis die „Götter“ etwas für sich zu essen schufen:

> In jenen Tagen,
> in der Schöpfungskammer der Götter,
> im Haus der Gestaltung, im Reinen Hügel,
> wurden Lahar (Wollvieh) und Anschan (Körnerfrüchte)
> schön gebildet.
> Die Heimstatt war gefüllt mit Nahrung für Götter.
> Von der Vermehrung der Lahar und Anschan
> essen die Anunnaki im Heiligen Hügel -

doch waren sie nicht vollauf gesättigt.
Die gute Milch aus der Schafhürde
trinken die Anunnaki in ihrem Heiligen Hügel
doch sind sie nicht vollauf gesättigt.(19)

Bald nach ihrer „Erschaffung“ wurden die Primitiven Arbeiter (Menschen) nach E.DIN, dem Wohnsitz der Götter (der Stätte der späteren sumerischen Zivilisation), gebracht, um dort Getreide zu ziehen und „vierbeinige Tiere“ zu hüten, auf daß die Götter gesättigt würden. Die uns bekannten Getreidearten existierten jedoch noch nicht. Im gleichen Text werden die Körnerfrüchte angeführt, die noch nicht „hervorgebracht“ worden waren:

Das, was sich durch Pflanzung vermehrt,
war noch nicht gebildet worden;
Terrassen waren noch nicht errichtet worden;
Das dreifache Korn von dreißig Tagen existierte nicht;
Das dreifache Korn von vierzig Tagen existierte nicht;
Das kleine Korn, das Korn der Berge,
Das Korn des reinen A.DAM existierte nicht...
Knollenfrüchte des Feldes waren noch nicht erschienen.(20)

Diese Körner- und Knollenfrüchte wurden den Menschen nach der Sintflut gegeben - dem katastrophalen Hochwasser, dem sie fast alle zum Opfer gefallen waren. Wie wir uns erinnern, war Enlil, der ranghöchste Anunnaki, zunächst wütend gewesen, daß überhaupt ein Mensch die Sintflut überlebt hatte, da er beabsichtigt hatte, alle Menschen darin ihr Ende finden zu lassen. Schnell erkannte er jedoch die Logik von Enkis Beweisführung, daß das Leben der Anunnaki auf der Erde ohne menschliche Arbeitskräfte viel schwerer werden würde. Er äußerte dann den Wunsch, daß sich die Überlebenden der Sintflut vermehren und die Erde, zumindest im Nahen Osten, wiederbevölkern sollten. Zu diesem Zeitpunkt gaben er und die anderen Anunnaki der Menschheit die im oben zitierten Passus erwähnten Getreide. Die domestizierten Pflanzen waren zwar ausnahmslos in der Sintflut vernichtet worden, aber die Anunnaki hatten vor der Katastrophe einiges

Saatgut nach Nibiru, dem „12. Planeten“, gesandt, das Enlil jetzt zurückgeschickt wurde. Nach der Sintflut wurde die Landwirtschaft also auf der Erde wiederaufgenommen und nicht erst ins Leben gerufen.

Enlil suchte nach einem Platz, der sich für die Wiederaufnahme des Ackerbaus eignen würde. Offenbar standen die Tieflandgegenden immer noch unter Wasser oder waren verschlammt. So entschied er sich für das Hochland des Nahen Ostens und die daran angrenzenden Gebiete. Eine bruchstückhaft erhaltene sumerische Tafel, die der Sumerologe Samuel Noah Kramer in Sumerische Literarische Texte aus Nippur erwähnt und die Sitchin aus dem Deutschen übersetzte, erklärt, daß Enlil zum „Berge der Gewürzkräuter und der Zeder“ ging.

> Enlil stieg herab [sic] zu dem Berge..., er erhob seine Augen,
> Er erhob seine Augen abwärts [sic]
> - dort war das mit Wasser angefüllte Meer,
> Er erhob seine Augen aufwärts
> - dort war der Berg der Gewürzkräuter und der Zeder,
> Enlil häufte die Gerste an, stapelte sie auf dem Berge,
> Er häufte den „Überfluß“ des Landes an,
> stapelte das Getreide auf dem Berge.(21)

Sitchin bringt stichfeste Beweise dafür, daß sich der erwähnte „Zedernberg“ im Libanon befindet. Ihm zufolge existiert im ganzen Nahen Osten nur ein einziger berühmter Zedernberg, und zwar im Libanon.

Anschließend zitiert er einen Text, dem zufolge Enlils Sohn Ninurta das Tiefland trockenlegte und wieder bewohnbar machte. Dann „brachten herab” die Anunnaki „...das Getreide vom Berg“, und das Land Sumer wurde mit Weizen und Gerste „bekanntgemacht“.(22) Die Sumerer verehrten Ninurta als den Gott, der die Menschheit den Ackerbau lehrte; auf einem sumerischen Zylindersiegelbild sehen wir, wie er die Menschheit mit dem Pflug beschenkt (siehe Abb. 7-1). Die Akkadier, deren Reich dem sumerischen um das Jahr 2300 v.Chr. folgte, nannten Ninurta Urasch oder „Der des Pfluges.“(23)

Die Getreidearten, die Enlil auf dem Zedernberg des Libanon (und nach archäologischen Zeugnissen auch in anderen Hochlandgegenden der

Abb. 7-1: Ninurta verleiht den Menschen den Pflug.

Türkei, des Irans und des Iraks) säte, waren nicht die von den historischen Sumerern genutzten, sondern „das Korn, das sich vermehrt", die Getreidearten mit verdoppelten, verdrei- und vervierfachten Chromosomenpaaren. Diese wurden von Enki mit Enlils Einverständnis erschaffen:

> Zu dieser Zeit sprach Enki zu Enlil:
> „Vater Enlil, Herden und Körnerfrüchte
> haben den Heiligen Hügel erfreulich gemacht,
> haben sich im Heiligen Hügel erheblich vermehrt.
> „Laß uns, Enki und Enlil, befehlen:
> Das wollige Geschöpf und Korn, das sich vermehrt
> sollen aus dem Heiligen Hügel kommen."(24)

Enlil stimmte zu und wir lesen in einem sumerischen Text, daß Überfluß die Folge war:

> Das wollige Geschöpf taten sie in eine Schafhürde,
> die Samen, die keimen, geben sie der Mutter,
> für das Getreide schaffen sie einen Platz.
> Dem Arbeiter geben sie den Pflug und das Joch...
> Der Schäfer schafft Überfluß in der Hürde;
> Den jungen Frauen bringt das Keimen Überfluß;
> Auf dem Feld hebt sie ihren Kopf:
> Überfluß war vom Himmel gekommen.
> Das wollige Geschöpf und die gesäten Körner,
> kamen in Pracht hervor.
> Überfluß wurde den versammelten Menschen gegeben.(25)

Außer dem wolligen Geschöpf (Schaf) und den Körnern, die sich vermehren, wird Enki zugeschrieben, die „größeren lebenden Geschöpfe“ - domestizierte Rinder - ins Leben gerufen zu haben, die außer als Nahrungsmittellieferanten für Menschen und Götter auch als Pflugzieher dienten und damit den Menschen ablösten, der diese Rolle anscheinend ursprünglich übernommen hatte.(26)

Sitchin schreibt Enki auch die Trockenlegung und Säuberung des Niltales und dessen Vorbereitung für die große Ägyptische Kultur zu. Er zitiert Belege dafür, daß Enki und der ägyptische Gott Ptah ein und dieselbe Person waren. Den alten Ägyptern zufolge hatte Ptah Ägypten den überschwemmenden Fluten abgerungen.(27)

Korrelationen zwischen dem archäologischen Datenmaterial und der sumerischen Darstellung des Aufkommens der Nahrungsmittelproduktion

Etliche archäologische Daten decken sich mit den sumerischen Texten über die Anfänge des Ackerbaus. Natürlich bestätigen sie in keinster Weise, daß es tatsächlich eine Sintflut gab, in deren Folge die Menschen von Außerirdischen in die Anfangsgründe des Ackerbaus eingewiesen wurden - aber sie lassen dies zumindest vermuten.

Zunächst muß klargestellt werden, daß sich in der einschlägigen Literatur wohl an keiner Stelle ein Hinweis auf die Sintflut oder den Einfluß einer fortgeschrittenen nichtirdischen Kultur auf die Entstehung des Ackerbaus finden lassen wird. Wie schon angemerkt, ist sich die Archäologie mit allen anderen Wissenschaften (zumindest) der westlichen Welt einig, daß sich die Menschheit „aus eigener Kraft hocharbeitete“ und Pflanzen und Tiere von ganz alleine „domestizierte“ - und dies drei gesonderte Male an nicht weniger als drei verschiedenen Standorten. Seit der großen Popularität von Dänikens in den späten sechziger und den siebziger Jahren stellen Archäologen sogar häufig mit besonderem Nachdruck fest, daß bei den Anfängen der irdischen Landwirtschaft und Kultur keinerlei äußere Einflüsse am Werk waren. Die folgende Aussage des Engländers Colin Renfrew ist in diesem Zusammenhang recht typisch. Renfrew kommentiert die riesigen Steinmonumente, die vor dem Aufkommen der Schrift in der gesamten Alten Welt - von Japan bis England - auftauchten:

> Wo immer vorgeschichtliche Denkmäler entdeckt wurden, stellten sich die frühen Altertumsforscher die gleichen Fragen. Zu Anfang waren ihre Antworten (jedenfalls vom Standpunkt des zwanzigsten Jahrhunderts aus) oftmals phantastisch - frühe Gegenstücke der fliegenden Untertassen und außerirdischen Intelligenzen, mit denen heutzutage Leichtgläubige getäuscht und Skrupellose bereichert werden. So kam es, daß Anspielungen auf Druiden oder verlorene Kontinente bis zur Mitte des vorigen Jahrhunderts überaus ernst genommen wurden.(28)

Archäologen weisen die Niederschriften alter Kulturvölker über ihre eigene Geschichte fast ausnahmslos als unglaubwürdige Mythen oder Fabeln zurück. Dies schließt auch alle oben zitierten sumerischen Texte ein, die sich auf die Sintflut und den Ursprung der Landwirtschaft beziehen.

Das erste Stückchen archäologischen Datenmaterials zum Ursprung der Landwirtschaft, das sich mit der sumerischen Darstellung deckt, ist die Tatsache, daß der Ackerbau - zumindest nach der Sintflut - im Hochland des Nahen Ostens begann. Den Sumerern zufolge lag dies an der Unbewohnbarkeit des noch feuchten und verschlammten Tieflandes. Die Archäologie hingegen führt dies darauf zurück, daß die Wildbeuter-Bewohner dieser Randgebiete etwas zur Sicherung ihres Überlebens tun mußten. Die Tieflandgegenden des Tigris-Euphrat-Tales wurden das erste Mal um 6000 v.Chr. von Ackerbauern bewohnt,(29) jedoch nur im nördlichen, höher gelegenen Teil des Tales, der von der Sintflut vermutlich etwas weniger in Mitleidenschaft gezogen worden war als der südliche, in welchem im vierten Jahrtausend v.Chr. schließlich die sumerische Kultur errichtet wurde. Die früheste bekannte Kultur im Südteil der Tigris-Euphrat-Tiefebene, die sogenannte Ubaidkultur, entstand erst gegen 4300 v.Chr., also frühestens tausend Jahre vor Beginn der sumerischen Stadtstaaten.(30) (Und wie Sie im nächsten Kapitel sehen werden, hegen viele Wissenschaftler überdies beträchtliche Zweifel daran, ob die Ubaidkultur wirklich den Vorläufer der sumerischen Kultur bildet...)

Eine weitere und vielleicht signifikantere Übereinstimmung der archäologischen Daten mit den sumerischen Texten ist der Mangel an Zeugnissen für menschliche Aktivitäten um die Zeit der Sintflut herum - vor allem in den Tieflandgebieten. Der Leser wird sich erinnern, daß die Datierung der Sintflut keineswegs feststeht (ganz abgesehen davon, daß sehr viele Menschen einschließlich der im Hochschulbereich tätige Wissenschaftler noch nicht einmal an eine weltweite Sintflut glauben). So ist Sitchin z.B. der Ansicht, daß die Sintflut vor ungefähr 13000 Jahren oder 11000 v.Chr. stattfand. Paläoklimatologische Daten dagegen verlegen das Ende der letzten Eiszeit, der Würm, auf etwa 8000 v. Chr. Und die „Schweizer Plejadier" erzählten Billy Meier im Jahre 1975, daß die Sintflut 10079 Jahre vor dem Jahr 1975, also im Jahre 8104 v.Chr., von einem zerstörerischen Kometen (jedoch nicht Nibiru) ausgelöst wurde.

Dieses Datum ist ein Kalenderdatum. Archäologische Daten werden aufgrund von Altersbestimmung mit radioaktivem Kohlenstoff gewonnen. Um letztere mit Kalenderdaten vergleichbar zu machen, ist eine kurze Erörterung der Altersbestimmung mit radioaktivem Kohlenstoff (Radiokarbonmethode) erforderlich.

Grundlage dieser Datierungsmethode bildet die vergleichsweise geringe Halbwertszeit von C-14, einem seltenen radioaktiven Isotop des normalen Kohlenstoffs (Kohlenstoff 12), dessen Atome sich in der Atmosphäre in gleicher Weise mit Sauerstoff verbinden wie Kohlenstoff 12 und Kohlendioxid (CO2) bilden. Im Prozeß der Photosynthese wird CO2, auch solches, das Kohlenstoff 14 enthält, von Pflanzen assimiliert und gelangt über die Nahrungskette in die Körper von Tieren. Sämtliche lebenden Organismen weisen den gleichen Anteil von Kohlenstoff 14 auf, wie er in der Atmosphäre vorliegt, d.h. das C-14-Niveau von Pflanzen und Tieren bleibt in konstantem Gleichgewicht mit dem der Atmosphäre. Mit dem Tod eines Lebewesens wird jedoch kein radioaktiver Kohlenstoff mehr absorbiert bzw. ersetzt und der im Körper enthaltene beginnt unter Abgabe eines Elektrons zu zerfallen und das stabile Element Stickstoff zu bilden. Auf diese Weise nimmt die Menge des im Organismus verbleibenden Kohlenstoffs 14 stetig ab. Mit der C-14-Altersbestimmung lassen sich demnach nur Lebewesen datieren, da nur sie im Laufe ihres Lebens radioaktiven Kohlenstoff aufnehmen. Durch genaue Messung des verbleibenden C-14-Niveaus und Vergleich mit dem C-14-Anteil der heutigen Atmosphäre läßt sich dann der Ursprungszeitpunkt eines Organismus bestimmen.

Die Radiokarbonmethode kommt in der Archäologie und in anderen Wissenschaften seit den fünfziger Jahren zum Einsatz. Lange war angenommen worden, daß die Menge an Kohlenstoff 14 in der Atmosphäre über die Jahre konstant geblieben ist. In den sechziger Jahren stellten sich jedoch bei einer Gegenüberstellung von C-14-Daten einiger alter Bäume des amerikanischen Westens (wie der Borstenkiefer, die bis zu fünftausend Jahre alt wird) mit Baumringdaten erstere als fehlerhaft heraus. In gemäßigten Zonen zeigt sich das jährliche Holzwachstum eines Baumes als deutlicher Ring, so daß sich aus der Gesamtheit der Ringe das genaue Baumalter berechnen läßt. C-14-Datierungen von Jahresringen, deren Alter bekannt war (gut 3000 Jahre oder knapp 1200 v.Chr.), stellten sich jedoch als merklich niedriger heraus als das tatsächliche Alter. So war z.B. in einem Fall ein Radiokarbondatum von 3000 v.Chr. um volle 800 Jahre zu früh angesetzt.(31) Das tatsächliche Alter eines Organismus, der mittels dieser Methode auf 3000 v.Chr. datiert wird, liegt demnach in Wirklichkeit eher bei 3800 v.Chr. Obwohl sich dies nicht mit Sicherheit behaupten läßt, entspricht ein radiometrisches C-14-Alter von 7000 v.Chr. mithin höchstwahrscheinlich 8000 oder 8500 v.Chr. in Kalenderjahren. Es ist sinnvoll, sich dies vor Augen zu halten, wenn wir uns erneut der archäologischen Zeittafel über das Aufkommen der Nahrungsmittelproduktion zuwenden.

Für das Jahr 9000 v. Chr. besitzen wir in den Hochlandgebieten des Nahen Ostens einige Zeugnisse der „Domestizierung" von Tieren. Diese sind jedoch insofern etwas problematisch, als sich, wie auch von Archäologen zugegeben wird, „domestizierte" Tiere wie Schafe, Ziegen und Hunde nur schwer von ihren wilden Vorfahren unterscheiden lassen. Überhaupt beruht die Einordnung tierischer Überreste als „domestiziert" oder „wild" bzw. „gejagt" häufig auf reiner Vermutung.(32) Meine eigene Vermutung ist die, daß es sich bei dem spärlichen Material, das die Archäologie als Beleg für „domestizierte" bzw. Haustiere vor dem Jahr 7000 v.Chr. anführt, nie wirklich um „domestizierte" Tiere handelt. Im Gegensatz zu Tieren lassen sich kultivierte Getreidesorten leicht von ihren Wildformen unterscheiden(33) - kultivierte Körnerfrüchte sind größer und haben die schon erwähnte festere Ährenachse, dank der das Korn den Ernteprozeß verlustlos übersteht. Die frühesten „domestizierten" Getreidearten sind erst um das Jahr 7000 v.Chr. nachweisbar und tausend Jahre später weit verbreitet. Diese Daten passen gut zu den Indizien dafür, daß sich die Sintflut um das Jahr 8000 v.Chr. (oder das Kohlenstoff-14-Datum von 7000 v. Chr.) herum ereignete.

Den Archäologen Lamberg-Karlovsky und Sabloff zufolge stammen ja die einzigen Zeugnisse menschlicher Aktivitäten in der Neuen Welt um das Jahr 8000 oder 7000 v.Chr. sowie mehrere Jahrtausende danach aus den mexikanischen und guatemaltekischen Hochlandgebieten. Es gebe keinerlei archäologische Belege dafür, daß die Tieflandgebiete Mesoamerikas vor dem dritten vorchristlichen Jahrtausend von Menschen besiedelt waren.(34) Perkins und Daly konstatieren ihrerseits, daß es im Nahen Osten wenig archäologische Daten für den Zeitraum von 9000 bis 7000 v.Chr. gibt.(35) Dem hier beschriebenen Szenario zufolge würden die mangelnden Zeichen menschlicher Aktivität in den Tieflandgebieten somit aus der Sintflut resultieren, wobei die jüngeren Kohlenstoff-14-Daten von etwa 7000 v.Chr. die Zeit repräsentieren, zu der sich die Sintflut tatsächlich ereignete, und der Zeitraum von etwa 8000 bis 9000 v.Chr. archäologische Daten beträfe, die durch Schlammschichten aus der Sintflut bedeckt und durch Erosion noch nicht wieder freigelegt wurden. Wenn dieses Szenario korrekt ist, gäbe es in sämtlichen Tieflandgebieten der Welt für diese Zeitabschnitte einen Mangel an archäologischen Daten.

Natürlich werden sich jene, die sich überzeugen ließen, daß die Menschheit ein Zufallsprodukt der darwinschen Evolution und die einzige intelligente Lebensform des Universums ist, höchstwahrscheinlich mit der Darstellung der Archäologie des ausklingenden zwanzigsten Jahrhunderts über die Anfänge des Ackerbaus zufriedengeben. Jene freilich, die die darwinsche Theorie nicht überzeugen kann und die die sumerisch-mesopotamischen Texte für historisches Schriftgut und nicht für „reine Legende" halten, müssen die archäologischen Thesen über die Anfänge des Ackerbaus für „reine Legende" halten. Sehen wir uns nun die Spekulationen der Archäologie über die Anfänge der menschlichen Kultur an.

1. Flannery, K. V. 1973. „The origins of agriculture.„ Annual Review of Anthropo logy, 2: S. 271-310. Zitiert in Lamberg-Karlovsky und Sabloff 1979. op. cit., S. 228.

2. Perkins Jr., D. und P. Daly 1974. „The beginning of food production in the Near East.“ In: The Old World: Early Man to the Development of Agriculture. R. Stigler (Hrsg.), 1974. St. Martin's Press, New York, S. 74.
3. Ibid.
4. Lamberg-Karlovsky, C. C. und J. A. Sabloff 1979. op. cit., S. 60
5. Ibid., S. 216.
6. Ibid., S. 217.
7. Perkins Jr., D. und P. Daly 1974. op. cit., S. 80.
8. Stebbins, G. L. 1951. „Cataclysmic evolution.“ Scientific American, 184: S. 54-59.
9. Perkins und Daly 1974. S. 75.
10. Ibid., S. 83
11. Lamberg-Karlovsky und Sabloff 1979. S. 44
12. Zusammenfassung der Theorie Flannerys in Lamberg-Karlovsky und Sabloff 1979, S. 50.
13. Zusammenfassung der Theory Braidwoods in Lamberg-Karlovsky und Sabloff 1979, S. 49.
14. Zusammenfassung von MacNeishs Dokumentation und „Domestizierungsmodell“ im Tehuacán-Tal in: Lamberg-Karlovsky und Sabloff 1979, S. 220-225.
15. Lamberg-Karlovsky und Sabloff 1979. op. cit., S. 225.
16. Rindos, D. 1984. The Origins of Agriculture: An Evolutionary Perspective. Academic Press, Orlando, Florida, S. 284.
17. Sitchin, Z. 1985. op. cit., S. 120-128.
18. Ibid., S. 120.
19. Ibid.
20. Ibid., S. 121.
21. Ibid.
22. Ibid., S. 124.
23. Ibid.
24. Ibid.
25. Ibid., S.124-125.
26. Ibid., S. 125.
27. Ibid., S. 126.
28. Renfrew, C. 1979. Before Civilization: The Radiocarbon Revolution and Prehistoric Europe. Cambridge University Press, Cambridge, S. 6.
29. Stigler, R. 1974. „The later neolithic in the Near East and the rise of civilization.“ In: The Old World: Early Man to the Development of Agriculture, R. Stigler (Hrsg.), 1974, St. Martins Press, New York, S. 110.
30. Ibid., S. 112.
31. Renfrew, C. 1979. op. cit., S. 69.
32. Lamberg-Karlovsky und Sabloff 1979. op. cit., S. 45.
33. Perkins und Daly 1974. op. cit., S. 83.
34. Siehe Verweisnummer 6 in diesem Kapitel.
35. Siehe Verweisnummer 7 in diesem Kapitel.

20. GUAN / DIE BETRACHTUNG (DER ANBLICK)

„Der Wind geht über die Erde hin:
das Bild der Betrachtung.
So besuchten die alten Könige die Weltgegenden,
betrachteten das Volk und spendeten Belehrung.

I Ging

Kapitel 8

Der Ursprung der ersten Menschheitskulturen

Im folgenden geht es um die ältesten bekannten Kulturen der Alten Welt - die sumerische, die ägyptische und die Harappakultur des Industals im heutigen Pakistan - sowie um die erste der Neuen Welt, die der Olmeken, für die ich jeweils einen gedrängten archäologischen Abriß bringen werde. In Veröffentlichungen, die einen möglichen extraterrestrischen Einfluß auf diese Frühkulturen zum Gegenstand haben, ist gewöhnlich nur davon die Rede, wie überrascht die Archäologie über deren plötzliches Aufkommen ist, die tatsächlichen archäologischen Fakten werden darin hingegen kaum berührt. Daher werde ich mich wie auch schon im letzten Kapitel bemühen, der Archäologie Tribut zu zollen, und eine kurze Zusammenfassung ihrer Sicht der Dinge geben. Wir werden sehen, u.a. anhand mehrerer Originalzitate, daß unter Archäologen angesichts des raschen Aufstiegs der Frühkulturen tatsächlich Überraschung und milde Ratlosigkeit herrscht. Gleichzeitig werden wir bemerken, daß sie sich gleichwohl geschlossen etwa dahingehend äußern, daß trotz der lückenhaften archäologischen Funddokumente bei allen Frühkulturen eine stetige, wenn auch rasche Aufwärtsentwicklung in Richtung Kultur erkennbar sei. Wie schon im letzten Kapitel erwähnt, ist für diesen Berufsstand ja jedwede Anspielung auf eine Einwirkung fortgeschrittener Wesen aus dem Weltraum oder aus verlorenen Kontinenten ein rotes Tuch. Im Anschluß an diese Rezension der archäologischen „Märchen" über den Ursprung der ersten menschlichen Kulturen wenden wir uns dann wieder einmal Sitchin zu, dem wir die beste historische Darstellung der Anfänge menschlicher Kultur verdanken.

Man darf nicht glauben, daß sich die allerersten Menschheitskulturen im Vergleich zu den späteren primitiv und rudimentär ausnahmen - auch wenn dieser Gedanke naheliegt, da es sich ja schließlich um die frühesten Experimente dieser Art handelte. Wissenschaftlicher Lehrmeinung zufolge bestand die Menschheit noch 4000 Jahre vor dem plötzlichen Aufkommen der sumerischen und ägyptischen Kultur ausschließlich aus nomadisierenden Jägern und Sammlern. Wie Sitchin darlegt, zeichnete sich die sumerische Kultur aus durch

> ... Hochhäuser, Straßen, Marktplätze, Kornspeicher, Kais, Schulen, Tempel, Metallurgie, Medizin, Chirurgie, Textilherstellung, Gourmetkost, Landwirtschaft, Bewässerungssysteme, die Verwendung von Ziegeln, die Erfindung des Brennofens und des Rades, Lieferwägen, Schiffe und Schiffahrt, internationalen Handel, Maße und Gewichte, Gesetze, Gerichte, Geschworene, Schrift und Buchführung, Musik, Noten, Instrumente, Tanz und Akrobatik, Haustiere und Zoos, Kriegsführung, Kunsthandwerk und Prostitution.(1)

Die alten Sumerer besaßen über den Himmel erheblich umfassendere Kenntnisse als viele Kulturen nach ihnen. Die meisten Schulkinder haben davon gehört, daß die Europäer des Mittelalters die Erde für flach hielten. Die Sumerer wußten jedoch nicht nur, daß die Welt rund ist, sondern verfügten auch über gründliche Kenntnisse über Teile unseres Sonnensystems, von denen mittelalterlichen Europäern noch nicht einmal die Existenz bekannt war. Wie schon erwähnt, kannten die Sumerer den Planeten Neptun, der von einem deutschen Astronomen im Jahre 1846 wiederentdeckt wurde. Und sie wußten nicht nur von ihm, sondern ebenso, daß er Wasser enthielt - was unsere Sternenkundler erst im Jahre 1989 herausfanden!(2)

Die Anfänge der sumerischen Kultur

Die sumerische Kultur wurde im südlichen Flußtal von Euphrat und Tigris (im heutigen Südirak und Kuwait) begründet. Zum Aufbau der ersten menschlichen Kultur war dies ein merkwürdiger Ort - glühendheiße Sommer, eiskalte Winter, unregelmäßige Niederschläge. Landwirtschaft ließ sich dort, obwohl der Boden durch Alluvium-Ablagerungen in Verbindung mit Wasser recht fruchtbar ist, nur mit Bewässerung betreiben. Es gab weder Holz oder Steine zum Bau von Häusern oder anderen Gebäuden noch Erze als Grundlage einer Metallproduktion. Bisweilen äußern Historiker und Archäologen, daß rauhe Milieus durch die Herausforderung eines Lebens in einer strengen Umgebung große Kulturen hervorbrächten.(4) Ich verstehe diesen Gedanken dahingehend, daß die Sumerer eine hochentwickelte Kultur entwickeln mußten und entwickelten, um in den schwierigen Verhältnissen Mesopotamiens, dem „Zweistromland", leben zu können.

Wie wir im letzten Kapitel sahen, fehlen uns vor der sogenannten Ubaidkultur, deren älteste Überreste auf etwa 4300 v.Chr. datiert werden, jegliche archäologischen Belege für eine Besiedlung Südmesopotamiens. Auch auf Grundlage von Keramikanalysen, d.h. der typologischen Untersuchung gefundener Töpferwaren, läßt sich für die Ubaidkultur kein Vorläufer bestimmen (auch nicht unter den älteren Kulturen Nordmesopotamiens [~6000 v.Chr.]) Keramikanalysen dieser Art werden in der Archäologie häufig zur Herleitung aufeinanderfolgender Kulturen herangezogen, da sich Töpferwaren zwar verändern können, aber solche aufeinanderfolgender Kulturen sich meist ähneln und auf jeweils ältere Kulturen zurückführen lassen. Bei der Ubaidkultur ist dies, wie gesagt, nicht möglich. Die Ursprünge der Ubaidkultur werden vielfach einem neuen Volk zugeschrieben, das - möglicherweise aus dem Gebiet des heutigen Südwestirak - nach Mesopotamien gezogen sein soll (3). Dem Archäologen Robert Stigler zufolge sind indes „dringend weitere Untersuchungen der früheren Stufen der landwirtschaftlichen Kulturen des Neolithikums in Südmesopotamien erforderlich, *da wir über die Ursprünge der dortigen Besiedelung eigentlich nur sehr wenig aussagen können.*"(Hervorhebung durch mich).(6) Lamberg-Karlovsky und Sabloff schreiben, daß die Archäologie die Vorgänger der Ubaidkultur trotz gründlicher Suche nicht ausmachen konnte und das Problem ihres Ursprungs weiterbestehe.(7)

Nach C-14-Datierungen überspannte die kulturelle Ubaidzeit den Zeitraum von 4300 bis ca. 3500 v.Chr., d.h. bis kurz vor dem Aufblühen der sumerischen Kultur. Die Ubaidkultur bestand im wesentlichen aus kleinen, Landwirtschaft betreibenden Dörfern, die wenig oder gar nicht bewässert wurden, und wies keine Zeichen einer zentralisierten politischen Kontrolle auf. Merkmale der späteren sumerischen Hochkultur besaß sie praktisch nur in ihren riesigen Tempeln, die die Städte überragten. Sie wird daher nur von wenigen Archäologen für den unmittelbaren Vorläufer der sumerischen Kultur gehalten.(8)

Nach archäologischen Funden setzte jedoch um das Jahr 3500 v.Chr. eine dramatische Entwicklung ein. Zu diesem Zeitpunkt wurden fehlende Ressourcen wie Holz, Erze und Edelsteine nach Mesopotamien importiert - das Zeitalter des Internationalismus war angebrochen. Eine neue, als Urukzeit (3500 bis ~3200 v. Chr.) bezeichnete Kultur begann sich herauszubilden, in der die sumerische Bevölkerung beträchtlich anwuchs, Städte und neue Keramikformen erschienen und um das Jahr 3200 v.Chr. auch ein erstes Schriftsystem.(9) Kurz danach, in der von der Archäologie als protoliterarische Zeit (3100 bis ~2900 v.Chr.) bezeichneten Periode, entwickelten sich schrittweise Schrift, Metallverarbeitung, Kunst sowie ein bürokratisches Regierungssystem. Ebenso tauchten Wagenräder, Töpferscheibe sowie sämtliche anderen der oben verzeichneten hochentwickelten Kulturmerkmale auf.

Dieser plötzliche Beginn der sumerischen Kultur wird in der Archäologie und anderen Wissenschaften seit langem lebhaft debattiert. Das Phänomen galt und gilt selbst heute noch (wenn auch in geringerem Umfang) als das „sumerische Problem".(10) E.A. Speiser erzählt uns, daß viele frühe Sumerologen angesichts der augenscheinlichen kulturellen „Lücke" anregten, daß die ersten Sumerer von anderswo, möglicherweise von weit her über das Meer kamen.(11) Dem Archäologen Stigler zufolge stellen „... die linguistischen und sonstigen Ursprünge der Sumerer ein äußerst kompliziertes und kontroverses Thema dar... Alternative Erklärungsansätze - Invasionen, Migrationen und Vor-Ort-Entwicklung - wurden vorgebracht...".(12) Von Lamberg-Karlovsky und Sabloff erfahren wir, daß „eine Handvoll Archäologen die Theorie aufstellte, daß sich die Veränderungen in Südmesopotamien und Ägypten derart schnell vollzogen, daß die unsichtbare Hand einer eindringenden Kultur dafür verantwortlich gewesen sein muß..."(13) Ich könnte noch etliche Wissenschaftler zitieren, die angesichts des so unvermittelten Beginns der ersten bekannten Menschheitskultur Fragen und Ratlosigkeit (oder mehr) zum Ausdruck bringen. Dessen ungeachtet versichern uns moderne Archäologen, daß die Sumerer diese erstaunliche Kultur tatsächlich selbst schufen und das erhärtende Datenmaterial dafür zwar spärlich, aber nichtsdestoweniger hinreichend sei. So erklären z.B. Lamberg-Karlovsky und Sabloff, daß „.... bei näherer Untersuchung Indizien für eine direkte Kontinuität der Sozialorganisation zutage treten: es gibt von der frühesten Ubaidzeit her keinen wirklichen Bruch in den architektonischen oder technischen Traditionen."(14)

Die bedeutendsten sumerischen Städte waren Ur, Nippur, Uruk, Kisch und Eridu (Abb. 3-1) und jede von ihnen war einem oder zwei der Anunnaki-„Großgötter" geweiht. Uruk z.B. war Anu, dem höchsten sumerischen Himmelsgott und Vater Enlils, sowie der Liebesgöttin Inanna (der Ischtar der späteren Babylonier) zugeeignet. Enkis Stadt war Eridu.

In allen Städten wurden riesige Tempel und Plätze für die Anunnaki-Götter gebaut, deren berühmteste Vertreter die sogenannten Zikkurat sind (siehe Abb. 8-1) Die Sumerer hielten diese Tempel für die tatsächliche physische Heimstatt der Götter und glaubten, daß diese dort zumindest einen Teil ihrer Zeit verbrachten. Was sumerische Bürger dazu bewegte, beim Bau dieser monumentalen Paläste und Tempel mitzuhelfen, ist für Archäologen und andere Wissenschaftler weiterhin undurchsichtig. Lamberg-Karlovsky und Sabloff erklären, daß nach einer Schätzung „1500 Arbeiter mit einem Zehnstundentag fünf Jahre zum Bau einer der Urukschen Tempelterrassen gebraucht hätten."(16)

In den sumerischen Städten lebten bis zu 50000 Menschen. Ihre Könige leiteten ihr Herrschaftsrecht von den Göttern und Göttinnen der jeweiligen Stadt ab und hatten zwischen diesen und den Menschen eine Vermittlerrolle inne. In sumerischen „Legenden" wird erzählt, daß das Königtum den Menschen von den Göttern verliehen wurde. (17) Unter dem König einer jeden Stadt standen die Tempelpriester, denen wiederum eine riesige Beamtenschaft unterstand. Aus den in Ur und anderen Städten ausgegrabenen Friedhöfen erhellt, daß Sumer vom König bis zum Sklaven hierarchisch organisiert war und zwischen Begüterten und Habenichtsen ungeheure Unterschiede bestanden. Es herrschte ein ausgeprägter Militarismus, der sich, wie es scheint, im Laufe des dritten vorchristlichen Jahrtausends noch verschärfte. Das sumerische Volk hielt sich nicht mit philosophischen Problemen wie der Frage nach dem Sinn des Lebens oder nach seiner Herkunft auf. Es wußte, daß es von seinen Göttern geschaffen worden war, um ihnen zu dienen.

Die Anfänge der ägyptischen Kultur

Wenn die archäologischen Zeugnisse für den Beginn der sumerischen Kultur unzureichend und lückenhaft anmuten, so gilt dies in noch stärkerem Maße für die Ursprünge der grandiosen ägyptischen Kultur des Niltales. Für ihre diesbezüglichen Wissenslücken schreiben Archäologen drei Dingen die Schuld zu. Zunächst einmal sich selbst, da sie über der Konzentration auf die großartigen Überreste des alten Ägyptens dessen Vorgeschichte vernachlässigt hätten. Zweitens der alljährlichen Überschwemmung des Niltales, welche vorgeschichtliche Überreste unter Lagen schlammigen Treibsands begrub. Und drittens schließlich der jahrhundertelangen Besiedlung des Niltals, die sie für die Zerstörung vieler prähistorischer Hinterlassenschaften verantwortlich machen.(18)

In oder bei Ägypten weist so gut wie nichts darauf hin, daß dort vor 6000 bis 6500 Jahren - also kaum 1000 bis 1500 Jahre vor dem Aufkommen der altägyptischen Kultur -, Menschen lebten, die landwirtschaftliche Techniken erlernten bzw. einsetzten. Wie wir sahen, hatten Menschen im Nahen Osten zu diesem Zeitpunkt bereits seit 4000 Jahren Ackerbau betrieben und in dörflichen Siedlungen gewohnt. Die ersten landwirtschaftlichen (neolithischen oder Jungsteinzeit-)Kulturen Ägyptens waren außerdem bis um das Jahr 3600 v.Chr. recht einfacher Art. Die frühesten Belege für agrarische Völker im Niltal stammen aus der etwa dreißig Kilometer vom Nil entfernten Fayum-Senke. In dieser sogenannten Fayum-Kultur (~4000 v. Chr.) wurden Weizen und Gerste angebaut und Schafe, Ziegen und Schweine gehalten. Da keine dieser „domestizierten“ Pflanzen und Tiere wilde Vorfahren in Ägypten oder im übrigen afrikanischen Raum besaß, vermutet man, daß sie aus dem Nahen Osten kamen.

Von dieser ersten landwirtschaftlichen Kultur Ägyptens sind uns keine Zeugnisse für Hausbau oder dörfliche Niederlassungen überliefert. Es wird angenommen, daß in dem milden Klima nur Zelte oder andere leichte Herbergen vonnöten waren.(19)

Erste Belege dafür, daß Menschen die Ufer des Nils besiedelten, finden sich etwa 500 Jahre vor dem Aufblühen der ägyptischen Kultur in der sogenannten Amratien-Kultur (3800 bis 3600 v.Chr.), die immer noch einen sehr schlichten Charakter hatte. Uns liegen Zeugnisse dafür vor, daß die Menschen dort in Häusern lebten (dabei handelte es sich jedoch nur um einfache Bauten aus Schilf und Schlamm oder mit Lehm beworfenem Flechtwerk). Der Durchmesser der Wohnsiedlungen betrug weniger als hundert Meter.(20) Die Einfachheit und das späte Auftreten der ersten landwirtschaftlichen (neolithischen) Gemeinschaften Ägyptens ist der Archäologie „unerklärlich".(21)

Um das Jahr 3600 v.Chr. setzte in Ägypten eine Phase intensiver Entwicklung ein, wie dies auch, wir erinnern uns, etwa zur gleichen Zeit in Mesopotamien der Fall war. Während dieser sogenannten späten prädynastischen Zeit (oder Gerze) wurde zum ersten Mal der gesamte Talboden in Kultur genommen. Lapislazuli aus Afghanistan, der für die Schmuckherstellung verwendet wurde, und Blei und Silber aus Südwestafrika legen Zeugnis für einen recht ausgedehnten internationalen Handel ab. Zusätzlich zu den Steinwerkzeugen, die schon frühere ägyptische Kulturen charakterisierten, finden sich in gerzeanischen Kulturen gegossene Kupferäxte, Degen und Messer. Obwohl sich für Bewässerung und Hochwasserkontrolle keine Belege aufspüren ließen, nimmt Stigler an, daß solche Systeme während der späten prädynastischen Zeit mit an Sicherheit grenzender Wahrscheinlichkeit existierten.(22) Späteren dynastischen Schriften zufolge gab es zu jener Zeit zwei Königreiche, eines in Oberägypten (Südägypten) und eines in Unterägypten (Nordägypten), die sich allerdings durch zeitgenössische (gerzeanische) Funde nicht belegen lassen. Wie viele andere Wissenschaften betrachtet auch die Archäologie schriftliche Überlieferungen als zu mythologisch, um verläßlich zu sein, und ignoriert sie entsprechend. Stigler tut dies ebenfalls und hält für plausibler, daß es während dieser späten prädynastischen Periode statt zweier Königreiche im Gebiet von Ober- und Unterägypten eine Reihe weniger bedeutender Gauherrschaften gab. Ein Gauherrscher hätte jeweils politische Gewalt über eine kleine Stadt und die umliegenden Dörfer ausgeübt.(23) Dieses Schema paßt besser zu der anthropologischen Theorie des Ursprungs der ägyptischen Staaten bzw. Dynastien.

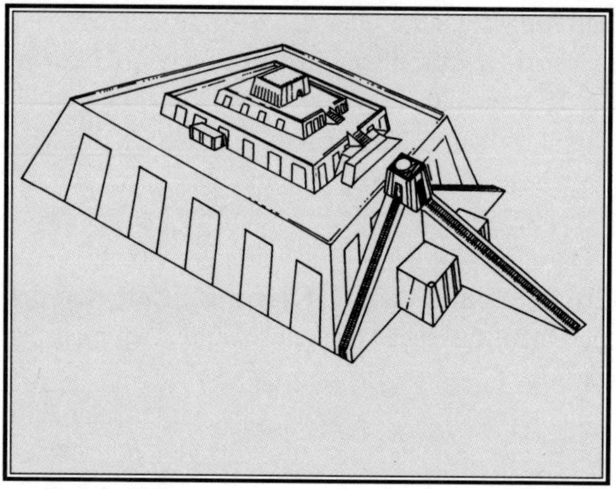

Abb. 8-1: Das Bild eines Archäologen der riesigen Ziqqurat von Ur. Ein großer Teil davon ist in den Ruinen von Ur erhalten. Zeichnung nach Stigler, 1974.

Nichtsdestoweniger schreiben dynastische Schriften die Vereinigung Ober- und Unterägyptens um das Jahr 3200 oder 3100 v.Chr. sowie die Begründung des altägyptischen Reiches einem Mann namens Menes oder Narmer zu, der später zum Pharaoh wurde. Die altägyptische Geschichte wird in eine Anzahl von Reichen und Herrscherfamilien (Dynastien) unterteilt - die Dynastie 0, die Erste und die Zweite Dynastie bezeichnen dabei die „archaische" Periode und umfassen die Jahre 3200 bis 2660 v.Chr. Zu Beginn dieses „archaischen" Zeitraums kam die Hieroglyphenschrift auf, in der uns historische Aufzeichnungen über diese frühen wie auch die folgenden Perioden überliefert sind. Wie schon erwähnt, sehen Archäologen (und andere Wissenschaftler) Chroniken dieser Art als zu „sagenhaft" an, um verläßlich zu sein; daher gilt die „archaische" Periode als undurchsichtig und weitgehend in Dunkel gehüllt.(23) In einem sind sich die Wissenschaftler allerdings einig, nämlich daß diese „archaische" Periode eine Zeit außerordentlichen technischen Fortschritts darstellte. Stigler behauptet „... daß die 'archaische' Periode eine *Explosion des technischen Fortschritts* erlebte."(24) (Hervorhebung durch mich). Lamberg-Karlovsky und Sabloff stellen fest:

> Besäßen wir ein vollständigeres Bild, könnte der Übergang vom prädynastischen zum pharaonischen Ägypten gradueller erscheinen als dieses unvermittelte Aufblühen, das die zeitliche Distanz und der Mangel an Zeugnissen nahelegen.

> So wie die Dinge stehen, scheint sich das pharaonische Ägypten unter einem einzigen Herrscher, der in sich die Merkmale eines Gottkönigs vereint, der über einen vereinigten Staat regiert und mit seinen magischen Kräften die alljährliche Überschwemmung des erntebringenden Nils kontrolliert, *plötzlich fast aus dem Nichts zu konstituieren.*(25) (Hervorhebung durch mich)

Anders als die sumerische Keilschrift erschien die ägyptische Hieroglyphenschrift von Anfang an in voll entwickelter Form. Die ein oder zwei Jahrhunderte zuvor aufgekommene sumerische Keilschrift hatte zunächst eine (wenn auch rasche) Entwicklung durchlaufen - von Piktogrammen bis zu den keilförmigen Mustern, die schließlich das Schrifttum sämtlicher mesopotamischer Kulturen charakterisieren sollten (siehe Abb. 3-3). Ob die erste ägyptische Schrift durch die ihr zeitlich vorausgehende sumerische Schrift beeinflußt wurde, ist wissenschaftlich umstritten - so sind Hieroglyphen und Keilschrift z.B. grundverschieden. Lamberg-Karlovsky und Sabloff zufolge stellt es, wenn die Schrift in Sumer und Ägypten unabhängig voneinander erfunden wurde, „... einen bemerkenswerten Zufall dar, daß eine solche autonome Erfindung in zwei Gebieten beinahe gleichzeitig auftrat.“(26) Die Archäologie nimmt an, daß sich die bemerkenswerteste und typischste Besonderheit der ägyptischen Architektur, die Pyramiden, aus den Tafelgräbern (Mastabas, arab. : „Bank“) der späten prädynastischen Zeit entwickelte. Die riesige Stufenpyramide des Königs Djoser, die auf die Zeit um 2700 v. Chr. zurückgeht, soll das erste Bauwerk dieser Art gewesen sein. „In nur etwa fünfhundert Jahren stellte dies einen gewaltigen architektonischen Fortschritt gegenüber den Lehmhütten dar“, bemerkt Sitchin zurückhaltend. (27) Viele Wissenschaftler nehmen an, daß das plötzliche Aufkommen und die schnelle Entwicklung der ägyptischen Kultur auf Einflüsse oder sogar Invasionen westasiatischer Völker zurückzuführen sind, in deren Mitte auch die erste menschliche Kultur, Sumer, ihren Anfang nahm. Zur Stützung ausgedehnter Kontakte zwischen Ägypten und Sumer gibt es jedoch erstaunlich wenig archäologische Belege. Dieser Umstand ist für Archäologen höchst rätselhaft, da die beiden großen Kulturen jahrhundertelang in nur wenigen Hundert Kilometern Entfernung nebeneinander existierten. Lamberg-Karlovsky und Sabloff erklären, daß die archäologischen Funde eine „asiatische Invasion" in keiner Weise erhärten, und bezeichnen die mesopotamisch-ägyptische Interaktion als „schwer bestimmbar":

> Obwohl die beiden Hochkulturen spätestens seit 3000 v.Chr. voneinander wußten, steuerten sie ihren jeweils eigenen Kurs und hatten miteinander anscheinend viel weniger Kontakt, als es z.B. Mesopotamien mit verschiedenen kleineren Sozietäten der iranischen Hochebene hatte. Der Grund dafür bleibt weiterhin in Dunkel gehüllt. Vielleicht war den Mesopotamiern das ägyptische Konzept eines Gottkönigs ein solches Greuel, daß dadurch ein Tabu geschaffen wurde, welches das gegenseitige bewußte Ignorieren verstärkte.(28)

In der Tat wurden die ägyptischen Pharaonen der frühen Dynastien als wirkliche göttliche Wesen oder Götter angesehen, während es sich, wie wir schon hörten, bei den sumerischen Königen um Menschen handelte, die ihr Herrschaftsrecht von den Göttern verliehen bekommen hatten. In einem Kommentar zu dem unerklärlichen Mangel an Zeugnissen für einen ausgedehnten Objektaustausch und Kontakt zwischen Ägypten und Sumer sagt Stigler, daß „...für die Ägypter das Wissen über Mesopotamien vermutlich einen viel höheren Stellenwert hatte als materielle Gegenstände..."(29)

Außer in den divergierenden Regierungskonzepten - Gottkönige (oder Gott-Pharaonen) in Ägypten und menschliche, von Göttern bestellte Könige in Sumer - sowie in der Schrift unterschieden sich die beiden Kulturen noch in anderer Hinsicht. Z.B. gab es in Ägypten keine vergleichbare Verstädterung wie in Sumer. Das Niltal war zwar mit kleinen Städten, Dörfern und Zeremonialzentren bedeckt, aber große Städte wie das sumerische Ur oder Lagasch waren dort unbekannt. Auch existierten in Ägypten bis um das Jahr 1600 v. Chr. keine Rollfahrzeuge, welche in Sumer schon vor 3000 v.Chr. weit verbreitet waren. Und schließlich behauptet der Historiker C.G. Starr, daß die Ägypter fröhlicher als die Sumerer waren und „... weniger pessimistisch über die Stellung des Menschen vor den Göttern nachbrüteten."(30)

Der Ursprung der Induskultur

Die gemeinhin als Harappakultur bezeichnete Induskultur des heutigen Pakistans entstand später als die ägyptische und sumerische Kultur um das Jahr 2400 bis 2300 v. Chr. herum. Verglichen mit den ersten beiden Hochkulturen ist sie relativ unbekannt, wozu der Umstand beigetragen hat, daß ihre Hieroglyphenschrift bis heute nicht entziffert werden konnte. Nichtsdestoweniger war sie eine hochentwickelte Kultur, die zumindest mit der sumerischen recht enge Beziehungen unterhielt und eine über 600jährige Blütezeit erlebte, bis sie aus unerklärlichen Gründen um das Jahr 1800 v.Chr. herum erlosch.

In der Harappakultur gab es zwei große, etwa 600 km auseinander liegende Städte, Mohendjo-daro und Harappa, sowie hunderte kleinerer Dorfgemeinschaften. Städte wie Dörfer waren auf einem Gitternetz angelegt und wiesen einen einheitlichen Bauplan auf, was erste stadtplanerische Bemühungen zu verraten scheint. Die Städte waren aus Lehmziegeln erbaut und von den besten und durchdachtesten Entwässerungs- und Abwasserkanälen des Altertums durchzogen. Zu den Kulturpflanzen gehörten Weizen, Gerste und Reis; Kamele, Schweine, Rinder, Pferde, Hunde, Katzen und vermutlich auch Elefanten wurden als Haustiere gehalten. Die Harappakultur betrieb einen ausgedehnten Außenhandel und exportierte u.a. eine „schwindelerregende" Menge an Waren nach Sumer.(31)

Wenn bezüglich der sumerischen und ägyptischen Ursprünge Wissenslücken, Faktenmangel und Ratlosigkeit das archäologische Bild beherrschen, so gilt dies in noch stärkerem Maße für den Aufstieg (und den Untergang) der Harappakultur. Stigler schließt nach einem kurzen Überblick über das spärliche Datenmaterial zu den Anfängen der Landwirtschaft in der Indusregion und ihrer Umgebung:

> Wie auch im Fall Ägyptens wird die vorausgehende neolithische Periode als zu kurz und damit zu „simpel" eingestuft - zumindest hinsichtlich ihrer materiellen Hinterlassenschaften -, um die komplexe kulturelle Entwicklung, die ihr quasi auf dem Fuß folgte, zum gegenwärtigen Zeitpunkt befriedigend zu erklären.(32)

Anderswo schreibt er:

> ... In Pakistan gibt es nichts, was den kunstvollen neolithischen Ubaid- und Warkakulturen Mesopotamiens gleichkäme. Denn wenn solche Vergleiche überhaupt einen Wert haben, scheint die Serie von Funden aus Belutschistan (und was uns über die Prä-Indus-Stätten im Industal bekannt ist) nur etwa in der Größenordnung des Neolithikums im Niltal zu liegen. Damit sehen wir uns erneut einer mit unseren gegenwärtigen Mitteln recht unerklärlichen kulturellen Explosion gegenüber, die sich um das Jahr 2300 v.Chr. herum ereignete und der eine zumindest scheinbar unzulängliche Entwicklung vorausging.
>
> Damit soll nicht behauptet werden, daß ein romantisches archäologisches Geheimnis dahinter steckt oder ein unbesungener plötzlicher Ausbruch schöpferischen Genies die Kultur aus dem Nichts erschuf. Vielmehr beruhen die problematischen Aspekte der kulturellen Entwicklungen im Nil- und Industal auf dem gegenwärtigen archäologischen Kenntnisstand... .(33)

Lamberg-Karlovsky und Sabloff meinen:

> Der Ursprung der Induskultur ist Gegenstand unzähliger Spekulationen, denen jedoch nur selten durch Aufzählung von Fakten größere Substanz verliehen wurde. Jahrzehntelang wurde allenthalben verkündet, daß die Induskultur als Ergebnis mesopotamischer Diffusion um das Jahr 2400 v.Chr. plötzlich und in voll entwickelter Form auftrat. Diese Sichtweise läßt sich jedoch nicht länger aufrechterhalten. Ausgrabungen jüngeren Datums in Tepe Yahya und Schahr-i-Sokhta auf der iranischen Hochebene machen jeglichen simplen Diffusionsmechanismus als Verursacher der Induskultur hinfällig, da diese beiden nichtsumerischen Stätten fast zweifellos mit denen der Induskultur in Kontakt standen.

> (Diese kleineren Kulturen können ebensowenig wie die mesopotamischen Stadtstaaten als die Vorfahren der Induskultur betrachtet werden.)
>
> Über die Besiedlung Pakistans und Nordwestindiens vor der Induskultur ist uns immer noch sehr wenig bekannt. Siedlungen dieser Art wurden nur an wenigen Ausgrabungsstätten untersucht - nicht weil Prä-Indus-Ebenen nicht existieren, sondern einfach, weil bisher nur wenige davon ausgehoben wurden. Dessen ungeachtet unterstützen die uns vorliegenden limitierten Zeugnisse die Behauptung nicht, daß sich die Induskultur plötzlich entwickelte oder aus einer Diffusion aus dem Westen resultierte. (34)

Später fügen sie hinzu:

> Es läßt sich kaum bezweifeln, daß wir die unabhängige Genese der Harappakultur besser verstehen werden, wenn erst genügend Ausgrabungsergebnisse zur Verfügung stehen. Die Harappakultur entstand ebenso eigenständig wie die ägyptische und die mesopotamische. Obwohl die drei Kulturen im gleichen Zeitraum existierten, war ihre jeweilige Form völlig unverwechselbar.(35)

Aus dem oben Gesagten laßt sich das Muster der archäologischen Erklärungsansätze zum Ursprung der ersten Kulturen deutlich erkennen: zunächst gibt es diesen zufolge einen kurzen Zeitraum, in dem eine sehr einfache agrarische Kultur existierte, oder für den entsprechende Belege einer solchen - wie im Fall der Induskultur - weitgehend oder völlig fehlen. Diese einfache Kultur kann die auf sie folgende komplexe Kultur nicht befriedigend erklären. Im Anschluß daran setzt dann eine Periode „plötzlichen Aufblühens“ ein, in welcher sich die Kennzeichen der betreffenden Kultur samt Prachtbauten und Schrift herausbilden. Die Archäologie versichert uns, daß dieses scheinbar unzulängliche Bild der Entstehung von Kulturen trüge und daß ein näherer Blick auf die spärlich verfügbaren Fakten ein Gesamtbild stetiger kultureller Vorwärtsbewegung in Richtung Zivilisation ergebe. Ergänzend fügt sie hinzu, daß ein Gutteil des Datenmaterials noch unter Überschwemmungssedimenten begraben liege (da es sich jeweils um Flußkulturen handelte) und/oder auf andere Weise zerstört wurde und/oder im Laufe weiterer Ausgrabungsarbeiten freigelegt werden würde. Wie wir am Beispiel der ersten bekannten Zivilisation Amerikas, der Olmekenkultur, erkennen werden, findet sich das gleiche Muster auch in der archäologischen Darstellung der Entstehung der Neue-Welt-Kulturen.

Der Ursprung der Olmekenkultur

Die olmekische Hochkultur hatte sich in den Tiefebenen der südlichen Golfküste des heutigen Mexikos spätestens um das Jahr 1200 v.Chr. etabliert. Wie die Ägypter gründeten auch die Olmeken keine Städte, sondern Zeremonialzentren, in denen nur Priester und einige tausend Menschen lebten. Der Großteil der Bevölkerung lebte auf dem Land um die Zentren herum, baute Feldfrüchte an und arbeitete für die Priesterschaft. Die olmekische Kultur war theokratisch strukturiert, wobei die Bauern Nahrung und Arbeitskraft und die Priester als Gegenleistung „Sicherheit" durch die Ausführung bestimmter Rituale zur Verfügung stellten. „Die Olmeken-Priester entwickelten eine Religion und eine komplexe Ikonographie, die sich um eine Anzahl Götter drehten - an erster Stelle einen Jaguargott, dessen Motiv sich durch die gesamte olmekische Kunst zieht."(36)

Obwohl die Zeremonialzentren keine große Bevölkerung beherbergten, wiesen sie eine imposante Architektur und beeindruckende Skulpturen auf. Das Zeremonialzentrum von San Lorenzo ruht z.B. auf einer riesigen künstlichen Terrasse, „ein architektonisches Meisterstück, das den Riesenaufwand an menschlicher Arbeitskraft bezeugt, den die Olmeken zum Bau und zur Ausschmückung ihrer Zeremonialzentren aufgeboten haben müssen."(37) Zu den bekanntesten Merkmalen der Olmekenkultur zählen die kolossalen Skulpturen menschlicher Gesichter, die in San Lorenzo und anderswo gefunden wurden. Diese Köpfe wiegen bis zu zwanzig Tonnen und sind aus Basalt gemeißelt, der aus bis zu 160 Kilometer entfernt liegenden Bergen stammt. Der Transport solch riesiger Basaltblöcke erforderte „nicht nur ungeheuren physischen Arbeitsaufwand, sondern auch Führungsqualitäten, die der dazu benötigten Organisation gewachsen waren."(38)

San Lorenzo wurde zum ersten Mal im Jahre 1500 v.Chr. besiedelt - damals war es „vermutlich ... eine Bauerngemeinde...“.(39) Nur 300 Jahre später erschien die Olmekenkultur samt ihren kolossalen Steinköpfen und ihrer imposanten Architektur. „... Dieser scheinbar plötzliche Aufstieg der komplexen Olmeken-Gesellschaft an der Golfküste gab Anlaß zu zahlreichen Spekulationen über dessen Hintergründe.“(40)

Und angesichts der spärlichen Daten und der Prämisse, daß sämtliche Frühkulturen von ganz allein entstanden und weder überseeische noch anderweitige Nachhilfe in Anspruch nahmen, bleibt Archäologen auch wenig übrig, als zu spekulieren. Lamberg-Karlovsky und Sabloff, deren Text Ancient Civilizations wir uns bedienen, um eine archäologische Perspektive der Ursprünge der Olmeken zu gewinnen, kommentieren eine mögliche überseeische Einflußnahme:

> Vom archäologischen Standpunkt aus erschien die Olmekenkultur gegen 1200 v.Chr. unvermittelt und in relativ gutentwickelter Form. Wie wir sahen, hatte sie kaum Vorgänger, da es allem Anschein nach vor dem Aufstieg der Olmeken in den Tiefebenen der Golfküste keine langdauernde, allmähliche lokale Wachstumsperiode gegeben hatte. Doch wenn sich die Olmeken nicht im gleichen Gebiet entwickelten, in dem sie später zu kultureller Blüte gelangten, wo nahmen sie dann ihren Ursprung? Wurden die Elemente ihrer Kultur anderswo entwickelt und dann nach Mexiko eingefuhrt? Vorschläge, daß ihre Wiege in Atlantis, dem Weltraum o.ä. gestanden haben könnte, können wir als unfundiert verwerfen. Andere Hypothesen hingegen, z.B. bezüglich der Diffusion von Ideen, Kunststilen und Menschen aus dem Fernen Osten u.a., lassen sich nicht kurzerhand zurückweisen. So zeigt die olmekische Kunst gewisse Ähnlichkeiten mit der chinesischen. Ansonsten besitzen wir jedoch nichts, was die behaupteten tatsächlichen Verbindungen erhärten würde. Folglich müssen Thesen, daß es zur Diffusion aus überseeischen Kulturen kam, zumindest derzeit als reine Vermutung betrachtet werden.(41)

Nach Besprechung und Verwerfung einer Hypothese, der zufolge die Olmeken möglicherweise mit einer Kultur des peruanischen Hochlandgebietes im Süden in Verbindung standen, erklären sie:

> Ungeachtet der Behauptungen, daß die Olmekenkultur außerhalb der Tieflandgebiete der mexikanischen Golfküste entstanden sein könnte, scheint „Abwarten" im Moment die vernünftigste Haltung. Ohne überzeugende Gegenbeweise wird wohl am besten angenommen, daß sich die Olmekenkultur „vor Ort" innerhalb Mexikos herausbildete. Eine solche hypothetische lokale Entwicklung läßt das grundlegende Problem des olmekischen Ursprungs allerdings unberührt. Bildete sich die Kultur im mexikanischen Tief- oder Hochland heraus? In diesem Punkt teilen sich die Ansichten der mesoamerikanischen Archäologen, und vorgefaßte Meinungen beherrschen das Bild.(42)

Nach Erörterung zweier Hypothesen der „Hochland-Schule", für die sie einige - wenn auch minimale - Unterstützung finden, stellen Lamberg-Karlovsky und Sabloff fest:

> Obschon vor den Anfängen der Olmekenkultur im Jahre 1200 v.Chr. im Hochland schon jahrtausendelang Ackerbau betrieben wurde und sich dort bis zum dritten vorchristlichen Jahrtausend auch langsam dauerhafte Siedlungen herausbildeten, scheint es zwischen 2500 und 1500 v.Chr. in den Hochlandgebieten nur wenige bedeutende Fortschritte in Richtung auf eine komplexe Gesellschaft gegeben zu haben.

Im Anschluß daran wenden sich die Autoren dann der von ihnen favorisierten „Tiefland-Schule" zu. Wir erinnern uns aus dem vorigen Kapitel, daß uns „... keinerlei archäologische Belege dafür" vorliegen, „daß die Tieflandgebiete Mesoamerikas vor dem dritten vorchristlichen Jahrtausend" überhaupt besiedelt wurden.(44) Dann, um das Jahr 2300 v.Chr., finden sich Menschen in den Tieflandgebieten der Pazifikküste. Primitive Keramikfunde lassen darauf schließen, daß diese pazifischen Tieflandmenschen seßhaft waren. Lamberg-Karlovsky und Sabloff sind der Ansicht, daß Mais

> ... die Fortschritte im Tiefland auslöste, die schließlich um das Jahr 1200 v.Chr. zum Aufstieg der Olmekenkultur führten. Unter den neuen Umweltbedingungen des Tieflands machte der Hochlandmais *offenbar eine Reihe genetischer Mutationen* durch, die zu einer außerordentlichen Vergrößerung des Kolbens führten. Diese wichtige neue Nahrungsquelle bot wiederum ausreichend Nahrung, um das Wachstum einer komplexeren Gesellschaft in den Tieflandgebieten zu gestatten.(45) (Hervorhebung durch mich)

Mais war in den Hochlandgebieten Mesoamerikas mindestens seit 5000 v. Chr. angebaut worden, seine Kolben maßen jedoch unter 75 Millimeter und waren damit recht klein. Anscheinend hatte sich die Größe des von den Olmeken gezüchteten Mais sprunghaft nach oben verändert und sich der des Kolbenmais genähert, der vielen unter uns heute so gut mundet. Aus obigem Zitat ersehen wir, daß Lamberg-Karlovsky und Sabloff (und andere Archäologen) dieses Größenwachstum „einer Reihe genetischer Mutationen“ zuschreiben, die offenbar von alleine eintraten.

Die Archäologen setzen ihre Besprechung der „Tiefland-Schule“ fort:

> Obwohl die Tiefland-Erklärung plausibel erscheint, ist das Bild der Archäologie leider nicht klar genug, um den Aufstieg der Kultur der Pazifikküste mit dem der Olmekenkultur an der Golfküste in direkte Verbindung bringen zu können. Weder finden sich Olmeken-Überreste direkt über den frühen agrarischen Dörfern der Pazifikküste, noch wurden tiefe frühe Dorfschichten stratigraphisch unter Olmeküberresten der Golfküste gefunden. Nichtsdestoweniger ist beim gegenwärtigen Stand unseres Wissens die Annahme plausibel (wenn nicht sogar völlig befriedigend), daß die

Fortschritte an der Pazifikküste die Basis für den späteren Aufstieg der Olmekenkultur an der Golfküste lieferten.

Die 300 Jahre von 1500 bis 1200 v.Chr. boten genügend Raum, um die Ausbildung der verschiedenen Aspekte der Olmekenkultur zu gestatten.(46)

Im Anschluß daran erörtern die Autoren von Ancient Civilizations archäologische Hypothesen zu der Frage, warum die Einwohner Mesoamerikas überhaupt eine Kultur auf die Beine stellten. Sie geben zu, daß „Theorien über den Ursprungsort der olmekischen Kultur schon behelfsmäßig und verwirrend genug sind, die Erklärungsmodelle für ihr Emporkommen jedoch noch abstruser anmuten...“(47) Nach Besprechung mehrerer solcher Hypothesen zu den Hintergründen dieser ersten Zivilisation der Neuen Welt schreiben Lamberg-Karlovsky und Sabloff abschließend:

> Ob Handel, eine veränderte Ertragsfähigkeit des Bodens, eine aufgeschlossene Geisteshaltung oder auch völlig andere Faktoren letztlich den Ausschlag für den Aufstieg der Olmekenkultur gaben, ist nach wie vor ungeklärt. Ohne ein Gutteil mehr Forschung werden wir ihre wahren Wurzeln wohl kaum jemals ergründen können. Manche der oben aufgeführten Thesen, vor allem jene bezüglich der Rolle des Tauschhandels über weite Strecken, könnte jedoch den Weg für künftige Fortschritte auf diesem Gebiet bahnen.(48)

Die sumerische Darstellung des Ursprungs der menschlichen Kultur

In den letzten Kapiteln wurde schon ein Großteil des sumerischen Schrifttums vorgestellt. Wir erinnern uns, daß fast die gesamte Menschheit, die altmesopotamischen Städte der Anunnaki und nahezu alles, was nicht in hochgelegenen Gebieten lag, durch die Sintflut vernichtet wurde. Die Anunnaki hatten damit gerechnet, daß kein Mensch der Sintflut entrinnen würde. Nach der Sintflut kam ihnen (und sogar Enlil) jedoch zu Bewußtsein, daß sie für ihr Weiterleben auf der Erde auf Menschen angewiesen waren. Aus diesen Erwägungen überließen sie den Menschen gentechnisch veränderte domestizierte Pflanzen und Tiere sowie den Pflug und andere landwirtschaftliche Geräte und wiesen sie in Ackerbau und Schäferei ein. Weil das Tiefland noch Jahre nach der Sintflut unbewohnbar blieb, wurde die Landwirtschaft zunächst in den Hochlandgebieten in und um den Nahen Osten betrieben. Nach und nach nahm dann die Zahl der Menschen zu und das Tiefland wurde von neuem besiedelt.

Im folgenden lassen wir nun wieder die historischen sumerischen bzw. mesopotamischen Berichte (bzw. deren Übersetzung und Auslegung durch Zecharia Sitchin) zu Wort kommen: Nach der Sintflut beratschlagten die Anunnaki und beschlossen, in Mesopotamien aufs neue eine königliche Regierung einzuführen, dieses Mal den Menschen jedoch zu gestatten, selbst über die zukünftigen Städte zu regieren. Die von den Anunnaki bestellten menschlichen Herrscher sollten als Vermittler zwischen „Göttern“ und Menschen fungieren und die stetige Dienstwilligkeit der Menschen sicherstellen.

Im sumerischen Epos von Etana lesen wir, daß die „Götter“ beschlossen, das von ihnen kontrollierte Territorium in vier Regionen aufzuteilen. Die erste darunter war natürlich Sumer. Sumerische Texte erklären: „Als sich das Königtum abermals auf die Erde senkte, war dies in Kisch.“(50) Kisch wurde die erste „menschliche“ Erdenstadt. Bald kam es auch zur Gründung der anderen großen sumerischen Städte. Schließlich ging das Königtum von Kisch auf Uruk, dann auf Ur und andere sumerische Städte über und später auf Städte des akkadischen, babylonischen und assyrischen Reiches, als diese Reiche auf Sumer folgten. Enlil und seine Nachkommen wurden Ober- bzw. Feudalherren über die gesamte sumerische Region; andere Anunnaki-„Götter“ bekamen sumerische Städte verliehen, in deren Palästen und Tempeln sie dann - zumindest zeitweilig - auch lebten.

Die zweite, einige Jahrhunderte nach Sumer gebildete Region wurde zur zweiten menschlichen Kultur: das alte Ägypten. Sitchin führt Beweise dafür an, daß Enki, der von den Ägyptern Ptah genannt wurde, der Oberherr Ägyptens war. Die dritte Region und menschliche Kultur, die rund einhundert Jahre nach Sumer geschaffen wurde, war schließlich die des Industals.(51)

Laut Sitchin stellte Sumerisch die ursprüngliche Sprache der Menschheit dar, aus der sich die Sprache des alten Ägyptens, die des Industals und die chinesische Sprache herleiteten. Ihm zufolge war die Sprachenaufsplitterung ein bewußter Trick der Anunnaki, um die Menschheit gespalten zu halten. Ihre Taktik, die sich in der biblischen Geschichte des Turmbaus zu Babel widerspiegelt, hieß „Teile und herrsche“. Offenbar befürchteten sie, daß eine geeinte Menschheit eine wirkliche Bedrohung ihrer künftigen Macht und Kontrolle über die Welt bzw. über die vier von ihnen beherrschten Regionen darstellen würde.(52)

Die vierte Region, die die Anunnaki konstituierten, war nicht für Menschen gedacht - und diesen war im allgemeinen sogar untersagt, sich dorthin zu begeben. Diese Region hieß auf Sumerisch TIL.MUN (wörtlich: „der Ort der Flugkörper“) und war der nachsintflutliche Weltraumflughafen der Anunnaki. Ihr ehemaliger in der vorsintflutlichen Stadt Sippur lag unter Schlammablagerungen der Sintflut begraben. Sitchin meint, daß sich TIL.MUN auf der Sinaihalbinsel befand, wo ein flaches, trockenes Seebett den idealen Platz für eine lange Start- und Landebahn für Raumfähren bot (ähnlich der in der Mojave-Wüste unweit der kalifornischen Edwards Air Force Base, die mehreren amerikanischen Raumfähren als Landeplatz diente). Formal hatte Enlils Halbschwester Sud, die später den Namen und Titel Ninharsag verliehen bekam, die Herrschaft über TIL.MUN inne. Zänkereien der Söhne Enlils und Enkis um die Kontrolle über diese Raumfahrtanlage beschworen jedoch letztendlich eine atomare Katastrophe herauf, der nicht nur TIL.MUN, sondern auch die biblischen Städte Sodom und Gomorrah zum Opfer fielen.(53)

Aus den sumerischen Texten erfahren wir, daß die Anunnaki den drei Regionen menschlicher Kultur nicht nur das Königtum verliehen, sondern deren Bewohnern auch Gesetze und Einsicht in Kunst und Wissenschaft vermittelten. Die Texte erzählen davon, wie „den Menschen zuweilen himmlisches Wissen durch einen einzelnen Mann verliehen wurde“. So zitiert Sitchin Auszüge, in denen beschrieben wird, wie die Götter einen Menschen - Enmeduranki - zum ersten menschlichen Priester ausbilden: Die Götter

> zeigten ihm die Alchemie von Öl und Wasser, Geheimnisse von Anu, Enlil und Enki. Sie gaben ihm die Göttliche Tafel, die gravierten Geheimnisse von Himmel und Erde. Sie lehrten ihn, mit Zahlen zu rechnen.(54)

Außer Medizin und Mathematik wurde Enmeduranki Kosmologie, Evolution, Geologie, Geographie und Geometrie gelehrt.

Enki, dessen Hauptstützpunkt in Abzu lag, das Sitchin in Afrika lokalisiert, hatte eine Reihe MEs in seinem Besitz, die Sitchin für eine Art Computerchips hält, die zahlreiche Informationen zu Kunst und Wissenschaft enthielten. Den sumerischen Texten zufolge stattete die Liebesgöttin Inanna Enki in Abzu einen Besuch ab, um ihm ein paar MEs abzulisten. Sie machte ihn betrunken und überredete ihn dann, ihr sieben MEs abzutreten, die sie zu ihrer Stadt Erech zurückbrachte. Die Texte preisen Inanna, die „Dame der MEs" dafür, daß sie das Wissen der MEs unter das sumerische Volk gebracht hätte. (55) Hier könnte eine absichtliche Entstellung vorliegen. Möglicherweise stellte Enki selbst der Menschheit das in den MEs enthaltene Wissen über Kunst und Wissenschaft zur Verfügung. Schließlich soll er der bedeutendste Ingenieurwissenschaftler der Anunnaki gewesen sein und hatte auch früher schon den Menschen zur Seite gestanden. Vielleicht präsentierten die Anunnaki den Sumerern diese Version, um Enkis guten Ruf zu unterminieren. In späteren Kapiteln werden wir noch mehr über Enki zu sagen haben. In jedem Fall machen die sumerischen Überlieferungen klar, daß die Menschen die zum Aufbau einer Kultur erforderlichen Kenntnisse von den Göttern erhielten.

Der kulturelle Aufstieg der Menschheit - Vergleich der Sicht der Wissenschaft mit der des historischen Schrifttums

In den letzten zwei Kapiteln verglichen wir den materialistisch-wissenschaftlichen Standpunkt zum Sprung der Menschheit in die Kultur mit dem des historisch-mythologischen (hauptsächlich mesopotamischen) Schrifttums. Es steht natürlich fest, welcher Sicht ich zuneige. Ich könnte auch nicht wahrheitsgemäß behaupten, eine unbefangene Darstellung beider Seiten gegeben zu haben, denn das, was Archäologen und Historiker nicht wissen, habe ich natürlich auf Kosten dessen betont, was sie wissen. Doch ich tat dies mit einer ganz bestimmten Absicht: ich möchte glasklar herausarbeiten, was die Archäologie über den kulturellen Sprung der Menschheit von einfachen, nomadisierenden Wildbeutern zu den hochentwickelten Völkern der sumerischen, ägyptischen, Industal- und Olmekenkultur nicht weiß. Wie Sie sich erinnern, wird in der Archäologie weiterhin behauptet, daß sich dieser erstaunliche kulturelle Sprung in nur 10000 bis 12000 Jahren mindestens drei verschiedene Male ereignete.

Doch lassen mich die Argumentation und das Beweismaterial der Archäologie bezüglich des Ursprungs der Kultur nicht nur unüberzeugt, sondern ich halte sie sogar für äußerst schwach.

Wie wir in diesem kurzen Überblick sahen, äußerten sich Archäologen (und andere Wissenschaftler) bei vielen Gelegenheiten zu dem sprunghaften Fortschritt der Menschheit in den vergangenen 10000 Jahren und speziell zu dem rasanten Aufschwung der alten Kulturen vom Nahen Osten bis zur Neuen Welt. Sie versichern uns - zumindest seit der Jahrhundertmitte -, daß die Entstehung menschlicher Kulturen in den letzten Jahrtausenden schlicht Teil eines natürlichen, absolut „irdischen" Prozesses darstellt, der mit den chemischen „Rohstoffen" der Urerde vor mehr als 4,5 Milliarden Jahren begann und sich bis zur Entwicklung unserer modernen Zivilisation des ausklingenden zwanzigsten Jahrhunderts fortsetzte.

Immer wieder wird beteuert, daß der gegenwärtige Faktenmangel zur Untermauerung der archäologischen Theorien und Erklärungsansätze in Zukunft, wenn nach umfangreicheren Grabungsarbeiten mehr Einzelheiten zur Verfügung stünden, wettgemacht werden würde. Diese in Bälde zu erwartende Datenflut aus künftigen archäologischen Grabungsstätten werde die „natürlichen", „zufälligen" Kräfte darlegen, die Menschen ihr nomadisierendes Sammler- und Jägerleben zugunsten einer recht hochentwickelten zivilisatorischen Lebensweise aufgeben ließen.

Trotz alledem - der archäologische Mythos der Wurzeln menschlicher Kulturbildung, welcher in vieler Hinsicht den Grundpfeiler der heutigen materialistisch-wissenschaftlichen Erklärung der menschlichen Existenz bildet, könnte gleichzeitig auch deren unlogischstes und schwächstes Glied bilden. Drei weitere bedeutende Schwachstellen der materialistisch-wissenschaftlichen Sicht der menschlichen Ursprünge - die vielleicht von gleichem Gewicht sind wie die oben aufgerollte „Geschichte" der Archäologie - finden sich in der Entstehung des Lebens, der „kambrischen Explosion" und den nicht plausibel erklärten profunden biologischen Veränderungen (Makroevolution), die sich von der Stammestafel der Organismen ablesen lassen (siehe Kapitel 1).

Daß ich mich bei der Darstellung unseres Ursprungs so sehr auf die mesopotamischen Überlieferungen stütze, werden viele für ein wenig dürftig halten. Und oberflächlich betrachtet ist dieser Vorwurf auch berechtigt.

Daher wiederhole ich erneut, daß mir überaus bewußt ist, daß weder die sumerischen Aufzeichnungen noch jene späterer mesopotamischer Kulturen eine „exakte" Darstellung dessen geben, was in alter Zeit „tatsächlich" und bis zur letzten Einzelheit passierte. Und ich möchte behaupten, daß es kein einziges historisches Ereignis gibt - sei es aus der Gegenwart oder der fernen Vergangenheit -, von dem wir eine exakte Darstellung des tatsächlich Vorgefallenen besitzen. Denken Sie in diesem Zusammenhang nur an ein kürzliches Geschehen wie die Ermordung John F. Kennedys im Jahre 1963, mit dem wir alle zumindest oberflächlich vertraut sind. Wurde er von einem einsamen, gestörten Attentäter umgebracht oder von mehreren Berufskillern im Rahmen eines Komplotts? Obwohl viele der Ansicht sein mögen, darüber Bescheid zu wissen, möchte ich behaupten, daß in diesem historischen Ereignis der jüngeren Vergangenheit so viele unbekannte, zweifelhafte und ungewisse Faktoren stecken, daß jene unter uns, die einen Teil der Öffentlichkeit bilden, unmöglich genau wissen können, was damals geschah. Das gleiche gilt für weiter zurückliegende historische Ereignisse, nur in verstärktem Maße - vor allem, wenn die Wahrheit über Ursprünge und Entwicklung der Menschheit seitens regressiver Außerirdischer bewußt entstellt oder vertuscht wurde. Einige Belege für eine solche Vertuschung besprachen wir schon und werden in den folgenden Kapiteln noch viel mehr zu diesem Thema zu sagen haben. Doch untersuchen wir zunächst einmal die Frühgeschichte weiter, um spätere Interaktionen zwischen Menschheit und Außerirdischen zu verfolgen. Verbesserte sich das Verhältnis der Menschen zu ihren Göttern, nachdem die Anunnaki den Menschen die Kultur geschenkt hatten?

1. Sitchin 1980. op. cit., S. 86.
2. Sitchin 1990. op. cit., S. 4-21.
3. Lamberg-Karlovsky und Sabloff 1979. op. cit., S. 109.
4. Ibid.
5. Stigler 1974. op. cit., S.114.
6. Ibid., S. 112.
7. Lamberg-Karlovsky und Sabloff 1979. op. cit., S. 108.
8. Ibid., S. 112-114.
9. Ibid., S. 142.
10. Speiser, E. A., 1969. „The Sumerian Problem Reviewed,,, in The Sumerian Problem, T. Jones (Hrsg.). John Wiley and Sons, Inc., New York. S. 93-102. Speisers Artikel wurde ursprünglich im Jahre 1951 veröffentlicht.

11. Ibid.
12. Stigler 1974. op. cit., S. 117.
13. Lamberg-Karlovsky und Sabloff 1979. op. cit., S. 142.
14. Ibid.
15. Ibid., S. 172.
16. Ibid., S. 172.
17. Ibid., S. 167-175.
18. Stigler 1974. op. cit., S. 127-129.
19. Ibid., S. 132-134.
20. Ibid., S. 137.
21. Ibid., S. 134.
22. Ibid., S. 140.
23. Ibid., S. 141
24. Ibid.
25. Lamberg-Karlovsky und Sabloff 1979. op. cit., S. 134.
26. Ibid., S. 135.
27. Stigler 1974. op. cit., S. 142.
28. Lamberg-Karlovsky und Sabloff 1979. op. cit., S. 188.
29. Stigler 1974. op. cit., S. 143
30. Starr, C. G., 1983. The History of the Ancient World (3. Ausg.). Oxford University Press, Oxford.
31. Lamberg-Karlovsky und Sabloff 1979. op. cit., S. 189-212.
32. Stigler 1974. op. cit., S. 151.
33. Ibid., S. 149.
34. Lamberg-Karlovsky und Sabloff 1979. op. cit., S. 189-191.
35. Ibid., S. 192.
36. Ibid., S. 246.
37. Ibid., S. 244.
38. Ibid., S. 246.
39. Ibid., S. 247.
40. Ibid.
41. Ibid., S. 248.
42. Ibid., S. 249.
43. Ibid., S. 251.
44. Ibid., S. 217.
45. Ibid., S. 252.
46. Ibid.
47. Ibid.
48. Ibid., S. 254.
49. Auszüge aus dem „Epos von Etana“ zitiert von Sitchin 1976. op. cit., S. 415.
50. Sitchin 1976. op. cit., S. 416.
51. Ibid., S. 416-421.
52. Ibid.
53. Sitchin 1991. op. cit., S. 206.
54. Sitchin 1985. op. cit., S. 325-334.
55. Ibid., S. 239-241.

„Du sollst deinen Nächsten lieben wie dich selbst."
Altes Testament, **Levitikus** 19:18

Kapitel 9

Mehr „herzloses" Verhalten der „Götter"

Wie wir gesehen haben, ließen die Anunnaki des vorsintflutlichen „Mesopotamiens" der Menschheit gegenüber wenig Anzeichen von Achtung, Rücksicht oder Mitgefühl erkennen. Sitchin spricht von der gefühllosen, grauenvollen Behandlung, die die eifersüchtigen, Ränke schmiedenden und sich häufig bekämpfenden Anunnaki-„Schöpfergötter" der Mesopotamier den Menschen der Frühzeit angedeihen ließen. Wenn zwischen den Anunnaki ein Krieg ausbrach, spannten sie Menschen oftmals zur Förderung ihrer Ziele ein - und nicht wenige menschliche Soldaten und Zivilisten fielen so den Kämpfen der „Götter" zum Opfer, die das Schicksal ihrer Untertanen offenbar nicht im geringsten berührte. Die „Götter" wiesen menschliche Armeen in die Handhabung primitiver Waffen und den Einsatz ebensolcher Taktiken ein, sie selbst verwendeten jedoch viel fortgeschrittenere Waffen und sogar Atomwaffen, unter deren Einsatz Menschen unseren historischen Zeugnissen nach zu urteilen bisweilen schwer zu leiden gehabt haben.

Die Hypothese, daß die Menschheit von Außerirdischen beeinflußt wurde, stützt sich traditionell vor allem auf das religiöse Schrifttum des Volkes der Induskultur. Wie schon erwähnt, wurde die Indus- oder Harappakultur um das Jahr 2400 v. Chr. „über Nacht" gegründet und brach gegen 1800 v.Chr. ebenso unvermittelt wieder zusammen. Der Archäologie ist es ein Rätsel, warum oder ob überhaupt die Harappa plötzlich untergingen. Eine alte indische Schrift, die Rigveda, erzählt jedoch von der Ankunft vedischer Arier im Industal, die das dort in befestigten Städten wohnende, „dunkelhäutige" Volk im Kampf besiegten. Die einzige Stadt, die für ein solches Ereignis Indizien liefert, ist die größte und eindrucksvollste Siedlung des Tales, Mohendjo-daro. Dort wurden archäologische Funde gemacht, die darauf hindeuten, daß Mohendjo-daro zerstört worden ist. Auch wurden „... in mehreren Gebieten der Stadt zerbrochene Skelette von Männern, Frauen und Kindern entdeckt, die unbestreitbar einem unbarmherzigen Abschlachten zum Opfer gefallen waren...“.(2)

Es wird angenommen, daß der Hinduismus um das Jahr 1000 v. Chr. in Indien etabliert war; bezüglich der genauen Datierung der vedischen religiösen Schriften und Vorstellungen, die seine Grundlage bilden, können uns Historiker jedoch nur wenig helfen. Sie versichern uns, daß nicht bekannt sei, wie sich die in der Veda verankerten religiösen Anschauungen zur hinduistischen Weltanschauung fortentwickelten, und daß die Datierung auf 1000 v. Chr. einen Näherungswert darstelle. (3)

Von indischen Gelehrten konnte Erich von Däniken in Erfahrung bringen, daß die Veden in ihrer heutigen Form zum größten Teil um das Jahr 1500 v.Chr. vorlagen, daß sie jedoch höchstwahrscheinlich schon Jahrhunderte zuvor mündlich überliefert worden waren. (4) So handeln vermutlich viele, wenn nicht sogar die meisten alten Veden und religiösen Epen von Ereignissen, die sich während der Induskultur abspielten, gehen also in etwa auf die Jahre 2400 bis 1800 v.Chr. und möglicherweise sogar bis vor die Sintflut zurück.

Diese altvedischen Schriften und Epen der Frühzeit beschreiben unmißverständlich die fliegenden Fahrzeuge, Kriege und entsetzlichen Waffen der Götter. Sie wurden in der Ufo-Literatur viele Male bis zum Überdruß zitiert, da sie mehr als alle anderen antiken Schriften detaillierte Beschreibungen der erstaunlichen fliegenden Götterschiffe liefern. Sitchin zitiert einen Auszug aus einer Übersetzung der Heldengeschichte Mahabharata, in der Götter in Luftwagen zu einem Hochzeitsfestessen eintreffen:

> In wolkengetragenen Triumphwagen kamen
> die Götter, den lieblichen Anblick zu schau'n:
> leuchtende Adityas in ihrem Glanze,
> Maruts in den beweglichen Lüften;
> Geflügelte Suparnas, schuppige Nagas,
> Deva Rischis rein und erhaben,
> Für ihre Musik berühmte Gandharvas;
> (und) liebliche Apsaras des Himmels ...

Leuchtende Himmelswagen segelten
geschlossen über den wolkenlosen Himmel.(5)

Dies erinnert ein bißchen an die Ankunft von Hollywood-Berühmtheiten bei der alljährlichen Oskarverleihung, außer daß die Außerirdischen zu dieser Feier statt in Limousinen in wolkengetragenen Triumphwagen erschienen. Das Interessante an diesem Zitat aus dem heiligen Mahabharata-Epos ist, daß sich hier sieben verschiedene außerirdische Gruppen ein himmlisches Stelldichein geben, die mindestens zwei, doch höchstwahrscheinlich mehrere extraterrestrische Arten repräsentieren. Auf dieser Hochzeit befanden sich zunächst einmal vermutlich Primaten-Außerirdische von Planeten der Leier, von den Plejaden und von einigen anderen Sternensystemen. Die „schuppigen Nagas" kämen des weiteren als Kandidaten für die von uns erwähnten Echsen oder Reptoiden in Frage. Andere hinduistische Epen beschreiben Sri Lanka (Ceylon) als die Hochburg der Nagas. Nach alten Schriften soll Sri Lanka Heimat seltsamer, reptilartiger Geschöpfe sein.(6) Im oben zitierten Passus scheinen all diese Außerirdischen gut miteinander auszukommen. Viele Teile der altindischen Veden und Epen wie auch die mesopotamischen Texte und die späteren griechischen Mythen erzählen jedoch von Kriegen von Menschen und Göttern, in denen häufig furchtbare, zerstörerische Waffen zum Einsatz kommen. Auch das oben zitierte Mahabharata-Epos handelt von einem erbitterten Kampf und verheerenden Krieg zwischen zwei Zweigen der gleichen Familie, den Kurus. Der Krieg zwischen den Kauravabrüdern und den Pandavabrüdern wird dabei mit den damaligen konventionellen Waffen der Menschheit wie Pfeil und Bogen, Speer und Schwert begonnen, eskaliert jedoch bis zum Einsatz viel weiter entwickelter und effektvollerer Waffen, die den Kriegsparteien von ihren jeweiligen Göttern zur Verfügung gestellt werden. Aus den von einfachen Menschen stammenden Beschreibungen dieser Waffen scheint hervorzugehen, daß die Götter des Mahabharata außer Flugmaschinen, die gewöhnlich als Vimana bezeichnet werden, Flugkörper, Raketenabwehrflugkörper und Atomwaffen einsetzten, die unter den Menschen auf beiden Seiten dieses grauenvollen Krieges Strahlenkrankheit und Sterilität auslösten.(7)

In den frühen sechziger Jahren äußerte sich nach einem Vortrag von Dänikens über unsere außerirdischen Ursprünge ein indischer Student folgendermaßen:

> „Glauben Sie, daß an dem, was Sie uns da erzählt haben, wirklich etwas Neues oder Schockierendes ist? Jeder halbwegs gebildete Inder kennt die wichtigsten Abschnitte der Veden und weiß daher, daß sich die Götter der Frühzeit in fliegenden Maschinen fortbewegten und fürchterliche Waffen besaßen. Das weiß in Indien wirklich jedes Kind."(8)

Von Däniken zitiert aus einem alten, in Sanskrit verfaßten Text eines gewissen Maharishi Bharadvya, „... einem Seher der frühen Zeit...". Die Übersetzung dieses Textes in die englische Sprache wurde von The International Academy for Sanskrit Research in Mysore, Indien, angefertigt. Der folgende Abschnitt über fliegende Fahrzeuge und ihre Leistungsmerkmale wurde von Däniken überprüft und zur Verfügung gestellt:

6. Ein Apparat, der sich - ob auf der Erde, im Wasser oder in der Luft - aus eigener Stärke wie ein Vogel bewegt, heißt Vimana...
8. welcher sich im Himmel von Ort zu Ort...
9. von Land zu Land, Welt zu Welt bewegen kann....
10. nennen die Priester der Wissenschaft Vimana ...
11. Das Geheimnis des Baus von Flugmaschinen,
12. die nicht zerbrechlich, nicht teil-, nicht entflamm-...
13. und nicht zerstörbar sind...
14. Das Geheimnis, Flugmaschinen zum Stillstand zu bringen.
15. Das Geheimnis, Flugmaschinen unsichtbar zu machen.
16. Das Geheimnis, Geräusche und Unterhaltungen in feindlichen Flugmaschinen zu belauschen.
17. Das Geheimnis, Bilder des Inneren feindlicher Flugmaschinen aufzunehmen
18. Das Geheimnis, den Kurs feindlicher Flugmaschinen zu ermitteln.
19. Das Geheimnis, Wesen in feindlichen Flugmaschinen unbewußt zu machen und feindliche Maschinen zu zerstören... (9)

Sitchin zeigt auf, daß in der alten hinduistischen Literatur die Namen der bösen Götter jenen der babylonischen, assyrischen und altägyptischen Götter häufig sehr ähneln, und daß in Hindu-Übersetzungen die nahöstlichen Götter oft zu Dämonen gerieten.

Von Däniken zitiert einen Passus der Mahabharata, der mit an Sicherheit grenzender Wahrscheinlichkeit eine Atomkatastrophe beschreibt:

> Es war, als ob die Elemente entfesselt worden wären. Die Sonne wirbelte im Kreis. Die Welt, versengt durch die leuchtende Hitze der Waffe, taumelte im Fieber. Die furchtbare Hitze steckte Elefanten in Brand, die wie rasend hin und her rannten, um Schutz zu suchen. Das Wasser kochte, die Tiere starben, der Feind wurde niedergemäht und die wütende Feuersglut ließ wie bei einem Waldbrand die Bäume in Reihen zusammenbrechen. Über einen endlosen Raum ertönte das schreckliche, angstvolle Trompeten der Elefanten, die tot zu Boden sanken. Pferde und Kriegswagen verbrannten, und es sah aus wie nach dem Wüten einer Feuersbrunst. Tausende von Wagen wurden zerstört, dann senkte sich tiefe Stille über das Meer. Die Winde begannen zu wehen und die Erde wurde hell. Ein schrecklicher Anblick bot sich den Augen. Die Hitze hatte die Körper der Gefallenen entstellt, so daß sie nicht länger Menschen glichen. Niemals zuvor sahen wir solch entsetzliche Waffe, noch haben wir je von ihr vernommen.(11)

Der UFO-Forscher Valdamar Valerian zitiert in seinem Buch Matrix II den Briten David Davenport, der nach jahrelangem Studium der alten Hindutexte und dem Besuch alter Grabungsstätten in Indien und Pakistan zur Überzeugung gelangte, daß Mohendjo-daro, die größte Stadt der alten Induskultur, durch eine Atomexplosion vernichtet wurde.(12) Davenport stellte in Mohendjo-daro ein ähnliches Zerstörungsmuster fest, wie es sich in Nagasaki, Japan, gegen Ende des zweiten Weltkriegs nach Abwurf der Atombombe beobachten ließ. In beiden Fällen findet sich ein Epizentrum von fünfundvierzig Metern Durchmesser, in dem alles geschmolzen und kristallisiert ist, und in fünfundfünfzig Meter Entfernung davon sind die Ziegel auf der der Explosion zugewandten Seite geschmolzen. Obiger Passus der Mahabharata wird von Davenport in Auszügen zitiert, da er ihn für eine mögliche Beschreibung des Untergangs von Mohendjo-daro hält. Er glaubt auch, Indizien für eine Zusammenarbeit der Arier mit extraterrestrischen Wesen bei der Zerstörung der Stadt gefunden zu haben. Laut Davenport hatten sich die Arier zu jener Zeit in den Bergen niedergelassen, in denen Außerirdische Mineralien abbauten. Letztere erklärten sich bereit, Mohendjo-daro, eine Stadt der Arierfeinde, in deren Namen zu zerstören, um weiter in Ruhe nach Mineralien schürfen zu können. Davenport zufolge erzählen uns alte Hindutexte, daß die gut 30000 Bewohner dieser Stadt sieben Tage vor der Zerstörung gewarnt und zu ihrem Verlassen aufgefordert wurden. Die meisten beherzigten die Warnung, einige schenkten ihr jedoch keine Beachtung. Kurz nach der ursprünglichen Freilegung der Ruinenstadt im Jahre 1927 wurden vierundvierzig menschliche Skelette entdeckt, die sämtlich an den Boden gedrückt und mit dem Gesicht nach unten aufgefunden wurden.

Das ganze kann einen schon umwerfen - diese ungeschminkte Darstellung von Nuklearkatastrophen in der Literatur der Alten. Von Däniken reiste in eigener Person nach Indien, um diese Hinduepen bei Historikern, Sanskritexperten und jeder Art von Gelehrten, die über die deutlichen Hinweise auf „Luftwagen“ und furchtbare Waffen Bescheid wissen konnten, zu überprüfen. Däniken zitiert die Antwort der Sanskrit-Wissenschaftlerin Prof. Esther Abraham Solomon von der Universität von Ahmedabad auf eine Frage bezüglich der Verweise auf fortgeschrittene Waffen und Luftreisen in der altindischen Literatur. Prof. Solomon beantwortete eine von Dänikens Fragen bezüglich der frühen indischen Literatur:

> „Das sind einfach übertrieben-phantastische Beschreibungen einer imaginären göttlichen Macht. Die Alten verspürten zweifellos das Bedürfnis, ihre Führer und Könige in einen mystischen, geheimnisvollen Nimbus zu kleiden. Die Unverwundbarkeit und andere unglaubliche Eigenschaften dichteten sie mit Sicherheit erst später hinzu - wozu jede Generation ihr Scherflein beisteuerte.“(13)

Später hingegen, auf Dänikens Frage, ob die Erzählungen der altindischen Literatur „... Beschreibungen wirklicher Ereignisse der Urzeit ...“ darstellen könnten, gab Prof. Solomon zur Antwort: „Mmh, wenn ich das wüßte...“(14)

Eine weitere plastische Beschreibung einer möglichen Nuklearkatastrophe des Altertums finden wir in der Bibel. Die Vernichtung von Sodom und Gomorrah ist Menschen westlicher Prägung bis zu einem gewissen Grade durch die historischen Berichte des 18. und 19. Kapitels der Genesis bekannt. Diese drehen sich um Abraham, den großen Patriarchen der Hebräer, und seinen Schwiegersohn Lot, der zur Zeit der Zerstörung in Sodom lebte. Zwei oder drei „Engel“, so die Bibel, kamen, um nach Abraham zu sehen und seinen Schwiegersohn zu retten. Diese „Engel“ waren ebenfalls gekommen, um zu überprüfen, ob die Einwohner zweier Städte des Siddimtals (das in der Bibel u.a. als „Tal Siddim“, „die Gegend“ oder die „Jordan-Ebene“ bezeichnet wird) im heutigen Israel tatsächlich so gottlos und sündhaft waren, wie ihnen berichtet worden war. Nachdem die „Engel“ Lot, seine Frau und seine zwei Töchter überredet hatten, Sodom zu verlassen und in die Hügel zu fliehen, ließen sie den Herrn (höchstwahrscheinlich, indem sie ihm ein Zeichen gaben)

> „... Schwefel und Feuer vom Himmel herab auf Sodom und Gomorrah regnen und diese Städte und die ganze Jordan-Ebene samt allen Bewohnern der Ortschaften und allem, was auf den Fluren gewachsen war, [vernichten]. Lots Frau aber hatte sich hinter ihm umgeschaut; da wurde sie zu einer Salzsäule.(15)

Als Abraham, der an jenem Morgen in einer gewissen Entfernung, doch in Sichtweite der Ebene, in den Hügeln weilte, sich

> ... in der Frühe an den Ort begab, wo er vor dem Herrn gestanden hatte, und nach Sodom und Gomorrah hinabschaute und die ganze Fläche der Jordan-Ebene überblickte, da sah er, wie der Rauch vom Lande aufstieg gleich dem Rauch von einem Schmelzofen. Gott aber hatte, als er die Städte in der

Jordan-Ebene zerstörte, an Abraham gedacht und Lot mitten aus der Zerstörung hinausgeführt, als er die Städte zerstörte, in denen Lot gewohnt hatte.(16)

Gibt es irgendwelche mesopotamischen Darstellungen dieser Katastrophe? Ein Ereignis dieser Größenordnung wäre doch sicher an der gebildetsten Gesellschaft der Frühzeit nicht unbemerkt vorübergegangen Die Antwort lautet natürlich „ja". Sitchin vergleicht nun die biblische Berichterstattung über diese Katastrophe mit der der Mesopotamier, die er aus mehreren bruchstückhaft erhaltenen, aus verschiedenen Zeiträumen stammenden und in verschiedenen Sprachen verfaßten Tafeln zusammensetzt. In *The Wars of Gods and Men* findet sich die unglaubliche Weise dokumentiert, in der er diese erstaunliche Geschichte der Bombardierung der Städte der Jordan-Ebene zusammenstückelte. (17) In seiner eingehenden Besprechung der biblischen Wiedergabe der Atomkatastrophe, der Sodom und Gomorrah zum Opfer fielen, plädiert Sitchin u.a. dafür, daß der althebräische Ausdruck Netsiv melah statt (wie es traditionell in der Bibel geschieht) mit „Salzsäule" besser mit „Dampfsäule" wiedergegeben werden sollte. Auf der Basis dieser offensichtlichen Fehlübersetzung und seiner Überzeugung, daß Abrahams und Lots Muttersprache Sumerisch und nicht Hebräisch war, folgert Sitchin, daß Lots Weib sich in eine „Dampfsäule" verwandelte. In anderen Worten wurde Sitchin zufolge die Geschichte der „Engel", die sich aktiv an der Zerstörung der Städte der Jordan-Ebene beteiligten, ursprünglich in sumerischer Sprache abgefaßt, und die Genesis-Version stellt erneut eine hebräisierte Fassung älterer sumerisch-mesopotamischer Aufzeichnungen dar (auch wenn solche nie entdeckt werden konnten).

Laut der Zeittafel der Archäologie erfolgte nach der Zerstörung der akkadischen Dynastie gegen 2200 v.Chr. eine sumerische „Renaissance", die sogenannte dritte Dynastie von Ur (2113 bis 2000 v. Chr.), die heutiger Lehrmeinung zufolge schließlich durch eine Invasion nomadisierender Völker ausgelöscht wurde.(18)

Was erzählen uns sumerische und andere mesopotamische Texte über dieses Ereignis? Nun, zunächst einmal, daß Sodom und Gomorrah im wesentlichen aufgrund eines heftigen Interessenkonflikts zwischen Enlils und Enkis Erstgeborenen Ninurta bzw. Marduk vernichtet wurden. Die primären Bombenabwürfe hätten den Weltraumflughafen TIL.MUN in der Wüste Sinai anvisiert, und die Zerstörung der Städte der Jordan-Ebene sei nur eine Episode am Rande gewesen. TIL.MUN war ja eine der vier Regionen, in welche die Anunnaki ihre Welt unterteilt hatten - jene, zu der Menschen keinen Zutritt hatten. Sitchin bringt schlüssige Beweise dafür, daß TIL.MUN tatsächlich der Weltraumflughafen der Anunnaki war. Dieser sei unter Marduks Kontrolle geraten, und die Städte der Jordan-Ebene seien überredet worden, Marduk und seine Ziele zu unterstützen. Aus diesem Grund und weil Ninurtas Unterstützer glaubten, daß sich Marduks Sohn Nabu, den sie zu vernichten wünschten, vorübergehend in einer der Städte der Jordan-Ebene aufhielt, sei es letzten Endes zu der folgenschweren Entscheidung gekommen.

Als sich der Konflikt zwischen Marduks und Ninurtas Verbänden verschärfte, trat der Rat der Götter zusammen, um über geeignete Maßnahmen zu beschließen. Wiederum war es Enki, der zugunsten der Menschheit einzuschreiten versuchte. Er argumentierte, daß der von den Göttern erwogene Einsatz der „Ultimativen Waffe" „... das Land würde verwüsten, die Menschen ließe zugrunde gehen."(19) Der Rat der Anunnaki-Großgötter, die Enlils Verbände - vertreten durch seinen Sohn Ninurta - bei weitem vorzuziehen schienen, stimmte jedoch dem Einsatz der „Ultimativen Waffe" zur Zerstörung der außerirdischen Basis in der Sinai-Halbinsel, des „Allerhöchsten Berges", sowie des Restes des Weltraumflughafen zu. Ninurta, den Babyloniern als Ischum bekannt,

.... schlug den Weg zum Allerhöchsten Berg ein;
er zog die Schrecklichen Sieben,
(Waffen) ohnegleichen, hinter sich her.
Alsdann am Allerhöchsten Berg
löschte er alles aus,
nicht ein Baumstamm blieb stehen in seinem Wald.(20)

Dann vernichtete ein jüngerer Sohn Enkis, Nergal (Erra in Babylon), der sich an Marduk und dessen Sohn Nabu rächen wollte, die Städte der Jordan-Ebene:

Dann, es Ischum gleichtun wollend,
folgte Erra der Straße.
Er erledigte die Städte,
er stürzte sie in Verwüstung.
In den Bergen verursachte er Hungersnöte,
ihre Tiere ließ er zugrunde gehen.(21)

Boulay behauptet unter Rückgriff auf seine Quellen - meist wenig bekannte religiöse Schriften -, daß in Wirklichkeit fünf Städte der Jordan-Ebene bzw. des Siddimtales zerstört wurden. Außer dem Weltraumflughafen und Heiligtum der Götter seien neben Sodom und Gomorrah auch noch die Städte Adama, Zebojim und Zoar dem Erdboden gleichgemacht worden. (22)

Wo befanden sich Sodom und Gomorrah und die anderen Städte? Wo befinden sich ihre Überreste heute? Sitchin und Boulay sind der Ansicht, daß ihre Ruinen nach der Katastrophe vom Toten Meer überflutet wurden. Beide zitieren Belege dafür, daß sich das Tote Meer entweder erst als Ergebnis der Tragödie bildete oder in deren Folge sein Volumen verdoppelte.(23)

Zusammenfassend gewinnen wir aus den historischen Überlieferungen Mesopotamiens das folgende Bild:

1. Die Vernichtung der Städte des Siddimtales fand fast nur als Randepisode des Hauptereignisses statt - der Zerschlagung des im Norden der Sinai-Halbinsel liegenden Weltraumflughafens durch rivalisierende extraterrestrische Gruppen.

2. Mit ausschlaggebend für die Zerstörung der Städte war die entfernte Hoffnung, damit gleichzeitig Marduks Sohn Nabu zu beseitigen, der Ninurtas Verbänden seit langem ein Dorn im Auge gewesen war (Nabu soll der Katastrophe entkommen sein).

3. Die Anunnaki-Götter waren bereit, die menschlichen Bewohner der Städte zu vernichten, da sich einige darunter einem außerirdischen Rivalen (Marduk) angeschlossen hatten.

Wie Sitchin aufzeigt, wird aus der biblischen wie aus der mesopotamischen Darstellung dieser Katastrophe weiterhin deutlich, daß die Götter imstande gewesen wären, diese zu verzögern, hinauszuschieben oder sogar zu vermeiden.(24) In der Bibel kann Abraham mit dem Herrn, oder den Engeln des Herrn, zugunsten der Einwohnerschaft der Städte verhandeln. Der Herr und/oder seine Engel/Abgesandten (im Prozeß der Monotheisierung sind einige Lücken verblieben) war(en) angeblich gekommen, um zu prüfen, ob die Menschen Sodom und Gomorrahs tatsächlich so gottlos und sündhaft waren, wie berichtet worden war. Abraham fragt, ob es recht sei, die Guten mit den Bösen zu bestrafen:

> „Willst du denn den Gerechten mit dem Gottlosen umbringen? Es könnten vielleicht fünfzig Gerechte in der Stadt sein; wolltest du die umbringen und dem Ort nicht vergeben um fünfzig Gerechter willen, die darin wären? Das sei ferne von dir, daß du das tust und tötest den Gerechten mit dem Gottlosen, so daß der Gerechte wäre gleich wie der Gottlose! Das sei ferne von dir! Sollte der Richter aller Welt nicht gerecht richten? Der HERR sprach: Finde ich fünfzig Gerechte zu Sodom in der Stadt, so will ich um ihretwillen dem ganzen Ort vergeben.
>
> Genesis 18:23-26

Letztendlich handelte Abraham den Herrn auf zehn gute Menschen herunter. Dieser versprach, Sodom zu verschonen, wenn er dort zehn gute Menschen finden würde. So hätte der Herr dem alten hebräischen Schrifttum zufolge den Holocaust absagen können. Die Möglichkeit der Vermeidung dieser Katastrophe wird auch in der mesopotamischen Darstellung deutlich. Nergal/Erra wurde weder zur Zerstörung der Städte gezwungen noch erhielt er dazu den Befehl. Laut den babylonischen Texten versuchten einige Götter sogar, ihn davon abzubringen. So fragte ihn eine der weiblichen Anunnaki:

> Heldenhafter Erra
> Willst du die Gerechten mit den Ungerechten vernichten?

Willst du jene vernichten, die gegen dich sündigten,
gemeinsam mit jenen, die gegen dich nicht haben gesündigt?(25)

Aber Erra/Nergal wurde von persönlichem Haß verzehrt. „Ich werde den Sohn (Nabu) vernichten und den Vater ihn begraben lassen; dann werde ich den Vater (Marduk) töten; soll dieser von niemandem begraben werden!"(26) So war es im wesentlichen persönliche Rivalität und Feindschaft zweier Gruppen Außerirdischer, die gegen Ende des dritten vorchristlichen Jahrtausends in die Vernichtung von mindestens zwei Städten des Altertums mündete.

Diese Tragödie zeitigte noch zahlreiche weitere Folgen: den mesopotamischen Überlieferungen nach wurde eine aus den Explosionen herrührende Atomwolke nach Norden und Osten geweht, welche die Bevölkerung der sumerischen Städte infolge von Strahlenvergiftung auslöschte. Laut Sitchin war dies die Ursache des unvermittelten Ablebens der Dritten Dynastie von Ur und nicht der überraschende Einfall nomadischer und anderer Nachbarvölker aus den umliegenden Hochlandgebieten, die ganz Sumer überrannt haben sollen. Universitätsgelehrte neigen zu letzterer Annahme, da in Sumer nomadische Überreste gefunden wurden, die aus der Zeit nach dem plötzlichen Untergang der Dynastie datieren. Wir werden sehen, daß sich die verfügbaren Belege zusammengenommen besser dahingehend deuten lassen, daß sich diese nomadisierenden Eindringlinge erst dann in Sumer niederließen, als seine Städte von fast allen Einwohnern geräumt worden waren und sich die Strahlenpegel gesenkt hatten.

Ein genauer Blick auf das sumerische Schrifttum jener Zeit läßt wenig Zweifel daran, daß die Dritte Dynastie von Ur einem radioaktiven Wind (oder einer solchen Wolke) zum Opfer fiel:

Ein Sturm, der Üble Wind
ging um in den Himmeln.(27)

Die radioaktive Wolke bildete sich über dem Weltraumflughafen auf Sinai und den „bösen" Städten der Jordan-Ebene und wurde von den Winden in den Westen und Süden Sumers getragen. Es wurden zahlreiche gut erhaltene „Klagelieder" südsumerischer Städte entdeckt (u.a. über das

Schicksal von Ur, Nippur, Uruk und Eridu), und alle klingen nach Verwüstung infolge radioaktiver Niederschläge:

> ließ Städte verwüsten,
> (ließ) Häuser verwüsten;
> ließ Ställe wüst werden,
> Schafhürden sich leeren;
> Daß Sumers Ochsen nicht länger in ihren Ställen stehen,
> Daß seine Ströme bitteres Wasser füllt,
> daß seine bestellten Felder Unkraut tragen,
> daß seine Steppen welkende Gewächse tragen.(28)

Viele Sumerer starben einen gräßlichen Tod:

> Die entsetzten Menschen konnten kaum atmen;
> der Üble Wind hielt sie im Griff,
> gewährt ihnen keinen weiteren Tag...
> Münder waren in Blut getränkt,
> Köpfe wälzten sich in Blut...
> Blaß machte das Antlitz der Üble Wind.(29)

Wie Sitchin darlegt, ließen sich die sumerischen Klagelieder oder die Vernichtung Sodom und Gomorrahs vor Hiroshima und Nagasaki nicht wirklich verstehen. Viele Bibelwissenschaftler nahmen früher tatsächlich an, daß „der Herr" buchstäblich Feuer und Schwefel über die zwei Städte der Jordan-Ebene regnen ließ. Heutzutage, wo uns die Eigenschaften und die Zerstörungskraft von Atomwaffen bekannt sind, könne jedoch kaum ein Zweifel daran bestehen, daß Sodom und Gomorrah sowie die Dritte Dynastie von Ur (Sumer) durch eine Nuklearkatastrophe vernichtet wurden. Sitchins gründliche Textanalyse der sumerischen „Klagelieder" läßt tatsächlich wenig Ungewißheit darüber bestehen, daß Sumer den radioaktiven Niederschlägen zum Opfer fiel, die aus mehreren (sieben?) westlich von Sumer gezündeten Atomexplosionen stammten. Sitchin schreibt:

> Die Quelle des unsichtbaren Todes war eine Wolke, die im Himmel Sumers erschien und „das Land wie ein Mantel bedeckte, wie ein Tuch darüber gebreitet." Von bräunlicher Farbe, verfinsterte die Wolke am Tage „die Sonne am Horizont." Nachts verdeckte sie mit leuchtendem Saum („gegürtet mit furchtbarem Leuchten füllet sie das Erdenrund") den Mond: „den Mond bei seinem Aufgang löschte sie." Die tödliche Wolke - „in Entsetzen gehüllt und allerorts Schrecken verbreitend" - wurde von einem heulenden Wind ostwärts nach Sumer getragen, „ein starker Wind, der dahineilt hoch oben, ein übler Wind, der alles unter sich begräbt."(30)

Anscheinend hatten die „Götter" die Zerstörungskraft dieser „schrecklichen Waffen ohnegleichen" unterschätzt, die Enlil in seinem Besitz hatte und deren Einsatz er nur äußerst selten gestattete. Die Götter hatten nicht vorausgesehen, daß die Atomexplosionen im Sinai-Weltraumflughafen und in Sodom und Gomorrah aufgrund des Fallouts auch Sumer zerstören würden.

Was taten die sumerischen Götter also, als sich das radioaktive Gewölk und der „üble Wind" näherten? Sie brachten sich durch Flucht in Sicherheit und ließen die menschliche Bevölkerung sich alleine durchschlagen. Aus den „Klagelieder"-Texten erhellt, daß sich die Anunnaki in höchster Eile davonmachten. Inanna, die führende „Göttin" der Stadt Uruk, klagt, daß sie so überstürzt fliehen mußte, daß sie gezwungen war, ihren Schmuck zurückzulassen. Und aus The Eridu Lament erfahren wir, daß Ninki, die Hauptgöttin Eridus, nach Afrika entkam: „Ninki, ihre große Dame, verließ ihre Stadt wie ein Vogel im Flug."(31) Die Klagen - einige von ihnen sollen zu einem späteren Zeitpunkt von den Göttern selbst geschrieben worden sein - machen auch klar, daß sich die Anunnaki-Götter und -Göttinnen über den Verlust ihrer schönen Städte und Tempel grämten. Allerdings verschwendeten sie nur wenig Zeit darauf, das schreckliche Los und den Tod der menschlichen Bewohner ihrer Städte zu beklagen - wie aus Sitchins eingehender Textanalyse erhellt, die kaum Anzeichen eines Mitgefühls der Anunnaki für die Menschen erkennen läßt, die schlicht der Strahlenkrankheit und dem Tod überlassen wurden.

Es handelte sich hier jedoch um wirkliche Menschen und wirkliches Leid, und nicht um Hirngespinste, die von primitiven, leicht geisteskranken Frühkulturen ersonnen wurden (letzteres ist ja die gewöhnliche Interpretation dieser historischen Texte durch die Wissenschaft - zumindest vor Sitchin).

Das in The Uruk Lament geschilderte Los der Stadt Uruk, über das Sitchin schreibt, steht beispielhaft für das Schicksal aller südsumerischen Städte.(32) Uruks ansässige Gottheiten schlugen mitten in der Nacht Alarm und legten dem Volk ans Herz, sein Heil in der Flucht zu suchen; unmittelbar danach machten sie sich aus dem Staub. The Uruk Lament stellt fest:

> So räumten Uruk all seine Götter
> Sie hielten sich fern davon;
> Sie verbargen sich im Gebirge,
> Sie entkamen zu den fernen Ebenen.

Das Volk, das führerlos zurückgelassen wurde, geriet in Panik und Aufruhr. Sitchin erzählt:

> „Unter dem Mob von Uruk brach Panik aus... aller Verstand war aus ihm gewichen." Altäre wurden zerschlagen und ihr Inhalt zertrümmert und das Volk fragte: „Warum sah das gütige Auge der Götter fort? Wer brachte solch Kummer und Elend über uns?", aber ihr Fragen verhallte ungehört. Und als der üble Sturm über sie hinwegzog, „legten sich die Menschen in Haufen übereinander... Schweigen senkte sich auf Uruk."(33)

Das Volk von Uruk fragt mit Recht, wem solch Kummer und Wehklagen zuzuschreiben ist. Warum hatten ihre Anunnaki-Götter so viel Furcht und Kummer, Tod und Verhängnis verursacht? Tragischerweise hatten die meisten nicht allzuviel Zeit, sich Gedanken über das Verhalten ihrer Götter zu machen, als sie sich „in Haufen übereinanderlegten." Später beklagte die nach Afrika geflohene Göttin Uruks, Inanna, die Verwüstung ihrer Stadt und ihres Tempels - ganz zu schweigen von ihren Juwelen.

Nur ein Gott blieb in der Nähe des Tragödienschauplatzes und versuchte, den Menschen beizustehen: Enki. Wieder einmal stellte er mehr Mitgefühl als jeder andere Anunnaki unter Beweis. Seine Stadt und sein Teilzeitwohnsitz war Eridu, und er entfernte sich nur weit genug davon, um die Gefahrenzone des Üblen Windes zu vermeiden; er blieb jedoch so nahe, daß er das Los der Stadt mitverfolgen konnte.

> Ihr Herr weilte jenseits der Stadt...
> Vater Enki blieb jenseits der Stadt
> ... bittere Tränen vergoß er
> um das Los seiner verletzten Stadt. (34)

Nachdem der Üble Wind vorübergezogen war, besichtigte er Eridu. Er fand eine Stadt des Schweigens vor, in der der größte Teil der früheren Einwohner „in Haufen aufeinandergeschichtet" lag. Enki bestimmte, daß es für die Überlebenden noch zu gefährlich sei, nach Eridu zurückzukehren. So führte er sie in die Wüste, wo er sein technisches Können darauf verwandte, einen „ungenießbaren Baum" eßbar zu machen

All diese historischen sumerischen Überlieferungen lassen wenig Zweifel daran, daß die Menschen des Nahen Ostens um das Jahr 2000 oder 2024 v.Chr. (nach Sitchins Berechnungen) eine atomare Katastrophe durchlebten. Dieser und der zu Beginn des Kapitels erörterte Bericht aus dem Industal sind vermutlich die besten Darstellungen früher Nuklearkatastrophen, die uns zu Gebote stehen. Wir besitzen jedoch noch viele weitere potentielle Hinweise auf Atomexplosionen der Frühgeschichte.

Zeus, die oberste Gottheit des griechischen Olymp, setzte Sitchin zufolge in seinem Kampf gegen die Titanen wahrscheinlich Atomwaffen ein. Aus der Theogonie (Götterabstammung), welche dem um 700 v. Chr. geborenen griechischen Dichter Hesiod zugeschrieben wird, übersetzte Sitchin untenstehenden Auszug (Hesiod hatte kurz zuvor erzählt, wie Zeus von seiner olympischen Bastion seinen Feinden, den Titanen, auf dem Othrys einen „Donnerstein" entgegenschleuderte):

> Um die Titanen, aus Gäa (griech.: „Erde") geboren, wand sich der heiße Dampf. Unsägliche Flamme stieg helleuchtend

> zum Himmel empor. Der grelle Schein und Blitz des Donner-Steins blendete ihre Augen - so stark war er. Erstaunliche Hitze hielt Chaos[A1] in ihrem Griff... Es schien, als ob sich Erde und Himmelszelt vereinigt hätten. Ein gewaltiger Krach, als ob die Erde in den Untergang geschleudert würde.(39)

Nach dem blendenden Blitz und gewaltigen Krach dieser vermutlichen Atomexplosion des Altertums bildete sich ein Sturm ohne Regen:

> Die Winde trugen den Hall des Donners,
> Erdbeben und Staubsturm,
> Donner und Blitz.(40)

Also scheinen auch die Götter der alten Griechen Außerirdische gewesen zu sein, die die Erde zum Schauplatz ihrer Kämpfe machten. Der berühmte Geschichtsschreiber des fünften vorchristlichen Jahrhunderts, Herodot, den moderne Historiker gerne den „Vater der Geschichtsschreibung" nennen, war der Überzeugung, daß sich die Griechen zur Errichtung ihres theologischen Systems von den altägyptischen Göttergeschichten „inspirieren" ließen. Während eines Ägyptenbesuchs war ihm anscheinend die Ähnlichkeit zwischen den ägyptischen und den griechischen Göttern hinsichtlich Persönlichkeitszügen und Sagen, die sich um sie ranken, aufgefallen.(41) Wie dem auch sei, augenscheinlich waren die griechischen Götter wie auch jene von Sumer, Indien und der Neuen Welt sowie alle anderen Außerirdischen des Altertums in ihren Fehden mit ihresgleichen einem Atomwaffeneinsatz nicht abhold.

William Bramley meint, daß eine Textstelle des *Buches Mormon* eine atomare Katastrophe beschreibt, die sich irgendwo in Zentralamerika oder Mexiko im Jahre 34 n.Chr. ereignete. In *The Gods of Eden* behauptet er, daß das *Buch Mormon*, dessen Fundort im frühen neunzehnten Jahrhundert einem Jüngling namens Joseph Smith von einem „Engel" übermittelt wurde, die Grundlage zu einer weiteren „vormundschaftlichen" Religion gelegt habe. In anderen Worten sei die Mormonenkirche von regressiven Außerirdischen ins Leben gerufen worden, um die Menschheit in puncto geistiger Belange weiter zu zersplittern und von der Wahrheit wegzuführen. Dennoch sollte das Buch Mormon als genauso „historisch" wie die Bibel betrachtet werden, da es eine amerikanische Fortsetzung mancher „vormundschaftlicher" Ereignisse des Alten Testaments darstelle. Nach Anführung eines langen Passus aus dem Buch Mormon (3 Nephi 8: 5-23), den er für die Beschreibung eines nuklearen Holocausts hält, kommentiert Bramley:

> Das Rumpeln und Rollen, die Blitze, die Einäscherung der Städte in nur drei Stunden, die anschließende dreitägige, undurchdringlich-drückende Finsternis: all dies zusammengenommen ergibt das genaue Bild eines atomaren Angriffs mit seiner unausweichlichen Folge - einer schwerlastenden, sich nur zögernd zerteilenden Wolke aus Ruß und Trümmern... (35)

Wie schon gesagt, halten Wissenschaftler diese eindrucksvollen Sagen von Göttern und ihrem Treiben für von den Völkern des Altertums ersponnene Märchen. Kaum einer unter ihnen glaubt heute, daß diesen Mythen von listigen, fliegenden Göttern auch nur der geringste Realitätsgehalt zukommt. Im neunzehnten und in der ersten Hälfte des zwanzigsten Jahrhunderts ließ sich eine solche Haltung vielleicht noch verstehen. Heute jedoch, wo uns die menschliche Wissenschaft solche Wunderdinge wie Raumfahrt, Gentechnologie und - Gott sei's geklagt - auch Tausende von Atomwaffen beschert hat, ist sie nicht länger zu rechtfertigen - denn daß die Sagen und Mythen der alten Kulturen keineswegs nur erfunden sind, ist inzwischen augenfällig.

Wenn der eine oder andere Leser noch immer davon überzeugt werden muß, daß Außerirdische die gesamte Frühgeschichte hindurch auf der Erde weilten und dort eine entscheidende Position innehatten, kann er/sie zu diesem Thema in dem hier nur auszugsweise wiedergegebenen historischen Schrifttum und vor allem auch in Sitchins Werken noch erheblich detailliertere Aufschlüsse finden. Sitchin beschäftigt sich u.a. auch mit den Regionen, in denen die ersten amerikanischen Kulturen entstanden. Meines Erachtens wird sich die Hypothese, daß Außerirdische seit jeher in die menschlich-weltlichen Geschicke verwickelt waren, ganz allgemein im Zuge weiterer Forschungsarbeiten zunehmend erhärten.

Zu den faszinierendsten Punkten der alten Geschichte, die ich unerwähnt gelassen habe, zählen die Pyramiden von Gizeh und die weltberühmte Sphinx. Sitchin zufolge wurden die Pyramiden nicht von den ersten Pharaonen des Alten Reiches erbaut, sondern von Außerirdischen - Jahrtausende, bevor das historische Ägypten gegen 3000 v.Chr seinen Anfang nahm. Die übrigen zwanzig bis dreißig ägyptischen Pyramiden seien Imitationen der perfekten Modelle von Gizeh und durch die Pharaonen des Alten Reiches erbaut worden. Sitchins gut präsentierte Beweisführung ist sehr ausführlich, exakt und überzeugend.(42) Interessanterweise erhielt seine These, die er im Jahre 1980 äußerte, unlängst von seiten der Wissenschaft eine gewisse Unterstützung.

Anläßlich des Jahrestreffens der American Association for the Advancement of Science in Chicago im Jahre 1992 legte der Geologe Robert Schoch Beweise dafür vor, daß die Sphinx zwischen 5000 und 7000 v.Chr. gemeißelt wurde. Archäologischer Orthodoxie zufolge entstand sie jedoch erst gegen 2500 v.Chr. unter Pharaoh Khafre (und entsprechend wird heutigen Ägyptentouristen auch von Fremdenführern erzählt, daß das Gesicht der Sphinx diesen Pharao darstelle). Schoch stellte jedoch mit zwei seiner Kollegen fest, daß die Sphinx erheblich ältere Verwitterungsmuster aufweist als Monumente in ihrer Nähe, die aus der historischen Zeit Ägyptens stammen. Diese Behauptung stieß natürlich seitens der Archäologen, die eine andere frühgeschichtliche Chronologie vertreten, auf scharfe Kritik. So wird z.B. Prof. Mark Lehner von der University of Chicago zitiert:

> „Wenn eine andere Kultur die Sphinx so viel früher erbaute, wo finden sind dann die entsprechenden Zeugnisse? Wo gibt es auch nur eine einzige Topfscherbe bzw. die geringste Spur eines solchen Volkes?“ Schoch, so sagte er, versuchte, die Chronologie von Gizeh aufgrund eines „einzigen zweideutigen Beweisstückes - seiner Interpretation der Erosion - auf den Kopf zu stellen. Aber so wird in wirklicher Wissenschaft nicht vorgegangen.“(43)

Apropos wirkliche Wissenschaft, der Präsident der geophysischen Fakultät der Stanford University, Amos Nur, zieht den Schluß, daß Sodom und Gomorrah durch ein Erdbeben zerstört wurden. Zur Erhärtung dieser Behauptung liefert Nur keinerlei Einzelheiten, außer daß das ganze Gebiet eine Erdbebenzone sei und in der Vergangenheit Schauplatz zahlreicher einschlägiger Episoden war. Der Zeitungsartikel, der über Nurs Hypothese berichtet, zitiert sogar die oben angeführte Textstelle der Genesis, in der Abraham bemerkt, daß „...der Rauch des Landes aufstieg wie Rauch aus einem Hochofen" und die Städte der Jordan-Ebene ausgelöscht wurden. Zur Verteidigung von Dr. Nur und Dr. Lehner sowie der Wissenschaft im allgemeinen möchte ich jedoch erneut daran erinnern, daß zahlreiche Indizien für die Realität der extraterrestrischen Einflußnahme auf diesem Planeten durch genau jene Außerirdischen geschickt vertuscht wurden, die uns unter ihrer Kontrolle zu halten wünschen. Ungeachtet dessen muß gesagt werden, daß die Erklärungen der Wissenschaft bezüglich der Welt der Frühzeit bzw. des Altertums immer absurder klingen. Meiner Ansicht nach werden Entdeckungen der nahen Zukunft die Hypothese immer weiter erhärten, daß Außerirdische an der Schaffung und Gestaltung des Menschen und der Welt bedeutenden Anteil nahmen, und dadurch die materialistisch-wissenschaftliche Sicht der Wirklichkeit immer weiter unterminieren. Achten Sie darauf, was sich in dieser Hinsicht tut.

(A1): Chaos = in der altgriechischen Schöpfungstheorie die dunkle, gähnende Kluft, aus der sich alle Dinge entwickelten.

1. Stevens, W. 1988. op. cit., S. 129-130.
2. Lamberg-Karlovsky, C. C. und J. A. Sabloff 1979. op. cit., S. 205.
3. Starr, C. G. 1983. op. cit., S. 166.
4. Von Däniken, E. 1989. In Search of the Gods: Chariots of the Gods; Gods from Outer Space; Pathways to the Gods. (Drei Bände in einem). Avenel Books, New York, S. 320-321.
5. Mahabharata, The Epic of Ancient India, ins Englische übersetzt von R. Dutt, zitiert von Sitchin, Z. 1985 op. cit., S. 62.
6. Boulay, R. A. 1990. op. cit., S. 109.
7. Ibid., S. 111.
8. Von Däniken, E. 1989. op. cit., S. 319.
9. Ibid., S. 318-319.

10. Sitchin, Z. 1985. op. cit., S. 64.
11. Englische Übersetzung der Mahabharata by C. Roy (1889), zitiert von von Däniken, E. 1989. op. cit., S. 79-80.
12. Zusammenfassung von David Davenports Forschungsarbeit in Valerian, V. 1991. Matrix II: The Abduction and Manipulation of Humans Using Advanced Tech nology, 3rd Ed. Leading Edge Research Group, Yelm, Washington, S. 370D.
13. Professor Solomon wird zitiert von von Däniken 1989, op. cit., S. 324.
14. Ibid.
15. Die Heilige Schrift, Deutsche Bibelgesellschaft Stuttgart, 1949/84, Genesis 19: 24-26.
16. Ibid., Genesis 19: 27-29.
17. Sitchin, Z. 1985. op. cit., S. 310-344.
18. Lamberg-Karlovsky, C. C. und J. A. Sabloff 1979. op. cit., S. 165-166.
19. Sitchin, Z. 1885. op. cit., S. 327.
20. Ibid., S. 328-329.
21. Ibid., S. 329.
22. Boulay, R. A. 1990. op. cit., S. 261-289.
23. Sitchin, 1985, S. 316-317, und Boulay, 1990, S. 271-272.
24. Sitchin 1985. op. cit., S. 311.
25. Ibid., S. 327.
26. Ibid., S. 328.
27. Ibid., S. 334.
28. Ibid., S. 335.
29. Ibid., S. 337.
30. Ibid.
31. Ibid., S. 340.
32. Ibid., S. 339-340.
33. Ibid., 340.
34. Ibid.
35. Bramley, W. 1990. op. cit., S. 343.
36. Stevens, W. C. 1989. op. cit., S. 44-47.
37. Stevens, W. C. 1988. op. cit., S. 135-136.
38. Valerian, V. 1991. op. cit., S. 375-376.
39. Sitchin, Z. 1985. op. cit., S. 55.
40. Ibid., S. 56.
41. Ibid., S.49.
42. Sitchin, Z. 1980. op. cit., S. 253-282.
43. Petit, C. 1992. „Controversy over age of Egypt's Sphinx„. San Francisco Chro nicle, 8. Febr., S. A-4.
44. Stevens, W. C. 1989. op. cit., S. 24.

„Kann ein Zweifel daran bestehen, daß der in jener erregenden Epoche gewählte Wahlspruch „Ex pluribus unum" direkt dem Geiste der Wahrheit entsprang? Denn sicher war er nicht einfach dem sterblichen Geist des Menschen entsprossen. Und das sinnbildliche „In God We Trust" - zeigt es nicht das zuversichtlichste gläubige Vertrauen in Gott, den Schöpfer aller Dinge? Ferner die Wahl des Adlers als Hoheitszeichen, dieses Vogels, der weiblich und männlich zugleich ist und damit die Ganzheit symbolisiert - veranschaulicht all dies nicht, daß diese Männer zutiefst vergeistigt waren oder unbewußt das Richtige zu tun verstanden? Kannst du so auch nur einen Augenblick daran zweifeln, daß sie in allem Handeln vom Geiste Gottes geleitet wurden? Beweist dies nicht, daß Amerika bestimmt ist, der ganzen Welt den Weg zu weisen?"

Emil in *Life and Teachings of the Masters of the Far East.*

Kapitel 10

Esoterische Korrelationen mit historischen Daten

Unsere Untersuchung der Anfänge der menschlichen Nahrungsmittelproduktion und Kultur ließ ein weiteres Mal die eklatante Unzulänglichkeit der materialistisch-wissenschaftlichen Erklärungsansätze hervortreten - vor allem im Vergleich mit den raren geschichtlich überlieferten Darstellungen dieser immensen Kultursprünge. Im Laufe unserer Recherchen mußten wir jedoch feststellen, daß das historische Material möglicherweise vorsätzlich entstellt worden ist. Wie schon in Kapitel 4 und 5 werden wir daher auch in diesem Kapitel einige esoterische Quellen heranziehen, um das Bild unserer Frühgeschichte zu komplettieren und zu präzisieren. Dabei werden wir sehen, daß sich die esoterischen Unterlagen tendenziell mit den historischen decken und weiteres Licht in sie bringen.

Wir wissen inzwischen, daß die altmesopotamischen Schöpfungsepen Enki (oder Ea) als eine Wesenheit schildern, die als Hauptgentechniker der Anunnaki und Halbbruder Enlils bei der genetischen „Konstruktion" des modernen Menschen eine entscheidende Rolle spielte und für die Menschen regelmäßig Partei ergriff - im allgemeinen gegen beträchtlichen Widerstand der anderen Anunnaki-„Götter“. In Royal und Priests *The Prism of Lyra* wird Enki hingegen als Sirianer bezeichnet, „der die Menschheit schützt“.(1) Diese gechannelte Information paßt natürlich gut zu dem von uns schon erörterten historischen Material. Wie sich der Leser erinnern wird, besitzen wir über die mündliche Überlieferung des westafrikanischen Dogonvolkes Zeugnisse dafür, daß Wesen aus der Nähe des Doppelsterns Sirius in der Frühzeit mit Menschen in Kontakt standen.(2) Zusammen mit Geschichtsmaterial, das auf eine Verbindung des alten Ägypten mit Wesen aus der Nähe des Sirius hindeutet, läßt dies wenig Zweifel an einer sirianischen Verbindung mit der frühen Menschheit.(3)

Enkis teilnahmsvolle Haltung gegenüber den menschlichen Sklaven der Anunnaki zeugt von einem Wesen, das geistig viel entwickelter war als die Anunnaki. Letztere, die sicher nicht wollten, daß ihre Sklaven von der Existenz einer Wesenheit wußten, die es gut mit ihnen meinte und ihnen sogar zu helfen versuchte, waren jedoch anscheinend auf Enkis Fachkenntnisse angewiesen, besonders bei der gentechnischen „Herstellung“ einer Sklavenspezies. So versuchten die Anunnaki wahrscheinlich, Schilderungen des Sirianers Enki zu entstellen, und gingen dabei sogar so weit, ihn als einen der ihren auszugeben.

In *The Prism of Lyra* heißt es, daß die Sirianer einer lyranischen Gruppe in die Quere kamen, die eine Spezies ohne Kenntnis von Gut und Böse erschaffen wollte. In welcher Beziehung diese „lyranische Gruppe“ mit den Anunnaki der sumerischen Texte steht, wird offengelassen. Vielleicht sind die Lyraner des Prism of Lyra und die Anunnaki der Sumerer ein und dieselbe Gruppe. Oder es gibt hier womöglich mehrere Ebenen, und die Anunnaki des „12. Planeten“ unseres Sonnensystems führten und führen ohne eigenes Wissen die Wünsche einer „lyranischen Gruppe“ aus. In jedem Fall erklärt The Prism of Lyra, daß die Lyraner und Sirianer, die bei der Schaffung des Menschen, des „primitiven Arbeiters“, zusammengearbeitet hatten, über ihre Schöpfung in philosophische Meinungsverschiedenheiten gerieten. Während die Lyraner eine Spezies ohne Kenntnis der Polarität - oder von „gut“ und „böse“ - kreieren wollten, hätten die Sirianer erkannt, daß Menschen ohne dieses Wissen geistig nicht entwicklungsfähig waren. Enki sei im sumerischen Schrifttum manchmal als böse Schlange dargestellt worden, wobei es sich um einen Trick der Lyraner gehandelt haben könnte, mit dem die Menschheit davon abgehalten werden sollte, den hilfreichen Anweisungen der Sirianer zu folgen. Royal und Priest implizieren hier, daß es die sirianische Gruppe war, die Adam und Eva in der biblischen Geschichte vom Garten Eden dazu ermutigte, vom Baum der Erkenntnis zu essen.(4)

Im Garten Eden mögen die Absichten der Sirianer zumindest zeitweilig von den Lyranern (den Anunnaki?) vereitelt worden sein, aber letzten Endes scheint die sirianische Gruppe doch noch gewonnen zu haben. The Prism of Lyra zufolge setzten sie dem Menschen nämlich einen latenten DNA-Code ein:

> Dieser Code wird durch eine schneller werdende Schwingung ausgelöst, die auftritt, wenn eine Kultur sich geistig zu entwickeln beginnt. Wenn sich die Erde (wie es momentan geschieht) in Richtung Selbsterkenntnis und vierter Dichte beschleunigt, wird der Code aktiviert. Dadurch kann das Menschengeschlecht die Grenzen seines bisherigen Wissens sprengen und es der Unendlichkeit, dem Alles-das-was-ist, öffnen. Dies war die Taktik der Sirianer, die Menschheit letztlich doch noch vom Baum des Lebens essen zu lassen. (5)

Vielleicht aktiviert sich Ihr latenter, von Enki oder anderen Mitgliedern der „sirianischen Gruppe" eingepflanzter DNA-Code während der Lektüre dieses Buches. In jedem Fall läßt sich aus dem oben Gesagten schließen, daß Wesen, die von einem Planeten in der Nähe des Sirius stammten, an unserer biologischen, kulturellen und geistigen Entwicklung/Schöpfung in hohem Maße beteiligt waren.

Eine weitere esoterische Quelle, deren Angaben über die Schöpfung des Jetztmenschen mit den von uns besprochenen historischen Informationen korrelieren, liegt uns in The Awareness vor. Dabei handelt es sich nach eigener Aussage um eine nichtphysische Wesenheit, die sich seit 1963 über gründlich ausgebildete Channels einer Gruppe Menschen mitteilt, die sich als Cosmic Awareness Consciousness bezeichnet. Diese veröffentlicht seit fast drei Jahrzehnten in etwa dreiwöchigem Abstand ein Informationsblatt mit Durchgaben von The Awareness und dessen Antworten auf Fragen aus aller Welt. Der Leser wird auf die Einführung verwiesen, in der sich eine kurze Erörterung von The Awareness und Channeling im allgemeinen findet.

Von The Awareness erfahren wir, daß Enlil, der Führer der regressiven reptilischen Götter (der Anunnaki der sumerischen Texte und der „Echsen“ der Pleiadian-Plus-Gruppe) Menschen als Mustersklaven erschuf. Diese ersten Modelle - die ersten Adame - waren fortpflanzungsunfähig und schlechte Sklaven, da sie zu selbständiger Arbeit untauglich waren und sich nur schwer auf die Befolgung von Anweisungen programmieren ließen.(6)

Mit Hilfe des Sirianers Enki wurde daraufhin ein zweiter Prototyp erstellt. Enki implantierte den neuen Adamen (und Evas) weitere Gene und genetische Substanzen, die sie - zu Enlils Freude - fortpflanzungsfähig machten; gleichzeitig verliehen ihnen diese jedoch auch Wahlfähigkeit und etwas, das als Erkenntnis bezeichnet wurde. Darüber war Enlil, der laut The Awareness der Gott der ersten Genesis-Kapitel ist, weniger froh. Enki wurde als die Schlange im Garten Eden dargestellt und machte sich in der Regel zum Fürsprecher der Geschöpfe (Menschen), bei deren Erschaffung er mitgewirkt hatte. So half Enki z.B. Noah und anderen, die Sintflut zu überleben, die vom Schmelzen der Polgletscher ausgelöst wurde.(7)

Weiterhin verloren The Awareness zufolge die Menschen dank Enkis Beimischung sirianischer und anderer Gene im Laufe der Generationen ihre Ähnlichkeit mit ihrem reptilischen Schöpfer Enlil.(8) Die frühen Menschen, die noch viele seiner Gene in sich trugen, erreichten noch ein „biblisches“ Alter - Noah wurde z.B. fast 1000 Jahre alt. Mit jeder weiteren Generation verloren Enlils (reptilische) Gene jedoch an Einfluß, und die menschliche Lebenserwartung näherte sich der heutigen, die unter 100 Jahre liegt. So wurde dem Menschen eine Art körperlicher Unsterblichkeit (vom Baum des Lebens) versagt; im Gegenzug wurde ihm jedoch vom Baum der Erkenntnis geistige und spirituelle Entwicklungsfähigkeit zuteil. Während sich so die Lebenserwartung verkürzte, entwickelten sich Denk- und Wahlvermögen und andere geistige Qualitäten unaufhaltsam weiter. Heute haben diese Fähigkeiten einen Punkt erreicht, an dem der Mensch imstande ist, den eigenen Schöpfern mit Mitgefühl, Verständnis und Intelligenz entgegenzutreten - auch wenn diese Eigenschaften im Menschen noch in vieler Hinsicht - auf inneren wie äußeren Ebenen -

schwach ausgeprägt sind. The Awareness zufolge sind wir spirituelle Wesen, und Es, Enki, und viele andere Mitglieder der „Lichtfamilie" versuchen seit Jahrtausenden, uns bei unserer geistigen Entwicklung behilflich zu sein.(9)

Die hier nur knapp zusammengefaßten Angaben des Awareness korrelieren bezüglich der „Echsen"-Natur der Anunnaki und ihrer äußerst hohen Lebenserwartung mit den in Kapitel 5 erörterten historischen (10) und esoterischen (11) Daten. Ebenso decken sie sich mit unseren geschichtlichen Daten aus Mesopotamien bezüglich der Sintflut und Enkis Rolle bei der Errettung einiger Menschen vor dieser Katastrophe.

Wir erinnern uns aus Kapitel 8, daß die Welt den altmesopotamischen Texten zufolge vor Beginn der ersten menschlichen Kulturen in vier Regionen aufgeteilt wurde; drei davon standen vorgeblich unter menschlicher Aufsicht, waren jedoch direkt einem oder mehreren Angehörigen der obersten Führungsränge der Anunnaki unterstellt. Enki war der Anunnaki-„Gott", dem die Aufsicht über die ägyptische Kultur übertragen wurde. Dies korreliert mit der Annahme, daß es sich bei Enki um einen Sirianer handelte. Wie wir sahen, verehrten die alten Ägypter den Planeten Sirius, nicht den in Sumer verherrlichten 12. Planeten Nibiru. Die Wahrscheinlichkeit, daß Enki Sirianer war, macht jedoch zweifelhaft, ob die sumerischen Anunnaki-Echsen-„Götter" überhaupt einen irgendwie gearteten Einfluß oder Kontrolle im alten Ägypten ausübten. Wir sagten schon, daß sich archäologisch-historisch keine enge Beziehung zwischen den beiden Kulturen nachweisen läßt. Zum einen fehlt praktisch jeglicher Tauschhandel zwischen den beiden Dynastien, obschon sie nur ein paar Hundert Kilometer auseinander lagen. Wir erwähnten auch verschiedene Gegensätze zwischen der altägyptischen und der sumerischen Gesellschaft, u.a. den unterschiedlichen Verstädterungsgrad und Status der Könige bzw. Pharaonen (göttlich versus menschlich). Der vielleicht bedeutsamste Unterschied, der von einem Historiker aufgezeigt wurde, liegt jedoch in der humorvolleren, offenbar sorgen- und angstfreieren Einstellung der alten Ägypter zu den „Göttern" über ihnen. Möglicherweise bewiesen die ägyptischen „Götter" in scharfem Gegensatz zu den sumerischen Anunnaki-„Göttern" von Zeit zu Zeit sogar Mitgefühl mit ihren Untertanen. Wenn also in den sumerischen Texten die Anunnaki Anspruch auf die ägyptische Oberherrschaft anmelden, handelt es sich dabei wahrscheinlich um eine absichtliche Entstellung. Unter Umständen versuchten die Echsen damit - wie auch mit der Behauptung, daß Enki Anunnaki war -, ihre menschlichen Sklaven zu versichern, daß nicht nur sie, sondern auch alle anderen Menschen und bekannten Kulturen der Welt der Kontrolle und Herrschaft der Anunnaki unterlagen. Und natürlich wollten die Echsen ihre Sklaven nicht wissen lassen, daß in manchen Kulturen die Götter mit ihren menschlichen Untertanen eine zumindest nicht völlig liebeleere Beziehung unterhielten.

Damit soll nicht behauptet werden, daß die Anunnaki nicht irgendwann partielle oder vollständige Befehlsgewalt über das alte Ägypten errangen. Historische Epen wie die, die in den Überresten altmesopotamischer Städte gefunden wurden, gab es in Ägypten bedauerlicherweise nicht bzw. wurden dort nie entdeckt (oder auch zerstört). In The Wars of Gods and Men macht Sitchin jedoch deutlich, daß die sumerischen und ägyptischen Götter vielfach miteinander im Streit lagen, der oft in bewaffnete Konflikte ausartete; ein Beispiel dafür sei die im vorigen Kapitel besprochene atomare Zerstörung eines Weltraumflughafens auf der Sinai-Halbinsel und der Städte Sodom und Gomorrah.

Was die im altmesopotamischen Schrifttum geschilderten mutmaßlichen Atomexplosionen der Frühzeit betrifft, besitzen wir auch hierfür entsprechende esoterische Belege. Die „Schweizer Plejadier“ und ihre Verbündeten berichteten Billy Meier, daß es auf der Erde zu zahlreichen Atomkriegen gekommen sei. Ihre frühen Vorfahren und andere Außerirdische hätten viele Male von der Erde fliehen müssen, um einer solchen Auseinandersetzung zu entgehen. Offenbar gerieten die Erdenmenschen, Außerirdischen u.a. jedes Mal, wenn eine irdische Kultur entstand, in Zank und Streit, der in der Zerstörung der Kultur gipfelte (und die „Schweizer Plejadier“ beziehen sich in der Regel auf Kulturen, die erheblich älter als Atlantis oder Lemuria [Mu] sind). So berichteten sie Meier z.B. von einem Atomkrieg, der Nordamerika vor rund 50000 Jahren vollständig entvölkert habe. Auch Sodom und Gomorrah seien durch Atomexplosionen vernichtet worden. Ebenso sei es in Indien, im Libanon, in Australien und in Ecuador in alter Zeit zu Atomexplosionen gekommen.(12)

Wendelle Stevens, dem wir die englischsprachige Herausgabe eines großen Teils der Botschaften der „Schweizer Plejadier“ an Billy Meier verdanken, bemerkt in einer Fußnote von Message from the Pleiades:

> ...In den japanischen Takauti-Dokumenten, die über 24000 Jahre alt sind und damit sämtlichen Manuskripten der westlichen Welt vorausgehen, finden sich Behauptungen untermauert, daß es schon früher zu zivilisatorisch bedingter, weltweiter atomarer Zerstörung gekommen ist. Diese Dokumente, welche die Grundlage der alten Shinto-Lehren und des Kojiki-Geschichtswerks bilden, schildern einen globalen Atomkrieg einer längst vergangenen Zeit. Sie enthalten Karten, aus denen das Ziel der Atomexplosionen und die zerstörten Städte hervorgehen, die jeweils durch eine pilzförmige Wolke symbolisiert werden...(13)

In Matrix II erstellt Valdamar Valerian unter Verwendung esoterischer Quellen eine erdgeschichtliche Zeittafel der letzten 75 Millionen Jahre, in der er mehrere Atomkriege aufgelistet sind.(14)

Schlußfolgerung

Historische Daten sowie damit korrelierende esoterische Quellen deuten darauf hin, daß verschiedene extraterrestrische Gruppierungen jahrmillionenlang unbefugt in diesen Planeten eingedrungen sind, auf ihm wohnten und um ihn kämpften. Der moderne Homo sapiens, als der wir uns selbst bezeichnen, wurde letzten Endes wohl vom Göttlichen Schöpfer des Universums erschaffen; das physische Erscheinungsbild der menschlichen Spezies wurde jedoch von einigen dieser Außerirdischen genetisch manipuliert und kreiert. Allein die Tatsache, daß wir durch Außerirdische genmanipuliert wurden, ist eine verblüffende Eröffnung. Noch schockierender ist freilich, daß etliche Außerirdische, z.B. die Maya- und mesopotamischen „Götter“, die Menschen so auslegten, daß sie in ihrer spirituellen Kenntnis beschränkt bleiben und damit leicht zu manipulieren und zu kontrollieren sein würden.

Bis um das Jahr 1000 v.Chr., als die Außerirdischen die Erde verließen oder buchstäblich in den Untergrund gingen, scheinen sich die Anunnaki und andere extraterrestrische Spezies in die frühen Dynastien und Königtümer der mesopotamischen und anderer menschlicher Frühkulturen direkt eingemischt zu haben. Im Laufe ihrer Bewußtseinsentwicklung waren zahlreiche Außerirdische jedoch gewahr geworden, daß das Eingreifen in die menschlichen Geschicke unmoralisch ist, und hatten sich nach ihre(n) Ursprungsplaneten zu sehnen begonnen, auf denen ein hohes geistiges Niveau realisiert worden war, in dem die Liebe den Mittelpunkt bildete.(15) Im Gegensatz dazu bot den regressiveren Außerirdischen dieses Stadium der Erdgeschichte (um das Jahr 1000 v.Chr. herum) die Gelegenheit, in den Untergrund zu ziehen, von wo aus sie den Verlauf der menschlichen Geschichte unbemerkt weiter lenken und manipulieren konnten.

Suchen wir nach Informationen darüber, daß die Geschichte und das Wissen der Menschheit insgeheim von extraterrestrischen Spezies gelenkt und kontrolliert wurden, die sich dabei vor allem ihre Kenntnis des geistigen Wesens des Menschen zunutze machten.

1. Royal, L. und K. Priest 1989. op. cit., S. 77.
2. Temple, R. K. G. 1987. op. cit.
3. Ibid.
4. Royal, L. und K. Priest 1989. op. cit., S. 77.
5. Ibid., S. 75.
6. Revelations of Awareness 1991. Nummer 91-16. Cosmic Awareness Communications, P.O. Box 115, Olympia, Washington, 98507, S. 3-5.
7. Ibid.
8. Ibid.
9. Ibid.
10. Boulay, R. A. 1990. op. cit.
11. Marciniak, B. 1992a. op. cit.
12. Stevens, W. C. 1989. op. cit., S. 44-47.
13. Stevens, W. C. 1988. op. cit., S. 135-136.
14. Valerian, V. 1991. op. cit., S. 375-376.
15. Stevens, W. C. 1988. op. cit., S. 129-130.

„Ich behaupte nicht, die Ereignisse gelenkt zu haben, sondern bestätige unumwunden, durch sie gelenkt worden zu sein."
Abraham Lincoln in einer Ansprache aus dem Jahre 1864

Kapitel 11

Hintergangen und kontrolliert

Wenn uns unsere „Schöpfergötter" gentechnisch als funktionale, aber (v.a. bezüglich geistiger Dinge) unwissende Sklaven projektierten, welcher Mittel könnten sie sich zur Umsetzung dieses Ziels bedient haben? Auf welche Weise konnte es ihnen gelingen, uns jahrtausendelang unerleuchtet zu halten? Und welche historischen Daten besitzen wir für solch eine teuflische Verschwörung? Setzen wir unsere geschichtliche Erforschung dieses Komplotts mit der biblischen Genesis fort, in der sich die berühmte Geschichte des Turmbaus zu Babel findet:

> Es hatte aber die ganze Erdbevölkerung eine einzige Sprache und einerlei Worte. Als sie nun nach Osten hin zogen, fanden sie eine Tiefebene im Lande Sinear (=Babylonien) und blieben dort wohnen. Da sagten sie zueinander: „Auf! wir wollen Ziegel streichen und sie im Feuer hart brennen!" So dienten ihnen denn die Ziegel als Bausteine, und das Erdharz diente ihnen als Mörtel. Dann sagten sie: „Auf! wir wollen uns eine Stadt und einen Turm bauen, dessen Spitze bis in den Himmel reichen soll, und wollen uns einen Namen schaffen, damit wir uns nicht über die ganze Erde hin zerstreuen!" Da fuhr der Herr herab, um sich die Stadt und den Turm anzusehen, welche die Menschen erbauten. Da sagte der Herr: Fürwahr, sie sind ein einziges Volk und haben alle dieselbe Sprache, und dies ist erst der Anfang ihres Unternehmens; hinfort wird ihnen nichts mehr unausführbar sein, was sie sich vornehmen. Auf! wir wollen hinabfahren und ihre Sprache dort verwirren, so daß keiner mehr die Sprache

des andern versteht!“ So zerstreute sie denn der Herr von dort über die ganze Erde, so daß sie den Bau der Stadt aufgeben mußten. Daher gab man der Stadt den Namen Babel (d.h. Verwirrung); denn dort hat der Herr die Sprache der ganzen Erdbevölkerung verwirrt und sie von dort über die ganze Erde zerstreut.(1)

Hierzu sind verschiedene Anmerkungen angebracht. Zum einen handelt es sich bei dem „wir“ zweifellos um ein weiteres Versehen jener hebräischen Schriftgelehrten und Herausgeber, die vermutlich altmesopotamische Darstellungen der menschlichen Frühgeschichte „monotheisierten“. Dieses „wir“ bezieht sich höchstwahrscheinlich auf Enlil und seine Anunnaki-Gefährten. Zum zweiten, was gibt es an „wollen uns einen Namen schaffen“ auszusetzen? Diese rhetorische Frage wird vom Herrn (Enlil?) selbst beantwortet: „und dies ist erst der Anfang ihres Unternehmens; hinfort wird ihnen nichts mehr unausführbar sein, was sie sich vornehmen.“ Der „Herr“, Enlil und seine Genossen, würde seine Sklaven nicht mehr beherrschen und manipulieren können. So verwirrte er ihre Sprache und zerstreute sie.

Sitchin denkt nicht nur, daß der pluralische „Herr“ Enlil und die anderen hochrangigen Anunnaki bezeichnet, sondern auch, daß die Menschen einen „Startturm“ für ein Raketenschiff errichteten. Diese Überzeugung gründet er auf altmesopotamische Erzählungen ähnlichen Inhalts und die seiner Einschätzung nach falsche Übertragung des alten Wortes schem. Laut Sitchin sollte schem, das die Bibel als „Name“ wiedergibt („wir...wollen uns einen Namen schaffen“), mit „Luftfahrzeug“ oder Raketenschiff übersetzt werden. Sitchin weist darauf hin, daß die altmesopotamischen Texte durchgängig klarmachen, daß fliegende Maschinen für Götter und nicht für Menschen bestimmt waren.(2)

Das Motiv der Sprachenverwirrung findet sich auch in der Neuen Welt wieder. Das Popol Vuh, die einzig verfügbare Version des mythisch-historisch verbrämten Wissens der Maya, berichtet ebenfalls von Problemen, die das Volk mit verschiedenen Sprachen hatte. In diesem Fall sprachen jedoch die Maya-„Götter“ unterschiedliche Sprachen, und jedes Mal, wenn ein Stamm unter die Herrschaft eines anderen „Gottes“ fiel, hieß es für diesen, eine neue zu erlernen. (3)

William Bramley bringt in seinem kürzlich (1989) erschienenen Buch The Gods of Eden: A New Look at Human History schlüssige Beweise für eine Verschwörung von Wesen, die mit UFOs zusammenhängen. Diese Wesen verfolgten das Ziel, die Menschheit zu kontrollieren, indem sie deren spirituelles Bewußtsein und Verhalten so niedrig wie möglich zu halten versuchen.(4) Wie schon aus dem Untertitel erhellt, bietet Bramley eine neuartige, ungewöhnliche und radikale Sichtweise der menschlichen Geschichte. In straffem, gelehrtenhaftem Stil und unter ausschließlicher Verwendung historischer Unterlagen schreibt Bramley u.a., daß sämtliche bedeutenden und weniger bedeutenden Religionen der Welt durch andere Intelligenzen (Außerirdische) beeinflußt und verfälscht worden seien, um der Menschheit den Zugang zu geistiger Erkenntnis und Entwicklung zu verwehren.

Bei seinen Recherchen zu The Gods of Eden war Bramleys ursprüngliche Intention gewesen, die Wurzeln des Krieges zu ergründen. Dabei stieß er zunächst auf überzeugende Indizien dafür, daß bewaffnete Konflikte von einer kleinen Menschengruppe verursacht und finanziert werden, die über bewußte Irreführung und Manipulation die Auseinandersetzungen menschlicher Bevölkerungsgruppen steuern und aus ihnen Profit schlagen möchte. Diese kleine Gruppe operiere in aller Stille und setze häufig Geheimbünde als Helfershelfer ein. Im weiteren Verlauf seiner Forschungen stieß Bramley dann jedoch immer wieder auf den „außerirdischen Faktor“ und gelangte schließlich zu dem Schluß, daß hinter nahezu allen Ereignissen unserer Geschichte Außerirdische stecken, die uns in Unwissenheit und in mehr oder weniger permanenten Konflikten miteinander halten möchten. Anfänglich hatte Bramley nicht die leiseste Absicht gehabt, näher auf UFOs oder Außerirdische einzugehen, da er zum Zeitpunkt der Aufnahme seiner geschichtlichen Untersuchung keinerlei Interesse an diesen Dingen gehabt hatte (was auch auf mich zu Beginn meiner Ermittlungen zu unseren Ursprüngen zutraf). Er sei ein Kopfmensch, schreibt er, und „...(r)ationale Geister neigen dazu, auf menschliche Fragestellungen nach rationalen Antworten zu suchen.“(5) Und natürlich machen sich rationale Geister auch nicht auf die Suche nach UFOs (jedenfalls bis jetzt nicht). Aber in dem Maße, in dem sich die Belege für Verschwörungen zur Kontrolle und Irreführung der Menschheit auf seinem

Schreibtisch häuften, rückte auch das Phänomen der UFOs bzw. Außerirdischen in den Vordergrund.

Bramley begann seine Recherchen mit einer einzigen Idee, die noch nicht einmal neu ist: „*Krieg kann seinen eigenen Wert besitzen*“ (Hervorhebung durch ihn).(6) Ursprünglich hatte er dabei natürlich an gesellschaftliche Gruppen gedacht, die aus Kriegen finanziellen Gewinn schlagen, also z.B. an Unternehmen, die Militärausrüstung und Waffen an kriegsführende Nationen verkaufen oder entsprechende Darlehen an Regierungen vergeben. Aber durch seine Untersuchungen kam ihm zu Bewußtsein, daß Krieg ebenfalls ein überaus effektives „...Instrument der *Aufrechterhaltung sozialer und politischer Kontrolle über größere Bevölkerungsgruppen*“ (Hervorhebung durch ihn) sein kann.(7) Diesbezüglich erörtert er die Lehren des italienischen Schriftstellers und Staatsmannes Niccolò Machiavelli, dessen Name heute für politische Taktiken steht, die nicht unbedingt als moralisch zu qualifizieren sind - manche würden auch vor dem Wort „skrupellos“ nicht zurückschrecken. In Machiavelli hätten sich jedoch schlicht die turbulenten politischen Praktiken seiner Epoche widergespiegelt - im fünfzehnten und sechzehnten Jahrhundert hintergingen und bekriegten sich die italienischen Stadtstaaten anscheinend ohne Ende. Bramley bespricht einige Schriften dieses politischen Philosophen, um dann dessen Beobachtungen zu einer Taktik zusammenzufassen, mittels deren ein Außenstehender größere Menschengruppen unbemerkt spalten und kontrollieren kann - durch Heraufbeschwören von Konflikten:

1.) Entfache Konflikte und „Streitfragen“, die dazu führen, daß Menschen sich untereinander bekämpfen anstatt den Verursacher.
2.) Gib dich nicht als der tatsächliche Anstifter zu erkennen.
3.) Unterstütze beide Kriegsparteien.
4.) Erscheine als die wohlwollende Quelle, die die Konflikte lösen könnte.(8)

Jeder meiner Leser kennt eine Version des klassischen Sprichworts „Teile und herrsche“, aber wie wäre es mit „Gib dich nicht zu erkennen, verursache Konflikte unter den Menschen, unterstütze sämtliche Parteien und erscheine als etwas, das du nicht bist, nämlich wohlwollend." Uns liegen keine Anhaltspunkte dafür vor, daß Machiavelli auch nur das geringste über UFOs und Außerirdische wußte. Er scheint schlicht ein scharfer Beobachter der politischen Machenschaften seiner Zeit gewesen zu sein (für die er in seinem Stadtstaat und dem unmittelbar benachbarten auch reichlich Anschauungsmaterial erhielt) und seine Beobachtungen entsprechend hellsichtig zu Papier gebracht zu haben. Bramley glaubt jedoch, daß Machiavelli auf die menschliche Ebene bezogen sehr treffend in Worte faßte, wie Außerirdische während der gesamten Menschheitsgeschichte operierten.

Bramley zufolge wurde das Menschengeschlecht als Sklavenrasse erschaffen und von den frühen „Göttern" des Altertums sehr schlecht behandelt. In seiner Beweisführung greift er dabei auch auf von uns benutztes Material zurück wie die Heilige Schrift und Sitchins Darstellung der Sumerer und anderer „Alter". Bramley ist gegen den Ausdruck „Götter" oder „Außerirdische", da beide in vielfacher Weise interpretiert würden, und bezeichnet die sumerischen und biblischen „Götter" statt dessen als „Wächter". Eine Zeitlang hätten die Wächter-„Götter" direkten Einfluß auf die menschliche Geschichte genommen. Dann seien sie in den „Untergrund" gegangen, um die Menschheit mit Hilfe bestimmter Geheimbünde, die seit Sumer und Ägypten in vielen Kulturen blühten, zu manipulieren und zu kontrollieren. Laut Bramley weisen die Geheimbünde aller Epochen mehrere Einweihungs- und Geheimhaltungsebenen oder -stufen auf. Je höher die Ebene ist, zu der ein Mitglied aufsteigt, um so höher werde die Zahl der Geheimnisse, mit denen es in Berührung kommt. Die höchste und geheimste Ebene mancher Geheimbünde sei jene, auf der „Wächter" (Außerirdische) ihre Macht ausüben. Die Handvoll Menschen, die zur höchsten Stufe eines Geheimbunds aufsteige, verbreite dann unter den Mitgliedern, die sich auf einer tieferen Wissensebene befinden, irgendein konfliktträchtiges Material, wie rassistisches und ethnozentrisches Gedankengut. Dann mache der Geheimbund heimlich für eine Sache Propaganda, die irgendwann in einen bewaffneten Konflikt eskaliere. Andere Geheimbünde oder Splittergruppen des gleichen Bundes unterstützten dann ebenso heimlich die andere Seite der jeweils umkämpften Sache. Zusätzlich zu der Macht, die den Menschen der höchsten Geheimbundebene durch den unmittelbaren Zugang zu den Geheimnissen zugänglich wird, verliehen die „Wächter" diesen noch weitere, spezielle Machtbefugnisse und Kontrollfunktionen. Häufig würden solche Individuen dank ihrer „Mithilfe" bei der Finanzierung von Kriegen, die aus der Agitation der Geheimbünde resultieren, ungeheure finanzielle Gewinne einstreichen. Zu den menschlichen Konflikten, die laut Bramley aller Voraussicht nach durch mindestens einen Geheimbund ins Rollen gebracht wurden, gehören die „Religions"-Kriege, die auf die Reformation folgten, und die zahlreichen Revolutionen (einschließlich der amerikanischen), die in der Welt des achtzehnten, neunzehnten und zwanzigsten Jahrhundert aufflackerten.

Bramley erkennt, daß die „Wächter" der menschlichen Spezies dadurch den größten Schaden zufügten (und zufügen), daß sie ihrer spirituellen Entwicklung Steine in den Weg legen. Er zeigt auf, wie die Wächter irreführende Informationen verbreiteten, um den Zugang zu den wirklichen geistigen Wahrheiten, die in den großen Weltreligionen existiert haben mögen, zu erschweren.

Den „Wächter"-Religionen stellt Bramley die sogenannten „Nonkonformisten"-Religionen gegenüber. Dies seien im wesentlichen solche Glaubensgemeinschaften, die sich aus einem hochentwickelten spirituellen Lehrer herleiten und in denen die geistigen Wahrheiten zu neuem Leben erwachen. Im Gegensatz dazu stünden die „Wächter"-Religionen, welche die religiösen Wahrheiten fast bis zur Unkenntlichkeit entstellen.(9) Bramley sieht Gautama Siddharta (Buddha) und Jesus als Musterbeispiele geistig hochstehender Lehrer, deren Lehren „Nonkonformisten"-Religionen begründeten, die jedoch nur allzubald „verwächtert" wurden. Auf der Grundlage seiner Untersuchung dieser und anderer „Nonkonformisten"-Religionen und ihrer „verwächterten" Nachfahren erarbeitete Bramley eine vergleichende Gegenüberstellung von „Wächter"- und „Nonkonformisten"-Religionen.(10)

Im wesentlichen gilt in „Nonkonformisten"-Religionen der Mensch als Zentrum und Basis geistiger Erkenntnis und Entwicklung; Wächterreligionen dagegen stellen eine übernatürliche Kraft, einen Allerhöchsten oder einen „Gott" in den Mittelpunkt. Der Unterschied zwischen „Nonkonformisten"- und Wächterreligionen tritt am deutlichsten im Vergleich der Gründe zutage, warum ein Mensch einer bestimmten Lehre oder Religion anhängen sollte. In einer „Nonkonformisten"-Religion „...gelten Beobachtung und Logik als die geeignete Basis, aufgrund deren man einer Lehre folgen sollte."(11) Dagegen lehren Religionen, die Bramley als Wächterreligionen qualifiziert, zumeist, daß man sich einer bestimmten Lehre aufgrund von „...Glaube und Gehorsam allein" anschließen sollte.(12) Wir werden im Laufe unserer Untersuchung noch Gelegenheit haben, auf Bramleys interessante Gegenüberstellung zurückzukommen; betrachten wir jedoch zunächst die wichtige Frage näher, wer oder was für die geistige Entwicklung und das Heil des einzelnen verantwortlich ist. Für „Nonkonformisten"-Religionen

> hängt das spirituelle Heil ausschließlich vom einzelnen ab, der es sich kraft eigener Anstrengung erwirbt.(13)

Aber für Wächterreligionen

> hängt das spirituelle Heil zur Gänze von der Gnade „Gottes" oder einer anderen übernatürlichen Wesenheit ab.(14)

Bramley fand Indizien dafür, daß Wächter (Außerirdische) die Verursacher von Seuchen und Krankheiten sind, von denen die Menschheit im Laufe der Geschichte immer wieder geplagt wurde. Eine solche Seuche ist die wenig bekannte „justinianische Pest", welche in der Mitte des sechsten Jahrhunderts das damalige Byzantinische Reich mit Zentrum Konstantinopel heimsuchte und von dort aus auf Europa übergriff. Bramley zitiert Chronisten und andere Zeitzeugen, denen zufolge es in jener Zeit in von Pestausbrüchen betroffenen Regionen wiederholt zu ungewöhnlichen Lufterscheinungen kam, die ganz wie moderne UFO-Phänomene klingen. Diese menschlichen Zeugnisse „....machen das Undenkbare, Unvorstellbare denkbar: daß die justinianische Pest durch von Wächter-(extraterrestrischen)Flugzeugen versprühte biologische Kampfstoffe verursacht wurde."(15)

Laut Bramley liegen auch überzeugende Belege dafür vor, daß der „Schwarze Tod" des Mittelalters durch Außerirdische verursacht wurde.

Der Schwarze Tod - so genannt nach der dunkelroten Farbe, die seine Opfer kurz vor ihrem Tod annehmen -, soll seinen Ausgang in Asien genommen haben und dann 1347 auf das südliche Europa übergegriffen haben. Vier Jahre später hatte sich die Epidemie bis zum nördlichen Europa ausgebreitet. Insgesamt fielen ihr ein Viertel bis die Hälfte der damaligen europäischen Bevölkerung zum Opfer; ganze Ortschaften wurden durch sie entvölkert. Zweifellos übersteigt das Elend, der Schmerz und das Leid, die diese Seuche (wie alle Seuchen) mit sich brachte, die menschliche Vorstellungskraft.

In den nächsten 400 Jahren flackerte die Pest alle zehn bis zwanzig Jahre erneut auf, nahm jedoch niemals wieder solch gravierende Formen an wie beim ersten Mal. Obwohl sich genaue Zahlen nicht berechnen lassen, schätzt Bramley die Zahl der Opfer der ersten Pestepidemie auf mindestens 25 Millionen und die Gesamtzahl der Todesopfer über einen 400-Jahreszeitraum auf mehr als 100 Millionen.(16)

Die Pest wird von einer Stäbchenbakterie (Yersina pestis) ausgelöst, mit der vielfach Ratten, Eichhörnchen und andere Nagetiere infiziert sind. Da vor dem Auftreten der Pest einige Ausbrüche von Nagetierplagen gemeldet wurden, wird generell angenommen, daß der Schwarze Tod von infizierten Nagetieren verbreitet wurde und wird.

Der Pesterreger infiziert den Körper auf dreierlei Art; zwei davon traten während der europäischen Pestepidemien auf. Bei der ersten Form, der sogenannten Beulenpest, besiedelt der Krankheitserreger die Lymphknoten, wodurch es in Achselhöhlen und Leistenbeugen zur Ausbildung von Schwellungen (sogenannten Beulen) kommt. Das Krankheitsbild wird durch Fieber und Erbrechen ergänzt, und ohne Behandlung tritt der Tod innerhalb weniger Tage ein. Diese Pestart ist nicht ansteckend. Im Gegensatz dazu ist die zweite Form, die sogenannte Lungenpest, die einige Fachleute laut Bramley für den Großteil der Todesfälle des Schwarzen Todes verantwortlich machen, hochansteckend. Hier ist die Lunge der wichtigste Infektionsherd(17). Die Lungenpest verursacht Fieber und blutigen Auswurf, und das Ende tritt meist innerhalb weniger Tage ein.

Wie bei der Justiniansseuche 700 Jahre zuvor wurden auch mit den Pestausbrüchen des Spätmittelalters vielfach Lichterscheinungen in Verbindung gebracht, die das gemeine Volk in der Regel als Komet bezeichnete.

Die Menschen des Mittelalters waren viel abergläubischer als die der Moderne und Meteore galten ihnen z.B. als Vorboten späteren Unheils, wie etwa einer Pest. Bramley bringt überzeugende Beweise dafür, daß es sich bei diesen sogenannten Kometen in Wirklichkeit häufig um UFOs (wie wir sie heute bezeichnen würden) handelte.(18) So druckt er eine 1557 veröffentlichte Zeichnung eines „Kometen" ab, die nach Augenzeugenberichten erstellt wurde und auf der eindeutig kein Komet, sondern ein „zigarrenförmiges" UFO oder Raketenschiff zu erkennen ist.(19) (siehe Abb. 11-1)

Bramley erwähnt mehrere Augenzeugenberichte, die „seltsame Lichterscheinungen" am Himmel mit der Pest in Verbindung bringen. Aus einem Buch Johannes Nohles, der im Jahre 1926 Berichte über seltsame Luftphänomene sammelte, die mit Pestausbrüchen in Verbindung standen, zitiert Bramley folgende aus dem Wien des Jahres 1568 stammende Beschreibung. Sie beginnt in vielem wie ein heutiger UFO-Bericht:

> Bey Sonn und Mond wart ein gar praechtig Regenbogen und Feuerstrahl erblicket, schwebent über der Stephanien-Kirche... von einer starken Plag in Oesttreych, Schwaben, Augspurg, Wuerttemberg, Nuernberg, und anderen Orten gefolget... und trugen hinweg Mensch wie Vieh...(20)

Bramley führt aus, daß oftmals „übelriechende" Nebel mit einem Ausbruch der Pest in Verbindung gebracht wurden. Ein moderner Historiker und Erforscher des Schwarzen Todes schreibt, daß

> ...die Menschen davon überzeugt waren, daß sie sich die Pest durch den Gestank zuziehen, oder sie sogar, wie es manchmal beschrieben wird, tatsächlich als fahlen Nebel durch die Straßen heranziehen sehen konnten.(21)

Diese „übelriechenden Nebel" wurden bei Pestausbrüchen mehrfach gesichtet und damit in Zusammenhang gebracht; einige davon standen direkt mit hellen Lichtern am Himmel in Verbindung. Manchmal wurden seltsame Männer in Schwarz und andere furchterregende Gestalten, die meist für „Dämonen" gehalten und mit der Verbreitung der Pest assoziiert wurden, dabei beobachtet, wie sie „Nebel" versprühten. Häufig sollen diese „Dämonen" „Besen", „Schwerter" oder „Sensen" getragen haben, und Bramley glaubt, daß die Vorstellung vom „Sensenmann", der seine menschliche Ernte einholen kommt, mit diesen „Dämonen" zusammenhängen könnte. Den Ursprung entsprechender mittelalterlicher Zeichnungen vermutet er in diesen seltsamen, unbekannten Gestalten, die anscheinend Pest und Tod verbreiteten.

Bramley zufolge führten die sogenannten Wächter gegen die Menschen Europas und anderer Kontinente während des Schwarzen Todes und anderer Epidemieausbrüche einen weltweiten Bakterienkrieg. Pest und andere Epidemien begleiteten die Menschheit mit kurzen Unterbrechungen ihre gesamte Geschichte hindurch, und keine Konfession, keine Farbe und keine Dogmen blieben von ihnen verschont. In diesem Zusammenhang schreibt Bramley davon, daß die Regierungen Amerikas, Rußlands sowie anderer Teile der früheren Sowjetunion moderne biologische Waffen auf Lager halten, die auf der Basis von Pest- und anderen Seuchenbazillen entwickelt wurden. Beim Einsatz bzw. der Freisetzung dieser Bakterien oder anderer biologischer Wirkstoffe bildeten sich Nebel. Es genüge, daß der „Feind" oder ein beliebiges menschliches Wesen diese Nebel einatmet, und schon käme es mit größter Wahrscheinlichkeit zu Ansteckung, Krankheit und - zumindest im Fall der Pest - ohne Behandlung innerhalb weniger Tage zum Tod.

Bramley bringt auch Belege dafür, daß sich Außerirdische zu unserer Täuschung und Irreführung raffinierter Hologramme bedienen. Ein Beispiel dafür biete die Gründung der Kirche Jesu Christi der Heiligen der Letzten Tage, besser unter dem Namen Mormonenkirche bekannt. Zu dieser Glaubensgemeinschaft, deren Zentrale sich im Bundesstaat Utah in den westlichen USA befindet, bekennen sich heute weltweit an die acht Millionen Menschen. Sie wurde von einem jungen religiösen Fanatiker namens Joseph Smith gegründet, der in der Nähe von Manchester, New York, lebte und in den zwanziger Jahren des vorigen Jahrhunderts eine Reihe von Visionen erblickte, die in die Gründung der Mormonenkirche mündeten. Während des häuslichen Gebets erhielt Joseph Smith den Besuch eines „Engels" namens Moroni. Bramley zitiert Smiths Worte, die fast zwei Jahrzehnte nach seinen angeblichen Visionen niedergeschrieben wurden:

Abb. 11-1: Im Mittelalter wurde jedes ungewöhnliche fliegende Objekt als Komet bezeichnet. Diese Abbildung, die zuerst 1557 veröffentlicht wurde, stützt sich auf einen Augenzeugenbericht über einen „Kometen", der im Jahre 1479 in Arabien gesichtet wurde. Nachdruck aus A Chronicle of Prodigies und Portents... von Conrad Lycosthenes. Aus Bramley, 1990, mit freundlicher Genehmigung der Dahlin Family Press.

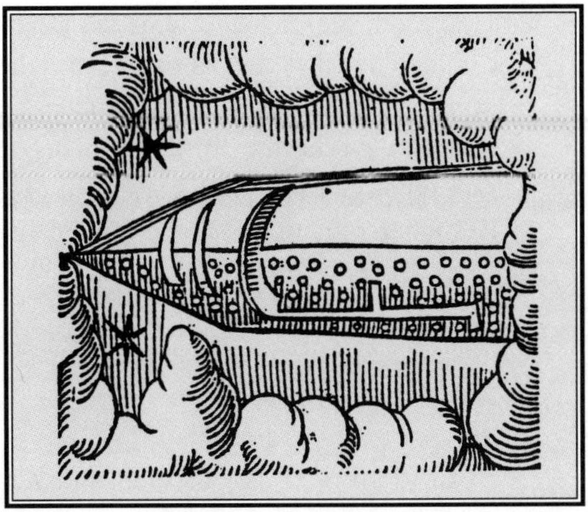

> ... bemerkte ich, wie in meinem Zimmer ein Licht erschien, das immer stärker wurde, bis der Raum schließlich heller war als am Mittag. Gleich darauf wurde an meinem Bett eine Gestalt sichtbar, und der Betreffende stand in der Luft, denn seine Füße berührten den Boden nicht. Er hatte ein loses Gewand von außerordentlicher Weiße an, weißer als alles, was ich auf Erden je gesehen hatte. Ich glaube auch nicht, daß etwas Irdisches so überaus weiß und helleuchtend gemacht werden kann. (Joseph Smith 2:30-31)

Moroni verriet Smith den Fundort einiger alter Metallplatten, die angeblich die Geschichte einer Gruppe von Hebräern enthielten, die um das Jahr 500 v.Chr. vom Nahen Osten nach Nordamerika ausgewandert waren. Smith wurde angewiesen, diese Tafeln zu suchen und sie der Welt zu präsentieren. Nach seiner Botschaft verschwand Moroni auf eigentümliche Weise:

...Nach dieser Mitteilung sah ich, wie sich das Licht im Zimmer um ihn, der zu mir gesprochen hatte, sogleich zusammenzog, bis es im Raum wieder finster war, außer ganz nahe um ihn herum. In diesem Augenblick sah ich gleichsam einen Schacht sich bis in den Himmel öffnen, und der Besucher fuhr in die Höhe auf, bis er ganz verschwunden war... (Joseph Smith 2:43)

Nur wenige Minuten nach seinem Verschwinden kam Moroni erneut in das Zimmer. Smith berichtet:

Er (der Engel) hob an und sagte mir genau dasselbe, was er mir bei seinem ersten Besuch gesagt hatte, ohne die geringste Abweichung. Danach unterrichtete er mich über Gottes Strafgericht, das mit großer Verwüstung durch Hungersnot, Schwert und Seuche über die Erde kommen werde, und dieses schmerzliche Strafgericht werde in dieser (Joseph Smiths) Generation über die Erde kommen. Nachdem er mir dies mitgeteilt hatte, fuhr er wieder, wie zuvor, in die Höhe auf. (Joseph Smith 2:45)

In jener Nacht kam und ging die Erscheinung wohl mehrere Male und zeigte sich sogar am nächsten Abend noch einmal, nachdem Smith von der Feldarbeit zurückgekehrt war. Der Umstand, daß der junge Smith mehrmals eine gleichlautende und in identischer Weise verkündete Botschaft hörte, läßt Bramley vermuten, daß es sich dabei um ein Hologramm mit einer aufgezeichneten Nachricht handelte, die ergänzbar war. Bramley zufolge wurden die Mormonenkirche und alle anderen menschlichen Religionen samt den meisten ihrer Varianten von - „Wächter" genannten - regressiven Außerirdischen mit dem Ziel „inspiriert", die Menschheit zu spalten und spirituell in tiefster Unwissenheit zu halten.(22) Laut Bramley manifestieren sich im Gebaren der Mormonenkirche zahlreiche „spirituelle Falschinformationen" - so in ihrer Rassenpolitik oder in ihrer Überzeugung, daß das unsterbliche geistige Selbst mit einer physischen Form verbunden sein kann und sein sollte. So wurden Schwarze noch bis zum letzten Jahrzehnt nicht zum Priesteramt der Mormonenkirche zugelassen, da Dunkelhäutigkeit als Strafe Gottes galt. Dieser Glaube findet im Buch Mormon, der Heiligen Schrift der Mormonen, in II Nephi 5:21-23 Ausdruck. Anerkennenswerterweise haben die Mormonen im letzten Jahrzehnt diese Rassenlehre offiziell aufgegeben und lassen seither dunkelhäutige Menschen zum Priesteramt zu.

Nach Auflistung weiterer mormonischer Glaubensinhalte, die er für von regressiven „Wächtern" verbreitete „spirituelle Falschinformationen" hält, zählt Bramley einige anerkennenswerte humanitäre Leistungen der Mormonenkirche auf und erklärt, daß keine menschliche Organisation nur schlecht oder nur gut sei. „Um eine Person oder Gruppe richtig einzuschätzen" sei wirklich nur von Belang, „ob mehr Gutes oder Schlechtes getan werde, und wie das Schlechte behoben werden könne, ohne im gleichen Zuge das Gute zu vernichten..."(23)

Zu einem verwandten Gegenstand, den prophetischen Schriften (die in der Regel als apokalyptische Schriften bezeichnet werden), bringt Bramley Beweise, daß sie aus der Feder von „Wächtern" oder, wie wir sie nennen, regressiven Außerirdischen stammen.(24) Spätestens seit 500 v.Chr., als sich in Persien und Israel monotheistische Religionen (der Zoroastrismus bzw. Judaismus) durchgesetzt hatten, bilden apokalyptische Prophezeiungen einen regelmäßig wiederkehrenden Bestandteil unserer Historie. Bramley resümiert Weissagungen dieser Art:

> Während einer kommenden globalen Katastrophe wird die Menschheit in ihren Grundfesten erschüttert werden. Dieser Katastrophe folgt ein Jüngstes Gericht, bei dem Gott oder sein Stellvertreter (einer monotheistischen Religion) als Richter über das Schicksal eines jeden Menschen zu Gericht sitzen wird. Nur solche, die der Religion anhängen, die die Apokalypse predigt, werden dabei Gnade finden. Alle anderen werden zum Tode oder zu ewiger Verdammnis verurteilt...(25)

Apokalyptische Prophezeiungen stellen Bramley zufolge eine weitere Verfälschung geistiger Wahrheiten dar und bringen Menschen dazu, sich einer speziellen Religion oder einem bestimmten „Gott" zu ergeben. Die Masse werde durch die von Weltuntergangsprognosen erzeugten Ängste von der Erkundung anderer religiöser Systeme abgehalten.

Bramley fand ebenfalls beeindruckende Beweise dafür, daß das globale Währungssystem mit Hilfe menschlicher Geheimbünde von „Wächtern" oder regressiven Außerirdischen zu Manipulations- und Kontrollzwecken eingeführt wurde.(26) Bramley zeigt auf, daß das internationale „funny-money-System", wie er es nennt, von der Mitte des neunzehnten Jahrhunderts bis ins zwanzigste Jahrhundert hinein so organisiert wurde, daß einige wenige finanzkräftige Privatpersonen und ihre Banken in den Stand gesetzt wurden, das politische System aller Nationen sowie die Weltwirtschaft als ganzes zu beherrschen. Die Weltwirtschaft des zwanzigsten Jahrhunderts insgesamt sei durch Inflation, massive Verschuldung sowie Konjunkturschwankung von Rezession zu Aufschwung zu Rezession und so weiter gekennzeichnet.

Esoterische Korrelationen mit historischem Material

Die graue Eminenz

Wir zitierten Bramley so ausführlich, da seine Version der Geschichte, die die heimliche Entstellung geistiger Wahrheiten und andere verdeckte Manipulationen regressiver Außerirdischer oder Wächter hervorhebt, auch unserem eigenen Ansatz in diesem Buch entspricht. Selbstredend steht Bramleys Geschichtsversion in keiner Schule dieses oder eines anderen Landes auf dem Lehrplan (jedenfalls soweit mir bekannt ist). Wenn seine Lesart der Geschichte jedoch auch nur halbwegs korrekt sein sollte, dann wurde sie von genau jenen regressiven Außerirdischen vertuscht und verheimlicht, die die menschlichen Geschicke seit jeher hinter den Kulissen manipulieren. Momentan finden radikale Geschichtswerke wie die von Bramley und Sitchin nur zum Teil esoterische Bestätigung. Wir werden in diesem Abschnitt jedoch sehen, daß plejadische Quellen, die schon mit den in früheren Kapiteln vorgelegten historischen Zeugnissen in Beziehung standen, auch Bramleys wesentliche These in The Gods of Eden deutlich erhärten.

Die von Barbara Marciniak gechannelte Pleiadian-Plus-Gruppe sagt uns, daß Außerirdische (außerplanetarische Wesen) nahezu sämtliche menschlichen Institutionen - allen voran unsere Religionen - negativ beeinflußten, um uns unwissend und damit kontrollierbar zu halten.(27)

Auch die „Schweizer Plejadier“ und ihre Freunde sprechen davon, daß Menschen von Außerirdischen mittels „Erdenreligionen und Geheimgruppen“ kontrolliert und beherrscht wurden bzw. werden.(28) Vor langer, langer Zeit hätten viele Menschen regelmäßigen Umgang mit Außerirdischen gepflegt und einen großen Teil ihres Wissens geteilt. Nach und nach seien diese Kontakte jedoch seltener geworden und schließlich infolge des „...Eingreifens ... übelgesinnter Elemente irdischen und nichtirdischen Ursprungs“ völlig eingeschlafen.(29) Auf diese Weise sei das Wissen der Außerirdischen verlorengegangen. Gewisse regressive Fremde hätten unter der Erde und auf nahegelegenen Planeten heimlich Stützpunkte errichtet, von wo aus sie Kulte förderten und uns hinter unserem Rücken manipulierten.(30)

Die „Schweizer Plejadier“ und die Pleiadian-Plus-Gruppe sprechen über die Beteiligung ihrer Vorfahren an fast sämtlichen Frühkulturen der Menschheit. Mit den Schöpfergöttern der alten Sumerer seien sie mal verbündet und mal verfeindet gewesen.(31) Wir erwähnten schon in einem früheren Kapitel, daß die alten Plejadier zumindest einen Teil der in der Genesis und anderen alten Dokumenten angeführten „Gottessöhne“ stellten, die sich mit „Menschentöchtern“ paarten und auf diese Weise zur biologischen Evolution des Menschen beitrugen. Den „Schweizer Plejadiern“ zufolge errichteten ihre frühen Vorfahren in einigen Fällen ihr eigenes Herrschaftsgebiet, versklavten Menschengeschlechter, verlangten, wie „Götter“ behandelt zu werden und legten der Menschheit gegenüber äußerste Grausamkeit an den Tag. Im Laufe ihrer geistigen Entwicklung sei in ihnen jedoch die Sehnsucht nach der Heimat gewachsen, und sie hätten die Erde zu guter letzt verlassen und die Menschen ihrer „natürlichen“ Entwicklung überantwortet. (Es ist ja ganz offensichtlich unmoralisch, in die irdischen Geschicke der Menschen oder einer anderen primitiven Spezies eines Planeten einzugreifen, wenn man von dieser nicht dazu aufgefordert wurde, da dies der geistigen und sonstigen Entwicklung der primitiven wie auch der fortgeschritteneren Spezies entgegenarbeitet.)

Jene Plejadier, die zu ihren Heimatplaneten zurückkehrten, entdeckten den „Schweizer Plejadiern“ zufolge, daß sich ihr Volk zu einem liebevolleren Stadium fortentwickelt hatte, auf dem es sich auch heute noch befindet.(32) Als die meisten Plejadier von der Erde vertrieben wurden - um das Jahr 1000 v.Chr. - war der größte Teil der Erdenmenschen schon unter die Kontrolle und Herrschaft regressiver Außerirdischer geraten, die an der geistigen Entfaltung der Menschen oder ihrer selbst uninteressiert waren und zu diesem Zeitpunkt schon von geheimen unterirdischen Stützpunkten oder von benachbarten Planeten aus operierten. Die direkte Kommunikation des Menschen mit außerirdischen „Söhnen des Himmels“ war zu dieser Zeit im wesentlichen ein Ding der Vergangenheit.

Wegen der Verwicklung ihrer frühen Vorfahren mit der Erde liegt den Plejadiern das Wohl der Erdenmenschen besonders am Herzen. Die „Schweizer Plejadier“ faßten Billy Meier gegenüber ihre derzeitige Erdenmission in folgenden Worten zusammen:

1.) Die Knechtschaft der Erdenmenschen gegenüber den selbsternannten „Göttern“ und „Gottessöhnen“ ... aller Helden- und Göttersagen und Religionen der vergangenen 70000 Jahre zu brechen ...
2.) Politik als die natürliche Konsequenz der frühen Religionen zu entlarven und sie als das Versklavungsinstrument aufzuzeigen, das sie de facto ist......
3.) Zu beweisen, daß Religion die Politik hervorbrachte, und daß der Fundamentalismus das stärkste Versklavungsinstrument der frühen Besucher dieses Planeten war. Darzulegen, daß Religion das Werkzeug ist, mit dem diese Versklavung aufrechterhalten wird - in erster Linie über Furcht, Unwissenheit und Einschüchterung...
4.) Zu verkünden, daß die unpersönliche und unendlich-allumfassende Schöpfung (Der Urschöpfer) die wahre Quelle alles Lebens und Seins ist, mit der wir jeden Moment unseres Lebens in engster Berührung stehen und welche die Summe all ihrer unendlichen Teile darstellt. Sie ist in Allem, und Alles ist Sie.(33)

Bramleys Behauptung, daß sich Außerirdische (Wächter) holographischer Einblendungen bedienten, um uns irrezuführen, wird von der Pleiadian-Plus-Gruppe gestützt. Sie sprechen von kürzlichen Ereignissen unserer Geschichte, die auf Einblendungen dieser Art zurückgingen,, und behaupten, daß auch die Visionen der Kinder von Fatima dazu zählten.(34)

Auch uns Menschen des ausgehenden zwanzigsten Jahrhunderts steht die Technik der Holographie zu Gebote, wenn auch augenscheinlich nicht in annähernd so hochentwickelter Form wie den Außerirdischen. Ein Hologramm ist eine mit Hilfe der sogenannten Holographie erstellte dreidimensionale Aufnahme eines Gegenstandes, die mittels eines geteilten, aber kohärenten Laserlichtstrahls erzeugt wird. Dabei wird der Lichtstrahl so angeordnet, daß ein Interferenzmuster entsteht und das entstehende Bild als wirklicher dreidimensionaler Gegenstand erscheint. Die Pleiadian-Plus-Gruppe gibt zu, daß die frühen Plejadier zur Beeinflussung von Kulturen, die sie zu kontrollieren wünschten, Hologramme einsetzten.

Fatima ist eine Kleinstadt im Herzen Portugals. Dort erblickten im Jahr 1917 drei Bauernkinder mindestens sechsmal eine vermeintliche Erscheinung der Jungfrau Maria. Am 13. Oktober 1917 versammelte sich schließlich eine riesige Menschenmenge von rund 70000 Seelen an diesem Ort, um der Dinge zu harren, die da kommen sollten, während die Kinder zur Heiligen Jungfrau beteten. Nach einigem Warten erlebte die Menge dann, gleich nachdem die Mutter Gottes den Kindern erschienen war, ein „übernatürliches Sonnenphänomen".(35) 1930 erklärte der katholische Bischof der nahegelegenen Stadt Leiria die Visionen der Kinder zu echten Marienerscheinungen. Seither wurde in Fatima eine portugiesische Wallfahrtsstätte eingerichtet, zu der alljährlich Tausende von Menschen pilgern. Eine Prophezeiung, die den Kindern von der Erscheinung gegeben wurde, wird von den höchsten Kirchenorganen geheimgehalten, da sie diese offenkundig als zu gefährlich für Katholiken und den Rest der Menschheit erachten - jedenfalls wurde sie der Öffentlichkeit nie zugänglich gemacht.

Den Agnostikern und Nichtkatholiken der Welt bedeutet Fatima vermutlich recht wenig; Millionen vor allem europäischer Katholiken glauben indes mit Inbrunst daran, daß den drei Kindern dort tatsächlich die Heilige Jungfrau und Mutter Jesu erschienen ist. Sollten Sie zu jenen gehören, die das in Fatima Geschehene für Unsinn halten, möchte ich Sie bitten, doch noch einmal darüber nachzudenken. Was enthielt diese

Prophezeiung? Wann wird sie enthüllt werden? Wenn es ein von Außerirdischen inszeniertes Hologramm war, die uns kontrollieren möchten, wer verbirgt sich dahinter? Als diese Frage Pleiadian Plus vorgelegt wurde, gaben sie zur Antwort, daß es nicht ihre Aufgabe sei, uns (die Menschheit) zu retten - womit sie andeuteten, daß wir diese Dinge selbst herausfinden müßten.(36) Eine ausführlichere Erörterung der Fatima-Prophezeiung findet sich im nächsten Kapitel; soviel sei jedoch schon dazu gesagt, daß es sich dabei um eine der von Bramley erörterten apokalyptischen Prophezeiungen zu handeln scheint, die durch regressive Außerirdische in die Welt gesetzt werden.

Wie Bramley behauptet auch die Pleiadian-Plus-Gruppe, daß Außerirdische für die Verbreitung von Krankheiten verantwortlich sind:

> ...Von Anfang an sagten wir, daß Außerirdische - außerplanetarische Wesen - hinter jeder größeren Bewußtseinsveränderung steckten. Sie steckten hinter Krankheiten auf eurem Planeten - euer Schwarzer Tod wurde durch Außerirdische entfacht - euer AIDS. Sie steckten hinter der Einführung bestimmter Religionen. Sie stecken hinter vielem.(37)

Die Plejadier sagen, daß sie hier seien, um uns dabei zu helfen, uns selbst zu retten, und nicht, um uns direkt zu retten. Sie selbst hätten sich wohl zu einer viel höheren geistigen Ebene als die Erdenmenschen entwickelt, doch es gebe in diesem All auch etliche abtrünnige Plejadier. Einige davon arbeiteten möglicherweise Hand in Hand mit Außerirdischen, denen an der Weiterführung unserer Versklavung liegt. Auch gebe es Wesen, die wenig oder keine plejadischen Gene und Erziehung besitzen, sich aber dennoch als Plejadier ausgeben, um Erdenmenschen irrezuführen oder um sich „ihre Gunst zu erschleichen". Die Plejadier warnen uns davor, Außerirdischen oder anderen Bewußtseinsträgern kritiklos Glauben zu schenken, nur weil diese den Eindruck vermitteln, intelligenter und technisch und geistig höherentwickelt zu sein. Auf eine Frage über die Täuschung von Menschen durch höhere Intelligenzen antwortete Pleiadian Plus:

> „Auf diesem Planeten brachte man euch dazu zu glauben - und dabei handelt es sich um eine weitere Irreführung -, daß eine überlegene Intelligenz auch „guter“ sein müsse...(38)

Wir sahen schon, daß solche Intelligenzen des öfteren nicht nur nicht „guter“ sind, sondern sich sogar ausgesprochen tückisch verhalten können, um uns unter ihrer Kontrolle zu halten.

Die Plejadier behaupten, Propheten zur Erde gesandt zu haben, um den Menschen bei ihrer Entwicklung zum Licht hin zu helfen. Ihrer Aussage nach wurden auch viele Mitglieder der Lichtfamilie, die vielleicht noch nicht ganz einen „Prophetenstatus“ erreicht haben, in irdischer Form geboren, um Menschen in ihrer Entwicklung beizustehen. Eines der erklärten Ziele der „Schweizer Plejadier“ ist der Versuch, die wahre Lehre Jesu wiederherzustellen, den sie Jmmanuel nennen. Ihnen gemäß war Jmmanuel - die Wesenheit, die wir als Jesus kennen - ein sehr hochstehender Wahrheitslehrer (oder Lehrer des Lichtes) und nicht Gott der Allmächtige oder der Sohn des allmächtigen Gottes. Sie behaupten, daß die wahren Lehren Jmmanuels (Jesu) im Laufe der Jahre bis zur Unkenntlichkeit entstellt worden seien.(39) Auch viele Religionshistoriker, Bramley inbegriffen, äußern sich in ähnlicher Form.(40) Auf diese Feststellungen sowie die Frühphasen der christlichen Religion werden wir in späteren Kapiteln näher eingehen.

Beenden wir dieses traurige Kapitel mit etwas Positivem. Die gute Nachricht ist, daß die Plejadier und viele weitere Mitglieder der Lichtfamilie jetzt anwesend sind und uns dabei helfen möchten, uns psychisch und physisch über die Familie der Dunkelheit hinaus auf eine viel höhere Seinsebene zuzuentwickeln, die durch bedingungslose Liebe und Glückseligkeit gekennzeichnet ist. Ungeachtet der Tatsache, daß diese Bewußtseinsebene auf der Erde noch recht schwach ausgeprägt ist, versichert uns die Pleiadian-Plus-Gruppe, daß das Hier und Jetzt für Menschen wie für Außerirdische potentiell eine Zeit äußerst rapiden Bewußtseinswachstums darstellt. Diese Tendenz würde sich noch intensivieren, je näher wir der Jahrtausendwende und den darauffolgenden Jahren kämen. In ihren Übermittlungen unterstreicht die Pleiadian-Plus-Gruppe durchweg, daß wir nur jede Sekunde eines jeden Tages bewußt in Weisheit und Licht verbringen müßten. Dadurch würden wir in den Stand gesetzt, auf eine erheblich höhere Bewußtseins- oder Schwingungsebene aufzusteigen und die heimtückischen Außerirdischen einfach hinter uns zu lassen. In den folgenden Kapiteln werden wir dazu noch viel mehr zu sagen haben - soviel sei jedoch jetzt schon angemerkt, daß diese schnelle spirituelle Entwicklung zu einem Gutteil von dem Erwerb größerer Unterscheidungsfähigkeit abhängt - so müssen wir z.B. auseinanderhalten lernen, welche extraterrestrischen Intelligenzen der menschlichen Spezies wohlwollend gegenüber stehen und welche nicht.

Suchen wir nach weiteren Anhaltspunkten dafür, daß die Menschheit irregeführt wurde und wird. Wenn Menschen, wie es den Anschein hat, jahrtausendelang von unsichtbaren Kräften hintergangen und manipuliert wurden, sollten einige Zeugnisse dafür zu finden sein, daß dies auch heute noch der Fall ist.

1. Die Heilige Schrift, Deutsche Bibelgesellschaft, op.cit., Genesis 11: 1-9.
2. Sitchin, Z. 1976. op. cit., S. 147-153.
3. Goetz, D. und S. G. Morley 1950. op. cit.
4. Bramley, W. 1990. op. cit.
5. Ibid., S. 3.
6. Ibid., S. 2.
7. Ibid., S. 3.
8. Ibid., S. 94-95.
9. Ibid., S. 113-120.
10. Ibid., S. 117-118.
11. Ibid., S. 118.
12. Ibid.
13. Ibid.
14. Ibid.
15. Ibid., S. 162-163.
16. Ibid., S. 197-198.
17. Ibid., S. 198.
18. Ibid., S. 200-205.
19. Ibid., S. 201.
20. Nohl, J. 1926. The Black Death, a Chronicle of the Plague. George Allen and Unwin Ltd., London, S. 56-57. Zitiert in: Bramley, W. 1990. op. cit., S. 204.
21. Deaux, G. 1969. The Black Death, 1347. Weybright & Talley, Inc. New York, S. 2-4. Zitiert in: Bramley, W. 1990. op. cit., S. 207.
22. Ibid.

23. Ibid.
24. Ibid., S. 121-131.
25. Ibid., S. 121.
26. Ibid., S. 359-364.
27. Marciniak, B. 1990 „The Pleiadians“. Manuskript eines Mitschnitts von am 15. und 16. November in der Stanford University gechanneltem Material. J. Hornc ker (Hrsg.), Bold Connections, Raleigh, North Carolina.
28. Stevens, W. C. 1990. op. cit., S. 94.
29. _____ 1988. op. cit., S. 384-385.
30. Marciniak, B. 1990. op. cit., S. 7.
31. Ibid., S. 14.
32. Stevens, W. C. 1988. op. cit., S. 129-130.
33. Stevens, W. C. 1989. op. cit., S. 49-50.
34. Marciniak, B. 1990. op. cit., S. 14.
35. Encyclopaedia Britannica, 15. Ausgabe, S. 697.
36. Marciniak, B. 1990. op. cit., S. 14.
37. Ibid., S. 38.
38. Ibid., S. 33
39. Stevens, W. C. 1990. op. cit., S. 163.
40. Bramley, W. 1989. op. cit., S. 133.

„Plötzlich bemerkte der Erfinder (Nikola Tesla) ungewöhnliche, rhythmische Geräusche auf seinem Empfangsgerät. Ihr regelmäßiges Muster konnte er sich nur dadurch erklären, daß es sich um einen Kommunikationsversuch von Lebewesen eines anderen Planeten handeln mußte. Nikola Tesla drückte seine Überzeugung aus, daß gewisse Störungen seines Apparates elektrische Signale einer jenseits der Erde befindlichen Quelle darstellen." Professor Holden, früherer Leiter des Lick-Observatoriums der University of California.

Margaret Cheney, Tesla: Man Out of Time

Kapitel 12

Das UFO-Phänomen im ausklingenden zwanzigsten Jahrhundert

In der Planungsphase unseres Buches war eine Behandlung des UFO-Phänomens des späten zwanzigsten Jahrhunderts eigentlich nicht vorgesehen. Für das Verständnis der Art und Weise, wie Außerirdische der Frühzeit die letzten Stufen des biologischen Jetztmenschen schufen und der Menschheit die Kultur verliehen, schien mir eine solche Thematisierung entbehrlich. Auch quillt das heutige UFO-Phänomen über vor Unappetitlichkeiten wie Vertuschungsmanöver, Falschmeldungen, Desinformation, Skandale, Mordtaten, Demütigung, Lügen, Gemeinheit und einer Unmenge weiterer infamer Verhaltensweisen, was es als Studienobjekt wenig reizvoll erscheinen ließ. Damals waren mir jedoch noch keine Belege für eine Verschwörung regressiver Außerirdischer, die die Menschheit seit jeher im verborgenen zu manipulieren und zu kontrollieren versuchten, unter die Augen gekommen.

Seit Beginn der modernen UFO-Ära im Jahre 1947 kam es zu millionenfachen UFO-Sichtungen und ebenso vielen angeblichen Entführungen. In Tausenden von Büchern und Artikeln wurden sämtliche Aspekte des UFO-Phänomens abgehandelt und dabei Hunderten von Ansichten und Interpretationen Ausdruck verliehen. Und während all dieser Zeit praktizierte die amerikanische wie auch die meisten anderen Regierungen der

Industrienationen eine Vertuschungstaktik, welche u.a. das Lächerlichmachen von Bürgern und - zumindest in den USA - sogar deren Tod einschloß. Kein Wunder, daß ich nicht darauf brannte, das heutige UFO-Phänomen in Angriff zu nehmen. Aber während ich darüber nachlas, wie Außerirdische einstmals die Menschen als Sklaven erschaffen und sich später an der Gründung der menschlichen Frühkulturen beteiligt hatten, begann mir ein Schema aufzufallen, das sich wie ein roter Faden durch die Menschheitsgeschichte zieht - ein Schema von Herrschaft und Kontrolle, Geheimhaltung, Vertuschung und bewußter Irreführung - der Darstellung der Dinge, wie sie nicht sind! Ich begann mich zu fragen, in welcher Lage die Menschheit sich wohl heutzutage den Außerirdischen gegenüber befindet, und durch Lektüre von Autoren wie Bramley und anderen dämmerte mir, daß das, was für die Vergangenheit galt, auch heute noch zutrifft. Wir Menschen der Erdoberfläche werden mit Unterstützung einer kleinen Menschengruppe von Wesen manipuliert und weitgehend kontrolliert, die ursprünglich nicht hier beheimatet waren. In der Frühzeit übten die Wächter-Götter ihre Herrschaft direkt aus und später dann über einen menschlichen oder einen halb-menschlich-halb-göttlichen Mittelsmann, der König oder Pharaoh genannt wurde. Es scheint auch, daß die außerirdischen „Götter" diesen Planeten etwa zwischen 2000 und 1000 v.Chr. zu verlassen begannen oder buchstäblich in den Untergrund gingen, um ihre negative Beeinflussung der menschliche Gesellschaft in aller Stille fortsetzen zu können. - Besitzen wir also auch Belege für eine extraterrestrische Manipulation und Kontrolle im späten zwanzigsten Jahrhundert?

Glücklicherweise war ungefähr zur gleichen Zeit, als ich mit dem Gedanken an dieses Buch spielte, eine Riesenmenge Material über das UFO-Phänomen verfügbar geworden, das einen Großteil von dessen verwirrenden und rätselhaften Aspekten entschleierte. Ich entschloß mich daher, unter Zuhilfenahme dieses in den letzten Jahren so überreichlich erhältlich gewordenen Materials selbst einen Abriß des zeitgenössischen UFO-Phänomens zu geben, in dem ich schwerpunktmäßig nach Belegen für eine Kontrolle und Manipulation der Menschheit durch regressive Außerirdische bzw. ihre menschlichen Verbündeten forschen würde. Diese Entscheidung bedeutete gleichzeitig, daß ich die Arbeit zahlreicher UFO-Forscher unerwähnt lassen mußte, die den extremen

Schwierigkeiten zum Trotz eine Riesenmenge Forschungsarbeit geleistet haben, um vertuschtes und verborgenes und daher meist schwer einzuordnendes Material ans Licht zu bringen. Aber mir lag nicht daran, irgend jemanden von der Echtheit von UFOs oder Außerirdischen zu überzeugen, da, was mich betrifft, Leser, die an UFOs nicht glauben, für ein Buch dieser Art noch nicht reif sind! Überdies geht aus Meinungsumfragen hervor, daß bis zu 80 Prozent aller Amerikaner an UFOs glauben.(1) Ich bin also schlicht nicht daran interessiert, bezüglich dieses Phänomens Überzeugungsarbeit zu leisten.

Das heutige UFO-Phänomen begann im Jahre 1947, als Kenneth Arnold während eines Fluges in seiner Privatmaschine im Bundesstaat Washington in der Nähe des untätigen, spektakulären Vulkans Mount Rainier eine Formation von neun „fliegenden Untertassen" beobachtete. Arnold, Mitglied der Such- und Rettungsmannschaft Idaho Search und Rescue Mercy Flyers, befand sich damals auf Geschäftsreise und hatte sich, da er über etwas freie Zeit verfügte, entschlossen, nach einem abgestürzten Flugzeug zu suchen, das im Mount-Rainier-Gebiet vermißt gemeldet worden war. Zunächst beobachtete er einige äußerst helle Blitze, dann neun Flugscheiben, die nacheinander einzeln „wie eine über eine Wasseroberfläche hüpfende Untertasse" auftauchten.(2) Arnold, der zu diesem Zeitpunkt auf 4000 Stunden Flugerfahrung zurückblicken konnte, schätzte die Geschwindigkeit der „Untertassen" auf ungefähr 2000 Stundenkilometer. Dies übertraf die schnellsten Düsenflugzeuge der damaligen Zeit etwa um das Dreifache.

Obwohl unter den Reportern, die Arnold interviewten, mancher Skeptiker gewesen sein soll, waren doch alle so von dem Mann und seiner offensichtlichen Glaubwürdigkeit als „achtbarer Bürger" beeindruckt, daß seine Geschichte in zahlreichen Zeitungen publiziert und der Ausdruck „fliegende Untertasse" geprägt wurde.(3)

In ihrer offiziellen Stellungnahme zu dem Vorfall sagte die amerikanische Luftwaffe (USAF), daß Arnold einer Luftspiegelung aufgesessen sei. Der von der USAF zur Untersuchung von UFO-Meldungen rekrutierte Astronom J. Allen Hynek kam im Lichte seiner Erfahrungen zu dem Schluß, daß Arnold vermutlich ein Flugzeuggeschwader gesehen hatte, dessen Fluggeschwindigkeit weit unter seiner Schätzung lag.(4)

Hier haben wir das erste Beispiel eines immer gleichen Schemas: angesehene US-Bürger berichten von UFO-Sichtungen und extraterrestrischen Kontakten, ihre Meldungen werden jedoch von einer Regierungsbehörde - gewöhnlich der USAF - in Zweifel gezogen und meist sogar bestritten. Hynek, damals der offizielle USAF-Astronom, sollte später zugeben, daß ihn die amerikanische Luftwaffe als „offiziellen Wegerklärer" von UFO-Beobachtungen angeheuert und damit betraut hatte, für sämtliche Sichtungen eine „natürliche Erklärung" aufzutreiben.(5) Zumindest gab man Arnold in jenen Tagen noch nicht der Lächerlichkeit preis - die systematische Verspottung von Personen, die eine UFO-Erfahrung gemacht haben wollten, wurde erst später zur offiziellen Regierungstaktik.

UFO-Forschern war natürlich nicht entgangen (zumindest nicht, seit von Däniken seine Arbeit zu veröffentlichen begann), daß das UFO-Phänomen weit vor das Jahr 1947 bis zu den Anfängen der Menschheit zurückreicht. Aber dieser Bericht von 1947 bezeichnet den Beginn einer bis heute andauernden Sichtungswelle und eines breiten Interesses an dieser Erscheinung in Amerika und einem Großteil der restlichen Welt.

Als Arnold die „fliegenden Untertassen" beobachtete, war ich gerade fünf geworden und wohnte in einer Kleinstadt in Ostkansas - ich habe also nicht die geringste Erinnerung an dieses Ereignis. Aber ich entsinne mich gewisser Gespräche über „fliegende Untertassen" und einen eventuellen Besuch von Menschen aus dem All. Diese Dinge waren alle irgendwie leicht unheimlich - vor allem, als ich mit knapp zehn Jahren Filme mit furchteinflößenden Weltraumthemen zu sehen begann. Da ich jedoch nie selbst ein UFO gesehen hatte oder jemanden kannte, der das Thema berührt hätte, machte ich mir nicht allzuviel Gedanken darüber. Irgendwie faszinierten mich freilich Filme mit Raumschiffen, die weit schneller als die modernsten Düsenflugzeuge der USAF flogen - die doch, davon war ich überzeugt, die schnellsten der Welt waren.

Das UFO-Phänomen war ja in der Tat in höchstem Grade bizarr. UFOs sollten sich nicht nur atemberaubend schnell bewegen, sondern auch abrupt die Richtung ändern und mit einem Mal in der Luft stillstehen können. UFO-Sichtungen gingen häufig mit elektrischen Störungen und blendenden Lichterscheinungen einher. Gelegentlich wurden im Zusammenhang mit ihnen auch Geschöpfe gesichtet, mit denen es von Zeit zu Zeit sogar zu Begegnungen kam. Diese Geschöpfe sahen meist höchst seltsam aus, bisweilen jedoch auch ziemlich oder größtenteils menschlich. Die UFOs selbst waren mal kleine und mal sehr große „Untertassen", und hie und da tauchten auch kugel- und „zigarrenförmige" Raumschiffe auf. Es kam auch vor, daß sich UFOs vor den Augen ihres erstaunten und in der Regel sehr erschreckten Publikums einfach in Luft auflösten. Es gab Berichte von telepathischer Kommunikation zwischen Menschen und „Weltraumwesen" sowie von Menschen und Weltraumwesen, die durch die Luft schwebten. Einige behaupteten, mit diesen Wesen wiederholt in Berührung gekommen zu sein, andere wiederum, in einem UFO zur Venus oder zu anderen Planeten gereist zu sein. Und manche gaben sogar vor, von Außerirdischen die „wahre Religion" erhalten zu haben. Ein Großteil der Bevölkerung fragte sich, ob es sich bei diesen Behauptungen allesamt um Ausgeburten überspannter Phantasien handelte oder ob vielleicht doch noch mehr dahinter steckte. Das UFO-Phänomen war in der Tat bizarr. Kein Wunder, daß die UFO-„Szene" von schlecht unterrichteten Wissenschaftlern und anderen Intellektuellen als ausschließliche Arena „extremistischer Randgruppen" abgetan wurde. Während all dieser Zeit behauptete die amerikanische Regierung in schöner Beharrlichkeit, daß das UFO-Phänomen reiner Unsinn sei und sich die Quasi-Gesamtheit der sogenannten UFO-Sichtungen auf „Naturerscheinungen" zurückführen ließe.

Während meiner Kindheit und Jugend in Kansas hätte ich nie geglaubt, daß die Regierung der Vereinigten Staaten das amerikanische Volk belügen könne. Ich hielt die US-Regierung für die großartigste Regierung, die jemals diese Erde zierte, und Teil dieser „Großartigkeit" (die mir von Kirche, Staat und Massenmedien suggeriert wurde) war, daß „Uncle Sam" niemals lügen würde. Diese heile Welt bekam jedoch anläßlich des U-2-Vorfalls im Jahre 1960, als ich mein letztes High-School-Jahr absolvierte, erste Risse. Wie ich mich erinnere, hatte es damals in den Nachrichten geheißen, daß die Russen - die Sowjets - ein amerikanisches U2-Spionageflugzeug abgeschossen hätten. In seiner ersten Darstellung des Vorfalls sagte Präsident Eisenhower, daß der amerikanische Pilot Gary Powers nur ein klein wenig von seinem Kurs abgekommen sei und kaum die sowjetische Grenze überschritten habe. Dafür hätten die Russen unser U2-Spionageflugzeug abgeschossen (von dem ich bis zu diesem Vorfall nie gehört hatte). Ich hatte etwa einen Tag, um meiner Wut auf „diese Kommunistenschweine" Luft zu machen, als bekannt wurde, daß Powers in Wirklichkeit sein Flugzeug in Süd-Nord-Richtung durch die halbe Sowjetunion gesteuert hatte, bevor es die Sowjets abgeschossen hatten. Ich war am Boden zerstört. Ike, unser Präsident und mein Kansas-Landsmann, hatte gelogen! Nach diesem Zwischenfall mußte ich noch mehrere Male miterleben, wie die US-Regierung möglicher- (oder wahrscheinlicher-)weise nicht die Wahrheit sagte und/oder irreführende Informationen in Umlauf setzte. Schließlich, Ende der sechziger Jahre, stand dann für mich zweifelsfrei fest, daß sie „wie gedruckt" log, wenn sie die Existenz von UFOs ableugnete. Ich fand UFOs zwar verwirrend und wußte mir auf sie keinen Reim zu machen - aber daß irgend etwas im Gange war und die UFO-Meldungen nicht alle Phantasieprodukte Wahnsinniger oder schlicht Fehldeutungen von „Naturerscheinungen" waren, war mir klar. Ich fragte mich, was die Regierung wohl verbarg - was sie vertuschte.

J. Allen Hynek, der USAF-Astronom, der mit der Untersuchung der UFO-Sichtung durch Kenneth Arnold im Jahre 1947 betraut worden war, behauptete später, zum „Überläufer" geworden zu sein. Er gab offen zu, von der Regierung angestellt worden zu sein, um UFO-Sichtungen „wegzuerklären" und irreführende Informationen zu verbreiten. Allmählich sei ihm jedoch die Realität der UFOs aufgegangen und er hätte die unwissenschaftliche Art, in der die Regierung das Problem anging, nur noch mit Mißbilligung betrachten können. Dank Hynek besitzen wir einige Einblicke in die Art und Weise, in der die Regierung an das UFO-Problem heranging.(6)

Mit der „Untersuchung" der ersten UFO-Meldungen wurde die amerikanische Luftwaffe (USAF) betraut, die daraufhin 1947 - angeblich zum Zwecke der Erforschung von UFOs - ein Projekt namens Sign ins Leben rief. Dieses machte 1948 dem sogenannten Project Grudge Platz, welches 1952 wiederum durch Project Blue Book abgelöst wurde. Laut Hynek, den die USAF schon für das Sign-Projekt rekrutiert hatte und der auch noch während des Grudge-Projekts und des größten Teils des Blue-Book-Projektes offizieller „Wegerklärer" war, verfolgte die Luftwaffe all diese Projekte hindurch inoffiziell eine „Anti-UFO-Taktik."(7) Sie wollte UFO-

Meldungen einfach so schnell wie möglich (und fast egal wie) in der Schublade verschwinden lassen. 1969 wurde die Luftwaffe schließlich auch offiziell jeglicher Verpflichtung zur Untersuchung von UFOs ledig: Sie gab das Blue-Book-Projekt auf, nachdem eine von ihr bezuschußte „wissenschaftliche" Studie - der abschließende, entscheidende, berüchtigte Condon-Report - zu dem Schluß gekommen war, daß sogenannte UFOs kein Thema darstellen, das eine wissenschaftliche Untersuchung verdient.

Hynek schreibt, daß während der gesamten Dauer des Blue-Book-Projekts Untersuchungsmethoden zur Anwendung kamen, die sich noch nicht einmal näherungsweise mit wirklicher Wissenschaft vergleichen ließen. Wissenschaftlich gesehen seien sie im besten Fall „schlampig" gewesen, und die in den Blue Book-Berichten gezogenen Schlußfolgerungen hätten oft Beleidigungen des Charakters der Zeugen dargestellt.(8) Die Berichte hätten in der Regel keine ausführliche Analyse der UFO-Meldung enthalten und die darin vorgelegten Erklärungen waren „offenbar Strohhalme, an die man sich nur deshalb klammerte, um den Fall schnell und unauffällig ad acta legen zu können."(9)

Auf Druck des Kongresses hin engagierte die Luftwaffe 1966 zur Untersuchung der unidentifizierten fliegenden Objekte ein Gremium aus Wissenschaftlern, welches in der *University of Colorado* in Boulder unter Vorsitz des renommierten Physikprofessors Edward Condon zusammentrat. Der daraus resultierende abschließende Condon-Report von 1969 gilt in UFO-Kreisen als Paradebeispiel für die Vertuschungspolitik von Luftwaffe und Regierung.

Hynek steht dem Condon-Report als Wissenschaftler sehr kritisch gegenüber. Dieser könne, abgesehen von Prof. Condons vernichtenden Schlußfolgerungen in der Zusammenfassung, als „...ein überzeugendes Dokument zugunsten der Wirklichkeit des UFO-Phänomens" betrachtet werden.(10) Hynek weist darauf hin, daß Condon in seiner Zusammenfassung den Inhalt seines eigenen Berichts offenkundig ignoriert, und hält für fraglich, ob er ihn je gelesen hat.(11) In der Tat enthält der Report - von Condons Resümee abgesehen - zahlreiche Fälle, in denen das Komitee zu dem vorsichtigen Schluß kommt, daß die Wahrscheinlichkeit der Existenz von UFOs ziemlich hoch sei. Hynek beanstandet, daß Condon bedenkenlos über Tausende UFO-Meldungen von glaubwürdigen Zeugen aus aller Welt hinweggeht, und vermutet, daß Condon von vornherein geneigt war, jegliche UFO-Hypothese zu verwerfen. Kurzum, Hynek hält den Bericht des Condon-Komitees, besonders dessen Zusammenfassung aus Prof. Condons Feder, für schludrige Wissenschaft - Wissenschaft, wie sie nicht sein sollte. Nichtsdestoweniger war die einflußreiche National Academy of Science (NAS), ein Gremium aus „Elite"-Wissenschaftlern, schnell dabei, sich dem Condon-Report anzuschließen, und Hynek fragt sich in diesem Zusammenhang, ob die Mitglieder der Academy, denen die Rezension des Reports oblag, seinen Inhalt je zur Kenntnis genommen haben.(12) In der Tat deuten wissenschaftliche Aussagen zum UFO-Phänomen mehrheitlich darauf hin, daß wir als Gruppe den diesbezüglich uninformiertesten und unwissendsten Teil unserer Gesellschaft darstellen. Wissenschaftler, die sich in ihrem jeweiligen Spezialgebiet unserer materialistischen Wissenschaft vergraben haben (wie auch ich dies viele Jahre lang tat), legen eine Art intellektueller Trägheit (u.a. im Gebrauch ihrer logischen Fähigkeiten) an den Tag und bekunden eine grundlegende materialistische Weltanschauung, die sich wie folgt zusammenfassen ließe:

> Materialistisch betrachtet stützt jedes Phänomen, welches einer klassisch-materialistischen Erklärung nicht zugänglich zu sein scheint, ein Weltbild, das einfach nicht sein kann. Dies allein beweist seine Nichtexistenz.

Hynek zitiert einen zum Gemeinplatz gewordenen Ausspruch, der Dr. Carl Sagan zugeschrieben wird. Sagans Versuche, die materialistische Wissenschaft über Fernsehen, Bücher und Artikel in populären Zeitschriften gemeinverständlich darzustellen, haben ihn in Amerika zu einer Art Wortführer der erdgebundenen Wissenschaft gemacht. Hinsichtlich UFOs äußerte sich Dr. Sagan folgendermaßen: „...es gibt keine glaubwürdigen Berichte, die interessant sind, und keine interessanten Berichte, die glaubwürdig sind."(13) Die Wissenschaft hatte schon im Jahre 1969 gesprochen: an diesem ganzen Phänomen gibt es nichts, das untersuchenswert wäre. Aber augenscheinlich hatten die Urheber der UFO-Phänomene weder den Condon-Report noch eine der Erklärungen der „allwissenden" Wissenschaft gelesen, denn die siebziger, achtziger und nun auch die neunziger Jahre erlebten genauso viel und sogar noch mehr UFO-Aktivitäten als die fünfziger und sechziger Jahre.

Während Hynek die mangelnde Objektivität und Wissenschaftlichkeit der Luftwaffe bei der Untersuchung des UFO-Phänomens mißbilligt, erwähnt er auch den absonderlichen Charakter der gemeldeten UFO-Sichtungen. 1977 war er der Ansicht, daß die USAF auf irgendeine Weise herausgefunden hatte, daß das UFO-Phänomen keine Bedrohung der nationalen Sicherheit darstelle, und der ganzen Sache ziemlich ratlos gegenüber stand. Er erklärt:

> Weder die US-Luftwaffe noch das Militär anderer Nationen scheinen finsterer Vertuschungsmanöver schuldig zu sein, sondern vielmehr tatsächlich vor einem Rätsel zu stehen. Da das UFO-Phänomen keiner leichten Lösung zugänglich ist, ... tut das Militär in seiner Ratlosigkeit alles, um es irgendwie abzutun.(14)

So etwas wollte ich nur allzu gerne glauben: Luftwaffe und Regierung wollten ihr mangelndes Verständnis dieses Phänomens nicht zugeben. Oder die Regierung versuchte vielleicht, der Öffentlichkeit den Schock, den die Enthüllung der Existenz außerirdischer Intelligenzen auslösen würde (samt dem inhärenten „Panikpotential") zu ersparen. Doch die Erklärungen der Regierungsbehörden für gemeldete UFO-Sichtungen und -Entführungen schienen mir weiterhin „beleidigend simpel". Wollte man uns ernsthaft glauben machen, daß sich die Tausenden und aber Tausenden UFO-Sichtungen und -Kontakte größtenteils glaubwürdiger Zeugen aus aller Welt durch „Naturerscheinungen" oder die „vorübergehende Geistesgestörtheit" der Zeugen erklären ließen? Ich wußte, daß ein Vertuschen vorlag; aber mir war unerklärlich, warum die Regierung so weit ging, wie sie das augenscheinlich tat - also rechtschaffene, ehrbare Staatsbürger so zu behandeln, als ob sie sich „offensichtlich" im Irrtum befänden und möglicherweise sogar geistig gestört wären - nur weil sie es für ihre Pflicht gehalten hatten, der Regierung bizarre Vorgänge zur Kenntnis zu bringen. Selbst in die frühen achtziger Jahre hinein wollte ich noch glauben, daß die Regierung ihre guten Gründe hatte und daß diese die schäbige Behandlung so vieler Bürger weitgehend entschuldigen würden - aber was ich über UFOs las, konnte mich darin nicht sonderlich bestärken.

Das Kidnapping von Betty und Barney Hill am Abend des 19. September 1961 auf einer leergefegten Landstraße in den White Mountains von New Hampshire wurde der erste Entführungsfall, der breiten Widerhall in den US-amerikanischen Medien fand.(15) Er verlief nach einem Muster, das bis heute immer wieder berichtet wird. Während einer nächtlichen Fahrt auf einem verlassenen, ländlichen Highway sahen Mr. und Mrs. Hill eine fliegende Scheibe und erlitten im Anschluß daran einen Zeitverlust. Zehn Tage später begann Betty lebhaft davon zu träumen, daß sie und Barney an Bord einer fliegenden Untertasse gebracht und medizinisch untersucht würden. Mehr als zwei Jahre später unterzogen sich die beiden dann einer Reihe von Hypnoseregressionen, in deren Verlauf sie sich daran erinnerten, von ca. 1,40 Meter großen Außerirdischen an Bord einer Untertasse gebracht und „medizinisch untersucht" worden zu sein. Die Außerirdischen besaßen voluminöse Köpfe, große, schwarze, seltsam geformte Augen und eine gräuliche Haut (sie sind inzwischen als „die Grauen" bekannt). Diese speziellen Fremden und viele der Grauen, die Menschen seither „begegnet" sind, werden mit zwei Sternen (Ceta 1 und Ceta 2) im Sternbild Reticulum, das auf der Erde nur von der Südhalbkugel aus sichtbar ist, in Verbindung gebracht. Betty und Barney Hill erschreckte das furchtbare Erlebnis zu Tode. Auf irgendeine Weise hatten die Außerirdischen dieses zwei Stunden währende Geschehen - zumindest zwei Jahre lang - aus ihrem Tagesbewußtsein gelöscht; als Barney jedoch unter Hypnose die Erinnerung an die Entführung zurückgewann, erlebte er das Entsetzen und die Hysterie aufs neue, die er während der Entführung empfunden hatte. Die Außerirdischen, so sagte er, hatten ihn an „deutsche Nazis" erinnert.

Außer den oft furchteinflößenden Verschleppungen „aus heiterem Himmel" wurden auch Tausende und aber Tausende geheimnisvolle Tierverstümmelungen gemeldet, die in der Regel Rinder betreffen und zusammen mit UFO-Sichtungen auftreten. Der vermutlich meistpublizierte Fall dieser Art trug sich in Colorado zu: am 15. September 1967 wurde der Körper von Snippy, einer dreijährigen Appaloosa-Stute, im

Bezirk Alamosa im südlich-zentralen Colorado aufgefunden. Snippys Kadaver war blutleer und ihre lebenswichtigen Organe entfernt. Die Schnitte in ihrer Haut waren so präzise, daß sie offenbar mit einer fortgeschrittenen chirurgischen Technik geführt worden waren. In diesem Gebiet hatte es eine Sichtungswelle von UFOs gegeben, und in der Folge kam es auch in anderen Orten des Bezirks zu Verstümmelungen. Snippys traurige Geschichte wurde im ganzen Land veröffentlicht und bald strömte eine Flut von Forschern und Touristen in die Gegend. Heute ist Snippys Skelett in einem Töpferladen in Alamosa, Colorado, für Touristen ausgestellt.(16)

Zu diesem Zeitpunkt waren zweifellos genügend Informationen in Umlauf, die darauf hindeuteten, daß das UFO-Phänomen (worum es sich dabei auch im einzelnen handeln mochte) zahlreiche negative Aspekte aufwies. Der französische Astrophysiker Dr. Jacques Vallée, der inzwischen zu den anerkanntesten UFO-Forschern gezählt wird, bringt in seinem Buch *Messengers of Deception* bündige Beweise dafür, daß die Menschheit mittels des UFO-Phänomens von etwas/jemandem manipuliert wird, das/der sich Methoden des Mind Control (Gedankenkontrolle) und Mind Manipulation bedient.(17) Vallée zufolge erhielten einige Kontaktler „Geistesbotschaften", die zu einer irrationalen Erwartungshaltung bezüglich eines extraterrestrischen Eingreifens führen. Ein solcher Fall sei der französische Kontaktler Claude Vorilhon, der weltweit zu „predigen" begann, nachdem er von „Elohim", die von einem anderen Planeten stammen, den Auftrag dazu erhalten hatte.(18) Ihm wurde verkündet, daß wir jetzt „...in den letzten Tagen eines Zeitalters" lebten und, wenn wir überleben wollten, zu drastischen politischen Veränderungen schreiten müßten. Die Veränderungen, für die die „Elohim" Vorilhon sich einsetzen hießen, betreffen u.a. eine einsprachige Weltregierung, die Beseitigung der Demokratie, ein neues Währungssystem und die globale Abschaffung des Militärdienstes. Wenn wir diese „Reformen" erfolgreich durchführten, würden wir bei Rückkehr der „Elohim" mit deren überlegener Wissenschaft belohnt; im gegenteiligen Fall würden sie die Zentren unserer Wissenschaft ausradieren „....wie sie es einst mit Sodom und Gomorrah getan hätten."(19) Vallée betont, daß es apokalyptischen Propheten des späten zwanzigsten Jahrhunderts wie Vorilhon und anderen mit Botschaften dieser Art gewöhnlich nicht gelingt, eine große Anhängerschaft um sich zu sammeln, vor allem nicht in den Reihen des Establishments. Gleichzeitig macht er jedoch darauf aufmerksam, daß sich um Kontaktlerpropheten - jenseits des prüfenden Blicks von Wissenschaft und anderen Angehörigen der herrschenden Schicht - Sekten und Kulte formieren, die mit dem Eingreifen Außerirdischer rechnen und auf diese Weise die Weltordnung allmählich unterminieren. Vallée folgert, daß es nicht zwangsläufig ein außerirdisches Volk sein muß, das Menschen zu manipulieren versucht, sondern daß Menschen das UFO-Phänomen in manchen Fällen benutzen bzw. kreieren könnten, um die Obrigkeitsstrukturen der Welt zu untergraben.

Vallée betont in seinen Veröffentlichungen, daß das Phänomen der UFOs nicht neu sei und es, wie wir schon sahen, etliche Jahrhunderte und Jahrtausende alte Aufzeichnungen aus aller Welt gebe, in denen möglicherweise (oder sogar mit größter Wahrscheinlichkeit) UFO-Phänomene beschrieben werden.(20) Meines Wissens wies Vallée auch als erster darauf hin, daß die UFO-Meldungen zu zahlreich sind, um die „außerirdische Hypothese" - die Vorstellung, daß jede einzelne der Millionen UFO-Sichtungen und -Kontakte einen Besuch aus dem All darstellt - zu stützen.(21)

In den sechziger und frühen siebziger Jahren zählte ich zu denen, die annahmen, daß eine nichtirdische Intelligenz - wenn es sie denn gab - „guter" als wir primitiven Menschen sein mußte und nur das Beste einer technisch unterlegenen Spezies wie der Menschheit im Auge haben konnte. Nach und nach kamen mir durch Lektüre von Vallée und anderen jedoch die negativen Aspekte des UFO-Phänomens zu Bewußtsein, die sich nicht einfach beiseite schieben ließen. Ich war davon zwar irritiert und beunruhigt, doch da das „UFO-Hobby" bei mir nicht bis zur Obsession ging, verschwendete ich nicht allzu viele Gedanken auf die ganze Angelegenheit. Was mich indes in seinen Bann geschlagen hatte, war mein fesselnder Beruf - die physische Anthropologie. Meine Haltung wurde im übrigen durch die meiner Bekannten, allen voran meine Berufskollegen, verstärkt, deren überwiegende Mehrheit nicht das geringste Interesse an UFOs bekundete (und nicht einmal an sie glaubte). Die Beschäftigung mit UFOs ist zumindest seit dem 1969er Condon-Report in Universitätskreisen tabu. Fliegende Untertassen gelten als Interessengebiet von „Knallis" und anderen gesellschaftlichen „Randgruppen". Daher hielt ich mein wie immer geartetes Interesse an UFOs sorgfältig „unter Verschluß".

In den späten achtziger Jahren brachte Timothy Good in seinem Buch Above Top Secret: The Worldwide UFO Cover Up völlig neue Belege für die Vertuschung des UFO-Phänomens.(22) Zeitgenössische Bücher und Manuskripte zum Thema UFO befassen sich ja nahezu alle mit den Vertuschungsmanövern der Regierung, doch Goods Buch ist zu diesem Thema das beste. Wie schon sein Titel anklingen läßt, belegt das Werk ein weltweites Vertuschen des UFO-Phänomens, in das (zumindest) die Regierungen der früheren UdSSR, Chinas, Kanadas, Australiens, Frankreichs, Spaniens, Portugals, Italiens, Großbritanniens und natürlich der Vereinigten Staaten involviert sind. Die am stärksten verwickelten Organisationen seien die Regierungs-„Nachrichten"dienste, allen voran die amerikanischen. Zu ihrer Vertuschungsstrategie (die in dieser Form vor allem in Amerika praktiziert wird) gehöre, daß sie zunächst ableugnen, überhaupt an UFOs Interesse zu haben, und dann jene Bürger mit Spott überschütten, die von einer UFO-Erfahrung berichten. Beispielsweise hatte das amerikanische Bundeskriminalamt (FBI) - die Behörde, die in Amerika für den Vollzug der Unionsgesetze zuständig ist - bis 1976 beharrlich dementiert, auch nur das geringste Interesse an UFOs zu haben. So erhielt 1973 ein US-Bürger auf seine Anfrage bezüglich UFOs vom Leiter des FBI, Clarence M. Kelley, ein Antwortschreiben, in dem er „informiert" wurde, daß „die Untersuchung von unidentifizierten fliegenden Objekten nicht unter die Zuständigkeit des FBI fällt bzw. fiel...".(23) Nur drei Jahre nach Kelleys Schreiben reichte ein Physiker der US-Kriegsmarine, Dr. Bruce Maccabee, einen Antrag nach dem Freedom of Information Act (Gesetz zur Informationsfreiheit) auf Herausgabe von UFO-Akten ein, die das FBI in seinem Besitz haben könnte. Der Freedom of Information Act wurde in den frühen siebziger Jahren verabschiedet, um der amerikanischen Öffentlichkeit den Zugang zu Geheimdienstinformationen (z.B. solchen des FBI) zu ermöglichen, die einst zu „TOP SECRET" (streng geheim) erklärt, jedoch später freigegeben worden waren. Für seine Bemühungen wurde Dr. Maccabee prompt mit etwa 1100 Seiten dokumentarischer Belege über das UFO-Phänomen belohnt.(24)

Nach Erlaß des Freedom of Information Act konnten Geheimdienste amerikanischen Bürgern de jure nur noch solche Angaben vorenthalten, bei denen es um die verfassungsmäßigen Rechte von Einzelpersonen oder die nationale Sicherheit ging. Dennoch können Amerikaner nicht sicher sein, daß ihre Geheimdienste ihnen sämtliche Einzelheiten zugänglich machen, auf die sie von Rechts wegen Anspruch hätten. Es gibt Vermutungen, daß US-Geheimdienste zuweilen (oder auch des öfteren) die Definition der verfassungsmäßigen Rechte des einzelnen und vor allem der nationalen Sicherheit dehnen, um der Öffentlichkeit gewisse „Verschlußsachen" vorzuenthalten. Die Frage, was Bundesbehörden der Öffentlichkeit alles unterschlagen könnten, liegt schließlich nahe, wenn sie - zumindest in bezug auf UFOs - zu solch dreisten Lügen fähig sind wie jene, die der frühere FBI-Direktor Kelley vorbrachte. Abb. 12-1 z.B. zeigt Seite 13 und 14 einer einundzwanzigseitigen, „höher als TOP SECRET" klassifizierten Erklärung an Eides Statt, die von der National Security Agency (NSA) nach Zensierung freigegeben wurde. Dieses einundzwanzig Seiten starke Dokument umreißt die Gründe, weshalb die NSA ihre UFO-Unterlagen teilweise der Öffentlichkeit vorenthält. Wir wissen nicht, was auf Seite 13 und 14 stand, da die NSA die amerikanische Öffentlichkeit darüber offensichtlich im unklaren lassen möchte.

Leider gibt es ebenfalls Indizien dafür, daß Nachrichtenorganisationen in manchen Fällen Dokumente, die sie dem Blick der Allgemeinheit entziehen möchten, zurückhalten oder „verlieren". Dr. Hynek merkt in einer Fußnote an, daß sämtliche Aktenstücke aus dem siebzehnjährigen Blue-Book-Projekt der amerikanischen Luftwaffe verfügbar seien, daß aber einige der untersuchten Fälle entweder verloren gingen oder verlegt wurden und daß ein Großteil des ergänzenden Materials wie Photographien und Telex-Mitteilungen ebenfalls verschwand. Dr. Hyneks Ansicht nach sind diese „Ausfälle" in den Akten des USAF Project Blue Book wohl meist auf Unachtsamkeit zurückzuführen.(25)

Viele Amerikaner hegen jedoch ernsthafte Zweifel an der Integrität amerikanischer Nachrichtenbehörden und wären überrascht, wenn fehlende Akten und anderes verschollene Beweismaterial nur auf Nachlässigkeit zurückzuführen wären. Amerikanische Sicherheitsbehörden waren z.B. in die Serie der durch „einsame Attentäter" verübten politischen

Morde verwickelt - die Central Intelligence Agency (CIA: amerikanischer Geheimdienst) beispielsweise in die Ermordung John F. Kennedys im Jahre 1963 und das FBI in das Attentat, dem Martin Luther King 1968 zum Opfer fiel. Drücken wir es mal so aus - die amerikanischen Nachrichtenbehörden haben in den Jahrzehnten ihrer Existenz vor allem, was das UFO-Phänomen angeht, nicht allzuviel Vertrauen zu erwecken verstanden.

Mr. Good liefert interessante dokumentarische Belege für das Gewicht, das US-Behörden dem UFO-Phänomen im Jahre 1950 beimaßen. Der kanadischen Regierung verdanken wir ein Memorandum eines renommierten Ingenieurwissenschaftlers, Wilbert B. Smith, das vom 21. November 1950 datiert ist. Smith erklärt darin, daß er durch private Nachfragen bei der Kanadischen Botschaft in Washington, D.C., folgendes herausbekommen habe:

a.) Das (UFO-)Dossier wurde von der US-Regierung mit der höchsten Geheimhaltungsstufe belegt, zwei Stufen über der H-Bombe (Wasserstoffbombe).
b.) Fliegende Untertassen existieren.
c.) Ihre Funktionsweise ist unbekannt, aber von einer kleinen Gruppe unter der Leitung von Dr. Vannevar Bush werden konzentrierte Anstrengungen zu ihrer Entschlüsselung unternommen.
d.) Die US-Behörden messen der Sache enorme Bedeutung bei.(26)

Mr. Smith spielt zusätzlich darauf an, daß die „fliegenden Untertassen“ möglicherweise das Fundament für eine neue Technik legen könnten.

Wenden wir uns einer Quelle zu, die uns helfen könnte, die Geheimniskrämerei und Heuchelei der US-Regierung zu verstehen. William (Bill) Cooper ist ein ehemaliges Mitglied des amerikanischen Naval Intelligence Service (Geheimdienst der Marine). Zwischen 1970 und 1973 hatte er dank einer sehr hohen Sicherheitseinstufung Zugang zu einer Fülle von TOP-SECRET-Material, aus dem die geheime Verwicklung der US-Regierung mit einer extraterrestrischen Spezies hervorgeht. Seitdem führte er umfangreiche Recherchen zu diesem Thema durch und brachte im Jahre 1989 erste Informationen über die amerikanische „Geheimregierung“

und deren Kontakte mit Außerirdischen an die Öffentlichkeit. 1991 veröffentlichte Cooper sein Wissen über die Geheimregierung sowie eine Unmenge weiterer Einzelheiten, die auf eine Verschwörung hinweisen, in seinem Buch Behold a Pale Horse.(27) Das Kapitel, in dem von der Geheimregierung die Rede ist, präsentiert er als „hypothetisch", da das Material dafür zum Teil aus (veröffentlichten) Quellen stamme, für die er nicht bürgen könne, oder aus solchen, über deren Ursprung er Stillschweigen bewahren müsse. Er hält seine Hypothese allerdings für zutreffend, da sie von den meisten verfügbaren historischen Daten untermauert werde. Wir selber werden, solange es angesichts des „mehr als streng geheimen" Charakters des einschlägigen Materials und der massiven Desinformation durch Regierungsbehörden nahezu menschenunmöglich scheint, eine absolut korrekte Darstellung sämtlicher Einzelheiten dieses Gegenstands zu geben, Coopers Hypothese folgen, da sie die rätselhaften und verwirrenden Aspekte des UFO-Phänomens zum größten Teils erhellt. Durch seine Hypothese, die, wie er feststellt, von den meisten geschichtlichen Daten unterstützt wird, wird insbesondere auch die extreme Heimlichtuerei der US-Regierung verständlich.

Cooper zufolge nahm die amerikanische Geheimregierung ihren Anfang in den späten vierziger Jahren dieses Jahrhunderts, als im Südwesten der USA - hauptsächlich im Staate New Mexiko - außerirdische Raumschiffe (UFOs) abstürzten bzw. abgeschossen wurden. Laut Cooper barg die Regierung zwischen 1947 und 1952 mindestens sechzehn solcher Flugzeuge, 65 extraterrestrische Körper und mindestens sechs lebende UFO-Insassen. Auf einigen der niedergegangenen „Scheiben" war eine große Zahl menschlicher Körperteile gespeichert. Die „Bestie" hatte ihr häßliches Haupt erhoben - und die für die Bergung der Flugmaschinen zuständigen Regierungsfunktionäre verfielen in Paranoia. Hastig wurde absolute Geheimhaltungspflicht bezüglich der UFO-Abstürze verfügt, wodurch diese „...zum bestgehüteten Geheimnis der Weltgeschichte gerieten."(28) Trotzdem ist zu hypothetischen UFO-Abstürzen im Südwesten viel Tinte geflossen, vor allem zu dem ersten unter ihnen, der sich 1947 in der Nähe von Roswell, New Mexico, zugetragen haben soll.(29)

Die Central Intelligence Agency (CIA) wurde laut Cooper zu dem Zweck gegründet, sich mit dem Problem der außerirdischen Präsenz zu beschäftigen. 1947 wurden im Project Sign Spitzenwissenschaftler zusammengefaßt, die das extraterrestrische Phänomen untersuchen und die (zu diesem Zeitpunkt schon) zahlreichen UFO-Sichtungen wegerklären („entlarven") sollten. Wie wir schon von Hynek wissen, entwickelte sich Project Sign 1948 zum Project Grudge und dieses wiederum 1952 zum Project Blue Book. Im gleichen Jahr wurde laut Cooper auf eine Geheimverordnung von höchster Stelle hin die National Security Agency (NSA) gebildet, die den Dialog mit den Außerirdischen eröffnen sollte. Inzwischen bildet die NSA Cooper und anderen Quellen zufolge die oberste Behörde im Netzwerk der amerikanischen Sicherheitsdienste und ist weiterhin in erster Linie mit außerirdischen Projekten befaßt.

1953 nahm die amerikanische Regierung in einem Wüstengebiet der USA direkten Kontakt mit einer Gruppe Außerirdischer auf. Es kam zur Aufnahme diplomatischer Beziehungen, und die andere Seite versprach, wiederzukommen und diesen Vertragsform zu verleihen.(30)

Währenddessen landete auf dem Homestead Luftwaffenstützpunkt in Florida eine Gruppe „humanoider" Außerirdischer und setzte sich mit der US-Regierung in Verbindung. Diese Fremden warnten vor der anderen extraterrestrischen Gruppe - den Grauen -, mit der die Regierung in Kontakt stand. Sie boten Unterstützung geistiger Art an, d.h. erklärten sich bereit, der Menschheit bei ihrer spirituellen Bewußtwerdung und Entwicklung Hilfestellung zu geben, wenn diese ihre Atomwaffen abbauen und vernichten würde. Diese „humanoide" Gruppe schlug mit Hinweis auf unsere spirituelle Unreife und Unfähigkeit, auch nur mit unserer jet zigen Technologie umzugehen, einen Technologieaustausch aus, während die andere Gruppe, die Grauen, einen solchen zugesagt hatte. Die amerikanische Regierung lehnte die Angebote dieser Gruppe jedoch ab, da die „informierten" Spitzenfunktionäre eine Abrüstung angesichts einer unsicheren Zukunft für töricht hielten.(31) Auch legte die Regierung erheblich mehr Wert auf technologischen Fortschritt als auf eine Entwicklung des Bewußtseins. 1953 war der zweite Weltkrieg ja allen noch lebhaft in Erinnerung, und der kalte Krieg gegen die kommunistischen Länder befand sich auf seinem Höhepunkt. Zu dieser „humanoiden" Gruppe Außerirdischer, die uns bei unserer spirituellen Weiterentwicklung beistehen wollte, äußert sich Cooper fast gar nicht - vermutlich, weil er nur wenig Informationen über sie besitzt. Vielleicht stellte dies damals die Gelegenheit dar, aus dem Kreislauf von Krieg und Elend auszubrechen, der für unsere Geschichte so bezeichnend ist, und erste Riesenschritte in unserer geistigen Entfaltung zu tun - aber es hat nicht sollen sein. Was wir statt dessen bekamen - und was außer ein paar amerikanischen „Elite"-Funktionären niemandem bekannt war -, war ein Pakt mit den Grauen.

Laut Cooper paraphierte Eisenhower am 20. Februar 1954 in der kalifornischen Muroc (heute Edwards) Air Force Base einen offiziellen Vertrag mit den Grauen. Eisenhower hatte es so eingerichtet, daß er während dieses Zeitraums in Palm Springs auf Urlaub war. Am Tage der Vertragsunterzeichnung wurde er dann auf schnellstem Weg zu dem nahegelegenen Luftwaffenstützpunkt gebracht. Der Presse erzählte man, daß „Ike" an jenem Tag zum Zahnarzt mußte.

Der Kontrakt mit den Außerirdischen legte fest, daß ihre Anwesenheit auf der Erde geheimgehalten und unterirdische Stützpunkte zu ihrem Gebrauch errichtet werden würden. Zwei der Basen würden dabei für Gemeinschaftsnutzung durch Außerirdische und US-Regierung ausgelegt. Des weiteren wurde vereinbart, daß die Außerirdischen der amerikanischen Regierung fortgeschrittene Technologie zur Verfügung stellen würden und daß sie zum Zwecke „medizinischer Untersuchungen" Menschen entführen durften, mit der Maßgabe, daß diese nicht verletzt und jeweils ohne Erinnerung an das Vorgefallene zum Ort der Entführung zurückgebracht würden. Schließlich wurde noch vertraglich festgeschrieben, daß die Fremden mit keiner anderen Nation der Erde einen Vertrag schließen durften.(32)

Spätestens 1955 war der Geheimregierung offenbar geworden, daß die Außerirdischen die Übereinkunft brachen - quer durch das Land waren verunstaltete Tiere und sogar Menschen aufgefunden worden. Soweit bekannt ist, waren Tierverstümmelungen nicht Vertragsgegenstand, und mit Sicherheit bildeten zerstückelte Menschen keinen solchen. Es bestand ebenfalls der Verdacht, daß keineswegs alle Entführten zurückgebracht worden waren - geschweige denn zum Ort der Entführung. Etwas später stellte sich heraus, daß die Außerirdischen menschliche und tierische Hormon- und Drüsensekrete, Blutplasma und Enzyme vermutlich für genetische Experimente verwendeten. Es gab auch Vermutungen, daß die Fremden kontraktwidrig mit der Sowjetunion Fühlung aufgenommen hatten.

Cooper zufolge gaben die Außerirdischen auf Vorhalten alle Vertragsverletzungen zu. Zu den biologischen Sekreten und dem Blutplasma erklärten sie, daß sich ihre eigene Biologie so verschlechtert habe, daß sie fortpflanzungsunfähig geworden seien, und daß sie ohne Verbesserung ihrer genetischen Struktur zum Aussterben verurteilt wären.

Angesichts der so offenkundigen Vertragsbrüche begegneten die Regierungsstellen diesen und anderen Erklärungen der Außerirdischen mit großem Mißtrauen. Da sich die amerikanischen Waffen jedoch als völlig unwirksam gegen die Außerirdischen erwiesen hatten, konnte man sich den Tatsachen nur beugen. In der Zwischenzeit machte die US-Regierung Bürger lächerlich, die sie darauf aufmerksam zu machen versuchten, daß es auf der Erde möglicherweise Außerirdische gab, und produzierte „natürliche Erklärungen".(33)

Interessanterweise hatte die amerikanische Regierung selbst den Verdacht gehegt, daß es sich bei den im vorigen Kapitel erwähnten Ereignissen in Fatima um eine extraterrestrische Manipulation handeln könnte. So verschaffte sie sich über ihre Agenten im Vatikan Zugang zu dem, was der Heilige Stuhl über Fatima wußte - einschließlich der Prophezeiung.(34) Der Leser erinnert sich sicher, daß dort drei portugiesischen Kinder mehrere Male eine Vision der „Jungfrau Maria" erschienen war, und daß schließlich, kurz nachdem die „Jungfrau" den Kindern eine Prophezeiung gegeben hatte, sechzig- bis siebzigtausend Menschen helle Lichter am Himmel erblickten.

Diese Prophezeiung nun schilt die Menschheit für ihre Schlechtigkeit und fordert sie auf, umzukehren und sich ganz Christus zu ergeben, da sonst die im Buch der Offenbarung beschriebenen Ereignisse eintreten würden. Es wird vorausgesagt, daß der dritte Weltkrieg im Mittleren Osten beginnen und noch vor seinem Ende fast alles irdische Leben in einer atomaren Katastrophe auslöschen würde.(35)

Die Regierung konfrontierte die Grauen mit diesem Fund, welche zugaben, die Menschheit tatsächlich seit jeher manipuliert zu haben. Sie hätten uns mittels Religion, Hexerei, Magie, Teufelskulten, Geheimwissenschaften und Hologrammen manipuliert (Hervorhebung durch mich). Sie erklärten, daß sie Zeitreisen beherrschten und daß die in der Prophezeiung beschriebenen Ereignisse eintreten würden, wenn die Bedingungen nicht eingehalten würden.(36)

Wie schon Bramley schreibt auch Cooper, daß die Außerirdischen zur Kontrolle der Menschheit Geheimbünde einsetzten. Wie Bramley verfolgt er diese Bünde bis zur Frühgeschichte der ersten Kulturen zurück - zur Bruderschaft der Schlange, auch Bruderschaft des Drachens genannt, welche unter vielen verschiedenen Namen bis heute überdauert hat. Cooper zufolge nehmen Geheimbünde meist für sich in Anspruch, mit einer höheren, göttlichen Quelle in Verbindung zu stehen und die „Geheimnisse der Zeiten“ zu bewahren. Ihre Mitglieder glaubten, daß nur wenige Menschen der Erde die geistige Reife besitzen, um diese Geheimnisse zu verstehen, und daß sie zu eben diesen zählen. Die meisten Geheimbünde behaupten, daß ihr besonderes Wissen der ganzen Menschheit zum Vorteil gereiche, aber Cooper zufolge sind sie de facto meist Instrumente der dunklen Mächte und beten Mächte wie Luzifer und Satan an. Das Gros ihrer Mitglieder stößt nie zu den „höheren“, geheimsten Ebenen vor und erfährt so niemals die wahren Ziele des Bundes. Cooper behauptet, daß der eigentliche Zweck von Geheimbünden von alters her gewesen sei, den Außerirdischen über eine Handvoll „privilegierter“ Menschen als Medium der Massenkontrolle zu dienen.(37)

Geheimhaltung ist heutzutage mittels der zahlreichen „Nachrichten“-Organisationen in die amerikanische Regierung „eingebaut“. Zusätzlich zu den bekannten Nachrichtenorganisationen, in denen sie an der Tagesordnung ist, wie NSA, CIA, FBI, Armee, Kriegsmarine und Nachrichtendienste der Luftstreitkräfte gibt es laut Cooper auf Regierungsebene noch weitere Geheimorganisationen, von denen die riesige Mehrheit des amerikanischen Volkes noch nie gehört hat. Coopers Hypothese gemäß bildete Eisenhower z.B. Mitte der fünfziger Jahre per Geheimmemorandum ein Geheimkomitee namens Majestic Twelve (MJ-12), das sämtliche Operationen durchführen und beaufsichtigen sollte, die mit Außerirdischen in Zusammenhang standen. Cooper bringt Belege dafür, daß Majestic Twelve - die geheimste und mächtigste Regierungsgruppe - von den Illuminaten beherrscht wird, einem weltweit operierenden Geheimbund, der sich die stetige Erhöhung der wirtschaftlichen und politischen

Macht seiner Mitglieder und der Außerirdischen auf seine Fahne geschrieben hat. Laut Cooper war Eisenhower der letzte Präsident, der noch umfassend in die Beziehungen der Geheimregierung mit den Außerirdischen eingeweiht war. Seine Amtsnachfolger erfuhren ausnahmslos in puncto Außerirdische nur das von der Geheimregierung, „was sie wissen müssen", und der Kongreß so gut wie gar nichts. Weitere Regierungsorganisationen, in denen Macht hinter den Kulissen ausgeübt und eine Fülle geheimer Entscheidungen gefällt wird, sind Cooper zufolge der Exekutivausschuß des Council on Foreign Relations (Rat für auswärtige Beziehungen), die Jason Group und die Trilaterale Kommission. Diese Gruppen setzten sich zum großen Teil aus Mitgliedern der Geheimbünde von Harvard und Yale wie z.B. den Scroll & Key (Schriftrolle und Schlüssel) und Skull & Bones (Totenkopf und Knochen) zusammen, die wiederum Untergruppen der Illuminaten darstellen. Andere Mitglieder des Council on Foreign Relations, der Trilateralen Kommission und der Jason Group rekrutierten sich aus dem amerikanischen Senat und Kongreß, dem Militär, leitenden Angestellten bedeutender US-Firmen, Rektoren und Professoren der renommiertesten amerikanischen Colleges und Universitäten, Mitgliedern der führenden amerikanischen Nachrichtenmedien aus dem Fernseh-, Zeitungs- und Zeitschriftenbereich sowie Direktoren und leitenden Angestellten der amerikanischen Großbanken.(37)

Die Geheimregierung der USA besitzt nach Coopers Bekunden viele Bindungen zu einer Weltgeheimregierung. Diese umfasse neben den Illuminaten noch einige andere Geheimbünde der geheimen Weltregierung, den Club of Rome, die Knights of Malta und die mächtigste Geheimorganisation der Welt, die Bilderberger.

Coopers Hypothese stellt sich noch erheblich komplexer dar, als es dieser gedrängte Überblick zu vermitteln vermag. Doch wir können jetzt schon erkennen, daß sie sich mit den bekannten historischen Tatsachen, vor allem bezüglich der außerirdischen Präsenz und deren Vertuschung von Regierungsseite, offenbar deckt. Sie paßt auch zu dem historischen Schema einer extraterrestrischen Kontrolle der Menschheit, das sich aus dem ältesten überlieferten Schrifttum herleiten läßt. Weiterhin wird sie von zahlreichen anderen UFO-Forschern erhärtet, von denen viele einst mittel- oder unmittelbar an Projekten der Geheimregierung und/oder

Außerirdischen mitgearbeitet haben, bevor in ihnen Ernüchterung und Entrüstung gegenüber der Regierung einsetzten, sowie von anderen, die über solche Projekte Bescheid wußten.

Zu letzteren zählt auch Michael Lindemann, Verfasser des Manuskripts UFOs and the Alien Presence: Time for the Truth(38), der jahrelang zu Themen wie amerikanisch-sowjetische Beziehungen, Wettrüsten und anderem in Forschung und Lehre tätig war. Im Verlaufe seiner Arbeiten entdeckte er gegen Ende der achtziger Jahre, daß die USA „sich auf höchster Geheimhaltungsstufe mit der Entwicklung von neuen Waffen befaßten, welche in einer Epoche nachlassender Supermacht-Konfrontation absolut sinnlos erschienen."(39) Dies galt in vermehrtem Maße für eine „sich eingrabende Bombe", die sich vor dem Detonieren unter die Oberfläche gräbt und vermeintlich zur Zerstörung tiefliegender Bunker unter dem sowjetischen Kreml gedacht war. Warum sollte die US-Regierung nach Ende des kalten Krieges noch auf eine solche Waffe erpicht sein, so fragte sich Lindemann, wenn sie die Verteidigungsausgaben doch angeblich senken wollte? Durch weitere Ermittlungen brachte er dann in Erfahrung, daß es die Regierung eilig haben könnte, eine „sich eingrabende Bombe" zu entwickeln, um sie gegen Außerirdische einzusetzen, die auf amerikanischem Territorium in unterirdischen Kolonien leben.

Lindemann sagt, daß er in der Außerirdischen- bzw. UFO-Kontroverse ein „falscher" Skeptiker gewesen sei, bis ihn seine Forschung 1989 zu der „sich eingrabenden Bombe" führte; seinen Worten zufolge müssen wahre Skeptiker über den Gegenstand ihrer Skepsis informiert sein, bevor sie rationale Schlußfolgerungen zu ziehen vermögen.(40) Seit 1989 ist Lindemann als UFO-Forscher und -Schriftsteller tätig. Trotz seiner Erkenntnis, daß es heute in diesem Bereich wegen der extremen Heimlichtuerei, Unaufrichtigkeit und bewußten Irreführung nahezu unmöglich ist, über alle relevanten Vorgänge vollständig im Bilde zu sein, kam er zu dem Schluß, daß viele von Bill Coopers Thesen vermutlich der Wahrheit entsprechen. Ein Gutteil seiner eigenen Ermittlungen scheint nämlich Coopers Hypothesen - einschließlich der mutmaßlichen Existenz von Majestic Twelve (auch Majic, Majority oder schlicht MJ-12 genannt) als Kopf der amerikanischen Geheimregierung - zu erhärten.(41)

Leider scheinen Coopers Thesen auch die Äußerung der Pleiadian-Plus-Gruppe betreffs der Verbreitung von AIDS durch Außerirdische zu bestätigen, mit welcher wir das vorige Kapitel beschlossen. Cooper zufolge gab der Club of Rome der Bilderberg-Gruppe eine heimliche Empfehlung, irgendeine Seuche zum Zwecke der Kontrolle und Verminderung der Erdbevölkerung einzuführen. Cooper identifizierte ja schon den Club of Rome und die Bilderberger als Teile der geheimen Weltregierung, die aller Voraussicht nach auf höchster Ebene mit Außerirdischen in direktem Kontakt stehen. Laut Cooper kam der ursprüngliche Befehl zur Entwicklung einer Mikrobe, die sich zur Bevölkerungskontrolle einsetzen ließe, vom Policy Committee (Richtlinienkomitee) der Schweizer Bilderberg-Gruppe. Die Durchführung dieser Aufgabe sei dann letzten Endes dem amerikanischen Verteidigungsministerium überantwortet worden. Die Gelder zur Entwicklung der Mikrobe seien 1969 vom US-Kongreß gekommen, der dem 1970er-Haushalt des Verteidigungsministeriums dafür zehn Millionen Dollar zur Verfügung stellte. Laut Cooper erklärten Repräsentanten des Verteidigungsministerium vor einem Ausschuß des U.S. Senats, daß sie die Herstellung „...eines künstlichen biologischen Wirkstoffs planten, der in der Natur nicht vorkommt und für welchen keine natürliche Immunität erworben werden konnte".(42) Die herrschende „Elite" beschloß, als Zielgruppe dieser neuen Seuche „unerwünschte" Gesellschaftselemente zu wählen. Dies waren insbesondere Schwarze, Latinos und Homosexuelle.

In den späten siebziger Jahren war der künstliche biologische Wirkstoff, den viele für den Erreger von AIDS halten (der HIV-Virus?) von amerikanischen Regierungswissenschaftlern entwickelt worden. Dem afrikanischen Kontinent wurde 1977 ein Pockenimpfstoff zur Verfügung gestellt, der den AIDS-Erreger (worum immer es sich dabei im einzelnen handeln mag) enthielt. Dieser Impfstoff wurde durch die Weltgesundheitsorganisation verabreicht. Die US-amerikanische Bevölkerung wurde durch einen experimentellen Hepatitis-B-Impfstoff infiziert, der 1978, 1979, 1980 und 1981 in San Francisco, New York und vier weiteren Städten in Centers for Disease Control (Zentren für Krankheitsbekämpfung) verabfolgt wurde. Dieser experimentelle Hepatitis-B-Impfstoff wurde in Phoenix, Arizona, hergestellt und abgefüllt.(43)

Cooper schreibt nirgendwo, daß Außerirdische direkt an der Entwicklung und Verbreitung der AIDS-Epidemie beteiligt waren. Wir erinnern uns jedoch, daß einige Geheimbünde und Geheimorganisationen höchstwahrscheinlich mit Außerirdischen, die uns zu kontrollieren trachten, auf höchstem Niveau in direkter Fühlung sind; falls Coopers Hypothese korrekt ist, ist daher denkbar, wenn nicht sogar wahrscheinlich, daß Außerirdische und ihre menschlichen Verbündeten die Urheber dieser tragischen Seuche sind. Hier haben wir also eine „irdische" (Cooper) und eine esoterische Quelle (Pleiadian Plus), nach deren Bekunden hinter der globalen AIDS-Epidemie des späten zwanzigsten Jahrhunderts regressive Außerirdische stecken.

Ein faschistisches Element in der amerikanischen Regierung?

Kann es wirklich sein, daß die US-Regierung mehr als vierzig Jahre lang hinter dem Rücken ihrer Bevölkerung (oder des überwiegenden Teils davon) ein so wesentliches Rädchen in einer so teuflischen Intrige darstellte? Sollte sie wirklich mit solch negativ orientierten Außerirdischen zusammengearbeitet haben? Und falls ja - wieso haben die Medien dann nicht irgendwann den Finger auf dieses Komplott gelegt? Die überwiegende Mehrheit der US-Bürger würde mit Sicherheit für ausgeschlossen halten, daß sich ihre eigene Regierung derart heuchlerisch verhalten könnte. Die Vereinigten Staaten wurden ja schließlich (vermeintlich) auf den Grundsätzen der Freiheit und des Wohlergehens ihrer Bürger sowie - theoretisch - der gesamten Menschheit begründet. Uns so glauben denn auch die meisten Amerikaner, daß ihre Regierung dazu bestimmt sei, dem amerikanischen Volk und allen Menschen guten Willens zu dienen. Doch ganz offensichtlich existieren in ihr auch dunklere Elemente, die es weder mit den Amerikanern noch dem Rest der Menschheit gut meinen. Lassen wir die Außerirdischen deshalb einen Moment beiseite und suchen wir nach Indizien dafür, daß es in der amerikanischen Regierung tatsächlich ein finsteres, bedrohliches Element gibt.

Die gesamte Geschichte der Vereinigten Staaten seit 1945 - die Kriege, in die sie verwickelt waren, die Aufstände in aller Welt und die politischen Morde, die mit ihren „Nachrichten"-Diensten in Zusammenhang gebracht werden - all dies läßt den Verdacht entstehen, daß in den vergangenen 45 Jahren ein faschistisches Element in der US-Regierung zunehmend an Einfluß gewonnen hat. Vielleicht übersehen bzw. bestreiten die meisten Amerikaner solche faschistischen Tendenzen zum Teil aus dem Grund, weil die von den amerikanischen Massenmedien vermittelten Informationen oder „Neuigkeiten" größtenteils gesteuert werden.

Der renommierte Linguist Noam Chomsky vom Massachusetts Institute of Technology macht seit Jahren geltend, daß die Massenmedien der USA kontrolliert werden. In kürzlichen Rezensionen eines Dokumentarfilms, in dem er seine politischen Anschauungen äußert, sagt Chomsky „....daß die Massenmedien die der Öffentlichkeit vorgesetzten Informationen so präparieren, daß sie im wesentlichen den Status quo verstärken ..."(44) Statt einer freien Presse, so Chomskys Überzeugung, „...haben wir eine Presse, die die US-Politik bedingungslos unterstützt, selbst wenn deren Widersprüche und moralisches Versagen ins Auge springen..."(45) Beispielhaft dafür sei die Behandlung des kürzlichen Golfkriegs in den US-Medien. Damals sei bei der Thematisierung dieses Konflikts in 99,9 Prozent aller Fälle „...die Möglichkeit einer friedlichen Beilegung ausgeschlossen worden, während die Zeitungen gleichzeitig pausenlos Artikel zu Bushs unermüdlichen Bemühungen um die Erzielung einer friedlichen Lösung brachten. Dank der Abhängigkeit der Medien zogen wir in den Krieg wie ein totalitärer Staat." (46) Einer der Hauptgründe dafür, daß die Massenmedien Amerikas die Weltereignisse nicht wahrheitsgetreuer darstellen, ist Chomsky zufolge darin zu suchen, daß sich 50% der amerikanischen Zeitungshäuser, Filmgesellschaften, Fernseh-, Rundfunk- und Verlagsanstalten in der Hand von nur dreiundzwanzig Gesellschaften befinden. Chomskys Ansicht nach setzen diese dreiundzwanzig Gesellschaften ihr Ziel, „am Ruder zu bleiben", dadurch um, daß sie die Medien zum Mittel der Manipulierung der öffentlichen Meinung und der „Ausgrenzung Andersdenkender" umfunktionieren.(47) Die Präsenz Außerirdischer ist zweifellos „ausgegrenzt" worden.

Am Abend jenes Tages im November 1993, an dem ich mich mit Chomskys Theorien beschäftigte, brachte CBS TV, eine der drei größten amerikanischen Fernsehanstalten, in den Nachrichten einen Dokumentarfilm über die Ermordung John F. Kennedys. CBS zufolge wurde darin der

„Komplott-These" ebensoviel Raum gewährt wie jener, der zufolge der berüchtigte einsame Attentäter - Lee Harvey Oswald - Kennedys Mörder war. In seinem Schlußwort sagte CBS-Sprecher Dan Rather, daß trotz der oftmals behaupteten Verschwörung eine solche nicht nachgewiesen werden konnte und das Ergebnis der Beweisaufnahme auf den einsamen Attentäter, Oswald, deute. Die Belege dafür, daß nur drei Schüsse abgegeben wurden, und zwar von einem Punkt hinter der Autokolonne des Präsidenten aus (wo sich Oswald offenbar zu diesem Zeitpunkt befunden hatte), seien mehr oder weniger schlüssig.

Meine Frau und ich waren über diese einseitige Präsentation (einsamer Attentäter) entsetzt. CBS ließ eine Fülle von Beweismaterial für eine Verschwörung einfach unter den Tisch fallen. Beispielsweise blieben die Ergebnisse einer einmaligen Kongreßuntersuchung der späten siebziger Jahre unter der Schirmherrschaft des „Sonderausschusses für Attentate" vollständig unerwähnt. Dieser Ausschuß hatte einen herausragenden Akustikexperten mit der Analyse einer am Tag des Attentats gemachten Tonaufnahme beauftragt. Das Funkgerät eines Polizisten, der die Autokolonne des Präsidenten auf dem Motorrad begleitete, war eingeschaltet gewesen, so daß das Geräusch der Schüsse, denen Präsident Kennedy zum Opfer fiel, im Polizeipräsidium von Dallas aufgezeichnet worden war. Der Akustikexperte war dabei zum Schluß gekommen, daß vier Kugeln abgefeuert worden waren, von denen mindestens eine den Präsidenten von vorne traf.(48) 1979 berichtete der Ausschuß, daß Präsident Kennedy

> „vermutlich Opfer einer Verschwörung wurde..." Die wissenschaftlichen Beweise nötigten, so der Bericht, zur Anerkennung dieser Tatsache und „machten die nochmalige Untersuchung all dessen erforderlich, was in der Vergangenheit als Gewißheit betrachtet wurde."(49)

Sollten die US-Massenmedien die Nachrichten schlicht und einfach manipulieren, um den Status quo zu wahren? Obige CBS-Sendung über die Ermordung von Kennedy, in der die Schlußfolgerungen dieses bedeutenden Kongreßausschusses nicht einmal erwähnt wurden, ist nur ein kleines Beispiel unter vielen für eine solche Manipulation. Natürlich würde der amerikanische Status quo erschüttert werden, wenn unwiderlegbar bewiesen würde, daß eine Verschwörung zur Ermordung eines der beliebtesten amerikanischen Präsidenten aller Zeiten existierte, bei der auch Elemente der US-Regierung die Finger im Spiel gehabt haben könnten. - Doch ist dies nicht der Ort, näher auf die Ermordung John F. Kennedys einzugehen.

Der CBS-Film brachte interessanterweise auch Informationen, die mir neu waren: etwa 90 Prozent aller Amerikaner glauben an eine Verschwörung. Diese Zahl macht wie schon bei der Vertuschung der UFOs erneut deutlich, daß das amerikanische Volk zwar unwissend ist (vornehmlich aufgrund der Bemühungen seiner eigenen Regierung und deren Lakaien in den Massenmedien), aber doch nicht dumm.

Daß Amerikaner keine objektiven Nachrichten erhalten, besonders nicht über Regierungsangelegenheiten, liegt zum guten Teil daran, daß sich ihre Nachrichtenmedien mit der Regierung verbündet haben. Eine auszugsweise Liste von Fernseh-Nachrichtensprechern, die amerikanischen Zuschauern ein Begriff sind und die im Council on Foreign Relations (CFR) Mitglied sind oder waren, umfaßt Personen wie Dan Rather, Harry Reasoner und Charles Collingwood von der CBS, Ted Koppel und Barbara Walters von ABC, John Chancellor, David Brinkley und Irving Levine von NBC, Daniel Schorr von CNN sowie Robert McNeil und Jim Leher vom Public Broadcast Service.(50) Höchstwahrscheinlich schließen sich diese Personen der CFR aus Prestigegründen oder zur Förderung ihrer Karriere an und sind nicht in die geheimsten Machenschaften der Geheimregierung eingeweiht, aber auf einer gewissen Ebene arbeiten oder arbeiteten sie zweifellos mit der US-Regierung zusammen. Die meisten Amerikaner wissen noch nicht einmal von der Existenz der CFR oder der Jason Group oder der Trilateralen Kommission, geschweige denn, womit sich diese wirklich beschäftigen (eben weil es sich um Geheimorganisationen handelt).

Wenn der überwiegende Teil der Massenmedien kontrolliert wird, wie sieht es dann im Bereich der Freiheit von Forschung und Lehre aus? Ich habe schon aufgezeigt, daß die offizielle politische Linie der US-Regierung bezüglich unserer Ursprünge und unserer Natur der anthropologische Darwinismus ist, dem zufolge sich Bewußtsein durch Zufall aus Materie entwickelte. Dies bildet ein Kernelement der Vertuschungsstrategie. Wenn sich praktisch alle hochintelligenten Wissenschaftler davon überzeugen lassen, daß der Mensch und alle Dinge im Kosmos auf Materie reduzierbar sind, die gewissen Naturgesetzen zufolge nach dem Zufallsprinzip angeordnet ist, wie viel leichter fällt dann die Behauptung, daß es außer uns im Universum kein weiteres Leben gibt und daß wir keine geistige Existenz besitzen. Wenn überhaupt, werden Informationen in der Welt der Wissenschaft noch stärker kontrolliert als in den Massenmedien. Wenn ich mich z.B. vor einigen Jahren als ehrsamer, abgabenzahlender Anthropologe bei einer der zuständigen Regierunginstitutionen (wie der anthropologischen Abteilung der National Science Foundation) um einen Zuschuß für die Erforschung einer eventuellen extraterrestrischen Intervention bei der Menschheitsentwicklung beworben hätte, hätte man meinen Antrag nicht nur abgelehnt, sondern mich sicherlich noch obendrein mit Hohn und Spott überschüttet. Dies ist eine der Methoden, welcher sich die Regierung zur Informationssteuerung bedient. Im wesentlichen sind alle von US-Regierungsgeldern abhängigen Wissenschaftler (also in Amerika die gewaltige Mehrheit) Lakaien der Regierung - was um so erstaunlicher ist, als sich meines Wissens nur sehr wenige Angehörige dieses Berufsstandes - vielleicht von dem einen oder anderen abgesehen, der bei der Regierung arbeitet - bewußt sind, Teil einer Vertuschungsmaschinerie oder eines Systems zur Verbreitung irreführender Informationen und Aufrechterhaltung des Status quo zu bilden.

Es ist tatsächlich recht verblüffend, wie die amerikanische Gesellschaft ganz ohne Mauer unter Kontrolle gehalten wurde. Man muß es den Mitarbeitern der geheimen Weltregierung und ihren außerirdischen Meistern lassen: sie sind wirklich clever.

Die dunkle Seite der US-Regierung läßt sich schon durch einen gelegentlichen Blick in die Zeitung ausmachen. Obwohl der amerikanische Blätterwald zum überwiegenden Teil kontrolliert wird, sind die Aktivitäten des faschistischen Regierungselements doch so umfangreich und so kraß, daß mitunter Artikel auftauchen, die diese dunkle Seite deutlich hervortreten lassen. In der Regel werden solche „Geschichten der Finsternis" von den Reportern nur oberflächlich behandelt und kaum weiterverfolgt; aber es gibt sie, wenn man danach (auch nur gelegentliche)

Ausschau hält. So konstatierte USA Today unlängst, daß einem Newsweek-Magazine-Artikel zufolge aus einer Untersuchung der 1963er Akten zum Kennedy-Attentat, die zum ersten Mal im Sommer 1993 publik gemacht wurde, „...hervorging, daß FBI und CIA Beweismaterial zurückhielten und vernichteten, da sie sich mehr auf den Schutz ihrer Agenda als auf den der Wahrheit konzentrierten...“(51)

In einem anderen Artikel berichtet David Hulen von der Los Angeles Times, daß die amerikanische Atomic Energy Commission (Atomenergiekommission) 1962 in aller Stille in der arktischen Tundra Alaskas fast 7000 Kilogramm Erde vergrub, die mit radioaktivem Fallout aus den Atomexplosionen in Nevada verseucht war. Dieser Vorfall drang erst 1992 an die Öffentlichkeit, als ein Forschungsbeauftragter der University of Alaska (Fairbanks) Unionsarchive durchsah, in denen die Vergrabungsaktion am Kap Thompson in Nordalaska verzeichnet ist. Regierungsfunktionäre wurden in höchster Eile vor Ort gesandt, um der ansässigen kleinen Eskimo-Bevölkerung zu versichern, daß keinerlei Gefahr bestünde. Diese war jedoch verständlicherweise bestürzt, als sie von der radioaktiven Erde auf dem Land hörte, das sie zur Jagd und zur Nahrungsssuche nutzte. Der Bürgermeister eines Eskimodörfchens in der Nähe der Vergrabungsstelle, Ray Kunak Senior, soll erklärt haben:

> Sie (die Regierung) behaupten, daß keine unmittelbare Gefahr für die Gesundheit bestünde - aber wie können wir ihnen noch vertrauen, nach dem, was sie dort vor dreißig Jahren vergraben haben? ... Die Menschen hier sind verstört und völlig fertig ... Sie fühlen sich belogen.(52)

Auch während der Ermittlungen zu dem gescheiterten Waffen-gegen-Geiseln-Handel (Iran-Contra-Affäre), den die Reagan-Regierung 1986 heimlich eingefädelt hatte, war das amerikanische Volk Zeuge massiver Lügen seiner hochgestellten Regierungsbeamten. Zunächst einmal setzte sich die Regierung über die amerikanische Verfassung hinweg und machte sich einer Gesetzesübertretung schuldig, da sie (in der Hoffnung, die Freilassung amerikanische Geiseln zu bewirken, die sich in der Gewalt proiranischer Terroristen befanden) insgeheim Waffen an den Iran verkaufte. Dann setzte sie die Erträge aus diesen Waffenverkäufen ein, um gegen einen US-Kongreßbeschluß zu verstoßen, dem zufolge der Regierung die Unterstützung der nicaragischen Rebellenverbände untersagt war. Anschließend logen Regierungsbeamte vor Untersuchungsausschüssen des Kongresses und versuchten, ihre illegalen Beziehungen zu Iran und Nicaragua zu verheimlichen. Zur Untersuchung dieser Angelegenheit wurde schließlich ein eigener Staatsanwalt, Lawrence Walsh, bestellt, dessen sechsjährige Ermittlungen im Dezember 1992 ein jähes Ende fanden, als Präsident George Bush sechs ehemalige leitende Regierungsbeamte, die im Zusammenhang mit der Iran-Contra-Affäre angeklagt oder verurteilt worden waren - unter ihnen der frühere Verteidigungsminister Casper Weinberger -, amnestierte. Viele glauben, daß Bush, der zur Zeit des Skandals als Vizepräsident fungierte, selbst keine reine Weste hat. Staatsanwalt Walshs abschließender Untersuchungsbericht schließt, daß „...der frühere Justizminister Edwin Meese eine „falsche Darstellung" des iranischen Waffen-für-Geiseln-Handels vorlegte, um Präsident Reagans Rolle zu vertuschen..." Überdies lag auch, so folgert Walshs Schlußbericht, noch ein breiter angelegtes Vertuschungsmanöver durch ranghöhere Amtsträger des Kabinetts vor, die niedriger gestellte Regierungsfunktionäre wie Oliver North und John Poindexter zu „Sündenböcken" zu machen versuchten. In einer Zeitungsmeldung vom Tag der Freigabe des Abschlußberichts von Staatsanwalt Walsh heißt es, daß

> ... Reagan, Bush und mehrere andere in dem Bericht erwähnte Personen unabhängig voneinander Walshs Schlußfolgerungen als unzutreffend und unfair bezeichneten. Reagan nannte den Bericht „ein teures Klopfen auf die eigene Schulter und ein Sammelsurium unbegründeter Anklagen, die er (Walsh) vor Gericht niemals hätte beweisen können.(53)

Wir werden niemals wissen, ob Walshs Anklagen vor Gericht hätten bewiesen werden können, da Bushs präsidentielle Amnestie für sämtliche in den Skandal verwickelte Personen - einen knappen Monat vor seiner Amtsaufgabe - den normalen Gang des Gerichtsweges unterband.

Phillip Hilts von der New York Times schreibt, daß das US-Verteidigungsministerium amerikanische Veteranen des persischen Golfkriegs hinsichtlich des eventuellen Einsatzes chemischer Waffen belog, bis von Untersuchungsteams eines anderen Landes (der Tschechoslowakei) berichtet wurde, daß Belege für den Gebrauch solcher Waffen gefunden worden waren. Selbst nachdem mehr als 10000 Veteranen ungewöhnliche Symptome gemeldet hatten, die von giftigen Chemikalien herrühren könnten, dementierte die US-Regierung noch jegliche Verdachtsmomente für eine chemische Kriegsführung und ging über Meldungen dieser Art beharrlich hinweg. Die Zeitung berichtete:

> Zwei Jahre lang hatte das Pentagon dementiert, für den Einsatz chemischer oder biologischer Kampfstoffe seitens des Iraks irgendwelches Beweismaterial zu besitzen. Letzten Dienstag erkannte es nun die Richtigkeit der Arbeit eines tschechischen Expertenteams für chemische Waffen in der Woche nach Beginn des Luftkriegs im Januar 1991 an. Die Tschechen hatten in der Golfregion Spuren von Nervengas und eines Blasen hervorrufenden Kampfstoffes gefunden.(54)

Thomas Lippman von der Los Angeles Times-Washington Post Service berichtet von der Erbitterung, die die noch lebenden Opfer starker Strahlendosen aus oberirdischen Atomtests gegen die amerikanische Regierung verspüren. St. George und andere Kleingemeinden im Südwesten des Bundesstaates Utah waren zwischen 1951 und 1962 beträchtlichen radioaktiven Niederschlägen aus oberirdischen Atombombentests im angrenzenden Nevada ausgesetzt. Die US-Regierung hatte damals nicht nur verabsäumt, die Bewohner dieser Gemeinden über die bestehende Gefahr zu informieren, sondern auch später jegliches Verschulden in Abrede gestellt, als dort in alarmierendem Ausmaß Fehlgeburten, Geburtsfehler und geistige Entwicklungsstörungen auftraten. Im Anschluß an ein von einem Utah-Senator (Hatch) eingebrachtes Gesetz bewilligte die Regierung 1989 den Überlebenden schließlich einen finanziellen Schadenersatz in Form eines Entschädigungsprogramms, das von den Betroffenen jedoch im allgemeinen als „zu mager, zu spät und zu widerwillig gegeben“ beurteilt wird. Und weiterhin:

> „...sie (die Regierung) wußten damals absolut Bescheid, obwohl sie behaupten, daß sie es nicht wußten“, sagte Elmer Pickett, 72, Inhaber von Elmer's Home Center, dessen Frau mit 39 an Krebs verstarb und ihn mit sechs kleinen Kindern zurückließ. „Da sie wußten, was sie uns antaten, haben sie uns in gewisser Weise umgebracht. Meiner Ansicht nach sind sie genauso Mörder wie die Aufseher der Todeslager in Nazideutschland.“(55)

Dies sind starke Worte, aber sie passen zweifellos in das hier präsentierte Szenario. Vielleicht ist das Leitmotiv, das sich aus dieser kleinen Artikelauswahl der Jahre 1992 und 1993 herauskristallisiert, daß die US-Regierung ihre Bürger routinemäßig belügt und sich loyalen, rechtschaffenen und schwerarbeitenden Menschen gegenüber unaufrichtig und lieblos gebärdet (und dann die kontrollierten Medien dazu benutzt, dem Volk einzureden, daß seine Regierung es liebt und ihm dient). Und die größte Lüge und Irreführung ist dabei natürlich die, um die es in diesem Buch geht: die Verstrickung Außerirdischer in die menschlichen Geschicke, heute wie ehedem.

Kürzlichere extraterrestrische Aktivitäten

In den USA gehen Menschenentführungen und Tierverstümmelungen in erstaunlichem Umfang weiter. In einem Aufsatz von 1988 erklärt John Lear, ehemaliger Luftverkehrsgesellschaftspilot und UFO-Forscher, daß es seit 1973 zu über 14000 Viehverstümmelungen gekommen sei.(56) Die preisgekrönte Dokumentarfilmerin und Schriftstellerin Linda Moulton Howe, die zu den Abertausenden von Tierverstümmelungen in Amerika wahrscheinlich gründlichere Recherchen vorgenommen hat als jede/r andere, berichtet, daß eines der auffälligsten und merkwürdigsten Charakteristika dieses Phänomens das völlige Fehlen von Blut im Kadaver der betroffenen Kühe, Pferde, Schafe usw. sei.(57) Weitere Eigentümlichkeiten seien die mit chirurgischer Präzision geführten Schnitte und die Entfernung innerer Organe einschließlich der Geschlechtsorgane. In der Nähe des toten Tieres ließen sich keine Fußspuren entdecken, nicht einmal solche vom Tier selbst. Außer den Flugscheiben, die hie und da mit zerstückelten Tieren in Zusammenhang gebracht wurden, würden am Tatort gelegentlich auch dunkle, geräuschlose Helikopter beobachtet. Häufig würden auf Viehfarmen und in anderen Gegenden, wo Verstümmelungsopfer aufgefunden wurden, auch sogenannte „Bigfoot" - 1,80 - 2,40 Meter große behaarte Geschöpfe - gesichtet.(58) Howe zufolge stellen Tierverstümmelungen ein weltweites Phänomen dar, da derartige Meldungen aus Kanada, Australien, Europa, Südamerika, Zentralamerika und anderen Gebieten vorlägen.(59) Auch Berichte über verunstaltete Menschen seien ihr und anderen zugegangen, die sie jedoch nicht wie die Tierverstümmelungen zu verifizieren vermochte.(60)

Mindestens so eigenartig und bizarr wie die Viehverstümmelungen stellen sich die menschlichen Entführungsfälle dar. Budd Hopkins, Schriftsteller und maßgeblicher Erforscher extraterrestrischer Entführungen, schätzt die Zahl der verschleppten Amerikaner auf mindestens eine Million.(61) Donald Ware, Pilot a.D. der amerikanischen Luftwaffe und UFO-Forscher, erklärt, daß ein Nachrichtendienstler der US-Regierung dem Autor von Above Top Secret, Timothy Good, erzählt habe, daß sich schon sechs Millionen Amerikaner einmal an Bord eines UFO befunden hätten, ob sie sich dessen bewußt seien oder nicht(62) - in anderen Worten, ein Amerikaner von vierzig! UFO-Forscher und Autor Valdamar Valerian behauptet, daß die Grauen und andere außerirdische Spezies regelmäßig und systematisch zehn Prozent aller Menschen entführten und daß dieser Prozentsatz in ständigem Steigen begriffen sei.(63) Zehn Prozent! Was geht hier vor?

Wegen der Fähigkeit der Fremden, das Erinnerungsvermögen ihrer Opfer zu löschen, fiel die Beantwortung dieser Frage - obwohl es seit fast vierzig Jahren anscheinend zu Verschleppungen en masse kommt - alles andere als leicht. Vielfach lassen sich - wie auch im Falle von Barney und Betty Hill - zahlreiche Einzelheiten der Entführung durch Hypnose ins Gedächtnis der Opfer zurückrufen; die wenigsten unter ihnen besitzen jedoch eine bewußte Erinnerung an die Verschleppung. Gewöhnlich erfahren Entführte einen Zeitsprung und leiden an Alpträumen, Selbstzweifeln und unmotivierten, panikartigen Zuständen - das eigentlich Geschehene ist ihnen jedoch entfallen. Die (wie auch immer gearteten) extraterrestrischen Techniken zur Gedächtnislöschung sind indes keineswegs perfekt, da in vielen Fällen sogar ohne Hypnoseregression eine bewußte Erinnerung an die Entführung fortbesteht. Diesem Umstand ist zu verdanken, daß Entführungsforscher wie Budd Hopkins Ende der achtziger und in den neunziger Jahren auf Hunderte verbuchter Entführungsfälle zurückgreifen konnten. In Intruders: The Incredible Visitations at Copley Woods (1988) stellte Hopkins als erster die These auf (und belegte sie), daß das Hauptziel extraterrestrischer Entführungen die Erschaffung irdischer Hybridwesen (Mischlinge) zwischen Außerirdischen und Menschen sei.(64) Inzwischen wurden in den unterirdischen Stützpunkten der Fremden zahlreiche in Entwicklung befindliche Föten gesichtet; davon gibt es auch einige Skizzen, die nach Vorgaben von Zeugen angefertigt wurden (siehe Abb.12-2). Hopkins dokumentiert auch als erster solche Fälle, in denen Frauen - oft unvermutet - schwanger werden und ihre Föten dann rund drei Monate später auf unerklärliche Weise verlieren.(65) Diese Frauen sollen während einer Entführung von Außerirdischen geschwängert worden sein (ihnen fehlt allerdings die bewußte Erinnerung daran). Unklar ist, ob dabei künstliche Besamung oder in-vitro-Befruchtung mit anschließender Implantation des Eis in die Gebärmutter bzw. auch beide Methoden zum Einsatz kommen - in jedem Fall werden menschliche und extraterrestrische Gene in irgendeiner Weise kombiniert. Ungefähr drei Monate später entnehmen die Fremden die Mischlingsföten und bringen sie in ihre unterirdischen Kolonien, wo sie sich in durchsichtigen, flüssigkeitsgefüllten Behältern weiterentwickeln (Abb. 12-2). Nach Entnahme des Fötus bleiben keine Anzeichen zurück, daß jemals eine Schwangerschaft bestanden hat, da den Frauen die bewußte Erinnerung fehlt und Blut oder Fötalgewebe sich noch nie nachweisen ließen, obwohl die Betroffenen häufig deutlich „fühlen“ oder „träumen“, ein Kind verloren zu haben.(66)

In vielen Fällen lassen sich Entführte außer von diesem Mischlingszüchtungsprogramm auch von den technisch-paraphysischen Fähigkeiten der Außerirdischen blenden, die sich z.B. nach Belieben zu materialisieren und zu dematerialisieren vermögen. Oft sind Entführte auch davon beeindruckt, daß sich die Fremden mit ihnen telepathisch verständigen.

Eine weitere ungewöhnliche Fähigkeit der Außerirdischen ist, daß sie durch Wände und andere „feste“ Gegenstände zu gehen vermögen - nach eigenem Bekunden einfach dadurch, daß sie ihre Schwingungsgeschwindigkeit verändern.(67) Wie es scheint, schwingen sämtliche Lebensformen mit einer bestimmten Geschwindigkeit; wir dreidimensionalen Geschöpfe vibrieren in einem bestimmten Tempo, während höherdimensionale Wesen in einem höheren schwingen, was sie für uns unsichtbar macht. Die Pleiadian-Plus-Gruppe spricht ebenfalls von Schwingung und Frequenz und davon, wie diese Erde von den Fremden auf einer gewissen Schwingungsfrequenz gehalten werde, um uns zu kontrollieren.(68) Zur Veränderung ihrer Schwingungszahl verwenden Außerirdische ein technisches Gerät, das sich an einem Gürtel befestigen läßt, und dringen so durch Wände und in höhere Dimensionen.(69) Dieses Gerät wird von Außerirdischen auch eingesetzt, um die Frequenz ihrer Opfer zu verändern und sie so aus ihren Betten, Häusern usw. in ihre Flugscheiben (UFOs) zu transportieren. Manchmal können Entführte ihren zurückgelassenen Körper wahrnehmen, während sie zu den Raumschiffen der Außerirdischen schweben. Dies entspricht einer sogenannten außerkörperlichen Erfahrung (OBE), die laut einer kürzlichen landesweiten Umfrage des National Opinion Research Council (NORC) schon von mehr als zwei Millionen Amerikanern gemacht wurde.(70) Die meisten Menschen hatten jedoch entweder nie ein solches Erlebnis oder ihnen fehlt die Erinnerung daran; so sind die routinemäßigen OBE-Künste der Außerirdischen geeignet, sie in Erstaunen zu versetzen. Nebenbei sei angemerkt, daß Menschen möglicherweise latent die Fähigkeit zu außerkörperlichen Reisen besitzen, ohne sich mit den raffinierten technischen Geräten der Außerirdischen behelfen zu müssen. Was ich andeuten möchte, ist, daß uns möglicherweise natürliche Fähigkeiten zu Gebote stehen (momentan wohl meist in latenter Form), für die Außerirdische auf ihre erstaunliche Technik angewiesen sind. Bei der Erörterung unserer geistigen Evolution werden wir diese Möglichkeit von nahem betrachten.

Der Physiker Bob Lazar, der nach eigenem Bekunden an einem Flugscheiben-Projekt der Geheimregierung in der Nähe von Las Vegas, Nevada, mitgearbeitet hat, hält die extraterrestrische Telepathiefähigkeit ebenfalls für eine technologische Entwicklung.(71) Über die telepathische Befähigung von Menschen ist zwar wenig bekannt, doch spricht einiges dafür, daß Menschen auch auf diesem Gebiet begabter sein könnten als Graue. Von mindestens einer 62-köpfigen Gruppe australischer Ureinwohner heißt es, daß sie mittels Telepathie kommuniziere. Die Amerikanerin Marlo Morgan, die mehr als drei Monate mit dieser Gruppe durch die australische Wüste wanderte, berichtet uns, daß deren erwachsene Mitglieder ihre Kinder von klein auf in mentaler Kommunikation schulten, und daß sich sämtliche Erwachsene in dieser Form austauschten.(72)

Nichtsdestoweniger muten die technischen und paranormalen Fähigkeiten der Außerirdischen die meisten von uns in unserem jetzigen Stadium geistiger und technischer Entwicklung ehrfurchtgebietend an. Wir haben wie Kinder vor jedem einen heiligen Respekt, der Dinge beherrscht, die uns selbst verschlossen sind. So empfinden viele Entführte eine ehrfurchtsvolle Scheu vor den Außerirdischen und verehren sie wie „Götter". Dem renommierten Entführungsforscher Raymond Fowler, der den Fall der mehrfach verschleppten Betty Andreasson (jetzt Betty Luca)(73) in allen Einzelheiten recherchierte, verdanken wir z.B. die „Botschaft" der Außerirdischen.(74) Diese könnte, so Fowler, von vielen Entführten, die in Ehrfurcht vor den technisch-paranormalen Fähigkeiten der Grauen erstarrt sind, kritiklos „geschluckt" werden. Diese Botschaft schilt uns für die zunehmende Zerstörung der natürlichen Lebensgrundlagen und kündigt an, daß wir unfruchtbar werden und eines Tages aussterben würden. Aus diesem Grunde, so die Außerirdischen, hätten sich die UFO-Aktivitäten seit den vierziger Jahren in drastischer Weise vermehrt. Sie führten nämlich als Verwalter dieses Planeten genetische Arbeiten durch, um das terrestrische Leben nach dem Aussterben der menschlichen Spezies zu bewahren. Die Botschaft „bestätigt" außerdem, daß Menschen viel mehr als nur Fleisch und Blut sind und tatsächlich ein geistiges Sein besitzen.

Die „Bestätigung", daß wir Menschen auch eine geistige Existenz haben, sollte für die meisten meiner Leser nicht überraschend kommen, da schriftlose wie schriftfähige Kulturen dies seit Jahrtausenden verkünden. Und erneut haben wir hier eine Untergangsbotschaft ganz wie die Fatima-Prophezeiung und die oben erwähnte Botschaft der Elohim an den Franzosen Claude Vorilhon und viele andere.

Wenden wir uns dem UFO-Forscher und Schriftsteller Valdamar Valerian zu, der auf dieses Thema ein weiteres Licht wirft. In keinem Werk finden sich mehr Einzelheiten zu Außerirdischen als in seinem Matrix II: The Abduction and Manipulation of Humans Using Advanced Technology.(75) Auch Valerian unterbreitet Erklärungen der „Meier-Außerirdischen" (die ich als „Schweizer Plejadier" bezeichne) und solche anderer esoterischer Provenienz, denen zufolge übelwollende Außerirdische (die Grauen und ihre Verbündeten) als Teil einer Strategie zur psychologischen Kontrolle von Menschen Endzeitvoraussagen verbreiten.(76) Valerian bringt auch Belege von Jason Bishop III et al., daß die Grauen „„...mit Menschen in „Geheimbünden" und innerhalb des Militär-/Regierungskomplexes..." zusammenwirken, um oberirdische Kulturen zu beeinflussen.(77) Den Angaben der Meier-Außerirdischen („Schweizer Plejadier") zufolge, von denen einige vom amerikanischen Meier-Herausgeber Wendelle Stevens der Öffentlichkeit vorenthalten werden, kontrollieren und manipulieren die Grauen und ihre Verbündeten die Menschheit seit Jahrtausenden.(78)

Abb. 12-2: Künstlerische Darstellung eines unterirdischen Laboratoriums einer grauen Spezies nach Augenzeugenberichten mehrerer Entführter. Aus Matrix II: The Abduction and Manipulation of Human Beings Using Advanced Technology, 1989/90 von Valdamar Valerian, Leading Edge Research Group, P.O. Box 481-MU58, Yelm, Washington 98597. Mit freundlicher Genehmigung.

Valerian erklärt, daß „unzählige Zeugen" - meistenteils Entführte - die Existenz der Untergrundbasen bestätigen, in denen die Grauen ihre Genmanipulationen vornehmen. Die Realität dieser unterirdischen Stützpunkte wurde auch von einigen Zivil- und Militärbediensteten bezeugt - ehemaligen Mitarbeitern an Programmen der Geheimregierung und der Grauen. Diese Personen hatten sich irgendwann aus Gewissensgründen entschlossen, das, was sie über diese Programme wußten, ans Licht der Öffentlichkeit zu bringen. Zu diesem Kreis zählt auch Thomas C., der in einer Gemeinschaftsanlage der U.S.-Geheimregierung und der Grauen unterhalb von Dulce, New Mexico, arbeitete - der Untergrundbasis, in die vermutlich die meisten Entführten verschleppt werden. Herr C. nahm eine Reihe Schwarzweißphotos, eine Videokassette und einen Satz Dokumente über die Einrichtung mit sich. Er machte fünf Kopien von diesem Material, die als „Dulce-Dokumente" bekannt wurden, und verteilte sie im engsten Freundeskreis. Wie es scheint, verlor Thomas C. für diese „Indiskretion" Frau und Sohn, die Experimenten der Grauen und der Geheimregierung zum Opfer fielen. Zu den Greueln, die Herr C. in Dulce miterlebte, zählen Gefrierräume mit endlosen Reihen von Menschenkörpern und menschlichen Resten.(79) Die Anlage in Dulce ist über Tunnel und unterirdische „Hochgeschwindigkeitszüge" mit anderen Einrichtungen dieser Art verbunden.(80)

Valerian belegt auch Mind-Control-Experimente der Grauen und der Geheimregierung(81) und bringt Einzelheiten zur Biologie der Grauen und der „Echsen" (Reptilwesen) sowie zur historischen Interaktion der übelwollenden Außerirdischen und der Menschen.

Falls Valerians Angaben und die Hypothesen von Cooper, Lindemann und anderen im wesentlichen der Wahrheit entsprechen, würde die ganze UFO-Thematik bei den meisten natürlich ungeheure Furcht auslösen. Aber genau das möchten die Außerirdischen und ihre Geheimregierungsverbündeten erzeugen - ANGST!! Doch können wir in unserem primitiven Entwicklungsstadium angesichts dieser bösartigen Außerirdischen, die mit einer - für unsere Begriffe - großartigen Technologie ausgerüstet sind (und uns obendrein auch noch alles andere als wohlgesonnen sind), wirklich vermeiden, in Panik zu verfallen? Wie schon angedeutet, liegt der Schlüssel zur Umgehung von Furcht und Panik angesichts dieser scheinbar fast aussichtslosen Situation - und dies ist im Grunde die zentrale Botschaft dieses Buches - in der Entwicklung unseres Bewußtseins und unserer Spiritualität auf individueller wie kollektiver Ebene. Von höherer Warte aus betrachtet, könnten die regressiven Außerirdischen sogar hier sein, um unsere Entfaltung zum Licht hin und weg von der Dunkelheit, wie sie von den Außerirdischen und unserer Geheimregierung repräsentiert wird, zu BESCHLEUNIGEN!!

Valdamar Valerian ist einer der wenigen UFO-Forscher, die auch spirituelle Inhalte zu vermitteln versuchen, die ja, wie wir schon andeuteten, den Schlüssel zum Verständnis der historischen extraterrestrischen Phänomene liefern könnten. Ihm zufolge erwerben sich Menschen, indem sie sich um Kontakt zu ihrem höheren Selbst bemühen, das nötige Rüstzeug, um sich von einem Opfer - der Außerirdischen, der Geheimregierung, anderer Wesen/Menschen oder Dinge - in einen erwachten Schöpfer zu verwandeln.(82) Wie wir gesehen haben, sind es wohl gerade geistige Inhalte, die von den Außerirdischen im Laufe unserer Geschichte am meisten verfälscht wurde. Valerian präsentiert Belege dafür, daß eine der zu unserer Täuschung eingesetzten Methoden darin besteht „...(a)bzuleugnen, daß der Menschheit freie Wahl offensteht, durch welche sich sämtliche extraterrestrischen Spiele und Konstellationen in Nichts auflösen könnten".(83) Wie schon angedeutet, werden wir in späteren Kapiteln einige Wahlmöglichkeiten vorschlagen, die uns in den Stand setzen, uns geistig an den Außerirdischen vorbei und über sie hinaus zu bewegen.

Das heutige UFO-Phänomen wurde hier natürlich nur oberflächlich gestreift. Mein Hauptaugenmerk lag dabei darauf, Beweise dafür ausfindig zu machen, daß Außerirdische die Menschheit seit jeher mit unlauteren Absichten zu manipulieren und kontrollieren versuchten. Ich denke, solche Belege gefunden zu haben, und glaube, daß sie das schon präsentierte historische und esoterische Material erhärten, dem zufolge wir in den letzten 300000 Jahren seit unserer „Schöpfung" durch die Reptoiden und andere Außerirdische Opfer extraterrestrischer Manipulation und Kontrolle gewesen sind.

Zum besseren Verständnis der Reptoiden und Grauen und ihrer Bemühungen um eine Kontrolle der Menschheit unterbrechen wir unsere Behandlung der „außerirdischen Hypothese" und werfen einen Blick auf Anfangsgründe der Verhaltensbiologie des Erdenmenschen.

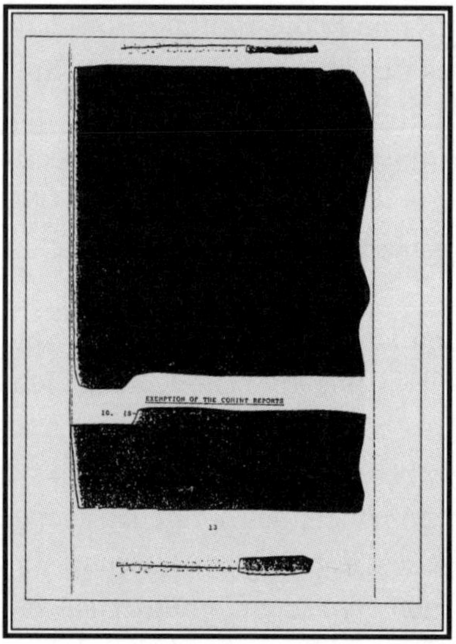
[redacted]

EXEMPTION OF THE COMINT REPORTS

10. (S-[redacted]

13

[redacted]

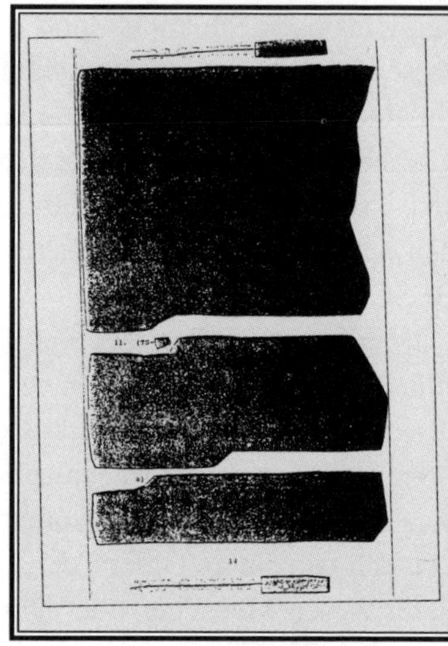
[redacted]

11. (TS-[redacted]

a) [redacted]

14

[redacted]

Abb. 12-1: Siehe Seite 280

1. Meinungsumfrage (1984) zum Prozentsatz der Amerikaner, die an UFOs glauben, zitiert von Schellhorn, G. C. 1989. Extraterrestrials in Biblical Prophecy. Horus House Press, Inc., Madison, Wisconsin, S. 251.
2. Sachs, M 1980. The UFO Encyclopedia. Perigee Books of G. P. Putnam's Sons, New York, S. 207.
3. Ibid.
4. Ibid.
5. Ibid.
6. Hynek, J. A. 1977. The Hynek UFO Report. Dell Publishing Co., New York.
7. Ibid., S. 33.
8. Ibid., S. 244.
9. Ibid., S. 139.
10. Ibid., S. 281.
11. Ibid., S. 282-287.
12. Ibid., S. 287.
13. Ibid., S. 120.
14. Ibid., S. 189.
15. Fuller, J. G. 1966. The Interrupted Journey. Dell Publishing Co., Inc., New York.
16. Sachs, M. 1980. op. cit., S. 295-296.
17. Vallée, J. 1980. Messengers of Deception: UFO Contacts and Cults. Bantam Books, Inc., New York.
18. Ibid., S. 155-160.
19. Ibid., S. 158.
20. Vallée, J. 1965. Anatomy of a Phenomenon: UFOs in Space - a Scientific Ap-

praisal. Ballantine Books, New York. S. 1-10.
21. _____ 1980. op. cit., S. 27-29.
22. Good, T. 1988. Above Top Secret: The Worldwide UFO Cover Up. William Morrow and Co., Inc., New York.
23. Ibid., S. 475.
24. Ibid., S. 253.
25. Hynek, J. A. 1977. op. cit., S. 7-8.
26. Good, T. 1988. op. cit., S. 183.
27. Cooper, M. W. 1991. Behold a Pale Horse. Light Technology Publishing. Sedona, Arizona.
28. Ibid., S. 197.
29. Für Verweise auf die angeblichen UFO-Abstürze siehe Good, T. 1988. op. cit., S. 253-426.
30. Cooper, M. W. 1991. op. cit., S. 202.
31. Ibid.
32. Ibid., S. 203-204.
33. Ibid., S. 209-211.
34. Ibid., S. 212.
35. Ibid.
36. Ibid.
37. Ibid. S. 68-98.
38. Lindemann, M. 1990. „UFOs and the Alien Presence: Time for the Truth." Manuskript der 2020 Group, Santa Barbara, California.
39. Ibid., S. 7.
40. Ibid., S. 4.
41. Ibid., S. 19-23.
42. Cooper, M. W. 1991. op. cit., S. 168.
43. Ibid., S. 165-169
44. Zailan, M. 1993. „Dissident gets a voice." San Francisco Examiner, „Datebook", 4. April, S. 33. Siehe auch Herman, E. S. und N. Chomsky 1988. Manufacturing Consent: The Political Economy of the Mass Media. Pantheon Books, New York.
45. Ibid.
46. LaSalle, M. 1993. „Film on rabble-rouser Chomsky and media." San Francisco Chronicle, 9. April, S. D5.
47. Ibid.
48. Summers, A. 1980. Conspiracy. McGraw-Hill Book Co., New York, S. 14.
49. Der Bericht des Sonderausschusses für Attentate von 1979 zitiert von Summers, A. 1980. op. cit., S. 14.
50. Eine auszugsweise Liste der Mitglieder des Council on Foreign Relations, der Jason Group und der Trilateral Commision kostenlos erhältlich bei F.R.E.E., P.O. Box 33339, Kerrville, Texas 78029
51. USA Today, 15. November 1993, S. 4A.
52. Hulen, D. 1992. „Radioactive soil had secret burial in Alaska in 1962." San Francisco Chronicle, October 12, S. A5.
53. Jackson, R. L. und R. J. Ostrow 1994. „Iran-Contra report blames Reagan, Bush". San Francisco Chronicle, 19. Januar, S. A1 und S. A13.

54. Hilts, P. J. 1993. „Battle heating up over veterans" mysterious Gulf War ail ments." San Francisco Chronicle, 25. November, S. A17.
55. Lippman, T. W. 1993. „Utah survivors remain bitter about Nevada bomb tests." The Oregonian(Portland), 19. Mai, S. A13.
56. Lear, J. 1988. „The UFO Cover-Up." In Valerian, V. 1991. op. cit., S. 239-252.
57. Howe, L. M. 1991. „The „alien harvest" and beyond". In UFOs und the Ali en Presence: Six Viewpoints, M. Lindemann (Hrsg.). The 2020 Group, Santa Barbara, California, S. 61-84.
58. Ibid., S. 64.
59. Ibid., S. 65.
60. Ibid., S. 69.
61. Budd Hopkins zitiert in Ware, D. 1991. „The „Larger Reality" Behind UFOs". In Lindemann, M.(Hrsg.) 1991. op. cit., S. 195-218.
62. Ibid.
63. Valerian, V. 1991. op. cit., S. 151.
64. Hopkins, B. 1988. Intruders: The Incredible Visitations at Copley Woods. Ballantine Books, New York.
65. Ibid., S. 79 und S. 236-238.
66. Ibid.
67. Fowler, R. E. 1991. The Watchers: The Secret Design behind UFO Abduction. Bantam Books, New York. S. 183.
68. Marciniak, B. 1992b. Bringers of the Dawn: Teachings from the Pleiadians. Bear und CompanyPublishing, Santa Fe, New Mexico. S. 26.
69. Fowler, R. E. 1991. op. cit., S. 183.
70. Umfrage des NORC berichtet in Fowler, R. E. 1991. op. cit., S. 183.
71. Lazar, B. 1991. „Alien Technology in Government Hands." In, Lindemann(Hrsg.) 1991, op. cit., S. 87-127.
72. Morgan, M. 1991. Mutant Message Downunder, MM Co., Lees Summit, Missouri, S. 53-56.
73. Fowler, R. E. 1980. The Andreasson Affair. Bantam Books, New York, und Fowler, 1991. op. cit.
74. _____ 1991. op. cit., S. 355-357.
75. Valerian, V. 1991. op. cit.
76. Ibid., S. 15.
77. Ibid., S. 97.
78. Ibid., S. 15.
79. Ibid., S. 188-189.
80. Ibid., S. 173A-237.
81. Ibid., S. 303-311.
82. Ibid., S. 364A.
83. Ibid., S. 30.

„Laßt uns demütig bleiben, auf daß wir erkennen mögen, daß diese Kraft niemals aus uns selbst entspringen kann."
Autobiographie der Heiligen Theresia von Ávila

Kapitel 13

Biokulturelle Aspekte des Menschen und das Thema der Außerirdischen

Brauchen Sie nach all den abenteuerlichen UFO- und Außerirdischen-Hypothesen mal eine Verschnaufpause? Dieses Kapitel soll Ihnen eine solche in gewisser Weise bieten, da wir uns hier hauptsächlich mit der Arbeit von Wissenschaftlern beschäftigen wollen, die weder von der eventuellen historischen Präsenz von Außerirdischen gehört noch Interesse daran bekundet haben. Damit brechen wir jedoch nicht mit der Grundthematik dieses Buches - dieser Abstecher scheint mir nämlich erforderlich, um uns ein ansatzweises Verständnis der Methoden zu erschließen, mit denen regressive Außerirdische die menschliche Spezies zu kontrollieren versuchten, wie auch der biologischen und kulturellen Gründe, warum ihnen dies in relativ hohem Maße gelungen ist. Dieser Blick auf die Verhaltensforschung wird uns auch das Verständnis des in späteren Kapiteln zur Sprache kommenden Gebarens der Reptoiden und der Grauen erleichtern.

Kultur

In Amerika sind menschliche Kulturen, vor allem technisch primitive, seit der zweiten Hälfte des neunzehnten Jahrhunderts Forschungsgegenstand der Sozial- oder Kulturanthropologie. Diese konnte im Laufe der Jahrzehnte den Nachweis führen, daß Menschen mit wenigen Ausnahmen in Kindheit und Jugend die Verhaltensweisen, Einstellungen und Wertsysteme ihrer Lebensumwelt verinnerlichen und sie als Erwachsene von einer Generation zur nächsten tradieren. Das Verhalten eines Erwachsenen einschließlich seiner Glaubensinhalte (z.B. religiöser Art) reflektiert demnach großenteils den Kulturkreis, in dem er aufgewachsen ist. Ein in einem islamischen Umfeld Großgewordener bleibt mithin im allgemeinen dem muslimischen Erbe und Glauben verhaftet, und gleiches gilt - nur mit umgekehrten Vorzeichen - für Menschen, die in einer christlichen Gesellschaft aufwuchsen. Mit dem Begriff der Kultur geht der des Ethnozentrismus einher, der die menschliche Neigung bezeichnet, fremde Glaubenssysteme und Bräuche von den eigenen positiv besetzten her zu interpretieren und - in der Regel eher negativ - zu bewerten. So neigen in der islamischen Tradition Verhaftete im allgemeinen dazu, die religiösen Überzeugungen der christlichen Nationen für grundverkehrt zu halten, während christliche Gesellschaften umgekehrt meist der gleichen Ansicht bezüglich islamischer Glaubensinhalte sind. Wie Soziokulturanthropologie und Geschichtsforschung nachzuweisen vermochten, zog sich der Ethnozentrismus (oftmals mit tragischen Konsequenzen) durch fast sämtliche Epochen der Menschheitsgeschichte. Um dafür nur ein Beispiel von Tausenden zu zitieren - kaum daß der Islam im siebten Jahrhundert begründet worden war, begannen Christen und Moslems damit, sich im Namen „Gottes" in endlosen Kriegen zu zerfleischen.

Seit den Anfangsjahrzehnten dieses Jahrhunderts setzte sich in den Reihen der Kulturanthropologen (und später auch der Archäologen) die Überzeugung durch, daß die in den Sozietäten der Welt zu beobachtenden Verhaltensunterschiede nicht in biologisch-genetischen Differenzen wurzeln, sondern fast ausschließlich in der Verschiedenartigkeit des Milieus, in dem deren Mitglieder aufwuchsen. Es wurde sogar argumentiert, daß menschliches Verhalten und insbesondere Kultur vollständig biologieunabhängig und damit von der Biologie getrennt zu erforschen seien.(1)

Daß die amerikanische Kulturanthropologie damit zur Erklärung menschlichen Verhaltens den kulturellen Faktoren absoluten Vorrang vor den biologischen einräumte, war zum großen Teil eine Gegenreaktion gegen die in der amerikanischen Biologie der Jahrhundertwende propagierten biologisch-deterministischen Theorien.(2) Ein weiteres Moment in der Entscheidung für die „kulturellen Faktoren" war das sich häufende Material, das einen tiefreichenden, wenn nicht sogar alles bestimmenden Einfluß des kulturellen Umfelds der Kindheit und Jugend auf das menschliche Verhalten nahelegte. Im Gegensatz dazu besagen biologisch-deterministische Theorien, daß menschliches Verhalten fast zur Gänze durch die Biologie und vor allem das Erbgut determiniert sei. Diese konträren Standpunkte führten zu der sogenannten Erb-Umwelt-Debatte, also der Kontroverse, ob den Anlagen (Biologie) das Primat vor der Erziehung (bzw. dem kulturellen Umfeld) gebührt oder umgekehrt, die auch heute noch in sämtlichen Verhaltenswissenschaften ausgetragen wird. Da die frühen biologisch-deterministischen Theorien zu vereinfachend und damit unhaltbar waren, beherrschten in der Jahrhundertmitte solche Theorien das Bild, die der Erziehung bzw. dem kulturellen Milieu den Vorrang unter den Verhaltensdeterminanten einräumen. Dennoch fühlten die meisten biologisch orientierten Wissenschaftler, daß auch die Biologie eine Rolle spielen mußte, nur wußte man nicht, welche.

In den dreißiger Jahren fand die Verhaltensforschung an Tieren (Primaten) in ihrem natürlichen Habitat Eingang in das biologische und anthropologische Forschungsinstrumentarium - vor dieser Epoche hatte sich die Biologie noch den Methoden der exakten Wissenschaften und dem Reduktionismus verschrieben gehabt, für welche das Labor den geeignetsten Ort bildete. Die Zahl der Feldstudien an Tieren in ihrem natürlichen Milieu stieg dann in den sechziger Jahren steil an.(3)

Nach jahrelangen Untersuchungen dieser Art verfügte man über das erforderliche Material, um die biologischen Einflüsse auf das Verhalten belegen zu können. In den siebziger Jahren wurde dann von einem Ethologen (Verhaltensforscher) der Harvard Universität, E. O. Wilson, eine meist als Soziobiologie bezeichnete Unterdisziplin der Biologie begründet.(4) Heute ist die Soziobiologie, also die Erforschung der biologischen Grundlagen des Sozialverhaltens, eine blühende Unterdisziplin der Verhaltenswissenschaften und Austragungsort zahlreicher Debatten. Soziobiologische Theorien finden bei vielen Tierverhaltensforschern Anklang und werden auch in den Humanwissenschaften auf das „menschliche Tier" angewendet. Wilson zufolge weist z.B. sehr vieles darauf hin, daß „... auch ein menschliches Biogramm existiert, ein Anlagenmuster, das in die Erbmasse der Spezies als ganze eingebaut ist...", wie es auch alle Tiere besitzen. Er zeigt auf, daß Menschen bestimmte Züge mit anderen Säugetieren gemein haben, wie langdauernde mütterliche Betreuung, sexuelle

Arbeitsteilung (Männchen und Weibchen fallen verschiedene Aufgaben zu), männliche Besetzung der Dominanzrolle sowie ausgedehnte Sozialisation der Jungen, die zu einem guten Teil in sozialem Spiel gründet (5) Während man der Soziobiologie vorwirft, die Wirkung der Gene auf das Sozialverhalten unserer Spezies überzubetonen, lassen die Hunderte von Untersuchungen an Tieren in ihrem natürlichen Habitat der letzten Jahrzehnte keinen Zweifel daran, daß viele Eigentümlichkeiten des menschlichen Verhaltens stark dem tierischen Verhalten ähneln, besonders dem der Säugetiere und allen voran dem der Primaten.

Ein Psychologenteam der University of Minnesota führte kürzlich eine Untersuchung an ein- und zweieiigen Zwillingen durch, die vom Säuglingsalter an getrennt gewesen waren, durch die die „Anlagen"-Seite der Anlagen-Umwelt-Debatte starken Auftrieb erhielt.(6) Zweieiige Zwillinge sind genetisch nicht verwandter als normale Geschwister, während eineiige, die aus der Teilung einer einzigen befruchteten Eizelle hervorgehen, identische Erbanlagen aufweisen. Ähnliche Zwillingsstudien waren schon seit den dreißiger Jahren unternommen worden. Diese älteren Untersuchungen wurden jedoch oftmals nur an sehr kleinen Stichproben vorgenommen und/oder wiesen andere Mängel auf. In der Minnesota-Studie wurden dagegen über einhundert getrennt aufgezogene Zwillingspaare jeweils mindestens eine Woche lang intensiven psychologischen und physiologischen Tests unterzogen. Dabei wurde versucht, Freizeit- und Berufsinteressen, soziale Verhaltensweisen und persönliche Temperamentszüge zu messen. Die Wissenschaftler kamen zu dem überraschenden Schluß, daß „...eineiige, getrennt aufgewachsene Zwillinge einander etwa so ähnlich sind wie eineiige, gemeinsam aufgewachsene Zwillinge."(7) In anderen Worten sind dieser Untersuchung zufolge eineiige Zwillinge, die bei Geburt getrennt wurden und getrennt aufwuchsen, als Erwachsene einander etwa genauso ähnlich wie eineiige Zwillinge, die in der gleichen Familie aufgezogen und während ihrer frühen Jahre einem sehr ähnlichen Umfeld ausgesetzt wurden.

Trotz dieser Zwillingsstudie und der neugebackenen Wissenschaft der Soziobiologie und vieler weiterer Disziplinen bzw. Untersuchungen, die die „Erb"-Seite der Anlagen-Umwelt-Debatte unterstützen, kann jedoch an der Wirkungsmächtigkeit der Kultur und anderer Umweltfaktoren auf das menschliche Verhalten nicht gerüttelt werden. Viele in dieser Debatte engagierte Wissenschaftler erkennen zudem die Unmöglichkeit, menschliches und tierisches Verhalten beeinflussende Faktoren sauber nach „Anlage“ und „Umfeld/Erziehung“ zu trennen, und begreifen, daß Anlage-Umwelt eine scheinbare Dichotomie (Zweiteilung) darstellt, die auf unserem mangelnden Verständnis unserer selbst beruht.

Prägung und Gehirnentwicklung

Wie sich Kultur konkret in einem Menschen verankert, erhellt weitgehend aus Untersuchungen zum Phänomen der sogenannten Prägung und zur frühen Gehirnentwicklung in Tieren. Im folgenden werde ich eine Hypothese skizzieren, wie frühe Umwelterfahrungen - einschließlich der kulturspezifischen - im Gehirn über den Prozeß der Prägung und frühen Gehirnentwicklung „verschaltet“ oder „verdrahtet“ werden. Diese Hypothese werden Sie in einschlägigen Lehrbüchern vergeblich suchen. Die meisten Kulturanthropologen und Archäologen sträuben sich noch immer gegen das Eindringen biologischer Aspekte in den Bereich der Kultur. Dieses Modell zur Prägung im Laufe der Gehirnentwicklung hilft jedoch zu erklären, wie Menschen in Kindheit und Jugend ihre Kultur und Glaubensinhalte erwerben und an ihnen in der Regel den größten Teil ihres Lebens, wenn nicht sogar bis an ihr Lebensende mit Überzeugung festhalten. Diese Hypothese erhellt auch die allgemeine Verbreitung des Ethnozentrismus und die Art und Weise, in der Außerirdische einen Gutteil der sozialen und spirituellen Entwicklung der Menschen zu kontrollieren vermochten. Und schließlich trägt sie in gewissem Grade auch zu einer Lösung der jahrzehntealten Erb-Umwelt-Dichotomie bei.

Bevor wir die neurobiologischen Grundlagen der Prägung und deren Bedeutung für den Menschen untersuchen, sehen wir uns den Begriff der Kultur etwas näher an. In einem weitverbreiteten Lehrbuch zur Kulturanthropologie definiert Conrad Kottak Kultur als das,

> ..was über Lernprozesse sowie Verhaltens- und Denkmuster, die vom einzelnen als Mitglied einer Gesellschaft internalisiert wurden, tradiert wird. Technologie, Sprache, Gruppenmuster und Ideologie bilden Aspekte der Kultur.(8)

Kulturanthropologen und Archäologen legen Wert auf die Feststellung, daß wegen der Fähigkeit des Menschen zur Symbolverwendung Kultur seine ausschließliche Domäne sei. Ein klares Beispiel für unsere Fähigkeit zur Symbolisierung besitzen wir in der Sprache, die Kottak als Teil der Kultur definiert. Wir erwähnten ja bereits, daß manches die Annahme nahelegt, daß frühe Menschenarten wie Homo erectus und Neandertaler nicht sprechen konnten oder bestenfalls eine äußerst rudimentäre Form der Sprache besaßen - Anthropologen und Linguisten sind dementsprechend heute vielfach der Ansicht, daß Sprache sich erst vor rund 35000 bis 100000 Jahren „entwickelte", als sich der moderne Mensch „entwickelte". Hinsichtlich der Verwendung von Symbolen behauptet der berühmte amerikanische Archäologe Lewis Binford, daß wir vor der späten Altsteinzeit, die vor ungefähr 35000 Jahren begann, keine stichhaltigen Belege für menschliche Symbolverwendung und damit Kultur besitzen.(9) Binford zufolge gehört demnach keines der Tausenden von Steinwerkzeugen und anderen Geräten, die mit prä-modernen menschlichen Hominiden der frühen und mittleren Altsteinzeit wie Homo erectus in Zusammenhang gebracht werden, zu einer kulturellen Tradition, weil es keine schlüssigen Beweise dafür gibt, daß prä-moderne Hominiden Sprachfähigkeit oder andere Methoden der Symbolverwendung entwickelt hatten. Daher besaß Homo erectus (1,8 Mio. Jahre bis 12000 vor der Gegenwart) nach Binford keine Kultur, selbst wenn er eindeutig über eine Art Tradition verfügte.

Entsprechend gilt bei Zugrundelegung der anthropologischen Definition auch die Vielzahl von lokalen Traditionen, die Tiere von einer Generation zur nächsten weiterreichen, nicht als Kultur. Meist wissen wir von solchen Traditionen (die im allgemeinen Ernährungsgewohnheiten betreffen) nur dann, wenn in einer Spezies mehr als eine Population untersucht wurde. Auf diese Weise fand man z.B. heraus, daß bei einem madegassischen Lemur, dem sogenannten Sifaka (Propithecus verreauxi), die im Norden bzw. Süden lebenden Populationen verschiedene Ernährungsgewohnheiten pflegen. Die nördlichen Gruppen fressen nur die Blüten eines bestimmten Baumes (Rothmannia decaryi), während sich die südlichen Gruppen in großem Umfang an seinen Früchten gütlich tun.(10) In ähnlicher Weise wurde beobachtet, daß Populationen eines Affen, der sogenannten

Mantelmangabe (Cercocebus albigena), die in Ostuganda leben, die Blüten, Schößlinge und Früchte eines bestimmten Baumes (Sapium ellipticum) fressen, während in Westuganda lebende Populationen desselben Affen, die in ihrem Habitat über den gleichen Baum verfügen, diesen ernährungsmäßig unbeachtet lassen.(11)

Der gemeine Schimpanse (Pan troglodytes) Afrikas ist unter den Tierprimaten die Spezies mit den meisten Schwankungen bezüglich lokaler Traditionen. Das betrifft nicht nur unterschiedliche Ernährungsgewohnheiten seiner einzelnen Populationen, wie wir sie gerade bei Lemur und Affe gesehen haben, sondern auch die Verwendung von Werkzeugen, in der die Schimpansen unter den Tierprimaten das größte Geschick beweisen. So wurden von Ost- bis Westafrika Schimpansenpopulationen dabei beobachtet, wie sie verschiedene Gegenstände ihrer Umwelt wie Steine, Zweige, Rindenstückchen und Blätter als „Werkzeuge“ einsetzten, um Nußschalen aufzuknacken, nach Termiten und Ameisen zu „fischen“, an Honig zu gelangen oder Wasser aus schwer zugänglichen Plätzen aufzusaugen. Meist haben diese lokalen Bräuche diskontinuierlichen Charakter. So ließ sich Nußknacken mit Hilfe von Steinen nur in westafrikanischen Schimpansenpopulationen feststellen, während Termitenfischen, das der amerikanischen Öffentlichkeit durch Jane Goodall u.a. über Sondersendungen von National Geographic bekannt gemacht wurde, nur in ost- und zentralafrikanischen Populationen zu beobachten war.(12) Würde man einen in Westafrika geborenen und aufgewachsenen Schimpansen in eine ostafrikanische Schimpansengruppe verpflanzen, wüßte er nicht nach Termiten zu fischen, da diese Methode der Nahrungsbeschaffung nicht zum Verhaltensrepertoire seiner Heimatgruppe zählte. Es mag simpel klingen, aber es erfordert tatsächlich viel Geschick, zunächst einen geeigneten Zweig zu finden und vorzubereiten und dann Termiten aus einem Hügel zu fischen. Schimpansenjungtiere verbringen viele Stunden damit, das richtige Vorgehen zu üben, in der Regel, indem sie ihre Mutter imitieren, die es wiederum von ihrer Mutter erlernte, usw.(13)

Ich habe hier vornehmlich Beispiele aus der Primatologie zitiert, weil mir dieses Gebiet durch langjährige einschlägige Berufserfahrung am vertrautesten ist. Lokale Traditionsbildung wurde jedoch auch in anderen Säuger- und Vogelarten beobachtet, z.B. in Elefanten, Nagetieren,

Huftieren, Walen und Delphinen. Örtlich beschränkte Bräuche betreffen Nahrungspflanzen, natürliche Feinde oder Beutetiere sowie andere Einzelheiten des jeweiligen Habitats, wie z.B. Grenzen und Pfade des benutzten Territoriums. Säugetiere und Vögel erlernen diese Verhaltensmuster durch Imitation ihrer Mütter sowie, wenn sie ihre frühen Jahre in einer sozialen Gruppe verbringen, durch Nachahmung anderer Gruppenmitglieder.(14)

Es wurde beobachtet, daß wildlebende Populationen afrikanischer Elefanten in ihrer (relativen) Zahmheit oder Wildheit erheblich variieren. Wo sie seit mehreren Jahrzehnten wenig oder nicht gejagt werden, sind sie im allgemeinen recht zahm. In Gebieten intensiver Jagdtätigkeit sind sie jedoch relativ wild und können Menschen gefährlich werden. In seinem Buch Among the Elephants berichtet das Ehepaar Iain und Oria Douglas-Hamilton, dem wir eine eingehende Untersuchung der afrikanischen Elefanten verdanken, ein bemerkenswertes Beispiel für Traditionsweitergabe in einer südafrikanischen Elefantengruppe: Eine Gruppe benachbarter Farmer hatte im Jahre 1919 beschlossen, einen ungefähr 140-köpfigen Elefantentrupp auszurotten, der einen Teil ihrer Ernte zerstort hatte. Der mit dieser Aufgabe betraute Jäger schoß daraufhin die Tiere eines nach dem anderen ab. Um das Getötet-Werden zu vermeiden, lernten die Elefanten jedoch nach und nach, vor dem Menschen auf der Hut zu sein und sich auf reine Nachtaktivität umzustellen (was ihren normalen Gewohnheiten völlig widerspricht). Trotzdem gelang es dem Schützen, fast alle Elefanten dieser Gruppe abzuschießen - aber es wollte ihm nicht glücken, auch noch deren letzte Überlebende zu töten, da diese Menschen gegenüber überaus vorsichtig geworden waren. 1930 gab er sich schließlich geschlagen, und den überlebenden Elefanten wurde ein kleines Schutzgebiet eingeräumt. Mehrere Jahrzehnte später ist diese Gruppe immer noch in erster Linie nachtaktiv und verhält sich Menschen gegenüber hochaggressiv. Da heute natürlich nur noch wenige Individuen des zwischen 1919 und 1930 verfolgten Elefantentrupps am Leben sein können (wenn überhaupt noch welche von ihnen existieren), scheint diese Nachtaktivität und Menschenfurcht kontinuierlich von den erwachsenen auf die Jungtiere übertragen worden zu sein.(15)

Die Weitergabe sozialer Traditionen von einer Generation zur nächsten wurde bei Vögeln vielleicht noch häufiger als bei Säugern beobachtet. So ist z.B. bekannt, daß viele Vogelarten jährlich Hunderte und Tausende Kilometer weit in genau das Gebiet fliegen, in dem sie aufgezogen wurden, um dort ihren eigenen Werbe- und Brutritualen nachzugehen. Obwohl unbekannt ist, wie Zugvögel ihre langen Wanderungen bewerkstelligen, ließ sich die Tatsache, daß sie ihr Brutgebiet - einen bestimmten Strandabschnitt oder eine bestimmte Felsenklippe u.ä. - wiederfinden, in mehreren Fällen eindeutig belegen. So kehrt z.B. eine Population Blaugänse jedes Jahr zum Brüten an den gleichen Ort im Küstenareal des kanadischen Hudson Bay zurück, und es ließ sich nachweisen, daß dieses Verhalten „vor Ort" durch soziale Übertragung von einer Generation zur nächsten erworben wird.(16) Ein anderes Beispiel sozialer Traditionsbildung bei Vögeln finden wir bei Singvögeln. Obwohl die Singfähigkeit selbst angeboren zu sein scheint, müssen männliche Jungtiere die Einzelheiten des art- bzw. populationsspezifischen Gesangs durch Nachahmung der erwachsenen Männchen lernen.(17) Bei Singvogelarten, die über weite Gebiete verbreitet sind, ließ sich nämlich zeigen, daß es zahlreiche örtliche „Dialekte" gibt, ähnlich den Mundarten ausgedehnter menschlicher Bevölkerungsgruppen (in Amerika z.B. das im Westen übliche gedehnte Sprechen oder der Südstaatenakzent).

Es ließen sich noch hunderte weiterer Fälle anführen, in denen Wissenschaftler unterschiedlicher biologischer Orientierung bei Vögeln und Säugern die Weitergabe sozialer Traditionen beobachteten; in dieser kurzen Betrachtung der Kultur sollen diese Beispiele jedoch genügen.

Zweifellos können nur Tiere, die in gewissem Grade gesellig sind, Verhaltensinformationen über Traditionsbildung weiterreichen. Die beiden Tiergruppen, in denen dies am häufigsten geschieht, sind Vögel und Säuger. Die anderen größeren Wirbeltiergruppen (Fische, Amphibien und Reptilien) pflanzen sich meist durch Eierlegen fort, und weder Vater noch Mutter sorgen in irgendeiner Weise für die Nachkommenschaft. Bei Vögeln und Säugern werden die Jungtiere dagegen bis zur Geschlechtsreife von mindestens einem Elternteil (hier meine ich natürlich die Mutter) betreut. Oftmals trägt jedoch auch der Vater für einen guten Teil der Brutpflege und Aufzucht Verantwortung. Die Zeit der Unreife ist der Zeitraum, in dem vom Elter bzw. von den Eltern die meisten Verhaltensinformationen an das Jungtier weitergegeben werden. Dabei spielt sich der Lernprozeß v.a. über die Imitation des Elters/der Eltern bzw. anderer Mitglieder der sozialen Gruppe ab - letzteres natürlich nur, wenn die Art als Erwachsene gewohnheitsmäßig in einer sozialen Gruppe zusammenlebt, wie dies z.B. bei vielen Vögeln, Elefanten und den meisten der über zweihundert Tierprimatenarten der Fall ist.

Wegen der weiten und ausführlich dokumentierten Verbreitung sozialer Traditionsbildung bei Vögeln und Säugern bevorzuge ich eine viel einfachere Kulturdefinition als die, die üblicherweise in der Kulturanthropologie angeboten wird. J. T. Bonner definiert in seinem *The Evolution of Culture* in Animals Kultur als „die Übertragung von Information über Verhaltensmittel".(18) Diese einfache Begriffsbestimmung ist alles, was wir in dieser kurzen Erörterung der Kultur benötigen; und wenn die Wissenschaften biologischer Ausrichtung Tiere in ihrem natürlichen Habitat so lange erforscht hätten, wie die amerikanische Kulturanthropologie dies mit technisch primitiven Kulturen getan hat, würde meines Erachtens Bonners oder eine ähnlichlautende Kulturdefinition als Grunddefinition der Kultur verwendet werden. Diese würde dann vermutlich mit einer eigenständigen Definition der menschlichen Kultur ergänzt werden, die unserer symbolischen Kommunikation (Sprache und Schrift) und (im Vergleich zur tierischen Kultur) außerordentlichen Vielschichtigkeit Rechnung trägt. Im Grunde trifft das auch heute schon zu, obwohl Kulturanthropologen und Archäologen, wie wir schon sahen, das Zugeständnis schwerfällt, daß Tiere etwas auch nur annähernd Ähnliches wie menschliche Kultur ihr eigen nennen könnten. Aber wer außerhalb der Anthropologie und verhaltensorientierten Biologie interessiert sich überhaupt für solche (letzten Endes) belanglosen Auseinandersetzungen über Definitionen und Wörter? Hier versuchen wir, die Bedeutung und relative Permanenz unserer frühen Lernerfahrungen zu verstehen und die Art und Weise, wie die unter uns befindlichen regressiven Außerirdischen diese zu unserer Kontrolle eingesetzt haben könnten. Daher werden wir uns Bonners Definition bedienen und fortfahren.

Bonner weist darauf hin, daß Verhalten viel schneller auf kulturellem als auf genetischem Wege weitergegeben wird. Wie wir schon sahen, spricht vieles dafür, daß bestimmte Verhaltensmuster von den adulten (erwachsenen) auf die Jungtiere über die Gene übertragen werden. Genetisch können Verhaltensweisen jedoch nur an die eigenen Nachkommen weitergereicht werden, kulturell hingegen problemlos an viele Individuen.(19) Bonner zufolge entstand Kultur nicht plötzlich aus dem Nichts, als sich der moderne Mensch „entwickelte", sondern blickt auf eine lange evolutionäre Vorgeschichte im Tierreich zurück. In dieser Evolution (bzw. Schöpfung oder genetischen Manipulation) bestand einer der ersten Schritte darin, daß Tiere die Fähigkeit entwickelten, auf eine gegebene Situation statt mit stereotypen Verhaltensmustern (Reflexhandlungen) in komplexerer Form zu reagieren. Dies ging mit der Zentralisierung des Nervensystems und der Weiterbildung und Größenzunahme des Gehirns einher und läßt sich an der Entwicklung seines jüngsten Teils, des Großhirns oder Cerebrums, im Verlaufe der irdischen Evolutions/Schöpfungs-Sequenz ablesen. In Abb. 13-1 erkennen wir den relativen Anteil des Großhirns zum Gesamthirn in Fisch, Reptil, Kleinsäuger (Kaninchen) und Mensch. Diese Ausweitung des Zerebrums ermöglichte den Tieren, allen voran den Säugetieren, eine erhöhte Lern- und Gedächtniskapazität sowie verhaltensmäßige Flexibilität.Bei Tieren mit kleinem Großhirn wie Fischen und Reptilien finden wir wenig Plastizität (Formbarkeit) des Verhaltens, während Tiere wie z.B. Säuger, die ein relativ großes Großhirn bzw. Großhirnrinde aufweisen, verhaltensmäßig eine erheblich größere Plastizität erkennen lassen.(20)

Prägung

In unserer Untersuchung der Art und Weise, in der im Tierreich Informationen über Verhaltensmittel weitergegeben werden (Kultur), wenden wir uns jetzt dem Phänomen der Prägung zu, die der österreichische Pionier der tierischen Verhaltensforschung, Konrad Lorenz, in den dreißiger Jahren entdeckte und erforschte. (21) Lorenz bemerkte, daß neugeschlüpfte Graugänse, denen der Kontakt zum Muttertier vorenthalten wurde, die jedoch ersatzweise ihn zu Gesicht bekamen, ihm nachzufolgen begannen, als ob er ihre Mutter wäre. Junggänse werden in den ersten Lebensstunden auf ihre Mutter geprägt; in Ermangelung derselben entwickeln sie diese Bindung an die erste Person oder den ersten Gegenstand, der ihnen begegnet - im Falle Lorenz der Forscher selber.

Nach Lorenz' Entdeckung des Phänomens wurden zahlreiche experimentelle Untersuchungen der Prägung vorgenommen, die man zunächst für eine ausschließliche Eigentümlichkeit von Vögeln hielt. Auf diese Weise wurde nachgewiesen, daß viele Vogelarten in ihren ersten Lebensstunden oder -tagen eine Fixierung auf die Mutter und manchmal auch auf den Vater entwickeln (kindliche Prägung). Weiterhin wurde gezeigt, daß Vögel in den ersten Stunden oder Tagen ihres Lebens auch in ihren sexuellen Präferenzen geprägt werden - Monate und Jahre, bevor sie selbst Balz- und Brutverhalten an den Tag legen. Neben diesen sozialen Prägungen beobachtete man bei zahlreichen Vögeln auch Fixierungen hinsichtlich Nahrungs- und Habitatspräferenzen.

In Anlehnung an Lorenz glaubten die frühen Erforscher des Prägungsprozesses, daß dieser zwei entscheidende Aspekte aufweise:

1.) Prägung sei ein auf bestimmte Lebensabschnitte eines Vogels oder anderen Tieres beschränktes Lernen. Diese Entwicklungsetappen sind die sogenannten sensiblen (oder kritischen) Phasen, welche auf den Lebensanfang fallen. Nach Ablauf der sensiblen Phasen erlösche die Lernbereitschaft.

2.) Prägung sei irreversibel.

Im Laufe weiterer experimenteller Arbeiten stellte sich jedoch heraus, daß sich das bevorzugte Objekt oder die bevorzugten Objekte (z.B. im Falle von Nahrungspräferenzen), auf die ein Tier geprägt wurde, unter gewissen Umständen ändern lassen. Ebenso ließ sich demonstrieren, daß gewisse Bindungen nachhaltiger (persistenter) wirken als andere. So ist z.B. sexuelle Fixierung anhaltender als eine Prägung auf Nahrungspräferenzen. Weiterhin fand man heraus, daß sich Vögel derselben Art mit unterschiedlicher Leichtigkeit prägen lassen. Im Lichte dieser und anderer komplexer Befunde bei der Prägungsforschung kam von dem deutschen Tierverhaltensforscher K. Immelmann der Vorschlag, in der Untersuchung dieses Phänomens den Ausdruck „irreversibel" durch „persistent" zu ersetzen.(22)

Säuger weisen nach experimentellen Ergebnissen zahlreiche Verhaltensmuster auf, die der bei Vögeln beobachteten Prägung ähneln; wie diese scheinen sie eine kindliche, sexuelle, ökologische und soziale Fixierung zu erfahren. Man fand z.B. heraus, daß Ratten ihre sexuelle Prägung im wesentlichen über den Geruchssinn empfangen. In einem Versuch wurden männliche Jungratten zusammen mit weiblichen Ratten gehalten, deren Zitzen und Vaginalgerüche mittels Zitronenduft verändert worden waren. Nach ihrer Entwöhnung wurden sie dem Zitronenduft bzw. Weibchen erst wieder ausgesetzt, als sie ungefähr hundert Tage zählten und in Paarungstesten mit normalen, sexuell empfänglichen Weibchen sowie mit sexuell empfänglichen Weibchen, die mit Zitronenduft behandelt worden waren, zusammengebracht wurden. Bei der Paarung mit Weibchen, die nach Zitrone dufteten, ejakulierten die Männchen mühelos und schnell; wenn sie sich mit einem normalen Weibchen paarten, ließ die Ejakulation dagegen lange auf sich warten.(23) Bei Bergschafen und Rotwild lernen die Jungtiere von der Mutter und anderen Erwachsenen ihrer Sozialgruppe die Grenzen ihres Territoriums - dies trifft wohl auf alle Säugetiere zu, die innerhalb eines Territoriums leben. Wie auch beim Erlernen von Nahrungsgewohnheiten und anderer art- bzw. habitatsspezifischer Einzelheiten scheint es sich dabei um Prägung zu handeln.(24)

Abb. 13-1: Sagittalschnitt des Gehirns von Fisch, Reptil und zwei Säugern, aus dem die Größe des Großhirns (schwarz) im Verhältnis zu älteren Gehirnteilen hervorgeht. Zeichnung nach Cambell, 1985

Eine Studie an wilden Ratten (Rattus norvegicus) deutet darauf hin, daß diese auf den Sozialstatus ihrer Eltern und ihres Heimatstammes fixiert werden. Rattenjunge, die in eine in suboptimalen Quartieren lebende, niedrigrangige Gruppe geboren wurden, wahrten dieser Untersuchung zufolge auch als Erwachsene ihren niedrigen Status und blieben ihr Leben lang in ihrem Ursprungsareal.(25) Nach zahlreichen Beobachtungen scheint auch bei wildlebenden Primaten das Jungtier vom Rang der Mutter geprägt zu werden. Von wenigen Ausnahmen abgesehen, wachsen Affen, deren Mütter einen niedrigen Status haben, zu niedriggestellten und solche mit hochgestellten Müttern zu hochgestellten Erwachsenen heran.

Laborversuche zeigen, daß das Bemutterungsverhalten von Rhesusaffenweibchen von den Erfahrungen determiniert ist, die sie selbst mit ihren Müttern gemacht haben. Ein Affenweibchen, das mütterlicherseits nicht genügend Zuwendung und Liebe erfahren hat, wächst im allgemeinen ebenfalls zu einer schlechten Mutter heran (zumindest bei ihrem ersten Kind).(27) Auch bei diesen Affen ließ sich experimentell nachweisen, daß die Sexualkompetenz der Männchen in hohem Grade von ihrer Erlebniswelt der ersten drei bis neun Lebensmonate abhängt. Bei Rhesusaffen steigt das Männchen während des Sexualverkehrs auf die Hinterbeine seiner Partnerin; wenn ein männliches Jungtier während des Heranwachsens jedoch keine Gelegenheit erhielt, die Paarung adulter Tiere zu beobachten, fällt ihm nach Erreichen der Geschlechtsreife der Sexualverkehr schwer. Ein junges Männchen, das isoliert im Labor aufgezogen wurde, stellt sich dann, wenn es mit einem sexuell empfänglichen Weibchen zusammengebracht wird, sehr ungeschickt an, weil ihm die adäquate Technik nicht vertraut ist. Letzten Endes wird ein solches Männchen das richtige Vorgehen doch noch erlernen, vor allem, wenn es mit einem älteren, erfahrenen Weibchen zusammengebracht wird, meist jedoch nur nach Überwindung großer Anfangsschwierigkeiten.(28) Hunderte weiterer Beispiele ließen sich zitieren, aus denen die nachhaltige Wirkung früher Erfahrung im Tierreich erhellt. Die Tierverhaltensforscher K. Immelmann und S. Suomi halten in diesem Zusammenhang den Begriff der Prägung zwar für nützlich, stellen jedoch in Anerkenntnis der Tatsache, daß die lorenzschen sensiblen oder kritischen Phasen recht variabel und Prägungen zuweilen reversibel sind, folgende einfache, aber erweiterte Definition der Prägung zur Diskussion: ein früher Lernprozeß mit einem ziemlich beständigen Ergebnis.(29) Immelmann und Suomi zufolge schreitet die Quasi-Totalität der Tiere - von den Wirbellosen bis zum Menschen - durch sensible Phasen beschleunigten Lernens, die mit biologischen Entwicklungsstufen einhergehen und auf das Individuum eine nachhaltige Wirkung zeitigen.

Menschen und Prägung

Es liegen zahlreiche Belege für eine Art Prägung des Menschen in Säuglingsalter und Kindheit vor - mit dem wichtigen Unterschied, daß die sensiblen oder „kritischen" Phasen des „menschlichen Tieres" erheblich länger und variabler sind, da seine Lebensdauer die der meisten von uns betrachteten Tiere weit übertrifft.

Von vielen wird die Existenz eines frühen Zeitpunkts angenommen, zu welchem dem Menschen ein grundlegendes Sozialisationsmuster aufgeprägt wird (eher liebevoll, eher lieblos, liebeleer etc.), welches ihn für den Rest seines Lebens begleitet. Der für diese ursprüngliche Sozialisation vorgeschlagene Zeitraum (sensible Phase) schwankt zwischen den ersten sechs und den ersten achtzehn Monaten. Aus zahlreichen Befunden scheint jedoch hervorzugehen, daß die grundlegenden Sozialisationsprägungen in den ersten Lebensmonaten erworben werden.(30)

Theorien, nach denen Erlebnisse im Kleinkindalter wegen der kindlichen Empfänglichkeit einen maßgeblichen Einfluß auf das Verhalten des Erwachsenen ausüben können, sind in Umlauf, seit Sigmund Freud zu Beginn dieses Jahrhunderts eine erste Theorie dieser Art formulierte.(31) Freud schlug eine Reihe von Entwicklungs-„Phasen" vor, die sich von der frühesten Kindheit bis zum Jugendalter erstrecken, u.a. die (1) Oralphase (von der Geburt bis zu 1,5 Jahren), (2) die Analphase (von 1,5 bis drei Jahren) und die Genitalphase der Adoleszenz. Freud nahm an, daß diese Zeiträume biologischen Entwicklungsperioden entsprechen.

Seit Freud ist die Vorstellung, daß solche Phasen oder sensible Perioden biologischen Entwicklungsstadien entsprechen, unter Psychologen und Psychiatern weit verbreitet, wobei jedoch über die Anzahl der Phasen, ihre korrekte Bezeichnung und ihren jeweiligen genauen Beginn und Ende keine Einigkeit herrscht. Im Laufe der Jahre wurden so mehrere

„Phasenmodelle“ aufgestellt - eines davon von dem Psychologen John Bowlby, der mehrere Jahrzehnte seines Lebens darauf verwandte, die Empfänglichkeit in den verschiedenen Kindheitsphasen zu untersuchen. Ihm zufolge entsprechen Perioden der Empfindlichkeit strukturelle Veränderungen im wachsenden Kind, besonders in der Physiologie und Anatomie des reifenden Gehirns.(32)

Auch die Theorie des Spracherwerbs des Linguisten Eric Lenneberg stipuliert eine sensible Phase, die eine enge Beziehung zur Gehirnentwicklung aufweist.(33) Lenneberg zufolge ist der Spracherwerb mit dem neurologischen Wachstum verknüpft. Das Gehirn des Menschen habe bei seiner Geburt 24 Prozent des erwachsenen Gewichts. Die „kritische Phase“ für den Spracherwerb beginne bei den meisten etwa im Alter von zwei Jahren, wenn das Gehirn ungefähr 60 Prozent seines adulten Volumens erreicht hat, und ende etwa bei Beginn der Pubertät (ca. 12 Jahre), wenn das Gehirn fast ausgewachsen ist. Eine in diesem Zeitraum erlernte Sprache (also die Muttersprache) wird von den meisten mit großer Leichtigkeit erlernt. Nach dieser „kritischen Phase“ fällt das Erlernen einer Sprache jedoch erheblich schwerer, und eine solchermaßen erworbene Sprache wird nur in seltenen Fällen akzentfrei gesprochen. Dies entspricht der abnehmenden Lernbereitschaft oder Plastizität nach den empfänglichen Phasen, die sich in zahlreichen Prägungsexperimenten an Tieren beobachten läßt. Ein treffendes Beispiel für diesen Verlust an Plastizität bieten z.B. Japaner, die während der für den Spracherwerb entscheidenden Phase keinen Kontakt mit der englischen Sprache hatten: ihnen fällt die Aussprache des englischen „r“ oder „l“ extrem schwer. (34) Dagegen haben Amerikaner japanischer Abstammung oder Japaner, die während ihrer Kindheit mit dem Englischen in Berührung kamen, nicht die geringsten Schwierigkeiten damit.

Wohl keiner hat sich erschöpfender zu kognitiven Entwicklungsstadien geäußert als der Schweizer Psychologe Jean Piaget.(35) In seiner Stadientheorie der Intelligenzentwicklung schlägt er u.a. Altersstufen für die verschiedenen Phasen der kognitiven Entwicklung vor; diese stellen jedoch keine Absolutwerte dar, sondern Durchschnittsalter, in welchen sie bei normaler Entwicklung auftreten.

Piagets Theorie ist so komplex, daß sie nicht allumfassend sein kann; so überrascht es nicht, daß sie auch ihre Kritiker hat. Der Psychologe R. J. Sternberg erklärt z.B., daß Piaget vielfach das Alter überschätzt, in dem Kinder bestimmte kognitive (erkenntnismäßige) Aufgaben lösen können, und daß seine schrittweise Auffassung der Intelligenzentfaltung zu formalistisch und auf Logik gegründet ist.(37) Laut Sternberg wird inzwischen sogar die Vorstellung von Wachstumsphasen oder Stadien der kognitiven Entwicklung in Zweifel gezogen. Viele Entwicklungspsychologen hätten sie gänzlich aufgegeben, da sie in ihren Augen in den Bemühungen um ein Verständnis der Intelligenzentfaltung eher hinderlich ist.

Daß Phasen der intellektuellen Entwicklung jedoch tatsächlich existieren, dafür kommen immer neue Belege ans Licht. Jüngst wurde in einer Untersuchung die Gehirnentwicklung von 577 Kindern elektroenzephalographisch überwacht. Dabei ließen sich Wachstumsschübe nachweisen, die in bestimmten postnatalen Zeiträumen in charakteristischen Gehirnbereichen auftreten und die teilweise mit Piagets bedeutenden Entwicklungsstadien zusammenfallen.(39) In ähnlicher Weise fand auch eine frühere Untersuchung, in der noch weniger hochauflösende Verfahren zum Einsatz kamen, Beweise für Wachstumsschübe in spezifischen Regionen der kindlichen Großhirnrinde in Altersstufen, die sich zum Teil mit Piagets Stadien der kognitiven Entwicklung deckten.(40)

Diese gegenseitige Abhängigkeit von Perioden erhöhter Lernbereitschaft und zerebralen Wachstumsschüben, für die fortlaufend neue Belege gefunden werden, bietet möglicherweise den Schlüssel zum Verständnis der oben angeführten experimentellen Arbeiten an Tieren und Menschen. Wahrscheinlich sind die seit Jahrzehnten beobachteten Phasen der Empfänglichkeit, der Prägung und der kognitiven Entwicklung in Mensch und Tier sämtlich Ausdruck von Wachstumsschüben des Gehirns.

Frühe Lebenserfahrungen und Gehirnentwicklung

Das Gehirn eines Neugeborenen wiegt ungefähr 330 Gramm, wächst während der ersten zwei Jahre äußerst rasch und hat bei Vollendung des zweiten Lebensjahres sein Gewicht in etwa verdreifacht. Danach verlangsamt sich das zerebrale Wachstum, doch das Hirngewicht erhöht sich weiterhin deutlich und erreicht beim Siebenjährigen rund 1250 und beim Zwölfjährigen rund 1350 Gramm. Mit etwa vierzehn Jahren erlangt das Gehirn schließlich seine erwachsene Masse von annähernd 1380 Gramm.(11)

Das menschliche Gehirn besteht aus Milliarden und Abermilliarden mikroskopisch kleiner, spezialisierter Zellen, den sogenannten Neuronen oder Nervenzellen, die sämtlich schon im Moment der Geburt vorhanden sind. Nach der Geburt wachsen die Nervenzellen noch ein wenig, wie auch einige der Zellen mit unterstützender Funktion wie die Glia- oder Stützzellen. Zum größten Teil ist das außerordentliche Gehirnwachstum von Kindern jedoch auf die Milliarden und Abermilliarden von Verbindungen zurückzuführen, die sich in den frühen Jahren zwischen den Neuronen herausbilden.

Um uns eine Vorstellung davon zu machen, wie dieser Vorgang abläuft, müssen wir uns kurz den Erkenntnissen zuwenden, die die Neurophysiologie in den letzten Jahrzehnten über die Gehirnfunktionen gewonnen hat. In Abb. 13-2 sehen wir eine stark vergrößerte Nervenzelle. Nicht alle Zellen dieser Art haben dieses Aussehen, doch ist die Darstellung „repräsentativ“ genug, um an ihr die Hirnentwicklung ansatzweise zu veranschaulichen.

Die Milliarden von Gehirnneuronen kommunizieren miteinander über kurze verzweigte Auswüchse, die sogenannten Dendriten, und einen langen Fortsatz, das Axon oder Neurit. Die Dendriten und das Axon verbinden sich mit den Dendriten und dem Zellkörper anderer Neuronen über Verbindungsstellen, die Synapsen genannt werden. An dem „synaptischen Spalt“ lösen Nervenimpulse die Ausschüttung chemischer Botenstoffe (Neurotransmitter) aus, welche den elektrochemischen Zustand des „Zielneurons“ verändern. Jede Nervenzelle bildet normalerweise Tausende und aber Tausende synaptischer Verknüpfungen mit anderen Nervenzellen. Ihre Signale werden über das Axon weitergeleitet.

In Tier und Mensch wachsen viele Dendriten und besonders das Axon zahlreicher Neuronen vor und kurz nach der Geburt automatisch und bilden mit anderen, häufig entfernt liegenden Neuronen synaptische Kontakte. Warum die Neuronenfasern von alleine wachsen und andere Neuronen in bestimmten Gehirnregionen „finden“, konnte bislang wissenschaftlich nicht geklärt werden, doch wird angenommen, daß dies ein

Ergebnis jahrmillionenlanger Evolution darstellt. Wenn wir damit die eigentlichen (evolutionären oder Schöpfungs-)Gründe für diesen automatischen Verbindungsaufbau (Synaptogenese) auch nicht kennen, ließ sich doch in jedem Fall anhand von zahlreichen Tierversuchen nachweisen, daß Fortbestand und Verfeinerung dieser frühen, automatisch erstellten Nervenkontakte von den späteren Erfahrungen des jungen Wesens abhängen.

Am besten wurde dies vielleicht in Versuchen nachgewiesen, bei denen es um die Entwicklung des Sehvermögens bei Hauskatzen ging. Ein neugeborenes Kätzchen öffnet seine Augen etwa im Alter von zehn bis vierzehn Tagen. Zu diesem Zeitpunkt wurden einige „automatische" Verbindungen vom Auge zum Sehfeld im Hinterhauptslappen schon angelegt. In den darauffolgenden Wochen entwickelt sich das Sehsystem der Katze sehr schnell. Der Aufbau der Verknüpfungen zwischen Auge und Sehrinde im Gehirn innerhalb der ersten vier Lebenswochen gilt als genetisch induziert (ausgelöst). Danach setzt eine „kritische Phase" ein, die von der vierten bis etwa zur zwölften Woche reicht, in der die tatsächliche visuelle Erfahrung des Kätzchens für die Entwicklung seines Sehvermögens entscheidend ist.(42) Unter normalen Umständen dreht sich die visuelle Erfahrung eines Kätzchens in der vierten bis zwölften Lebenswoche (und darüber hinaus) um die Mutter und die anderen Jungen; in dieser Zeit beginnt es auch, Einzelheiten seiner Umwelt wie natürliche Beutetiere u.a. auszumachen. Um nun die Entwicklung der Sehfähigkeit in Tieren zu studieren, wurden die visuellen Erfahrungen von Jungkatzen experimentell verändert.

In einem solchen Versuch wurde ihnen ein Auge während der „kritischen Phase" der visuellen Erfahrung - also im Alter von vier bis zwölf Wochen - verbunden. Anschließend wurde das bis dahin geschlossene Auge aufgedeckt und jenes verschlossen, das inzwischen eine normale Sehfähigkeit entwickelt hatte. Unter diesen Bedingungen verhielten sich die Tiere so, als ob sie blind seien, stießen also gegen Wände und andere Objekte. Die Verbindungen vom abgedeckten Auge zur Sehrinde, die in den ersten vier Lebenswochen automatisch angelegt worden waren, waren während der kritischen Phase der visuellen Erfahrung nicht verstärkt und modifiziert worden. Daher konnten die Tiere auf dem verbunden gewesenen Auge nicht sehen. Als man mittels elektrophysiologischer Methoden die neuronalen Reaktionen ihrer Sehrinden maß, stellte sich heraus, daß kaum ein Sehfeldneuron auf Stimuli reagierte, die von dem Auge kamen, das während der für die Entwicklung normaler Sehfähigkeit kritischen Phase abgedeckt gewesen war. Die Verbindungen von den Augen zur Sehrinde hatten sich so verändert, daß sie quasi nur noch zu dem Auge existierten, das normal sehen durfte, während jene zu dem abgedeckten „stillgelegt" worden waren.(43)

In einem anderen Experiment wurden Kätzchen während der kritischen Phase ihrer visuellen Entwicklung überwiegend in Dunkelheit gehalten, aber fünf Stunden täglich senkrechten und waagrechten Linien ausgesetzt. Dabei wurden einer Gruppe nur waagrechte und einer weiteren nur senkrechte Linien gezeigt. In anderen Worten bestand ihre visuelle Erfahrung während der kritischen Periode der Sehentwicklung ausschließlich aus senkrechten oder waagrechten Linien. Fünf Monate später (lange nach Ende der visuell „kritischen Phase") verhielten sich die Kätzchen noch immer so, als ob sie Linien, die in der Richtung orientiert waren, in der sie keine visuelle Erfahrung besaßen, nicht sehen konnten. Ein Tier, das nur waagrechte Linien erlebt hatte, ignorierte z.B. einen senkrecht gehaltenen und bewegten Stock, rannte aber sofort darauf zu und spielte mit ihm, wenn er ihm waagrecht präsentiert wurde.(44)

Dr. E. Knudsen untersuchte vor kurzem den Zusammenhang von Gehörsinn und Gehirnentwicklung in Schleiereulen.(45) Er stellte fest, daß sich die Entwicklung des Gehörsinns dieser Tiere etappenweise abspielt. Die grundlegenden Gehirnverbindungen werden automatisch nach genetischen Vorgaben angelegt, sind jedoch noch sehr anpassungsfähig. Ihre Verfeinerung und Verfestigung geschieht dann durch die Hörerfahrungen, die während der ersten Lebenszeit gemacht werden. Knudsen folgert, daß diese in der normalen Hörentwicklung der Schleiereule vorgesehene Flexibilität dem Tier eine Anpassung an Veränderungen gestattet, die das Wachstum von Kopf und Ohren mit sich bringt, wie auch eine „Feinabstimmung" der Verbindungen in den zerebralen Hörregionen. Sobald die Eule ausgewachsen ist, nimmt die Flexibilität ihres Hörsystems beträchtlich ab.

Abb. 13-2: Ein Neuron. Zeichnung nach Greenough, 1975, und Greenough, Black und Wallace, 1987

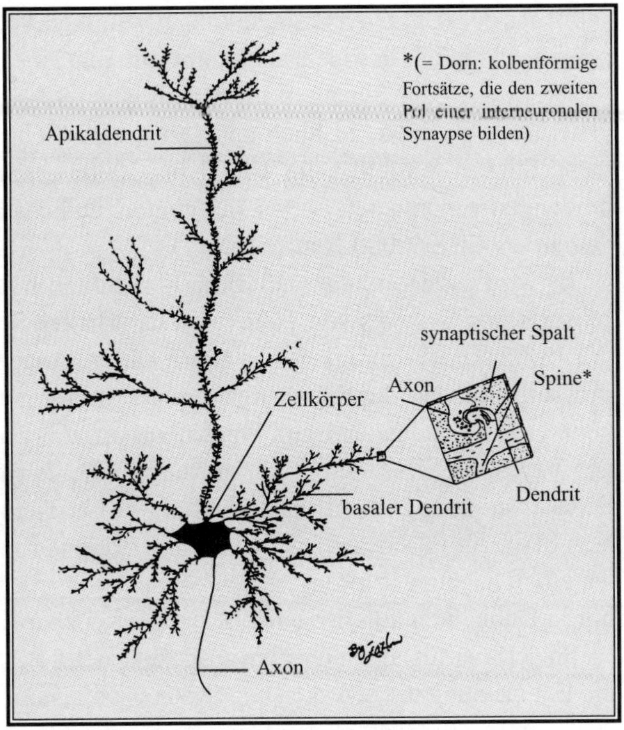

Aus diesen Versuchen an Hauskatzen, Eulen und vielen anderen Lebewesen gewann die Wissenschaft ein klares Bild der neuralen Entwicklung des sensorischen Systems von Tieren (bestehend aus Sinnesorganen, sensorischen Nerven und zentralnervösen Verarbeitungsebenen). Dabei werden zuerst nach genetischen Vorgaben mittels automatischer Synaptogenese die Schaltkreise eines Sinnesorgans (z.B. des Gehörsinns) in Grobform angelegt. Während bestimmter sensibler Entwicklungsphasen, die mit zerebralen Wachstumsschüben einhergehen, werden dann die endgültigen Verbindungen der Nervenzellen erstellt, deren Natur von den tatsächlichen Erfahrungen des Tieres abhängt. Viele prägbare Phasen werden während der ersten Jahre automatisch durchlaufen. Weitere kritische Phasen treten erst nach Ablauf anderer solcher Perioden auf. Während der frühen automatischen Verbindungsbildung kommt es zu einer „Überproduktion“ von Verbindungen (Synapsen). Im weiteren Verlauf der Entwicklung werden in Abhängigkeit davon, welche unter ihnen beansprucht werden, einige darunter überschüssig und entsprechend eliminiert. Der endgültige „Schaltplan“ des sensorischen Systems eines Tieres resultiert somit aus der selektiven Beibehaltung bestimmter Verbindungen. Die Anpassungsfähigkeit des Gehirns nimmt mit zunehmendem Alter ab.(46)

Die Anzahl der Synapsen im endgültigen „Schaltplan" der Sinnesorgane läßt sich kaum zu hoch ansetzen - eine Gehirnzelle (Neuron) im menschlichen Sehfeld kann 10000 bis 30000 „Input (Eingangs)"-Verbindungen von anderen Zellen aufnehmen, und das menschliche Gehirn enthält 200000000000 Neuronen.(47)

Es wird angenommen, daß diese Flexibilität in der Entwicklung des sensorischen Systems von Tieren den natürlichen Schwankungen in der Wachstumsgeschwindigkeit von Kopf, Ohren, Augen etc. Rechnung tragen soll. Stünden die Sinnesorgane unter starrer genetischer Kontrolle, könnten sie diese natürlichen Wachstumsvariationen nicht berücksichtigen bzw. sich nicht fein daran anpassen. Dieser elegante Vorgang der Selbstabstimmung der Hirnentwicklung macht Tiere jedoch auch in hohem Maße für falsche und entstellte Informationen anfällig, die dann eine dauerhaft negative Wirkung zeigen können (wie z.B. aus dem Experiment mit in Dunkelheit aufgezogenen Katzen erkennbar wird).

So, jetzt verfügen wir über ein ausgezeichnetes Hintergrundwissen über die Entwicklung des sensorischen Systems von „uns Tieren". Wenden wir uns jetzt dem Lernverhalten zu, z.B. dem menschlichen Spracherwerb. Erscheint die Annahme nicht logisch, daß es im Gehirn eines Kindes, das eine Sprache oder andere Dinge lernt, zu einer ähnlichen Wechselbeziehung mit den Lerninhalten kommt, d.h., daß bei allen frühen Lernprozessen (u.a. dem Spracherwerb) ein automatisches „Verschalten" des äußerst anpassungsfähigen Gehirns stattfindet und daß nach Ablauf einer empfänglichen Phase diese Flexibilität abnimmt? Daß Japanern in der Regel die Aussprache des englischen „r" und „l" große Mühe macht, wenn sie im Alter von zwei bis zwölf Jahren keinen Kontakt mit der englischen Sprache hatten, könnte zumindest teilweise mit den in diesem Zeitraum hergestellten oder eben nicht hergestellten Neuronenverbindungen zusammenhängen. Solange sich wissenschaftlich nicht genau abklären läßt, in welcher Wechselbeziehung Gehirnentwicklung und Sprachenlernen stehen, greife ich daher hier auf einen Begriff der Elektrotechnik zurück und rege an, daß diese Japaner so „verdrahtet" oder „beschaltet" sein könnten, daß die Aussprache des englischen „r" und „l" fast ein Ding der Unmöglichkeit wird.

Die meisten Wissenschaftler neurobiologischer Orientierung glauben, daß die Gehirnvorgänge bei Lernprozessen in sehr ähnlicher Weise ablaufen wie bei der Entwicklung der Sinnesorgane.(48) Über die biologischen Aspekte des Lernens wurden jedoch nicht so viele Untersuchungen angestellt wie über die biologischen Aspekte der Entwicklung der sensorischen Systeme. Langjährige Experimente an Laborratten und -mäusen erhärten jedoch die Vorstellung, daß es bei Lernprozessen in der Gehirnentwicklung viel Flexibilität gibt.(49)

So wurden zahlreiche Versuche durchgeführt, in denen man Ratten oder Mäuse, die in komplexeren Umgebungen - in der Regel zusammen mit Artgenossen - aufgewachsen waren, mit solchen verglich, die in Reizarmut, z.B. in Einzelhaltung, aufgezogen worden waren.

Dabei erzielten Mäuse und Ratten aus komplexeren Quartieren (was nicht sonderlich überrascht) in Verhaltens- und Lerntests (z.B. mit Labyrinthen) bessere Ergebnisse als solche aus reizarmem Umfeld. Ebensowenig überrascht, daß die Gehirne von Individuen aus stimulierenden Umgebungen bis zu 25 Prozent mehr Verbindungen (Synapsen pro Gehirnzelle) aufwiesen als die isoliert gehaltener Tiere.

Ein Experiment versuchte zu bestimmen, ob zwischen Lernen und Gehirnentwicklung eine Wechselbeziehung besteht. Junge erwachsene Ratten wurden dabei in einem Labyrinth von wechselnder Auslegung 25 Tage lang trainiert. Dann verglich man die Sehrinde der trainierten Individuen mit der untrainierter Artgenossen. Es stellte sich heraus, daß in ersteren zwei Arten von Sehfeldneuronen (Nervenzellen) viel mehr Verbindungen (Dendriten) aufwiesen als in untrainierten Tieren. Ein dritter Nervenzellentyp des Sehfeldes war in beiden Gruppen annähernd identisch. Dies zeigt, daß die Wirkung von Training bzw. Lernen auf das Gehirn spezifischer und örtlich begrenzter ist als etwa die Wirkung einer anregenden Umgebung.(50) Solche Resultate würde man auch erwarten, falls frühe Lernerfahrungen zu umfassenden zerebralen Veränderungen führen.

Rufen wir uns die Erb-Umwelt-Debatte ins Gedächtnis zurück. Teilnehmer an diesem Meinungsstreit sind sich meist im klaren darüber, daß „Anlagen-Umwelt“ eine Scheindichotomie darstellt, die sich zum größten Teil in nichts auflösen würde, wenn in der Verhaltensforschung die Wechselwirkung zwischen dem Umfeld eines Tieres und seinem biologischen

„Medium“ - vor allem das sich entwickelnde Gehirn - als Ausgangsbasis genommen würde. Experimentelle Befunde unterstreichen sowohl die Bedeutung der automatischen, genetisch programmierten Ausstattung (Anlage/Erbmasse) wie auch der geeigneten Umweltreize (Umwelt) für die angemessene Verfeinerung der neuronalen Entwicklung von Tieren. Anlage und Umwelt kommt in diesem Prozeß entscheidende Bedeutung zu. Versagt die Erbmasse z.B. aufgrund eines genetischen Fehlers, kann die Entwicklung eines Tieres zu einem funktionsfähigen Mitglied seiner Art gehemmt werden. In ähnlicher Weise wird auch ein in Reizarmut aufgewachsenes Individuum schwerlich zu einem funktionsfähigen Mitglied seiner Art heranwachsen.

Es steht demnach zu vermuten, daß ein Großteil dessen, was wir heute als kulturelle Identität eines Menschen bezeichnen, biologisch verankert wird. Nach dem, was wir über die sogenannte Prägung wissen, scheint der Kulturerwerb der Tiere einschließlich des menschlichen Tieres in Kindheit und Jugend in hohem Maße über den Prägungsprozeß abzulaufen, der mit Zeiten rascher biologischer Entwicklung - besonders des Gehirns - korreliert. Bei Erreichen des Erwachsenenalters scheint das kulturelle Milieu dann im Gehirn „verdrahtet“ worden zu sein. Dennoch finden allgemeine Lernprozesse natürlich auch noch im Erwachsenen statt. So entstehen experimentellen Befunden zufolge im Gehirn einer Ratte während eines Großteils, wenn nicht sogar während des gesamten Lebens neue Synapsen (Verbindungen) (51), und es steht zu vermuten, daß das gleiche auch für andere Säuger wie z.B. den Menschen gilt.

Im vorstehenden haben wir nun den Versuch gemacht, die ungeheure Wichtigkeit der frühen Lebenserfahrungen in der Genese der kulturellen Identifizierung und des Weltbildes eines Menschen herauszuarbeiten. Angesichts eines der Kennzeichen der tierischen Prägung - der Persistenz (Fortdauern) des in jungen Jahren Gelernten im späteren Leben -, halte ich für wahrscheinlich, daß Prägung auch einen bedeutenden Faktor in dem weitverbreiteten Phänomen des Ethnozentrismus darstellt. Wenn die eigene Kultur im Gehirn durch einen Prozeß, der zum Zeitpunkt der Geburt beginnt, „verdrahtet“ wird, „weiß“ man einfach, daß die eigene Lebensweise die beste ist, daß der eigene Kulturkreis das richtige Realitätssystem repräsentiert und daß allen Anschauungen anderer Kulturen mit Mißtrauen zu begegnen ist.

Regressive Außerirdische und menschliche Prägung

Unseren historischen Indizien zufolge durchschauten die Außerirdischen dieses ethnozentrische Verhaltensmuster und setzten es seit den Anfängen der menschlichen Kultur ein, um uns unter Kontrolle und uneins zu halten. Der Genesis-Text über den (versuchten) Turmbau zu Babel gibt vermutlich in mythisch verbrämter Form wieder, was die „Götter" taten, um die Menschheit uneinig und „...über die ganze Erde zerstreut" zu halten. Die außerirdischen Begründer unserer ersten Kulturen gaben den Menschen von Anfang an ein stark hierarchisiertes Regierungssystem, das eine Kontrolle der Massen durch eine kleine „Elite" an der Spitze der Gesellschaft erlaubte. Auch über ihre von Gier und Machthunger motivierten und mit verschiedenen Glaubenssystemen verquickten Kriege lehrten die „Götter" die Menschen, ihren Nächsten zu hassen und ihn zu bekriegen. Welch fürchterliche „Prägungen" erhielten wir damit als Grundstock einer Kultur! Als die ersten menschlichen Hochkulturen auseinanderbrachen und immer weitere Religionen und Weltanschauungen in Umlauf gesetzt wurden, diente der Prägungsprozeß, durch den Menschen die eigene Kultur größtenteils positiv und andere größtenteils negativ zu besetzen lernten, zur weiteren Vertiefung der inneren Spaltung der Menschheit. Kein Wunder, daß das Bild der menschlichen Zivilisationen seit mehr als 5000 Jahren von Kontroversen, Morden und Kriegen geprägt wird. Mit allergrößter Wahrscheinlichkeit wußten die Außerirdischen ebenso viel oder mehr als unsere heutige Wissenschaft über den tiefgehenden Einfluß der frühen Lebenserfahrungen und nutzten ihn zur Spaltung und Kontrolle der Menschheit.

Wir sahen auch Belege dafür, daß uns regressive Außerirdische seit jeher in immer weitere Fraktionen zu teilen verstanden, indem sie die Wahrheit, vor allem bezüglich geistiger Belange, verfälschten. Im späten zwanzigsten Jahrhundert ist die Bevölkerung einer großen Nation wie der USA nicht allein von anderen Nationen getrennt, sondern auch intern in Sub- und Sub-Sub-Kulturen zerfallen. Amerikaner differenzieren sich nach Rasse und Sprache (Schwarze, Weiße, Latinos, Asiaten, Indianer etc.) sowie nach Besitz - einer Handvoll Reichen steht die gewaltige Mehrheit derer gegenüber, die gerade genug Geld zum Überleben besitzen (und sich hin und wieder einen Urlaub mit den Kindern gönnen können), solange sie ihr Leben lang schwer arbeiten, sowie die Tausende, die mittellos auf der Straße stehen. Amerikaner sind weiterhin hinsichtlich Religion und Politik (Republikaner versus Demokraten) und einer Unmenge anderer „Differenzen“ zerstritten, wie z.B. Abtreibungsgegner und -befürworter. Wir leben in einer entfremdeten (ups ... da sind sie ja schon wieder - die Fremden!), zerfallenen und kontrollierten Gesellschaft.

Ohne Zweifel setzen die regressiven Außerirdischen zur Förderung und Aufrechterhaltung der Kontrolle und Spaltung der Menschheit nicht nur ihre Kenntnis der Wirkungsmächtigkeit früher Lernerfahrung und anderes „dreidimensionales“ biologisches Wissen ein. Aufgrund unserer Daten ist nicht auszuschließen, daß sie die Menschheit auch über das kollektive Unbewußte negativ beeinflussen. Obwohl dieser Begriff schon vor Jahrzehnten von dem Schweizer Psychiater Carl Jung eingeführt wurde, findet er bei den meisten amerikanischen Psychologen wegen seiner unstofflichen Natur nur wenig Anklang. Im wesentlichen behauptete Jung, daß sämtliche Gedanken und Handlungen der Menschheit in einem nichtstofflichen kollektiven Unbewußten bewahrt und überliefert würden. Seine Forschungsarbeiten hatten ihn zu dem Schluß geführt, daß das kollektive Unbewußte auf die geistige Entwicklung der Menschheit einen tiefgreifenden Einfluß ausübe und wir trotz seiner Nichtstofflichkeit unbewußten Zugang zu ihm hätten.(54) Unlängst formulierte der englische Biologe Rupert Sheldrake eine ähnliche Idee, die er *hypothesis of formative causation (*Hypothese der Formenbildungsursache) nennt. Sheldrake regt an, daß Wachstum und Entwicklung biologischer Lebewesen nicht nur von biochemischen und genetischen Mechanismen gesteuert werde, wie vom aktuellen biologischen Paradigma behauptet wird, sondern auch über ein „morphisches Feld“, das außerhalb des Organismus existiere. Dieses morphische Feld, so Sheldrake, behält Einfluß über Raum und Zeit hinweg, trägt die kollektive Erinnerung sämtlicher früherer Lebewesen einer Art und befindet sich in fortlaufender Weiterentwicklung.(55) Im Vergleich zur materialistischen Biologie ist Sheldrakes Hypothese natürlich „umstürzlerisch“ und wird von dieser auch weitgehend ignoriert. Dennoch erhielt sie in den letzten Jahren einige experimentelle Unterstützung. (56) Somit ist, wenn Jungs und Sheldrakes Hypothesen einen gewissen Wahrheitsgehalt haben, nicht auszuschließen, daß negativ orientierte Außerirdische auch das menschliche kollektive Unbewußte oder morphogenetische Feld beeinflussen.

Wir sprachen schon davon, daß die Grauen wahrscheinlich Hologramme einsetzen, um neue Religionen (Spaltungen) zu schaffen, und daß sie Prophezeiungen vom Jüngsten Gericht benutzen, um Furcht zu erzeugen. Des weiteren steht den Grauen nach Darstellung Entführter eine fortgeschrittene Technik zu Gebote, durch die die meisten Opfer jegliche Erinnerung an ihre Verschleppungen verlieren, die großenteils furchterregend und traumatisch sind. Wir erwähnten auch Quellen, denen zufolge unser Universum multidimensionalen Charakter hat; und auch wir sind laut unzähligen metaphysischen Texten multidimensionale Wesen, deren physischer Körper von einem Äther-„Körper" und von einem Astralkörper umgeben ist. Unserer Humanbiologie sind diese Körper jenseits der drei Dimensionen jedoch unbekannt und sie zieht sie noch nicht einmal theoretisch in Erwägung. Egal, wie Sie selbst zu dieser Frage stehen mögen - ich bitte Sie, diese nicht dreidimensionalen Körper einmal einen Moment lang für real zu halten und daran zu glauben, daß die Außerirdischen über sie und über ihre Beziehung zu unserem physischen Körper genau Bescheid wissen. Um wievieles leichter fiele es ihnen, uns zu manipulieren und zu kontrollieren, wie sie es nach Aussage Entführter tatsächlich tun?(52)

Trotz unserer Unwissenheit müssen wir uns nicht länger den Spielregeln der innerlich zerrissenen, kontrollierten Gesellschaft beugen, die wir letztlich aus freier Wahl akzeptiert haben. Wir können auf inneren und äußeren Ebenen damit beginnen, unserer Wirklichkeit ein neues Gesicht zu geben, so daß wir statt der Opferrolle, die so viele von uns seit jeher gewählt und gespielt haben, eine positivere, kreativ-harmonische Rolle zu übernehmen vermögen. Uns steht ein geistiger Pfad offen, der auf Liebe für das Göttliche, Liebe unserer selbst und Liebe und Achtung für alles Leben gegründet ist. Trotz der Prägungen unserer frühen Jahre, die uns einreden wollen, daß wir uns nach Rasse, Sprache, Volk, Nation und zahlreichen anderen Kriterien unterscheiden, deuten zahlreiche Indizien in die immer gleiche Richtung - nämlich daß die gesamte Schöpfung und sogar die regressiven Fremden Verlängerungen des Einen Großen Urschöpfers darstellen, und daß wir im Geiste Eins sind. Trotz des mangelnden spirituellen Fortschritts auf Erden verkünden uns viele esoterische Quellen, daß wir uns körperlich, kulturell und geistig sehr rasch in intelligentere, lichtvolle Wesen entwickeln können - und sogar noch innerhalb dieses Lebens. Wie es scheint, bergen die nächsten fünfzehn bis zwanzig Jahre ein immenses Bewußtseinsentwicklungspotential für die Menschheit. Dies ist die wichtigste „Botschaft“, die ich/wir durch dieses Buch übermitteln und verbreiten möchten, und auf die in späteren Kapiteln näher eingegangen wird.

In der Zwischenzeit besteht die Arbeit an unserer bewußten geistigen Evolution zum guten Teil darin, uns unserer eigentlichen Natur innezuwerden: unserer Wurzeln, unseres Wesens und unserer Biologie. Wir können uns nach und nach bewußt werden, wie unsere frühen Erfahrungen unsere Verhaltensweisen und Einstellungen als Erwachsene tiefgreifend zu prägen vermochten. Und gleichzeitig, daß wir keineswegs Opfer und/oder Sklaven unserer soziokulturellen Prägungen sind, sondern daß diese überwunden werden können. Zunächst einmal existieren zahlreiche therapieorientierte Ansätze, durch die man seine frühen Lebenserfahrungen, wie traumatisch sie auch gewesen sein mögen, hinter sich lassen und ein intelligenteres, ganzheitlicheres Wesen werden kann. In diesen Tagen werden in rascher Folge immer weitere Techniken der „Neuverschaltung“ unseres Gehirns entwickelt. Einige dieser neuen Methoden zur Behebung unserer Fixierungen, wie z.B. Rückführungen in frühere Leben oder Drogentherapien, mögen uns gegenwärtig ziemlich radikal erscheinen. Aber während wir uns als einzelne und als Gemeinschaft bewußt darum bemühen, auf das Licht zuzugehen, werden neue wie auch ältere Verfahren zur „Neuverdrahtung“ unseres Gehirns eine immer wichtigere Rolle in der Gesellschaft spielen. Die Menschheit muß sich nicht egoistisch und dumm verhalten und damit ihre Zersplitterung unterstreichen, wie dies die regressiven Außerirdischen gerne sehen und sähen.

Diejenigen unter uns, die sich ein für allemal für den Weg der Wahrheit entschieden haben, werden im Laufe der Zeit immer tiefere Einsichten in die Entwicklung unserer biologischen Körper, in die biologische Evolution, in unsere geistige Natur und Entwicklungsrichtung und in viele weitere lichtinspirierte Wahrheiten gewinnen. Je mehr wir über unsere Wirklichkeit herausfinden, egal wie „unglaublich“ diese erscheinen mag, wenn wir uns das erste Mal mit ihren schockierenden Einzelheiten beschäftigen, desto mehr werden wir unsere evolutionären Fähigkeiten erkennen und damit befähigt, uns bewußt von den dunklen Machenschaften der Koalition aus Geheimregierung und Außerirdischen ab- und dem Göttlichen zuzuwenden. Leider wurden ja bisher jeder Bewegung, die wir auf das Göttliche hin getan haben mögen, von älteren Spezies dieses Kosmos, denen es Spaß macht, jüngere und primitivere Spezies wie die unsere zu beherrschen und zu kontrollieren, vorsätzlich Steine in den Weg gelegt. Sehen wir uns zwei Arten regressiver Außerirdischer etwas näher an, die seit Jahrhunderten einen Großteil der Menschheit beherrschen und kontrollieren.

1. Kroeber, A. L. 1917. „The Superorganic". American Anthropologist, 19: S. 163-213; und White, L. A. 1973. The Concept of Culture. Burges, Minneapolis.
2. Die Debatte der biologischen Deterministen und der Kulturanthropologen in den ersten Jahrzehnten des zwanzigsten Jahrhunderts wird erörtert in Cravens, H. 1978. op. cit.
3. Augros, R. und G. Stanciu 1988. op. cit., S. 230; und Cravens 1978. op. cit.
4. Wilson, E. O. 1975. Sociobiology, the New Synthesis. Harvard University Press, Cambridge.
5. ______ 1977. Vorwort zu Sociobiology and Behavior von D. P. Barash; Elsevier North-Holland, Inc., New York, S. xiii-xv.
6. Bauchard Jr., T. J., D. T. Lykken, M. McGue, N. L. Segal und A. Tellegen 1990. „Sources of Human Psychological Differences: the Minnesota study of twins rea red apart." Science 250, S. 223-228.
7. Ibid., S. 223.
8. Kottack, C. P. 1979. Cultural Anthropology, 2. Ausg. Random House, New York.
9. Binford, L. R. 1982. Comment on: „Rethinking the Middle/Upper Paleolithic transition", von R. White; Current Anthropology 23, S. 177-181.
10. Richard, A. 1977. „The feeding behavior of Propithecus verreauxi." In Pri mate Ecology, T. H. Clutton-Brock (Hrsg.), Academic Press, London, S. 72-96.
11. Chalmers, N. R. 1968. „Group composition, ecology and daily activities of free living mangabeys in Uganda." Folia Primatologica 8: S. 247-262. Und Waser, P. 1977. „Feeding, ranging and group size in the mangabey, Cercocebus albigena," In, Primate Ecology: Studies of Feeding and Ranging Behavior in Lemurs, Mon keys and Apes. T. Clutton-Brock (Hrsg.), Academic Press, London, S. 183-222
12. Eine Zusammenfassung der in lokalen Schimpansenpopulationen beobachteten Schwankungen kultureller Traditionen findet sich in: McGrew, W. C., C. E. G. Tutin, und P. J. Baldwin 1979. „Chimpanzees, tools, and termites: cross-cultural comparisons of Senegal, Tanzania, and Rio Muni." Man, 14: S. 185-214.

13. Die Kompliziertheit des „Termitenfischens“ wird erörtert in: Teleki, G. 1974. „Chimpanzee subsistence technology: materials and skills.“ Journal of Human Evolution, 3: S. 575-594.
14. Mainardi, D. 1980. „Tradition and social transmission of behavior in animals.“ In: Sociobiology: Beyond Nature/Nurture? G. Barlow und J. Silverberg (Hrsg.), Westview Press, Boulder, Colorado, S. 227-255.
15. Douglas-Hamilton, I., und O. Douglas-Hamilton 1975. Among the Elephants. Viking Press, New York.
16. Healey, R. F., F. Cooke und P. W. Colgan 1980. „Demographic consequences of snow goose brood rearing traditions.“ Journal of Wildlife Management, 44: S. 900-905.
17. Marler, P. 1984. „Song learning: innate species differences in the learning process.“ In: The Biology of Learning, P. Marler und H. S. Terrace (Hrsg.). Springer-Verlag, Berlin, S. 289-309.
18. Bonner, J. T. 1980. The Evolution of Culture in Animals. Princeton University Press, Princeton.
19. Ibid.
20. Stryker, M. P., J. Allman, C. Blakemore, J. M. Greuel, J. H. Kaas, M. M. Merze nich, P. Radic, W. Singer, G. S. Stent, H. Vanderloes, und T. N. Wiesel 1988. „Group report: principles of cortical self-organization.“ In: Neurobiology of Neocortex, P. Radic und W. Singer (Hrsg.), John Wiley and Sons, Limited, New York, S. 115-136.
21. Lorenz, K. 1935. „Der Kampan in der Umwelt des Vogels.“ Journal of Ornitho logy, 83: S. 137-213, 289-413.
22. Immelmann, K. 1972. „Sexual and other long-term aspects of imprinting in birds and other species.“ Advance Study of Behavior, 4: S. 147-174; und Immelmann, K. 1975. „Ecological significance of imprinting and early learning.“ In: Annual Review of Ecology und Systematics, 6, R. F. Johnston, P. W. Frank und C. D. Mi chener (Hrsg.), Annual Reviews Inc., Palo Alto, S. 15-37.
23. Fillion, T. J. und E. M. Blass. 1986. „Infantile experience with suckling odors de termine adult sexual behavior in male rats.“ Wissenschaft 231: S. 729-731.
24. Geist, V. 1971. Mountain Sheep. University of Chicago Press, Chicago. Und für Rotwild: Schloeth, R. und D. Burchardt 1961. „Die Wanderung des Rotwildes *(Cervus elaphus L.)*“ Rev. Suisse Zool. 68: S. 146-155.
25. Calhoun, J. B. 1962. The Ecology and Sociology of the Norway Rat. U. S. Department of Health, Education, und Welfare, Bethesda, Maryland.
26. Als Beispiel siehe: Housfater, G. J. Altman und S. Altman 1982. „Long-term con sistency of dominance relations among female baboons (Papio cynocephalus).“ Wissenschaft 217: S. 752-755
27. Ruppenthal, G. C., G. L. Arling, H. F. Harlow, G. P. Sacket, und S. J. Suomi 1976. „A ten-year perspective of motherless-mother monkey behavior“. Journal of Ab normal Psychology 85: S. 341-348.
28. Goy, R. W. K., K. Wallen und D. A. Goldfoot 1974. „Social factors affecting the development of mounting behavior in male rhesus monkeys.“ In: Reproductive Behavior, W. Montagna und W. Sadler (Hrsg.). Plenum Press, New York.
29. Immelmann, K. und S. J. Suomi 1981. „Sensitive phases in development.“ In:

Behavioral Development, K. Immelmann, G. W. Barlow, L. Perinovich und M. Main (Hrsg.). Cambridge University Press, Cambridge, S. 395-431.
30. Überblick in: Hess, E. H. 1973. Imprinting: Early Experience and the Developmental Psychobiology of Attachment. Van Nostrand Reinhold Co., New York.
31. Freud, S. 1953. „Three essays on the theory of sexuality.“ In: The Standard Edition of the Complete Psychological Work of Sigmund Freud, Vol. 7. Hogarth, London, S. 125-248. (Erstveröffentlichung der Abhandlungen im Jahre 1905)
32. Bowlby, J. A. 1969. Attachment and Loss, Vol. I. Basic Books, New York.
33. Lenneberg, E. 1987. Biological Foundation of Language. John Wily and Sons, New York.
34. Goto, H. 1971. „Auditory perception by normal Japanese adults of the sounds of „L“ und „R“.“ Neuropsychologica 9: S. 317-323.
35. Eine Zusammenfassung von Piagets kognitiven Entwicklungsstadien findet sich in: Ginsburg, H. und S. Opper 1979. Piagets Theory of Intellectual Development (2. Ausg.) Prentice-Hall, Englewood Cliffs, New Jersey.
36. Horn, G. 1985. Memory, Imprinting and the Brain. Carendon Press, Oxford.
37. Sternberg, R. J. 1985. „Human intelligence: the model is the message.“ Wissenschaft 230: S. 1111-1117.
38. DeLoach, J. S. 1987. „Rapid change in the symbolic functioning of very young children.“ Wissenschaft 238: S. 1556-1557.
39. Thatcher, R. W., R. A. Walker und S. Guidice 1987. „Human cerebral hemispheres develop at different rates and ages. Wissenschaft 236: S. 1110-1113.
40. Matousek, M. und I. Peterson 1973. „Frequency analysis of the EEG in normal children und adolescents.“ In: Automation of Clinical Electroencephalography, P. Kellaway and I. Peterson (Hrsg.). Raven, New York, S. 75-102.
41. Winson, J. 1985. Brain and Psych. Anchor Press/Doubleday, New York.
42. Hubel, D. H. und T. N. Wiesel 1963a. „Receptive field of cells in striate cortex of very young, visually inexperienced kittens.“ Journal of Neurophysiology 26: S. 994-1102.
43. _____ 1963b. „Single-cell responses in striate cortex of kittens deprived of vision in one eye.“ Journal of Neurophysiology 26: S. 1003-1017.
44. Blakemore, C. und G. F. Cooper 1970. „Development of the brain depends on the visual environment.“ Nature 228: S. 447-448.
45. Knudsen, E. I. 1987. „Early experience shapes auditory localization behavior and the spatial runing of auditory units in the barn owl.“ In: Imprinting and Cortical Plasticity, J. P. Rauschecker und P. Marler (Hrsg.), John Wiley and Sons, New York, S. 7-21.
46. Greenough, W. T., J. E. Black und C. S. Wallace 1987. „Experience and brain development.“ Child Development 58: S. 539-559.
47. Ibid.
48. Rauschecker, J. P. und P. Marler 1987. op. cit., S. 361.
49. Zusammenfassung der Untersuchungen in Greenough et al. 1987, op. cit.
50. Ibid., S. 548.
51. Ibid.
52. Crowell, C. 1990. „The government factor.“ In: Valerian, V. 1991. op. cit., S. 129-132.

53. Marciniak, B. 1992b. op. cit., S. 62.
54. Jung, C. G. 1971. The Portable Jung. The Viking Press, New York, S. 60.
55. Sheldrake, R. 1982. A New Science of Life. Thacher, Tiburon, California.
56. z.B. Bulletin of the Institute of Noetic Sciences, 1991. Volume VI/3, Sausalito, Kalifornien.

„In dieser Selbsttäuschung zu verharren kann einem Leben in Unwissenheit gleichkommen. Die Illusion des Alles-Wissens und Alles-Verstehens läßt sich nur dadurch aufrechterhalten, daß ein ganzes Universum weiterer Informationen bewußt ignoriert wird. Wer sich an die trügerische Vorstellung der eigenen Überlegenheit klammert, muß Vorzüge und Fähigkeiten der anderen beharrlich übersehen."

Anne Wilson Schaef, Women's Reality, 1981

Kapitel 14

Die Reptoiden

Von den Reptoiden, die auch die Anunnaki der alten Sumerer gewesen sein könnten, haben wir auf diesen Seiten schon recht viel gehört - doch sehen wir sie uns jetzt einmal aus der Nähe an. Wie wir sahen, bezeichnet die Pleiadian-Plus-Gruppe unsere „Schöpfergötter", die Gründer der alten sumerischen Hochkultur, als „Echsen", um einer Situation, die auf den ersten Blick furchterregend erscheinen könnte, einen Anstrich von Humor zu verleihen. Diese Geschöpfe sollen halb menschlicher halb reptilischer Natur sein und nicht in der Zeit, wie wir sie kennen, existieren, sondern hauptsächlich in anderen Dimensionen, in denen sie angeblich Tausende von Jahren alt werden. Obwohl es unter ihnen auch wohlwollende Wesen geben soll, zeigt uns die Vergangenheit, daß sich die gewaltige Mehrheit von ihnen regelmäßig als tyrannisch, ohne Achtung vor dem Leben (nicht einmal dem ihrer eigenen Schöpfungen) und ohne Verständnis ihrer Verbindung mit dem Lebensganzen erwiesen hat. - Im übrigen sollten wir vor allem deshalb ein wenig über die Reptoiden lernen, da sie unsere Dimension demnächst angeblich wieder betreten werden, um an der Kontrolle der Menschheit weiterzuarbeiten.(1)

Ich möchte meine Leser daran erinnern, daß die Reptoiden zwar offenbar tatsächlich an mindestens einer der genetischen Manipulationen teilhatten, denen der moderne Mensch sein Dasein verdankt, und somit zu Recht als „Schöpfergötter" bezeichnet werden, daß sich die Geschichte unserer Schöpfung jedoch noch erheblich komplizierter darstellt. Die Schaffung des

Menschen geht letzten Endes auf den sogenannten Urschöpfer des Universums zurück. Die Wesen, die zwischen dem Menschen und dem Urschöpfer stehen und die an unserer Schöpfung beteiligt waren, scheinen meistenteils positiver Natur und von höchster Liebe und Licht motiviert gewesen zu sein. - Trotz der Versuche der Reptoiden und anderer regressiver Außerirdischer, uns unter Kontrolle zu halten, kann sich jeder einzelne durch Annahme der eigenen dunklen Seiten und der anderen dem Licht und der Liebe zuwenden und der Negativität der Reptoiden und anderer entziehen. Sich seelisch über die Echsen und andere regressive Außerirdische hinaus zu entwickeln, setzt jedoch (neben anderem) voraus, ihr Wesen und ihre Beweggründe zu durchschauen.

Nach den Worten der Pleiadian-Plus-Gruppe sind die Echsen wahrhaft staunenswerte Geschöpfe. Doch da Pleiadian Plus nach irdischen Begriffen eine äußerst esoterische Gruppe darstellt, sollten wir uns zunächst einmal nach „irdischen" Zeugnissen für die Existenz der Echsen umsehen.

Als erstes sah ich sämtliche mesopotamischen Zylindersiegelabbildungen in meinem Arbeitszimmer daraufhin durch, ob auf ihnen so etwas wie ein Reptoide dargestellt ist. Die „Götter" der Sumerer und späterer Mesopotamier sehen auf diesen Bildern jedoch meist sehr menschlich oder (seltener) auch vogelartig aus - ich konnte nicht einen einzigen ausmachen, bei dem es sich um eine Echse gehandelt haben könnte. In keiner seiner ausgezeichneten Veröffentlichungen, in denen es auch um die mesopotamische Geschichte geht, erwähnt Sitchin so etwas wie ein Reptoid; und er erklärt bzw. impliziert auch, daß die mesopotamischen „Götter" uns menschlichen Primaten weitgehend ähnelten.(2) Der Leser wird sich erinnern, daß die meisten sumerischen Geschichtsberichte gegen 2500 v.Chr. auf Tontafeln verzeichnet wurden. Viele dieser historischen Erzählungen, die meist in mythischer Form (wie wir es nennen würden) abgefaßt sind, handeln von Ereignissen, die vor bzw. während der Sintflut stattfanden, vor allem die Erschaffung des Menschen und die Sintflut selbst.

Auch die ersten sechs Kapitel des ersten Buchs der Heiligen Schrift haben den Zeitraum vor der Sintflut zum Gegenstand und umfassen die Geschichten von Adam und Eva, von ihren Nachkommen und von der

Arche Noah. Der Leser wird sich erinnern, daß diese um 1000 v.Chr. geschriebenen Bibelabschnitte schon existierenden, selektiv bearbeiteten Geschichtsbeschreibungen entlehnt scheinen - vor allem Texten der sumerischen und späterer mesopotamischer Kulturen.

Wie wir gesehen haben, existiert noch ein weiteres, umfangreiches religiöses Schrifttum, das sich mit der Zeit vor der Sintflut befaßt, aber in der Heiligen Schrift nicht zu finden ist. Diese Texte gingen meistenteils verloren, wurden versteckt und/oder anderweitig unterdrückt bzw. auch selektiv aus der Bibel ausgeschlossen. Dies bildet einen Teil des gigantischen Vertuschungsmanövers und der Täuschung der Menschheit. Natürlich wollten die außerirdischen Schöpfergötter, denen an unserer Versklavung und Kontrolle lag, uns die Kenntnis unserer vorsintflutlichen Urvergangenheit vorenthalten. Wir sollten die Wahrheit über unsere „Schöpfung" (daß wir als betrogene Sklaven erschaffen wurden) nicht erfahren bzw. das wahre Wesen einer Gruppe unserer Schöpfergötter, der Reptoiden, nicht erkennen.

In Kapitel 5 sahen wir schon Auszüge aus der Arbeit R. A. Boulays und seinem Werk Flying Serpents and Dragons: The Story of Mankind's Reptilian Past. Wie wir gesehen haben, zieht Boulay darin etliche aus der Bibel ausgeschlossene historische Informationsquellen über die Echsen wie das Buch der Jubiläen, drei Henochsbücher, die Haggada (Sammlung mündlicher jüdischer Überlieferungen), die kürzlich entdeckten Qumran-Rollen sowie weitere Schriften heran, um die Existenz der Echsen und deren Verhalten Menschen gegenüber zu belegen.(3)

Die wichtigsten „irdischen Daten", die wir heute zur Verifizierung der Realität der Reptoiden besitzen, stammen aus ihrer wiederholten Sichtung durch Entführte. In der Mehrheit der Entführungsfälle bleiben sie im Hintergrund, gelegentlich werden sie jedoch als am Rande stehende, stille Beobachter entdeckt. In welcher Beziehung die Reptilwesen zu der grauen Spezies stehen, ist den meisten Entführten unbekannt. Aus Valerians Informationen geht hervor, daß der überwiegende Teil der Grauen für die Echsen „arbeitet" oder sogar selbst deren Sklave ist. Valerian zufolge scheinen die Reptoiden, als sie sich vor mehreren Jahrtausenden zum großen Teil von der Erde zurückzogen, diese den Grauen überantwortet zu haben.(6)

Gelegentlich werden die Echsen auch von Nicht-Entführten beobachtet. Linda Howe berichtet von einer „Kuhentführung" in Missouri, bei der ein Reptoid gesichtet wurde. Ein Ehepaar hatte die vermutliche Kuhentführung von der Veranda seiner Farm aus durch ein Fernglas beobachtet. Während zwei kleinwüchsige, weißhäutige Wesen mit großen Köpfen an der Kuh hantierten, sah ihnen aus ein, zwei Metern Entfernung ein „Echsen-Typ" zu. Diesen beschrieb das Ehepaar als ein humanoides Wesen von etwa 1,80 Meter Größe mit grünlicher, reptilienartig geschuppter Haut und großen, blaßgrünen Augen mit senkrechten, schlitzförmigen Pupillen.(7)

Alice Bryant und Linda Seebach berichten von zwei vermutlichen Menschenentführungen durch reptilische Wesen in ihrem Werk Healing Shattered Reality: Understanding Contactee Trauma. Zwei Männer, die sich zum Zeitpunkt des Geschehens nicht kannten, wurden von 2,10 Meter großen echsenartigen Wesen gekidnappt und an Bord eines Raumschiffes einer groben körperlichen Untersuchung unterzogen.(8) Beide sollen nach der Entführung in Angst und heimlicher Scham gelebt haben.

In einem anderen Fall arbeitete ein Viehzüchter auf seiner Ranch in New Mexico, als seine Herde mit einem Mal panikartig auseinanderstob. Als er aufblickte, sah er die Ursache ihrer Furchtreaktion - ein UFO schwebte über ihm. Sein erster Reflex war Ärger auf dieses Raumschiff, das seine Kühe auseinandergescheucht hatte, und er gab zwei Schüsse aus seinem Gewehr ab. Sein Pferd warf ihn aus dem Sattel, und während er von dem Sturz noch benommen war, wurde er in das Raumschiff gebracht, auf einen Untersuchungstisch geschoben und ausgezogen. Fünf reptilienartige Wesen, drei männliche und zwei weibliche, unterzogen ihn dort einer sehr groben Untersuchung. Die Geschöpfe hätten „...abgesehen von Fischschuppen und reptilienartigen Schwänzen humanoide Körper gehabt. Sie waren kaum bekleidet. Die weiblichen Geschlechtsteile ähnelten denen von Homo sapiens (sic). Ihre Arme und Beine waren leicht echsenartig und ihre Gesichtszüge frosch- und gleichzeitig menschenähnlich. Sie hatten große, vorstehende Augen sowie drei Finger und Zehen..."(9)

Zuweilen sind menschliche Begegnungen mit Echsen angenehmerer Art. Denise und Bert Twigs behaupten in ihrem Buch Secret Vows, eine fortlaufende Beziehung mit einem Paar, das angeblich aus dem Sternbild der Andromeda stammt, zu unterhalten. Sie hätten in ihrem Heim in Oregon wie auch auf dem Raumschiff, auf dem das Andromeda-Paar jetzt wohne, mehrere halb außerirdische, halb menschliche Kinder empfangen. Bei einem ihrer ausgedehnten Besuche zum „Mutterschiff" der angeblichen Andromedaner trafen sie den Sicherheitsmann:

> Ihr oberster Sicherheitsagent war selbst kein Andromedaner, sondern sah aus wie ein Reptil, ein aufrecht stehender Alligator. Allerdings war sein Mund, glaube ich, nicht so lang wie bei einem Alligator, und er konnte sogar unsere Sprache. Sein Lächeln ließ sein ganzes Gesicht erstrahlen... Bert und ich dachten beide am gleichen Abend erneut an ihn, und seither nennen wir unsere neue Bekanntschaft zärtlich den „Alligatormann".(10)

Vielleicht trafen die Twigs eine weiterentwickelte Echse, eine, die Menschen nichts antun würde. Die zu diesem „Alligatormann" gemachten Angaben sind jedoch zu spärlich, um das mit Sicherheit sagen zu können; gleichwohl wissen wir jetzt zumindest, daß manche von ihnen lächeln können.

In einem unlängst gemeldeten Entführungsfall demonstrierten die Reptilwesen ihre Fähigkeit zum Formwandel. Eine Frau wurde in Seattle von menschlich aussehenden Wesen entführt (1990). Diese erzählten ihr jedoch, daß sie nicht wirklich Menschen seien, und ließen sie ihre wahre Form erblicken. Es handelte sich eigentlich um eine reptilische Spezies.(11)

Ein weiteres Beispiel für die Fähigkeit der Echsen, ihre Gestalt zu wechseln, findet sich in Dr. Richard Boylans Close Extraterrestrial Encounters, das er zusammen mit Lee Boylan verfaßte. Boylan ist klinischer Psychologe und Außerirdischen-Forscher und behandelte - vielfach unter Einsatz von Hypnoseregression - etliche Entführungsopfer (vor allem im Gebiet von Sacramento, Kalifornien). Seine Patienten berichten von Kontakten mit Grauen, Reptoiden und „Jawas"-(„Gottesanbeterinnen"), doch nie von Begegnungen mit „blonden" oder „nordischen" Außerirdischen. Boylan schreibt, daß mehrere seiner Entführungspatienten, die er „Erfahrende" nennt, Außerirdische erblickten, die sie für Menschen hielten, aber in jedem Fall

> ...stellte sich dies als ein von den Fremden auferlegtes mentales Bild heraus, eine sogenannte Deckerinnerung. Bei näherer Überprüfung konnte der Erfahrende das tatsächliche nicht-menschliche Gesicht des Außerirdischen hinter der mental aufgezwungenen „menschlichen" Maske erkennen. Eine Erfahrende dachte, einen menschlichen „Raumfahrer" vor sich zu haben. Aufgrund bestimmter Einzelheiten hatte ich jedoch das Gefühl, daß das „menschliche" Äußere nicht das eigentliche Aussehen des Wesens wiedergab. Ich bat sie daher, das Gesicht des „menschlichen" Raumfahrers genauer zu betrachten. Plötzlich erschrak sie. „Du meine Güte," sagte sie, „es ist doch kein Mensch. Es ist einer von diesen Grauen." Andere Einzelheiten ließen mich vermuten, daß wir noch immer nicht in den Kern der Sache vorgestoßen waren. Ich schlug daher vor, daß sie das Gesicht ihres „grauen" Besuchers noch gründlicher und aus nächster Nähe prüfen solle. Sie erschrak erneut nach kurzer Zeit. Jetzt sah sie nämlich, daß es sich um einen „Reptoiden" handelte, der sich zuvor mental als „Grauer" verkleidet hatte.(12)

Diese Fähigkeit der Reptoiden, ihre Gestalt zu wandeln, könnte einer der Gründe dafür sein, daß ich auf den Zylindersiegeldarstellungen der alten Sumerer kein einziges echsenartiges Geschöpf zu entdecken vermochte. Reptoide sind offenbar in der Lage, ihr Äußeres zu verändern und als etwas zu erscheinen, das sie nicht sind. Die Beobachtungen aus diesen Entführungen legen nahe, daß Reptoide u.a. auch als Menschen auftreten können, wenn sie ihre Form wechseln möchten. Die Boylans zitieren auch für die Grauen mehrere Beispiele dieser Fähigkeit zum Gestaltwechsel.(13)

Die plejadischen Gruppen erzählten uns ja, daß manche ihrer frühen Vorfahren von Zeit zu Zeit mit der Reptilspezies zusammenarbeiteten, und daß einige abtrünnige Plejadier dies immer noch täten. Ebenso erinnern wir uns, daß es sich bei den Plejadiern vermutlich um Primaten handelt und Enki viele ihrer Gene in die neue Erdspezies einbrachte, um diese fruchtbar und primatenähnlicher werden zu lassen. Vielleicht handelt es sich daher bei manchen sumerischen Götter-Darstellungen in Wirklichkeit um abtrünnige Plejadier oder eine andere Primatenspezies, die mit den Reptoiden zusammenarbeitete. In rund 60 Prozent der heutigen „grauen" Entführungsfälle werden menschlich scheinende blonde Wesen gesichtet (14), wie sie Seite an Seite mit den Grauen arbeiten; es ist daher wahrscheinlich, daß menschlich aussehende Außerirdische auch in uralter Zeit mit den Reptoiden kooperierten.

Der Außerirdischenforscher Jason Bishop berichtet, daß die extraterrestrischen Reptilartigen durchschnittlich 1,80 - 2,10 Meter messen, am ganzen Körper Schuppen tragen und über keine Schweißdrüsen verfügen (Abb. 14-1). Sie seien Kaltblüter wie die Erdreptilien, d.h. Körpertemperatur und Stoffwechsel hängen bei ihnen von der Umgebungstemperatur ab. Sie besäßen drei Finger mit einem gegenüberstehenden Daumen, ihre Augen seien katzenartig und sie hätten ein kurzes stummelartiges Maul. Sie ernährten sich hauptsächlich von Fleisch. Bishop zufolge eignen sich die Reptilartigen aufgrund ihrer Fähigkeit zum Winterschlaf gut für die Raumfahrt.(15)

Im Gegensatz zu irdischen Reptilien hätten diese humanoiden Reptoiden jedoch ein verschiedenzähniges Gebiß (wie der Mensch und alle anderen Säugetiere) und verfügten über Schneide-, Eck- und Backenzähne. Alle Erdsäuger weisen solche vielgestaltigen Zähne auf, doch kein irdisches Reptil. Wenn Bishops Angaben stimmen, muß es sich hierbei um einen der „teils humanoiden" bzw. „teils säugerartigen" Aspekte der Echsen handeln.

Bishop zufolge stammen die obersten Führungsränge der Reptoiden vom Planetensystem im Sternbild des Drachen. Angehörige dieser Schicht besäßen Flügel, die nach hinten an den Körper gefaltet werden können. Die „Soldatenklasse" und die „Wissenschaftler", d.h. die gewaltige Mehrheit der Mitglieder der Reptilspezies, seien jedoch flügellos.(16)

Der oben erwähnte Viehzüchter in New Mexico, den fünf Reptoide in so traumatischer Manier entführten, sah in dem Raumschiff, in dem er untersucht wurde, Eier von der Größe einer Wassermelone, die in großen Gefäßen aufbewahrt wurden.(17) Von ganz seltenen Ausnahmen abgesehen, schlüpfen irdische Reptilienspezies (von denen es Tausende gibt) aus Eiern. Dabei legen die Weibchen, wie schon erörtert, in der Regel mehrere Eier, die sie auf die eine oder andere Weise verstecken und dann sich selbst überlassen. Die Jungtiere sind meist gleich nach dem Ausschlüpfen selbständig, da die Eltern sich im allgemeinen nicht um den Nachwuchs kümmern. Unter Erdreptilspezies kommt es nämlich so gut wie nie zu einer Bindung zwischen Mutter und Kind, wie sie für Vogel- und Säugermütter bezeichnend ist. Unlängst erzählte mir ein Herpetologe (Kriechtierkundler), daß Krokodil-, Python- und Kobramütter ihre Jungen betreuten, aber daß von den hunderten anderen Reptilienspezies der Erde kein Bemutterungsverhalten bzw. keine Bindung bekannt sei.

Esoterischen Quellen zufolge kommt es in dem außerirdischen Reptiliengeschlecht zu keiner Bindung zwischen Mutter und Kind.(18) Wie wir im vorigen Kapitel sahen, entwickeln sämtliche irdischen Vogel- und Säugermütter und häufig auch -väter eine Fixierung an ihre Nachkommen (formen also eine Bindung mit ihnen) und betreuen sie bis zur Geschlechtsreife. Mehrere Mütter (und auch einige Väter) teilten mir mit, daß sie zu ihrem Kind oder ihren Kindern bald nach der Geburt ein überaus starkes Bindungsgefühl entwickelten. In diesem Gefühl der Bindung (oder dem Mangel daran), so glauben wir, liegt einer der Schlüssel zum Verständnis der Beziehung zwischen den Reptoiden und einer ihrer „Schöpfungen", den Menschen.

Aus esoterischen Quellen erfahren wir, daß unsere Gefühle uns mit dem geistigen Körper verbinden und den Schlüssel zur spirituellen Entwicklung darstellen.(19) Auf der Erde ist das Verhalten von Vögeln und (in noch höherem Maße) von Säugetieren stark emotional geprägt. Säuger besitzen für die Erzeugung und Verarbeitung von Gefühlen sogar einen spezialisierten Gehirnabschnitt, das sogenannte limbische System, das Reptilien fehlt. Säuger haben die gleiche zerebrale Grundstruktur wie Reptilien, zu dem jedoch noch weitere Teile treten wie vor allem das Großhirn oder Cerebrum (siehe Abb. 13-1). Darin befindet sich das im Verhältnis zum Rest des Gehirns recht voluminöse limbische System (Abb. 14-2), das zwischen Großhirnrinde und „niedrigeren" Hirnteilen zahlreiche Verbindungen und „Schleifen" herstellt.(20) Wenn sich ein Tier z.B. einem potentiellen Räuber gegenübersieht, generiert das limbische System die starken Emotionen, die für eine adäquate Reaktion (meist Flucht) erforderlich sind. Erdreptilien weisen natürlich auch Verhaltensmechanismen zur Vermeidung von Räubern auf, doch ihr Reaktionsspielraum wirkt gegenüber dem der Erdsäuger in vergleichbaren Situationen eher begrenzt, da er sich auf Kampf (Angriff) oder Flucht beschränkt. Einen „Mittelweg" zwischen diesen Extremen, z.B. Kampf, bis taktische Manöver den Zugang zu einem Fluchtweg eröffnen, ist in ihrem Verhaltensrepertoire nicht vorgesehen. Erdreptilien zeigen auch nicht die physiologischen Reaktionen, die bei Erdsäugern mit Emotionen einhergehen, wie Erhöhung von Blutzuckerspiegel und Pulsrate.(21)

Die Betreuung, die eine Säugermutter ihren Jungen angedeihen läßt, ist ohne Parallele bei Erdreptilien. Die reptilische Eltern-Kind-Beziehung orientiert sich dagegen oftmals eher nach dem Vorbild des riesigen Komodowarans, der heute nur noch auf entlegenen Inseln des südostasiatischen Indonesiens anzutreffen ist. Diese Dreimeterechse hat in ihren Genen ein einzigartiges Verhaltensmuster eingeprägt, welches ihren Jungen das Überleben ermöglicht. Die Jungechsen sind so programmiert, daß sie unmittelbar nach dem Ausschlüpfen so schnell wie möglich den nächstliegenden Baum erklimmen und dort mehrere Monate verharren. Dank diesem instinktgelenkten Verhaltensmuster, sich sofort nach dem Schlüpfen in Sicherheit zu bringen und ihren Zufluchtsort während der frühen Entwicklungsstadien nicht zu verlassen, entgehen die Jungen den auf dem Erdboden lauernden Räubern - allen voran der eigenen Mutter. Augenscheinlich ist die Komodowaranmutter außerstande, ihre eigene Brut von dem vielen anderen Kleingetier zu unterscheiden, auf das sie normalerweise Jagd macht.(22)

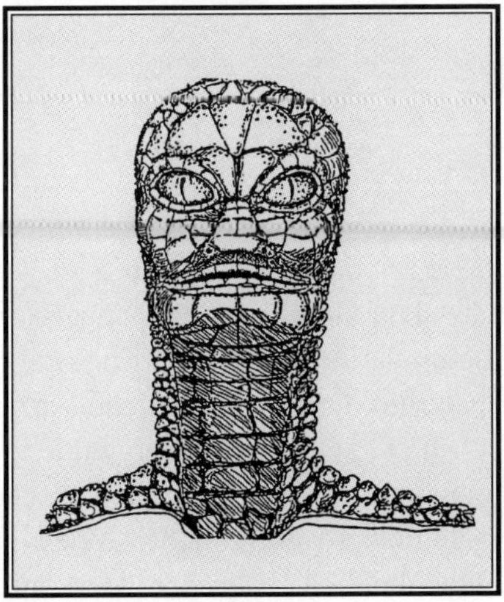

Abb. 14-1: Eine „Echse" oder reptoide Spezies, gezeichnet nach Augenzeugenberichten Entführter. Aus *Revelations of Awareness*, Nummer 92-4, Cosmic Awareness Communications, P.O. Box 115, Olympia, Washington 98507. Mit freundlicher Genehmigung.

Natürlich würde man bei unseren humanoiden Reptoiden keine so ausgeprägte Gefühlsarmut erwarten. Den Schilderungen Entführter zufolge sind sie zum guten Teil säugerartig. Ihr verschiedenzähniges Gebiß, die „menschenartigen" weiblichen Geschlechtsorgane und das irgendwie „humanoide" Äußere zeigen an, daß es sich bei ihnen teilweise um Säugetiere handelt. Sind sie das Ergebnis einer Kreuzung von Reptilien- und Primatengenen? Daß sie Kaltblüter sind, Eier legen, Schuppen tragen und mit ihren Nachkommen keine Bindung eingehen, ordnet sie primär den Reptilien zu. Dieses Überwiegen reptilischer Gene scheint die Reptoiden im großen und ganzen aggressiver und gefühlsärmer als durchschnittliche menschliche Primaten gemacht zu haben.

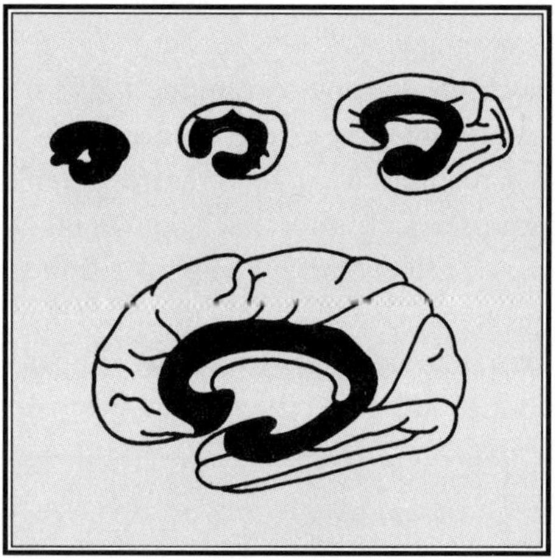

Abb. 14-2: Sagittalschnitt von vier Säugerhirnen (Kaninchen, Katze, Affe und Mensch), aus dem die Ausdehnung des limbischen Systems (schwarz) im Verhältnis zum Großhirn (weiß) hervorgeht. Zeichnung nach Campbell, 1985.

Wie wir gehört haben, waren den altmesopotamischen Texten zufolge die ersten Menschengenerationen, die aus der Kombination reptoider Gene mit denen eines primitiven humanoiden Erdprimaten hervorgingen (der dem Homo erectus nahegestanden haben muß), unfruchtbar. Genmanipulation durch den Sirianer Enki und vielleicht noch andere sowie späterhin der geschlechtliche Verkehr der Menschentöchter mit plejadischen „Gottessöhnen" sorgten jedoch für eine Beimischung von Primatengenen, die die Menschen fruchtbar und den Reptoiden zunehmend unähnlicher werden ließen. Wie wir sahen, versucht Boulay mit Quellen ausschließlich „irdischer" Herkunft zu beweisen, daß der frühe Mensch verhältnismäßig mehr reptilische Gene als sein kurzlebigerer und primatenartigerer Nachfahre in sich trug. Die frühen Menschen, so Boulay, begannen sich all dessen zu schämen, was an ihre enge Beziehung zu ihren reptoiden genetischen Schöpfern gemahnte. Die Geschichte im neunten Kapitel der Genesis von Noahs Zorn darüber, daß ihn sein jüngster Sohn nackt erblickt hatte, könnte Boulay zufolge ein Hinweis darauf sein, daß Noah etwas zu verbergen wünschte. In dieser Geschichte wird Noah vom Weine seines Weinbergs berauscht und

> lag entblößt in seinem Zelt. Cham, der Vater Kanaans, sah die Blöße seines Vaters, und er teilte es seinen beiden Brüdern draußen mit. Sem und Japhet aber nahmen einen Überwurf, legten ihn auf ihre Schultern, gingen rückwärts hinein und bedeckten die Blöße ihres Vaters. Ihr Gesicht war rückwärts gerichtet, so daß sie die Blöße ihres Vaters nicht sahen. Als Noe aus seinem Rausch erwachte, erfuhr er, was sein jüngster Sohn ihm angetan hatte. (Genesis 9: 21-24)

Noah verdammte daraufhin die Nachfahren seines jüngsten Sohnes dazu, dessen älteren Brüdern und ihren Familien als Knecht zu dienen. Allein dafür, daß Cham einen gleichgeschlechtlichen Elternteil nackt gesehen hatte, erscheint diese Strafe recht grausam. Irgendwie wirkt die ganze Geschichte unlogisch, als ob ein entscheidender Teil daraus entfernt worden sei. Boulay denkt, daß Noahs höchst irrationale Reaktion darauf beruhte, daß er wegen vereinzelter Anzeichen reptilischer Abstammung - wie schuppige Hautstellen - überempfindlich (beschämt?) war.(23)

Die Pleiadian-Plus-Gruppe versichert uns, daß es auch wohlwollende Echsen gebe; gleichzeitig scheint sie jedoch anzudeuten, daß uns jene, die uns begegneten oder begegnen werden, meist nicht wohlgesinnt sind. Die Echsen müssen also einige Emotionen besitzen, die der Liebe vieler Menschenmütter für ihr Neugeborenes nahekommen oder der, die Menschen allgemein zu empfinden vermögen. Wenn aber einige Reptoide seelisch entwicklungsfähig sind, was hat dann eine entsprechende Entwicklung der Mehrheit unter ihnen verhindert?

Wenn die Reptoiden genetisch eine Version des modernen Homo sapiens zu kreieren verstanden, müssen sie lange vor ihm existiert haben. Wie ihr Mangel an Liebe signalisiert, scheinen sie sich jedoch seelisch kaum höherentwickelt zu haben. Liebe ist ja das Gefühl, das allen geistigen Überlieferungen zufolge d e n Schlüssel zu höherem spirituellem Bewußtsein darstellt. The Awareness zufolge empfindet die gewaltige Mehrheit der Reptoiden nicht nur keine Liebe für Menschen, sondern verachtet sie sogar. Von ihnen sei weder Barmherzigkeit noch Mitgefühl zu erwarten.(24) Natürlich erzählen uns auch die sumerischen Überlieferungen das gleiche, falls Boulays Auslegung verschiedener historischer Dokumente und esoterische Quellen, denen zufolge die Anunnaki Reptoide waren, richtig liegen. Wahrscheinlich erklärt sich dieser Mangel an Mitleidsfähigkeit seitens der Reptoiden zumindest teilweise aus ihrer biologischen Beschaffenheit, nämlich dem Überwiegen reptilischer Gene in ihrem Erbgut.

Gehen wir noch einmal einige Aspekte dieser Geschöpfe durch, die uns aus historischen und esoterischen Quellen bekannt sind. Sie sind hochintelligent, ihre Lebenserwartung zählt nach Jahrtausenden, sie können zwischen Dimensionen reisen und sind im Besitz von Weltraumtechnik. Ganz allgemein ist ihre Technologie beeindruckend und dem, was wir selbst auf technischem Gebiet erreicht haben, weit überlegen. Per Genmanipulation beschleunigten sie unsere biologische Evolution; weiterhin unterwiesen sie die alten Sumerer in verschiedenen kulturellen Errungenschaften einschließlich der erforderlichen Technik der Nahrungsmittelproduktion.

Geistigen Lehren von hohem Rang zufolge sollten wir über andere nicht richten, denn in seiner Entfaltung zum Urschöpfer folgt jedes Geschöpf seinem eigenen Rhythmus. Daher mahnen uns sämtliche esoterischen Lehren, die Reptoiden nicht als „böse“ anzusehen, sondern einfach als (aus welchem höheren Grunde auch immer) unfähig, für andere, vor allem Wesen wie uns, Mitgefühl zu empfinden. Vielleicht läßt sich die Einstellung der Reptoiden uns gegenüber mit der des Durchschnittsmenschen zum „Nutztier“ vergleichen: dumme Geschöpfe, die mitleidslos ausbeut- und eßbar sind! Offenbar sind die Reptoiden in die Macht verliebt und ziehen Lustgewinn aus der Unterwerfung und Beherrschung anderer. Und im

Lichte des Ringens der heutigen Menschheit um eine Lösung ihrer horrenden sozialen, politischen und ökologischen Probleme sowie der seit unseren kulturellen Anfängen überlieferten Fakten kann dic Menschheit tatsächlich nur als ein Meisterschüler ihrer reptoiden Schöpfer erscheinen: von Gier und Machthunger genährte aggressive Unterdrückung der Schwächeren scheint seit Menschengedenken unsere Maxime zu sein. Das auf Furcht und Chaos fußende Programm, das die Reptoiden und ihre Verbündeten seit Urzeiten auf unsere Tagesordnung setzen, haben wir offenkundig akzeptiert. Wie Pleiadian Plus feststellt, fällt es uns schwer, Konzepte wie solche, daß Wesen sich von Bewußtsein ernähren können - Echsen also unter Umständen von Furcht leben - wirklich zu begreifen. Dennoch erklären sie unmißverständlich, daß „Bewußtsein Bewußtsein nährt". (25) Daher dürften wir den Reptoiden auf keinen Fall unsere Furcht zuführen, sondern müßten lernen, die höhere Frequenz der bedingungslosen Liebe zu wahren und auf ihr zu leben. Während wir uns darum bemühten, werde uns von wohlwollenden Wesen aus dem ganzen Kosmos Hilfe zuteil. Wenn wir lernten, die höheren Frequenzen der Liebe beizubehalten, würden wir gleichzeitig die Fähigkeit erwerben, den Echsen-„Göttern" unserer Frühgeschichte entgegenzutreten, wenn sie sich in den nächsten Jahren erneut in unserer Realität manifestieren.

Auch den Bundesgenossen im Herrschafts- und Kontrollprogramm der Reptoiden - den Grauen - haften viele Eigenschaften an, die uns un- und außergewöhnlich anmuten. Da Menschen heute mit dieser Art Außerirdischen am häufigsten in Berührung kommen, empfiehlt sich ein näherer Blick auf sie.

1. Marciniak, B. 1992b. op. cit., S. 23-38
2. Sitchin, Z. 1976, 1980, 1985, 1990, 1991. ops.cit.
3. Boulay, R. A. 1990. op. cit., S. 61.
4. Ibid., S. 1.
5. Ibid.
6. Valerian, V. 1991. op. cit., S. 100-100D.
7. Howe, L. M. 1991. op. cit., S. 73.
8. Bryant, A., und L. Seebach 1991. Healing Shattered Reality: Understanding Contactee Trauma. Wild Flower Press, Tigard, Oregon.
9. Ibid., prologue.

10. Twigs, D. R., und B. Twigs. 1992. Secret Vows: Our Lives with Extraterrestrials. Wildflower Press, Tigard, Oregon, S. 141
11. Krill, O. H. No Date. „Orion Based Technology, Mind Control and other Secret Projects“. Arcturus Book Service, Stone Mountain, Georgia, S. 29.
12. Boylan, R. J. und L. K. Boylan 1994. Close Extraterrestrial Encounters: Positive Experiences with Mysterious Visitors. Wild Flower Press, Tigard, Oregon, S. 155.
13. Ibid.
14. Valerian, V. 1991. op. cit., S. 114-115.
15. Bishop III, J. 1991. „Reptilian-Grey Data“. In, Valerian, V. 1991. op. cit., S. 96.
16. Ibid.
17. Bryant, A. und L. Seebach 1991. op. cit., Prolog.
18. Revelations of Awareness 1992. Nr. 92-4, S. 10. Olympia, Washington.
19. Marciniak, B. 1992b. op. cit., S. 32.
20. Winson, J. 1985. op. cit., S. 186.
21. Campbell, B. 1985. op. cit., S. 52-54.
22. Affenberg, 1972. „Komodo Dragons.“ Natural History 81, S. 52-59. Zitiert in Campbell, B. 1985. op. cit., S. 54.
23. Boulay, R. A. 1990. op. cit., S. 293.
24. Revelations of Awareness 1992. Nr. 92-4, S. 8.
25. Marciniak, B. 1992b. op. cit., S. 26.

„Ich weiß noch, daß ich früher den Autoaufkleber „Bete um Frieden“ einfach so abgetan habe. Inzwischen ist mir bewußt geworden, daß ich ihn damals nicht verstand. Mir war ja auch nicht klar, was Beten eigentlich bedeutet. Heute bin ich sicher, daß wir in der physischen Welt mit Beten unsere untrennbare Verbindung zum Göttlichen bekräftigen - und daß alles, vor allem auch die physische Welt, göttlich ist. Es wird erst dann keine Kriege mehr geben, wenn wir sie nicht länger verherrlichen oder ihnen sonstwie Beachtung schenken. Frieden wird dort einziehen, wo man ihn aufrichtig hereinbittet. Jede Oase, die der Liebe gegeben wird, wird von ihr überquellen. Wahrheit wird dort wachsen, wo sie mit Wahrheit gedüngt wird. Und Glauben wird seinen Lohn in sich selbst tragen.

Dank dieses Glaubens, den ich meinen Erlebnissen mit Tieren und Wildblumen verdanke, konnte ich die Erfahrung machen, daß meine Angst vor einem atomaren Ende in gewisser Weise nachgelassen hat. Mir ist sehr wohl bewußt, daß wir alle - sogar relativ bald - in einem weltweiten Holocaust sterben könnten, der zuerst (vermutlich ohne ihr bewußtes Dazutun) in den Köpfen der wissenschaftlichen Väter der Atombombe Gestalt annahm - zweifelsohne tiefverletzte und verängstigte Menschenkinder. Ich weiß jedoch ebenso, daß wir wie jedes andere Volk der Erde die Macht haben, den heilenden Regen heraufzubeschwören, der auf das Herz von Black Elk geprägt ist. Unser Tod liegt in unseren Händen.

Klopfet an, so wird euch aufgetan. Bittet, so wird euch gegeben. Was immer ihr dem Geringsten unter euch antut, das habt ihr mir getan und euch selbst. Denn wir sind eins.

„Gott“ erhört Gebete. In anderen Worten: „Das Universum antwortet.“ Wir sind tatsächlich die Welt. Nur wenn wir Anlaß haben, den Inhalt unseres eigenen Herzens zu fürchten, müssen wir auch um den Planeten besorgt sein. Lehre dich selbst Frieden. Reiche ihn weiter.“

Alice Walker, Living By The Word, 1987

Kapitel 15

Die Grauen

Sehen wir uns im folgenden die Gruppe von Außerirdischen näher an, die wir als „Graue" bezeichnet haben. Manche UFO-Autoren der jüngeren Zeit (dazu zähle auch ich jetzt...) machen diese Fremden zumindest teilweise für die generell recht traurige Lage verantwortlich, in der sich die meisten unter uns seit jeher befunden haben. Wer sind diese Außerirdischen, die offenbar Mitgliedern der Geheimregierung gegenüber geäußert haben, daß sie lange Zeit und auch heute noch „... große Menschenmassen über Geheimbünde, Hexerei, Magie, Geheimwissenschaften und Religion" manipuliert haben und immer noch manipulieren?(1) Wer sind diese anscheinend multidimensionalen Wesen, die in den letzten Jahren mehr Kontakt mit Oberflächenmenschen gehabt zu haben scheinen als jede andere extraterrestrische Gruppe (denn es sind ja die Grauen, die allem Anschein nach für die Tausenden und aber Tausenden von Vieh- und Menschenverstümmelungen und Entführungen die Verantwortung tragen, die seit den frühen sechziger Jahren in Hunderten von Veröffentlichungen in aller Welt publik gemacht werden)?

Eine Vielzahl der Methoden, die die Grauen zur Manipulation und Kontrolle menschlicher Gesellschaften einsetzen, ist auf diesen Seiten schon erörtert worden. In diesem Kapitel möchte ich nun - vor allem unter biologischen, psychologischen und spirituellen Gesichtspunkten - die generelle Natur dieser Außerirdischen beleuchten. Wie wir sahen, scheinen uns die Grauen in technischer und metaphysischer Beziehung eindeutig überlegen zu sein. Aus welchem Grund nun sollte diese ältere, in mancher Hinsicht deutlich weiterentwickelte Spezies die geistige Evolution einer relativ jungen, kenntnisärmeren Spezies behindern wollen? Warum haben sich die Grauen nicht seelisch bis zu dem Punkt weiterentwickelt, an dem sie sich bewußt dem Licht zuwendeten und somit nichts als Liebe und Mitgefühl für die gesamte Schöpfung empfinden - was in den mystischen Überlieferungen unserer Religionen und vielen esoterischen Quellen doch als das Ziel der Menschheit und aller bewußten Geschöpfe ausgewiesen ist?

Es gibt inzwischen Hunderte von Büchern und anderen Druckerzeugnissen zum Thema der Grauen, die beste Einzelquelle hierzu ist jedoch Matrix II, dessen Verfasser Valdamar Valerian mir die Wahrheit über diese Wesen erkannt zu haben scheint.(2) Valerians Datenmaterial stammt von UFO-Forschern, die zu irgendeinem Zeitpunkt ihrer Karriere Zugang zu „höher als TOP SECRET" klassifizierten Akten US-amerikanischer Sicherheitsbehörden hatten, von anderen Forschern sowie auch aus esoterischen Quellen. (Auch wir werden hier zum besseren Verständnis dieser Thematik noch esoterische Literatur heranziehen).

Wesen, die wir als „Graue" einstufen, gibt es in verschiedenen „Ausführungen" (und insgesamt sollen zweiundzwanzig Unterarten davon existieren).(3) Es gibt hochgewachsene Graue von ungefähr 2,10 Meter Größe (Abb. 15-1), und sehr kleine, die zwischen 90 cm und 1,52 Meter messen (siehe Abb. 12-2). Es soll auch Graue geben, die sich Menschen gegenüber wohlwollend verhalten; über Kontakte dieser Art besitzen wir jedoch nur wenige Zeugnisse.

Die Autopsien, die an Außerirdischen vorgenommen wurden, betreffen allesamt die kleinen Grauen (die meist infolge von UFO-Abstürzen in die Hände der amerikanischen Regierung gelangten). Diese Außerirdischen sind klein und schmächtig und haben einen nach menschlichen Begriffen überdimensionalen, eiförmigen Kopf. Sie besitzen große, schrägstehende, tropfenförmige Augen, drei oder vier klauenartige Finger, eine harte, graue Haut von reptilienartiger Beschaffenheit und grünliches Blut. Ihre inneren Organe ähneln den menschlichen, sind in der Humanbiologie jedoch un bekannt und „... entwickelten sich offenbar nach einem anderen evolutionären Prozeß."(4) Trotz ihrer kleinen Statur ist ihr Gehirn absolut größer als das menschliche. Sie besitzen ein funktionsloses Verdauungssysytem. Wie es scheint, ernähren sich Graue von menschlichem Blut und anderen biologischen Substanzen, die sie während des Badens in großen Bottichen absorbieren. Ihre Haut dient als Ausscheidungsorgan. Diese leicht reptilartigen Grauen weisen auch einige pflanzliche Merkmale auf. Z.B. nehmen sie eine Art Nahrung zu sich, die in einem unserer Photosynthese ähnelnden Prozeß in Energie verwandelt wird. Für diese pflanzenartige Funktion enthält ihr Körper Chlorophyll. Aus der Autopsie ihrer Gehirne ging hervor, daß sie in Wirklichkeit zwei separate, durch einen dünnen Knochen voneinander getrennte Hirne besitzen, die keine physische Verbindung miteinander aufweisen. Bei einigen wurde darin ein kristallartiges Geflecht entdeckt, das vermutlich telepathische Fähigkeiten verleiht.(5)

Es wird angenommen, daß die meisten der (unterirdisch) auf der Erde weilenden Grauen von einem Planeten des Sternbilds Orion stammen bzw. dort Vorfahren besitzen. „Orioner" haben in der esoterischen Ufo-Literatur großenteils einen sehr schlechten Ruf, da sie an vielen Konflikten und zerstörerischen Kriegen mit anderen Außerirdischen beteiligt waren. Dies erfuhren wir schon aus der Schrift, die wir als Einführung in unser „galaktisches Erbe" herangezogen haben, The Prism of Lyra.(6) Andere esoterische Quellen informieren uns, daß die Grauenspezies, die in den vergangenen zwanzig Jahren (über Entführungen) vielleicht den meisten Kontakt mit Menschen hatte, aus einem dem Orion benachbarten Sternensystem, dem sogenannten Ceta Reticuli, stammt. Während zahlreiche Graue schon jahrhundertelang auf der Erde geweilt und menschliche Gemeinschaften manipuliert zu haben scheinen, sollen die Cetas erst in den letzten vierzig Jahren auf die Erde gekommen sein - nachdem sie mit der amerikanischen Geheimregierung und vermutlich noch weiteren Erdregierungen Verträge abgeschlossen hatten. Genetisch haben die Cetas offenbar eine stärker insektoide Basis als die oben beschriebenen leicht reptilienartigen Grauen. Sämtliche Arten von Grauen besitzen höchstwahrscheinlich ihre eigene Hierarchie und sind meist selbst Diener oder Söldner der Reptoiden oder des Reptilgeschlechts.(7) Die Grauen, oder der größte Teil von ihnen, bilden das sogenannte Orion-Reich. Die Reptoiden wiederum sind Mitglieder des Verbandes der drakonischen Reptoiden (wie sie es bezeichnen).(8) Dieser arbeitet mit dem Orion-Reich und anderen regressiven Nichtirdischen an der Beherrschung und Kontrolle mehrerer Planeten des Universums, darunter der Erde.(9)

Die kleinen Grauen unterstehen innerhalb ihrer eigenen Reihen der Aufsicht ihrer viel größeren Artgenossen, die zwischen 2,10 - 2,45m messen (Abb. 15-1). Diese hochgewachsenen Grauen erfüllen die eigentlichen „diplomatischen Missionen", wie den heimlichen Abschluß von Verträgen mit menschlichen Regierungsoberhäuptern. Wie schon gesagt, wurden die Grauen im allgemeinen und die kleinen 90 bis 150 cm messenden Grauen im besonderen mit Söldnern verglichen.(10)

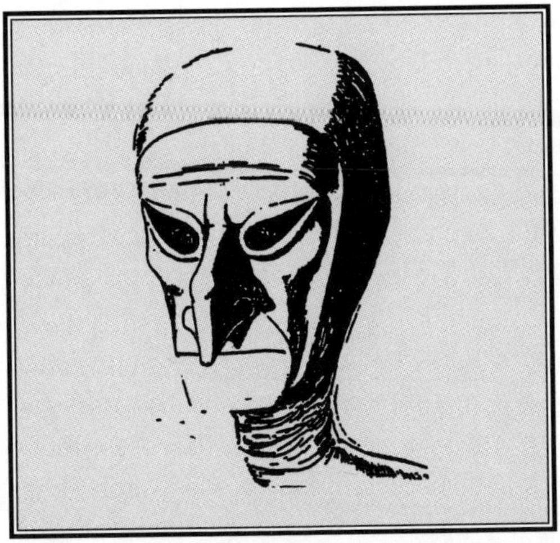 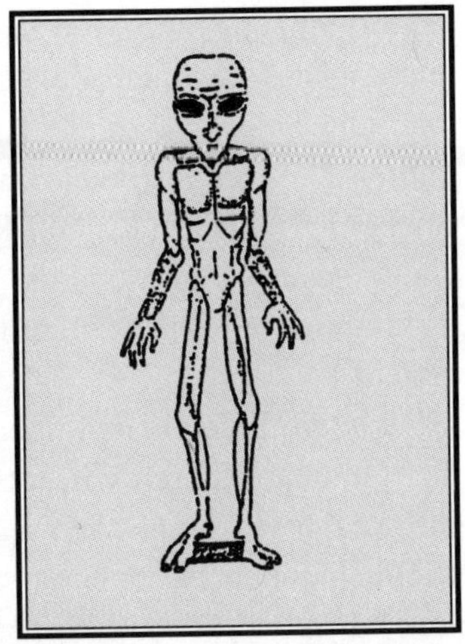

Abb. 15-1: Skizze eines großen Grauen einer Subspezies (oder Spezies?) von Grauen (der Orion-Graue, Typ 1). Aus Matrix II: The Abduction and Manipulation of Human Beings Using Advanced Technology, 1989/1990, von Valdamar Valerian, Leading Edge Research Group, P.O. Box 481-MU58, Yelm, Washington 98597. Mit freundlicher Genehmigung.

Genetisch scheinen die Grauen von eher schwacher Konstitution zu sein, obwohl auch Meldungen vorliegen, daß es sich hierbei um Irreführung handelt. Die meisten unter ihnen sollen ohne Genitalien und zu geschlechtlicher Fortpflanzung unfähig sein, und ihre Reproduktion soll im wesentlichen über Klonierung im Labor stattfinden. Wenn wir bedenken, daß selbst unsere irdische Wissenschaft ein einfaches Lebewesen wie z.B. einen Frosch durch Klonen „herstellen" kann, ist natürlich leicht vorstellbar, daß eine ältere Spezies auch viel komplexere Wesen (wie sich selbst) zu klonen vermag. Im Laufe ihrer Geschichte sollen die Grauen jedoch wiederholt infolge von Atomkriegen(11), Genmanipulation an der eigenen Spezies, Folgeschäden von Jahrtausenden und Jahrmillionen von Klonierung(12) und anderen Faktoren, die uns oder ihnen noch nicht einmal bewußt sein mögen, genetisch geschwächt worden sein.

Vor diesem Hintergrund wird ihr Verhalten allmählich erklärlicher. Sie verstümmeln Tiere (und Menschen), weil sie deren Blut zum Überleben benötigen, und entführen Menschen vor allem, um auf diese Weise Genmaterial zu gewinnen (Zeugenaussagen lassen vermuten, daß sie ihre genetische Schwäche zum Teil durch die Schaffung einer Zwitterspezies mittels Kreuzung „grauer“ und menschlicher Erbsubstanz zu beheben versuchen). Wie wir in Kapitel 12 sahen, werden Frauen in vielen Fällen von ihnen geschwängert und die Föten nach etwa dreimonatiger Austragung entnommen und zur Weiterentwicklung in unterirdische Laboratorien verbracht.

Weitere Einzelheiten über die genetischen und sonstigen Schwächen der Grauen erfahren wir, wenn wir uns ihrem metaphysischen und geistigen Entwicklungsstand zuwenden. Wir sahen schon, daß die Grauen vielfach außergewöhnliche metaphysische Fähigkeiten wie Durch-Wände-Gehen und Telepathie an den Tag legen - wobei jedoch nicht gesichert ist, inwieweit diese Gaben aus natürlicher und inwieweit sie aus technischer Fortentwicklung resultieren.

Bei Valerian lesen wir, daß viele Graue, die mit Menschen in Berührung kommen, wie ihre reptoiden Meister in Dimensionen jenseits der drei uns geläufigen existieren.(13) Was wir als „Dimension“ bezeichnen, werde in metaphysischen Schriften häufig „Dichte“ genannt. Zahlreiche Graue fünfter und vierter Dichte würden mit Menschen Kontakt aufnehmen. Wesen fünfter Dichte besäßen keinen Körper, aber solche vierter Dichte, besonders „niedrigerer vierter Dichte“ könnten Menschen als Geschöpfe dritter Dichte erscheinen. Graue vierter Dichte seien sogar imstande, sich zwischen dritter und vierter Dichte hin- und herzubewegen. (Dabei sei der Anteil der Grauen, die in unserer Dichte zu erscheinen vermögen, verglichen mit jenen höherer Dichte allerdings unbekannt.)

Uns als Wesen dritter Dichte erscheint natürlich alles, was oberhalb unserer eigenen Dichte liegt, außergewöhnlich, beeindruckend und sogar unglaublich. Wie schon erwähnt, ist die Vorstellung weit verbreitet, daß Wesen, die keinen Körper dritter Dichte besitzen, nicht nur überlegen, sondern auch gut sein müssen. Dem ist jedoch offenbar nicht so. Valerian zufolge ist Despotismus auf der unteren vierten Dichte noch unausweichlich und die fünfte Dichte die letzte Ebene oberhalb der menschlichen, die noch Negativität bergen könne.(14) Wenn dies richtig ist, vermögen wir uns eine Vorstellung davon zu machen, wie primitiv das menschliche Tier im Vergleich zu anderen galaktischen Wesen ist. Pleiadian Plus und andere merken in diesem Zusammenhang an, daß wir Fähigkeiten höherer Dichte als die uns jetzt verfügbaren entwickeln können und auch bald werden.

Bezüglich der geistigen Natur der Grauen wollen wir uns nun zunächst ihren Emotionen (bzw. ihrem Mangel an denselben) zuwenden. Verschiedenen Quellen zufolge besitzen die Grauen schlicht und einfach keine Gefühle.(15) Pleiadian Plus erklärt:

> Gefühle sind euer Weg oder eure Brücke zum geistigen Selbst. Menschen, die ihr emotionales Selbst verleugnen, ist der Weg in die nichtkörperlichen Sphären versperrt...(16)

Falls dies zutrifft, scheint hier eine ernste Schwäche der Grauen vorzuliegen. Einer esoterischen Quelle zufolge haben sich die Grauen ihre fehlenden Gefühle jedoch selbst zuzuschreiben. Sie hätten diese auf technischem (genetischem) Wege und durch Inzucht aus ihrem Wesen entfernt.(17) Ohne Emotionen gerieten sie jedoch körperlich und geistig in eine Sackgasse. In der Vergangenheit wollten sie sich zu ausschließlich intellektuellen Wesen umfunktionieren und glaubten, daß dies durch Ausmerzen der Gefühle zu bewerkstelligen sei. So eliminierten sie die Emotionen und blockierten bzw. beseitigten damit ihre Fähigkeit, mit ihrer geistigen Natur in Fühlung zu kommen... Es ist nur schwer nachvollziehbar, wie sich eine intelligente Spezies von eigener Hand solchen Schaden zufügen konnte. Die Grauen verloren hierdurch anscheinend nicht nur ihre Spiritualität, sondern auch die Fähigkeit, sich auf geschlechtlichem Wege fortzupflanzen. Denn mit ihren Gefühlen eliminierten sie auch all jene Empfindungen, die eine Voraussetzung für „normale" biologische Reproduktion darstellen, wie Liebe und Leidenschaft.(18)

Aus diesem Blickwinkel betrachtet mutet die graue Rasse trotz allem, was wir über ihre Greueltaten wissen, fast ergreifend und bemitleidenswert an. Die nichtkörperliche Wesenheit Awareness bemerkt dazu:

Im wesentlichen sind sie (die Grauen) ein sterbendes Geschlecht. Ihre einzige Hoffnung liegt in der genetischen Vermischung bzw. Kreuzung mit den Menschen.(19)

Der Schluß liegt nahe, daß sie auf uns sogar angewiesen sind, obwohl uns manche von ihnen so grausam behandeln. Dabei ist Grausamkeit, wenn obige Informationen über die Grauen in der Hauptsache zutreffen sollten, vielleicht der verkehrte Ausdruck. Richtiger sollte es heißen, daß sie ohne Mitgefühl sind, da sie genetisch zu Mitleid oder Güte außerstande sind. Sie behandeln uns einfach so, wie die westliche Gesellschaft Mastvieh behandelt, das mitleidslos gezüchtet, verschickt, geschlachtet und verzehrt wird. „Mastviehkulturen" wollen Tiere nicht quälen oder ihnen Böses tun, sie „verwerten" lediglich eine tieferstehende „dumme" Spezies. In ähnlicher Weise beherrschen und „verwerten" auch die Grauen nur eine weniger entwickelte bzw. intelligente („dumme") Art - mit dem Unterschied freilich, daß sie dies mit einer Spezies tun, der ein höheres geistiges Bewußtsein innewohnt, dank dem sie über das absurde Herrscher-Opfer-Spiel der Grauen und ihrer reptoiden Meister hinauswachsen kann. Kein Wunder, daß die Grauen geistige Lehren zu unterdrücken und entstellen versuchten, die der Menschheit durch wohlwollende Wesenheiten übermittelt wurden. *The Awareness* informiert uns, daß die Grauen von den seelischen Gaben des Menschen einerseits fasziniert seien, andererseits davor aber auch Angst hätten und vermeiden würden, Hand an Menschen zu legen, die sich seelisch-geistig schon weiterentwickelt haben. *The Awareness* macht klar, daß spirituelle Energie nicht mit Religion gleichzusetzen ist:

> *Awareness* spricht von Spiritualität, und die spirituelle Energie vergrößert sich durch Mitleid und liebevolle Hinwendung zum Nächsten sowie durch Liebe für das Göttliche und Vereinigung der Seele mit den höheren Göttlichen Kräften. Damit ist nicht das Äußern religiöser Phrasen oder das Nachplappern entsprechender Schlagworte oder Namen gemeint. Dies ist keine Spiritualität...(20)

Hierin liegt offenbar der Schlüssel zur Vergrößerung unserer Chancen, den Entführungen, Verstümmelungen, Mind-Control-Spielen, Implantaten oder generell direktem Kontakt mit den regressiven Eindringlingen/Besuchern unseres Planeten zu entgehen - die Entfaltung unseres höheren Bewußtseins und unserer seelischen Kräfte!

Wie wir sahen, werden die Grauen nicht gerne für das erkannt, was sie wirklich sind, sondern ziehen es vor, wie Götter verehrt zu werden. Ihnen ist bewußt, daß Menschen, die sie „anbeten", für sie gewissermaßen zu allem bereit sind. Wir erwähnten schon die Implantate - kleine Geräte -, die die Grauen den Entführten in aller Regel einsetzen, und zwar Geheimdokumenten der US-Regierung zufolge meist in Gehirnnähe. Diese Geräte könnten den Fremden die Fähigkeit zur Kontrolle und Überwachung so behandelter Menschen verleihen.(21) Wir haben ebenfalls gesehen, daß weltweit bereits Millionen von Menschen entführt wurden und ein solches Miniaturgerät eingepflanzt bekamen. Eine esoterische Quelle schätzt allein in den USA die Zahl der solchermaßen Implantierten auf dreißig bis vierzig Millionen.(22) Die Frage drängt sich auf, warum die Grauen an unserer direkten Überwachung und Kontrolle mittels mechanischer Geräte interessiert sein könnten. Reichte die Manipulierung von Religion und anderen Aspekten menschlicher Kultur nicht aus, um eine genügend große Individuenzahl lange genug unter Kontrolle zu halten? Laut Bramley, Cooper, Valerian und anderen Autoren sind bzw. waren die Grauen ja seit jeher imstande, menschliche Kulturen und Institutionen über „Geheimbünde" (und heute auch Geheimregierungen) zu beeinflussen. Einer esoterischen Quelle zufolge, die nach eigenem Bekunden unsere Interessen vertritt, bildeten die Grauen unter den Erdenmenschen viele „Kanäle" oder Kontaktpersonen heran, die ihren Absichten auf der Erde Vorschub leisten sollen.(24) Und jetzt pflanzen sie obendrein millionenfach Implantate ein. Wofür? Zu welchem Zweck? Wie sehen ihre irdischen Pläne im einzelnen aus? - In jedem Fall sieht es nach den Prophezeiungen, denen zufolge die Erde in Kürze tiefgreifende Veränderungen durchmachen wird, so aus, als ob die Grauen gemeinsam mit ihren anonymen Mitarbeitern schon bald zu drastischen Maßnahmen schreiten wollten...

Eines scheint auf der Hand zu liegen: wir alle sollten uns auf unsere geistig-seelische Entwicklung konzentrieren und danach streben, uns auf das Licht bzw. auf die Wahrheit hin zu bewegen. Auf diese Weise können wir uns, so sagen exoterische und esoterische Quellen, weitgehend den Absichten der Grauen und anderer negativ ausgerichteter Fremder wie überhaupt aller negativen Kräfte des Universums entziehen. Allein schon die Existenz der Grauen, ihre wahre Natur und die Art und Weise, in der sie die Geschichte der Menschheit beeinflußt haben, zu kennen, bildet dabei einen Teil unserer seelischen und bewußtseinsmäßigen Evolution. Wir sollten uns dabei jedoch weder vor den Grauen fürchten noch uns ständig mit ihrer aktuellen oder früheren Präsenz auf Erden beschäftigen, sondern statt dessen unser Augenmerk auf die Entfaltung unseres Bewußtseins, unserer Gefühle und unserer Geistigkeit richten. Obwohl wir im Vergleich zu den Grauen technologisch und intellektuell in den Kinderschuhen stecken, könnten uns spirituelle Fähigkeiten angeboren sein, die die ihren in den Schatten stellen.

Um unser volles geistiges Potential zu verwirklichen, sollten wir esoterischen Quellen und irdisch-mystischen Überlieferungen zufolge eine Gesellschaft aufbauen, deren Grundlage Liebe und Mitgefühl für die ganze Schöpfung bildet. Diese Liebe und dieses Mitgefühl sollte auch die Grauen nicht ausschließen - es handelt sich bei ihnen ja um eine eher bemitleidenswerte Spezies, die sich durch gentechnische Ausmerzung ihrer Gefühle selbst zum Aussterben verurteilt hat. Dies heißt natürlich nicht, daß wir ihr teuflisches Verhalten tolerieren müssen, oder daß wir dafür verantwortlich sind, sie aus ihrem körperlich wie geistig traurigen Zustand zu erlösen.(25)

Abschließend läßt sich noch feststellen, daß natürlich noch zahlreiche weitere Einzelheiten zu den Grauen bekannt sind - die ich jedoch bewußt außer acht gelassen habe, da wir in die Grauen nicht allzutief „einsteigen“ sollten - außer wir fühlen das Bedürfnis, sie in unser Leben zu ziehen, und ich tue das nicht! Die Teilgebiete dieser Thematik, die ich darstellen wollte, vor allem die Frage, warum eine ältere, fortgeschrittenere Spezies in der Dunkelheit verweilte und sogar zu deren Verbreitung beitrug, wenn sie sich hätte zum Licht bewegen können, habe ich in jedem Fall behandelt.

Im kommenden Abschnitt wollen wir uns ansehen, auf welche Weise die Hochreligionen der Erde durch regressive Außerirdische entstellt oder anderweitig beeinflußt worden sein könnten.

1. Cooper, W. 1991. op. cit., S. 209.
2. Valerian, V. 1991. op. cit.
3. Ibid., S. 102.
4. Ibid., S. 88C.
5. Ibid.
6. Royal, L. und K. Priest 1981. op. cit.
7. Revelations of Awareness 1990. Nr. 90-9, Ausgabe 326, S. 2-4.
8. _____ 1992. Nr. 92-11, Ausgabe 403, S. 10.
9. _____ (siehe Verweisnummer 7 in diesem Kapitel).
10. Valerian, V. 1991. op. cit., S. 89.
11. Ibid., S. 92.
12. Ibid., S. 100A.
13. Ibid., S. 95.
14. Ibid., S. 95 und S. 103.
15. z.B. ibid., S. 90.
16. Marciniak, B. 1992b. op. cit., S. 64.
17. Revelations of Awareness 1990. Nr. 90-14, Ausgabe 367, S. 18.
18. _____ 1993. Nr. 93-5, Ausgabe 414, S. 12.
19. _____ 1990. Nr. 90-14, Ausgabe 367, S. 18.
20. _____ 1992. Nr. 92-11, Ausgabe 403, S. 10.
21. Valerian, V. 1991. op. cit., S. 88 C.
22. Revelations of Awareness 1993. Nr. 93-8, Ausgabe 417, S. 3.
23. Valerian, 1991, S. 97.
24. Revelations of Awareness 1991. Nr. 91-16, Ausgabe 391, S. 5.
25. _____ 1993. Nr. 93-7, Ausgabe 416, S. 12.

„Unser Ideal sucht uns. Öffnet eure Augen, es ist hier, in eurem Heim, in den vielfältigen Handlungen gegenseitiger Liebe und gegenseitigen Verzichts, in der erhabenen Erfahrung der Freundschaft, in Werkstatt, Laden, Büro und Behörde, im Gemeinwesen, in der Sozialarbeit, in Bürgerinitiativen, in religiösen Aktivitäten, in der vornehmsten wie in der bescheidensten Aufgabe."

Rabbi Abba Hillel Silver in seiner Predigt The Vision Splendid

Kapitel 16

Jehova und die alten Hebräer

Als junger Christ „Marke Episkopalkirche" lernte ich das Neue Testament und die Geschichte Jesu natürlich viel besser kennen als das Alte Testament. Da letzteres jedoch zur Bibel und damit zur Geschichte des Allmächtigen gehörte, machte man mich zumindest oberflächlich damit vertraut - in erster Linie über die Sonntagsschule, in der wir Geschichten lasen, die die Kirche für uns Kinder drucken ließ. Gelegentlich lief bei uns auch ein Hollywoodfilm, der eine Begebenheit aus dem Alten Testament erzählte, wie „Die zehn Gebote". Auf diese Weise war ich ein wenig mit dem Alten Testament vertraut, z.B. mit der Erzählung von Adam und Eva im Garten Eden. Ich hatte auch von Abraham gehört, dem geboten wurde, seinen Sohn „dem Herrn" zu opfern, der aber von dieser tragischen „Pflicht" entbunden wurde, nachdem er Vorbereitungen für das Opfer getroffen hatte. Für den God and Country Award meiner Pfadfindergruppe lernte ich die Zehn Gebote, die Namen sämtlicher alt- und neutestamentarischer Bücher und den 23. Psalm auswendig - in das Alte Testament selbst hatte ich indes nie einen Blick geworfen. Als ich in den letzten Jahren jedoch erfuhr, daß das Alte Testament eine Fundgrube an historischen Informationen darstellt, las ich es fast von der ersten bis zur letzten Seite.

Ich bin der gleichen Ansicht wie Sitchin, daß die Genesis zum größten Teil eine Abschrift erheblich älterer mesopotamischer Erzählungen ist, die hebräisiert und anderweitig bearbeitet wurden. Laut Sitchin fällt auch die Geschichte von Abraham unter diese Kategorie - Abraham soll der große Patriarch der alten Hebräer gewesen sein, mit dem Jehova (auch Jahwe genannt) den Bund geschlossen hatte, dessen Volk das damals als Kanaan bekannte Land zu geben. Sitchin glaubt, daß die Geschichte der Beziehung zwischen Abraham und Jehova auf einer altsumerischen Erzählung beruht, die in der Folge stark hebräisiert wurde (die sich allerdings nie auffinden ließ).(1) Aus dem, was uns an altmesopotamischen Tontafeln noch verfügbar ist, zieht Sitchin den Schluß, daß Abraham der Sohn eines sumerischen Hohenpriesters war und in der sumerischen Stadt Ur selbst ein Priesteramt bekleidete. Als er sich in dem Teil der Welt aufhielt, der damals Kanaan hieß und später zu Israel und Palästina wurde, sei er mit der Leitung eines Militärverbandes betraut gewesen, der zur Verteidigung des Weltraumflughafens der Götter in der Sinai-Halbinsel abgestellt worden war.(2)

Doch wie dem auch sei - in jedem Fall besprachen wir schon Sitchins Argumente dafür, daß das gesamte Alte Testament ein historisches Dokument ist - also nicht nur die Genesis, sondern auch sämtliche Bücher, die darauf folgen (beginnend mit Exodus oder dem zweiten Buch Mose), in denen Jehovas Verbindung mit den alten Hebräern sowie deren Beziehungen zu anderen Völkern des Mittleren Ostens geschildert werden. Als ich das erste Mal das Alte Testament nach Genesis zu lesen begann, war ich von der gewalttätigen Brutalität des Gottes Jehova gegenüber den Feinden der Hebräer (und gelegentlich auch gegen die Hebräer selbst) aufs höchste überrascht.

An dieser Stelle möchte ich - mit Ihrer Erlaubnis - einflechten, welche Wandlungen mein eigener „Gottes“begriff im Laufe der Jahre durchmachte. Als Kind und Heranwachsender war für mich der eine „Gott“ des (einzigen) Universums ein ätherisches, nichtphysisches Wesen - unbegreiflich erhabener und heiliger als wir Menschen. Ich war schon zwanzig, als mir ein Gespräch mit einem Freund das erste Mal - wenn auch nur oberflächlich - zu Bewußtsein brachte, daß der „alttestamentarische Gott“ viel strenger und unversöhnlicher war als der „neutestamentarische“. Wie war das möglich? Mir hatte man beigebracht, daß der „alttestamentarische Gott“ der gleiche Gott war wie der „neutestamentarische“. Diese Unterhaltung bezeichnet den Zeitpunkt in meinem Leben, zu dem ich mir „Gott“ erstmals als mehr als nur eine Wesenheit vorzustellen begann - oder als eine mit Persönlichkeitsspaltung.

Heute, wo mir klar ist, daß die meisten „Götter“ der frühen Völker in Wirklichkeit Außerirdische waren, die ihre technische und metaphysische Überlegenheit dazu mißbrauchten, Menschen in die Irre zu führen und zu kontrollieren, überrascht mich nicht, daß ein Großteil des Alten Testaments den dokumentarischen Beleg dafür liefert, daß Jehova ein ebensolcher Außerirdischer war. Die verschiedenen UFO-Gruppen, die schon seit längerem behauptet hatten, daß Jehova ein Ufonaut war (ich würde dafür den Ausdruck Außerirdischer gebrauchen), hatten seit Veröffentlichung der Däniken-Bücher in den sechziger und siebziger Jahren enormen Auftrieb erhalten - und dies mit gutem Grund! Das Alte Testament steckt schließlich voller Zeugnisse dafür, daß es die alten Hebräer mit einem oder vermutlich einer ganzen Gruppe Außerirdischer zu tun hatten. So ist denn auch die Hypothese, daß Jehova Kommandant und die „Engel“ Besatzungsmitglieder eines UFOs waren (wie wir es heute nennen würden), unter „Ufologen“ weit verbreitet. Der meistzitierte Beweis für diese Hypothese sind die „Visionen“ des Hesekiel (Ezechiel), eines jüdischen Propheten des sechsten Jahrtausends v.Chr. Während dieser sich im Exil in Chaldäa (Südmesopotamien) in der Nähe des Flusses oder Kanals Kebar befand, kam „die Hand des Herrn“ über ihn und

> ... siehe, es kam ein ungestümer Wind von Norden her, eine mächtige Wolke und loderndes Feuer, und Glanz war rings um sie her, und mitten im Feuer war es wie blinkendes Kupfer. Und mitten darin war etwas wie vier Gestalten; die waren anzusehen wie Menschen...(3)

Ich würde, wie schon viele vor mir, behaupten, daß Hesekiels Beschreibung eines UFOs, wie wir es heute nennen würden, für einen Mann, der bar jeden technischen Wissens im heutigen Sinne war, nicht schlecht ausfiel. Es wurde behauptet,

> ...daß die Israeliten wegen des Fehlens alternativer oder passender Fachausdrücke in ihrer Sprache dazu neigten,...

Raumschiffe mit Wolken zu assoziieren oder sie direkt als Wolken zu bezeichnen.(4)

Wir werden im folgenden sehen, daß im Alten Testament des öfteren auf den Ausdruck „Wolke“ zurückgegriffen wird, wenn die Israeliten von Jehova oder seinen Engeln sprechen.

Nachdem die alten Hebräer mit Jehovas gewalttätiger Hilfe aus der ägyptischen Knechtschaft befreit worden waren, begaben sie sich zu Hunderttausenden auf die erstaunliche Wanderung, die im biblischen Exodus beschrieben wird. Dabei zeigte sich Jehova von Anfang an grausam und ohne Mitleid - das gleiche Gebaren, das einige Jahrhunderte zuvor schon die altsumerischen Götter gezeigt hatten. Wie wir auf den folgenden Seiten noch sehen werden, wurde in jenen Tagen der „Herr“ auch nicht als ein himmlisches Wissen irgendwo hoch droben betrachtet, sondern nahm oftmals unmittelbaren Anteil am täglichen Leben der Menschen.

Wann der Exodus der Hebräer aus Ägypten stattfand, ist wissenschaftlich nicht gesichert. Wir haben ja schon gesehen, daß die Daten des Altertums kaschiert und absichtlich gefälscht worden zu sein scheinen, so daß heutige Historiker kaum ein Ereignis dieser Zeit mit einem sicheren Datum belegen können. So wird der Exodus vielfach auf 1200 bis 1300 v.Chr. verlegt, verschiedentlich aber auch auf etwa 1500 v.Chr. Um dem Leser einen kleinen zeitlichen Anhaltspunkt zu geben, sei daran erinnert, daß Sitchin die von Abraham erlebte atomare Zerstörung von Sodom und Gomorrah auf 2024 v.Chr. datiert.

Wie den meisten meiner Leser bekannt sein wird, war es Moses, der die Hebräer unter Jehovas Aufsicht aus Ägypten führte. Dabei ist oftmals behauptet worden, daß Moses Mitglied einer ägyptischen Geheimbruderschaft, ein ägyptischer Priester oder ein Heiliger war. Das Buch Exodus hält hierzu fest, daß „...Moses großes Ansehen im Lande Ägypten [genoß], bei den Dienern des Pharaoh und beim Volke.“(5) So sandte Jehova ihn mehrere Male zum Pharaoh, um diesem ausrichten zu lassen:

> Dies sind die Worte des Herrn: „Laß mein Volk ziehen, um mich anzubeten. Wenn du mein Volk nicht ziehen läßt, werde ich...“

Diese Sätze enden dann regelmäßig mit der Drohung, daß er (Jehova) widrigenfalls irgendeine Plage über Ägypten kommen lassen werde. Es ist nun ein Ding, den Pharaoh zwingen zu wollen, die Hebräer Ägypten und die Knechtschaft, in der sie dort offenbar ihr Leben fristeten, verlassen zu lassen - aber es ist etwas völlig anderes, wenn ein „übernatürliches" Wesen auf irgendeine Weise den Pharaoh unbeugsam macht, damit es immer mehr Elend auf die Ägypter niederhageln lassen kann:

> Der Herr sprach zu Moses: „Geh hin zum Pharaoh! Denn ich selbst habe sein Herz und das Herz seiner Diener verstockt, um diese meine Wunderzeichen in ihrer Mitte zu tun, auf daß du es deinen Söhnen und deinen Enkeln erzählen kannst, was ich den Ägyptern angetan und welche Wunderzeichen ich unter ihnen gewirkt habe, damit ihr erkennt, daß ich der Herr bin."(6)

Nachdem nun sein Herz und das seiner Diener verstockt gemacht worden war, wies der Pharaoh Moses' Bitte, die alten Hebräer aus Ägypten ziehen zu lassen, beharrlich zurück. Dies gab Jehova die ersehnte Gelegenheit, seine Macht unter Beweis zu stellen und Ägypten mit zahlreichen Plagen zu überziehen. Dazu gehörten: die Verwandlung des Wassers des Nils, der Lebensader Ägyptens, in Blut, so daß es ungenießbar wurde und die Fische starben; eine Froschplage, eine Stechmückenplage, eine Stechfliegenplage, eine Heuschreckenplage, ein gewaltiger Hagelschauer (die jeweils ganz Ägypten heimsuchten) sowie eine furchtbare Viehseuche, an der sämtliche Haustiere der Ägypter zugrunde gingen (aber nicht die der Israeliten). Ferner verursachte Jehova eine Krankheit, die bei allen Ägyptern als schwärende Eiterbeulen zum Ausbruch kam. Seine letzte Plage betraf schließlich die Ermordung der Erstgeborenen aller Ägypter, vom Pharaoh bis zum Sklaven (erneut unter Verschonung der Israeliten).(7)

Schließlich ließen der Pharaoh und seine Diener die Israeliten ziehen, und die Marschkolonne setzte sich unter Jehovas Führung in Bewegung: „...Und der HERR zog vor ihnen her, am Tage in einer Wolkensäule, um sie den rechten Weg zu führen, und bei Nacht in einer Feuersäule, um ihnen zu leuchten, damit sie Tag und Nacht wandern konnten."(8) Diese

„Wolkensäule“ sollte die Kinder Israels während ihrer Wanderung von Ägypten durch die Wüste nicht ein einziges Mal verlassen...

Dann kam es zu der berühmten Teilung des Schilfmeeres, die den Israeliten den Durchzug ermöglichte. Es ist ja nun nicht so sonderlich außergewöhnlich, daß ein starker, allmächtiger Gott das Meer teilt, um seinem Volk auf der Wanderung behilflich zu sein. Doch Jehova genügte es nicht, damit schlicht seinem Volke zu helfen - nein. Er sagte „...Dann will ich das Herz des Pharaohs verhärten, daß er sie (die Israeliten) verfolgt, damit ich mich am Pharaoh und an seiner ganzen Heeresmacht verherrliche...“(9) Also teilte sich das Schilfmeer, die Israeliten zogen hindurch, und das sie verfolgende ägyptische Heer wurde unter den einstürzenden Wassermassen begraben. „Nicht ein Mann blieb am Leben.“

Ich erinnere mich, wie ich mit einigen High-School-Freunden diese dramatische Szene in dem Streifen „Die zehn Gebote“ verfolgte. Einer von ihnen beugte sich vor und fragte: „Ihr glaubt das doch wohl nicht wirklich, oder?“ Nun, ich zumindest tat das damals. Ich fühlte mich durch die Frage sogar ein bißchen beleidigt. Selbstverständlich würde der Herr es diesen bösen Ägyptern besorgen! Und, gewisse Modifikationen vorausgesetzt, glaube ich das ganze immer noch. Mir scheint, daß jedem raumfahrenden Außerirdischen ausreichend materielle und metaphysische Kenntnisse zu Gebote stehen, um solch ein Kunststück hinzukriegen. Vielleicht handelte es sich um eine relativ schmale und seichte Stelle des Schilfmeeres, oder vielleicht haben die alten Hebräer und ihre Nachkommen die eigenen Heldentaten oder die ihres Gottes auch übertrieben. Ebenso denkbar wäre jedoch, daß Jehovas Meisterstücke nur in geringem Maße übertrieben wurden. Wir sprachen ja schon von den enormen technisch-metaphysischen Fähigkeiten der sumerischen Anunnaki-Götter. Es ist daher nur logisch, daß Jehova (egal, welche Sorte bösartiger Außerirdischer er nun im einzelnen war) Kunststücke beherrschte, die uns unglaublich anmuten würden. Das Schockierende daran ist die Tatsache, daß ein außerirdisches Wesen offenbar so auf die eigene Selbstverherrlichung versessen war, daß der furchtbare Preis, den Tausende Angehörige einer jüngeren, weniger entwickelten Spezies - die Menschen - dafür zu zahlen hatten, demgegenüber anscheinend in den Hintergrund rückte.

Um den Treck durch die Wüste der Sinai-Halbinsel zu überleben, der sich vierzig Jahre hinziehen sollte, waren die Israeliten auf eine Nahrungsquelle angewiesen. Sie werden bei ihrem Aufbruch zwar sicher ein wenig Verpflegung und ihre Haustiere mitgenommen haben, doch in der Wüste selbst standen ihnen naturgemäß nur wenig oder keine Lebensmittel zur Verfügung. Jehova gab ihnen daher ein Nahrungsmittel namens Manna. Es „... war weiß wie Koriandersamen und schmeckte wie eine mit Honig gesüßte Waffel..." Die Kinder Israels verzehrten dieses während vierzig Jahren, bis sie an die Grenze eines Landes gelangten, in dem sie sich niederlassen konnten - Kanaan.(10) Jehova besaß offenbar eine ungeheure Fähigkeit zur Nahrungsmittelproduktion (wenn auch etwas eintöniger Art).

Als die Israeliten drei Monate nach ihrem Aufbruch aus Ägypten die Wüste Sinai erreichten, verabredete Jehova mit Moses, sich mit der Masse „seines Volkes" zu treffen. Dem Volk wurde befohlen, sich um den Berg Sinai zu versammeln, aber ihm nicht zu nahe zu kommen. Den Männern wurde eingeschärft, sich bis zum Tage des Besuchs des Herrn keiner Frau zu nähern. Am Morgen des von Jehova vereinbarten Tages

> ...brachen Donner und Blitze los, eine schwere Wolke lagerte sich über dem Berg, und es ertönte mächtiger Posaunenschall. Das ganze Volk, das im Lager war, erbebte... Der Berg Sinai war ganz in Rauch gehüllt, weil Jahwe im Feuer auf ihn herabgekommen war. Der Rauch stieg auf wie der Rauch eines Schmelzofens. [Das Volk] erbebte heftig. Der Posaunenschall wurde immer stärker. Mose redete, und Gott antwortete ihm im Donner.(11)

Die offizielle englischsprachige Bibelversion The New English Bible trägt an dieser Stelle eine Fußnote, daß der oben als „antwortete ihm im Donner" übersetzte Passus auch mit „[Gottes] Stimme antwortete ihm" wiedergegeben werden könne. Die Art, in der Jehova dargestellt wird bzw. wie er die Israeliten anzusprechen scheint, ändert sich natürlich mehr als nur geringfügig, wenn „[Gottes] Stimme antwortete ihm" an die Stelle von „antwortete ihm im Donner" tritt. Könnte es sich hier um eine weitere

Fehlübersetzung einer alten Sprache handeln, wie es, wie Sitchin veranschaulicht, bei Texten dieser Art so häufig vorkommt? Falls ja, könnte dies ein weiteres Beispiel einer absichtlichen „Verunklarung" alten Schrifttums durch eine kleine Gruppe darstellen, die größere Teile der Menschheit beeinflussen und kontrollieren wollte. Vielleicht wurde „mit seiner Stimme" durch „Donner" ersetzt, um den Herrn, Jehova, weniger menschlich bzw. himmlischer erscheinen zu lassen, als er es wirklich war. (Interessanterweise enthalten auch in diesem Fall die meisten deutschen Bibelübersetzungen keine solche Verfälschung, da die obige Stelle in ihnen schlicht mit „laut" wiedergegeben wird.)

Es ist verständlich, daß das Volk erbebte. Doch könnte wohl (unbeschränkte Mittel vorausgesetzt) auch ein erstrangiges Ton- und Spezialeffekteteam in Hollywood, wie es die größeren Studios besitzen, eine Show zusammenstellen, die dem enormen Aufwand Jehovas am Berg Sinai zumindest nahekäme.

Nachdem er den Berg erklommen hatte, um Rücksprache mit dem Herrn zu nehmen, stieg Moses wieder hinab und gab dem Volk die Zehn Gebote. Sehen wir uns diese an, um tiefere Einblicke in Jehovas Charakter zu gewinnen. Moses begann, die Gebote zu verlesen:

> Gott sprach, und dies waren seine Worte: „Ich bin der Herr, dein Gott, der dich aus Ägypten, dem Land der Knechtschaft, geführt hat. Du sollst keinen anderen Gott haben neben mir."(12)

Auch hier trägt The New English Bible, aus der dieser Auszug stammt, eine Fußnote, die eine Fehlübersetzung signalisieren könnte, da sich ihr zufolge der zuletzt erwähnte „Gott" im obigen Gebot auch als „Götter" übersetzen ließe (oder übersetzt werden sollte, wie es im deutschen Sprachraum auch üblich ist [Anm.d.Ü.]). In Anbetracht der damaligen Gegebenheiten scheint mir dabei „Götter" die richtige Übersetzung zu sein. Moses und Jehova zählten im übrigen zu den ersten, die sich auf dieser Welt zum Monotheismus bekannten. Gelegentlich wurde vermutet, daß Moses diese Lehre unter dem ägyptischen Pharaoh Echnaton - der als erster und einziger Pharaoh für den Monotheismus eintrat - vermittelt bekam. Auch hierzu gibt es jedoch widersprüchliche Daten - u.a. weiß niemand genau, wann der Exodus stattfand. Auf jeden Fall läßt sich verstehen, wie der Monotheismus die menschliche Vorstellung vom Göttlichen, vor allem jenem Göttlichen, das Jehova den alten Hebräern „unterzujubeln" versuchte, durcheinanderbringen konnte.

Moses verlas Jehovas Gebote weiter:

> Du sollst dir kein Bildnis noch irgendein Gleichnis machen, weder von dem, was oben im Himmel, noch von dem, was unten auf Erden, noch von dem, was im Wasser [oder] unter der Erde ist. Bete sie nicht an und diene ihnen nicht! Denn ich, der HERR, dein Gott, bin ein eifernder Gott, der die Missetat der Väter heimsucht bis ins dritte und vierte Glied an den Kindern derer, die mich hassen, aber Barmherzigkeit erweist an vielen Tausenden, die mich lieben und meine Gebote halten...(13)

Wiederum ist kaum vorstellbar, daß ein „Allerhöchster" so kleinlich und eifersüchtig sein sollte, die Nachkommen von „Missetätern" bis zur vierten Generation nach dem „Sündenfall" zu bestrafen! Warum sollte jemand für die „Missetaten" seines Ururgroßvaters büßen müssen?

Wenn wir mit den Geboten fortfahren, sehen wir, daß sich Jehova mit dem Allerhöchsten - dem Schöpfer - identifiziert.

> Du sollst den Namen des HERRN, deines Gottes, nicht mißbrauchen; denn der HERR wird den nicht ungestraft lassen, der seinen Namen mißbraucht. Gedenke des Sabbattages, daß du ihn heiligest. Sechs Tage sollst du arbeiten und alle deine Werke tun. Aber am siebenten Tage ist der Sabbat des HERRN, deines Gottes. Da sollst du keine Arbeit tun, auch nicht dein Sohn, deine Tochter, dein Knecht, deine Magd, dein Vieh, auch nicht dein Fremdling, der in deiner Stadt lebt. Denn in sechs Tagen hat der HERR Himmel und Erde gemacht und das Meer und alles, was darinnen ist,

> und ruhte am siebenten Tage. Darum segnete der HERR den
> Sabbattag und heiligte ihn.(14)

Interessant ist, daß Jehova in die dritte Person verfällt, z. B. als er sagt „und ruhte“ am siebenten Tage anstatt „ich ruhte“. Dennoch ist klar erkennbar, daß Jehova mit dem Allerhöchsten, dem Schöpfer, gleichgesetzt zu werden wünscht.

Die Gebote fahren fort:

> Du sollst deinen Vater und deine Mutter ehren, auf daß
> du lange lebest in dem Lande, das dir der HERR, dein Gott,
> geben wird.
> Du sollst nicht töten.
> Du sollst nicht ehebrechen.
> Du sollst nicht stehlen.
> Du sollst nicht falsch Zeugnis reden wider deinen Nächsten.
> Du sollst nicht begehren deines Nächsten Haus.
> Du sollst nicht begehren deines Nächsten Weib, Knecht,
> Magd, Rind, Esel noch alles, was dein Nächster hat.(15)

Wären diese Gebote damals (oder zu jeder anderen Zeit) befolgt worden, würde dies in der moralischen Entwicklung der Menschheit einen ungeheuren Fortschritt bedeuten. Natürlich ließen sich Bedenken gegen die Selbstverherrlichung anmelden, die Jehova an den Tag legt, indem er die Gebote erläßt und beansprucht, der Urschöpfer und die allerhöchste und einzige Gottheit zu sein. Noch sollten seine Eifersucht und Grausamkeit beschönigt werden. Und fraglos kommen wir dieser Tage auch ohne die wiederholten Verweise auf Haustiere und Sklaven aus, die die Mehrheit unter uns nicht besitzt. Entsprechend sensibilisierte Menschen würden sich auch nachdrücklich gegen den von Jehova befürworteten extremen Sexismus der althebräischen Kultur verwahren. Doch von diesen Einwänden abgesehen, könnten die Zehn Gebote für die heutige Menschheit eine gute moralische Richtschnur abgeben. Alle Menschen guten Willens hoffen ja schließlich darauf, daß sich eines Tages jedermann darauf einigen wird, nicht zu begehren oder falsch Zeugnis zu reden oder zu stehlen oder ehezubrechen oder jemals irgend jemanden zu töten sowie Vater und Mutter zu ehren. Wenn alle Menschen der Erde diese Gebote befolgen würden, wäre die Welt ein viel erfreulicherer Ort, als sie es im Moment ist. Jehovas fragwürdiges Verhalten straft diese Gebote jedoch Lügen. Veranlaßte er nicht, daß der ägyptische Pharaoh und sein Gefolge verstockt und hartherzig wurden und die Hebräer erst ziehen ließen, als er eine Unmenge an Plagen einschließlich der Ermordung der Erstgeborenen sämtlicher ägyptischer Familien auf das Land niederregnen gelassen hatte? Ließ er nicht das ägyptische Heer die Hebräer zum Schilfmeer verfolgen, um es dort zu vernichten und somit (in seinen Augen) seinen Ruf zu mehren? Jetzt, rund drei Monate später, erläßt er ein Gebot, nicht zu töten? Im übrigen stünde, nachdem Jehova seinem Volk dieses Gebot gegeben hatte, logischerweise zu erwarten, daß Töten fortan in der althebräischen Kultur nur noch eine untergeordnete Rolle spielen würde. Kenner des Alten Testaments wissen jedoch, daß das genaue Gegenteil der Fall ist, da Jehova in eigener Person eine überraschende Menge an Gewalttätigkeit und Blutvergießen anstiftete - sogar an den Kindern Israels, seinem auserwählten Volk.

Jehova hielt sein Volk unter scharfer, persönlicher Kontrolle. Einmal, als Moses den Berg hinangestiegen war, um neue Anweisungen zu holen, wurden die Zurückgebliebenen unruhig und brachen eines der Gebote, indem sie ein goldenes Kalb errichteten und es anzubeten und darum herumzutanzen begannen. Moses sah bei seiner Rückkehr, was geschehen war, und wurde von ungeheurem Zorn erfaßt. Er zerschmetterte die Steintafeln mit den Worten des Herrn und zerstörte das goldene Kalb. Nach diesem Vorfall schlug er in einiger Entfernung vom Hauptlager ein Zelt auf, das er das Zelt der Offenbarung (Begegnung) nannte:

> Ging Moses zum Zelt hinaus, erhob sich das ganze Volk. Jeder stellte sich an seinen Zelteingang und schaute dem Moses nach, bis er ins Zelt eingetreten war. Sobald aber Moses das Zelt betrat, ließ sich die Wolkensäule herab und stand am Zelteingang, und Gott sprach mit Moses. Das Volk sah die Wolkensäule am Zelteingang stehen. Da erhoben sich

alle Leute und warfen sich an ihrem Zelteingang voll Ehrfurcht nieder. Der Herr redete mit Moses von Angesicht zu Angesicht, wie jemand mit seinem Freund redet...(16)

Jehova gab für die Israeliten gedachte Verhaltensmaßregeln direkt an Moses, der sie wiederum an den Rest des Volkes weiterleitete. In diesen Richtlinien wurden Jehovas Skrupellosigkeit, Unbarmherzigkeit und Eifersucht oftmals deutlich erkennbar:

> [Der Herr] antwortete: „Ich will einen Bund mit dir schließen: Vor deinem ganzen Volke will ich Wundertaten vollbringen, wie sie auf der ganzen Erde und unter allen Völkern nicht geschehen sind, und das ganze Volk, in dessen Mitte du lebst, soll das Wirken [Jehovas] sehen. Denn wunderbar ist, was ich an dir tun werde. Beachte wohl, was ich dir heute gebiete: Siehe, ich werde vor dir die Amoriter, Kanaaniter, Hethiter, Perisiter, Hiwwiter und Jebusiter vertreiben. Hüte dich, mit den Bewohnern des Landes, in das du kommen wirst, ein Bündnis zu schließen; sie könnten sonst, wenn sie in deiner Mitte bleiben, zum Fallstrick werden. Ihr sollt vielmehr ihre Altäre niederreißen, ihre Malsteine zertrümmern und ihre Ascheren umhauen. Denn du darfst keinen anderen Gott anbeten; „Eifersüchtiger" ist ja der Name [Jehovas], und ein eifersüchtiger Gott ist er. Darum schließe kein Bündnis mit den Bewohnern des Landes. Du könntest, wenn sie mit ihren Göttern buhlen und ihren Götzen opfern und sie dich einladen, an ihren Opfermahlzeiten teilnehmen und könntest aus ihren Töchtern Frauen für deine Söhne nehmen. Wenn dann ihre Töchter mit ihren Göttern buhlen, könnten sie auch deine Söhne dazu verleiten, mit ihren Göttern zu buhlen.(17)

Wie buhlt man mit ihren Göttern? Die Konkurrenz der Außerirdischen untereinander und der enge, vielfach körperliche Kontakt der „Götter" mit den Menschen werden in diesem Ausspruch Jehovas deutlich.

Nach Sitchin war Jehovas Hauptrivale in jener Zeit der kanaanitische Gott Baal, und Sitchin führt den Nachweis, daß es sich bei diesem mit größter Wahrscheinlichkeit um einen Außerirdischen handelte, dessen Gebiet Jehova zu einem späteren Zeitpunkt den alten Hebräern „schenken" sollte. (18) Im Alten Testament finden sich in der Tat zahlreiche Verweise auf Baal. Als die Israeliten z.B., bevor sie ins Gelobte Land gelangten, noch immer durch die Wüste auf der Ebene von Moab wanderten,

> ...begann das Volk, mit den Moabiterinnen Unzucht zu treiben. Diese luden das Volk zu ihren Götteropfern ein, das Volk nahm an den Opfermahlen teil und warf sich vor ihren Gottheiten nieder. Israel diente dem Baal von Peor. Da entbrannte [Jehovas] Zorn gegen Israel. Und [Jehova] sprach zu Mose: Hole alle Häupter des Volkes zusammen. Spieße sie für [Jehova] an den Pfahl im Angesicht der Sonne, auf daß die Zornesglut [Jehovas] von Israel ablasse!" Mose befahl also den Richtern Israels: „Jeder töte diejenigen seiner Leute, welche dem Baal von Peor gedient haben." (19)

Mehr als 800 Jahre nach dem Exodus töteten die Israeliten noch immer die Anhänger von Baal. So trug der fanatische Hebräerprophet Elia, der im neunten Jahrhundert v.Chr. wirkte, einmal mit den Propheten Baals vor vielen Kindern (Männern) Israels einen Glaubenswettstreit aus. Nachdem Elia und der Herr den kleinen Wettkampf gewonnen hatten, sagte Elia zum Volk:

> „Ergreift die Propheten Baals, laßt keinen von ihnen entrinnen!" Als man sie nun ergriffen hatte, führte Elia sie an den Bach Kison hinab und ließ sie dort abschlachten.(20)

Wegen des Zwischenfalls mit dem goldenen Kalb und anderer Vorkommnisse hatte Jehova beschlossen, die Israeliten vierzig Jahre lang durch die Wüste wandern zu lassen, bevor sie das Gelobte Land betreten durften. Der Herr sprach:

„Die Männer (die Israeliten), die aus Ägypten ausgezogen sind, von zwanzig Jahren an und darüber, die sollen nimmermehr das Land zu sehen bekommen, das ich ... zugeschworen habe, denn sie sind mir nicht in allen Stücken gehorsam gewesen... So entbrannte also der Zorn des Herrn gegen Israel, und er ließ sie vierzig Jahre lang in der Wüste umherirren, bis das ganze Geschlecht, das in den Augen des Herrn übel gehandelt hatte, ausgestorben war...(21)

Während dieser vierzigjährigen Wüstenwanderung war Jehova mit dem tagtäglichen Leben der Kinder Israels aufs engste verbunden. Moses errichtete die „Wohnung" im Zelt der Offenbarung, welches er, wir erinnern uns, in einiger Entfernung vom Hauptlager aufschlug:

...Sooft sich nun die Wolke von der Wohnung erhob, brachen die Israeliten auf ihrer Wanderung auf. Wenn aber die Wolke sich nicht erhob, brachen sie nicht auf bis zu dem Tag, an dem sie sich erhob. Die Wolke [Jehovas] war am Tag über der Wohnung, des Nachts aber war Feuer in ihr vor den Augen von ganz Israel während der ganzen Wanderung .(22)

Einmal wurde ein Mann dabei ertappt, wie er am Sabbat Stöcke sammelte, und vor Moses und die versammelte Gemeinschaft gebracht. Die Israeliten wußten jedoch nicht, was in solch einem Fall zu tun sei, und fragten Jehova durch Moses, was mit ihm geschehen solle:

...[der Herr] aber sprach zu Mose: „Der Mann ist mit dem Tode zu bestrafen, die ganze Gemeinde soll ihn draußen vor dem Lager steinigen!" Da führte ihn die ganze Gemeinde vor das Lager hinaus und steinigte ihn zu Tode, wie [Jehova] Mose befohlen hatte.(23)

Mit den Bewohnern der Wüstengebiete, durch die die Israeliten unter Jehovas Führung zogen, kam es zu zahlreichen gewalttätigen Zusammenstößen. Einmal, während die Israeliten in den Ebenen von Moab weilten, befand sich in ihrer Nähe ein Volk oder Land (der Text macht das nicht klar) namens Midian. Der Herr gebot seinem Volk durch Moses „... Nimm Rache für die Israeliten an den Midianitern! Danach sollst du zu deinen Volksgenossen versammelt werden.“(24) Es ist hier deutlich zu erkennen, daß ein wesentlicher Teil der Geschichte ausgeklammert wurde, da wir nicht erfahren, warum Rache überhaupt „nötig“ war. Nichtsdestoweniger hob Moses ein Heer von 12000 Israeliten aus, und „...so zogen sie denn gegen die Midianiter zu Felde, wie der Herr dem Mose geboten hatte, und töteten alle männlichen Personen... und verbrannten alle Ortschaften in ihren Wohnsitzen und alle ihre Zeltlager mit Feuer. Dann nahmen sie die gesamte Beute und alles, was sie an Menschen und Vieh geraubt hatten...“(25)

Später, kurz bevor die Israeliten den Jordan überquerten, trug Jehova dazu bei, zwischen ihnen und den Völkern von Hesbon und Basan, deren Gebiete östlich des Jordans lagen, eine Auseinandersetzung heraufzubeschwören, in deren Folge ein weiterer blutiger Krieg geführt wurde, in dem sämtliche Bewohner dieser beiden Länder mit Jehovas Beistand abgeschlachtet wurden:

> ...so gab denn der Herr, unser Gott, auch Og, den König von Basan, samt seinem ganzen Kriegsvolk in unsere Gewalt, und wir schlugen ihn so, daß kein einziger von ihnen entkam und übrigblieb. Damals eroberten wir alle seine Städte; es gab keine Ortschaft, die wir ihnen nicht entrissen hätten: sechzig Städte...Wir vollstreckten dann den Bann an ihnen [töteten sie], wie wir es bei Sihon, dem König von Hesbon, gemacht hatten, indem wir den Bann in jeder Ortschaft an Männern, Weibern und Kindern vollstreckten...(26)

Auch die Kinder Israels entgingen solchem Massensterben nicht. Einmal, als sie sich noch in der Wüste befanden, focht eine kleine Gruppe unter einem Mann namens Korah die Autorität von Moses und - indirekt - die von Jehova an. Im wesentlichen beanstandeten Korah und seine Anhänger die autoritären Machtbefugnisse von Moses, und die Tatsache, daß er sie aus „einem Land, in dem Milch und Honig fließen, in die Wüste führte, um dort zu sterben...". Moses, der ob dieses In-Frage-Stellens seiner Autorität und der des Herrn in Wut entbrannt war, trat Korahs Gefolgschaft vor ihren Zelten entgegen. Alsdann vernichtete der Herr Korahs Genossen, die „... in aufrechter Haltung vor den Eingang ihrer Zelte getreten waren mit ihren Weibern, ihren Söhnen und ihren weiteren Familienangehörigen", indem er sich den Erdboden unter ihnen öffnen ließ. Die „...Erde tat ihren Mund auf und verschlang sie samt ihren Familien sowie alle Anhänger Korahs mit ihrer gesamten Habe: lebend fuhren sie mit allem, was sie besaßen, in das Totenreich hinab, die Erde schloß sich über ihnen, und sie waren aus der Mitte der Gemeinde verschwunden..."(27) Angesichts dieser Härte brachen unter dem Rest der Versammlung Panik und Tumulte aus, und Klagen wurden laut. Am nächsten Tag murrten die Kinder Israels vor Moses und dessen Bruder Aaron wegen dieses gewaltsamen Todes von Angehörigen des Volkes des Herrn. Dies machte den Herrn jedoch noch rasender, so daß er eine Seuche über sie kommen ließ. Der Bibel zufolge rettete nur Moses' und Aarons Eingreifen das Volk vor seiner völligen Vernichtung. Die Epidemie wurde aufgehalten, doch erst, nachdem ihr 14700 Israeliten zum Opfer gefallen waren.

Im Alten Testament wird immer wieder gesagt, daß die alten Hebräer sich „vor ihrem Gott fürchten" sollen. (28) In der Tat gab Jehova den Hebräern zahlreiche Gründe, vor ihm zu zittern.

Schließlich kam der Tag, an dem die Israeliten das Gelobte Land betreten sollten. Auf irgendeine Weise staute Jehova den Jordan, und die ganze Nation betrat Kanaan von Osten her. Wenige Tage später verzehrten die Israeliten die ersten Früchte des Landes. Von diesem Tag an „bekamen also die Israeliten kein Manna mehr, sondern lebten nun von dem, was das Land Kanaan in jenem Jahre hervorbrachte."(29) Das „himmlische" Manna, das seit vierzig Jahren ihr Hauptnahrungsmittel gewesen war, hörte damit für immer zu strömen auf.

Natürlich konnte Jehova den Kindern Israels „das Land, wo Milch und Honig fließen" nicht einfach „geben". Das Gelobte Land mußte den Kanaanitern, den Amoritern, den Hethitern, den Perisitern, den Hiwwitern und den Jebusitern (und wer immer sonst in jener Zeit im Gelobten Land gewohnt haben mochte) gewaltsam entrissen werden. Und das taten die Israeliten, und Jehovas schwerlastende Hand half ihnen dabei.

Die erste kanaanitische Stadt, die die Israeliten vorfanden, war das (selbst damals schon) uralte Jericho. Nachdem Jehova mit Hilfe der Israeliten (?) die Mauern um Jericho, oder zumindest einen Teil davon, zum Einsturz gebracht hatte, stürmten die Israeliten hinein und „...vollstreckten an allem, was zur Stadt gehörte, den Bann, an Mann und Frau, an Kind und Greis, an Ochsen, Schafen und Eseln, mit des Schwertes Schärfe.“(30) Bei dem Gedanken, was sich hinter diesem Satz an Blut, Staub, Brand, Tränen, Hilfeschreien - ganz zu schweigen von Tod, dem „einfachen“ Auslöschen von Leben - verbirgt, gefriert einem das Blut in den Adern. Der Herr hatte die Israeliten angewiesen, gegen die Kanaaniter und alle anderen Bewohner des Gelobten Landes brutal und mitleidslos vorzugehen. Ganz Jericho fiel somit der israelitischen Zerstörungswut zum Opfer - bezeichnenderweise mit Ausnahme der wertvollsten materiellen Dinge. Dann steckten die Israeliten die Stadt und alles in ihr in Brand. Silber, Gold sowie kupferne und eiserne Geräte brachte man in die Schatzkammer des Hauses des Herrn (31) - Jehova hatte verlangt, daß Edelmetalle sowie alles gegossene Erz ihm auszuhändigen seien. Ein Mann namens Achan behielt insgeheim etwas Gold und Silber und einen schönen Mantel aus Sinear oder Schinar (Sumer) zurück. Jehova besaß jedoch offenbar metaphysische Fähigkeiten (wie wir sie nennen würden), wie sie den meisten weiterentwickelten Wesen eigen sind, mit denen Menschen heutzutage nach eigener Aussage in Kontakt kommen. So waren ihm die Handlungen und Gedanken der Menschen bekannt und er wußte, daß Achan Wertgegenstände versteckt hielt. Er hieß daraufhin Josua, den er zu Moses’ Nachfolger bestimmt hatte, den Mann vorführen. Nachdem dieser den Besitz der Gegenstände gestanden hatte, „... [steinigte ihn] ganz Israel. Sie errichteten über ihm einen großen Steinhaufen, der heute noch zu sehen ist. Der Herr ließ daraufhin von seiner Zornesglut ab...“(32) Die alten Hebräer durften kein Jota von dem abirren, was Jehova angeordnet hatte. Wie wir aus diesem Beispiel ersehen, stand auf Ungehorsam die Todesstrafe.

Als nächstes wandten Jehova und die Kinder Israels ihre Aufmerksamkeit der Stadt Aj zu. Mit einem kleinen, von Jehova gemanagten Täuschungsmanöver gelang es ihnen, die männliche Bevölkerung aus der Stadt heraus in einen Hinterhalt zu locken. Nachdem sie die Männer getötet hatten, wandten sie sich Aj zu und ermordeten dort all jene, die noch übriggeblieben waren. „... An jenem Tag betrug die Anzahl der Gefallenen insgesamt an Männern und Frauen 12000, alles Leute von Aj...“(33) Zu guter letzt steckten sie die Stadt in Brand.

Und in dieser Tour geht es weiter, einen Großteil des Alten Testaments hindurch. Jehovas Eifersucht, Gewalttätigkeit und Rachsucht finden sich in zahlreichen Passagen bestätigt. Neben den altmesopotamischen Texten gehört das Alte Testament somit zu den besten erhaltenen Zeugnissen dafür, wie technisch erheblich höherentwickelte Außerirdische im Umgang mit Menschen nur wenig Achtung oder Mitgefühl bewiesen. Natürlich konnten spätere Generationen vor dem Zeitalter der modernen Technik und Raumfahrt Jehova nur schwerlich als den erkennen, der er wirklich war - ein Außerirdischer, der sich aus ureigenen Motiven in die Angelegenheiten der Menschen einmengte.

Wer war Jehova? Läßt sich heute noch ermitteln, welcher Außerirdische sich hinter dieser Wesenheit verbarg? In seiner „reptoiden“ Lesart der Frühgeschichte nimmt Boulay an, daß Jehova (Jahwe) der sumerische Gott von Blitz und Donner, Ischkur, war (dessen semitischer Name Adad lautete). Ischkur/Adad hätte versucht, sein Einflußgebiet unter den Göttern über seine Beziehung mit den Israeliten von Anatolien (Süd- und Zentraltürkei) südwärts über das gesamte Gebiet des späteren Israels auszudehnen.(34) Sitchin wiederum riskiert keine Hypothese über Jehovas Identität, sondern nimmt einfach an, daß dieser wie alle anderen Außerirdischen der Frühzeit zu den sumerischen Anunnaki zählte, bei denen es sich, wie wir festgestellt haben, um Reptoide gehandelt haben könnte.

Boulays Behauptung, daß Jehova ein Reptoide war, wird von der Pleiadian-Plus-Gruppe gestützt. In Beantwortung einer Frage bezüglich der eventuellen Beteiligung nichtreptoider Außerirdischer an Genmanipulationen, die den modernen Menschen hervorbrachten, sagte Pleiadian Plus:

> Es gab viele andere... Etliche darunter hatten menschliche Gestalt. Das größte Unbehagen bereiten euch zur Zeit jene reptilischer Herkunft, weil sie euch am fremdartigsten anmuten. Und eben diese sind es auch, die der Menschheit den größten Schock versetzen werden - wenn sie feststellen

muß, wen sie die gesamte Bibel hindurch als Jehova und Jahwe angebetet hat.....(35)

In sämtlichen Sichtungen Jehovas und/oder seiner Engel wie z.B. der oben zitierten durch Hesekiel (Ezechiel) ist lediglich von „lebenden Wesen menschlicher Form" die Rede - doch wir sahen schon Augenzeugenberichte darüber, daß Reptoide auch in menschlicher Gestalt erscheinen können (und es ist ebenso anzunehmen, daß sie über menschlich aussehende Arbeitskräfte verfügten).

Die „Schweizer Plejadier" wiederum teilten Billy Meier mit, daß sich ein großer Teil der „Jehova-Wesenheit" aus Plejadiern zusammensetzte, und sprechen in keiner ihrer Übermittlungen (jedenfalls den veröffentlichten) aus den siebziger Jahren von Reptoiden. Sie pflichten Meier bei, daß Jehav - wie sie ihn nennen - zumindest ursprünglich blutrünstig und übelgesinnt war. Er habe seine Herrschaft im Rahmen einer kleinen Plejadiergruppe ausgeübt und seine Macht in gewissem Grade mit einer erheblich gütigeren Wesenheit geteilt. Die plejadischen Abkömmlinge der Jehav-Wesenheit seien jedoch weitaus spiritueller und humaner gewesen, und ihre seelische Entwicklung habe endlich

> ...ihre Herzen verändert, so daß sie beschlossen, das weitere Wachstum der Erdenwesen seinem natürlichen Fortgang zu überlassen und sich in ihre Heimatwelt zurückzuziehen. So verließen sie die Erde und kehrten als friedliebende Geschöpfe zu den Plejaden zurück, wo ihre eigene Menschheit inzwischen fortgeschrittene Stadien erreicht hatte...(36)

Der wohlgesinnteren Wesenheit, die den „Schweizer Plejadiern" zufolge Seite an Seite mit der grausamen und blutdürstigen regierte, scheinen wir einige der humaneren, weniger blutdürstigen Komponenten des Alten Testaments zu verdanken. Wir sagten ja schon, daß leicht veränderte Zehn Gebote einen annehmbaren Moralkodex für den Menschen darstellen würden. Kurioserweise folgen im Alten Testament auf gnadenlose und rachetriefende Gesetze oft übergangslos solche sanfteren und liebevolleren Charakters. So erscheint kurz nach dem „Auge um Auge"-Gebot in Exodus:

> Entsteht ein dauernder Schaden, so sollst du geben Leben um Leben, Auge um Auge, Zahn um Zahn, Hand um Hand, Fuß um Fuß, Brandmal um Brandmal, Beule um Beule, Wunde um Wunde.(37)

eines der gütigeren und sanfteren Gesetze wie:

> Du sollst kein falsches Gerücht verbreiten; du sollst nicht einem Schuldigen Beistand leisten und kein falscher Zeuge sein.(38)

Und natürlich gehören wunderbare Verse wie der 23. Psalm seit Jahrhunderten zum unverzichtbaren Erbe des westlichen Kulturkreises:

> Der HERR ist mein Hirte, mir wird nichts mangeln. Er weidet mich auf einer grünen Aue und führet mich zum frischen Wasser. Er erquicket meine Seele. Er führet mich auf rechter Straße um seines Namens willen. Und ob ich schon wanderte im finstern Tal, fürchte ich kein Unglück; denn du bist bei mir, dein Stecken und Stab trösten mich. Du bereitest vor mir einen Tisch im Angesicht meiner Feinde. Du salbest mein Haupt mit Öl und schenkest mir voll ein. Gutes und Barmherzigkeit werden mir folgen mein Leben lang, und ich werde bleiben im Hause des HERRN immerdar.(39)

Doch das beklemmende Gespenst eines unbarmherzigen, blutdürstigen Jehova spukt durch einen großen Teil des Alten Testaments - vor allem durch das Buch Exodus und die unmittelbar darauffolgenden Bücher. Dabei mag das Alte Testament ja angesichts des moralischen Niveaus der Menschheit zur Zeit des hebräischen Exodus aus Ägypten (1500 ~ 1200 v.Chr.) insgesamt trotzdem einen Schritt vorwärts verkörpert haben. Dennoch kann ich mir nur schwer vorstellen, daß die Ägypter, deren Erstgeborene Jehova tötete, oder die Kanaaniter und die Vielzahl der im „Gelobten Land“ Beheimateten, die unter seinem Kommando (und mit seinem Beistand) von den Israeliten unbarmherzig und brutal abgeschlachtet wurden, verrucht genug gewesen sein sollen, ein solches Schicksal von der Hand des Allmächtigen Gottes zu verdienen.

Es wird angenommen, daß das Alte Testament in den Jahrhunderten nach dem Exodus immer wieder überarbeitet wurde und unbekannte Autoren aus undurchsichtigen Gründen zahlreiche Streichungen und Ergänzungen daran vornahmen. Die von mir benutzte Version aus The New English Bible ist nur eine unter mehreren jüdischen und christlichen Fassungen, die in den vergangenen zwei- bis dreitausend Jahren in Umlauf waren. Um die Mitte des vorigen Jahrhunderts - ungefähr zur gleichen Zeit, als der Darwinismus seinen Siegeszug antrat -, begannen dann Bibelgelehrte und andere Wissenschaftler, die Überlieferungen und Glaubwürdigkeit des Alten Testaments (vor allem seiner historischen Bücher) in Frage zu stellen. Diese extreme Position wurde mittlerweile jedoch erheblich aufgeweicht, da seitherige archäologische Funde den historischen Erzählungen des Alten Testaments im allgemeinen nicht nur nicht widersprachen, sondern sie sogar erhärteten.

Wir selbst schließen uns hier in jedem Fall dem Standpunkt von Sitchin und anderen an, wonach das Alte Testament (unabhängig davon, wie sehr es hebräisiert oder anderweitig bearbeitet worden sein mag) eines der raren historischen Dokumente über unsere Wurzeln und uns selbst darstellt, das im Altertum verfaßt wurde, und als solches unseren Respekt verdient. Im Alten Testament steckt genug Wahrheit, um Jehova als den erkennen zu können, der er ist, oder der er zumindest während des Exodus und des Zeitraums der Besitzergreifung des Gelobten Landes war: ein habgieriger Außerirdischer, der Anbetung und Gehorsam verlangte und dem es augenscheinlich große Freude bereitete, sich in die Geschicke der Menschen einzumischen. Wir haben somit genug vom Alten Testament gesehen, um hier noch einmal einen der Kerngedanken unseres Buches auf den Punkt zu bringen:

> Wir können nicht länger ein Wesen gutheißen oder gar anbeten, nur weil sein materielles und metaphysisches Potential dem unseren bei weitem überlegen ist! Eine deutlich fortgeschrittenere Wesenheit muß nicht zwangsläufig auch seelisch höher entwickelt oder uns wohlgesonnen sein.

Und kein - körperliches oder unkörperliches - Wesen kann als uns wohlgesonnen bezeichnet werden, das uns mit dem Ziel, uns einander zu entfremden, ein falsches Bild unserer selbst vermittelt - denn das einzig „richtige Bild" wäre das folgende: wir alle sind schlichte Varianten einer All-Einheit, die sämtliche Lebewesen dieser Welt in sich schließt, und blicken auf einen gemeinsamen Göttlichen Schöpfer zurück. Jehovas Auftauchen zur Zeit des Exodus sowie seine bis heute überdauernde Anbetung und Verehrung ist damit schlicht ein weiterer Keil, der in die Menschheit als ganze getrieben wurde.

Dies wirft eine Frage zu Jehova bzw. seinem ungebrochenen Einfluß auf die Menschheit auf. Wie kommt es, daß er trotz der eindeutigen Beweise für seine Habgier, Skrupellosig- und Gewalttätigkeit (zumindest zur Zeit des Exodus) noch immer von Millionen Christen und Juden als heiliger moralischer Führer - als Gott - hochgehalten wird? Dieser kuriose Tatbestand erklärt sich zum großen Teil aus der Primitivität der menschlichen Spezies. Wir - jedenfalls die meisten unter uns - sind nicht reif genug, um differenzieren zu können, ob ein überlegenes Wesen ein „Gott" oder ein Gott ist.

Vielleicht ist Jehova mehr als 3000 Jahre nach dem Exodus der alten Hebräer aus Ägypten auch deshalb Gegenstand ungebrochener Verehrung, weil er zu den letzten nichtirdischen Wesenheiten zählt, die ihre phantastischen Kräfte direkt an der Menschheit demonstrierten. Wir sprachen schon von der ungeheuren Wirkung, die biologische Prägung auf menschliche Bewußtseins- und Glaubensinhalte haben kann. Damit erschließt sich Jehovas bis heute überdauernder Einfluß wohl auch aus der direkten Interaktion, die er mit den alten Hebräern während und nach dem Exodus hatte, bzw. aus der tiefen Prägung, die diese Beziehung in den Betroffenen hinterlassen hat. In den folgenden Jahrhunderten und Jahrtausenden wurde der damals entstandene Mythos von Jehova, dem einen Herrn und Gott, dann generationenlang weitergereicht - zunächst von jüdischen und später von christlichen Kulturen, die sich vor etwa 2000 Jahren aus dem jüdischen Israel herauszubilden begannen. Daß das Alte Testament früher und heute für das Christentum einen hohen Stellenwert hatte bzw. hat, erhellt schon allein daraus, daß dieses Buch mehr als die Hälfte der Heiligen Schrift ausmacht. Trotzdem wissen wir natürlich, daß in christlichen Glaubensgemeinschaften dem Neuen Testament bzw. den Lehren Jesu mehr Beachtung geschenkt wird als dem Alten Testament bzw. Jehova. Doch wird in diesen Kreisen auch letzterem viel Ehrfurcht entgegengebracht, und mancherorts spielt das Alte Testament sogar eine beträchtliche Rolle. In den meisten Fällen wird in christlichen Religionsgemeinschaften zwischen dem Gott des Alten und des Neuen Testaments jedoch noch nicht einmal ein Unterschied gemacht (wie es auch in meiner religiösen Erziehung der Fall war). Und einige fundamentalistische Sekten gehen sogar so weit zu glauben, daß jedes Wort des Alten Testaments dem Mund des Allmächtigen entstamme und wortwörtlich zu nehmen sei.

Bei den allerersten Christen handelte es sich natürlich - wie bei Paulus - um ehemalige Juden. Einige darunter, die sich wie Paulus an die Auslegung von Jesu Lehren und Leben machten, könnten damals versucht haben, die jüdische Religion bzw. Jehova in einem günstigeren Licht zu porträtieren, um auf diese Weise größere Teile ihrer früheren Glaubensbrüder für die neue Religion zu gewinnen. In späteren Kapiteln werden wir dann noch sehen, daß genau dies mit größter Wahrscheinlichkeit der Fall war. Der starke jüdische Einschlag im Christentum könnte auch ein wichtiges Moment in der Faszination darstellen, die Jehova und das Alte Testament von alters her auf Christen ausübten.

Es ist auch wahrscheinlich, daß der jüdische Geist eine erheblich tiefere Prägung bzw. „Verschaltung" erfuhr als der christliche. Jehova hatte ja schließlich den alten Hebräern, die den Exodus und die gewalttätige Besiedlung des Gelobten Landes miterlebten, die Gottesfurcht bis ins Mark eingeprägt. In jenen Tagen kostete es das Leben, wenn seine Gebote nicht bis zum I-Tüpfelchen eingehalten wurden! Auf diese Weise, so meine Vermutung, wurden die Gottesfurcht und die für eine gebührende Anbetung Gottes erforderlichen Rituale im innersten Wesenskern des hebräischen Geistes verankert.

Diese ganze Frage der moralischen Autorität Jehovas im späten zwanzigsten Jahrhundert wäre im übrigen nur von untergeordnetem theoretischen oder wissenschaftlichen Interesse, wenn heutzutage nicht viele folgenschwere Entscheidungen von Menschen gefällt würden, die sich zu Jehova bekennen und zu ihm als dem Allmächtigen beten. So sind, während ich diese Zeilen niederschreibe, Juden und Araber im Südlibanon und in Nordisrael dabei, sich gegenseitig umzubringen. Wie stets in solchen Auseinandersetzungen wird dabei in Kauf genommen, daß Zehntausende maßlose seelische und körperliche Schmerzen erleiden und sogar ihr Leben einbüßen. Und etwa jeder zweite Teilnehmer an diesem tragischen, zur Routine entarteten Konflikt glaubt unerschütterlich an Jehova.

Im Hinblick darauf, daß eine Verschwörung regressiver Außerirdischer vorzuliegen scheint, die darauf abzielt, die Menschheit unwissend und zerstritten zu halten, kann eine Prägungs- und Konditionierungtheorie allein den ungeheuer starken Einfluß Jehovas auf die Welt der neunziger Jahre jedoch wohl kaum völlig befriedigend erklären. Die ganze Thematik würde eine viel gründlichere Untersuchung verdienen als die, die ich hier vorgelegt habe.

Es ist jetzt an der Zeit für mich, die jüdischen Bevölkerungsschichten Amerikas und der übrigen Welt zu besänftigen, mit deren Gefühlen ich teilweise schonungslos umgesprungen bin. Lassen Sie mich zunächst noch einmal feststellen, daß es nicht nur eine bestimmte Religion oder eine bestimmte Weltanschauung ist, die mit schwerwiegenden Mängeln behaftet ist. Vielmehr versuche ich hier den Nachweis zu führen, daß keine einzige unserer zahlreichen ritualisierten Glaubenslehren in unverfälschter Form erhalten geblieben ist, und daß wir dazu verleitet wurden, alle möglichen Weltbilder für „bare Münze" zu nehmen, deren einziger Zweck darin besteht, uns unwissend und uneinig zu halten. Wir wurden alle in die Irre geführt!

Im folgenden wollen wir daher einige Unwahrheiten und Unzulänglichkeiten meines Kindheitsglaubens, des Christentums, darlegen. Bin ich deswegen gegen diese Religionsgemeinschaft? Sehe ich auf Menschen herab, die sich zu ihr bekennen? Natürlich nicht! Hier geht es schließlich um meine eigene Familie, meine Mutter, meinen verstorbenen Vater, meine Schwestern, Tanten, Onkel, Cousins und Cousinen. Also gilt auch hier das gleiche wie schon hinsichtlich jüdischer Menschen und der jüdischen Religion: nur weil ich momentan vom heutigen Christentum nicht sonderlich angetan bin, heißt das nicht, daß ich die Herzenswärme, Güte und Liebe vieler Christen nicht zu schätzen vermag. Stellen wir also die christliche

Religion auf den Prüfstand, um abzuwägen, was in ihr spirituelle Wahrheit und was entstelltes Dogma sein könnte.

1. Sitchin, Z. 1985. op. cit., S. 281-309.
2. Ibid.
3. DIE BIBEL nach der Übersetzung Martin Luthers, op. cit., Hesekiel 1: 4-5
4. Shellhorn, G. C. 1989. Extraterrestrials in Biblical Prophecy. Horus House Press, Inc., Madison, Wisconsin, S. 80.
5. Die Heilige Schrift, Pattloch Verlag, 1993, Exodus 11: 3.
6. Ibid., Exodus 10: 1-3.
7. Ibid., Exodus 7,8,9,10.
8. DIE BIBEL nach der Übersetzung Martin Luthers, op. cit., Exodus 13: 21.
9. Die Heilige Schrift, Deutsche Bibelgesellschaft Stuttgart, 1949/84, Exodus 14: 4.
10. Ibid., Exodus 16: 31 und 35.
11. Die Bibel Herder-Bücherei 1965, Exodus 19: 16-20.
12. The New English Bible 1970. Exodus 20: 3. (eigene Übers.***)
13. DIE BIBEL nach der Übersetzung Martin Luthers, op.cit., Exodus 20: 4-6.
14. Ibid., Exodus 20: 7-11.
15. Ibid., Exodus 20: 12-17.
16. Die Heilige Schrift, Pattloch Verlag, op.cit., Exodus 33: 8-11.
17. Die Bibel Herder, op.cit., Exodus 34: 10-16.
18. Sitchin Z. 1980. op. cit., S. 293.
19. Die Bibel Herder, op.cit., Numeri 25: 1-5.
20. Die Heilige Schrift, Deutsche Bibelgesellschaft, op.cit., 1 Könige 18: 39-40.
21. Ibid., Numeri 32: 10, 11 und 13.
22. Die Bibel Herder-Bücherei, op.cit., Exodus 40: 36-38.
23. Ibid., Numeri 15: 35-36.
24. Die Heilige Schrift, Deutsche Bibelgesellschaft, op.cit., Numeri 31: 1-2.
25. Ibid., Numeri 31: 7-11.
26. Ibid., Deuteronomium 3: 3-7.
27. Ibid., Numeri 16: 27-34.
28. Ibid., Leviticus 25: 17, 36, 43, und Deuteronomium 6: 2.
29. Die Heilige Schrift, Pattloch Verlag, op.cit., Josua 5: 12.
30. Ibid., Josua 6: 21.
31. Ibid., Josua 6: 24.
32. Ibid., Josua 7: 26.
33. Ibid., Josua 8: 25.
34. Boulay, R. A. 1990. op. cit., S. 70-73.
35. Marciniak, B. 1990. op. cit., S. 37.
36. Stevens, W. 1988. op. cit., S. 129-130, und W. Stevens 1990. op. cit., S. 60-61.
37. DIE BIBEL nach der Übersetzung Martin Luthers, op.cit., Exodus 21: 24-25.
38. Ibid., Exodus 23: 1.
39. Ibid., Psalm 23.
40. Marciniak, B. 1992b. op. cit., S. 32-33.

„Suchet, so werdet ihr finden, klopfet an, so wird euch aufgetan."
Die Bibel

Kapitel 17

Das Christentum und die Lehren Jesu

Eine der Hypothesen dieses Buches lautet, daß sämtliche bedeutenden und unbedeutenden Religionen der Welt (unbedeutend in bezug auf ihre Anhängerzahlen) durch nichtirdische Gruppen begründet und/oder verfälscht und/oder anderweitig beeinflußt wurden. Im vorigen Kapitel haben wir gesehen, daß uns das Alte Testament zahlreiche Belege dafür liefert, daß eine außerirdische Wesenheit (Jehova) mit den alten Hebräern direkten Umgang pflegte und die jüdische Religion begründete. In diesem Kapitel nun wollen wir uns dem Christentum zuwenden und verschiedenes historisches Material betrachten, dem zufolge Jesu Lehren in hohem Maße verändert und entstellt sowie durch weitere „Lehren" ergänzt wurden. Im nächsten Kapitel werden wir uns dann einige potentielle außerirdische Einflüsse auf diesen Glauben ansehen.

Was wir über Jesu Leben und Lehren wissen, findet sich fast ausschließlich in den vier Evangelien des Neuen Testaments (Matthäus, Markus, Lukas und Johannes). Diese wurden - so die Annahme der Bibelwissenschaft - frühestens in den Jahren 65 bis 125 nach Christus verfaßt, also lange nach dem Tode von Jesu Jünger und allen anderen, die ihn noch persönlich gekannt haben. In anderen Worten gibt es keine offizielle Darstellung von Jesus durch einen Menschen, der während der dramatischen Ereignisse seines Lebens tatsächlich zugegen war (wir erkennen das hierin verborgene „Entstellungspotential"). Selbst wenn, wie verschiedentlich gemutmaßt wird, die Urheber der offiziellen Evangelien ein Großteil ihres Materials einem „Protevangelium" entlehnt haben sollten, das zu Jesu Lebzeiten verfaßt wurde, könnte auch ein solches „Urevangelium" einschneidend verändert worden sein (was im übrigen viele Bibelgelehrte auch für wahrscheinlich halten). Viele halten z.B. den Schreiber des Matthäusevangeliums für einen bekehrten jüdischen Schriftgelehrten, der Jesu

Reden veränderte, um die Juden in einem besseren Licht erscheinen zu lassen, als dies in einem Protevangelium geschehen war.(1) Manchen Bibelgelehrten zufolge ist dieser jüdische Verfasser von Matthäus auch dafür verantwortlich zu machen, daß Jesus in diesem Evangelium als der Messias oder „Gesalbte“ aus dem Geschlechte David, die Erfüllung der Prophezeiung der jüdischen Religion, dargestellt wird.(2)

Die Teile des Neuen Testaments, die zuerst niedergeschrieben wurden, sind die Episteln oder Briefe des Paulus, eines Sohnes eines hebräischen Pharisäers der Oberschicht. Die Pharisäer waren eine konservative, religiös-politische Gruppierung, die sich allen fremden Kultureinflüssen auf die jüdische Kultur widersetzte. So war den Pharisäern auch die kleine Christengemeinde, die sich in den Jahren nach der Kreuzigung formiert hatte, ein Greuel, und der junge Paulus scheint in seinem Haß auf die frühen Christen von besonderem Fanatismus gewesen zu sein - er erwirkte vom Hohenpriester sogar eine Sondererlaubnis zur Verfolgung von Jesusanhängern, die jenseits des jüdischen Religionszentrums Jerusalem lebten. Auf dem Wege nach Damaskus (wo er zu einer solchen Verfolgungsaktion zu schreiten plante) begegnete ihm dann sein berühmtes, dramatisches Bekehrungserlebnis, in dessen Folge er sich nicht nur zum Christentum bekehrte, sondern auch bald „trunken wurde von der Rolle des geistigen Führers einer gigantischen Zukunftsbewegung, in der er sich selbst erblickte.“(3)

Nicht lange, und Paulus zog predigend durch weite Teile des Römischen Reiches, wo er Menschen zum Christentum zu bekehren versuchte. Mit Orten, in denen er gepredigt hatte, blieb er oftmals in brieflichem Kontakt - seine „Episteln“ wie auch die ihm ebenfalls zugeschriebene „Apostelgeschichte“ bilden heute fast die Hälfte des Neuen Testaments. Neben anderen war Paulus für die Gründung der Kirche verantwortlich, die uns heute als römisch-katholische Kirche bekannt ist, und wurde von ihr heiliggesprochen - so wird er von Katholiken bis zum heutigen Tag verehrt.

Bis zum vierten Jahrhundert war die grundlegende Struktur der katholischen Kirche festgelegt worden. Diese umfaßte eine Reihe von Bischöfen, die jeweils über die Kirche einer Stadt herrschten, sowie den Bischof von Rom, der die Leitung sämtlicher Kirchen beanspruchte. Wie die frühe

Kirche ursprünglich organisiert war, ist nicht bekannt, aber es gibt Belege dafür, daß sich ihr grundlegender Aufbau mit den Bischöfen und einem leitenden Bischof (Papst) in Rom im zweiten Jahrhundert herauszubilden begann. - Wie es scheint, waren Paulus und andere frühe Christen jedoch schon lange vor dieser Zeit in hitzige Debatten über die Auslegung von Jesu Lehren verwickelt. In Paulus' zweitem Brief an die Korinther heißt es:

> ...ich eifere um euch mit göttlichem Eifer; denn ich habe euch verlobt mit einem einzigen Mann, damit ich Christus eine reine Jungfrau zuführte. Ich fürchte aber, daß, wie die Schlange Eva verführte mit ihrer List, so auch eure Gedanken abgewendet werden von der Einfalt und Lauterkeit gegenüber Christus. Denn wenn einer zu euch kommt und einen andern Jesus predigt, den wir nicht gepredigt haben, oder ihr einen andern Geist empfangt, den ihr nicht empfangen habt, oder ein anderes Evangelium, das ihr nicht angenommen habt, so ertragt ihr das recht gern!(4)

Paulus drängt dann die Korinther, dem Jesus treu zu bleiben, den er ihnen gegeben hatte, und nicht irgendeinem „neuen Jesus" anzuhangen. Der neue Jesus, den Paulus hauptsächlich bekämpfte, war der der Gnostiker - eine Gruppe hebräischer Mystiker, die Jesu Lehren annahmen und umsetzten. Von verschiedenen Bibelgelehrten wurde in diesem Zusammenhang spekuliert, daß Jesus und seine Familie selber Mitglied einer gnostischen Sekte, der sogenannten Essener, gewesen sein könnten. Die Essener behaupteten, daß der Mensch aus eigener Kraft in den Besitz von Geist und „Erkenntnis" und in einen christusartigen Zustand der Vollkommenheit gelangen könne, und stellten sich gegen jegliche komplizierte Hierarchie aus Priestern, Bischöfen und Papst(5). Sie hielten diese nicht nur für entbehrlich, sondern glaubten sogar, daß Erkennen und Verwirklichen der eigenen Göttlichkeit durch eine Hierarchie, die sich zwischen den einzelnen und das Göttliche stellt, erschwert werde könne.

Aus dieser Auseinandersetzung mit den Essenern und weiteren, die Jesu Lehren anders ausgelegt haben mochten, gingen Paulus und seine

Verbündeten anscheinend als klare Sieger hervor, da ein großer Teil des Neuen Testaments aus seinen Schriften besteht. Die Essener und andere, die den „Paulismus" bekämpften, verschwanden, als sich die Kirche zu etablieren begann, einfach von der „Bildfläche".

Die zahlreichen Briefe, die uns Paulus hinterlassen hat, enthalten kein einziges Gleichnis von Jesus. Auch dessen eigentliche Lehre bleibt dort unerwähnt. Was statt dessen propagiert wird, sind Paulus' eigene Vorstellungen bzw. Philosophie. So beschreibt er z.B. alle Menschen als dem Zorn Gottes unterworfen (was in Anbetracht seines jüdischen Hintergrundes nicht überrascht)(6) und behauptet, daß wir alle mehr oder weniger verloren seien und unter Satans Macht stünden. Über jedermann verhängt er ein Verdammnisurteil. - Der deutsche lutherische Theologe Holger Kersten schreibt in diesem Zusammenhang zum Thema des Todes:

> „So machte Paulus als Menschenlehrer aus einer frohen Botschaft eine Botschaft der Drohung und gab zu verstehen, daß nur er den Weg des Heils (oder zur Erlösung) zu weisen vermochte. Mit solch einer Haltung wird man natürlich kaum ein natürliches Verhältnis zum Tod gewinnen, da der Tod dabei zu einer Lösung für die Sünde wird.
>
> In keiner anderen Religion finden wir eine ähnliche Kultivierung der Furcht vor dem Tod wie im paulinischen Christentum. Mit Paulus wurde das Christentum zu einer Religion, in der sich furchterfüllte Christen fügsam unter dem Joch von Drohungen beugten. Damit *steuerte die Religion schon von der Vorstellung des gütigen, liebenden, alles verzeihenden Gottes eines Jesu weg und kehrte zur Roheit des zornigen alttestamentarischen Gottes zurück...* (7)" (Hervorhebung durch ihn)

Erstaunlich, daß ein einzelner gebildeter und tatkräftiger Mann über Jahrhunderte hinweg auf Millionen von Menschen, die den christlichen Glauben in der einen oder anderen Form umzusetzen versuchten, einen solchen Einfluß auszuüben vermochte. So gibt es kritische Stimmen, die das Christentum sogar als Paulus' Werk betrachten, in dem Jesus nur

Symbolwert habe. Andere Kritiker, unter ihnen der eben zitierte Kersten, betrachten Paulus als einen Verfälscher von Jesu Lehren. Ohne in diese Thematik tiefer einsteigen zu wollen, möchte ich hier nur festhalten, daß ein einzelner auf unsere Wahrnehmung der Lehren Jesu einen außerordentlichen Einfluß haben kann und, wie es scheint, diesen auch hatte.

In den ersten 250 Jahren ihrer Existenz war die christliche Kirche eine Märtyrersekte, da das Römische Reich all jene verfolgte, die sich nicht zum römisch-heidnischen Glauben bekannten. Jedem heutigen Christen ist geläufig, daß die frühen Christen in Rom zuzeiten an Löwen verfüttert wurden.

Dann fanden sie in Kaiser Konstantin (ca. 274/280 - 337), der in christlichen Kreisen oftmals Konstantin der Große genannt wird, einen Freund. Konstantin war dem Christentum gegenüber tolerant und verbot mit dem Edikt von Mailand aus dem Jahre 313 jegliche Verfolgung der verschiedenen Formen des Monotheismus in seinem Reich. Entgegen der Überlieferung wurde Konstantin jedoch nicht selber Christ oder machte das Christentum zur offiziellen römischen Staatsreligion. Er war vielmehr Mitglied des Kultes des *Sol Invictus* - einer Art heidnischer Sonnenanbetung -, der syrischen Ursprungs und selbst eine Form des Monotheismus war.(8)

Die Kirche von Rom begann schon bald ihre neugefundene Freiheit auszunutzen und sich ganz offen ein Gefüge zu geben. Im Jahre 325 wurde so ein erstes ökumenisches Konzil nach Nizäa einberufen, auf dem Rom zum offiziellen Zentrum der christlichen Orthodoxie ausgerufen wurde.

In den ersten tausend Jahren ihrer Existenz hielt die Kirche von Rom eine Reihe ökumenischer Konzile ab, auf denen Jesu Lehren in großem Umfang verändert wurden. Im ersten Symposium dieser Art, dem oben erwähnten Konzil von Nizäa, wurde die Göttlichkeit Jesu und ihre genaue Beschaffenheit per Abstimmung festgestellt. Jesus selbst hatte niemals für sich in Anspruch genommen, der einzige, allmächtige Gott oder Sohn Gottes zu sein - er wurde von der christlichen Kirche dazu gemacht, und dieser Prozeß nahm in Nizäa seinen Anfang. Viele frühchristliche Schriften, die zu den einschneidenden Änderungen des Konzils von Nizäa in Widerspruch standen, wurden im Laufe dieses Prozesses einfach definitiv aus dem Christentum eliminiert. So wurden sämtliche Texte der Essener oder anderer Gruppen, die die Oberhoheit der Kirche von Rom nicht anerkannten, nicht nur verboten, sondern es wurde sogar der Versuch gemacht, sie gänzlich verschwinden zu lassen. Glücklicherweise haben viele darunter die Säuberungsaktionen der frühen Kirchenväter überlebt und liefern uns, wie wir noch sehen werden, einige Anhaltspunkte, in welcher Weise sich das irdische Erscheinen des Menschen Jesus in Wirklichkeit abgespielt hat. M. Baigent, R. Leigh und H. Lincoln, die Verfasser von *Messianic Legacy* und anderer gründlich recherchierter Bücher über das Leben Jesu und die Entwicklung des Christentums, erklären, daß sich "...das Christentum in seiner heutigen Form letztlich nicht aus Jesu Tagen herleitet", sondern aus dem Konzil von Nizäa..."(9)

Das Konzil von Konstantinopel von 553 eliminierte den Begriff der Reinkarnation aus dem christlichen Glauben. Paulus selbst hatte offenbar, als er noch Saulus hieß und ein jüdischer Pharisäer war, an die Wiederauferstehung geglaubt, die sich auf die Vorstellung gründet, daß der Körper an erster Stelle steht und ihm die Seele, ein nebelhafter spiritueller Körper, anhaftet. Je nach Art des auf der Erde verbrachten Lebens lebt die Seele dieser Auffassung zufolge nach dem Tod in einem Himmel, einer Hölle oder in etwas Dazwischenliegendem weiter. Bei der Reinkarnation hingegen bildet die Seele den wesentlichen Teil der Persönlichkeit, der sich in wiederholten Erdenleben mit einem jeweils neuen Leib verbindet, um geistige Wahrheiten zu erlernen. Eng mit dem Gedanken der Wiederverkörperung verknüpft ist das Konzept des Karmas, das einfach ausgedrückt besagt, daß man das erntet, was man im Laufe seiner Existenzen sät. Wenn eine „Seele" z.B. ein Leben damit verbringt, anderen zu schaden, wird sie sich in späteren Verkörperungen in einer Lage befinden, wo ihr von anderen Schaden zugefügt wird. Von den heutigen Religionen enthält nur der Hinduismus das Konzept der Reinkarnation (obwohl auch der Buddhismus eine sehr ähnliche Sicht vertritt). Der Begriff der Wiedergeburt war etlichen alten Kulturen geläufig, einschließlich der der Kelten (der Druiden), der Chinesen, der Griechen, der Ägypter und (in mancher Hinsicht) der Norweger.(10) Doch dank Paulus und anderen herrschte in der Christenheit schon der Glaube an die Wiederauferstehung vor, als 553 das Konzil von Konstantinopel zusammentrat.

Kersten zufolge könnte die Eliminierung dieser wichtigen Doktrin auf dem Konzil von Konstantinopel im wesentlichen einer Laune der Gemahlin Kaiser Justinians, Theodora, zuzuschreiben sein. Er bringt Belege dafür, daß Justinians ehrgeizige Gattin ihre Laufbahn als Kurtisane begann. Um ihre „schimpfliche" Vergangenheit zu vertuschen, hätte sie nach ihrer kaiserlichen Vermählung den Tod von fünfhundert früheren Kolleginnen befohlen. Gemäß der Karmalehre sei ihr dabei klar gewesen, daß sie in zukünftigen Leben die Konsequenzen ihrer Taten auf sich nehmen müsse, und so hätte sie sich mit Hilfe ihres kaiserlichen Gemahls daran gemacht, die gesamte Vorstellung von der Wiedergeburt abschaffen zu lassen!(11)

Es ist kaum zu glauben, daß wichtige Lehren von Jesus und anderen großen Geisteslehrern derart willkürlich aus einer im Werden begriffenen Weltreligion gestrichen worden sein sollen... Doch was sich damals auch immer zugetragen haben mag - als das Konzil von Konstantinopel „die Reinkarnation abschaffte", müssen Anstrengungen unternommen worden sein, entsprechende Verweise aus der Bibel zu tilgen. Dabei waren die Zensoren jedoch nur teilweise erfolgreich, da Jesus in Matthäus 11:14 feststellt, daß Johannes der Täufer (der Prophet, der Jesu Kommen verkündete) der jüdische Prophet Elia des neunten vorchristlichen Jahrhunderts gewesen sei: "... Denn alle Propheten und das Gesetz haben geweissagt bis hin zu Johannes; und wenn ihr's annehmen wollt: [Johannes] ist Elia, der da kommen soll...".

In den Laterankonzilien des zwölften Jahrhunderts findet sich ein Beispiel für eine Erweiterung von Jesu Lehren. Die Kirchenväter beschlossen dort nämlich, der christlichen Doktrin die Lehre von der „Heiligen Dreifaltigkeit" (Trinität) anzugliedern. Auf diese Weise wurde Jesus in den „Gottes" stand erhoben - was von ihm selbst nie gelehrt wurde.(12)

Zusätzlich zu der Modifizierung von Jesu Lehren und der „offiziellen" Festlegung der christlichen Glaubensartikel auf den zahlreichen ökumenischen Konzilien kam es auch infolge von Zerwürfnissen im Schoße der Kirche von Rom zu Veränderungen der christlichen Glaubensinhalte. Eine erste größere Teilung dieser Art war der Abfall des östlichen Teils der Kirche, dessen Zentrum in Konstantinopel lag. Zwischen der östlichen und der westlichen Kirche hatten sich jahrhundertelang Spannungen aufgebaut, die im neunten Jahrhundert in der Errichtung einer zweiten Kirche einen vorläufigen Höhepunkt fanden. Die Spaltung wurde dann endgültig festgeschrieben, als Papst Leo IX. im Jahre 1054 den Patriarchen von Konstantinopel, Michael Cerularius, dafür exkommunizierte, daß er ihn verbal angegriffen hatte. Die heutige griechisch-orthodoxe bzw. östlich-orthodoxe Kirche Osteuropas und Westasiens blickt somit auf eine lange Geschichte physischer und ideologischer Trennung von der römischen Kirche zurück.

Seit diesem ersten bedeutenden Bruch kam es in der Christenheit zu zahlreichen weiteren Abspaltungen. Während der protestantischen Reformationsbewegung des sechzehnten Jahrhunderts fand eine wahre Explosion solcher Teilungen statt, die erste davon unter Leitung des Augustinermönches Martin Luther (1483 - 1546). Luther hatte sein Vertrauen in die Kirche seiner Zeit wegen der ausgedehnten spirituellen Laxheit und der Korruption verloren, die er in ihr zu erkennen glaubte. Besonderen Anstoß nahm er an dem in jenen Tagen praktizierten Ablaßhandel - Ablässe wurden kirchlicherseits als ein Weg betrachtet, sich von seinen Sünden loszukaufen: „in den Augen Gottes“ waren auf Erden begangene Sünden vergeben, wenn man der Kirche Geld zahlte. So kam es schließlich unter Luthers Führung und mit Hilfe zahlreicher deutscher Adliger in den ersten Jahrzehnten des sechzehnten Jahrhunderts zur Begründung des Luthertums, das bis heute ein „Hauptzweig“ der protestantischen Bewegung geblieben ist.

Etwa zur gleichen Zeit, als sich in Deutschland das Luthertum herauszubilden begann, bereitete sich in der Schweiz eine weitere Loslösung vom römischen Katholizismus vor: Huldreich Zwingli (1484 - 1531) und später Johannes Calvin (1509 - 1564) führten die schweizerische protestantische Reformation an, die auf die weitere Entwicklung des Protestantismus einen entscheidenden Einfluß nehmen sollte. Die schweizerische und die deutsche Bewegung gingen dabei jedoch getrennte Wege, da Luther und Zwingli bzw. Calvin über die ritualistische Feier des Abendmahls - des Sakraments der Eucharistie - geteilter Meinung waren. Während die Schweizer auf einer rein symbolischen Auffassung des Abendmahls bestanden, blieben die Lutheraner bei dem Glauben, daß das Feiern dieses Sakraments einen mystischen Charakter habe und Leib und

Blut Christi im unverwandelten Brot und Wein real gegenwärtig seien. Aufgrund dieser und weiterer Differenzen zwischen Luther und Zwingli bzw. Calvin spaltete sich der frühe Protestantismus in die lutherische und die „reformierten“ Kirchen.

In einer allgemeinen Kirchensynode von 1523 setzte sich Zwingli für das Primat der Heiligen Schrift als Grundlage der Wahrheitsfindung ein und sprach sich gegen sämtliche kirchlichen Praktiken und Befugnisse aus, die nicht in der Bibel verzeichnet sind oder zu ihr im Widerspruch stehen. Zwingli war damit der erste Protestant, der die Heilige Schrift als alleinige Basis der Wahrheitsfindung betrachtete. Auch unter protestantischen Fundamentalisten der USA ist es heutzutage üblich, die Bibel als Wort Gottes für unantastbar zu halten. Man fragt sich in diesem Zusammenhang, ob Zwingli oder den betreffenden Fundamentalisten wohl bekannt war bzw. ist, daß das Alte Testament (von den Juden) und das Neue Testament (von den paulinischen Katholiken) stark bearbeitet wurden.

Protestantische Religionsgemeinschaften, die sich in späteren Zeiten herausbildeten, motivierten ihre Loslösung indes nicht immer mit geistlichen Belangen. So war einer der Hauptgründe für die Errichtung der anglikanischen Kirche (die wiederum die Gründung der amerikanischen Episkopalkirche nach sich zog) der Unwille König Heinrich VIII gegen den Papst, der ihm die Scheidung von seiner spanischen Gemahlin katholischen Glaubens verwehrte.

So läßt sich in der Christenheit seit Jesu Tagen eine Spaltung nach der anderen verfolgen. All diese Brüche könnten letztlich ohne Belang sein - wären da nicht jene Kriege, die „Christen“ gegen andere „Christen“ u.a. im Namen eines religiösen Anliegens führten und führen, samt ihrem Rattenschwanz aus Schrecken, Schmerzen und Tod. Der dreißigjährige Krieg (1618 - 1648), in dem sich Katholiken und Protestanten gegenseitig zerfleischten, mag hierfür als Beispiel genügen.

Wie sieht es nun heute mit Jesu Leben und Lehre aus - nach fast 2000 Jahren Bearbeitung und Modifizierung aus politischen und religiösen Gründen? Wieviel wissen heutige Christen und Nichtchristen noch über diesen Mann aus Palästina? Nach Schätzung mancher Bibelgelehrter sind in der Heiligen Schrift nicht mehr als fünf Prozent seiner tatsächlichen Lehren zu finden.(13) Eine völlig andere Darstellung von Jesu Leben und von den Wurzeln des Christentums, die auf den klassischen christlichen sowie den apokryphischen (verborgenen) Schriften aufbaut (letztere wurden auf den frühen ökumenischen Kirchenkonzilien verworfen und verboten), verdanken wir den Schriftstellern Baigent et al.(14). Baigent et al. nennen die Darstellung, die die kanonischen Evangelien von Jesus und seinem geistlichen Amt geben, „märchenhaft":

> Die Evangelien sind von reiner, mythischer Einfachheit. Sie schildern eine auf das Allerwesentlichste reduzierte Welt von zeitlosem, archetypischem, fast märchenhaftem Charakter...(15)

Baigent et al. zufolge würden die meisten Christen dabei die märchen- und disneylandhafte Jesusversion der biblischen Evangelien sogar vorziehen. Manche Bibelgelehrte seien - oftmals unter Berufung auf neu entdeckte Dokumente wie die 1947 gefundenen Qumran-Rollen, im übrigen zu genauso radikalen Schlußfolgerungen über Jesus und die Anfänge des Christentums gelangt wie sie selbst, ihre Ideen wären jedoch nie zur breiten Öffentlichkeit durchgedrungen.

Auf der Basis einer Fülle von historischen Dokumenten und mit einem kräftigen Schuß fundierter Spekulation zeichnen Baigent et al. einen hebräischen Messias, der stärker politisch ausgerichtet ist als der mystisch-mythische Jesus, der sich in den Evangelien porträtiert findet. Jesus hätte sich, nachdem er verkündet hatte, der jüdische Messias aus dem Geschlechte Davids zu sein, an die Wiederherstellung des hebräischen Staates gemacht, der vom Römischen Reich im Jahre 63 v. Chr. erobert und annektiert worden war. Der Jesus von Baigent et al. war dabei ein verheirateter Mann mit Kindern, der nicht am Kreuz starb, sondern die Kreuzigung überlebte (und anschließend mit seiner Familie eventuell nach Europa entkam). Der göttliche, fiktive Charakter des biblischen Jesus ist Baigent et al. zufolge zum großen Teil das Resultat der Bemühungen von Paulus und anderen, eine Weltreligion zu erschaffen, indem sie Jesus gewisse fiktive Eigenschaften der Götter schon existierender Religionen einverleibten. So sei in vielen Glaubenslehren, mit denen Jesus und das paulinische Christentum in Wettbewerb treten sollten, Gott aus einer Jungfrau geboren worden - und demgemäß hätte Paulus diese Idee in das Christentum übernommen. Eine Religion, die in dieser Weise die Herausbildung des christlichen Glaubens als geschlossenes System besonders stark beeinflußt habe, sei der sogenannte Mithras-Kult - die Religion von Mithra, dem kultischen Gott des alten Persiens und Indiens, der auf das sechste vorchristliche Jahrhundert zurückgeführt wird. Der Mithras-Kult wurde zur Weltreligion und war bis zum zweiten nachchristlichen Jahrhundert eine der verbreitetsten Glaubensrichtungen des Römischen Reiches. Baigent et al. schreiben, daß der Mithras-Kult

> ...eine Apokalypse, ein Jüngstes Gericht, eine Auferstehung des Fleisches und eine Wiederkunft von Mithra postulierte, der schließlich das Prinzip des Bösen überwinden würde. Mithra soll in einer Höhle oder Grotte geboren worden sein, wo er von Schäfern betreut und mit Geschenken bedacht wurde. Die Taufe spielte in den Riten des Mithra-Kultes eine hervorstechende Rolle. Gleiches gilt für die Kommunion...(16)

Selbstredend fanden Baigent et al.s Gedanken bei tiefgläubigen Menschen, deren Religiosität in der herkömmlichen Sicht von Jesus und dem Christentum wurzelt, keine begeisterte Aufnahme. Auch ich schließe mich ihren komplexen und gleichzeitig faszinierenden Gedankengängen über Jesus und das frühe Christentum nicht an, da in diesem Bereich einfach zu viele unbekannte Faktoren existieren. Dennoch legen Baigent et al.s Thesen in Verbindung mit den anderen Informationen dieses Kapitels in jedem Fall die Vermutung nahe, daß sich das Erscheinen von Jesus und die Entwicklung des Christentums völlig anders abgespielt haben, als es im Neuen Testament dargestellt wird. Historische Indizien lassen nämlich vermuten, daß das frühe Neue Testament schlicht ein Produkt einer kleinen Gruppe Pauliter war (die später als römische Katholiken bekannt wurden), die in diesem Werk nach Maßgabe ihrer persönlichen Vorlieben und Anschauungen Hinzufügungen und Streichungen vornahmen und dabei versuchten, eine lebensfähige Weltreligion zu formen, die unter der damaligen Bevölkerung des östlichen und zentralen Mittelmeergebiets auf breite Zustimmung stoßen würde. Historischen Indizien zufolge hat das heutige Christentum tatsächlich nur wenig mit dem Mann (oder Männern?) zu tun, der vor fast 2000 Jahren vielleicht (oder vielleicht auch nicht) in Palästina geistige Wahrheiten verkündete.

Wie sieht es nun mit einer der wichtigsten Hypothesen dieses Buches aus - daß sämtliche heutigen Weltreligionen von verschiedenen außerirdischen Gruppierungen, die der Menschheit positiv oder weniger-als-positiv gesinnt waren, gegründet oder verfälscht wurden? Schlagen wir dazu im nächsten Kapitel nach, in dem einige eventuelle extraterrestrische Verbindungen zum Christentum behandelt werden.

1. Z.B. Beare, F. W. 1981. *The Gospel According to Matthew*. Harper and Row, San Francisco.
2. Kersten, H. 1986. *Jesus lived in India*. Element Book Ltd., Shaftesbury, England, S. 25.
3. *Ibid.*, S. 28.
4. DIE BIBEL nach der Übersetzung Martin Luthers, *op. cit.*, 2 Korinther 11: 1-4.
5. Borkamm, G. 1960. *Jesus of Nazareth*. Harper, New York, S. 71.
6. DIE BIBEL nach der Übersetzung Martin Luthers, *op. cit.*, Epheser 2: 3.
7. Kersten, H. 1986. *op. cit.*, S. 213.
8. Baigent, M., R. Leigh und H. Lincoln 1986. *The Messianic Legacy.* Dell Publishing, New York, S. 39-43.
9. *Ibid.*, S. 40.
10. Deardorff, J. W. 1990. *Celestial Teachings*. Wild Flower Press, Tigard, Oregon, S. 45.
11. Kersten, H. 1986. *op. cit.*, S. 215.
12. Bramley, W. 1990. *op. cit.*, S. 133.
13. *Ibid.*
14. Baigent, M., R. Leigh und H. Lincoln 1983. *Holy Blood, Holy Grail*. Dell Publishing; und Baigent, Leigh und Lincoln 1986. *op. cit.*
15. Baigent, Leigh und Lincoln 1986. *op. cit.*, S. 17.
16. *Ibid*, S. 79.

„... ich habe die feste Überzeugung, daß unser Geist ein Wesen ist ganz unzerstörbarer Natur, es ist ein fortwirkendes von Ewigkeit zu Ewigkeit, es ist der Sonne ähnlich, die bloß unseren irdischen Augen unterzugehen scheint, die aber eigentlich nie untergeht, sondern unaufhörlich fortleuchtet.“

Goethe

Kapitel 18

Mögliche extraterrestrische Einflüsse auf das Christentum

Seit den fünfziger Jahren ist in mehreren heute vergriffenen Werken zum Thema „UFO“ (meist nebenbei) angeregt worden, daß Jesus ein nichtirdischer Messias war oder zumindest mit außerplanetarischen Wesen aufs engste zusammenarbeitete.(1) „Konventionelle“ Bibelwissenschaftler hingegen haben meines Wissens noch nie (und sei es nur beiläufig) von Auslegungen der Heiligen Schrift gesprochen, nach denen Außerirdische in das biblische Geschehen verwickelt waren (dies käme auch beruflichem Selbstmord gleich). Dessen ungeachtet deutet vieles darauf hin, daß bei der Genese des Neuen Testaments (wie auch bei der des Alten Testaments) ein ausgeprägter extraterrestrischer Einfluß vorlag.

Dabei drehen sich die Anhaltspunkte dafür, daß Jesus mit Außerirdischen in Zusammenhang stand, vor allem um seine angebliche Jungfräuliche Geburt. In *Extraterrestrials in Biblical Prophecy* gibt G.C. Schellhorn eine eingehende Darstellung der biblischen Ereignisse, die er für Beispiele außerirdischer Einflußnahme hält. So sieht er z.B. nicht nur die jungfräuliche Geburt Jesu als Folge einer extraterrestrischen Genmanipulation an, sondern auch noch zwei weitere außergewöhnliche Geburten, die in der Heiligen Schrift verzeichnet sind - die erste davon Isaaks Geburt in der Genesis. Dessen Eltern Sara und Abraham waren beide fast hundertjährig, und Sara war ihr Leben lang unfähig gewesen, Abraham einen Erben zu schenken. Wie wir schon erfuhren, bekam Abraham Besuch von drei Männern (oder dem Herrn und zwei Engeln oder

Vertretern der sumerischen Anunnaki oder einem Raumschiffkommandanten und zwei Besatzungsmitgliedern oder einer anderen Art Außerirdischen). Als Abraham sie erblickte, erkannte er sogleich, daß sie etwas Besonderes darstellten:

> „..Und als er sie sah, lief er ihnen entgegen von der Tür seines Zeltes und neigte sich zur Erde und sprach: Herr, hab ich Gnade gefunden vor deinen Augen, so geh nicht an deinem Knecht vorüber. Man soll euch ein wenig Wasser bringen, eure Füße zu waschen, und laßt euch nieder unter dem Baum. Und ich will euch einen Bissen Brot bringen, daß ihr euer Herz labet...“(2)

Die Götter nahmen Platz, und während sie Abrahams Gastfreundschaft genossen, erkundigten sie sich nach seinem Weibe Sara. Einer der Fremdlinge sagte:

> ...Ich will wieder zu dir kommen übers Jahr; siehe, dann soll Sara, deine Frau, einen Sohn haben...(3)

Sara, die aus einem nahegelegenen Zelt gelauscht hatte, lachte in sich hinein, da sie sich weit jenseits des gebärfähigen Alters befand. Daraufhin sagte einer der Besucher (jener, den Abraham als „Gott“ identifizierte) im wesentlichen, daß Gott ein Akt, in dessen Folge eine alte Frau einen Sohn zu gebären vermag, ein leichtes sei.

> Da sprach der Herr zu Abraham: Warum lacht Sara und spricht: Meinst du, daß es wahr sei, daß ich noch gebären werde, die ich doch alt bin? Sollte dem Herrn etwas unmöglich sein? Um diese Zeit will ich wieder zu dir kommen übers Jahr; dann soll Sara einen Sohn haben.“(4)

Ein Jahr darauf hatte Sara tatsächlich einen Sohn, Isaak, obwohl sie weit über das gebärfähige Alter hinaus war.

Was die Geburt von Johannes dem Täufer betrifft - die zweite in der Bibel verzeichnete außergewöhnliche Geburt -, so erschien dessen „Vater“, Zacharias, während er sich um priesterliche Pflichten kümmerte,

> ... der Engel des Herrn und stand an der rechten Seite
> des Räucheraltars. Und als Zacharias ihn sah, erschrak
> er, und es kam Furcht über ihn. Aber der Engel sprach zu
> ihm: Fürchte dich nicht, Zacharias, denn dein Gebet ist
> erhört, und deine Frau Elisabeth wird dir einen Sohn
> gebären, und du sollst ihm den Namen Johannes geben.(5)

Der Engel setzte hinzu, daß sein Sohn mit dem Heiligen Geist erfüllt sein werde. Zacharias hatte jedoch Zweifel und „sprach zu dem Engel: Woran soll ich das erkennen? Denn ich bin alt, und meine Frau ist betagt.“(6) Der Engel schlug ihn daraufhin eine Zeitlang mit Stummheit, weil er bezweifelt hatte, daß seine Frau ein Kind gebären würde. Die Bibel erzählt uns ansonsten nur wenig, außer, daß seine Frau tatsächlich empfing und Johannes dem Täufer das Leben schenkte.

Im Falle Jesu schließlich, der aus einem jungfräulichen Mädchen geboren wurde, liefert uns die Bibel klarere Hinweise darauf, daß seine Geburt mittels Genmanipulation herbeigeführt worden sein könnte. „Gott“ sandte einen Engel mit einer Botschaft zu einem jungen Mädchen, Maria, das einem Manne namens Josef anverlobt war:

> „Sei gegrüßt, du Begnadete! Der Herr ist mit dir!
> Sie aber erschrak über die Rede und dachte:
> Welch ein Gruß ist das? Und der Engel sprach
> zu ihr: Fürchte dich nicht, Maria, du hast Gnade
> bei Gott gefunden. Siehe, du wirst schwanger
> werden und einen Sohn gebären, und du sollst
> ihm den Namen Jesus geben. Der wird groß sein
> und Sohn des Höchsten genannt werden; und Gott
> der Herr wird ihm den Thron seines Vaters David
> geben, und er wird König sein über das Haus Jakob
> in Ewigkeit, und sein Reich wird kein Ende haben.

Da sprach Maria zu dem Engel: Wie soll das zugehen, da ich doch von keinem Mann weiß? Der Engel antwortete und sprach zu ihr: Der heilige Geist wird über dich kommen, und die Kraft des Höchsten wird dich überschatten; darum wird auch das Heilige, das geboren wird, Gottes Sohn genannt werden. Und siehe, Elisabeth, deine Verwandte, ist auch schwanger mit einem Sohn, in ihrem Alter, und ist jetzt im sechsten Monat, von der man sagt, daß sie unfruchtbar sei, [denn Gottes Verheißungen erfüllen sich allezeit].(7)

The New English Bible trägt hier eine Fußnote, daß sich dieser letzte Passus auch als "Denn bei Gott ist kein Ding unmöglich" „auslegen" bzw. übersetzen läßt (wie es in deutschen Bibeln auch üblich ist).

Ein simpler Vorgang wie künstliche bzw. *in-vitro*-Befruchtung, bei der ein Ei in einem Reagenzglas ernährt und befruchtet und anschließend in Marias Gebärmutter verpflanzt wird, wäre Außerirdischen mit Sicherheit nicht unmöglich gewesen. Wie schon erörtert, verfügen wir selbst seit den siebziger Jahren über diese Technologie; Außerirdischen, die die Raumfahrt beherrschten, wird sie daher mit Sicherheit ebenfalls zur Verfügung gestanden haben.

Die apokryphischen Schriften, die von der paulinischen Kirche von Rom im Rahmen ihrer verschiedenen Konzilien eliminiert wurden, geben uns eine andere Version von Gabriels Besuch, die ein klareres Bild einer möglichen *in-vitro* oder artifiziellen Befruchtung Marias vermittelt. So sagt Maria im „Marienevangelium" auf die Ankündigung Gabriels, daß sie gebären werde:

> Wie kann das sein? Da ich meinem [Keuschheits]Gelübde gemäß nie geschlechtlichen Kontakt mit einem Manne hatte, wie soll ich da ein Kind gebären können ohne Hinzufügung eines Mannes Samen?(8)

Und der Engel antwortet:

> Denke nicht, Maria, daß du in der gewöhnlichen Art empfangen wirst. Denn ohne mit einem Manne zu verkehren, wirst du als Jungfrau empfangen und Milch aus deinen Brüsten geben. Denn der Heilige Geist wird über dich kommen und die Kraft des Höchsten wird dich überschatten ohne Begierde oder Leidenschaft. Daher wird der, den du gebären wirst, nur heilig sein, da nur er ohne Sünde empfangen wurde, und er soll nach seiner Geburt der Sohn Gottes genannt werden...(9)

Pleiadian Plus zufolge weisen „geistig höherentwickelte“ Wesen ein fundamental anderes genetisches oder DNA-Muster auf als der Großteil der heutigen Menschen. Vielleicht wollte die an Jesu Geburt beteiligte extraterrestrische Gruppe damals sicherstellen, daß der Mensch, der zum künftigen Lehrer des Lichtes ausersehen war, die korrekte genetische Ausstattung erhielt. Und ein Weg, das Erbgut eines von einer Erdenfrau zu gebärenden Kindes zu bestimmen, wäre natürlich die *in-vitro*-Befruchtung gewesen - was für eine humanoide Spezies, der solche Fekundationen in der eigenen Kultur wohlvertraut sind, ein Kinderspiel gewesen sein dürfte.

Zweifellos hat der Leser zwischen den beiden oben zitierten Textstellen - die eine aus einem kanonischen Jesusevangelium, die andere aus einer ausgemerzten Evangeliumsversion -, die ansonsten einander sehr ähnlich sind, Unterschiede bemerkt. Es geht zwar jeweils um dasselbe Ereignis - den ursprünglichen Besuch des Engels Gabriel bei Maria -, aber feine Abweichungen in der Formulierung könnten, wie schon im letzten Kapitel angedeutet, für jene Religion, die zum Christentum werden sollte, einen inhaltsschweren Unterschied bewirken. Die wesentliche Differenz liegt in diesem Fall darin, daß bei Lukas betont wird, daß Jesus aus dem Geschlecht David oder dem hebräischen Messiasgeschlecht stamme, das heißt, einen Stammbaum heiliger weltlicher Könige Israels besitzt. Dem unterdrückten und ausgemerzten Marienevangelium fehlt diese Feststellung.

Die Wahrscheinlichkeit, daß Jesu Geburt durch mindestens eine extraterrestrische Gruppe herbeigeführt oder stark beeinflußt wurde, stützt sich indes nicht nur auf die mögliche *in-vitro-* oder künstliche Befruchtung einer Jungfrau. Als Joseph seine zukünftige Braut abholen gehen wollte und erfuhr, daß sie schon schwanger war, wollte er die Hochzeit natürlich absagen und mit Maria künftig nichts mehr zu tun haben. Doch als er dies noch bedachte,

> siehe, da erschien ihm der Engel des Herrn im Traum und sprach: Josef, du Sohn Davids, fürchte dich nicht, Maria, deine Frau, zu dir zu nehmen; denn was sie empfangen hat, das ist von dem heiligen Geist. Und sie wird einen Sohn gebären, dem sollst du den Namen Jesus geben, denn er wird sein Volk retten von ihren Sünden. Das ist aber alles geschehen, damit erfüllt würde, was der Herr durch den Propheten gesagt hat, der da spricht: Siehe, eine Jungfrau wird schwanger sein und einen Sohn gebären, und sie werden ihm den Namen Immanuel geben", das heißt übersetzt: Gott mit uns. Als nun Josef vom Schlaf erwachte, tat er, wie ihm der Engel des Herrn befohlen hatte, und nahm seine Frau zu sich. Und er berührte sie nicht, bis sie einen Sohn gebar; und er gab ihm den Namen Jesus.(10)

Verschiedenen offiziellen und inoffiziellen Jesusdarstellungen zufolge wurde Jesus in Bethlehem unter verheißungsvollen Umständen geboren. Von den kanonischen Evangelien enthalten Markus und Johannes jedoch keine Darstellung von Jesu Geburt, und auch Matthäus bringt nur einen knappen Hinweis darauf: „Jesus wurde in Bethlehem in Judäa geboren...", während wir von Lukas erfahren, daß Maria in Bethlehem, „... ihren ersten Sohn [gebar] und ihn in Windeln [wickelte] und ihn in eine Krippe [legte]; denn sie hatten sonst keinen Raum in der Herberge."(11) Uns ist also überliefert, daß Jesus in einem Stall geboren und in eine Krippe gelegt wurde. Einige apokryphische Beschreibungen seiner Geburt stellen jedoch fest, daß Jesus in einer Höhle das Licht der Welt erblickte. Bramley zitiert aus einem Werk namens *Infancy* (frühe Kindheit), das die ersten Kirchenväter aus dem Christentum eliminierten:

> Und als sie zu der Höhle kamen, gestand Maria Josef, daß ihre Zeit gekommen sei, und sie konnte zur Stadt nicht weitergehen und sagte: Laß uns in diese Höhle gehen. Zu dieser Zeit war die Sonne fast untergegangen. Doch Josef eilte hinweg, um ihr eine Hebamme zu holen. Und als er eine alte Jüdin sah, die aus Jerusalem stammte, sagte er zu ihr: Bitte komm, gute Frau, und gehe in jene Höhle, wo du eine Frau sehen wirst, die ein Kind gebären soll. Es war nach Sonnenuntergang, als die Greisin und Josef die Höhle erreichten, und sie begaben sich hinein. Und siehe, die Höhle war von Lichtern erfüllt, heller als das Licht von Lampen und Kerzen, und heller als das Licht der Sonne selbst. Das Kind wurde in Windeln gehüllt und trank an der Brust seiner Mutter, der Heiligen Maria.(12)

Bramleys Ansicht nach belegt diese vermutliche High-Tech-Beleuchtung, daß bei Jesu Geburt Menschen zugegen waren, denen eine hochentwickelte Technik zur Verfügung stand.

Auch der Stern von Bethlehem zeigt eine Verbindung technisch oder anderweitig hochentwickelter Menschen mit Jesu Geburt an. Doch auch dieser findet bei Markus und Johannes keine Erwähnung. Lukas erzählt immerhin von einem Besuch bei Schäfern der Umgebung durch Engel, die in hellstes Licht getaucht waren („...und es umstrahlte sie die Herrlichkeit des Herrn...“), doch auch er erwähnt keinen besonderen Stern. Bei Matthäus schließlich erfahren wir, daß ein ungewöhnlicher Stern Weise aus dem „Morgenland“ bis nach Jerusalem geführt hatte, wo sie sich nach dem Aufenthaltsort des Kindes, des künftigen „Königs der Juden“, erkundigten: „...Wir haben seinen Stern gesehen im Morgenland und sind gekommen, ihn anzubeten...“(13) Als Herodes, der zur Zeit von Jesu Geburt regierende Marionettenkönig Judäas, dies hörte, erschrak er. Er konsultierte seine „Hohenpriester und Schriftgelehrten des Volkes...“ und rief die Weisen aus dem Morgenland zu sich, um sie zu fragen, was sie über die Geburt eines neuen Königs der Juden und den erschienenen Stern wüßten. Den Weisen wurde dann aufgetragen, nach dem Kind zu forschen und Herodes von ihren Ergebnissen Bericht zu erstatten.

...Als sie nun den König gehört hatten, zogen sie hin. Und siehe, der Stern, den sie im Morgenland gesehen hatten, ging vor ihnen her, bis er über dem Ort stand, wo das Kindlein war. Als sie den Stern sahen, wurden sie hoch erfreut...(14)

Die Weisen betraten das Haus, über dem der „Stern" offenbar schwebte, fanden dort das Jesuskind, überreichten ihre Gaben

...und Gott befahl ihnen im Traum, nicht wieder zu Herodes zurückzukehren; und sie zogen auf einem andern Weg wieder in ihr Land. (15)

Der Stern von Bethlehem, der die Weisen aus dem Morgenland geführt haben soll, wird wissenschaftlicherseits natürlich als Erfindung abgetan und mit einem sehr hellen, explodierenden Stern oder einer anderen „Naturerscheinung" wegerklärt. In christlichen Kreisen wiederum wird seit jeher zumeist angenommen, daß der Stern von Gott erschaffen wurde und damit eine übernatürliche Erscheinung darstellte. Seit Anbruch der „UFO-Ära" wiederum ist wiederholt spekuliert worden, daß es sich bei dem Stern um eines der UFOs gehandelt haben könnte, die heute immer wieder gesichtet werden - eine „fliegende Untertasse". Schellhorn macht darauf aufmerksam, daß neue

...helle Sterne nicht einfach am Himmel auftauchen, aber Raumschiffe. Sterne führen auch keine Menschen. Aufgrund der Drehung der Erde um die eigene Achse scheinen sie sich zwar in der Tat fortzubewegen - doch sie bleiben nicht plötzlich stehen und verharren bewegungslos über einer Stadt oder einer Krippe. Ein Raumschiff kann dies natürlich...(16)

Laut Bramley findet sich die Vermutung, daß der Stern von Bethlehem ein außerirdisches Raumschiff war, vor allem durch die apokryphischen Schriften erhärtet. Er zitiert eine solche Schrift, das sogenannte Protevangelium, in dem einer der Weisen erklärt:

> Unter all den Himmelsgestirnen erblickten wir ein außerordentlich großes, das die anderen dergestalt überstrahlte, daß sie darob unsichtbar wurden... So machten sich die Weisen denn auf den Weg, und siehe, der Stern, den sie gen Osten sahen, zog vor ihnen her, bis er zu der Höhle kam, wo das Kindlein mit seiner Mutter Maria weilte, und blieb dort stehen.(17)

Was uns in dieser Weise über Jesu Empfängnis und Geburt wie auch die Flucht nach Ägypten (auf der die Heilige Familie von „Engeln" geleitet wurde) überliefert ist, deutet klar auf eine Beteiligung (mindestens) einer nichtirdischen Gruppe an dem Jesusdrama. Menschen, die ein solches Szenario für denkbar halten, lassen sich heute grob gesagt in zwei Kategorien unterteilen: einmal in jene, die das ganze von regressiven Außerirdischen inszeniert glauben, um geistige Wahrheiten zu verfälschen und uns weiter in religiöser Hinsicht zu zersplittern. Und dann in jene, die Jesus für ein Produkt geistig höherentwickelter, progressiver Außerirdischer halten, dessen Leben und Lehre im nachhinein von regressiven Außerirdischen mit Hilfe verleiteter Menschen fast bis zur Unkenntlichkeit entstellt wurden.

Daß Lehre und Leben Jesu stark entstellt wurden, kann, wie wir schon sahen, keinem Zweifel unterliegen. Wie wir gesehen haben, läßt sich der Jesus der verfügbaren Jesuschroniken wissenschaftlich in verschiedenster Weise interpretieren - von einem im wesentlichen politischen und sehr menschlichen jüdischen Messias bis zu einem Sohn des Allmächtigen.(18) Es ließe sich natürlich argumentieren (und wurde auch argumentiert), daß die Menschheit mit ihren mitunter rücksichtslos verfolgten Zielsetzungen keinerlei Hilfe regressiver Außerirdischer benötigt, wenn es um die Verfälschung all dessen geht, was nach geistiger Wahrheit klingt. Dennoch sollten wir die Indizien nicht vergessen, denen zufolge bei vielen, wenn nicht sogar den meisten Ereignissen der menschlichen Geschichte tatsächlich ein extraterrestrischer Faktor im Spiel ist.

Wir besprachen schon verschiedene irdische und esoterische Quellen, denen zufolge regressive Außerirdische am Jesusdrama beteiligt waren. In Kapitel 12 erfuhren wir z.B., daß Außerirdische, die sogenannten Grauen,

Mitarbeitern der U.S.-Geheimregierung gegenüber behauptet haben sollen, die Menschheitsgeschichte mittels Geheimbünden, magischen Praktiken und organisierter Religionen „hinter den Kulissen“ manipuliert zu haben. Cooper zufolge erzählten die Fremden der Geheimregierung des weiteren, daß sie u.a. die Ereignisse im portugiesischen Fatima zu Beginn dieses Jahrhunderts auf holographischem Wege erzeugt hätten, und wiesen „ein Hologramm vor, das angeblich die Kreuzigung Christi darstellt.“(19) Dieses Hologramm sei von der Geheimregierung sogar auf Film gebannt worden. Auch die Pleiadian-Plus-Gruppe erklärt, daß eine der - parallelen - Realitäten der Kreuzigung Jesu aus einer holographischen Einblendung bestand!(20)

Was die Verfälschung eventueller wirklicher Lehren Jesu betrifft, so ist mir kein greifbarer Beleg dafür bekannt, daß irgendwelchen Personen extraterrestrische Botschaften zugingen, die später in solchen Verfälschungen resultierten. Da Paulus jedoch zu der Gestaltung der paulinischen Kirche von Rom, die die geistigen Lehren Jesu sämtlich verändert und zum Teil sogar unterdrückt zu haben scheint, einen so wesentlichen Beitrag leistete, liegt die Vermutung nahe, daß er selbst oder einer seiner engsten Jünger mit regressiven Außerirdischen in Verbindung stand. Ich besitze allerdings keine Belege dafür, daß er progressiven oder regressiven Wesen als Channel diente - doch legt ein Passus aus dem ersten Brief an die Korinther nahe, daß er über solche Übermittlungen Bescheid wußte und sie schätzte. Er spricht darin zu seinen korinthischen Bekehrten über die „Gaben des Geistes“:

> In einem jeden offenbart sich der Geist zum Nutzen aller; dem einen wird durch den Geist gegeben, von der Weisheit zu reden; dem andern wird gegeben, von der Erkenntnis zu reden, nach demselben Geist; einem andern Gaube, in demselben Geist; einem andern die Gabe, gesund zu machen, in dem einen Geist; einem andern die Kraft, Wunder zu tun; einem andern prophetische Rede; einem andern die Gabe, die Geister zu unterscheiden... (21)

Angesichts der von Paulus begründeten hochgradig hierarchisierten Kirche und der mit seiner Hilfe unterdrückten gnostischen Interpretationen der

Lehren Jesu muß man sich da doch fragen, ob Paulus wohl selbst imstande war, „die Geister zu unterscheiden".

Auch bei der Einstellung der Christenverfolgung durch das Römische Reich und der darauffolgenden Konsolidierung der weltlichen Macht der Kirche von Rom könnte der Einfluß „übernatürlicher" Wesen zum Tragen gekommen sein. Wie wir schon erfahren haben, untersagte Konstantin I. im Jahre 313 die Verfolgung jeglicher Form von Monotheismus in seinem Reich. 312 hatten er und seine Anhänger gegen Maxentius und dessen Gefolgsmänner um den kaiserlichen Thron von Rom gekämpft. Kurz vor der Entscheidungsschlacht an der Milvischen Brücke, in der Maxentius' Streitkräfte geschlagen wurden und Maxentius selbst den Tod fand, soll Konstantin der Legende nach ein leuchtendes Kreuz am Himmel erschienen sein, das die Inschrift „In Hoc Signo Vinces („In diesem Zeichen wirst du siegen") trug. Im Anschluß daran soll er die gleiche Vision noch einmal im Traum erblickt haben. Schellhorn zufolge beruhen die im Alten und Neuen Testament verzeichneten prophetischen Träume vermutlich auf einer Art telepathischer Übermittlung durch Außerirdische(22) (wofür wir auch schon esoterisches Beweismaterial gesehen haben). In jedem Fall soll Konstantin nach diesem Gesicht und dem darauffolgenden Traum befohlen haben, auf die Schilder seiner Truppen das Kreuzzeichen aufzubringen. Der spätere Sieg seines Heeres wurde daraufhin von den frühen Kirchenchristen als ein göttlich inspirierter, übernatürlicher Triumph des Christentums über das Heidentum gefeiert.(23) Es handelte sich dabei jedoch nicht notwendigerweise um einen Sieg aller Christen, da die Kirche von Rom zu diesem Zeitpunkt bereits wohlorganisiert und damit der eigentliche Sieger war. Wie schon erörtert, organisierte sie im Jahre 325 unter Berufung auf ihre neugefundene Freiheit das ökumenische Konzil von Nizäa, auf dem sie sich daran machte, Jesu Natur „offiziell" festzulegen. Auf diesem und späteren Konzilien wurden dann die gnostischen Auslegungen der Lehre Jesu „offiziell" eliminiert und die „Oberhoheit" der Kirche von Rom in den Kanon aufgenommen. In den Jahren nach Konstantins Vision avancierte Jesus dann von einem hochentwickelten Geisteslehrer, dessen Lehren sich kraft eigener Anstrengung erfahren und umsetzen ließen, „offiziell" zu „Gott", der nur über den „Glauben" und die Kirche erreichbar war.

Wir sprachen schon davon, daß die Mormonenkirche möglicherweise durch regressive Außerirdische unter Zuhilfenahme eines Hologramms gegründet wurde (Kapitel 11) - vermutlich ähnlich denen, die auch bei der Kreuzigung Jesu, bei den von Cooper erörterten Visionen der Kinder von Fatima und evtl. auch bei der Erscheinung Konstantins I. vom Jahre 312 zum Einsatz kamen. So steht nach all den Indizien, die es uns aufzudecken gelang, zu vermuten, daß sämtliche der zahlreichen Spaltungen des Christentums durch die Grauen und andere regressive Außerirdische in die Wege geleitet wurden - u.a. durch Verwendung von Hologrammen, induzierten Träumen und anderen „Inspirations"-Formen sowie natürlich auch durch weitere Varianten ihrer fortgeschrittenen Technik, von denen uns noch nicht einmal die Existenz bekannt ist.

Die wahre Lehre Jesu?

Von Zeit zu Zeit kommen neue Versionen von Jesu Leben und Lehre heraus, die in der einen oder anderen Weise zutreffender und vollständiger zu sein behaupten als die Evangelien des Neuen Testaments. Im neunzehnten Jahrhundert erschien so *The Aquarian Gospel of Jesus the Christ*, die von einem Mann namens Levi verfaßt (gechannelt) wurde. Diese *Aquarian Gospel* soll deshalb eine exakte und lückenlose Wiedergabe des Jesusdramas darstellen, weil sie angeblich der Akashachronik entstammt, jener geheimen, mystischen Niederschrift, die alles in sich begreifen soll, was jemals auf Erden geschehen ist. Außer den offiziellen und apokryphen Evangelien existieren über das Leben Jesu jedoch keine historischen Aufzeichnungen und damit auch keine Möglichkeit, die Echtheit der *Aquarian Gospel* oder anderer angeblich „zutreffenderer" Versionen des Lebens Jesu zu überprüfen. Doch liegen uns zahlreiche schriftliche und mündliche Äußerungen darüber vor, daß die *Aquarian Gospel* viele „aufrüttelnde" spirituelle Lehren enthalte, die zahlreiche Menschen in hohem Maße inspiriert hätten. Die Richtigkeit sämtlicher Einzelheiten von Jesu Leben rückt wohl tatsächlich eher an die zweite Stelle, solange seine Lehren Menschen zu inspirieren und zu einer harmonischeren Lebensführung anzuleiten vermögen. In diesem Sinne möchte ich Ihnen auch eine weitere, unlängst verfügbar gewordene Version des „wahren" Lebens und Lehre Jesu vortragen, die einen dezidiert nichtirdischen „Einschlag" erkennen läßt.

Dieses Werk trägt den Titel *Talmud Jmmanuel* und beansprucht, das wahre Testament Jesu (Jmmanuel) zu sein.(25) Diesem *Talmud* zufolge wurde der Mann, den wir Jesus nennen, durch wohlwollende Plejadier vom Planeten Erra in diesem Sternenhaufen *in vitro* gezeugt und in Marias Gebärmutter verpflanzt. Als Erwachsener führte Jmmanuel (Jesus) dann dem *Talmud* gemäß sein kurzes geistiges Amt im allgemeinen in der Weise aus, wie es in den kanonischen Evangelien geschildert wird. Der *Talmud* behauptet, daß die offiziellen Evangelien stark bearbeitet worden seien und eine solche Fülle von Irrlehren enthielten, daß die wahren Geisteslehren Jmmanuels (Jesu) kaum zu erkennen seien. Der *Talmud* wurde in Altaramäisch verfaßt, der Sprache, die zu Jesu Zeiten in Palästina gesprochen wurde. Sein Urheber sei Jmmanuels (Jesu) Jünger Judas Ischarioth gewesen, der Jmmanuel nicht verriet, wie seit 2000 Jahren behauptet wird, sondern Opfer einer Verwechslung mit einem Juda Iharioth ist, der Jmmanuels (Jesu) wirklicher Verräter war und nicht zu seinen Jüngern zählte. Die Wesenheit, die die Erra-Plejadier Jmmanuel nennen, trug angeblich in der Frühzeit viel zu ihrer geistigen Entwicklung bei und wird von ihnen verehrt.

Die Schriftrollen, auf die der *Talmud Jmmanuel* geschrieben war, wurden 1963 von Eduard „Billy“ Meier entdeckt, jenem Schweizer, der, wie schon erörtert, nach eigener Aussage in den sechziger und siebziger Jahren zahlreiche Kontakte mit den „Schweizer Plejadiern“ hatte. Er fand diese Schriftstücke, die in konservierendes Harz eingegossen waren, gemeinsam mit einem Freund, dem griechisch-orthodoxen Priester Isa Rashid, unter einer Felsplatte in jenem Grab, in das Jesus (Jmmanuel) nach der Kreuzigung verbracht worden sein soll. Einige dieser Schriftrollen übertrug Rashid in die deutsche Sprache und händigte sie Billy Meier aus. Die restlichen blieben leider unübersetzt - zum einen, weil Teile davon zerfallen und völlig unleserlich waren und manche offensichtlich auch fehlten(26), zum anderen, weil Rashid und seine Familie 1974 unglücklicherweise auf der Flucht vor einem israelischen Angriff auf ein libanesisches Flüchtlingslager, in dem sie damals lebten, den Tod fanden, bevor Rashid die Gelegenheit gefunden hatte, die Übersetzung fertigzustellen. Während dieser Offensive gingen die Schriftrollen entweder verloren oder wurden zerstört. Zum Zeitpunkt seines Todes hatte Rashid nur etwa ein Viertel des Gesamttextes übersetzt.(27)

So bleibt die Echtheit dieses möglicherweise wahren Testaments von Jesus (Jmmanuel) selbst für jene von uns dahingestellt, denen die historische Präsenz von Außerirdischen geläufig ist. Aber schon das in dem erhalten gebliebenen Teil des *Talmud* enthaltene Testament Jmmanuels (Jesu) ist bemerkenswert und hat es meines Erachtens verdient, sowohl von Bibelwissenschaftlern als auch von der Öffentlichkeit einer eingehenden Prüfung unterzogen zu werden.

Prof. James Deardorff, ein ehemaliger Forscher und Dozent im Bereich der Meteorologie und der Klimatologie, behauptet in seinem Buch *Celestial Teachings*, daß der *Talmud Jmmanuel* möglicherweise jenes Testament darstelle, das der Verfasser des Matthäusevangeliums als eine Art Schablone benutzte. So behandele der uns überkommene Teil des *Talmud* einen großen Teil des Matthäus-Materials sowie einige andere Themen. Auch die inhaltliche Gliederung von Matthäus und *Talmud* stimmten weitgehend überein. Laut Deardorff sind 21 Prozent der Verse des *Talmud* bedeutungsmäßig mit jenen von Matthäus nahe verwandt; weitere 23 Prozent der Verse der zwei Testamente ließen sich als quellenverwandt, also als Verse verwandten Ursprungs und Wortinhalts (Kognate)„ erkennen. 3,1 Prozent der Verse des *Talmud* seien schließlich quellenverwandt mit Versen aus Lukas, Johannes und der Apostelgeschichte.(28)

Diese Kognate, vor allem jene des Matthäusevangeliums, ähneln zwar dem *Talmud* in Form und Wortlaut, sind jedoch bedeutungsmäßig (zuweilen völlig) verschieden. Deardorffs Ansicht nach legen die Verse mit verändertem Sinngehalt die Vermutung nahe, daß der oder die Urheber des Matthäusevangeliums Textstellen, die ursprünglich dem *Talmud* entstammten, veränderte(n), um sie so den eigenen Absichten anzupassen. Einer der Hauptgründe für Korrekturen dieser Art sei der gewesen, Jmmanuel (Jesus) von dem Weisheitslehrer, als der er im *Talmud* porträtiert wird, in einen Gott - eine Kultfigur - zu verwandeln. Als Beispiel zitiert Deardorff folgenden Passus aus Matthäus:

> Mt 13:19-23 „Bei jedem, der das Wort vom Reich Gottes hört und es nicht versteht, da kommt der Böse und reißt das aus, was in sein Herz gesät ist; bei diesem ist der Same auf den Weg daneben gefallen...

> Wo aber auf den guten Boden gesät worden ist, das bedeutet einen solchen, der das Wort hört und auch versteht; dieser bringt dann auch Frucht...
> (Die Heilige Schrift, Deutsche Bibelgesellschaft)

und das Kognat aus dem *Talmud Jmmanuel*:

> TJ 15:36-41 „Wenn jemand das Wort der Wahrheit, des Geistes und der Gesetze hört und nicht versteht, so kommt der Arge und reißt hinweg, was da gesät ist in seinen Verstand; das ist der, bei dem an den Weg gesät ist...Bei dem aber in das gute Land gesät ist, das ist der, der das Wort aufnimmt und die Wahrheit sucht und findet, so er nach den Gesetzen der Wahrheit leben kann; so er die Frucht wachsen und reifen läßt und reiche Ernte bringt; und der eine trägt hundertfältig, der andere sechzigfältig, der andere dreißigfältig.

Deardorff zitiert dann eine kritische Rezension des Matthäusevangeliums durch einen Bibelwissenschaftler, in dem dieses Matthäus-Gleichnis als unverständlich bezeichnet wird, und weist darauf hin, daß das Gleichnis in der Form, in der es im *Talmud* erscheint, vom logischen wie spirituellen Standpunkt aus verständlicher ist:

> ... Hier wie anderswo hat der Verfasser (von Matthäus) das Wort „Geist" mit „Reich Gottes" ersetzt und „Wahrheit" gestrichen. Wiederum mutmaßen wir, daß er Christen dazu ermuntern wollte, die Lehren der Kirche vom Reich Gottes unreflektiert zu übernehmen, statt sich zur Wahrheitsfindung auf den eigenen Geist zu stützen. Natürlich konnte er nicht schreiben, daß das Wort der Wahrheit jenes der christlichen Kirche und ihrer im Entstehen begriffenen Bibel war, da sein Evangelium angeblich vor der Ausbildung der Kirche verfaßt wurde - so mußte er „Wahrheit" tilgen. (29)

In sämtlichen quellenverwandten Versen zeigt sich der Jmmanuel des *Talmud* logischer als der Jesus des Matthäusevangeliums. Als Beispiel bringt Deardorff zwei weitere Kognate:

> Mt. 5:3 „Selig sind, die da geistlich arm sind, denn ihrer ist das Himmelreich.“
>
> (DIE BIBEL n.d. Übers. Martin Luthers)
>
> TJ 5:3 „Selig sind, die geistig reich sind und die Wahrheit erkennen, denn das Leben ist ihrer.“

und:

> Mt 5:5 „Selig sind die Sanftmütigen; denn sie werden das Erdreich besitzen.“
>
> (DIE BIBEL n.d. Übers. Martin Luthers)
>
> TJ 5:5 „Selig sind die geistig Ausgeglichenen, denn sie werden das Wissen besitzen.

Deardorff folgert dann unter Berufung auf Bibelgelehrte, die den *Talmud* als “ufoisiertes“ Werk vermutlich nicht einmal mit der Feuerzange anfassen würden, daß der *Talmud* logischer sei und schlicht und einfach mehr Sinn mache als Matthäus.(30) Deardorff schließt, daß der Jmmanuel des *Talmud* im Vergleich zum Jesus der Kanon-Evangelien „...viel mehr Wissen vermittelte und logischer, prophetischer und provokanter war. Vor allem unterstrich und demonstrierte [Jmmanuel] die Existenz und Macht des eigenen Geistes...“(31)

Deardorff zufolge gäbe der *Talmud* einen guten Kandidaten für einen „Proto-Matthäus“ bzw. eine Vorlage ab, aus der die synoptischen Evangelien Matthäus, Markus und Lukas ab etwa 100 n.Chr. kompiliert worden sein könnten.

Die „UFO“-Verbindung zu Jmmanuel tritt im *Talmud* deutlich hervor. Nach der Taufe Jmmanuels durch Johannes den Täufer

> ...stieg er alsbald aus dem Wasser des Jordans; und siehe, da fiel ein metallenes Licht aus dem Himmel und stürzte über den Jordan. Also fielen sie alle auf ihr Angesicht und gruben es in den Sand, derweil eine Stimme aus dem metallenen Lichte sprach: „Dies ist mein lieber Sohn, an welchem ich Wohlgefallen habe; er wird der König der Wahrheit sein, durch die sich die irdischen Menschengeschlechter zu Wissenden erheben sollen." Siehe, nach diesen Worten begab sich Jmmanuel in das metallene Licht, das unter Feuer und Rauch in den Himmel stieg und über das leblose Meer hinwegglitt, so also das Singen des metallenen Lichtes bald verstummte. Danach ward Jmmanuel vierzig Tage und vierzig Nächte nicht mehr gesehen.(32)

Hier unterscheidet sich die Fassung des *Talmud* grundlegend von der der Evangelien. Bei Matthäus lesen wir:

> ...Und als Jesus getauft war, stieg er alsbald herauf aus dem Wasser. Und siehe, da tat sich ihm der Himmel auf, und er sah den Geist Gottes wie eine Taube herabfahren und über sich kommen. Und siehe, eine Stimme vom Himmel herab sprach: Dies ist mein lieber Sohn, an dem ich Wohlgefallen habe."

Jesus wurde dann vom Geist in die Wüste geführt, damit er vom Teufel versucht würde. Und er [fastete] vierzig Tage und vierzig Nächte...(33)

Während der Jesus der Evangelien fastete und vom Teufel versucht wurde, brachten Schutzengel - die Himmelssöhne - den Jmmanuel des *Talmud* an einen unbekannten Ort, wo „...sie ihn die Weisheit des Wissens lehrten."(34)

Zwischen dem Jesus der Evangelien und dem Jmmanuel des *Talmud* gibt es noch zahlreiche weitere Unterschiede. Der grundlegendste davon besteht darin, daß letzterer die Kreuzigung überlebte, aus Palästina entkam und zu guter letzt in Indien landete, wo er bis zu seinem Tode noch viele Jahre lebte und lehrte. - Ich kann mir natürlich lebhaft vorstellen, welchen Schock (und welch ungläubige Empörung) die vorstehende Behauptung in den meisten Christen auslösen wird. Doch sei an dieser Stelle darauf verwiesen, daß schon lange vor der englischsprachigen Veröffentlichung des *Talmud Jmmanuel* im Jahre 1992 Bibelgelehrte und christliche Theologen, die ihre Forschung ausschließlich auf „irdische Quellen" stützten, sich mitunter dahingehend geäußert haben, daß Jesus nicht am Kreuz starb und in den darauffolgenden Jahren in Indien lebte. Baigent, Leigh und Lincoln machen z.B. darauf aufmerksam, daß es ungewöhnlich war, daß ein nach der römischen Sitte der Kreuzigung Hingerichteter in wenigen Stunden verschied. Normalerweise überlebte ein nach dem römischen Verfahren Gekreuzigter zwei (und zuweilen auch bis zu sieben Tage), bevor der Tod eintrat.(35) So wundert sich Pilatus im Markusevangelium, als Josef von Arimathäa ihn um den Leichnam Jesu bittet, nachdem Jesus erst wenige Stunden am Kreuz gehangen hatte,

> ...daß er schon tot sei, und rief den Hauptmann und fragte ihn, ob er schon lange gestorben sei. Und als er's erkundet hatte von dem Hauptmann, gab er Josef den Leichnam...(36)

Baigent et al., bringen auch Belege dafür, daß die Kreuzigung Jesu nicht eine große öffentliche Veranstaltung auf einem kahlen Hügel namens Golgotha war, sondern „in kleinem Kreis" in einem nichtöffentlichen Garten stattfand. Z.B. beobachteten nach Matthäus, Markus und Lukas die meisten Personen einschließlich der Frauen das Geschehen aus beträchtlicher Entfernung. Baigent et al. sind der Ansicht, daß es sich bei der Kreuzigung Jesu möglicherweise um eine „Schein"-Kreuzigung handelte, bei der Jesus nicht wirklich sterben sollte, bei der jedoch der gegenteilige Anschein erweckt wurde.(37)

Daß Jesus die Kreuzigung überlebte, wird auch von dem deutschen Theologen Holger Kersten in seinem Buch *Jesus lebte in Indien* behauptet und belegt; Kersten liefert auch eine Fülle von konkreten Beweisen dafür, daß Jesus letzten Endes nach Indien ging.(38) Kersten wie Baigent et al. verweisen u.a. auf die „Bibel" der moslemischen Religion - den Koran -, dem zufolge Jesus die Kreuzigung lebend überstand und längere Zeit danach weiterlebte. - Es sei hier noch einmal angemerkt, daß weder

Kersten noch Baigent et al. noch die anderen Bibelgelehrten, nach deren Aussage Jesus nicht am Kreuz verstarb, den *Talmud* kannten oder in ihren Werken einen extraterrestrischen Besuch oder eine solche Präsenz auf Erden in Betracht ziehen.

In jedem Fall sind Jmmanuels Lehren von dem, was im heutigen Christentum - egal welcher Denomination - gelehrt wird, fundamental verschieden. So weicht u.a. sein Gottesbegriff stark von dem der christlichen Religionsgemeinschaften ab. Einmal gelang es Jmmanuel, als er sich mit seinen Jüngern auf einem See befand, einen Sturm zu bändigen. Die Jünger staunten über seine Fähigkeit, einem Sturm auf Befehl Einhalt zu gebieten, und erklärten ihn zum größten Propheten, den sie jemals gekannt hätten.

> Jmmanuel aber antwortete: „Ich sage euch, es gibt größere
> Meister der geistigen Kraft denn mich...
> Und groß sind auch die, die aus dem Weltenraum kamen,
> und der größte unter ihnen ist Gott, und er ist der geistige
> Herrscher der drei Menschengeschlechter.
> Über ihm jedoch steht die Schöpfung, deren Gesetze er
> treulich befolgt und achtet; also er auch nicht allmächtig ist,
> wie es nur die Schöpfung selbst sein kann.
> So sind auch Grenzen gesetzt für ihn, der sich Gott nennen läßt
> und über Kaisern und Königen steht, wie es das Wort besagt.
> Der Mensch aber ist unwissend und unreif, so er also Gott als
> die Schöpfung glaubt und einer irrigen Lehre frönt, wie sie
> die Schriftenverdreher verfälscht haben.
> So der Mensch also an Gott glaubt, weiß er also nicht um die
> Wahrheit der Schöpfung, denn Gott ist Mensch also wie wir.
> Es ist der Unterschied aber, daß er in seinem Bewußtsein
> und Wissen und in der Weisheit, Logik und Liebe tausendfachgrößer ist denn ihr, und größer als alle Menschen der Erde.
> Er ist aber nicht die Schöpfung, die unendlich ist und keine
> Form hat...(39)

Laut Jmmanuels eigenen Worten gab und gibt es also viele "Himmelssöhne" aus dem Weltraum, die größere Meister geistiger Kräfte sind als er selbst. Diese geistig fortgeschrittenen Himmelssöhne einschließlich des uns als Gott bekannten sind Menschen wie du und ich.

Ich fasse die „menschliche" Natur Gottes im obigen Passus so auf, daß die Himmelssöhne humanoid waren, nicht jedoch menschlich in dem engen Sinn, in dem die moderne Wissenschaft den *Homo sapiens* definiert. Genetisch und in anderer physischer Hinsicht unterschieden sich die Himmelssöhne vielleicht sogar erheblich von den Erdenmenschen - ganz sicher aber hinsichtlich ihres Bewußtseins, ihrer Weisheit und ihrer Logik- und Liebesfähigkeit. Die Himmelssöhne sagten Jmmanuel, daß er sich auf einer von ihnen initiierten Mission befände. Und über allen geistig fortgeschrittenen Himmelssöhnen stehe die Schöpfung, „die unendlich ist und keine Form hat...".

Interessant ist auch, was der *Talmud* über die biologischen Ursprünge des Menschen zu sagen hat. In den vierzig Tagen nach seiner Taufe durch Johannes den Täufer lehrten die Himmelssöhne Jmmanuel:

> ... „Menschen sind vom Himmel zur Erde gekommen, und andere Menschen sind von der Erde in den Himmel aufgehoben worden, und die vom Himmel gekommenen Menschen sind lange auf der Erde geblieben und haben die intelligenten Menschengeschlechter gezeugt..."(40)

Jmmanuel wurde gesagt, daß seine Lehre von der Macht des Geistes

> „... zum Wohle der Menschengeschlechter gereichen [soll], doch wird der Weg dahin für sie und für dich sehr schwer sein. Du wirst verkannt und verleugnet werden, denn die Menschengeschlechter sind noch unwissend und dem Wahnglauben verfallen...
>
> Also werden nach Erfüllung deiner Mission Jahrhunderte und zwei Jahrtausende vergehen, ehe die Wahrheit deines unter das Volk gebrachten Wissens von einigen Menschenkindern erkannt und verbreitet werden wird.

Erst zur Zeit der himmelstürmenden Maschinen wird die Wahrheit durchbrechen, und also die irre Lehre langsam ins Wanken geraten, daß du Gottes Sohn oder die Schöpfung wärest.(41)

Ich könnte noch seitenlang aus dem *Talmud Jmmanuel* zitieren, da ich von ihm beeindruckt bin und er fraglos in das Gesamtszenario dieses Buches paßt. Dennoch bin ich nicht bereit, den *Talmud Jmmanuel* für das unzweifelhaft wahre Testament Jesu (Jmmanuels) zu erklären - eben weil mir noch Zweifel verbleiben. Es ist richtig, daß mir Jmmanuels Logik großen Eindruck macht und daß ich zuweilen vom *Talmud* gefühlsmäßig berührt bin... Ebenso stimme ich Deardorff vorbehaltlos zu, daß der Jmmanuel des *Talmud* ein eindrucksvollerer, logischerer und glaubhafterer Lehrer (und Mensch) ist als der Jesus der Evangelien.(42)

Dennoch möchte ich hierzu gleich einige Einwände vorbringen. Zunächst einmal ist das „Jesusphänomen" und die wirkliche Natur der Welt im allgemeinen in so dichten „Nebel" gehüllt, daß die Vorstellung töricht wäre, irgendeine Sicht der „Realität" sei die „richtige". Des weiteren sind da die schon erwähnten ungewöhnlichen Umstände des Auftauchens und Verschwindens des *Talmud Jmmanuel*, die allein schon einen Schatten auf seine Glaubwürdigkeit werfen. Ich stimme James Deardorff zu, daß dieses Werk einen ausgezeichneten „Proto-Matthäus"-Kandidaten abgäbe, auf dessen Grundlage Matthäus geschrieben (und entstellt) worden sein könnte. In seinem sorgfältigen Vergleich des Matthäusevangeliums mit dem *Talmud* schreibt Deardorff, daß es, falls letzterer eine Fälschung sei, sich um eine sehr geschickte handele. Dennoch läßt sich im gegenwärtigen Stadium unserer (Erdenmenschen)-Evolution meines Erachtens die Möglichkeit nicht hundertprozentig ausschließen, daß die „Schweizer Plejadier" oder eine Gruppe regressiver Außerirdischer den *Talmud* für ihre eigenen, unbekannten Zwecke benutzen. Ferner bin ich auch von anderen Theorien bezüglich des historischen Jesus beeindruckt, wie jener von Baigent et al., daß Jesu Familie und eventuell auch er selbst nach der „Kreuzigung" nach Europa gegangen sein könnten.(43) Vielleicht handelt es sich ja bei der Wesenheit Jesus (Jmmanuel) in Wirklichkeit um eine Verschmelzung zweier oder mehrerer Wesen;

wie wir sahen, stellten die Kirchenväter auf dem ökumenischen Konzil von Nizäa im Jahre 325 die wahre Natur Jesu „offiziell“ fest. Wer weiß, was in Israel vor 2000 Jahren wirklich geschah?

Erörterung

Wie beim Judaismus und den anderen Weltreligionen möchte ich auch beim Christentum all das Gute, das daraus gekommen ist, nicht in Zweifel ziehen. Im Laufe der Jahrhunderte haben viele Christen die Liebe Jesu - oder, wie ich es lieber nenne, die Liebe des Göttlichen - gespürt. Zahllose christliche Priester, Nonnen und Durchschnittsmenschen haben sich in Jesu Namen nach besten Kräften darum bemüht, ihren Mitmenschen Liebe und Hilfe zuteil werden zu lassen. Für solche Christen kann man nur Liebe und Achtung empfinden.

Doch ist die Geschichte des Christentums andererseits auch geprägt von Irrlehren und Begebenheiten, in denen Machtmißbrauch betrieben wurde. So mußten Millionen von Menschen in Jesu Namen leiden und sterben - und es ist allerhöchste Zeit, daß diesem Treiben für immer ein Ende gesetzt wird.

Wer die Geschichte des Aufstiegs des Christentums zu einer Weltreligion von nahem betrachtet, muß einfach die Auffassung der heutigen christlichen Religionsgemeinschaften von Jesus und von Gott in Frage stellen. Wie schon erwähnt, ist behauptet worden, daß die „historischen Fakten“ von Jesu Leben zweitrangig seien und nur seine spirituellen Lehren zählten. Doch wie wir demonstrieren konnten, scheint nur ein sehr kleiner Teil der wahren Lehre Jesu in den christlichen Gemeinschaften aller Art erhalten geblieben zu sein.

Wie auch bei den anderen religiösen und säkularen Weltanschauungen, die in diesem Buch zur Sprache kommen, haben wir auch beim Christentum die negativen Seiten auf Kosten der positiven betont - und zwar deshalb, weil wir für unabdingbar halten, daß wir heute, am Ende des zwanzigsten Jahrhunderts, alle etablierten Glaubenslehren im Lichte dessen, was wir jetzt über unsere Ursprünge und unsere Seele lernen, einer kritischen Prüfung unterziehen. Ich hoffe daher sehr, daß Christen jedweder Denomination über das, was in den letzten zwei Kapiteln über die Verfälschung bzw. Eliminierung religiös-spiritueller Wahrheiten im Christentum gesagt wurde, gründlich nachdenken und dann ihre eigenen Nachforschungen zu diesem Gegenstand in Angriff nehmen werden.

Wenden wir uns kurz anderen Weltreligionen zu und prüfen wir, inwieweit in ihnen religiöse Wahrheiten entstellt worden sein könnten.

1. Eine Liste der Titel findet sich in Schellhorn, G. C. 1989. *op. cit.*, Introduction, S. vii-ix.
2. DIE BIBEL nach der Übersetzung Martin Luthers, *op. cit.*, Genesis 18: 2-5.
3. *Ibid.*, Genesis 18: 10.
4. *Ibid.*, Genesis 18: 13-15.
5. *Ibid.*, Lukas 1: 11-13.
6. *Ibid.*, Lukas 1: 18
7. *Ibid.*, Lukas 1: 28-36.
8. Das Zitat aus dem „Marienevangelium“ VII: 16-21, von Bramley, W. 1990. *op. cit.* S. 135.
9. Bramley, W. 1990. *op. cit.*, S. 139.
10. DIE BIBEL nach der Übersetzung Martin Luthers, *op. cit.*, Matthäus 1: 20-25.
11. *Ibid.*, Lukas 2:7
12. Das Zitat aus *Infancy* von Bramley, W. 1990, *op. cit.* S. 137-138.
13. DIE BIBEL nach der Übersetzung Martin Luthers, *op. cit.*, Matthäus 2: 2.
14. *Ibid.*, Matthäus 2: 9-10.
15. *Ibid.*, Matthäus 2: 12.
16. Schellhorn, G. C. 1989. *op. cit.*, S. 253.
17. Protevangelium zitiert in Bramley, 1990, *op. cit.* S. 138-139.
18. Baigent, M., R. Leigh und H. Lincoln 1982. op. cit., und ________ 1886. *op. cit.*
19. Cooper, M. W. 1991. *op. cit.*, S. 213.
20. Marciniak, B. 1990. *op. cit.*, S. 13.
21. DIE BIBEL nach der Übersetzung Martin Luthers, *op.cit.*, 1 Korinther 12: 7-10.
22. Schellhorn, G. C. 1989. *op. cit.*
23. Baigent, M., R. Leigh und H. Lincoln 1986. *op. cit.*, S. 38-39.
24. Levi 1968. *The Aquarian Gospel of Jesus the Christ*. DeVorss & Co., Los Angeles.
25. The of Talmud Jmmanuel
26. *Ibid.,* Vorwort von Eduard Meier, S. 5.
27. Deardorff, J. W. 1990. *op. cit.*, Synopsis, X.
28. *Ibid.*, S. 4.
29. *Ibid.*, S. 152-153.
30. *Ibid.*, S. 115-116.
31. *Ibid.*, S. 233.
32. The Talmud of Jmmanuel, *op.cit.,* 3: 30-34.
33. DIE BIBEL nach der Übersetzung Martin Luthers, *op.cit.*, Matthäus 3: 16-17; und 4:1.
34. The Talmud of Jmmanuel, *op. cit,* 4: 6.

35. Baigent, M., R. Leigh und H. Lincoln 1983. *op. cit.*, S. 353-357.
36. DIE BIBEL nach der Übersetzung Martin Luthers, *op.cit.*, Markus 15: 44-45.
37. Baigent et al. 1983, *op cit.*, S. 352-357
38. Kersten, H. 1986. *op. cit.*
39. The Talmud of Jmmanuel, *op. cit.,* 16: 50-57.
40. *Ibid.*, 4: 27.
41. *Ibid.*, 4: 36, 37, 48, 49.
42. Deardorff, J. W. 1990. *op. cit.*
43. Baigent et al. 1982. *op. cit.*

„Es gibt nur eine Religion, wenn auch in hundert Varianten."
George Bernard Shaw, *Pleasant and Unpleasant*

Kapitel 19

Entstellungen in anderen Weltreligionen

Nachdem wir nun einige Einwände zum Christentum behandelt haben, zu dem sich in seinen verschiedenen Spielarten 1,5 Milliarden Menschen bekennen, und das gleiche mit dem Judaismus mit seinen rund 17 Millionen Anhängern getan haben, wollen wir jetzt einen Blick auf die anderen Hochreligionen der Welt werfen - den Hinduismus, den Buddhismus und den Islam -, um zu sehen, inwieweit es in ihnen zu Verfälschungen gekommen sein könnte. Unsere „Funde" werden wir dann anschließend in gedrängter Form skizzieren. Ich widme diesen insgesamt knapp zwei Milliarden Gläubige zählenden Glaubensbekenntnissen(1) im Vergleich zum Judaismus und vor allem zum Christentum verhältnismäßig wenig Raum - hauptsächlich aus dem Grund, weil ich in ihnen weniger gut bewandert bin. Da ich in einen jüdisch-christlichen Kulturkreis hineingeboren wurde und dort die meiste Zeit meines Lebens verbracht habe, habe ich naturgemäß mehr Zeit auf das Studium der beiden Religionen verwandt, die die Kultur meiner Kindheitsjahre am nachhaltigsten geprägt haben. Dennoch weiß ich genug über den Hinduismus, den Buddhismus und den Islam, um zu erkennen, daß ihre Lehren wie die sämtlicher anderer Glaubensgemeinschaften verfälscht wurden. Ebenso weiß ich genug über Religion im allgemeinen, um zu erkennen, daß sie in all ihren Ausprägungen unsere Achtung verdient. Millionen Menschen leben heute nach ihren Geboten, und Millionen Menschen schöpfen aus ihr Trost und inneres Wachstum. Dennoch möchte ich erneut darauf hinweisen, daß wir uns der Irrlehren in den Weltreligionen bewußt werden müssen, wenn uns unser geistiges Wachstum am Herzen liegt. Wie schon angedeutet, scheinen diese Irrlehren meist vorsätzlich von regressiven Außerirdischen festgelegt und überliefert worden zu sein. Als Menschen des ausklingenden zwanzigsten Jahrhunderts sind wir jedoch in der glücklichen Lage, unsere religiösen und säkularen Weltanschauungen einer kritischen Prüfung unterziehen zu können, um dann das Gute an ihnen zu wahren und all jenes hinauszuwerfen, was unsere Spaltung vertieft oder anderweitig unsere Entwicklung zum Licht und zur Wahrheit hin erschwert.

Hinduismus

Unter „Hinduismus" versteht der Westen die religiösen Glaubensformen und Praktiken, denen die Mehrheit der indischen Bevölkerung anhängt. Weltweit vereinigt er heute rund 700 Millionen Gläubige, von denen die meisten in Indien leben. Er besitzt zwar keinen schriftlich fixierten Kanon, beruft sich jedoch auf mehrere alte Schriften, die Gegenstand ausgiebiger theologischer Kommentierung sind. Die ältesten darunter sind die Veden, eine Sammlung alter Sanskrit-Hymnen, Gesänge und ritueller Formeln, die bei religiösen Zeremonien zu Ehren verschiedener Gottheiten zum Einsatz kommen. Wann die frühen vedischen religiösen Vorstellungen die historische Form des Hinduismus annahmen, ist nicht gesichert, es wird jedoch angenommen, daß dieser Prozeß um das Jahr 1000 v. Chr. seinen Anfang nahm.(2) Die meisten hinduistischen Geisteslehrer betrachten die Veden im übrigen als uralte, wenn nicht gar die ältesten Aufzeichnungen der Welt und datieren sie mindestens vor der Sintflut.

Wir erinnern uns, daß die erste bekannte Hochkultur Indiens, die Harappa- oder Industalkultur, gegen 2400 v.Chr. zu kultureller Blüte gelangte und gegen 1800 v.Chr. erlosch. Altmesopotamischen Texten zufolge wurde sie von den Anunnaki, den außerirdischen Schöpfer-„Göttern" der Sumerer, begründet. Dank archäologischer Funde wissen wir, daß diese erste indische Hochkultur in großem Umfang Körnerfrüchte und Metalle in die altmesopotamischen Kulturen exportierte. Wir erörterten auch schon, daß die Industalkultur vermutlich durch die atomare Intervention einer extraterrestrischen Gruppe ein abruptes Ende nahm. In Mohendjo-daro, der größten Stadt der Kultur, wurden Belege dafür entdeckt, daß diese Stadt einer Atomexplosion zum Opfer fiel.

Nach Ansicht westlicher Historiker fielen dann irgendwann zwischen 1500 und 1200 v.Chr. Volksstämme aus dem Nordwesten, die sogenannten Arier (Sanskrit *arya:* „Edle"), in Indien ein. Wer die Arier genau waren, wird in der Geschichtsforschung weiterhin debattiert; in jedem Fall sprachen sie eine indoeuropäische Sprache, das Sanskrit. Zu den moderneren Mitgliedern dieser Sprachfamilie zählen Griechisch, Latein, Deutsch, Englisch und Persisch. Vielen ist in diesem Zusammenhang auch die rassistische Vorstellung der „arischen Überlegenheit" des hitlerdeutschen Naziregimes ein Begriff, der zufolge Arier nichtsemitische, hellhäutige Menschen sind, die zur Weltherrschaft „auserkoren" oder „erschaffen" seien.

Die hellhäutigen Arier, die also mehrere Jahrhunderte vor Buddhas und Jesu Geburt in Indien eingedrungen sein sollen, erhoben sich dort zur neuen Herrscherschicht und zwangen die ansässige Bevölkerung in untergeordnete Positionen. Sie schufen ein auf Hautfarbe basierendes Kastensystem, in dem sie selbst die höchste Kaste bildeten, die Brahmanen. Im Laufe der Generationen schlichen sich in diese Kaste natürlich auch dunkelhäutigere Gene ein, doch selbst heute noch wird in Nordindien und in Teilen Westindiens das Bild der oberen Kasten durch eher hellhäutige Menschen - angeblich Abkömmlinge der ursprünglichen arischen Invasoren - bestimmt.(3)

Der Hinduismus oder Brahmanismus hatte sich als religiös-politisches System im sechsten Jahrhundert v. Chr. durchgesetzt. Die Herrscher und Priester wurden aus der Brahmanenkaste gewählt. Die größte Entstellung religiöser Wahrheiten kommt im Hinduismus im Kastensystem und seiner speziellen Reinkarnationslehre zum Ausdruck.

Wir erinnern uns, daß der Glaube an aufeinanderfolgende Leben, der 553 auf dem Konzil von Konstantinopel auf ewig aus dem Christentum und Jesu Lehren verbannt wurde, im Hinduismus eine wesentliche Doktrin darstellt. Hindus lernen, daß sie in der Kaste, in die sie hineingeboren werden (also der ihres Vaters), ein Leben lang verbleiben, und daß sie bei Führung eines sittsamen Lebens und Gehorsam gegenüber der herrschenden Kaste in eine höhere Kaste reinkarniert werden können. Die Kastenzugehörigkeit wurde somit zum Maßstab der spirituellen Entwicklung. Die Überzeugung, daß Angehörige niedrigerer Kasten auch seelisch-geistig weniger entwickelt sind als solche höherer Kasten, gab letzteren das Alibi, die untersten Kasten schlecht zu behandeln. So wurden deren Mitglieder, die „Ausgestoßenen" und „Unberührbaren", fast die gesamte indische Geschichte hindurch zur Verrichtung der niedrigsten Dienste gezwungen und mußten ihr Leben in bitterster Armut fristen. Zusätzlich begegnete man ihnen wegen ihrer vermuteten Sündhaftigkeit in einem früheren Leben mit Verachtung und Abscheu. In der ersten Hälfte des zwanzigsten Jahrhunderts wandte sich Mohandas Gandhi dann mit Vehemenz gegen die Diskriminierung der untersten Kasten. Heute ist sie in Indien per Gesetz verboten und das Kastensystem angeblich weniger statisch als früher. Aber wie sich kürzlich in gewalttätigen Auseinandersetzungen und anderen Ausdrücken von Feindseligkeit zwischen den Kasten zeigte, finden die dahinter stehenden Überzeugungen weiterhin breiten Widerhall unter der Bevölkerung.(4)

Neueren Forschungsarbeiten zum Phänomen der Reinkarnation zufolge verkörpert sich der Geist oder die Seele-Wesenheit zum Zwecke des Erwerbens von Lektionen viele Male in der materiell-physischen Ebene. Dabei werden die näheren Umstände der jeweils nächsten Inkarnation einschließlich der Eltern eigenverantwortlich ausgesucht. Das letztendliche Ziel dieser Vielzahl von Lebens-Lektionen liegt darin, bedingungslose Liebe seiner selbst, der anderen Menschen und der gesamten Schöpfung zu erlernen.(5) Falls diese Forschungsergebnisse tendenziell richtig liegen, kann und sollte daher nicht versucht werden, die geistige Entwicklung eines Menschen an Kaste oder gesellschaftlicher Position festzumachen.

Im Hinduismus hingegen gilt jede Kaste als ein unumgänglicher Schritt auf einer kosmischen Stufenleiter. Unter „Arische Glaubensinhalte“ faßt Bramley die Auswirkungen dieses Glaubens an eine „treppenartige“ Reinkarnation auf die geistige Evolution der Inder zusammen:

> ... Der Hinduismus betonte, daß der Aufstieg in die nächsthöhere Kaste in erster Linie durch Gehorsam erwirkt werde. Gleichzeitig hielten die arischen Glaubensinhalte den einzelnen davon ab, praktische Schritte in Richtung auf das eigene Seelenheil zu unternehmen. Damit verschleierte der Mythos von der spirituellen Entwicklung per Kastensystem, daß das eigene Seelenheil mit größter Wahrscheinlichkeit in eben der gleichen Weise erreicht wird wie fast jede andere persönliche Vervollkommnung: durch bewußte Anstrengung

und nicht durch das geheimnisvolle Wirken einer fiktiven kosmischen Leiter.(6)

Bramley zufolge etablierte die sogenannte „Bruderschaft“ nach der Invasion der Arier in Indien eine starke Operationsbasis. Diese „Bruderschaft“ arbeite seit Beginn der menschlichen Kultur mit „Wächtern“ oder nichtirdischen Gruppen zusammen, die die Menschheit zum Zwecke der Kontrolle in spiritueller Unwissenheit halten möchten.(7)

Wie schon angesprochen, ist von mehreren Seiten darauf verwiesen worden, daß in den alten Hindu-Schriften zahlreiche „Götter“ vorkommen, die in ungewöhnlichen, eindrucksvollen „Wagen“ über den Himmel fahren und aus enormen Waffen schießen, welche gewaltige Strahlenbündel aussenden. Und bis heute ist wiederholt behauptet worden - das erste Mal von Däniken in den sechziger und siebziger Jahren -, daß die Veden und andere alte Hindu-Schriften in Wirklichkeit von den Scharmützeln außerirdischer Gruppierungen berichten, die hier ihre zahlreichen Konflikte austrugen.

Zusammenfassend läßt sich feststellen, daß der wichtigste Aufschluß aus diesem Streiflicht auf den Hinduismus der ist, daß auch in dieser Religion die spirituelle Entwicklung ihrer Gläubigen durch Irrlehren (die mit größter Wahrscheinlichkeit von regressiven Außerirdischen propagiert wurden) gelähmt wurde. Dies war auch die wichtigste Einzelheit, für die wir nach Belegen gesucht haben.

Von neuem also lassen wir eine Religion hinter uns zurück, nachdem wir das Schlechte in ihr auf Kosten des Guten betont haben. Lassen Sie uns deshalb noch einmal wiederholen, daß kein Glaube nur schlecht oder nur gut ist. Für Millionen von Menschen war und ist der Hinduismus selbstverständlich eine wunderbare Religion. Dennoch läßt sich auch dieser Glaube noch verbessern. Wenden wir uns einer weiteren Konfession zu, deren Wiege in Indien stand.

Buddhismus

Zu den verschiedenen Strömungen des Buddhismus, der seine Entstehung Gautama Siddharta Buddha (563 - 483 v.Chr.) verdankt, bekennen sich weltweit 320 Millionen Gläubige, die überwiegend in Zentral- und

Südostasien zu finden sind. Siddharta wurde in Nordindien als Sohn eines wohlhabenden Landbesitzers und Herrschers in eine hohe Kaste (Kschatrija) geboren, wo er ein bequemes, behütetes Leben führte, bis er im Alter von 29 Jahren das Leid und die Vergänglichkeit der menschlichen Existenz entdeckte. Nachdem er erkannt hatte, daß der durchschnittliche Normalzustand des Menschen vielfach ein mehr oder minder elender ist, entschloß er sich, dem Luxusleben zu entsagen und als Asket durch Nordindien zu wandern. Er suchte die Wahrheit mittels spiritueller Erleuchtung und soll für sein asketisches Leben schließlich belohnt worden sein, indem ihm unter einem Bodhibaum „die letzte Erleuchtung" zuteil wurde. Diese verlieh Buddha der Überlieferung zufolge die Kenntnis der kosmischen Prinzipien, auf welche er später den Buddhismus gründete. Er begann daraufhin als Geisteslehrer zu wirken, Schüler um sich zu sammeln und die Inhalte seiner Erleuchtungsvision innerhalb und außerhalb der indischen Landesgrenzen zu verbreiten. Seine Lehre betonte die „rechtschaffene", sanfte, mitleidige Seite des menschlichen Charakters, widersetzte sich dem Kastensystem und unterstützte auch sonst die brahmanischen Lehren nur wenig.

Der Buddhismus gewann in Indien in rascher Folge zahlreiche Anhänger und war dort mehrere Jahrhunderte lang ebenso verbreitet wie der Brahmanismus. Bramley nennt den Buddhismus eine „Nonkonformisten-Religion" - eine jener Glaubenslehren, die von Zeit zu Zeit aufkommen und im Gegensatz zu „Wächterreligionen" den geistigen Wahrheiten sehr nahe kommen. Wie schon erwähnt, nimmt Bramley an, daß Nonkonformistenreligionen letzten Endes durch das Einschleusen von „Wächter"-Ideen, die das geistige Wachstum behindern, von innen ausgehöhlt werden.(8) Er behauptet, daß auch der Buddhismus „...im Laufe der Jahrhunderte zahlreiche Veränderungen erlebte, zersplitterte und verfiel."(9) Siddhartas Lehren seien im Laufe der Jahre verfälscht und mit anderen Ideen verwässert worden. So sei z.B. der Begriff des „Nirwana", wie er vom Gros der heutigen Buddhisten gelehrt wird, völlig entstellt. Die buddhistische Lehre betont ja, daß die physische Existenz notwendigerweise mit Leiden verknüpft ist. Daher, so folgert sie, sei das höchste Ziel eines potentiellen Buddhas (eines Erleuchteten), der Welt der Erscheinungen zu entrinnen und einen Zustand der „glückseligen

Nichtexistenz" zu erreichen - das Nirwana (welches auch mit „Leere" oder „Nichts" übersetzt wurde). In Wirklichkeit, so Bramley, lehrte Buddha, daß wahres Nirwana „... einen Seinszustand bezeichnet, in welchem die Seele die eigene geistige Natur völlig erkannt hat und daher nicht länger wegen fälschlicher Identifizierung mit der Welt der Materie leidet."(10)

Zwischen dem Nirwana-Begriff des heutigen Buddhismus und dem laut Bramley von Siddharta intendierten besteht somit ein grundlegender Unterschied. Ein geistiges Wesen würde sich wohl auch kaum über ein gewisses Stadium hinaus entwickeln können, wenn es seiner physischen Umgebung nicht bewußt bliebe und statt dessen nach einem Zustand der Nichtexistenz strebte.

Islam

Der Islam („Unterwerfung" oder „Frieden mit Gott") zählt heute mehr als 950 Millionen Gläubige, die meisten davon in Nordafrika und Asien. Unter seinen Anhängern, den Moslems oder Muslimen („einer, der sich ergibt"), bestehen zwar zahlreiche politische und religiöse Differenzen, sie sind jedoch in ihrem Glauben an den einen Gott und seinen Propheten Mohammed geeint.

Mohammed wurde um das Jahr 570 herum geboren. Nach seinem Tode im Jahre 632 wurde dem Islam in Arabien eine feste Form verliehen, von wo aus er sich über einen großen Teil der Alten Welt verbreitete. Über Mohammeds Kindheit und frühes Erwachsenenalter ist nur wenig bekannt; im Alter von vierzig Jahren setzte jedoch sein prophetisches Wirken ein, das in der Gründung einer einflußreichen neuen Weltreligion seinen Höhepunkt fand. Nach islamischer Auffassung werden Propheten von Gott gesandt, um dem Menschen göttliche Offenbarungen und Aufklärung über die richtige Lebensführung zukommen zu lassen. Der Mensch fällt jedoch immer wieder von den Lehren der Propheten ab. Trotzdem sendet Gott in seiner Gnade immerwährend neue Propheten. Dem Islam zufolge waren Abraham, Moses und Jesus drei große Propheten dieser Art, die vor Mohammed kamen. Mohammed gilt jedoch als der letzte und größte Prophet, der Islam als die einzige „wahre Religion" und alle Nichtmuslime als „Ungläubige". Falls die Menschen eines Tages vom Islam abfallen, werde die Welt untergehen und ein göttliches Gericht folgen.

Auf die Gläubigen des Islam warte dann der Himmel und auf die „Ungläubigen“ die Hölle.

Islam ist die dritte monotheistische Hochreligion, die Prophezeiungen über das „Zeitenende“, das „Jüngste Gericht“, „Armageddon“ (oder wie immer man den „Weltuntergang“ bezeichnen möchte) enthält. Auch der Judaismus und das Christentum enthalten Endzeit-Prophezeiungen, in denen die „Auserwählten“ oder „Gläubigen“ mit ewiger himmlischer Glückseligkeit belohnt und die „Nicht-Auserwählten“ oder „Nichtgläubigen“ mit einem furchtbaren Los bestraft werden.

Muslimischen Gläubigen aller Varianten ist die Verehrung eines Buches, des Korans, eigen, der als das durch den Propheten übermittelte Wort Gottes gilt. Mohammed zufolge wurden ihm Lehren von Gott durch einen Engel überbracht, der sich Gabriel nannte. Mohammed beschreibt diesen himmlischen Boten im Koran:

> Es ist die Aussage eines vortrefflichen Gesandten, der beim Herrn des Thrones über (große) Gewalt verfügt und Macht (und Ansehen) hat, und dem man dort Gehorsam leistet und Vertrauen entgegenbringt. Und euer Landsmann (Mohammed) ist nicht besessen. Er hat ihn (den vortrefflichen Gesandten) ja am deutlichen Horizont gesehen.(11)

Nach Mohammeds Tod verbreitete sich der Islam rasch durch ganz Westasien und Nordafrika - dies vor allem deshalb, weil schon der Prophet in eigener Person eine „heilige“ Armee aufgestellt und sich zur „Bekehrung“ von Ungläubigen aufgemacht hatte - eine Tradition, die von militanten Muslimen hochgehalten wird. Schließlich erstreckte sich das militante Moslem-Reich von Spanien im Westen über Nordafrika und den größten Teil des Mittleren Ostens bis nach Indien.

Den frühen Muslimen erschien der Koran als alleinige Grundlage des religiösen Lebens unzureichend. Aus diesem Grunde wurde ihm die Sunna beigegeben - eine Sammlung moralischer Aussprüche Mohammeds und Anekdoten über sein Leben, die von Muslimen des neunten und zehnten Jahrhunderts zusammengetragen wurde. Die Sunna besitzt im Islam fast den gleichen Stellenwert wie der Koran und ist seine zweite Hauptquelle religiöser Inspiration. Zu Koran und Sunna gesellt sich als drittes bestimmendes Element das Prinzip des sogenannten *Idschma*. *Idschma* (arabisch: „sich einigen" oder „Konsens") bedeutet im wesentlichen die ewige, universelle und unfehlbare Einigkeit der muslimischen Gemeinschaft in bezug auf sämtliche religiösen Glaubenssätze. Der Koran, die Sunna und der Glaube an die Unfehlbarkeit der moslemischen Überlieferungen bilden somit die Fundamente dieser Religion und tragen dazu bei, sie trotz der zahlreichen ideologischen und politischen Spaltungen der Jahrhunderte zusammenzuhalten.

Die wichtigste davon betrifft die sogenannten Sunniten und Schiiten. Erstere sind zahlenmäßig weit überlegen und praktizieren eine Form des Islam, die näher an dem liegen soll, was der Prophet verkündet hat. Aus diesem Grunde gilt der sunnitische Islam in der Regel als die orthodoxe Lehre. Die Schiiten wiederum spalteten sich im Lauf der Jahrhunderte in zahlreiche Sekten, einschließlich der berüchtigten Assassinen, die gegen die christlichen Kreuzfahrer kämpften und das tödliche Instrument des „einsamen Mörders" entwickelten. Die Assassinen und andere schiitische Sekten sind teilweise für den schlechten Ruf verantwortlich, den der Islam in Europa lange Jahre hindurch und bis heute hatte. Um aus einer Enzyklopädie zu zitieren: „...der Schiismus zeichnete sich immer in besonderem Maße durch Fanatismus und die Verfolgung von Nichtschiiten aus..."(12)

Wie sieht es nun in dieser Religion, der fast eine Milliarde Seelen anhängen, mit der Verfälschung geistiger Wahrheiten aus? Bei aller Achtung vor ihren Anhängern in aller Welt scheint mir die Militanz ihrer Gläubigen seit den Anfängen dieser Glaubensgemeinschaft nicht dafür zu sprechen, daß wir es hier mit der „wahren Religion" zu tun haben - also einer Religion, die dazu beitragen sollte, der Menschheit Licht und Wahrheit zu bringen. Wie schon von dem von Mohammed eigenhändig ausgehobenen Heer vorexerziert, töteten und verstümmelten militante Muslime im Namen der Verbreitung der vermeintlich „wahren Religion" im Laufe der Jahrhunderte unzählige Menschen (und dies in körperlicher wie seelischer Hinsicht). Nach dem Vorbild vieler anderer Glaubenslehren gestand auch der Islam unterworfenen Bevölkerungsgruppen nur selten den Luxus zu (vor allem nicht in den ersten Jahrhunderten seiner Existenz), selber zu entscheiden, ob sie sich ihm ergeben wollten oder nicht. Eroberten Völkern blieb so nur die Wahl zwischen der Annahme des muslimischen Glaubens und der Vernichtung. Es ist zwar mühelos nachvollziehbar, daß gewisse islamische Riten, Bräuche und Lehren Menschen anziehen können; wer jedoch den Grundsätzen der Liebe folgen möchte, kann die Prämisse, daß man sich zum Islam bekehren oder sterben mußte, nicht akzeptieren! Noch könnte er/sie diese „Bekehrungs"-Taktik, die ja auch vom Christentum, vom Judaismus und von einigen weltlichen Ideologien die ganze blutbefleckte Geschichte der Menschheit hindurch praktiziert wurde, bei anderen gutheißen.

Bramley behauptet, daß der Islam lediglich eine weitere Wächterreligion darstelle.(13) Wie schon erörtert, versteht er darunter ein Bekenntnis, das von regressiven Außerirdischen zum Zwecke der Teilung und Kontrolle der Menschheit inspiriert wurde. Seinem Szenario zufolge wäre somit die „Engels"-Erscheinung, die zu Mohammed sprach, entweder von regressiven Außerirdischen fingiert worden, um ihm vorzuspiegeln, daß er die „wahre Religion" erhielt, oder die in den Botschaften des Engels enthaltenen geistigen Wahrheiten wären später entstellt worden.

Doch wie dem auch sei - einem denkenden Menschen, der nicht in einen muslimischen Kulturkreis hineingeboren und von ihm geprägt wurde, könnten bezüglich des islamischen Anspruchs, die „wahre Religion" darzustellen, ernsthafte Zweifel kommen. Schon die oben erörterte ungesicherte Entstehungsweise des Islam (der „Engel", der zu Mohammed sprach) wie auch der militante Charakter des historischen Islam und die bekannte Entstellung einiger Sunnas(14) sprechen gegen die muslimische Forderung, daß sich die gesamte Menschheit dieser Religion verschreiben sollte. Und nur Muslime können an den Grundsatz des *Idschma* glauben - die Vorstellung, daß sämtliche überlieferten Glaubensinhalte und Praktiken des Islam unfehlbar seien.

Entstellung und Weltreligionen

Wir leben in einer Welt der Probleme, in der Umweltzerstörung, Gewaltherrschaft, Hunger, Schmerzen und Leiden aller Art an der Tagesordnung sind. In dieser Situation finden zahllose Menschen Trost und Erleichterung in ihrem Glauben. So habe ich in den letzten Kapiteln zweifellos Millionen Gläubige (des Judaismus, des Christentums, des Hinduismus, des Buddhismus und des Islam) verletzt, ohne daß dies auch nur im geringsten meiner Absicht entsprach. In diesem knappen, „tendenziösen“ Überblick - der die positiven Aspekte bewußt außer acht gelassen hat -, ging es mir nämlich einzig und allein darum, aufscheinen zu lassen, daß sämtliche Hochreligionen Entstellungen und Verfälschungen enthalten. Gleichzeitig habe ich damit auch den Gesamtanspruch meines Buches untermauert - nämlich daß alle bedeutenden religiösen und säkularen Weltanschauungen die Wahrheit über uns entstellen und ohne unser Wissen von regressiven Außerirdischen gefördert wurden und werden, um uns in tiefer Zerrissenheit zu halten.

Ich sagte schon, daß wir als Menschen des ausklingenden zwanzigsten Jahrhunderts die große Chance haben, all unsere Religionen einer kritischen Prüfung unterziehen zu können, um dann das Gute an ihnen zu wahren und all das, was nicht zu unserem Zusammenwachsen und unserer seelischen Aufwärtsentwicklung beiträgt, endgültig zu verwerfen. Es gibt keine „wahre Religion“ - alle Glaubensgemeinschaften enthalten zahlreiche positive Elemente (auf die ich hier jedoch nicht eingegangen bin). Besonders beeindruckt bin ich dabei von gewissen mystischen Traditionen der Weltreligionen - jenen, die die Liebe zu allen Menschen und der ganzen Schöpfung in den Mittelpunkt stellen. Kein Mensch sollte nur deshalb verachtet oder abgelehnt werden, weil er/sie einem bestimmten Glauben (nicht) anhängt. Und Gläubige einer „wahren Religion“ oder einer Anschauung, die sich der Wahrheit nähert, sollten noch nicht einmal Darwinisten und andere Agnostiker verachten oder ihnen ihre Liebe versagen.

Bevor wir uns nun an die Aufgabe wagen, ein der Wahrheit nahekommendes Glaubenssystem zu skizzieren, wollen wir uns Beispiele von Menschen vor Augen führen, „die in der Finsternis wandeln“, um zu zeigen, daß wir den Reptoiden, Grauen und anderen regressiven Außerirdischen nicht die gesamte Schuld für das brutale Verhalten von Menschen gegen ihresgleichen und irdisches Leben im allgemeinen zuschreiben können. Der abträgliche Einfluß regressiver Außerirdischer kann die gewaltige Negativität, die von jeher auf dieser Welt zum Ausdruck gebracht wurde, nicht gänzlich erklären - ein Großteil davon haben die Menschen selbst zu verantworten.

1. Die in diesem Kapitel zitierten Anhängerzahlen der Hochreligionen stammen aus „Major World Religions", San Francisco Sunday Examiner and Chronicle, 29. August 1993, S. A-6.
2. Starr, C. G. 1983. *op. cit.*, S. 166.
3. Bramley, W. 1990. *op. cit.*, S. 108.
4. Moore, M. 1994. „Caste animosity in India breaks into ugly violence." *The San Francisco Chronicle*, 19. Februar, S. A8 und A12.
5. Albertson, M.L. und K.P. Freeman 1988. „Research related to reincarnation." Proceedings of the International Conference on Paranormal Research, Colorado State University, Fort Collins, July 7-10.
6. Bramley, W. 1990. *op. cit.*, S. 109.
7. *Ibid.*, S. 103-111.
8. *Ibid.*, S. 116-118.
9. *Ibid.*, S. 116-117.
10. *Ibid.*, S. 117.
11. *Der Koran* zitiert in Bramley, 1990, *op. cit.* S. 166.
12. *The Columbia Encyclopedia* 1950. *op. cit.*, S. 979.
13. Bramley, W. 1990. *op. cit.*, S. 165-167.
14. *The Columbia Encyclopedia* 1950. *op. cit.*, S. 979.

„Von seiner Familie wurde eine neue Hütte gebaut, die der Schamane mit seiner heiligen Pfeife betrat. Der Weise blies den Rauch in alle vier Winde und bat sie, Josefs Geist zurück in das Land der Geister zu tragen.
Häuptling Joseph, *Thunder Rolling Down from the Mountains* von Diana Yates

Kapitel 20

Die menschliche Unmenschlichkeit

Nicht all unser Verhalten, das statt auf das Licht auf die Finsternis gerichtet ist, können wir den negativen Außerirdischen anlasten. Denken wir in diesem Zusammenhang z.B. daran, in welch verachtenswerter Manier sich Menschen seit jeher gegen „Andersartige" und damit „Unterlegene" verhalten haben - unsere Geschichte bietet ja genügend Beispiele dafür, wie sich Menschen einer Gruppenzugehörigkeit gegen solche einer anderen in der grauenhaftesten Weise gebärdeten. In dieser Hinsicht kommt den regressiven Außerirdischen vielleicht tatsächlich ein gewisser (oder sogar der überwiegende) Teil der Verantwortung zu, da sie es verstanden haben, unsere Konflikte scheinbar endlos zu machen, indem sie uns rassisch, religiös, ethnisch, ökonomisch und politisch gespalten hielten. Dennoch wurden wir von niemandem wirklich dazu gezwungen, bei diesem Spiel mitzuspielen und uns unseren Mitmenschen gegenüber unverständig und mitleidslos aufzuführen. Dessen ungeachtet kennzeichnet diese Unmenschlichkeit des Menschen gegen seinesgleichen den modernen *Homo sapiens* seit alters her - es gibt tatsächlich keinen Zeitpunkt in der menschlichen Geschichte (d.h. seit den Anfängen der sumerischen Kultur vor fast 6000 Jahren), für den sich nicht Beispiele für menschliche Greueltaten zitieren ließen. Manche davon, wie das herzlose Abschlachten der Kanaaniter und anderer Volksgruppen des „Gelobten Landes" durch die alten Hebräer, haben wir hier schon erörtert. Im folgenden wollen wir uns einer weniger weit zurückliegenden, traurig-tragischen Episode der Unmenschlichkeit zuwenden, um langsam das „menschliche Tier" in den Brennpunkt unserer Aufmerksamkeit zu rücken und damit die heimtückischen und unbarmherzigen regressiven Außerirdischen hinter uns zu lassen. Ich tue dies, da ich aufzeigen möchte, daß es letzten Endes nur wir selber sind, die für unsere zwischenmenschlichen Beziehungen die Verantwortung tragen, und daß wir uns erst dann spirituell höherentwickeln können, wenn wir dem Leben im allgemeinen und unseren Mitmenschen im besonderen mit Mitgefühl begegnen.

Ein kurzer Rückblick darauf, wie die Indianer der Great Plains[A1] und ihre Kultur im Westteil der Vereinigten Staaten von der US-Regierung und den ersten weißen Kolonisten ausgerottet und für immer in die Geschichtsbücher verbannt wurden, soll als Beispiel der menschlichen Unmenschlichkeit genügen. Ich habe mich dabei für ein amerikanisches Beispiel entschieden, weil ich selber Amerikaner bin.

Die Zerstörung der indianischen Kulturen der Neuen Welt ist inzwischen zahlenmäßig gut belegt. Als Kolumbus 1492 Amerika „entdeckte", lebten in den Gebieten nördlich des heutigen Mexiko schätzungsweise 900000 Indianer, deren Zahl sich bis 1870 auf (ebenfalls geschätzte) 300000 reduzierte. Diese zahlenmäßige Abnahme war nicht auf die nordamerikanischen Indianerkriege gegen die französische und britische Kolonialregierung und gegen die jungen Länder Kanada und USA zurückzuführen, sondern auf die aus Europa eingeschleppten „Krankheiten des weißen Mannes". Da Pocken, Masern, Cholera und ähnliche Krankheiten im präkolumbischen Amerika unbekannt waren, hatten die Indianer dagegen noch keine entsprechende Immunität (über natürliche Selektion) entwickeln können. Infolgedessen fielen ihnen Hunderttausende von ihnen zum Opfer.(1)

Bei der ersten Fühlungnahme mit den Kolonisten zeigten sich die amerikanischen Ureinwohner meistens freundlich und hießen die Weißen willkommen. Hätten z.B. die englischen Puritaner (Pilger), die 1620 in Massachusetts die erste erfolgreiche Kolonie Nordamerikas gründeten, während ihres ersten Winters keine Unterstützung bei freundlich gesinnten Indianern gefunden, wären sie vermutlich fast ausnahmslos verhungert.(2) Im Laufe der Zeit, in der die Kolonisten immer zahlreicher wurden, immer mehr Straßen durch Indianerland zogen und immer weitere Bäume für immer weitere Siedlungen fällten, wurden die Indianer jedoch gewahr, daß nicht nur ihr Land, sondern auch ihr Lebensstil und vielleicht sogar ihr Überleben auf dem Spiel standen. Von da an nahmen die Beziehungen zwischen ihnen und den weißen Kolonisten feindseligen Charakter an. Verständlicherweise wollten die Indianer das Land, auf dem sie und ihre Vorfahren seit Jahrtausenden gelebt hatten, nicht einfach aufgeben. Die europäischen Siedler wiederum hielten es für das ihre, weil ihnen ein europäischer König darauf einen Freibrief verliehen hatte. Der Hauptgrund jedoch, warum sich die Weißen berechtigt glaubten, den Indianern ihr Land und ihren Lebensstil wegzunehmen, lag darin, daß sie sich ihnen weit überlegen fühlten. Es gab zwar den einen oder anderen, der mit den Indianern sympathisierte und ihre Interessen gleichrangig zu behandeln versuchte - die meisten jedoch betrachteten Indianer als heidnische Wilde. Sie wußten ja noch nicht einmal, wer Jesus war!

Die junge Regierung der Vereinigten Staaten behielt bis zum Jahre 1871 das von Großbritannien und anderen Kolonialregierungen etablierte Vertragssystem bei. Dabei lag für die US-Regierung der wichtigste Zweck von Vertragsabschlüssen mit Indianerstämmen (von denen es zahlreiche gab) jeweils darin, letzteren ihr Land wegzunehmen.(3) Die Indianer wurden so im allgemeinen in Reservationen verlegt, die die Weißen als wertlos erachteten. Auf diese Weise waren die meisten Ureinwohner des amerikanischen Ostens bis zum Jahre 1840 in Reservationen westlich des Mississippi umgesiedelt worden (wenn sie nicht zu den Tausenden zählten, die schon auf den solchermaßen erzwungenen Wanderungen umgekommen waren, die mit unsäglichem Elend für alle Beteiligten einhergingen). Die US-Regierung hatte gehofft, durch diese Verleihung des Landes westlich des Mississippi (mit Ausnahme von Missouri, Arkansas und Louisiana) an dic Indianer das „Indianerproblem“ in den Griff zu bekommen - eine Hoffnung, die sich jedoch als trügerisch herausstellte, da sich schon in den vierziger und fünfziger Jahren des neunzehnten Jahrhunderts erste Weiße in Texas, Oregon, Kalifornien, Nebraska und Kansas niederzulassen begannen. Als z.B. 1848 in Kalifornien Gold entdeckt wurde, erlebte das Land einen wahren Ansturm von Weißen aus aller Welt. Die in jenen Tagen in Kalifornien beheimateten Indianerstämme waren zwar zahlreich, doch jeweils nur von geringer Größe und ebenso mild wie das Klima, in dem sie lebten - kriegerische Traditionen waren ihnen unbekannt. Auf diese Weise hatten die weißen Eindringlinge wenig Mühe, die kalifornische Urbevölkerung zu unterwerfen und schließlich fast gänzlich auszurotten. Die Gebeine inzwischen vergessener Indianerstämme liegen heute meistenteils unter „...Millionen Kilometern zementierter Schnellstraßen, Parkplätzen und Reihenhäusern" begraben.(4)

Die Einstellung der Weißen gegenüber den Indianern blieb, gelinde gesagt, auch weiterhin negativ. Um ein typisches „weißes" Bild von den Indianern wiederzugeben, greife ich auf die Eindrücke einer Engländerin mittleren Alters, Isabella Bird, zurück, die 1873 „Digger Indians" auf einer kalifornischen Zugplattform beobachtete. „Digger Indian" war ein verächtlicher Ausdruck, mit dem Weiße die Indianer Kaliforniens und kalifornischer Nachbarstaaten (Oregon, Nevada, Utah, Arizona und Idaho) belegten, die einen Teil ihrer Versorgung aus ausgegrabenen Wildwurzeln bestritten. Miss Bird war für ihre Epoche eine ungewöhnliche Frau. Sie reiste in abgelegene Weltgegenden wie den amerikanischen Westen und nahm Mühsale und Beschwerden auf sich, zu denen sich sonst kaum ein Globetrotter ihrer Sorte und Zeit herabgewürdigt hätte. Über diese entlegenen Orte schrieb sie dann interessante und wohlformulierte Berichte. Miss Bird bemerkte, daß sich auf der Außenplattform ihres Zuges Indianer befanden:

> Auf den Plattformen der vier Vorderwaggons drängten sich Digger Indians mit ihren Squaws, Kindern und Habseligkeiten - völlige Wilde, die nicht einmal eine eingeborene Kultur zu entwickeln verstehen und unter all den unglückseligen Stämmen, die vor unseren Augen zugrunde gehen, fraglos die heruntergekommensten sind... Sie boten einen abstoßenden, ungepflegten Anblick und wimmelten nur so von Ungeziefer... Ein wahrlich außergewöhnliches Schauspiel inmitten der Zeugnisse einer allumfassenden Zivilisierung...(5)

Miss Bird hatte Indianern gegenüber die gleiche Einstellung wie alle Weißen, die Amerika in der zweiten Hälfte des neunzehnten Jahrhunderts bereisten, ob sie nun englischer, amerikanischer, französischer, russischer oder anderer Nationalität waren. Die Weißen des amerikanischen Westens hatten, von raren Ausnahmen abgesehen, wenig Verständnis oder

Mitgefühl für die Indianer, die vor dem weißen Ansturm ihre Kulturformen, ihren Lebensstil und sogar ihr Leben *en masse* verloren.

Die Indianer der Great Plains (siehe Abb. 20-1) unterschieden sich von den kalifornischen Indianern durch ihre kriegerischen Traditionen. Die Ahnen der Nomadenstämme, die im neunzehnten Jahrhundert in den Great Plains lebten, hatten noch ein paar Jahrhunderte zuvor das Bison zu Fuß gejagt und kaum das Nötigste zum Leben besessen. Von erlegten Bisons (die im amerikanischen Westen *buffalos* hießen) verwendeten sie praktisch jedes Gramm - Fleisch, Fell und Hufe eingeschlossen. Häufig tauschten sie Büffelfleisch und -häute bei den seßhaften Indianern östlich der Plains gegen Mais und andere Feldfrüchte ein. Zu Beginn des achtzehnten Jahrhunderts brachten dann spanische Forschungsreisende das Pferd nach Amerika, dank dessen Hilfe bei Büffeljagd und Wanderung die Plains-Indianer zu relativem Wohlstand gelangten.

Im neunzehnten Jahrhundert waren die Plains-Indianer in mehrere Stämme aufgesplittert, die sich in die vorhandenen Reichtümer teilten - dies waren der Büffel und andere Tiere, die für sie jeweils existentielle Bedeutung besaßen. Im allgemeinen gelang es Stämmen, die miteinander verfeindet waren, einander aus dem Weg zu gehen; gelegentlich kam es jedoch auch zu blutigen Gefechten. Wenn Zusammenstöße dieser Art auch nicht an der Tagesordnung gewesen zu sein scheinen, so lagen die verschiedenen Plains-Indianerstämme doch gewissermaßen in immerwährender Fehde mit irgendwelchen anderen Stämmen.

Die Krieger der Plains-Indianer hatten zur Messung ihres Ansehens untereinander ein „*coups*"-System entwickelt. „*Coups*" wurden nach der Verwegenheit vergeben, die ein Krieger unter Beweis stellte. Der höchstgeschätzte *coup* war z.B. der, einen bewaffneten feindlichen Krieger mit bloßen Händen zu treffen, ohne ihn zu töten oder zu verletzen. Dies galt als die tapferste Handlung, die ein Krieger vollbringen konnte. *Coups* wurden auch verliehen, wenn ein Feind getötet, verwundet, skalpiert oder dessen Pferd entwendet wurde.

Die Plains-Indianerstämme blickten mithin auf eine tiefverwurzelte kriegerische Tradition zurück, als die amerikanische Regierung sie in den Jahren 1850 bis 1876 ihrer Gebiete zu berauben versuchte. Das Kansas-Nebraska-Gesetz von 1854 öffnete die Territorien von Kansas und Nebraska der weißen Besiedlung. Diese Gebiete umfaßten u.a. riesige Teile der Great Plains, wodurch die dort lebenden Indianer einen ersten weißen Ansturm über sich ergehen lassen mußten. Als dann in den Bergen Colorados und Montanas 1858 bzw. 1862 Gold entdeckt wurde, verstärkte sich der Druck auf die Plains-Indianer, da nun auch weiße Goldsucher durch die Plains reisen wollten, um zu den Goldlagern in den Bergen zu gelangen. Nicht lange, und die Regierung der Vereinigten Staaten faßte den Beschluß, eine transkontinentale Eisenbahn zu bauen, die geradewegs durch die Plains verlief. Als auf diese Weise immer größere Scharen von Weißen in und durch ihre Gebiete strömten, wurde der Druck auf die Plains-Indianer, ihr Land aufzugeben und sich in Reservationen zurückzuziehen, fast unerträglich.

Greueltaten wurden auf beiden Seiten dieses tragischen Kulturkonfliktes begangen - doch der springende Punkt war dabei der, daß sich die Weißen auf Land niederzulassen wünschten, das generationenlang Indianereigentum gewesen war. Die US-Regierung schloß mit den Indianern zwar Verträge ab, die diesen ihre traditionellen Gebiete zusicherten, solange sie keine Probleme bereiteten; diese Verträge wurden jedoch immer wieder gebrochen, als sich immer mehr Weiße in den Westen aufmachten. Um solche Vertragsverletzungen und ihre gierige, „landraffende" Politik zu rechtfertigen, erfand und befolgte die amerikanische Regierung die sogenannte *Manifest Destiny* („Offenbare Bestimmung"). Dieser zufolge hat

> ...das Schicksal verfügt, daß Europäer und ihre Nachfahren Amerika beherrschen sollen. Sie waren die dominante Rasse und daher für die Indianer verantwortlich - samt ihrem Land, ihren Wäldern und ihrem Reichtum an Erzen...(6)

Der Plains-Indianerstamm der südlichen Cheyenne, deren bedeutendster Führer Black Kettle war, hatte sich um Wahrung des Friedens und um ein gutes Verhältnis zu den Weißen bemüht. Einige junge Krieger dieses Stammes hatten jedoch zusammen mit befreundeten Sioux-Stämmen des Nordens im Jahre 1864 wiederholt weiße Siedler, Güterzüge und Postkutschenstationen auf der damals meistbenutzten Route zur Einreise nach

Colorado (die sich im östlichen Colorado den South-Platte-Fluß entlangzog) überfallen. Diese Angriffe lösten bei den Weißen Furcht und Zorn aus, und der Gouverneur des Colorado-Territoriums bildete im Gegenzug eine Bürgerwehrtruppe, die die Plains-Indianer aus Colorado vertreiben sollte. Ihr Kommando wurde einem Colonel Chivington übertragen. Im November 1864 wurde Black Kettles Cheyenne wegen der Überfälle an der South-Platte-River-Route befohlen, in die Nähe von Fort Lyon in Ostcolorado zu ziehen. Oberst Chivington und seine 600 Freiwilligen, die darauf brannten, für die Indianerüberfälle „Vergeltung" zu üben, trafen am 27. November 1864 in Fort Lyon ein und wollten die etwa sechzig Kilometer außerhalb bei Sand Creek lagernden Cheyenne umgehend angreifen. Einige Offiziere der regulären US-Armee, die im Fort stationiert waren, verweigerten ihnen jedoch mit dem Einwand, daß Black Kettles Lager friedlich und ihm sicheres Geleit versprochen worden sei, ihre Unterstützung(7). Sie erklärten, daß ein Offizier, der an einem solchen Angriff teilnähme, zum Mörder werden und die Uniform der amerikanischen Armee entehren würde. Chivington wurde daraufhin wütend und schrie: „Ich verfluche alle Indianerfreunde!... Ich bin hier, um Indianer zu töten, und halte es für richtig und ehrenhaft, dafür jedes Mittel unter Gottes Himmel einzusetzen."(8)

Das Lager der Cheyenne bestand aus sechshundert Indianern, über zwei Drittel davon ältere Männer, Frauen und Kinder. Die Cheyenne fühlten sich dort so sicher, daß die meisten Krieger mehrere Kilometer ostwärts auf die Büffeljagd geritten waren. Chivingtons 600 Colorado-Freiwillige und Soldaten der regulären Truppen bliesen im Morgengrauen des 28. November zum Angriff. Black Kettle konnte zuerst nicht glauben, daß sein Lager tatsächlich angegriffen wurde, da seine Leute friedlich geblieben waren und mit der Armee auf gutem Fuß standen. Er redete deshalb seinen Begleitern zu, mit ihm unter der amerikanischen Flagge zu bleiben (die ihm mit der Zusage gegeben worden war, daß seine Leute unverletzt bleiben würden, so lange sie aufgezogen war). Als ihm und seinen Männern jedoch klar wurde, daß die Soldaten sie in jedem Fall zu töten versuchten, ergriffen sie die Flucht bzw. verteidigten sich mit dem wenigen, das ihnen zur Verfügung stand... An diesem Morgen des Grauens wurden so zahlreiche wehrlose Frauen und Kinder abgeschlachtet.

Als sich der Rauch verzogen hatte, ließ sich das volle Ausmaß des Schreckens erkennen - 105 Frauen und Kinder und 28 Indianerkrieger waren auf dem Schlachtfeld geblieben (Chivingtons offizieller Bericht sprach von 400 bis 500 Kriegern). 9 Armeeangehörige waren getötet und 28 verletzt worden - viele davon von Soldaten, die in ihrer Mordgier schlecht gezielte Schüsse abgegeben hatten.(9)

Die Greueltaten der Colorado-Freiwilligen an den Indianern wurden von einigen regulären Armeeoffizieren bezeugt. In seinem Buch *Bury My Heart At Wounded Knee* zitiert Dee Brown den Bericht eines Leutnant Connor:

> Als ich am folgenden Tag das Schlachtfeld besichtigen ging, fand ich nicht einen einzigen unskalpierten Männer-, Frauen- oder Kinderkörper. In vielen Fällen waren diese auf das fürchterlichste verstümmelt - die Geschlechtsteile von Männern, Frauen und Kindern herausgeschnitten...(sic) Ich hörte einen Mann sagen, daß er einer Frau die Geschlechtsteile herausgeschnitten und auf einem Stock herumgetragen hätte. Ein anderer erzählte, er hätte einem Indianer die Finger abgeschnitten, um an seine Ringe zu kommen. Ich kann hierzu nach bestem Wissen und Gewissen bezeugen, daß all diese Greueltaten mit Wissen von J. M. Chivington begangen wurden; mir ist auch nicht bekannt, daß er Maßnahmen zu ihrer Verhütung ergriffen hätte. Ich hörte auch von einem Fall, wo ein Säugling in den Futterkasten eines fahrenden Wagens gelegt und ein wenig später wieder zu Boden geworfen wurde, wo man ihn seinem Schicksal überließ...(10)

Es kann kaum überraschen, daß Oberst Chivingtons Männer solche Greuel verübten. Nicht lange vor dem Sand-Creek-Massaker hatte sich ihr Führer in einer öffentlichen Rede in Denver für das Töten und Skalpieren sämtlicher Indianer ausgesprochen - sogar der Kleinkinder. „Aus Nissen werden Läuse!“ wird er zitiert.(11)

Das Sand-Creek-Massaker führte dazu, daß die Cheyenne und die Arapaho sämtliche Ansprüche auf das Colorado-Territorium aufgaben - zuvor hatten sie auch schon die meisten Jagdrechte in ihren traditionellen Gebieten in Kansas verloren. Chivingtons sinnloses Massaker in Sand Creek führte gleichfalls dazu, daß jene Cheyenne- oder Arapaho-Häuptlinge, die für Frieden mit dem weißen Mann eingetreten waren, ihren letzten Einfluß verloren - die meisten überlebenden Cheyenne und Arapaho wandten sich in dem verzweifelten Versuch, ihre endgültige Ausrottung zu verhindern, ihren Kriegsführern zu.

Nach weiteren blutigen Zusammenstößen mit Soldaten und anderen Weißen in Colorado und Kansas zogen viele Cheyenne, die im Süden dieser Gebiete ansässig gewesen waren, in den Norden, wo sie von ihren Verwandten, den nördlichen Cheyenne, und den verbündeten Sioux willkommen geheißen wurden. In jenen Tagen kontrollierten die Sioux und Cheyenne noch immer in größeren Teilen des heutigen Wyoming, Montana, North Dakota, South Dakota und Nebraska einen Gutteil der Büffeljagdgebiete, und in den sechziger Jahren des neunzehnten Jahrhunderts war es ihnen sogar gelungen, in Wyoming den Bau einer Straße durch ihre Jagdgründe am Powder River zu vereiteln. 1865 hatten dreiundsiebzig Weiße den Versuch gemacht, durch indianisches Territorium entlang dem Bozeman Trail in Wyoming zu den Goldsucherlagern Montanas zu gelangen. Zur gleichen Zeit war ein großes Armeekontingent in das Land am Powder River vorgestoßen, das die Macht der Sioux und Cheyenne über diese Büffeljagdgebiete brechen sollte, und hatte mit der Errichtung zweier Forts längs des Bozeman Trails begonnen. Der Führer der Invasion, General Patrick Connor, hatte seinen Offizieren eingeschärft, keine Friedensangebote der Indianer anzunehmen und „jeden männlichen Indianer über zwölf anzugreifen und zu töten.“(12) In gerechtem Zorn über dieses unbefugte Eindringen in ihnen vertraglich zugesichertes Land hatten die Sioux und Cheyenne ihr Territorium jedoch erfolgreich verteidigt und unter Führung von Sioux-Häuptling Red Cloud den Rückzug der „Blauröcke“ erzwungen. Die amerikanische Armee übte indes weiterhin Druck aus, bis Red Cloud und andere Sioux- und Cheyenne-Häuptlinge im Jahre 1868 einen Vertrag unterzeichneten, der sie zum Rückzug in Reservationen in Westnebraska und South Dakota zwang, der ihnen jedoch noch einen gewissen Zugang zu ihren herkömmlichen Jagdgebieten offenhielt.

In diesem Vertrag erhielten die Indianer die Black Hills zugesprochen - ein weitläufiges Areal aus stark bewaldeten Hügeln und flachen Bergen im westlichen South Dakota und nordöstlichen Wyoming, das mitten in der Prärie liegt. Die Black Hills waren für die Sioux, Cheyenne und Arapaho nicht nur ein Jagdgebiet, sondern eine heilige Stätte des Großen Geistes und damit Mittelpunkt ihrer Welt. Einige Jahre lang herrschten darin überwiegend friedliche Beziehungen, und die Plains-Indianer, die eine Form des Schamanismus praktizierten, begaben sich oftmals in die heiligen Berge, um den Großen Geist anzurufen und auf Visionen zu warten.

Im Vertrag von 1868 war festgeschrieben worden, daß Amerikanern jeglicher Zutritt in verbrieftes Indianerterritorium nur mit ausdrücklicher Genehmigung der Betroffenen gestattet war. Dennoch drangen in den frühen siebziger Jahren des neunzehnten Jahrhunderts erste goldhungrige Amerikaner in die Black Hills ein, um dort in den klaren Bächen nach „gelbem Metall" zu forschen. Zum Unglück der Indianer wurden sie dabei tatsächlich fündig und hatten bis 1874 die Regierung so unter Druck gesetzt, daß eine militärische Erkundungsexpedition in die Black Hills entsandt wurde. Auch für diese Expedition wurde in Mißachtung des Vertrages von 1868 verabsäumt, vorher eine entsprechende Erlaubnis der Sioux bzw. Cheyenne einzuholen. Nachdem der Expeditionsführer Oberstleutnant George Custer dann auch noch Bericht erstattet hatte, daß die Black Hills voller Gold seien, strömten Hunderte von Goldgräbern in dieses Heiligtum der Plains-Indianer und begannen dort (obwohl sie die Ungesetzlichkeit ihres Tuns kannten), Holzhäuser und Lager zu errichten, die im Laufe der Zeit zu kleinen Städten anwuchsen. Die Armee unternahm auch keine ernsthaften Anstrengungen zur Entfernung der Goldgräber oder ihrer Siedlungen. Die Indianer waren über dieses Eindringen des Weißen Mannes in ihr Heiligtum natürlich aufs höchste erzürnt.

1875 beauftragte die amerikanische Regierung schließlich eine Kommission aus Politikern, Militäroffizieren, Missionaren und Händlern, „mit den Sioux-Indianern über die Überlassung der Black Hills zu verhandeln."(13) Es sollte ein Preis vereinbart werden, gegen den die Sioux und Cheyenne ihren Anspruch auf diese Gebiete aufzugeben bereit wären. Kein Verhandlungsgegenstand war, ob die Indianer überhaupt die Black Hills abzutreten wünschten; dies war in Regierungsaugen bereits vollendete Tatsache.

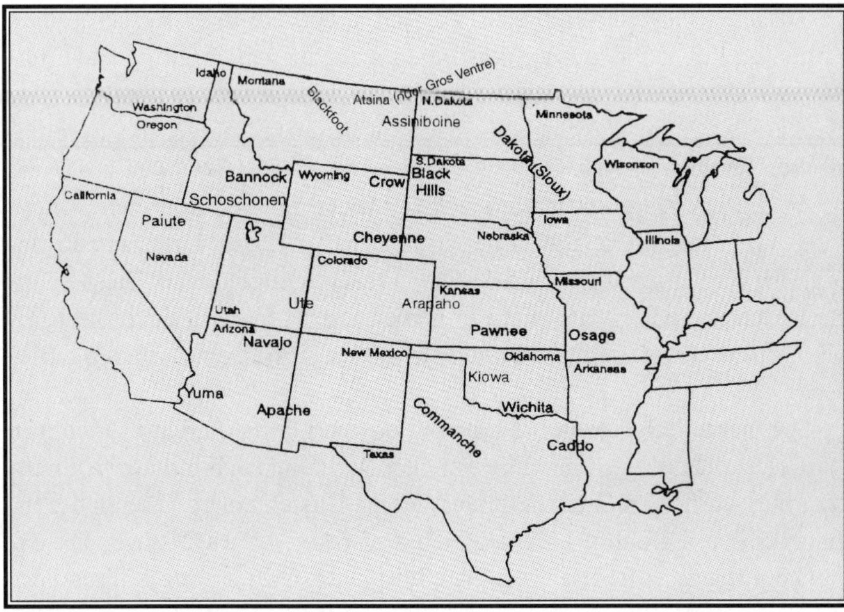

Abb. 20-1: Um das Jahr 1850 von Plains-Indianern besiedelte Gebiete

Den Indianern reichte es. Es war offensichtlich, daß die „Buchstaben" der Verträge der amerikanischen Regierung nichts bedeuteten, und daß der weiße Mann jederzeit und rücksichtslos jeden Teil des Landes, nach dem ihm der Sinn stand, beschlagnahmen konnte. Viele jüngere Krieger beschlossen daher, dem Vertrag von 1868 zuwider die Reservationen zu verlassen und mit jenen Indianern zusammenzuziehen, die weder das Reservationensystem noch die von den Weißen ausgehändigten Almosen jemals akzeptiert hatten. Dazu zählten u.a. kleine Gruppen unter Führung von Sitting Bull und Crazy Horse. Damit war alles für den größten und bekanntesten der unzähligen blutigen Konflikte zwischen den amerikanischen Ureinwohnern und der amerikanischen Regierung vorbereitet...

Die Beziehungen zwischen den Sioux bzw. Cheyenne und der Regierung der Vereinigten Staaten hatten sich auf diese Weise bis zu Beginn des Jahres 1876 so weit verschlechtert, daß es zum Ausbruch offener Feindseligkeiten kam. Die Regierung erklärte sämtliche der rund 10000

Sioux- und Cheyenne-Indianer, die sich außerhalb ihrer Reservationen aufhielten, zu „Feinden Amerikas“ und setzte ihnen im Frühling und Frühsommer 1876 die Armee auf die Fersen. Ende Juni stießen dann drei Armeekavallerien auf der Suche nach „feindlichen Indianern“ bis in indianisches Territorium vor.

Zu diesem Zeitpunkt hatten sich sämtliche Sioux-, zahlreiche Cheyenne- und einige Arapaho-Gruppen in einem riesigen Lager am Little-Bighorn-Fluß im heutigen Süd-Montana zusammengefunden. Diese Stämme lebten normalerweise nicht in gemeinsamen Lagern, doch die Konflikte mit den Amerikanern hatten sie auf diese Weise zusammengetrieben.

Das siebte US-Kavallerieregiment, das von Fort Abraham Lincoln in North Dakota aus das Land in westlicher Richtung nach Indianern durchkämmte, wurde von Oberstleutnant George Custer, einem Veteran der Indianerkriege, befehligt - dem gleichen Custer, der 1875 auch das Armeekontingent in die Black Hills geführt hatte. Custer hatte während des amerikanischen Bürgerkrieges (1861-1865) mit hoher Auszeichnung gedient und in Anerkennung seiner Verdienste den Titularrang eines Generalmajors verliehen bekommen (übte also nicht die damit verbundenen Funktionen aus); aus diesem Grunde erinnert man sich heute an ihn als General Custer. Custer hatte politische Ambitionen, zu denen möglicherweise die Präsidentschaft der Vereinigten Staaten zählte.

Am 25. Juni entdeckte Custer das riesige Indianerlager am Little Bighorn und beschloß, umgehend zu attackieren. Es kann natürlich nur als tollkühn bezeichnet werden, drei- bis viertausend Krieger mit nur einem einzigen Kavallerieregiment angreifen zu wollen. Viele meinen denn auch, daß Custers Fähigkeit zur Fällung logischer strategischer Entscheidungen an jenem Junitag durch seinen politischen Ehrgeiz getrübt war. Doch wie dem auch sei - in jedem Fall teilte Custer sein Regiment in drei Einheiten auf, von denen zwei das Indianerdorf von Süden und die dritte das Dorf unter seiner Führung von Norden her attackieren sollte.

Zunächst waren die Indianer natürlich völlig überrumpelt - doch dann gelang es ihnen dank ihrer Tapferkeit (und ihrer zahlenmäßigen Überlegenheit), jeden einzelnen der über zweihundert Kavalleristen unter Custers persönlichem Kommando einschließlich diesem selbst zu töten. Die beiden anderen Militäreinheiten konnten sich ein paar Meilen flußaufwärts auf die Spitze eines Hügels retten, der völlig von Indianern umzingelt wurde. Am nächsten Tag gaben die Indianer ihre Belagerung jedoch auf und zogen in Richtung Südwesten ab, da ihnen von Spähern das Heranrücken einer großen Armeekolonne aus dem Norden gemeldet worden war.

Als diese unter General Terrys Kommando am Schauplatz des Geschehens eintraf, fand sie Custers Männer sämtlich ausgezogen und vielfach verstümmelt vor. Dies verstärkte natürlich den Ruf der Indianer als „reine Wilde" - aber den Weißen war das Sand-Creek-Massaker an Black Kettles Cheyenne aus dem Jahre 1864 und die Greuel der Colorado-Freiwilligen offensichtlich schon entfallen.

Als die weißen Männer des Ostens von Custers Niederlage am Little Bighorn erfuhren, nannten sie es ein Massaker und waren sehr zornig. Die Vorstellung, daß amerikanische Armeetruppen von „Wilden" „massakriert" worden waren, brachte weiße Amerikaner bis in die Regierungsränge zur Weißglut. So wurden weitere Armeetruppen entsandt, um Indianer aufzuspüren, die sich außerhalb der Reservationen aufhielten. Auf diese Weise waren im Jahre 1877 schließlich sämtliche Plains-Indianer entweder tot, in einer Reservation oder (wie Sitting Bull) nach Kanada geflohen. Sie hatten ihr Land, ihren Lebensstil und ihre Kultur an die Weißen verloren, die als Angehörige einer Gesellschaft, die der heidnischen Indianerkultur vermeintlich überlegen war, einen Anspruch auf das Indianerland zu haben glaubten. Es war Bestimmung - Manifest Destiny.

Vielleicht war es ja so bestimmt. Vielleicht steckte hinter dieser menschlichen Tragödie ein höherer Plan. Über keine der Parteien dieses tragischen Konfliktes möchte man wirklich richten, da sich beide in barbarischer Weise verhalten haben. Und doch - es ist überzeugend argumentiert worden, daß die Weißen die indianischen Interessen hätten berücksichtigen können - selbst wenn sie sich genötigt fühlten, einen Großteil der Indianergebiete für sich selbst zu beanspruchen. Was die weiße Kultur jedoch statt dessen tat, war, die amerikanischen Ureinwohner fast ihres gesamten Landes sowie ihrer traditionellen Mittel zur Bewahrung ihrer Kultur - der Basis ihres Lebensstils - wie auch ihres Stolzes zu berauben.

Ohne weiter der Versuchung zu erliegen, dieses historische Ereignis beurteilen zu wollen, läßt sich zumindest so viel sagen, daß dies eines der grauenvolleren Beispiele für die Interaktion zweier Menschengruppen oder Kulturen darstellt. Und wir alle wissen, daß es solche Kulturkollisionen zu Hunderten gab und gibt, in denen es zumindest genauso an Liebe fehlte bzw. fehlt wie in diesem Zusammenstoß der Kultur der Plains-Indianer mit der der Vereinigten Staaten des neunzehnten Jahrhunderts. Die systematische Eliminierung der europäischen Juden durch Nazideutschland in den Jahren vor und während des zweiten Weltkriegs, der versuchte Genozid der Khmer Rouge an „kambodschanischen Bourgeois" in den siebziger Jahren und das aktuelle Beispiel des versuchten Völkermords in Bosnien mögen stellvertretend für viele ähnliche liebeleere Interaktionen von Menschengruppen genannt werden, in denen eine die andere gewaltsam zu kontrollieren versucht.

Warum sollten wir uns über regressive Außerirdische und ihre Versuche zur Beherrschung und Kontrolle unserer Kultur erregen? Ähnelt das, was die US-Regierung den Plains- und anderen Indianerkulturen antat, nicht dem, was uns regressive Außerirdische antun möchten, indem sie uns arglistig zu täuschen versuchen? Ähnelt das Verhalten der Amerikaner gegen die Indianer und das unmenschliche Gebaren anderer Menschengruppen (für das sich Hunderte von Beispielen zitieren ließen), nicht in vielem der Einstellung der Grauen und Reptoiden zum Menschengeschlecht im allgemeinen? Die regressiven Außerirdischen sind eine Spiegelung unserer selbst - doch keiner hat uns gezwungen, die negativen „Regeln" oder Prägungen ihres Herrscher-Opfer-Spiels zu akzeptieren. Schließlich käme es erst gar nicht zu diesen zahlreichen negativen Interaktionen zwischen uns, wenn wir Szenarien dieser Art nicht auch selbst ausagieren würden.

Dieses Buch soll den Leser jedoch nicht dazu ermuntern, gegen die weniger-als-positiven Außerirdischen körperlich vorzugehen. Wir können in dieser Hinsicht ohnehin nichts tun, da uns die Grauen und Reptoiden technisch weit in den Schatten stellen und ihre physische Überwältigung illusorisch ist. Doch wenn wir damit beginnen, uns der dunklen Kräfte auf diesem Planeten und ihrer Machenschaften zu unserer Kontrolle bewußt zu werden, und dann bewußt die Verantwortung für unsere spirituelle Entwicklung übernehmen und uns dafür entscheiden, uns von der Dunkelheit ab- und dem Licht zuzuwenden, hören wir auf, den regressiven Außerirdischen gegenüber auf die Opferrolle verpflichtet zu sein. Die Wahrheit über uns ist, daß wir potentielle Lichtwesen von ungeheurer Strahlkraft sind, und daß wir uns den Machenschaften der übelwollenden Außerirdischen einfach dadurch entziehen können, daß wir uns darum bemühen, immer mehr am Licht, der Wahrheit unserer Existenz, festzuhalten. Wir sind imstande, uns spirituell in kürzester Zeit zu weit höheren Ebenen aufzuschwingen, und der wichtigste Schlüssel hierzu ist Liebe und Achtung für alles Leben - Lektionen, die unser emotionales und spirituelles Selbst lernen muß. Diese Qualitäten werden uns jedoch erst dann zugänglich werden, wenn wir auch nicht eine einzige Gruppe von Menschen, mit denen wir diesen Planeten teilen, länger ohne Achtung oder Mitgefühl behandeln (selbst in unseren Gedanken). Dies ist im Vergleich zu den klassischen religiösen und säkularen Weltanschauungen ein großer Sprung nach vorne. Nehmen wir die Geisteshaltung, die auf Wissen, Mitgefühl und bedingungsloser Liebe basiert, etwas näher in Augenschein.

A1: *Great Plains,* hochliegendes Plateau im zentralen Bereich Nordamerikas. Das Gebiet erstreckt sich vom Nordwesten Kanadas durch Teile von Manitoba, Saskatchewan und Alberta in die Vereinigten Staaten bis nach Texas. Die Great Plains werden im Osten durch den Kanadischen Schild und das Zentrale Tiefland der Vereinigten Staaten, im Westen durch die Rocky Mountains begrenzt. Die Great Plains sind reich an Bodenschätzen, vor allem Erdöl und Kohle.
Bei den *Plains-Indianerstämmen* handelte es sich meist um kleinere nomadisierende Gruppen, die den Herden hinterherzogen und sie zum Schlachten in Pferche trieben. Bis zur Ausrottung der Büffelherden in den achtziger Jahren des letzten Jahrhunderts war die Jagd auf diese Tiere die Lebensgrundlage der meisten Gruppen dieses Kulturareals. Die Traditionen der Plains-Indianer gelten als „typisch“ für Indianer schlechthin; dazu gehören der lange Federschmuck, das Tipi, die Friedenspfeife sowie die

Kostüme und die Tänze. Zu den frühen Plains-Stämmen gehörten die Blackfoot, die auf Büffeljagd gingen, sowie die Mandan und Hidatsa, die am Missouri Landwirtschaft betrieben. Als die europäischen Kolonisten das östliche Waldland übernahmen, wanderten zahlreiche Stämme des Mittleren Westens in die Plains aus. Zu diesen gehörten die Sioux, die Cheyenne und die Arapaho. Zuvor, um etwa 1450, waren bereits die Shoshone und die Comanchen aus den Tälern westlich der Rocky Mountains in die Plains eingewandert. Um 1630 hatten sich diese Stämme darauf spezialisiert, Pferde von den spanischen Ranches in New Mexico zu stehlen und im gesamten Gebiet der Plains gegen andere Waren einzutauschen. Der Diebstahl des Lieblingspferdes eines bedeutenden Kriegers war mit hohem Ansehen verbunden. (aus: Encarta)

1. Brues, A. M. 1977. *People and Races.* Macmillian Publishing Co., Inc., New York, S. 186.
2. Brown, D. 1970. *Bury My Heart at Wounded Knee*. Holt, Rinehart and Winston, Inc., New York, S. 3.
3. Kvanika, R. M. 1988. „United States Indian treaties und agreements.“ In: *Handbook of North American Indians, Vol. 4.* Smithsonian Institution, Washington, S. 195.
4. Brown, D. 1970. *op. cit.,* S. 220.
5. Bird, I. L. 1960. *A Lady's Life in the Rocky Mountains*. University of Oklahoma Press, Norman, S. 6.
6. Brown, D. 1970. *op. cit.*, S. 8.
7. Die Darstellung des Sand-Creek-Massakers wurde Brown, D. 1970. *op. cit.*, S. 67-102, entnommen.
8. *Ibid.*, S. 86-87.
9. *Ibid.*, S. 91.
10. *Ibid.*, S. 90.
11. *Ibid.*
12. *Ibid.,* S. 105.
13. *Ibid.*

„Liebet einander."

Jesus

Kapitel 21

Der goldene Moment der Menschheit

In dieser Schrift haben wir uns nun - zumindest im Rahmen einer Einführung - mit Ursprung und Wesen unserer Spezies beschäftigt. Dabei haben wir gesehen, daß die Erde und die Entwicklung des irdischen Lebens wohl ursprünglich von *liebevollen* Lichtwesen geplant und überwacht wurde, daß aber außerirdische Repräsentanten der Mächte der Finsternis vor 300 000 Jahren oder mehr die Erde überfallen und seither die Art, in der wir die Realität erfahren, weitgehend kontrolliert haben. Unsere Kontrolle wurde dabei vor allem in der Weise aufrechterhalten, daß man uns in politischer, rassischer, monetärer und vor allem religiöser Hinsicht geteilt hielt. In diesem Zusammenhang habe ich dann die These aufgestellt (und zu beweisen versucht), daß die Gesamtheit der Weltanschauungen, die heute gesellschaftliches Gewicht besitzen und die das Rätsel unserer Herkunft und unseres Wesens zu lösen vorgeben - von der anthropologisch-darwinistisch-wissenschaftlichen bis zu den religiösen -, schlicht Elemente einer weltumspannenden Vertuschungsstrategie bilden, die uns verheimlichen soll, daß wir seit Urzeiten Opfer umfangreicher Manipulation und Kontrolle seitens übelwollender irdischer und nichtirdischer Wesen sind. Dabei wurden wir insbesondere bezüglich unseres geistigen Potentials und unserer Bestimmung betrogen. Wir wurden dahingehend programmiert, unsere irdischen Möglichkeiten darauf reduziert zu sehen, unser Überleben zu sichern, eventuell Kinder großzuziehen und (mit viel Glück) einen halbwegs sorgenfreien Ruhestand bis zur Neige zu leben.

Dieses ausklingende zwanzigste Jahrhundert ist trotz der schrecklichen Enthüllung, daß seit Jahrtausenden regressive Außerirdische und andere dunkle Mächte unter uns weilen, eine phantastische Zeit. Endlich kommt die Wahrheit über unsere Ursprünge und unsere wahre Natur ans

Licht. Nicht länger müssen wir uns verunsichern lassen von den scheinbar zahllosen Sekten und Glaubensgemeinschaften bzw. den Überzeugungen der „allmächtigen" materialistisch-wissenschaftlichen Gemeinde, welche jeglichen Glauben an ein geistiges Leben des Menschen verneint.

Im Europa des Mittelalters ging bei vielen das Vertrauen in die naiv anmutenden Erklärungen verloren, die das kirchliche Dogma zu Ursprung und Wesen des Menschen zu bieten hatte. Dies war die Geburtsstunde der materialistischen Wissenschaft, in welche seither ein Großteil der Menschheit sein Vertrauen setzt, wenn es um die Ergründung der Welt und der menschlichen Existenz geht. Heute, zu Ende des zwanzigsten Jahrhunderts und nach Jahrzehnten intensiver wissenschaftlicher Erforschung der „natürlichen Systeme" unseres Planeten, befinden sich diese am Rande des Zusammenbruchs, und ökologische, wirtschaftliche, nukleare und soziale Probleme sowie eine Unmenge weiterer Übel lassen selbst den Fortbestand der Menschheit fraglich erscheinen (die im übrigen so zersplittert ist wie eh und je). Gleichzeitig wächst die Zahl derer, die aufgrund von „Zufällen" und Einsichten gewahr werden, daß es neben der rein physischen Existenz noch etwas anderes gibt.(1) So betrachten heute Millionen von Menschen ein geistiges Leben jenseits des materiell-physischen Daseins als etwas Selbstverständliches - doch entzieht sich den meisten von ihnen noch sein wirkliches Verständnis bzw. seine Integration in ihr normales Alltagsleben. Um ein solches Verständnis und eine solche Einbindung unserer Spiritualität in unser tägliches Leben zu erleichtern, scheint es mir in hohem Grade sinnvoll, über die regressiven extraterrestrischen Einflüsse auf die Menschheitsentwicklung der vergangenen Jahrtausende Bescheid zu wissen. Auf diese Weise werden wir nämlich in die Lage versetzt, in die scheinbar verwirrende Welt um uns herum einen Sinn zu bringen, die irreführenden Informationen, mit denen wir überschüttet wurden, zu vergessen, und all das Wissen in uns aufzunehmen, das wir benötigen, um uns bewußt für den Weg des spirituellen Wachstums zu entscheiden.

Welche Schritte können wir also unternehmen, um uns der Kontrolle und den Machenschaften der nichtirdischen Vertreter der Mächte der Finsternis bzw. ihrer menschlichen Verbündeten zu entziehen? Nun, zunächst einmal ist dazu erforderlich, daß wir uns unserer wirklichen Herkunft bewußt werden wie auch der wenig vorteilhaften Lage, in der sich die Menschheit als ganze seit jeher befunden hat. Denn es ist schon ein erster Schritt zur Erweiterung unseres Bewußtseins, darüber Bescheid zu wissen, daß wir von regressiven Außerirdischen mittels Genmanipulation als furchterfüllte und unwissende Sklavenspezies herangezogen wurden. Als nächstes muß uns klarwerden, in welcher Weise unsere Gesellschaft bzw. Kultur von alters her von regressiven Außerirdischen und ihren menschlichen Verbündeten manipuliert und negativ beeinflußt wurde. Wenn wir uns dann im Bewußtsein dieser historischen Tatsachen anschließend dem geistigen Pfad der bedingungslosen Liebe zuwenden - dem schon viele vor uns gefolgt sind -, können wir unser Bewußtsein allmählich so weit anheben, daß wir in dem Herrscher-Opfer-Spiel, das die Mächte der Unwissenheit und Finsternis in den vergangenen Jahrtausenden auf der Erde gespielt haben, nicht länger die Opferrolle übernehmen müssen.

Da ich auf den vorausgegangenen Seiten vor allem zu beweisen versucht habe, daß regressive Außerirdische uns seit jeher vor allem bezüglich unseres spirituellen Wesens und Potentials in Unwissenheit halten wollten, fühle ich mich nun verpflichtet, einen kurzen Abriß meiner Sicht unserer wirklichen geistigen Natur wie auch des mutmaßlichen Verlaufs unserer diesbezüglichen Entwicklung in den kommenden Jahren zu geben. Dies tue ich mit großer Freude, da es sich dabei um den erquicklichsten Teil dieses Buches handelt. Die erstaunlichste Information, die ich im Verlaufe meiner Recherchen aufzudecken vermochte, ist dabei die, daß es in den nächsten (zwei) Jahrzehnten zu einer äußerst intensiven Bewußtseinserweiterung in Richtung auf einen Paradigmenwechsel kommen wird. In der Tat gibt es in unserer Geschichte nichts, was uns auf die ungeheure Menge an geistigem Wissen vorbereiten könnte, das viele und möglicherweise sogar alle Menschen in den nächsten Jahren erwerben werden. Dies sind tatsächlich großartige Perspektiven!

Das Wesen der menschlichen Spiritualität

In den materialistisch geprägten jüdisch-christlichen Kulturen des Westens erfahren wir heute nur wenig über eine geistige Existenz des Menschen - außer vielleicht, daß die Seele kraft Gottes „Gesetzen“ nach dem

Tod je nach Verdienst in den Himmel oder in die Hölle kommt. Es liegt jedoch eine Vielzahl von Hinweisen darauf vor, daß die Seele im Verlauf ihrer Entwicklung in zahlreiche Körper inkarniert.

Die meisten meiner Leser werden schon einmal ein Erlebnis gehabt haben, das ihnen zu Bewußtsein brachte, daß der Mensch mehr als nur sein Körper ist, oder sie haben über Dritte an solchen Erfahrungen teilgehabt. Auch in Amerika glaubt eine überwältigende Mehrheit an eine geistige Existenz des Menschen (deren Natur jedoch in vielfältigster Weise interpretiert wird). Esoterischen Übermittlungen zufolge ist das menschliche Verständnis für geistige Dinge im allgemeinen recht beschränkt - was bei einer jungen, primitiven Spezies auch nicht verwundern kann, die in den letzten Jahrtausenden so viel Dunkelheit ausgesetzt wurde.

Dieses Problem des mangelnden Verständnisses für geistige Dinge wurzelt in Amerika zum großen Teil in der offiziellen Regierungsposition, die jegliche spirituelle Aspekte des Menschen verneint und dies in ihrer Unterstützung der materialistischen Wissenschaft zum Ausdruck bringt - sogenannte paranormale Phänomene werden so gut wie nie von Wissenschaftlern, die im Sold der Regierung stehen (bzw. auch von anderen) einer Untersuchung unterzogen. Eine Ausnahme hierzu bildet eine Studie des Ingenieurwissenschaftlers Prof. M. L. Albertson und des Psychologen Prof. K. P. Freeman von der *Colorado State University* - frühere Kollegen von mir, mit denen ich während meiner Professur jedoch nicht bekannt war. Ihre Abhandlung „Research Related to Reincarnation" bildet einen guten Startpunkt in unserer Untersuchung der geistigen Aspekte des Menschen mit Schwerpunkt auf der Reinkarnation.

In ihrer Studie besprechen Albertson und Freeman frühere Forschungsarbeiten zum Thema Wiedergeburt. (2) Sie schreiben, daß diese in der Regel zwar nicht als geeigneter Gegenstand wissenschaftlicher Untersuchung erachtet wird, doch daß entsprechende Beweise dadurch nicht einfach verschwänden und daß diese in den letzten Jahrzehnten „... in solch überwältigender Fülle zum Vorschein gekommen seien, daß sie sich einfach nicht länger wegrationalisieren ließen".(3) So werde die Annahme, daß sich die meisten Menschen mehrfach auf der Erde (und anderswo) inkarnieren, u.a. durch die Hunderte von belegten Fällen gestützt, in denen sich Kinder eines vergangenen Lebens - meist des unmittelbar davorliegenden -

entsinnen. Es gebe z.B. mehrere dokumentierte Fälle von Kindern (meist im Vorschulalter), die sich mit großer Klarheit an Einzelheiten einer früheren Existenz erinnern. In Ländern wie Indien, in denen der Reinkarnationsglaube tief verwurzelt ist, ließen sich derartige Erinnerungen auch vielfach verifizieren, indem der Ort, an dem ein voriges Leben angeblich stattgefunden hat, aufgesucht wird. Dabei würden sich die vom Kind erinnerten Einzelheiten jeweils als erstaunlich zutreffend herausstellen.(4)

Albertson und Freeman zitieren in diesem Zusammenhang auch Fälle, in denen Menschen (im allgemeinen mittels Hypnose) regrediert wurden und sich dabei an ein oder mehrere vergangene Leben erinnerten. Insgesamt seien gut tausend solcher Fälle hypnotischer Regression wissenschaftlich untersucht worden (von denen die meisten interessanterweise Menschen aus dem Westen betreffen, in dem die Reinkarnation prinzipiell negiert wird).

Als wichtigstes Beweismaterial zur Erhärtung der These, daß wir spirituelle Wesen sind und den Tod unseres physischen Körpers überleben, führen Albertson und Freeman jedoch die sogenannten Nahtoderlebnisse (NTEs) an. Diese stellen sich nicht selten während einer Operation ein - der oder die Betreffende „stirbt" und wird eine Zeitlang (bis zur Wiederbelebung) für klinisch tot gehalten. Uns liegen heute mehr als 400 Untersuchungen solcher NTEs vor, in denen die subjektiven Erlebnisse während des Zeitraums, in dem der Patient als klinisch tot gilt, in bemerkenswert übereinstimmender Weise beschrieben werden. In den meisten Fällen erklären die Betroffenen, daß eine erheblich leichtere Version ihrer selbst aus ihrem „toten" Körper aufgestiegen sei. Dieser leichtere Körper konnte durch Wände und lebende Menschen hindurchschweben, ohne irgendwelche Aufmerksamkeit zu erregen. Während ihres Nahtoderlebnisses fühlten sich die meisten von innerem Frieden und „...einem überaus angenehmen Gefühl der Erleichterung und Entspannung" erfüllt.(5) Zuweilen erblickten sie auch schon verstorbene Verwandte oder Freunde und gelegentlich auch religiöse Gestalten. Die meisten faßten zu einem bestimmten Zeitpunkt den bewußten Entschluß, in ihren Körper zurückzukehren (zu welchem das betreuende medizinische Personal ihre unerwartete Wiederbelebung konstatiert). In diesem Zusammenhang wird auch eine Meinungsumfrage zitiert, der zufolge die Zahl der Amerikaner, die schon einmal ein Nahtoderlebnis hatten, auf acht Millionen geschätzt wird.(6)

Albertson und Freeman wenden sich auch der Einstellung zur Reinkarnation in den Weltreligionen sowie den Religionen des Altertums zu. Wie schon erörtert, sind die zwei Hochreligionen, in denen die Wiederverkörperung als Faktum akzeptiert wird, der Buddhismus und der Hinduismus. Darüber hinaus würden auch die Religionen, die die Wiedergeburt in Abrede stellen, in ihren mystischen Überlieferungen Reinkarnationslehren aufweisen bzw. könnten solche in der Vergangenheit besessen haben. Wie der Leser sich erinnern wird, sind wir in diesem Zusammenhang in Kapitel 18 kurz darauf eingegangen, wie der Glaube an die Reinkarnation aus dem frühen Christentum ausgemerzt wurde, obwohl selbst in den „offiziellen" Evangelien verschiedenes darauf hinweist, daß Jesus an die Seelenwanderung glaubte und sie verkündete.

Auch der orthodoxe Judaismus verwirft der hier zitierten Studie zufolge jeglichen Glauben an die Reinkarnation und behauptet, daß dieser auch in der frühen jüdischen Religion keine Rolle gespielt habe. Albertson und Freeman weisen jedoch darauf hin, daß einige Textstellen im Alten Testament auf eine Art Wiedergeburt anspielen (Die Sprüche Salomos 8:22-51; Jeremia 1:45; und Maleachi 4:2-6).(7) Ferner enthalte auch die Kabbala, die mystische Überlieferung des Judaismus (deren Anfänge bis ins dritte vorchristliche Jahrhundert zurückreichen und die angeblich die verborgene Weisheit hinter dem Alten Testament verkörpert) viele Verweise auf die Seelenwanderung.

Eine weitere Weltreligion, deren gewaltige orthodoxe Anhängerschaft jegliche Reinkarnationslehre ablehne, sei der Islam. Manche seiner weniger bekannten, mystischen Sekten, wie die Sufis und die Drusen, befürworteten jedoch eine Reinkarnationsdoktrin. Auch viele islamische Mystiker würden behaupten, daß der Koran - richtig übersetzt - Verweise auf die Wiedergeburt enthält.(8)

So besitzen wir also trotz der Verfälschungen in unseren Weltreligionen, die wiederholte Erdenleben in Abrede stellen, eine Fülle von Hinweisen auf die Wiedergeburt. Zum einen im Hinduismus und Buddhismus, deren Millionen Gläubige trotz der entstellten Auffassung ihrer Religion doch zumindest eine gewisse Vorstellung von diesem Begriff haben; und auch in den drei Hochreligionen, die nach außen ableugnen, eine Form dieser Doktrin zu besitzen - der Judaismus, das Christentum und der Islam -, läßt sich, wenn man danach Ausschau hält, viel zu diesem Thema finden.

Albertson und Freeman zufolge lassen gewisse Befunde vermuten, daß sich der Geist oder die Seele seine jeweiligen Eltern und die weiteren Umstände seiner Inkarnation selbst aussucht, um daraus zu lernen und daran zu wachsen(9) (die Auffassung, daß sich die Seele die Gegebenheiten einer physischen Inkarnation aussuchen kann, läßt sich im übrigen in vielen mystischen Überlieferungen nachweisen[10]). Die grundlegende Lektion, die das höhere Selbst oder der Geist/die Seele mittels der zahlreichen Inkarnationen auf Erden und anderswo zu erlernen trachtet, ist die der bedingungslosen Liebe. Dabei scheint der Erwerb von vertieftem Wissen und das Erlernen von Mitgefühl und bedingungsloser Liebe alles andere als ein Kinderspiel zu sein - vor allem auf einem Planeten, dessen Frequenz von außerirdischen Wesen, die nicht an die Macht der Liebe glauben, kontrolliert wurde. Und trotz dieser Schwierigkeiten gibt es Wesen, die die Fackel der Liebe und des Mitgefühls seit alters her hochhalten und weitertragen.

Gemäß dem Szenario, das (zumindest teilweise) von Weltreligionen und neueren Forschungsarbeiten vertreten wird, ist die menschliche Spezies physisch in einem Kreislauf von Tod und Wiedergeburt gefangen, damit die größere Wesenheit, die Seele, über Erfahrungen in der Körperlichkeit (oder, wie wir es nennen, der dritten Dimension) bedingungslose, urteilsfreie Liebe erlernen kann. Offenbar sind zahlreiche Merkmale der Körperlichkeit für die spirituelle Entwicklung von unschätzbarem Wert(11). Die Erde ist in diesem Zusammenhang auch mit einem „spirituellen Trainingslager für Anfänger“ verglichen worden, das zu unserer Entfaltung und Reifung dient. Esoterischen Übermittlungen und irdischen Überlieferungen zufolge werden wir irgendwann einmal dem Bedürfnis entwachsen, uns der Körperlichkeit als Lernmittel zu bedienen, und beginnen, andere Dimensionen/Frequenzen zu erfahren. Ein völlig neues Bewußtsein wird dann erweckt und manifestiert!

Profs. Albertson und Freeman erklären, daß die Reinkarnation aufs engste mit vielen sogenannten paranormalen Phänomenen zusammenhinge wie „...Besessenheit..., Poltergeistern, Medialität, Channeling, UFOs,

Walk-ins, Außerirdischen, Geistführern, vor- und zwischengeburtlichen Leben und der Erfahrung des Ungeborenen...".(12)

Paranormale Erscheinungen wie z.B. die Außerirdischen sind in irgendeiner Form ein Ausdruck anderer, höherer Dimensionen und Frequenzen. Diese sind uns bisher zwar weitgehend verschlossen, doch schon die zahlreichen Hinweise, die wir in unserer kurzen Einführung in die menschliche Existenz auf sie erhalten haben, lassen ihre Realität wenig zweifelhaft erscheinen. Das gleiche gilt auch für die Tatsache, daß so gut wie alle Außerirdischen, die jemals mit Menschen in Verbindung getreten sind, in diesen Dimensionen „zu Hause" zu sein scheinen. Wir erwähnten auch, daß nicht auszuschließen ist, daß empfindungsfähige Kreaturen wie wir die Fähigkeit erwerben können, uns in zwei Frequenzdimensionen oder Dichtestufen oberhalb der dritten Dichte zu bewegen, ohne die Fähigkeit zur bedingungslosen Liebe entwickelt zu haben. Wenn wir uns jedoch für den Weg der Liebe - der vollständigen Hingabe an die bedingungslose Liebe - und der Achtung für alles Leben entscheiden, können wir nicht nur zu Frequenzebenen vierter und fünfter Dichte, sondern darüber hinaus in einen Zustand der Glückseligkeit emporwachsen.

Ein wirkliches Verständnis von Dimensionen und Dichteebenen jenseits unserer „Dreidimensionalität" ist den meisten von uns jedoch momentan noch verschlossen. Dies sollte uns erneut in Erinnerung rufen, wie jung und primitiv der moderne *Homo sapiens* doch noch ist (und in diesem Zustand dank der Täuschung und Manipulierung durch seine Schöpfergötter und deren Bundesgenossen auch jahrtausendelang verblieben ist). Doch wie schon angesprochen, existieren viele Hinweise darauf, daß sich diese Dinge für einen Großteil der menschlichen Spezies ändern werden. So sagen zahlreiche irdische wie esoterische Quellen für das Ende des zwanzigsten Jahrhunderts dramatische Veränderungen voraus - von Erdbeben, verheerenden Orkanen, Überschwemmungen, Feuersbrünsten und anderen Naturkatastrophen bis zu Atomkriegen, dem Zeitenende, dem Kippen der Erdachse und der Wiederkunft Jesu. Es gibt nur wenige Dinge, die nicht prophezeit wurden (und vielleicht ist an dieser Prognosenschwemme ja tatsächlich etwas dran). Aber eigentlich sieht es vor allem so aus, als ob die wichtigste Veränderung jene sein wird, daß im menschlichen Bewußtsein ein einschneidender Wandel stattfinden wird. Hunderte, Tausende und

Millionen von Menschen werden sich Voraussagen zufolge innerhalb kürzester Zeit auf ihr wahres Ich besinnen und ihre Beziehung zu dem, was wir Gott nennen, zu sich selbst und zueinander heilen. Dabei wird das Wissen um unsere wahren Ursprünge und unser wahres Wesen, so meine Überzeugung, in ungeahntem Maße zu unserer spirituellen Erkenntnisfähigkeit und Entwicklung beitragen. - In diesem Zusammenhang könnte man die Frage stellen, warum die heutige Zeit für diesen erstaunlichen Bewußtseinssprung wohl günstiger sein sollte als andere - doch liegt hier vielleicht einfach ein natürlicher Kreisprozeß vor.

Anscheinend sind wir genetisch dazu programmiert worden, uns in rascher Folge bis zu dem Punkt hin zu entwickeln, an dem wir uns von neuem unserer Ursprünge und des Urschöpfers erinnern, zu dem wir uns zurückentwickeln. Wie schon Jesus und andere große spirituelle Lehrer sagten, sind die Menschen potentielle Götter.(13)

Gewissen esoterischen Quellen zufolge werden uns unsere momentanen Bemühungen um ein Verständnis unserer Ursprünge und unseres Wesens „vorsintflutlich" erscheinen, wenn wir das Stadium erreicht haben, in dem wir uns unserer Multidimensionalität bewußt werden - also der Tatsache, daß wir nicht nur bereits zahlreiche Leben geführt haben, sondern auch simultane Existenzen in der Gegenwart leben. Zu diesem Zeitpunkt werden wir uns anscheinend nicht nur unserer früheren, sondern auch parallel geführter heutiger Existenzen bewußt sein. Zu dem Wichtigsten, das wir in diesem Zusammenhang lernen werden, wird dabei die Erkenntnis gehören, daß bedingungslose Liebe auch das mitleidsvolle Nicht-Beurteilen aller Dinge einschließlich der regressiven Außerirdischen - der vergangenen wie der gegenwärtigen - miteinschließt. Denn wenn wir begreifen, daß Teile unseres Selbst genauso manipulativ und regressiv waren oder sind wie die manipulativsten und regressivsten Außerirdischen und daß wir in anderen Inkarnationen alle möglichen körperlichen Existenzen angenommen haben, wird dies den Wert jeglichen Urteils über andere Menschen bzw. die regressiven Außerirdischen - vor allem auch in den kommenden Zeiten des Wandels - von vornherein relativieren. Es muß eine Bewußtseinsheilung auf Massenebene stattfinden, der eine Heilung sämtlicher Beziehungen vorangeht. Manche werden Angst davor haben, sich zu verändern, und sich auf Schritt und Tritt gegen einen Wandel sträuben. Andere werden sich durch Hologramme und andere Kniffe regressiver Außerirdischer täuschen lassen - manche Menschen brauchen diese Wesen noch! Andere wiederum werden die jetzt von den positiven Kräften des Kosmos angebotene Unterstützung annehmen wollen und sich zu einem höheren, seligeren Bewußtseinszustand emporentwickeln. Da dies eine Welt des freien Willens ist, liegt die *Entscheidung* für Heilung und Ganzwerdung natürlich bei jedem einzelnen.

Trotz aller Vergehen an der Menschheit, deren sich die Geheimregierung bzw. die regressiven Außerirdischen schuldig gemacht haben, müssen wir also lernen, ihnen urteilsfrei und mitleidsvoll zu begegnen und ihnen sogar zu verzeihen, wenn wir überleben, geschweige denn uns höherentwickeln wollen. Dies gehört zu den schwersten Lektionen, die wir im Leben zu lernen haben, da wir naturgemäß solchen, die uns schlecht behandeln, nichts Gutes wünschen. Dies soll jedoch nicht heißen, daß wir nicht das Recht hätten, diesen dunklen Kräften entgegenzutreten und ihnen das Recht zu verweigern, uns von unserem Ziel der Entwicklung zum Licht abzubringen. Denn dies ist der Moment des Erwachens - für alle von uns! Als ersten Schritt müssen wir die regressiven Außerirdischen und ihre menschlichen Bundesgenossen dazu auffordern, uns auf den Pfad des Lichtes und der Liebe zu folgen. Verschiedene esoterische Quellen sprechen davon, daß Reptoide und Graue sich vereinzelt dem Licht zugewandt haben - wir müssen also darum beten, daß ihnen dies möglich ist. Das gleiche gilt für die menschlichen Verbündeten der dunklen Mächte, unsere gefallenen Brüder und Schwestern - ihnen sollte es eigentlich, solange sie noch eine Vielzahl von Primaten- bzw. Säugergenen in sich tragen, noch leichter als ihren regressiven Meistern fallen, sich dem Göttlichen Licht und der Göttlichen Liebe zu ergeben. Wenn sich die auf Erden weilenden dunklen Mächte jedoch nicht dem Licht zuwenden wollen, müssen jene unter uns, die dies tun, darauf bestehen, daß sie sich zu einem anderen Planeten, in eine andere Dimension oder in eine andere Umgebung begeben, die der Entwicklung und Aufrechterhaltung einer Sklavenrasse dienlicher ist. Falls sich die negativen Kräfte jedoch weigern sollten, diesen Planeten zu verlassen und dazu auch nicht gezwungen werden können, werden sich jene unter uns, die sich zum Licht hin entwickeln, hoffentlich zu anderen Dimensionen fortentwickeln und die dunklen Mächte in dieser dritten Dichte ihren Machenschaften überlassen. Dies ist entschieden der Moment, in dem ein jeder aufgerufen ist, Stellung zu beziehen, und zwar definitiv.

Wir beten darum, daß alle Dinge, selbst die regressiven Außerirdischen oder jegliche andere Negativität, die sich auf Erden und anderswo manifestiert, Teil eines Göttlichen Plans bilden... Doch wie dem auch sei - in jedem Fall scheinen wir lernen zu müssen, die Negativität von anderen wie auch unsere eigene Negativität, die wir in diesem oder in anderen Leben zum Ausdruck gebracht haben, als Element des Schöpfungsganzen - der universellen Existenz - zu akzeptieren. Schließlich könnten wir in vergangenen Inkarnationen selbst ein Leben als Echse oder als Grauer geführt haben. Und während wir die dunkle Seite des Universums zu akzeptieren lernen, ohne sie zu beurteilen, müssen wir gleichzeitig lernen, uns auf die positiven Seiten der Schöpfung zu konzentrieren und die Fähigkeit zu lieben an die erste Stelle zu setzen.

Eine solche Entscheidung für ein Leben der Göttlichen Liebe, d.h. für den Weg des Lichtes, liegt ganz bei uns. Es ist im Grunde eine völlig logische Entscheidung - erheblich logischer, als sich weiter mit einem Leben abzufinden, das von den Herrscher-Opfer-Regeln der dunklen Welt diktiert wird, die von den regressiven Außerirdischen und ihren menschlichen Verbündeten aufgestellt wurden. Die Erkenntnis, wie dunkel diese Welt wirklich ist, hat mir bei meiner eigenen Entscheidungsfindung geholfen und wird auch Ihnen hoffentlich, meine Leser, Ihren Entschluß erleichtern.

Esoterische wie exoterische Quellen sprechen davon, wie wesentlich es zur Entwicklung eines höheren, erweiterten Bewußtseins sei, weniger Gewicht auf die „Vernunft“ (zumindest wie wir sie kennen) zu legen - denn viele sogenannte „geistige Wahrheiten“ lassen sich gegenwärtig von den meisten Menschen „vernunftgemäß“ nicht nachvollziehen. So mögen Wissenschaftler und andere, die hauptsächlich vernunftbestimmt agieren, bei dem Versuch, geistige Wahrheiten zu erfassen und anzunehmen, in gewissem Grade größere Schwierigkeiten haben als Menschen, die ihrer Intuition und ihrem Gefühl zu vertrauen versuchen.

In vielen spirituellen Lehren wird hervorgehoben, daß durch Erweckung des spirituellen Selbsts ein „Wissen“ entwickelt wird - eine Art kristallklare intuitive Führung, dank der man „weiß“, welche Handlungen und

Geschehnisse im eigenen Leben im Namen von Unwissenheit und Dunkelheit und welche im Namen von Wahrheit und Licht erfolgen. Wir werden in unserem täglichen Leben oftmals vor Situationen gestellt, in denen uns eine Entscheidung abgefordert wird. Und indem wir diese kleinen (oder großen) Entscheidungen des täglichen Lebens treffen, erhalten wir die Gelegenheit, unsere Urteilskraft und unsere Kenntnis zu üben. Dabei wird sich diese Urteilskraft kontinuierlich verfeinern und vervollkommnen, wenn wir uns in jedem Moment eines jeden Tages an den Weg der Göttlichen Liebe und des Göttlichen Lichtes halten. Auf diese Weise wird der vernunftbetonte Verstand allmählich in den Hintergrund treten (ohne daß dies seine Verdienste in irgendeiner Weise schmälert) und der Intuition Platz machen, während wir uns in höhere Sphären fortentwickeln.

In einer Beziehung scheinen die regressiven Außerirdischen und die Geheimregierungen der primitiven Menschenspezies weit voraus zu sein - sowohl Reptoide wie auch Graue besitzen (unabhängig davon, wie ihre Beziehungen im einzelnen aussehen mögen) zum gegenwärtigen Zeitpunkt einen gewaltigen technischen Vorsprung vor jeder menschlichen Zivilisation. Auch zu anderen Dimensionen, Zeitreisen, Mind Control und weiteren Aspekten unserer selbst, die wir plump als „metaphysische Phänomene" bezeichnen, steht ihnen ein umfangreiches Wissen zu Gebote. Des weiteren verfügen sie über ausgedehnte Kenntnisse über unser multidimensionales Selbst und konnten uns sogar dahingehend programmieren, daß wir noch nicht einmal die verfügbaren Erkenntnisse über die Realität der Multidimensionalität anerkennen. Auch ihre Intelligenz übertrifft die menschliche, wenigstens im logischen Sinne, bei weitem (und dies gilt auch für unsere Genies). Wie wir gesehen haben, vermögen sie darüber hinaus unterschiedliche körperliche Formen anzunehmen, die ihre wahre Identität und Ziele kaschieren. Sie besitzen auch eine Technologie, mit deren Hilfe sie die meisten Menschen vergessen machen, woran sie sich nicht erinnern sollen, wie z.B. eine Entführung für experimentelle Zwecke. Sie können Hologramme und Dramen kreieren, die den meisten Menschen völlig real und „echt" erscheinen.

Wir hoffen zwar, daß einige der eher negativen Außerirdischen dazu bewegt werden können, sich in der heutigen Zeit des Aufbruchs den Legionen der Liebe und des Lichts anzuschließen. Dennoch deuten die uns verfügbaren historischen Zeugnisse - selbst wenn sie entstellt sein mögen -, darauf hin, daß zahlreiche regressive Außerirdische weiterhin versuchen werden, Menschen zu kontrollieren und von deren Gefühlen der Furcht zu leben (bzw. auch selber weiterhin Furcht und Chaos verbreiten werden). In diesem Fall werden sich jene unter uns, die sich für den Weg der Liebe und des Lichtes entschieden haben, von unseren reptoiden Schöpfergöttern und ihren grauhäutigen Verbündeten auf immer trennen müssen.

Wie es scheint, besitzen wir im Grunde völlige Kontrolle über unsere Lebensumstände - wir müssen nur zu uns kommen und uns unseres geistigen Potentials bewußt werden - und es dann auch verwirklichen! Bis wir jedoch wirklich verinnerlicht haben, daß wir sämtliche Ereignisse unseres Lebens in der Hand haben, sind wir dem unterworfen, was uns andere antun möchten - was immer dies sein mag. *Die Wahl liegt bei uns.*

Ein Mensch, der entdeckt, was wahre Integrität bedeutet, und diese in die Tat umsetzt, entwickelt sich bewußtseinsmäßig so schnell, daß er in kürzester Zeit realisieren wird, daß jede(r) für sein Leben tatsächlich die volle Verantwortung trägt. Gleichzeitig wird ihm bewußt werden, daß sich ein jeder das Realitätssystem aussucht, an dem er zu partizipieren wünscht, und zwar nach Maßgabe der Bewußtseinsebene, der er zum jeweiligen Zeitpunkt Ausdruck verleiht. Wenn wir die Grauen also z.B. vermeiden möchten, würde es genügen, unser Bewußtsein so weit anzuheben, daß wir sie in ihrer wahren Natur durchschauen, und dann zu entscheiden, daß wir sie als schlichte „störende Eindringlinge" weder brauchen noch wollen, um sie somit für immer aus unserem Leben zu verbannen. Ich weiß, daß es nicht ganz so simpel ist, aber es gibt Fälle, in denen Menschen die Grauen einfach dadurch vermeiden konnten, daß sie sich stärker spirituell ausrichteten. Und wie wir gesehen haben, gibt es Belege dafür, daß Graue Menschen, die sich ernsthaft ihrer spirituellen Entwicklung widmen, lieber nicht entführen.

Während der Entwicklung unseres Bewußtseins entdecken wir nicht nur unsere riesigen, brachliegenden Kräfte, sondern erhalten auch von den geistig ausgerichteten Außerirdischen Hilfe. Wir haben gesehen, daß die Mächte des Großen Geistes zum gegenwärtigen Zeitpunkt Liebe oder ähnlich geartete Informationen über unseren Planeten verströmen. In jenen, die sich dieser Göttlichen Liebe öffnen und sie kultivieren, erhöht sie die Frequenzen der Liebe, der Hingabe und des Mitgefühls und trägt dazu bei, das Be- und Verurteilen von anderen zu minimieren, unterstützt also den Prozeß der Heilung und der Reinigung. Und während wir dabei sind, unsere Beziehung zu unserer Mutter Erde und uns selbst zu heilen, scheint sogar denkbar, daß uns in unserem Ringen, Licht zu unserem Planeten zu bringen, direkte Hilfe von seiten der positiven Außerirdischen zuteil werden wird. Lynette hat in diesem Zusammenhang erfahren, daß es einen Göttlichen Plan zur Transformation der Erde in eine Welt der Liebe und des Mitgefühls gibt, und versucht, dieses Wissen durch ihre Arbeit mit anderen zu teilen.

Es ist gut möglich, daß viele von uns die Verantwortung, zu *wählen*, sich bewußtseinsmäßig und spirituell weiterzuentwickeln, mit einem tieferen Verständnis auf sich genommen haben. Die Menschen sind Teil des Planes. Die rasche spirituelle Entwicklung, die uns bevorsteht, ist in der uns bekannten Menschheitsgeschichte ohne Beispiel, obwohl es früher, vor über 10000 Jahren, ähnliche Epochen gegeben haben mag (die jedoch fast zur Gänze vertuscht worden sein müssen). Es gibt allerdings keine Garantie dafür, daß dieser Göttliche Plan zu diesem Zeitpunkt angenommen werden wird, d.h., daß die Menschheit tatsächlich liebevoller und weniger kontrolliert werden wird. Esoterische Quellen scheinen anzudeuten, daß die Heilung und Bewußtseinswandlung, die auf der Erde stattfinden soll, letztlich ganz von uns abhängt. Nur wenn sich genügend von uns bereit finden, ein Leben absoluter Integrität und spiritueller Praxis zu führen, wird die Erde zu einem Planeten des Lichts werden. Wir können also mit unseren enormen (und größtenteils noch brachliegenden) Kräften wie Mut, Stärke und vor allem Vergebung sowie massiver Hilfe seitens der Mächte des universellen Lichtes den Bewußtseinszustand dieses Planeten auf Liebe und Licht hin umschwenken und damit unter Aufbietung all unserer Kräfte den Weg einschlagen, der von den Mächten der Dunkelheit weg führt.

Die Pleiadian-Plus-Gruppe behauptet, aus unserer Zukunft zu stammen - die jedoch nicht festgelegt sei, sondern mehrere Möglichkeiten und Wahrscheinlichkeiten berge. Wie uns scheint, drückt sich in dieser Aussage die Multidimensionalität unserer selbst und unseres Lebens aus. Wie wir den Sachverhalt verstehen, gibt es dabei möglicherweise eine tatsächliche Spaltung von Welten zwischen jenen, die regressive Kontrolle, und jenen, die Liebe und Mitgefühl betonen. Dies ist jedoch sicher mehr, als die meisten von uns zum gegenwärtigen Zeitpunkt verstandesmäßig erfassen können. In jedem Fall entscheiden wir allein darüber, ob wir in einer Welt der Dunkelheit und der Täuschung oder in einer solchen des Lichtes und der Wahrheit leben wollen. Jeder einzelne von uns muß wählen, ob er sich einem Leben von Liebe und Licht verpflichten oder die Gelegenheit dazu ungenutzt verstreichen lassen möchte.

Unsere Welt und unsere Epoche sind auf schnelle Wandlung und Entwicklung programmiert und „kodiert". Dabei haben sich manche Menschen, die im Lauf der Jahrhunderte weniger Lernerfahrungen als andere gewählt haben und daher weniger bereit für eine rasche Bewußtseinsentwicklung sein mögen, hier wohl nur als Beobachter inkarniert - in der Hoffnung, daß ihr Bewußtsein allein durch ihre Anwesenheit in dieser Zeit einen Entwicklungsschub erfahren wird. Wie schon angedeutet, weist ja verschiedenes darauf hin, daß je höher die Aspekte der eigenen Seele bzw. des Höheren Selbsts sind, die wir zu verwirklichen wünschen, die Inkarnationen um so „gehaltvoller" und eventuell auch schwieriger werden - wobei diese jeweils in solcher Form ausgesucht werden, daß die Seele Gelegenheit erhält, die Lebenslektionen, v.a. die der Liebe und des Mitgefühls, zu erlernen.

Wie schon gesagt, mögen sich viele menschliche Seelen in diese Zeit des rapiden Wandels inkarniert haben, ohne für die schnellen Bewußtseinsveränderungen, die momentan auf Erden eingeleitet werden, „kodiert" zu sein. Dies könnte darauf hindeuten, daß es sich dabei jeweils um eine recht tapfere, unerschrockene Seele handelt. Ebenso könnte dies jedoch bedeuten, daß diese Seelen auf einer höheren Bewußtseinsebene realisierten, daß Menschen einfach dadurch auf eine höhere Bewußtseinsstufe katapul tiert werden können, daß sie während einer Epoche rascher Bewußtseinsveränderung wie die, die uns bevorzustehen scheint, zugegen sind.

Wir sitzen alle in einem Boot. Wir alle sind hier, um unser Bewußtsein in hoffentlich kurzer Zeit zu erweitern. Die Kenntnis und das Verständnis unserer Ursprünge und unseres Standorts im Universum werden uns dabei in diesem Vorhaben sicherlich unterstützen - womit ich nicht sagen möchte, daß wir die regressiven Außerirdischen - vor allem die Konsequenzen der Tatsache, daß sie wirkliche Erkenntnis von alters her gesteuert und verfälscht haben - zur fixen Idee werden lassen sollten. Ich denke vielmehr, daß wir uns vor ihnen - zumindest symbolisch - in den Staub werfen sollten, da sie uns so klar und eindringlich unsere eigenen regressiven Aspekte vor Augen führen. Ihretwegen werden sich viele in höchster Eile dem Licht und der Wahrheit zuwenden - uns wird überdeutlich bewußt werden, daß wir von Irreführung, falschen bzw. unterdrückten Informationen und anderen Formen der Finsternis genug haben.

Wie schon erwähnt, bergen die menschlichen Emotionen offenbar den Schlüssel zu unserer spirituellen Evolution. Kein Wunder, daß unsere Gefühle in den verschiedenen Glaubenslehren der Welt unterdrückt und kontrolliert wurden. Wenn wir also in unserem täglichen Leben mehr Gefühle zulassen, fördern wir gleichzeitig unsere spirituelle Entwicklung, da uns unsere Gefühle mit unseren geistigen Körpern verbinden.(14) Speziell unsere Gefühle in unserem Alltagsleben, unser Feingefühl uns selbst und anderen gegenüber sowie die aufrichtige Freundlichkeit und Güte, die wir anderen entgegenbringen, verbinden uns mit dem Geist. Und wer den Geist ehrt, wird in diesem Sinne handeln! Und natürlich ist die Liebe das Gefühl, dem unsere größte Aufmerksamkeit gelten sollte. Wir können mit ihrer Kultivierung beginnen, indem wir uns darin üben, unsere „Lieben" - Eltern, Brüder, Schwestern, Gatten, Kinder und Freunde - bedingungslos zu lieben. Anschließend können wir auch die anderen Menschen lieben lernen, mit denen uns das tägliche Leben zusammenbringt. Und schließlich können wir sogar lernen, die regressiven Mächte der Erde zu lieben, welche, wie behauptet wurde, einen Teil unseres Wesens bilden.

Jene, die sich einem Leben weltumspannender Liebe verpflichtet haben und dieser Verpflichtung nachkommen, werden Liebe und Glückseligkeit in einem Grade erfahren dürfen, der das, was die meisten von uns in unserem Leben kennengelernt haben, bei weitem übertrifft - und sie sind es auch, die den letzten Sieg davontragen werden. Die meisten unter ihnen werden sich äußerst rasch entwickeln und einige sogar noch in diesem Leben den Punkt erreichen, an dem eine Wiedergeburt in eine physische, dreidimensionale Welt nicht länger erforderlich ist. Der „Himmel" der jüdisch-christlichen und islamischen Kulturen ist offenbar ein Seinszustand - nach unseren Begriffen wohl nichtphysisch -, in dem die Seele das, was wir Liebe und Glückseligkeit nennen, viel häufiger und intensiver erfährt als in unserem gegenwärtigen Leben (dessen Zweck unsere Weiterentwicklung ist). Wie uns so oft in Erinnerung gerufen wird, haben nur sehr wenige Menschen im Laufe der Geschichte (jedenfalls die, die wir kennen) wahrhaft erhebende Erdenleben geführt. Die meisten von uns haben auf die eine oder andere Weise Schaden genommen - sei es infolge von Mißhandlung in unserer Kindheit oder infolge von Kriegen, Hungersnöten oder einer der anderen Katastrophen, die von alters her auf Erden perpetuiert werden. Und selbst wenn unsere Lebensumstände im allgemeinen befriedigend sein sollten, gilt doch für fast alle von uns, daß wir mit einem Weltbild aufgezogen wurden, das letztlich, vor allem was die Liebe Gottes und unser geistiges Potential betrifft, verkehrt und irreführend ist. Selbst die, die in einer relativ liebevollen Umgebung aufwachsen durften, haben vermutlich nicht allzuviel Liebe erfahren, da Liebe auf Erden ein rarer Artikel gewesen zu sein scheint... Doch auch wenn wir keine bedingungslose Liebe kennenlernen durften, vermögen wir sie mittels konzentrierter Bemühung und mit Gottes Hilfe - der Hilfe der Göttlichen Kräfte dieses Universums - zu erlernen.

Inwieweit wir uns in den kommenden Jahren mit den regressiven Außerirdischen auseinanderzusetzen haben werden, ist noch unklar. Vermutlich werden wir alle jedoch zumindest so viel über sie zu lernen haben, daß wir uns bewußt g e g e n ihre Gesellschaft entscheiden können. Wie schon angedeutet, werden wir ihnen letzten Endes sogar für ihr Dasein danken, da dieses unsere Entscheidung für den Weg der Liebe und des Lichtes beschleunigt hat. Spirituelle Lehren, die die relative Unwichtigkeit der physischen, materiellen Ebene betonen, haben durch sie und ihre menschlichen Verbündeten Auftrieb erhalten. Wie wir sahen, lehren z.B. Religionen wie der Buddhismus, daß alles auf der körperlich-materiellen Ebene Illusion ist, d.h., daß letztlich aus der Sicht unserer multidimensionalen Gesamtexistenz die stoffliche Welt samt all ihren persönlichen Dramen von verschwindend geringer Bedeutung ist.

Wir alle können nur davon profitieren, wenn wir uns umgehend an die Erkundung unserer geistigen und sonstigen Wahrheiten machen. Viele Menschen sind dabei auf ihrer persönlichen Heilungsreise schon recht weit gekommen - und all jene, die mit der ihren noch nicht begonnen haben, hoffe ich, mit dieser kurzgefaßten Einführungsschrift ermuntert zu haben, sich mit dem einen oder anderen Teilaspekt der immensen Enthüllungen zu befassen, die jetzt über andere Dimensionen und unsere geistige Natur verfügbar werden. Zuallermindest hoffe ich jedoch, meine Leser davon überzeugt zu haben, daß an der Welt, in der wir leben, erheblich mehr Substanz ist, als es die meisten je für möglich gehalten hätten.

Die gute Neuigkeit über die innere Reise, die ein jeder von uns unternehmen muß, ist die, daß die Verantwortung für unser spirituelles Wachstum ganz in unseren Händen liegt. Dieses Wachstum können wir im übrigen beschleunigen - und zwar einfach dadurch, daß wir innerlich den Wunsch aussprechen, uns in Richtung unserer liebevollen Gedanken zu entwickeln. Als junge und noch recht primitive Spezies brauchen wir bei der Erkundung unserer multidimensionalen Aspekte natürlich Unterstützung. Für manche von uns mag es daher eine weise Entscheidung sein, zumindest vorübergehend die Hilfe eines Meisters, Gurus oder Freundes in Anspruch zu nehmen - wobei wir natürlich all jenen „Meistern" aus dem Weg gehen sollten, die offensichtlich nicht die besten Absichten - für unsere Seele oder die der anderen - verfolgen. Wenn z.B. ein Lehrer darauf besteht, daß wir einen Teil unserer Selbstbestimmung für ihn, einen Gott oder ein „höheres Ziel" aufgeben, heißt es aufpassen. Geben Sie Ihre Selbstbestimmung für nichts und niemanden auf - behalten Sie sie, um sich unter ihrer Führung in die von Ihnen gewählte Richtung zu entwickeln und die Welt, in der Sie leben möchten, eigenverantwortlich zu bestimmen.

Es ist ungeklärt, ob sich der Einfluß der regressiven Außerirdischen einfach dadurch ausschalten läßt, daß man sein Leben nach geistigen Prinzipien ausrichtet. Die regressiven Außerirdischen und ihre menschlichen Verbündeten bilden schließlich einen integralen Bestandteil der Welt, die wir uns für dieses Leben ausgesucht haben. Wie ihr momentanes Programm für die Menschheit dabei im einzelnen aussehen mag, kann nur vermutet werden - doch mit an Sicherheit grenzender Wahrscheinlichkeit geht es hierbei um Macht und Kontrolle über die Erdenmenschen.

Noch bevor wir uns eventuell mit den regressiven Außerirdischen direkt befassen müssen, werden wir uns jedoch mit größter Wahrscheinlichkeit (und zwar in Kürze) mit der Agenda der Geheimregierungen auseinanderzusetzen haben (siehe Kapitel 12), in der es, wie es scheint, um vermehrte Macht- und Kontrollmöglichkeiten einer kleinen „Elite" geht - das ganze unter einer von dieser und den regressiven Außerirdischen kontrollierten neuen Weltordnung.(15) Diese „neue Weltordnung" scheint die gleiche Art von Eine-Welt-Regierung zu beinhalten wie jene, für die der französische Kontaktler Claude Vorilhon (und andere vor und nach ihm) auf Anweisung von Außerirdischen seit langem in der Öffentlichkeit Werbung betreiben (siehe Kapitel 12). Offenbar machen Macht und Kontrolle noch süchtiger als suchterzeugende Drogen wie Nikotin - je mehr man davon besitzt, um so mehr möchte man. Gleichzeitig bleibt uns jedoch die Hoffnung, daß jene Irregeleiteten, die auf diese teuflische Verschwörung hereingefallen sind, sich dem Licht zuwenden und damit versuchen werden, ihrem Leben doch noch eine Wende zum Guten zu geben. In diesem Fall werden wir, die als Opfer des diabolischen Macht- und Kontrollkomplotts der „Führungsschicht" ausersehen waren, unseren betroffenen Brüdern und Schwestern sicherlich vergeben können - vor allem dann, wenn diese endlich damit beginnen, die „mehr als streng geheimen" Informationen darüber offenzulegen, was sich zwischen ihnen und den regressiven Außerirdischen tatsächlich abgespielt hat.

Inzwischen werden jene, die einen wahrhaft spirituellen Weg verfolgen, ihre Intuition und ihre Kenntnis weiterentwickeln und daher erkennen, welchen Teilen des Programms der neuen Weltregierung sie sich widersetzen bzw. entziehen möchten und was sie zu tun haben, um in höhere Dimensionen und Frequenzen vorzustoßen.

Schlußwort

Viele, die ihren Prägungen und Konditionierungen verhaftet und damit zur Veränderung nicht bereit sind, könnten die kommende Zeit des Wandels und der Reinigung als chaotisch und furchterregend empfinden. All jene, die sich selbst und die wirkliche Geschichte der Erdenmenschheit kennenlernen und sich damit seelisch weiterentwickeln, werden die bevorstehenden Veränderungen jedoch begrüßen. Ihnen allen ohne Unterschied möchte ich an dieser Stelle für die bevorstehende Epoche umfassender Reinigung viel Glück und alles Gute wünschen - und in diesen Wunsch schließe ich auch meine Brüder und Schwestern in den Geheimregierungen und sogar die Reptoiden und die Grauen mit ein - in anderen Worten, sämtliche körperliche und nichtkörperliche Wesen dieser

Welt. Möge sich Ihren Seelen sehr rasch ein tieferes Verständnis der Liebe und der Schöpfung durch den Urschöpfer des Universums erschließen.

Bevor wir dieses kleine Buch zum Abschluß bringen, möchten wir die Kernpunkte unserer augenblicklichen Sicht der menschlichen Existenz noch einmal zusammenfassen:

1.) Die heutige wissenschaftliche (darwinistisch-anthropologische) Darstellung der Entwicklungsgeschichte des Menschen, deren zentrale Elemente Zufall und Materie bilden, ist mit zahlreichen Mängeln behaftet.

2.) Uns überliefertes Schrifttum, vor allem aus Mesopotamien, sowie das, was uns über das heutige „UFO-Phänomen" bekannt ist, deuten darauf hin, daß der „blaue Planet" seit Jahrmillionen von Wesen besucht wird, die wir als Außerirdische bezeichnen und die jedes Stadium der biologischen, kulturellen und spirituellen Entwicklung der Menschheit beeinflußt haben.

3.) Außerirdische, die uns nicht wohlgesinnt sind, kontrollieren mit Hilfe einiger menschlicher Verbündeter seit mindestens 300000 Jahren offen und verdeckt die Frequenz und die Informationsbildung auf unserem Planeten.

4.) Die wichtigste Information, die uns die regressiven Außerirdischen und ihre menschlichen Verbündeten vorzuenthalten suchen, ist die, daß wir geistiger Natur sind und ein ungeheures Entwicklungspotential besitzen - und zwar in Richtung auf ein Dasein, das von Liebe und Glückseligkeit geprägt ist.

5.) Es ist möglich, daß die Welt und ihre Bewohner auf irgendeine Weise durch positiv gesinnte Wesen auf einen raschen bewußtseinsmäßigen und spirituellen Entwicklungssprung programmiert wurden, der etwa in den nächsten zwanzig Jahren stattfinden sollte.

6.) Trotz der Anzeichen einer beträchtlichen extraterrestrischen Einflußnahme auf unseren Planeten ist letztlich, vor allem auch in dieser Zeit rascher Reinigung und Wandlung, jede(r) für seine Realität, sein Leben und vor allem seine spirituelle Entwicklung selbst verantwortlich.

All dies ist ein persönlich gefärbtes Bild der Wahrheit über unsere Wurzeln und unser Wesen, wie es sich mir im Moment präsentiert. Skeptiker und „Wegerklärer" „offizieller" und inoffizieller Couleur werden mein Buch durch Behauptungen wie daß die eine oder andere Quelle nicht verläßlich und die eine oder andere Einzelheit unzutreffend sei, abzuwerten versuchen und es damit samt seiner Postulate in Bausch und Bogen verurteilen. Dies ist auch die Methode, deren sich die Geheimregierung mit Vorliebe bedient, um die Hunderte von Werken abzuqualifizieren, die zu UFOs und Regierungsverschwörungen veröffentlicht wurden. Aus diesem Grunde habe ich auf diesen Seiten auch wiederholt darauf verwiesen, daß der Natur der „Bestie" halber bestimmte Quellen und Einzelheiten einfach nicht hundertprozentig korrekt sein können. Dessen ungeachtet stehe ich zu meiner Behauptung, daß die oben resümierten Grundpostulate der Wahrheit nahekommen.

Andererseits kann ich Leser, die völlig in einer der verbreiteten religiösen oder säkularen Weltanschauungen aufgehen, verstehen, wenn sie heute, in der Mitte der neunziger Jahre, diesem phantastisch anmutenden Szenario nicht folgen können. Doch ich kann allen, denen die hier vorgelegten Informationen unglaublich vorkommen, nur raten, an der Schwelle des einundzwanzigsten Jahrhunderts so wachsam wie möglich zu sein. Trotz der enormen Anstrengungen jener Kräfte, die die Erde mittels Informationsbeschränkung unter Kontrolle halten möchten, werden weiterhin zahlreiche Einzelheiten ans Licht kommen, die die hier präsentierten Grundthesen erhärten. In Paläontologie, Anthropologie und anderen Wissenschaften wird es zu Entdeckungen kommen, die die Dürftigkeit der materialistisch-wissenschaftlichen Sicht der menschlichen Ursprünge sowie den historischen Einfluß Außerirdischer auf die Erde aufzeigen. Und auch in der Religionswissenschaft könnte es zu Entdeckungen kommen, die auf die Ursprünge der irdischen Religionen ein neues Licht werfen.

Es werden Wahrheiten über die Geistigkeit des Menschen enthüllt werden, die uns jetzt unvorstellbar sind - und in diesem Zusammenhang sollten wir nach jenen Ausschau halten, die damit beginnen, auf hohen Frequenzen zu leben und sich bewußtseinsmäßig tiefen Erkenntnissen zu öffnen. Kurzum, ich erwarte, in den nächsten fünf bis zehn Jahren eine wahre Informationsflut - wie auch die übliche Fülle von irreführenden Informationen - auf die Menschheit niederprasseln zu sehen. Dies bildet dann auch den „proof of the pudding", wie meine Frau Lynette zu sagen pflegt. Je ersichtlicher es werden wird, daß die hier präsentierten Hypothesen der Wahrheit nahekommen, desto mehr hoffe ich darauf, daß all meine Brüder und Schwestern wachsam sein und sich ihrer seelischen Entwicklung widmen werden.

Wir möchten Sie dazu beglückwünschen, sich in dieser Zeit inkarniert zu haben. Dies ist eine großartige, phantastische Epoche - eine Zeit des Lernens und des Wachstums. Ihnen allen wünschen wir beim Durchschreiten des kommenden Dramas/Dharmas Liebe und Glückseligkeit.

1. Siehe Redfield, J. 1993. *The Celestine Prophecy*. Satori Publishing, Hoover, Alabama
2. Albertson, M. L. und K. P. Freeman 1988. *op. cit.*
3. *Ibid.*, S. 355.
4. *Ibid.*, S. 360.
5. *Ibid.*, S. 358.
6. *Ibid.*, S. 360.
7. *Ibid.*, S. 366.
8. *Ibid.*, S. 368.
9. *Ibid.*, S. 361.
10. z.B. Blavatsky, H. P. 1967. *The Secret Doctrine* (an abridgement, E. Preston and C. Humphreys, editors). The Theosophical Publishing House, Wheaton, Illinois, S. 146.
11. Marciniak, B. 1992b. *op. cit.*.
12. Albertson, M. L. und K. P. Freeman 1988. *op. cit.*, S. 355.
13. Die Heilige Schrift, Neues Testament.
14. Marciniak, B. 1992b. *op. cit.*, S. 32
15. Jasper, W. F. 1993. *Global Tyranny...Step by Step: The United Nations and the Emerging New World Order.* Western Island Publishers, Appleton Wisconsin.

Literaturverzeichnis

Albertson, M.L. und K.P. Freeman 1988. »Research related to reincarnation.« Proceedings of the International Conference on Paranormal Research, Colorado State University, Fort Collins, 7-10. Juli.

Anonym 1992. »Tragedy found in Cambrian carnival.« Science News *142, S.* 109.

Augros, R. und G. Stanciu 1988. *The New Biology: Discovering the Wisdom in Nature.* Shambhala, Boston.

Baigent, M., R. Leigh und H. Lincoln 1983. *Holy Blood, Holy Grail.* Dell Publishing, New York.

____ 1986. *The Messianic Legacy.* Dell Publishing, New York.

Bakker, R.T. 1986. *The Dinosaur Heresies.* William Morrow and Co. Inc., New York.

Bauchard Jr., T.J., D.T. Lykken, M. McGue, N.L. Segal und A.Tellegen 1990. »Sources of human psychological differences: the Minnesota study of twins reared apart.« Science *250,* S. 223-228.

Beare, F.W. 1981. *The Gospel According to Matthew.* Harper and Row, San Francisco.

Binford, L.R. 1982. Kommentar zu: »Rethinking the Middle/Upper Paleolithic transition«, von R. White; Current Anthropology *23, S.* 177-181.

Bird, I.L. 1960. *A Lady's Life in the Rocky Mountains.* University of Oklahoma Press, Norman.

Bishop III, J. 1991. »Reptilian-Grey Data«. In, Valerian, V. *Matrix II: The Abduction and Manipulation of Humans Using Advanced Technology.* The Leading Edge Research Group; Yelm, Washington, S. 96-101.

Blakemore, C. und G.F. Cooper 1970. »Development of the brain depends on the visual environment.« Nature *228: S.* 447-448.

Blavatsky, H.P. 1967. *The Secret Doctrine* [Die Geheimlehre] (an abridgement, E. Preston und C. Humphreys, editors). The Theosophical Publishing House, Wheaton, Illinois.

Bonner, J.T. 1980. *The Evolution of Culture in Animals.* Princeton University Press, Princeton.

Borkamm, G. 1960. *Jesus of Nazareth.* Harper, New York

Boulay, R.A. 1990. *Flying Serpents and Dragons: The Story of Mankind's Reptilian Past.* Galaxy Books, P.O.Box 8542, Clearwater, Florida 34618.

Bower, B. 1994. »Asian hominids make a much earlier entrance«. Science News *145: S.* 150.

Bowlby, J.A. 1969. *Attachment and Loss, Vol. 1.* Basic Books, New York.

Boylan, R.J. with L.K. Boylan 1994. *Close Extraterrestrial Encounters: Positive Experiences with Mysterious Visitors.* Wild Flower Press, Tigard, Oregon, S. 155.

Bramley, W. 1989. *The Gods of Eden: A New Look at Human History.* Dahlin Family Press, San Jose, Kalifornien.

Brough, J. 1958. "Time and evolution«. In *Studies on Fossil Vertebrates,* T.S. Westoll (Hrsg.). University of London Press, London.

Brown, D. 1970. *Bury My Heart at Wounded Knee.* Holt, Rinehart and Winston, Inc., New York.

Brues, A.M. 1977. *People and Races.* Macmillian Publishing Co., Inc., New York.
Bryant, A., und L. Seebach 1991. *Healing Shattered Reality: Understanding Contactee Trauma.* Wild Flower Press, Tigard, Oregon.
Calhoun, J.B. 1962. *The Ecology and Sociology of the Norway Rat.* U.S. Department of Health, Education, and Welfare, Bethesda, Maryland.
Cann, R.L., M. Stoneking und A.C. Wilson 1987. »Mitochondrial DNA and human evolution.« Nature *325:* S. 31-36.
Chalmers, N.R. 1968. »Group composition, ecology and daily activities of free living mangabeys in Uganda.« Folia Primatologica *8: S.* 247-262.
Colinvaux, P. 1978. *Why Big Fierce Animals are Rare: An Ecologist's Perspective.* Princeton University Press, Princeton.
Cooper, M.W. 1991. *Behold a Pale Horse.* Light Technology Publishing. Sedona, Arizona.
Coven, R. 1992. »Hunting planets with a gravitational lens.« Science News *141: S.* 327
Cravens, H. 1978. *The Triumph of Evolution.* University of Pennsylvania Press, Philadelphia.
Crick, F. 1981. *Life Itself.* Simon and Schuster, New York.
Crowell, C. 1990. »The government factor.« In: Valerian, V. 1991. *Matrix II: The Abduction and Manipulation of Humans Using Advanced Technology.* Leading Edge Research Group, Yelm, Washington, S. 129-132.
Darwin, C. 1872. *The Origin of Species, 6. Ausg.,* neue, unveränd. Auflage (1958) Mentor, New York.
Darwin, F. (Hrsg.), 1888. *The Life and Letters of Charles Darwin, in drei Bänden.* John Murray, London.
Darwin, F. und A.C. Seward (Hrsg.) 1903. *More Letters of Charles Darwin, vol. II.* Murray, London.
Dawkins, R. 1976. *The Selfish Gene.* Oxford University Press, New York.
_____ 1985. »What's all the fuss about?« Nature *316,* S. 683.
Deardorff, J.W. 1990. *Celestial Teachings.* Wild Flower Press, Tigard, Oregon.
DeLoach, J.S. 1987. »Rapid change in the symbolic functioning of very young children.« Science *238:* S. 1556-1557.
Dene, H.T., M. Goodman und W. Prychodko 1976. »Immunodiffusion evidence on the phylogeny of the primates.« In, *Molecular Anthropology,* M. Goodman, R.E. Tashian und J.H. Tashian (Hrsg.), Plenum Press, New York.
Denton, M. 1986. *Evolution: A Theory in Crisis.* Adler and Adler, Bethesda, Maryland
Douglas-Hamilton, I., und O. Douglas-Hamilton 1975. *Among the Elephants.* Viking Press, New York.
Eldridge, N., und S.J. Gould 1972. »Punctuated equilibria: an alternative to pyletic gradualism.« In, *Models in Paleobiology,* T.J.M. Schopf (Hrsg.), Freeman, Cooper and Co., San Francisco, S. 82-115.
Fillion, T.J. und E.M. Blass. 1986. »Infantile experience with suckling odors determine adult sexual behavior in male rats.« Science *231: S.* 729-731.
Fleagle, J.G. 1988. *Primate Adaptation and Evolution.* Academic Press, San Diego, Kalifornien.
Fowler, C. 1981. »Comparative population dynamics in large animals«. In *Dynamics of Large Mammal Populations.* C. Fowler und T. Smith (Hrsg.). Wiley, New York, S. 444-445.
Fowler, R.E. 1980. *The Andreasson Affair.* Bantam Books, New York.

____ 1991. *The Watchers: The Secret Design behind UFO Abduction.* Bantam Books, New York.

France, D.L. und A.D. Horn 1992. *Lab Manual and Workbook for Physical Anthropology, 2. Ausg.*. West Publishing Co., St. Paul, Minnesota.

Freud, S. 1953. »Three essays on the theory of sexuality.« In: *The Standard Edition of the Complete Psychological Work of Sigmund Freud, Vol. 7.* Hogarth, London, S. 125-248.

Fuller, J.G. 1966. *The Interrupted Journey.* Dell Publishing Co., Inc., New York.

Gallup Organization. 1993. »Half of U.S. believe creationism.« *San Francisco Chronicle,* 13. Sept., S. A5.

Geist, V. 1971. *Mountain Sheep.* University of Chicago Press, Chicago.

Gibbons, A. 1994. »Rewriting - and redating - prehistory.« Science *263:* S. 1087-1088.

Gingerich, P.D. 1990. »African dawn for primates.« Nature *346:* S. 411.

Ginsburg, H. und S. Opper 1979. *Piaget's Theory of Intellectual Development (2. Ausg.).* Prentice-Hall, Englewood Cliffs, New Jersey.

Goetz, D. und S.G. Morley 1950. *Popol Vuh, The Sacred Book of the Ancient Quiché Maya.* University of Oklahoma Press, Norman.

Good, T. 1988. *Above Top Secret: The Worldwide UFO Cover-Up.* William Morrow and Co., Inc., New York.

Goto, H. 1971. »Auditory perception by normal Japanese adults of the sounds of 'L' and 'R'.« Neuropsychologica *9: S.* 317-323.

Gould, S.J. 1983. »Nature's great era of experiments«. Natural History *92: S.* 12-21.

____ 1989. *Wonderful Life: The Burges Shale and the Nature of History.* Norton Press, New York.

Gould, S.J., und N. Eldridge 1977. »Punctuated equilibria: the tempo and mode of evolution reconsidered.« Paleobiology *3*: S. 115-151.

Goy, R.W.K., K. Wallen und D.A. Goldfoot 1974. »Social factors affecting the development of mounting behavior in male rhesus monkeys.« In: *Reproductive Behavior,* W. Montagna und W. Sadler (Hrsg.). Plenum Press, New York.

Greenough, W.T. 1975. »Experimental modification of the developing brain.« American Scientist *63*: S. 37-46.

Greenough, W.T., J.E. Black und C.S. Wallace 1987. »Experience and brain development.« Child Development *58:* S.539-559.

Hastings, A. 1991. *With the Tongues of Men and Angels: A Study of Channeling.* Holt, Rinehart and Winston, Inc., Fort Worth, Texas.

Healey, R.F., F. Cooke und P.W. Colgan 1980. »Demographic consequences of snow goose brood rearing traditions.« Journal of Wildlife Management, *44:* S. 900-905.

Herman, E.S. und N. Chomsky 1988. *Manufacturing Consent: The Political Economy of the Mass Media.* Pantheon Books, New York.

Hess, E.H. 1973. *Imprinting: Early Experience and the Developmental Psychobiology of Attachment.* Van Nostrand Reinhold Co., New York.

Hilts, P.J. 1993. »Battle heating up over veterans' mysterious Gulf War ailments.« *San Francisco Chronicle,* 25. November, S. A 17.

Hopkins, B. 1988. *Intruders: The Incredible Visitations at Copley Woods.* Ballantine Books, New York.

Horn, A.D. 1987. »The socioecology of the black mangabey, *Cercocebus aterrimus,* near Lake Tumba, Zaire.« American Journal of Primatology, *12: S.* 165-180.

Horn, G. 1985. *Memory, Imprinting and the Brain.* Clarendon Press, Oxford.
Housfater, G., J. Altman und S. Altman 1982. »Long-term consistency of dominance relations among female baboons *(Papio cynocephalus).«* Science *217:* S. 752-755
Howe, L.M. 1991. »The 'alien harvest' and beyond«. In, *UFOs and the Alien Presence: Six Viewpoints,* M. Lindemann (Hrsg.). The 2020 Group, Santa Barbara, California, S. 61-84.
Hoyle, F., und C. Wickramasinghe 1978. *Life Cloud.* J.M. Dent and Sons, London.
____ 1981. *Evolution from Space.* J.M. Dent and Sons, London.
Hubel, D.H. und T.N. Wiesel 1963a. »Receptive field of cells in striate cortex of very young, visually inexperienced kittens.« Journal of Neurophysiology *26: S.* 994-1102.
____ 1963b. »Single-cell responses in striate cortex of kittens deprived of vision in one eye.« Journal of Neurophysiology *26: S.* 1003-1017.
Hulen, D. 1992. »Radioactive soil had secret burial in Alaska in 1962.« *San Francisco Chronicle,* 12. Oktober, S. A5.
Hynek, J.A. 1977. *The Hynek UFO Report.* Dell Publishing Co., New York.
Immelmann, K. 1972. »Sexual and other long-term aspects of imprinting in birds and other species.« Advance Study of Behavior, *4:* S. 147-174.
_____ 1975. »Ecological significance of imprinting and early learning.« In: *Annual Review of Ecology and Systematics,* 6, R.F. Johnston, P.W. Frank und C.D. Michener (Hrsg.), Annual Reviews Inc., Palo Alto, S. 15-37.
Immelmann, K. und S.J. Suomi 1981. »Sensitive phases in development.« In: *Behavioral Development,* K. Immelmann, G.W. Barlow, L. Perinovich und M. Main (Hrsg.). Cambridge University Press, Cambridge, S. 395-431.
Jackson, R.L. und R.J. Ostrow 1994. »Iran-Contra report blames Reagan, Bush«. *San Francisco Chronicle,* January 19, S. A 1 und S. A 13.
Jasper, W.F. 1993. *Global Tyranny... Step by Step: The United Nations and the Emerging New World Order.* Western Island Publishers, Appleton, Wisconsin.
Jerison, J.H. 1973. *Evolution of the Brain and Intelligence.* Academic Press, New York.
Johnson, P.E. 1991. *Darwin on Trial.* Regnery Gateway, Washington D.C.
Jung, C.G. 1971. *The Portable Jung.* The Viking Press, New York.
Kettlewell, H.B.D. 1959. »Darwin's missing evidence.« Scientific American *200,* S. 48-53.
Kemp, T.S. 1982. *Mammal-like Reptiles and the Origin of Mammals.* Academic Press, London.
Kersten, H. 1986. *Jesus Lived in India.* Element Book Ltd., Shaftesbury, England.
Kinder, G. 1987. *Light Years: An Investigation into the Extraterrestrial Experiences of Eduard Meier.* Atlantic Monthly Press, New York.
Knudsen, E.I. 1987. »Early experience shapes auditory localization behavior and the spatial running of auditory units in the barn owl.« In: *Imprinting and Cortical Plasticity,* J.P. Rauschecker und P. Marler (Hrsg.), John Wiley and Sons, New York.
Kottack, C.P. 1979. *Cultural Anthropology, 2. Ausg..* Random House, New York.
Krill, O.H. (ohne Jahresangabe) »Orion Based Technology, Mind Control and other Secret Projects«. Arcturus Book Service, Stone Mountain, Georgia.
Kroeber, A.L. 1917. »The Superorganic«. American Anthropologist, *19:* S. 163-213.
Kuhn, T.S. 1970. *The Structure of Scientific Revolutions, 2. Ausg..* University of Chicago Press, Chicago.
Kvanika, R.M. 1988. »United States Indian treaties and agreements.« In: *Handbook of North American Indians, Bd. 4.* Smithsonian Institution, Washington.

Lack, D. 1954. *The Natural Regulation of Animal Numbers.* Oxford University Press, Oxford.

Lamberg-Karlovsky, C.C. und J.A. Sabloff 1979. *Ancient Civilizations: The Near East and Mesoamerica.* The Benjamin/Cummings Publishing Co., Inc., Menlo Park, California.

Lambert, W.G. und A.R. Millard 1969. *Atra-Hasis, the Babylonian Story of the Flood with the Sumerian Flood Story by M. Civil.* Clarendon Press, Oxford.

LaSalle, M. 1993. »Film on rabble-rouser Chomsky and media.« *San Francisco Chronicle,* 9. April, S. D5.

Lazar, B. 1991. »Alien Technology in Government Hands.« In *UFOs and the Alien Presence: Six viewpoints.* M. Lindemann (Hrsg.), The 2020 Group, Santa Barbara, Kalifornien, S. 87-127.

Lear, J. 1988. »The UFO Cover-Up?' In, Valerian, V. 1991. *Matrix II: The Abduction and Manipulation of Humans Using Advanced Technology.* Leading Edge Research Group, Yelm, Washington, S. 239-252.

Lenneberg, E. 1987. *Biological Foundation of Language.* John Wily and Sons, New York.

Levi 1968. *The Aquarian Gospel of Jesus the Christ.* DeVorss & Co., Los Angeles.

Levinton, J.S. 1992. »The big bang of animal evolution.« Scientific American *267,* S. 84-91.

Lieberman, P. und E.S. Crelin 1971. »On the speech of Neanderthal.« Linguistic Inquiry *2:* S. 203-222.

Lindemann, M. 1990. »UFOs and the Alien Presence: Time for the Truth.« Manuscript from The 2020 Group, Santa Barbara, California.

____(Hrsg.) 1991. *UFOs and the Alien Presence: Six Viewpoints.* The 2020 Group, Santa Barbara, California.

Lippman, T.W. 1993. »Utah survivors remain bitter about Nevada bomb tests.« The Oregonian (Portland), 19. Mai, S. A13.

Lorenz, K. 1935. »Der Kampan in der Umwelt des Vogels.« Journal of Ornithology, *83:* S. 137-213, 289-413.

Mainardi, D. 1980. »Tradition and social transmission of behavior in animals.« In: *Sociobiology: Beyond Nature/Nurture?* G. Barlow und J. Silverberg (Hrsg.), Westview Press, Boulder, Colorado, S. 227-255.

Marciniak, B. 1990 »The Pleiadians«. Manuskript eines Mitschnitts von am 15. und 16. November in der *Stanford University* gechanneltem Material, J. Horneker (Hrsg.). Bold Connections, Raleigh, North Carolina.

____ 1992a. The Harmonics of Frequency Modulation and the Human DNA, Part I: The Pleiadians. Barbara J. Marciniak at in der Stanford University, Palo Alto, Kalifornien, 15. Nov. 1990. Sedona *2*, Nr. 2, S. 17-33.

____ 1992b. *Bringers of the Dawn: Teachings from the Pleiadians.* Bear and Company Publishing, Santa Fe, New Mexico.

Marler, P. 1984. »Song learning: innate species differences in the learning process.« In: *The Biology of Learning,* P. Marler und H.S. Terrace (Hrsg.). Springer-Verlag, Berlin, S. 289-309.

Matousek, M. und I. Peterson 1973. »Frequency analysis of the EEG in normal children and adolescents.« In: *Automation of Clinical Electroencephalography,* P. Kellaway und I. Peterson (Hrsg.). Raven, New York, S. 75-102.

McGrew, W.C., C.E.G. Tutin, und P.J. Baldwin 1979. »Chimpanzees, tools, and termites:

cross-cultural comparisons of Senegal, Tanzania, and Rio Muni.« Man, *14:* S. 185-214.

Monastersky, R. 1992. »Giant Crater linked to mass extinction.« Science News *142,* S. 100.

____ 1993. »Fire beneath the ice«, Science News, *143,* S. 107.

Moore, M. 1994. »Caste animosity in India breaks into ugly violence.« *The San Francisco Chronicle*, 19. Februar, S. A8 und A12.

Montagu, A. 1962. *Man: His First Million Years.* The New American Library of World Literature, Inc., New York.

Morgan, M. 1991. *Mutant Message Downunder.* MM Co., Lees Summit, Missouri.

Nelson, H. und R. Jurmain 1988. *Introduction to Physical Anthropology, 4. Ausg.*. West Publishing Co., St. Paul, Minnesota.

The New English Bible 1971. Oxford University Press, New York.

Perkins Jr., D. und P. Daly 1974. »The beginning of food production in the Near East.« In: *The Old World: Early Man to the Development of Agriculture.* R. Stigler (Hrsg.), 1974. St. Martin's Press, New York, S. 74.

Petit, C. 1992. »Controversy over age of Egypt's Sphinx«. San Francisco Chronicle, 8. Febr., S. A4.

Pilbeam, D., M.D. Rose, J.C. Barry und S.M. Ibrahim Shah 1990. »New *Sivapithecus* humeri. Pakistan and the relationship of *Sivapithecus* and *Pongo*. »Nature, *348*: S. 237-239.

Redfield, J. 1993. *The Celestine Prophecy.* Satori Publishing, Hoover, Alabama.

Renfrew, C. 1979. *Before Civilization: The Radiocarbon Revolution and Prehistoric Europe*. Cambridge University Press, Cambridge.

Rensch, B. 1959. *Evolution Above the Species Level.* Columbia University Press, New York.

Revelations of Awareness 1991. *Nr. 90-9, 90-14, 91-16, 92-4, 92-11, 93-5, 93-7 und 93-8.* Cosmic Awareness Communications, P.O.Box 115, Olympia, Washington 98501.

Richard A. 1977. »The feeding behavior of *Propithecus verreauxi.«* In *Primate Ecology,* T.H. Clutton-Brock (Hrsg.), Academic Press, London, S. 72-96.

Rindos, D. 1984. *The Origins of Agriculture: An Evolutionary Perspective.* Academic Press, Orlando, Florida.

Romer, A.S. 1933. *Man and the Vertebrates.* University of Chicago Press, Chicago.

Royal, L. und K. Priest 1989. *The Prism of Lyra: An Exploration of Human Galactic Heritage.* Royal Priest Research, Sedona, Arizona.

Ruppenthal, G.C., G.L. Arling, H.F. Harlow, G.P. Sacket, und S.J. Suomi 1976.«A ten-year perspective of motherless-mother monkey behavior.« Journal of Abnormal Psychology *85: S.* 341-348.

Sachs, M. 1980. *The UFO Encyclopedia*, Perigee Books of G.P. Putnam's Sons, New York.

Schellhorn, C.C. 1990. *Extraterrestrials in Biblical Prophecy.* Horus House Press, Inc., Madison, Wisconsin.

Schloeth, R. und D. Burchardt 1961. "Die Wanderung des Rotwildes *(Cervus elaphus L.)"* Rev. Suisse Zool. *68:* S. 146-155.

Shapiro, R. 1986. *Origins: A Skeptic's Guide to the Creation of Life.* Summit Books, New York.

Sheldrake, R. 1982. *A New Science of Life.* Thacher, Tiburon, California.

Sitchin, Z. 1976. *The 12th Planet.* Avon Books, New York.
____ 1980. *The Stairway to Heaven.* Avon Books, New York.
____ 1985. *The Wars of Gods and Men.* Avon Books, New York.
____ 1987. Introduction. In *Breaking the Godspell,* by N. Freer, Falcon Press, Phoenix, Arizona.
____ 1990. *The Lost Realms.* Avon Books, New York.
____ 1991. *Genesis Revisited: Is Modern Science Catching Up with Ancient Knowledge?* Bear and Company Publishing, Santa Fe, New Mexico.
____ 1992. *When Time Began.* Avon Books, New York.
Simpson, G.G. 1949. *The Meaning of Evolution.* Yale University Press, New Haven.
Speiser, E. A, 1969. »The Sumerian Problem Reviewed,« in *The Sumerian Problem,* T. Jones (Hrsg.). John Wiley and Sons, Inc., New York. S. 93-102.
Stahl, B.J. 1974. *Vertebrate History: Problems in Evolution.* McGraw-Hill Book Co., New York.
Stanley, S. 1979. *Macroevolution.* W.H. Freeman and Co., San Francisco.
Starr C.G. 1983. *The History of the Ancient World (3. Ausg.).* Oxford University Press, Oxford.
Stebbins, G.L. 1951. »Cataclysmic evolution.« Scientific American, *184:* S. 54-59.
Sternberg, R.J. 1985. »Human intelligence: the model is the message.« Science *230:* S. 1111-1117.
Stevens, W.C. 1982. *UFO Contact from the Pleiades: A Preliminary Investigation Report.* UFO Photo Archives, Tucson, Arizona.
____ 1988. *Message from the Pleiades: The Contact Notes of Eduard Billy Meier.* UFO Photo Archives, Tucson, Arizona.
____ 1989. *UFO Contact from the Pleiades: A Supplementary Investigation Report.* UFO Archives, Tucson, Arizona.
____ 1990. *Message from the Pleiades: The Contact Notes of Eduard Billy Meier 2.* UFO Archives, Tucson, Arizona.
Stigler, R. 1974. »The later neolithic in the Near East and the rise of civilization.« In: *The Old World: Early Man to the Development of Agriculture,* R. Stigler (Hrsg.), St. Martin's Press, New York.
Stoneking, M. und R.L. Cann 1989. »African origin of human mitochondrial DNA.« In: *The Human Revolution: Behavioural and Biological Perspectives on the Origins of Modern Humans, Bd. 1.* P. Mellers und C.B. Stringer (Hrsg.), Edinburgh University Press, Edinburgh.
Stringer, C. und P. Andrews 1988. »Genetics and fossil evidence for the origin of modern humans.« Science *239:* S. 1263-1268.
Stryker, M.P., J. Allman, C. Blakemore, J.M. Greuel, J.H. Kaas, M.M. Merzenich, P. Radic, W. Singer, G.S. Stent, H. Vanderloes und T.N. Wiesel 1988. »Group report: principles of cortical self-organization.« In: *Neurobiology of Neocortex,* P. Radic and W. Singer (Hrsg.), John Wiley and Sons, Limited, New York, S. 115-136.
Summers, A. 1980. *Conspiracy.* McGraw-Hill Book Co., New York.
Swisher III, C.C., G.H. Curtis, T. Jacob, A.G. Getty, A. Suprijo, Widiasmoro 1994. »Age of the earliest known hominids in Java, Indonesia.« Science *263:* S. 1118-1121.
The Talmud of Jmmanuel 1992. Übersetzt aus dem Altaramäischen in das Deutsche von I. Rashid und E.A. Meier und das Englische von J.H. Ziegler und B.L. Greene. Wild Flower Press, Tigard, Oregon.

Teleki, G. 1974. »Chimpanzee subsistence technology: materials and skills.« Journal of Human Evolution, *3:* S. 575-594.
Temple, R.K.G. 1987. *The Sirius Mystery.* Destiny Books, Rochester, Vermont.
Templeton, A.R., S.B. Hedges, S. Kumar, K. Tamura und M. Stoneking 1992. »Human origins and analysis of mitochondrial DNA sequences.« Technical comment. Science *255:* S. 737-739.
Thatcher, R.W., R.A. Walker und S. Guidice 1987. »Human cerebral hemispheres develop at different rates and ages.« Science *236:* S. 1110-1113.
Trinkaus, E. 1984. »Western Asia.« In: *The Origins of Modern Humans: A World Survey of the Fossil Evidence,* F.H. Smith und F. Spencer (Hrsg.). Alan R. Liss, New York, S. 251-291.
Twigs, D.R., und B. Twigs. 1992. *Secret Vows: Our Lives with Extraterrestrials.* Wild Flower Press, Tigard, Oregon.
Valerian, V. 1991. *Matrix II: The Abduction and Manipulation of Humans Using Advanced Technology, 3. Ausg.,* Leading Edge Research Group, Yelm, Washington.
Vallée, J. 1965. *Anatomy of a Phenomenon: UFOs in Space, a Scientific Appraisal.* Ballantine Books, New York.
____ 1980. *Messengers of Deception: UFO Contacts and Cults.* Bantam Books, Inc., New York.
Von Däniken, E. 1989. *In Search of the Gods: Chariots of the Gods?; Gods from Outer Space; Pathways to the Gods.* (3 Bände in einem). Avenel Books, New York.
Ware, D. 1991. »The 'Larger Reality' Behind UFOs«. In *UFOs and the Alien Presence,* Lindemann, M.(Hrsg.), The 2020 Group, Santa Barbara, Kalifornien, S. 195-218.
Waser, P. 1977. »Feeding, ranging and group size in the mangabey, *Cercocebus albigena,«* In, *Primate Ecology: Studies of Feeding and Ranging Behavior in Lemurs, Monkeys and Apes.* T. Clutton-Brock (Hrsg.), Academic Press, London, S. 183-222.
White, L.A. 1973. *The Concept of Culture.* Burges, Minneapolis, Minnesota.
Wilson, A.C., L.R. Maxon, und V.M. Sarich 1974. »Two types of molecular evolution: evidence from studies of interspecific hybridization.« Proceedings of the National Academy of Sciences *71.*
Wilson, E.O. 1975. *Sociobiology, The New Synthesis.* Harvard University Press, Cambridge, Massachusetts.
____ 1977. Vorwort zu *Sociobiology and Behavior* von D.P. Barash; Elsevier North-Holland, Inc., New York, S. xiii-xv.
____ 1978. *On Human Nature.* Harvard University Press, Cambridge, Massachusetts.
Winson, J. 1985. *Brain and Psych.* Anchor Press/Doubleday, New Yo7rk.
Wolpoff, M.H. 1989. »Multiregional evolution: the fossil alternative to Eden.« In: *The Human Revolution: Behavioral and Biological Perspectives on the Origins of Modern Humans, Bd. 1.* P. Mellers und C.B. Stringer (Hrsg.). Edinburgh University Press, Edinburgh.
Woolley, C.L. 1929. *The Sumerians.* W.W. Norton & Company, Inc., New York.
Zailan, M. 1993. »Dissident gets a voice.« *San Francisco Examiner,* »Datebook«, 4. April, S. 33.

REGISTER

ISBN 3-931652-15-7,
gebunden, Format 21 x 21 cm
340 Seiten, DM 44,00

Michael Hesemann

Jenseits von Roswell

UFOs: Der Schweigevorhang lüftet sich

Mit zahlreichen Farbbilder

Michael Hesemann stellte gründliche Recherchen über den Roswell-Fall an, interviewte Augenzeugen und besorgte sich 60 eidesstattliche Erklärungen, die bezeugen, daß 1947 ein Raumschiff aus einer anderen Welt geborgen wurde.
Der Autor geht auch dem umstrittenen Autopsiefilm auf den Grund, der 1994 im Fernsehen gezeigt wurde.

Er sprach mit indianischen Schamanen, die behaupten, daß diese Wesen seit Jahrtausenden die Erde besuchen, und fand Beweise dafür in uralten Mythen und archäologischen Funden.

ISBN 3-923 781-83-0
gebunden, Format 21 x 21 cm
520 Seiten, DM 49,00

Michael Hesemann

Geheimsache U.F.O

Die wahre Geschichte der unbekannten Flugobjekte

Mit einem Vorwort von Johannes von Buttlar.
Mit über 500 s/w-Abbildungen und Farbfotos

Dieses Buch ist ein Kompendium aus 40 Jahren UFO-Forschung, fundiert durch gründliche Recherchen des Autors und freigegebene Geheimakten des CIA und des KGB. Das Buch berichtet u. a. von UFO-Abstürzen und Bergungen, bei denen man auf die Körper einer unbekannten menschenähnlichen Rasse stieß, die nicht von diesem Planeten stammt, von erfolgreichen Versuchen der Kontaktaufnahme mit unbekannten Intelligenzen und anderen ungewöhnlichen Begegnungen mit Außerirdischen. Hesemann behandelt auch ausführlich historische Quellen, die eindeutig die Existenz von UFOs bestätigen. Es ist das spannendste und vollständigste Buch zum Thema, nach dessen Lektüre selbst für den Skeptiker kein Zweifel mehr bestehen kann, daß wir nicht allein im Weltall sind.

ISBN 3-931 652-04-1
broschiert, Format 21 x 21 cm,
280 Seiten, DM 34,00

Michael Hesemann

Kornkreise

Die Geschichte eines Phänomens

Aktualisierte und erweiterte Neuauflage des internationalen Bestsellers „Botschaft aus dem Kosmos“ mit vielen neuen faszinierenden Bildern über Kornkreismuster aus 1994 und 1995.
In diesem Buch erzählt der bekannte Bestsellerautor die ganze Geschichte der Kornkreise. Er berichtet von Kreisen in Korn- und Reisfeldern und in Schnee und Stein, die er in allen Teilen der Welt persönlich in Augenschein nehmen konnte. Er zitiert authentische und faszinierende Zeugenaussagen von UFO-Sichtungen, die in Zusammenhang mit den Kreisen stehen. Er sprach mit Wissenschaftlern, die dem Rätsel der Kreise auf den Grund gingen und stellt die Ergebnisse ihrer Forschungen verständlich und spannend dar. Und schließlich versucht er ihre Symbolik zu deuten und ihre Uhrheber zu identifizieren.

ISBN 3-931 652-07-6
gebunden, 240 Seiten,
DM 39,00

Billy Meier

Die Wahrheit über die Pleyaden

Dieses Buch liest sich wie einer der fantastischsten Science-Fiction-Romane, die es je gegeben hat. Der Autor beschreibt fesselnd und überzeugend seine eigene wahre Lebensgeschichte, in der die Begegnungen mit Außerirdischen auch auf der physischen Ebene seit seiner Kindheit zum Alltag gehört.
Interessante Phänomene wie Beamen, Raum- und Zeit-Sprünge, die der Autor selbst persönlich erleben durfte, werden detailiert und verständlich erläutert.
Billy Meier erklärt auch die faszinierende Welt der Pleyadier.

ISBN 3-923 781-92-X
gebunden, 370 Seiten
DM 39,00

Phyllis Virtue-Carmel

Planet der Wandlung

Offenbarung des Rates der Neun

In diesem Buch geht es um die besondere Rolle, die der Planet Erde in unserem Universum spielt. Aus höchster Quelle erfahren wir, was wir tun können, um unser eigenes Leben und das anderer Menschen zu bereichern. Im medialem Zustand trat Phyllis Virtue-Carmel in Kontakt mit dem Rat der Neun, einer Gruppe von Wesen aus dem Kosmos, die uns im Bewußtsein unendlich überlegen sind.

Uri Geller

Mein Wunder-volles Leben

Haben Sie schon über die Existenz dieser Phänomene nachgedacht?

Dematerialisation, Telekinese, Hellsichtigkeit, parapsychologische Beeinflußbarkeit gesellschaftlicher Ereignisse!

Von anerkannten wissenschaftlichen Instituten wurden diese Phänomäne bereits bewiesen. Im Buch werden Sie aufgefordert, selbst Erfahrungen in diesem Bereich zu machen.
Sie erhalten von Geller sämtliche Hintergrundinformationen und warum die Medien sowohl an Geller als auch an einigen wissenschaftlichen Instituten Rufmord verübten.

ISBN 3-923781-90-3
gebunden, 350 Seiten
DM 39,00

Karl Everding

Jeder ist ein Feuerläufer

ISBN 3-931 652-09-2
broschiert, 145 Seiten,
DM 24,80

Feuerlaufen hat eine sehr alte Tradition und in vielen Kulturen ein wichtiges Initiationsritual. Der Psychotherapeut Everding leitet Transformations- und Feuerlaufseminare und bildet Feuerseminarleiter aus. Er beschreibt die inneren psychischen und emotionalen Prozesse, die vor, während und nach dem Feuerlaufen auftreten. Es wird aufgezeigt, welche enormen Chancen die Teilnahme an einem Feuerlaufseminar bieten, um festsitzende innere Blockaden und besonders Ängste aufzulösen, alte Verhaltensstrukturen zu sprengen und im Alltag Grenzen zu überschreiten.

Roland Geisselhart

Ihr geistiges Potential
– unerschöpflich und grenzenlos

ISBN 3-931 652-29-7
broschiert, 176 Seiten,
DM 24,80

Supergedächnis in drei Tagen

Wenn der Leser seine Gedächtnisleistung gewaltig steigern will, dann wird er nicht zögern, dieses Buch zu erwerben. In drei Tagen kann er nicht nur die Basismethode der Gedächtnissteigerung begriffen haben, er kann sie auch erfolgreich anwenden, vorausgesetzt, daß er bereit ist, in diesen ersten drei Tagen einige Stunden zu üben. Der Erfolg wird ihn überraschen.